kritik & utopie ist die politische Edition im mandelbaum *verlag*.
Darin finden sich theoretische Entwürfe ebenso wie Reflexionen aktueller sozialer Bewegungen, Originalausgaben und auch Übersetzungen fremdsprachiger Texte, populäre Sachbücher sowie akademische und außeruniversitäre wissenschaftliche Arbeiten.

Katharina Lux

KRITIK UND KONFLIKT

Die Zeitschrift *Die Schwarze Botin* in der autonomen Frauenbewegung

mandelbaum *kritik & utopie*

Der Druck dieser Publikation wurde aus Fördermitteln des Vizerektorats für Forschung, des Dekanats der Fakultät für Bildungswissenschaften, des Instituts für Erziehungswissenschaft, des Doktoratskollegs Geschlecht und Geschlechterverhältnisse in Transformation: Räume – Relationen – Repräsentationen und der Forschungsplattform Center Interdisziplinäre Geschlechterforschung der Universität Innsbruck sowie der Hans-Böckler-Stiftung finanziert.

Hans **Böckler**
Stiftung

Lektorat: Elvira Gross
Satz: Bernhard Amanshauser
Umschlag: Martin Birkner, unter Verwendung eines Ausschnitts aus Fotografische Skulpturbilder XXXIV, 6 von Edith Lechtape und Antoine Weber. Mit freundlicher Genehmigung von K. Hehn, London.
Druck: Primerate, Budapest

Inhalt

1. Einleitung

Die autonome Frauenbewegung der 1970er und 1980er Jahre ist ein „immenses semantisches Unterfangen", in dessen Verlauf „die soziale Realität neu gelesen wurde"[1], wie die Historikerin Brigitte Studer schreibt. Ihre Neudeutung der Wirklichkeit ermöglicht es, dass Formen von Ausbeutung, Herrschaft und Unfreiheit erkannt und bewusst werden, die bisher als evidente und unveränderliche Normalität akzeptiert waren. Die autonome Frauenbewegung erarbeitet ein Wissen, das hinsichtlich seiner Gegenstände sowie seiner Produktionsorte zunächst außerhalb der gesellschaftlich legitimierten akademischen Institutionen der Wissensproduktion und der Wissenskanonisierung steht: Alltagswissen, Körperwissen und Wissen um Gefühle werden ebenso anerkannt wie die Analyse der politischen und ökonomischen Verhältnisse, in denen Frauen leben, sowie die Selbsteinschätzung der Frauenbewegung als soziale und kulturelle Bewegung. Doch nicht nur, was gedacht wird und zu Bewusstsein kommt, nicht nur die Gegenstände des Wissens, die Bedeutung erhalten, werden hineingezogen in die semantischen Veränderungsprozesse der Frauenbewegung. Vielmehr thematisiert sie auch, wie, in welchen Bewusstseins*formen*, gedacht wird und *wie* Wissen- und Bedeutung produziert werden. Der feministische Deutungsprozess befragt die Wissens- und Bedeutungsproduktionen und kritisiert ihre Verwobenheit mit androzentrischen, hierarchischen Geschlechterordnungen. In diesem Feld der Wissensproduktionen der autonomen Frauenbewegung entstehen Ansätze feministischer Theoriebildung. Feministische Theoriebildung fasse ich als Form der Wissensproduktion, in der verallgemeinerbare Erkenntnisse und Erklärungen für Sachverhalte, welche die Geschlechterverhältnisse und -ordnungen betreffen,[2] in nachvollziehbarer Weise erarbeitet werden. Feministische Theoriebildung wird von dem Erkenntnisinteresse ge-

1 Studer 2011, 37.

2 Während der Begriff der Geschlechterverhältnisse eher in der marxistischen und soziologischen Diskussion verwendet wird, stammt der Begriff der Geschlechterordnungen aus der poststrukturalistischen, kultur-, diskurstheoretischen und literaturwissenschaftlichen Diskussion. Das Verhältnis der Begriffe zueinander kann hier nicht diskutiert werden. Ich verwende Geschlechterverhältnisse, wenn die materiell-ökonomische und soziale Dimension der Gesellschaft im Fokus steht, Geschlechterordnungen, wenn die symbolische und kulturelle gemeint ist; zum Thema Geschlechterverhältnisse siehe Becker-Schmidt/Knapp 1995; Haug 2008, 310–340. Mit ihrem Konzept der Geschlechterverhältnisse als Produktionsverhältnisse bestimmt Haug das Verhältnis der beiden Begriffe zueinander; zum Begriff Geschlechterordnungen siehe Honegger 1991.

leitet, Geschlechtergerechtigkeit und Freiheit zu ermöglichen.[3] Sie bildet sich als eine theoretische Praxis der autonomen Frauenbewegung heraus und auch sie vollzieht sich zunächst außerhalb und am Rande der Universitäten und Hochschulen. Zwar sind sehr viele Akteurinnen, die sich in den 1970er Jahren in der deutschsprachigen autonomen Frauenbewegung engagieren, Studentinnen, doch wird die feministische Theoriebildung erst Anfang der 1980er Jahre als Frauen-, später als Geschlechterforschung und Gender Studies in die Institutionen integriert. Vor der Institutionalisierung sind es Frauenzentren und Frauengesundheitszentren, unabhängig von institutionellen Curricula organisierte Frauensommeruniversitäten, Frauenhandbücher und nicht zuletzt Zeitschriften, in denen Wissen in Form feministischer Theorieansätze erarbeitet wird.[4] Die Zeitschrift *Die Schwarze Botin*, die 1976 in Berlin von Brigitte Classen, Doktorandin der Geschichtswissenschaft, und Gabriele Goettle, Studentin der Bildhauerei, Kunst- und Literaturwissenschaft, gegründet wird, zählt zu ihnen. Der feministischen Kritik und den Ansätzen feministischer Theoriebildung der Zeitschrift *Die Schwarze Botin* im Diskussionszusammenhang der autonomen Frauenbewegung widmet sich die vorliegende Studie. Sie wird geleitet von der Frage, was feministische Kritik und Theorie in der deutschsprachigen autonomen Frauenbewegung der 1970er und 1980er Jahre ist und wie sie vorgeht. Dabei liegt ein Augenmerk auf den Antworten, welche die Theoretikerinnen der autonomen Frauenbewegung auf die Frage nach dem Sollen von Kritik und Theorie geben: Wie soll feministische Kritik und Theorie – den Theoretikerinnen zufolge – vorgehen und was soll sie verhandeln? Die Konflikte um feministische Kritik und Theorie stehen im Zentrum der Untersuchung.

Die feministische Theoriebildung in der BRD ist zunächst vom Marxismus und der Kritischen Theorie geprägt und erhält maßgebliche Impulse durch den Existenzialismus der Philosophin Simone de Beauvoir. Ab den 1970er Jahren beginnt, ausgehend von der Auseinandersetzung mit dem Strukturalismus in Frankreich, die Etablierung des poststrukturalistischen Denkens in der feministischen Bewegung, der Neuen Linken und an den Universitäten. So entsteht ein Spannungsverhältnis zwischen unterschiedlichen Gesellschaftsbegriffen, Epistemologien und Wirklichkeitsauffassungen, die Ende der 1980er Jahre in die Debatte um einen Gleichheits- und Differenzfeminismus, vor allem aber in den 1990er Jahren in die Gender-Debatte um *Gender Trouble* (1990) der Philosophin Judith Butler führen. Das Kritikprogramm der *Schwarzen Botin* entsteht somit in einer theoriegeschichtlichen Schwellensituation vor diesen wirkungsmächtigen Debatten.[5]

3 Hennessy 2003, 155–170; Holland-Cunz 2003; Metz-Göckel 2003, 17–179.

4 Hark 2005; Holland-Cunz 2003, 170.

5 Zur Diskursgeschichte der feministischen Gleichheits- und Differenz- sowie der Gender-Debatte siehe Möser 2013 und Möser 2014, 33–49; zur Debatte um Gleich-

Die Studie untersucht am historischen Material die Konflikte um Deutungsprozesse der Wirklichkeit im Medium der Theorie und der Kritik in der deutschsprachigen autonomen Frauenbewegung der 1970er und 1980er Jahre. Die Erziehungswissenschaftlerinnen Meike Sophia Baader, Eva Breitenbach und Barbara Rendtorff machen mit ihrer kürzlich erschienen Monografie deutlich, dass die Frauenbewegungen Fragen der Bildung, Erziehung und Wissensproduktion maßgeblich bearbeitet haben.[6] Meine Studie zum Kritikprogramm der *Schwarzen Botin* untersucht die Wissensproduktion der autonomen Frauenbewegung und knüpft dabei an die Diskussion um einen Begriff kritischer Bildung an. Die Neudeutung der sozialen Wirklichkeit durch die autonome Frauenbewegung ist zugleich die Neudeutung der Selbst- und Weltverhältnisse. So lässt sich die Bewegung als Ort von Bildungsprozessen verstehen, die Kritik, Selbstbildung und Selbstveränderung voraussetzen und hervorbringen.[7] Die Erziehungswissenschaftlerin Susanne Maurer hat darauf aufmerksam gemacht, dass es nicht zuletzt „Konflikt" und „gelebte Kritik"[8] sind, die im Rahmen der autonomen Frauenbewegung Bildungsprozesse initiieren und die Bewegung zu einem Ort der Bildung machen.

In den letzten Jahren wurde die Debatte um das Theorem der sexuellen Differenz erneut aufgenommen, wie die Arbeiten von Erziehungswissenschaftlerinnen wie Rita Casale (2014a), Catrin Dingler (2019), Barbara Rendtorff (2014) und Jeannette Windheuser/Elke Kleinau (2020) zeigen. Dabei steht zur Diskussion, wie und welche feministische Subjekttheorie die Überschreitung und Veränderung der gesellschaftlichen Bedingungen, welche Subjektgenese und Vergeschlechtlichung bedingen, thematisieren kann. Die (deutschsprachige) Debatte greift dabei über die erziehungswissenschaftliche Geschlechterforschung hinaus und erhält ebenso Impulse aus anderen Disziplinen, wie der Philosophie durch die Arbeiten der Philosophinnen Tove Soiland (2010, 2014), Andrea Günter und Anke Drygala (2010).[9] Die Auseinandersetzungen um das Denken der sexuellen Differenz in der deutschsprachigen feministischen Theoriebildung der 1970er und 1980er Jahre sind ein Thema dieses Buches. Seit den 1990er Jahren hat sich in der Geschlechterforschung eine poststrukturalistische Theorieorientierung durchgesetzt. Indem die debattenreiche Vorgeschichte vor dieser Etablierung herausgearbeitet wird, können Tendenzen zur Verdinglichung und zur vereinseitigenden Ka-

heits- und Differenzfeminismus siehe Klinger 1986; zur Gender-Debatte siehe Knapp 1998 und Benhabib/Butler/Cornell/Fraser 1993.

6 Baader/Breitenbach/Rendtorff 2021.

7 Kritik, Selbstbildung und Selbstveränderung sind Elemente eines kritischen Bildungsbegriffs, siehe Bernhard 2011, 181ff.

8 Maurer 2015, 216.

9 Ebenfalls sind die Arbeiten der Philosophin Birge Krondorfer (2013), der Kultur- und Sozialanthropologin Barbara Grubner (2018, 2019) und der Literaturwissenschaftlerin Bernadette Grubner (2018, 2019) für die Debatte relevant.

nonisierung in der gegenwärtigen Geschlechterforschung und der feministischen Diskussion entgegengewirkt und das Denken wieder verlebendigt werden. Eine erneute Befragung des feministischen Differenzdenkens kann es aus den Verzerrungen, in denen es erinnert wird, herauslösen. Zielt das feministische Denken der sexuellen Differenz auf Denken als intellektuelle Lust, auf die Überschreitung herrschender Bewusstseinsformen und auf das Denken von Neuem,[10] so lässt sich die Zeitschrift *Die Schwarze Botin* selbst als Praxis der sexuellen Differenz beschreiben.

Insofern das Buch von der Geschichte feministischer Theoriebildung handelt, stellt sich die Frage, wie sie erinnert wird. Die Soziologin Sabine Hark kritisiert ein Narrativ, in dem die Entwicklung der feministischen Theoriebildung zur akademischen Geschlechterforschung von den 1970er bis in die 1990er Jahre als Fortschrittsgeschichte präsentiert wird. Der Institutionalisierungsprozess werde oftmals in einer „simplen Taxonomie eines unterkomplexen ‚Früher' gegenüber einem komplexen ‚Heute'"[11] dargestellt, so Harks Kritik. Um ihre Legitimität und Autorität im akademischen Feld zu unterstreichen, erinnert die Geschlechterforschung beziehungsweise erinnern die Gender Studies an ihre Vorgeschichte – die feministische Theoriebildung der autonomen Frauenbewegung – oftmals in „wenig differenzierten und homogenisierenden Versionen"[12]. Auch die Kulturwissenschaftlerin Cornelia Möser stellt fest, dass die Geschichte der Geschlechterforschung als „Reifungsprozess einer zunächst politisch orientierten Bewegungsforschung"[13] erzählt werde. In diesem „Differenzierungsnarrativ"[14] wird die Geschichte der Geschlechterforschung als Fortschritt durch Differenzierung und Komplexitätszunahme dargestellt. Neben dem „Differenzierungsnarrativ" identifiziert Möser zwei weitere Narrative. Das „Verfallsnarrativ" betont die „zunehmende Entpolitisierung bei gleichzeitiger Integration der Gender Studies in die Institution Universität"[15]. So begreift dieses Narrativ die Entwicklung feministischer Theorie als Verfallsgeschichte und verhält sich damit komplementär zur Fortschrittserzählung des „Differenzierungsnarrativs". Das „Versöhnungs- und Überwindungsnarrativ"[16] hebe die Gemeinsamkeiten und Kontinuitäten zwischen der außeruniversitären feministischen Theoriebildung der 1970er und 1980er Jahre und der institutionalisierten Geschlechterforschung seit den 1990er Jahren hervor. In den letzten Jahren hat sich zudem durchgesetzt, hinsichtlich der Gegenwart und Vergangenheit von Feminismen im Plural zu sprechen. Bezogen auf

10 Grubner/Grubner 2018.
11 Hark 2005, 29.
12 Ebd.
13 Möser 2015, 198.
14 Ebd.
15 Lux 2020, 121.
16 Möser 2015, 199.

die Geschichte der Feminismen und ihrer Theorieansätze scheint mir diese Betonung der Pluralität ähnlich motiviert wie das „Versöhnungs- und Überwindungsnarrativ“. Beide Erinnerungsweisen wollen den Unterschieden und der Vielfältigkeit der Forschungspraktiken, -ansätze und -zusammenhänge feministischer Theorie gerecht werden. Im Vergleich zur von Hark kritisierten Unterkomplexität und Homogenisierungstendenz in den Darstellungen der Geschichte feministischer Theoriebildung ist ein solches Anliegen durchaus angemessen. Allerdings befördert die Betonung der Vielfalt die Tendenz, die Geschichte der Frauenbewegungen und ihrer feministischen Theoriebildung zur additiven Aufzählung der Geschichten der Feminismen zu machen und so Pluralität als bloßes Nebeneinander (miss-)zu verstehen. Was weder in einer Fortschritts- noch in einer Verfallserzählung, weder in der Betonung der Kontinuitäten noch im Pochen auf Pluralität in den Blick kommt, sind die Auseinandersetzungen und Konflikte, Spannungen und Widersprüche in der feministischen Theoriebildung der autonomen Frauenbewegung der 1970er und 1980er Jahre. Vor dem Hintergrund dieses Problems beziehe ich mich auf Susanne Maurer, die dafür plädiert, feministische Historiografie als „offene[s] Archiv der Konflikte“ zu begreifen, das „Spannungen“ und „Widersprüche“[17] nicht neutralisiert. In einem „Gedächtnis der Konflikte“[18] feministischer Theoriebildung reflektiert sich, dass Feminismus nicht abschließend definiert werden kann. Durch diese Perspektive kann ein wesentliches Charakteristikum feministischer Theoriebildung deutlich werden: Sie entsteht durch Konflikt, Dissens und Auseinandersetzung. Meine Studie zur Zeitschrift *Die Schwarze Botin* versteht sich im Sinne eines solchen Konfliktgedächtnisses feministischer Theoriebildung.

Geschlechterforschung verstehe ich als kritische Gesellschaftstheorie, wie sie neuerdings die Soziologin Sarah Speck im Anschluss an Regina Becker-Schmidt aktualisiert hat. Kritische Gesellschaftstheorie orientiert auf Gesellschaft als einem sich materiell und ökonomisch wie kulturell und symbolisch reproduzierenden Gesamtzusammenhang. Ein solcher Gesellschaftsbegriff ist getragen von einem „Denken in Widersprüchen, Spannungen und Paradoxien, mitunter auch in Aporien“[19]. Es wird nicht die Kategorie einer geschlechtlichen Identität in den Mittelpunkt gestellt oder als Ausgangspunkt der Forschung gewählt, sondern theoretische Praxen der Kritik werden ins Zentrum gesellschaftstheoretischer Geschlechterforschung gerückt.[20] Durch diese Perspektive kann das Feld feministischer Theoriebildung hinsichtlich der Frage geöffnet werden, was als feministische Kritik und Theorie verstanden, das heißt, welche Themen und Vorstellungen, Zielrichtungen und Vorgehens-

17 Maurer 2012, 80.
18 Maurer 2016a, 135, 146.
19 Speck 2018, 63; Becker-Schmidt 1991, 383–394.
20 Jung 2016, 182; ähnlich auch Lettow 2012, 164–169.

weisen entwickelt und vertreten werden. Die Frage, was feministische Kritik und Theorie ist und sein soll, wie sie vorgeht und vorgehen soll, bleibt aktuell – ebenso wie die Auseinandersetzungen um ihre Beantwortung.

1.1 Methodisches Vorgehen

Die Debattenkultur und die Theoriebildungsprozesse der autonomen Frauenbewegung sind, so die Erziehungswissenschaftlerin Barbara Rendtorff, vom „Dissens als Normalzustand"[21] geprägt gewesen. Dissens und Kritik sind auch die Prinzipien, denen die Zeitschrift *Die Schwarze Botin* folgt, die in ihrem Selbstverständnis aus dem Jahr 1983 formuliert, „aus der Frauenbewegung die Kritik der Frauenbewegung"[22] leisten zu wollen. Die Zeitschrift entwirft sich in kritischer Distanz und Abgrenzung zur Frauenbewegung und zum Feminismus ihrer Zeit und macht den Widerspruch zu ihrem Grundsatz. So stellt sie ein negatives und teilweise weitertreibendes Element in der feministischen Theoriebildung der autonomen Frauenbewegung dar. Die Zeitschrift verzahnt Kritik und Theoriebildung: Aus der Kritik des Feminismus ebenso wie der Wissenschaft, Kunst oder Philosophie entstehen – vor der Institutionalisierung der Frauen- und Geschlechterforschung und damit außerhalb der Universität – Ansätze feministischer Theorie.

Die Theoriebildung der Zeitschrift *Die Schwarze Botin* entzieht sich einer einfachen Kategorisierung, sie lässt sich nur schwer als ein kohärenter Gegenstand be- und umgreifen. Das liegt erstens am Medium Zeitschrift, zweitens an der Praxis des Zeitschriftenmachens der *Schwarzen Botin* und drittens an ihrem Selbstverständnis. Das Medium Zeitschrift dient nicht nur der Wissensverbreitung, sondern ebenso der Thematisierung von Wissen als solchem. Denn indem Zeitschriften auswählen, was in welcher Weise dargestellt und welches Wissen in welchen Zusammenhang gebracht wird, problematisieren sie die „historischen Raster der Wissensordnungen"[23]. Zeitschriften archivieren und tradieren Wissen nicht nur, sondern sie modifizieren es.[24] Sie können „das Wahrgenommene in die Ordnung des Wissens einreihen, es aber ebenso auch als Abweichung identifizieren, als solches tolerieren oder zurückweisen oder aber eine Modifikation dieser Ordnung selbst vorschlagen"[25]. Das Medium Zeitschrift befördert den prozessualen, widersprüchlichen und damit unabgeschlossenen Charakter feministischer Theoriebildungsprozesse. Es ermöglicht demnach Kritik und Konflikt im Prozess der Theoriebildung.

21 Rendtorff 2013, 16; zur „Freiheit des Dissens" in feministischen Bewegungen und ihren Erkenntnisprozessen siehe auch Maurer 2016b, 50–73, hier v. a. 63–64.

22 B. C. 1983, 1.

23 Frank/Podewski/Scherer 2009, 28.

24 Zur Erinnerung feministischer Wissensproduktion und deren Modifikation in und durch Medien siehe Hipfl 2020, 383–385, 395.

25 Frank/Podewski/Scherer 2009, 30.

Gerade die feministischen Zeitschriften der 1970er Jahre sind Mittel, die Aufbruchs- und Umbruchszeit der autonomen Frauenbewegung zu deuten, die tradierten Wissensordnungen zu kritisieren, neue Ordnungen der Welt- und Selbstdeutung zu schaffen. Zur Unabgeschlossenheit der Theoriebildung im Medium Zeitschrift tritt die redaktionelle Vorgehensweise der *Schwarzen Botin* hinzu. Branka Wehowski, Juristin und Redakteurin der *Schwarzen Botin* zwischen 1983 und 1987, folgt zumindest zeitweise dem Prinzip, die Integrität der Texte zu wahren und die Beiträge ohne redaktionelle Bearbeitung zu veröffentlichen.[26] Es entsteht eine Zeitschrift, die in ihrer Gesamtheit der Ausgaben kein abgeschlossenes, systematisches Gedankengebäude aufbaut oder Einheitlichkeit der Theorie herstellt, sondern der Besonderheit der Texte und ihrer Gedanken Raum bietet. Nicht zuletzt ist es das theoretische Selbstverständnis der *Schwarzen Botin*, das die Unabgeschlossenheit und Antisystematik der Theoriebildung hervorbringt. So ist im Vorwort der 1. Ausgabe von Gabriele Goettle zu lesen, dass die Leserinnen, „welche meinen, daß die schwarze Botin ohne Widersprüche sein müsse und, indem sie das Reale verfremdet, Beweise und Belege schuldig bleibe, [...] alte Les- und Denkkategorien abstreifen“[27] sollten. Die Untersuchung der Theoriebildung in der *Schwarzen Botin* muss demnach die strukturelle Unabgeschlossenheit, Inkohärenz und Antisystematik der Zeitschrift bedenken.

Die Eigenlogik des Objekts

Wie lässt sich ein Gegenstand ordnen und kategorisieren, der es sich zur Aufgabe macht, Kategorien zu sprengen? Im Denken der Kritischen Theorie finden sich Überlegungen zum Verhältnis von Gegenstand und Begriff, Wirklichkeit und wissenschaftlicher Rationalität. In seinen Vorlesungen über Negative Dialektik entwickelt Theodor W. Adorno den Gedanken des „Vorrangs des Objekts“[28]. Ihm ist es um ein systematisches Antisystemdenken zu tun, das dem Identitätsdenken – der Identifizierung von Begriff und Sache – entgegentritt. Ein solches Denken steht vor der Aufgabe, sich das Andere, ihm Fremde, auf welches es im Erkenntnisprozess stößt, nicht gleichzumachen, sondern es in seiner Eigentümlichkeit bestehen zu lassen. Die Erfahrung der Erkenntnis wäre demnach, „nicht sich selber zu finden“[29]. Adornos Entwurf einer Kritischen Theorie wendet sich gegen philosophische Systeme, die in der Selbstbewegung des Begriffs das Ganze der Wirklich-

26 So Hanna Hacker, Soziologin und Autorin der *Schwarzen Botin*, im Gespräch vom 4. Juli 2019 in Innsbruck im Rahmen des Kolloquiums des Doktoratskollegs *Geschlecht und Geschlechterverhältnisse in Transformation. Räume – Relationen – Repräsentationen.*

27 Anonym/Goettle 1976b, 5.

28 Adorno 2017, 197.

29 Kettner o. J., 2.

keit aufgehen lassen.[30] Denn wenn die Wirklichkeit – auch in ihrer Widersprüchlichkeit – restlos eingefasst werden kann im System eines absoluten Wissens, dann wäre keine Veränderung denkbar, Neues wäre immer schon das, was ist – oder gesellschaftstheoretisch formuliert: Gesellschaftliche Veränderung, mithin die Überwindung der auf Privateigentum, Ausbeutung und Herrschaft beruhenden kapitalistischen Gesellschaft, wäre nicht mehr denkbar. Die Tendenz zum identifizierenden Denken entspringt Adorno zufolge aus den ökonomischen, sozialen und kulturellen Verhältnissen des Kapitalismus. Denn die kapitalistische Produktionsweise tendiere dazu, ihre Logik der Vereinheitlichung unter dem Signum der Warenform imperialistisch auf alle Bereiche des gesellschaftlichen Lebens ebenso wie auf die individuellen Lebensäußerungen auszudehnen. Dieser Gefahr ist auch das Denken ausgesetzt. Aus dieser Überlegung erwächst für Adorno die Aufgabe, den Gegenstand nicht unter gegebene Begriffe und Schemata zu subsumieren, sondern sich von ihm irritieren und von seiner Eigenlogik leiten zu lassen. Doch so sehr Adorno an der „gleichsam bewußtlose[n] Versenkung des Bewußtseins in die Phänomene“[31] gelegen ist, so sehr spricht er sich dafür aus, nicht nur spielerische Beliebigkeit und unsystematische Einfälle im Erkenntnisprozess gelten zu lassen. Vielmehr soll geprüft werden, ob der Gedanke den Gegenstand begreife und in seiner Darstellung möglichst genau fasse. Den „Vorrang des Objekts“ zu bedenken, fordert demnach sowohl, den Gegenstand nicht in ein vorgegebenes Kategorienkorsett zu pressen, als auch, das Denken nicht der Beliebigkeit zu überlassen. Methodisch gibt Adorno also die Spannung zwischen „Disziplin“ und „Disziplinlosigkeit“[32] des Gedankens zu bedenken.

Unter Berücksichtigung der dargelegten Überlegungen konnte im Forschungsprozess der vorliegenden Studie weder ein vorgegebenes Raster an Kategorien auf das Material – die Ausgaben der Zeitschrift *Die Schwarze Botin* ebenso wie Beiträge aus Publikationen der autonomen Frauenbewegung und der Neuen Linken – gelegt, noch einfach assoziiert und das Assoziierte als Besonderheit des Gegenstands ausgegeben werden. Nun ist ein Charakteristikum des Gegenstands, dass es sich bei ihm selbst um Denken und Theorie handelt. Das „Andere“ und „Fremde“, auf das mein Denken in der Untersuchung der Auseinandersetzungen um feministische Theoriebildung traf, war demnach nicht direkt die Materialität eines Gegenstands, sondern selbst *Denken*. Die Offenheit gegenüber der Eigentümlichkeit und Eigenlogik der Denk- und Theoriebildungsansätze wurde in einem ersten Schritt gewährleistet durch die ungerichtete Erfassung aller Beiträge der Zeitschrift *Die Schwarze Botin*. Um der Beliebigkeit keinen

30 Gegenstand der Auseinandersetzung ist das Systemdenken von Georg Wilhelm Friedrich Hegel.

31 Adorno 2017, 179.

32 Ebd. 135.

Vorschub zu leisten, schloss in weiteren Schritten eine Systematisierung an. Sie erfolgt in der Studie erstens durch die geschichtliche Kontextualisierung der Zeitschrift in der autonomen Frauenbewegung der 1970er und der Neuen Linken seit Ende der 1960er Jahre in Westdeutschland. Zweitens durch die Erarbeitung der Auseinandersetzungen um feministische Theoriebildung durch die Konfrontation mit Beiträgen aus anderen Publikationen der autonomen Frauenbewegung und der Neuen Linken. Drittens wird die Systematisierung durch die Erarbeitung und Darstellung von Motiven und Verfahrensweisen der Theoriebildung und der Kritik, die sich zum Kritikprogramm der Zeitschrift *Die Schwarze Botin* zusammenfassen lassen, geleistet. Durch die Systematisierung wird *eine* der möglichen Antworten auf die Frage, was feministische Kritik und Theoriebildung der autonomen Frauenbewegung ist, gegeben.

1.2 Das Kritikprogramm der *Schwarzen Botin*

Die Theoriebildung der Zeitschrift fasse ich als *Kritikprogramm*. Dabei handelt es sich um eine methodische Abstraktion und Verdichtung: In den Auseinandersetzungen der Zeitschrift mit anderen Akteurinnen der Frauenbewegung und der Neuen Linken sowie innerhalb der Zeitschrift entwickeln die Autorinnen Argumente und Verfahrensweisen. Die Argumentationslinien und Verfahrensweisen, die sich in den Beiträgen wiederholen, widersprechen oder nur vereinzelt auftreten, lassen sich zu Motiven und Verfahren der Kritik zusammenfügen. Die aus den Argumentationslinien und Verfahrensweisen entstandenen Kritikmotive und Kritikverfahren bilden das Kritikprogramm der Zeitschrift. Das Programmatische des Kritikprogramms liegt darin, dass die Beiträge aus der *Schwarzen Botin* verhandeln, was feministische Theorie und Kritik sein und wie sie vorgehen *soll* beziehungsweise wie sie *nicht* vorgehen und sein soll. In den Auseinandersetzungen der autonomen Frauenbewegung geht es demnach auch um normative Orientierungen. Die allgemeine Frage nach Gegenstand und Verfahren feministischer Kritik und Theorie rahmt das Kritikprogramm der Zeitschrift, deren besondere Antworten so über sich selbst hinausweisen. Durch die Konfrontation des Kritikprogramms mit gegensätzlichen sowie ähnlichen Positionen anderer Publikationen lassen sich Spannungsfelder nachzeichnen, in denen sich feministische Theoriebildung entwickelt. So bilden das Verhältnis von Individualität und Kollektivität, von Unvermitteltheit und Vermittlung der Erfahrung sowie von Versöhnung und Unversöhnlichkeit der Kritik Achsen der Auseinandersetzung um feministisches Denken. Dissens besteht ebenfalls bezogen auf das Theorem der sexuellen Differenz sowie hinsichtlich der Möglichkeit oder Unmöglichkeit, die Geschichte weiblicher Produktivität zu schreiben. Entlang dieser Achsen und Fragen wird verhandelt, ob feministische Theorie ein Subjekt positiv bestimmen kann und soll oder ob es feministisches Denken ausschließlich bei Kritik und Dekonstruktion des Subjekts belassen soll. In den Spannungsfeldern deutet die autonome Frauenbewegung die Wirklichkeit. Die Achsen strukturieren die Darstellung des Kritikprogramms der *Schwarzen Botin* in dieser Studie.[33]

Motive und Verfahren der Kritik

Zur Kontextualisierung der Zeitschrift *Die Schwarze Botin* werden im 2. Kapitel der vorliegenden Studie zunächst die Anfänge der autonomen Frauenbewegung in der BRD in ihrem Verhältnis zur Neuen Linken dargestellt. Das 3. Kapitel gibt einen Überblick über die Zeitschrift, Titel und Themen, Ausgaben und Schwerpunktsetzungen. Daran anschließend werden die Konflikte untersucht, in welche die Zeitschrift *Die Schwarze Botin* zur Zeit ihrer Gründung im Jahr 1976/1977 innerhalb der autonomen Frauenbewegung und der Neuen Linken involviert war. Im 4. Kapitel wird die Auseinandersetzung mit den Zeitschriften *Courage* und *Emma*, die ebenfalls in den Jahren 1976 und 1977 gegründet werden, untersucht. Dabei geht es um die Frage nach dem Zweck einer feministischen Zeitschrift: Soll eine Zeitschrift der autonomen Frauenbewegung eine breite Öffentlichkeit verschaffen, wie es das Ziel der Zeitschrift *Emma* ist? Oder sollen die politische Suchbewegung und der kollektive Lernprozess zum Zweck einer feministischen Zeitschrift erklärt werden, wie es *Courage* tut? Oder liegt der Zweck einer feministischen Zeitschrift in der Zersetzung der herkömmlichen Denk- und Bewusstseinsformen, wie im Fall der *Schwarzen Botin*? Zur Diskussion steht darüber hinaus, welche Leserinnen eine feministische Zeitschrift erreichen soll. *Die Schwarze Botin* lehnt es dabei ab, alle Frauen zu ihrer Zielgruppe zu erklären, da nicht alle die gleichen Interessen haben. Außerdem geht es um die sprachlichen Mittel, derer sich eine feministische Zeitschrift bedienen soll. *Die Schwarze Botin* wird sich für das Schwerverständliche aussprechen. So enthält das Kritikprogramm eine Sprachkritik, die nicht nur davon ausgeht, dass die androzentrische Geschlechterordnung sich bis auf die Strukturen der Sprache erstreckt. Vielmehr fordert sie im Namen der Kritik auch, jeder eingängigen Sprache, die vorgibt, gesellschaftliche Verhältnisse einfach ausdrücken zu können, zu misstrauen. Das Motiv des Schwerverständlichen kehrt in der Ästhetikdiskussion der autonomen Frauenbewegung, in welche *Die Schwarze Botin* involviert ist, wieder. Im Laufe des Kritikprogramms modifiziert sich das Motiv vom Schwerverständlichen zum Unverständlichen als einem inkommensurablen Rest der Bedeutungsproduktion. Der Analyse der Auseinandersetzung der Zeitschriften folgt im 5. Kapitel die Untersuchung des Konflikts mit dem *Kommunistischen Bund*, einer maoistischen Gruppe der westdeutschen Neuen Linken, die ebenfalls im Jahr 1977 stattfindet. In seiner Zeitung *Arbeiterkampf* ruft der Kommunistische Bund zum

33 Zum Verhältnis von besonderem Gegenstand und allgemeinen Aussagen siehe auch Luker 2008.

Boykott gegen *Die Schwarze Botin* auf, da er ihren feministischen Separatismus verurteilt. In dieser Situation bezieht sich die Zeitschrift eindeutig auf die autonome Frauenbewegung und auf die geteilte Erfahrung, als Frauen in der androzentrischen Gesellschaft unterdrückt zu sein. Genau diese Bezüge wird *Die Schwarze Botin* später an anderen Akteurinnen der Frauenbewegung polemisch kritisieren.

Das Verhältnis von Individualität und Kollektivität bildet über unterschiedliche Themen hinweg den Rahmen der Kapitel 6 bis 8. In der Zeitschrift finden sich Beiträge, welche die mediale Debatte um den Terrorismus der *Roten Armee Fraktion* und die Antwort des westdeutschen Staates Mitte der 1970er Jahre zum Thema machen. Sie werden im 6. Kapitel diskutiert. In den Aufsätzen verdichtet sich das Bild des einzelnen Individuums, das sich getrennt und konfrontiert sieht mit einer ihm feindlich gegenüberstehenden Gesellschaft. Das Kritikprogramm weist hier das Motiv der Trennung von Individuum und Gesellschaft auf: Letztere scheint zu einem in sich abgeschlossenen, tendenziell totalen System geworden zu sein. Von dieser Vorstellung rühren Fixierung und Vereinseitigung von Individualität als Wert und Maßstab der Kritik im Kritikprogramm der Zeitschrift.

Das 7. Kapitel diskutiert, wie sich in der *Schwarzen Botin* die Einsicht reflektiert, dass die autonome Frauenbewegung ebenso wie die feministische Theoriebildung in der postnazistischen Gesellschaft der BRD entstehen. Zudem wird das Kritikprogramm in den Zusammenhang der Debatten in der Geschlechterforschung ab den 1980er Jahren um die Aufarbeitung der Vergangenheit gestellt. Der Fokus der Beiträge der *Schwarzen Botin* liegt auf der Untersuchung der faschistischen und nationalsozialistischen Geschlechterordnung ebenso wie auf der Anziehungskraft derselben auf Frauen. So stellen die Aufsätze die Frage, welche Wünsche und Bedürfnisse der Frauen von der faschistischen und nationalsozialistischen Geschlechterordnung in welcher Weise hervorgerufen und befriedigt wurden, sodass sie trotz des Maskulinismus und der Misogynie der Ideologien zu ihren Anhängerinnen wurden. Die Beiträge in der *Schwarzen Botin* gehen dabei vom Fortleben der nationalsozialistischen (Geschlechter-)Ideologie in der Demokratie aus. Dieses Fortleben entdeckt die Zeitschrift auch in Vorstellungen und Praxen der Frauenbewegung. So kritisiert sie, die autonome Frauenbewegung betreibe die Auflösung des Individuums in einer undifferenzierten Kollektivität der Frauen und nähere sich in ihren Vorstellungen von Mutterschaft biologistischen Mutterschaftsbildern des Nationalsozialismus. Hier tritt ein wichtiges Motiv des Kritikprogramms hervor: Subjektwerdung wird als Individuierung der Frauen verstanden. Anfang der 1980er Jahre entspinnt sich eine Auseinandersetzung zwischen der *Schwarzen Botin* und *Courage* über die Rolle der nichtverfolgten deutschen Frauen im Nationalsozialismus, in der zugleich der Maßstab feministischer Politik und das Autonomieverständnis der Bewegung verhandelt werden.

In der Zeitschrift entwickelt sich das Motiv der Überschreitung: Die Beiträge fordern in ihrem Inhalt wie teilweise auch in ihrer Form die Transgression der herrschenden Denk- und Bewusstseinsformen ebenso wie der Erfahrungs- und der Wahrnehmungsmuster. Dieses Motiv der Überschreitung verbindet sich mit dem Modus einer negativen Kritik, die sagt, wie feministische Kritik und Theorie – in den Augen der Autorinnen der *Schwarzen Botin* – nicht sein sollen. Dass die Vorstellungswelten und Praxen der autonomen Frauenbewegung gerade nicht die von der androzentrischen Geschlechterordnung bedingten Bewusstseins-, Denk-, Wahrnehmungs- und Erfahrungsmuster durchbrechen, darin liegt ein Vorwurf der Zeitschrift gegenüber der Bewegung und ihrem Bewusstsein. Der Modus der negativen Kritik, den das 8. Kapitel herausarbeitet und diskutiert, umfasst die Kritik des Geschlechtermythos der androzentrischen Gesellschaft, der auf der Naturalisierung und Enthistorisierung der Geschlechterordnung beruht. Die Kritik deckt die Funktionsweisen des androzentrischen Geschlechtermythos auf – Funktionsweisen, welche die Zeitschrift auch in Vorstellungen der autonomen Frauenbewegung am Werk sieht. Vor allem der Versuch der Bewegung, Kollektivität herzustellen, wird verworfen. Im Modus der negativen Kritik wird in der Zeitschrift ein einseitiges und unspezifisches Bild der autonomen Frauenbewegung entworfen, dass dazu dient, die Kritik der *Schwarzen Botin* zu schärfen und als einzige radikale Position erscheinen zu lassen.

Auch die Thematisierung von Unvermitteltheit und Vermittlung von Erfahrung – vor allem in den Selbsterfahrungsgruppen – wird zum Gegenstand der Auseinandersetzung in der autonomen Frauenbewegung, wie im 9. Kapitel gezeigt wird. *Die Schwarze Botin* nimmt dabei wiederum die Position der Kritikerin ein. Ihre Kritik zielt auf die Vorstellung, eine gemeinsame Erfahrung aller Frauen sei unvermittelt gegeben, direkt erkenn- und sprachlich ausdrückbar und könne daher als Grundlage einer weiblichen Identität dienen. Damit wendet sich die Zeitschrift gegen die Vorstellung, eine unvermittelte Körpererfahrung, jenseits der durch die androzentrische Geschlechterordnung bedingten Wahrnehmungs- und Erfahrungsmuster, sei möglich. Die *Schwarze Botin* bezieht sich nicht auf die Erfahrung eines Frauseins. Vielmehr geht es ihr um die Frage, wie die androzentrische Geschlechterordnung erfahrbar, und vor allem, wie der Erfahrungshorizont des Frauseins in einer androzentrischen Gesellschaft überschritten werden kann. Durch die Konfrontation mit Texten aus der autonomen Frauenbewegung, die unterschiedliche Konzeptionen der Selbsterfahrungspraxis entwickeln, treten zwei Motive des Kritikprogramms der *Schwarzen Botin* hervor: die Kritik der Unvermitteltheit und das Motiv der Erfahrung als ein Resultat von Wissens- und Bedeutungsproduktion. Aus der Retrospektive verweist die Diskussion der 1970er Jahre um Vermittlungswege von Erfahrung auf die ebenfalls schon zur Geschichte gewordene Debatte, die in den 1990er Jahren vor dem Hintergrund des Einflusses des *linguistic turn* in der Geschichts- und der Kulturwissenschaft geführt wurde. In Letzterer wurde die Konstitution eines feministischen Subjekts kritisiert, das seine Gewissheit auf einer nicht weiter befragten und daher evident erscheinenden Kategorie Erfahrung aufgebaut habe. Die Auseinandersetzungen der 1970er und der 1990er Jahre in einen Zusammenhang gebracht, zeigt sich, dass in der *Schwarzen Botin* Argumente der späteren Debatte teilweise vorweggenommen wurden, zugleich aber auch Verschiebungen stattgefunden haben. Das Motiv der Erfahrung als ein *Resultat* von Vermittlungs- und Deutungsprozessen, wie es im Kritikprogramm der Zeitschrift auftritt, und *nicht als unvermittelter Ausgangspunkt* der Bedeutungsproduktion, nimmt einen in der Debatte der 1990er Jahre geäußerten Kritikpunkt vorweg. Eine Verschiebung findet insofern statt, als dass es in der *Schwarzen Botin* nicht nur darum geht, retrospektiv die diskursive Herstellung von Bedeutung und Wissen (z. B. die Herstellung der Bedeutung einer Identität Frau) aufzuklären. Vielmehr geht es in der Zeitschrift darum, die Bedingungen möglichen Wissens und möglicher Bedeutung, also den Rahmen, in dem Wahrnehmungen und Erlebnisse bisher gedeutet und zu Erfahrungen wurden, zu sprengen. Es geht demnach um die Überschreitung der Erfahrung, in einer androzentrischen Gesellschaft Frau zu sein. So weist das Kritikprogramm das Motiv der neuen Erfahrungen auf, welche die Begrenzungen des bisher Erfahrbaren aufbrechen würden.

Eng verknüpft mit der Diskussion um Erfahrung ist die Debatte der autonomen Frauenbewegung um Ästhetik, die im 10. Kapitel thematisiert wird. Zur Diskussion steht, ob es eine weibliche Ästhetik geben könne und wie eine feministische Ästhetik bestimmt werden soll. Die Autorinnen der *Schwarzen Botin* erteilen einer Position, die von einer weiblichen Substanz ausgeht, die sich in Kunst ausdrücken soll, eine Absage. Ebenso verwerfen sie ein Realismusverständnis, dem zufolge feministische Kunst Frauen, ihre Körper, ihre Probleme oder politische Forderungen des Feminismus zum Gegenstand haben soll. Gegen diese Positionen setzt das Kritikprogramm der Zeitschrift das Motiv der Unversöhnlichkeit der Kunst: Unversöhnlich soll sie den gesellschaftlichen Verhältnissen gegenüber sein, indem Ausbeutung, Herrschaft und Zerstörung in der kapitalistischen androzentrischen Gesellschaft erfahrbar gemacht werden. Ein solches Kunstverständnis bezieht sich auf die Autonomie der Kunst. Sie steht im Kontrast zu einer Konzeption der Verwirklichung der Kunst im Leben, die auf die Aufhebung von Entfremdung und auf Versöhnung zielt, wie ich anhand der Ästhetikdebatte der autonomen Frauenbewegung zeigen werde.

In der Ästhetikdiskussion wird darüber hinaus das Konzept eines weiblichen Schreibens kontrovers diskutiert, wie das 11. Kapitel darlegt. Wie schon die Debatte um Erfahrung zeigt, entwickelt das Kritikprogramm eine Denkbewegung, die auf die Überschreitung der Grenzen von Erfahrung und Wahrnehmung zielt. In der Ästhetikdiskussion ist diese Denkbewegung insofern relevant, als dass *Die Schwarze Botin* in der Kunst die Möglichkeit sieht, neue Erfahrungen zu machen und somit die Grenzen der Erfahrung zu überschreiten. Der Konflikt um weibliches Schreiben ist ebenfalls auf die Frage nach der Überschreitung der Grenzen der Erfahrung und der Ordnung der sinnlichen Wahrnehmung bezogen. Um die kulturellen Grenzen des Erfahr- und Wahrnehmbaren zu analysieren und zu kritisieren, erfolgt in der Zeitschrift eine Auseinandersetzung mit einer Theorieströmung, die ab den 1970er Jahren in der feministischen Theoriebildung Einfluss gewinnt: die poststrukturalistische, feministische Kritik der psychoanalytischen Subjekttheorie. *Die Schwarze Botin* bringt diese Strömung in die deutschsprachige Diskussion ein anhand eines Gesprächs mit der Schriftstellerin Hélène Cixous, der Übersetzung eines Aufsatzes der Psychoanalytikerin und Literaturwissenschaftlerin Julia Kristeva, durch die kontroverse Auseinandersetzung mit den Texten der Philosophin und Psychoanalytikerin Luce Irigaray und

durch zahlreiche teils implizite Bezüge auf das Denken dieser Autorinnen in den Beiträgen der Zeitschrift. Dabei bildet die Debatte um sexuelle Differenz und Subjektkritik den Rahmen der Kapitel 11, 12 sowie 13 und 14. In der Auseinandersetzung der autonomen Frauenbewegung um weibliches Schreiben zeigen sich zwei gegensätzliche Interpretationen der Texte von Hélène Cixous und ihres Konzepts der *écriture féminine*. Während die eine Deutung von einer weiblichen Substanz ausgeht, die sich im Schreiben und in ästhetischen Produktionen Ausdruck verleihen soll, kritisiert die andere, in der *Schwarzen Botin* vertretene Position ebendiese Vorstellung. Beide beziehen sich bejahend auf Hélène Cixous' Konzeption. Doch liegt der Grund für den Bezug auf Hélène Cixous im Kritikprogramm der Zeitschrift in einem anderen Aspekt ihres Denkens: Auch Cixous kritisiert die Vorstellung eines unvermittelten Zugangs zum Körper und seinen Erfahrungen. Erst durch die sprachliche Vermittlung entsteht ihr zufolge ein Imaginäres der Körperbilder, durch das ein Zugang ermöglicht werde. Nicht nur im Motiv der Kritik der Unvermitteltheit trifft sich das Kritikprogramm mit Cixous' Denken. Denn sie thematisiert darüber hinaus den Rahmen, die symbolische Ordnung, von welchem das Imaginäre bedingt ist. Cixous' Konzept der *écriture féminine* will die symbolische Ordnung als sprachlich vermitteltes Bedingungsgefüge, in dem die Realität (z. B. des Körpers) allgemein verbindlich konstituiert wird, stören. Die Störung und Veränderung der Realitätskonstitution – als Grenze von Erfahrung und Wahrnehmung – soll sich durch die Einbeziehung unbewusster, bisher nicht zur Sprache gekommener Strebungen in das Schreiben vollziehen. Die Kritik des Bedingungsgefüges der Erfahrung und Wahrnehmung – in der psychoanalytischen Terminologie als symbolische Ordnung bezeichnet – wird ein wichtiger Strang im Kritikprogramm der *Schwarzen Botin*. Anhand der Debatte um weibliches Schreiben und *écriture féminine* werden die unterschiedlichen Schwerpunktsetzungen in der Ästhetikdiskussion der autonomen Frauenbewegung deutlich.

Die Kritik der Vergesellschaftungsform bildet den Hintergrund für die Auseinandersetzung um die Texte der Philosophin Luce Irigaray in der *Schwarzen Botin*, der sich das 12. Kapitel widmet. Ausgehend von der Subjekttheorie der strukturalistischen Psychoanalyse entwickelt Irigaray eine Methode der Untergrabung und Subversion des psychoanalytischen Diskurses. Sie will so eine neue Subjektwerdung ermöglichen, welche die sexuelle Differenz nicht verleugnet. Im Theorem der sexuellen Differenz, das in der *Schwarzen Botin* schon im Gespräch mit Hélène Cixous thematisiert wird, kritisieren Cixous und Irigaray, dass die androzentrische Geschlechterordnung, wie sie von der Psychoanalyse theoretisiert und ausgesprochen wird, Allgemeinheit vergeschlechtlicht denkt. Zwar erscheint das gesellschaftliche Allgemeine als neutrale Ebene, tatsächlich aber ist es durch Werte und Bedeutungen imprägniert, die eine spezifische Subjektform produzieren. Diese mit Männlichkeit verknüpfte Subjektform beruht nun darauf, die Individuierung der Frauen – und damit ihre Subjektwerdung – zu verhindern. Das Denken der sexuellen Differenz von Cixous und Irigaray, wie es das Kritikprogramm der *Schwarzen Botin* in die deutschsprachige Debatte einbringt, steht der weitverbreiteten Vorstellung diametral gegenüber, die sexuelle Differenz als bedeutungsvollen (biologischen) *Unterschied* der Geschlechter missversteht. In der *Schwarzen Botin* entfacht sich eine kontroverse Debatte über die Nützlichkeit dieses Denkens, wie das 13. Kapitel zeigt. Wie ein Subjekt feministisch gedacht werden kann, steht hier im Zentrum der Auseinandersetzung. Es lassen sich drei Positionen ausmachen: Die erste verwirft Irigarays Subjekttheorie, da sie deren psychoanalytischen Rahmen nicht teilt. Die zweite Position schließt sowohl an die dekonstruktive Methode als auch – allerdings innerhalb der *Schwarzen Botin* nur in Ansätzen – an Irigarays alteritätstheoretischen Entwurf eines anderen Subjekts und eines anderen Anerkennungsverhältnisses an. Die dritte Position befürwortet das Destruktive der Methode Irigarays, betont allerdings, dass einzig eine negativ verfahrende Subjektkritik einen Ausweg aus (androzentrischen) Ideologien gewährleiste. Sie weist Irigarays Ansatz, ein Subjekt der sexuellen Differenz zu denken, entschieden zurück. In der Auseinandersetzung um Irigaray in der *Schwarzen Botin* zeichnen sich die Linien ab, in denen im deutschsprachigen Raum ihr Werk rezipiert und ihr Subjektentwurf zumeist verworfen wird. Bemerkenswert ist, dass das Kritikprogramm mit Irigaray teilt, Subjektwerdung als Individuierung durch Begrenzung zu denken, dass diese Gemeinsamkeit aber den meisten Autorinnen der *Schwarzen Botin* kaum zu Bewusstsein kommt. Die dritte Position in der Debatte um Irigaray bezieht sich auf Julia Kristevas Motiv, das Weibliche als Negativität zu denken. Die Negativität wird zum störenden Element in der Bedeutungsproduktion, indem es in diese ein unbestimmbares und unabschließbares Moment einfügt. Das Weibliche wird so als Chiffre des Unbestimmbaren, Unentscheidbaren und Unabschließbaren zur Verfahrensweise in der Bedeutungsproduktion. In diesem Zusammenhang tritt im Kritikprogramm der *Schwarzen Botin* zur negativen Kritik das Motiv der Negativität der Kritik hinzu.

Neben diesen Positionierungen zu feministischer Subjekttheorie und -kritik werden im 14. Kapitel weitere Motive, Verfahrensweisen und fragmentarische Entwürfe der Subjekttheorie im Kritikprogramm der Zeitschrift herausgearbeitet. Im Sinne der Kritik androzentrischer Geschlechtermythen wird in der *Schwarzen Botin* ein Denken kritisiert, das Autonomie als Fähigkeit und Können ausschließlich mit Männlichkeit verknüpft. Diesen Mythos kritisiert das Kritikprogramm im Motiv des Phantasmas des männlichen Subjekts und setzt ein Verständnis von Selbstbefreiung als Aneignung und Entwicklung intellektueller Potenz dagegen. Des Weiteren lassen sich anhand der Auseinandersetzung um die psychoanalytische Subjekttheorie zwei Kritikverfahren der Zeitschrift verdeutlichen. Im Kontrast zur Übernahme der Weiblichkeitsvorstellungen im psychoanalytischen Subjektentwurf, die ebenfalls in der *Schwarzen Botin* vertreten werden, steht das Verfahren, durch Satire und Pastiche die Autorität des psychoanalytischen Diskurses infrage zu stellen. Hinzu tritt das Motiv der Zerstörung des weiblichen Subjekts, das unterschiedliche Facetten aufweist: Zerstörung wird dabei erstens auf die zerstörerische Macht der androzentrischen Geschlechterverhältnisse in ihren konkreten, historisch gesellschaftlichen Ausformungen bezogen. Zerstörung meint zweitens die Zersetzung der androzentrischen symbolischen Ordnung als eines kulturtheoretischen Zusammenhangs, in dem Wirklichkeit und Subjektwerdung gedacht werden. Im Kontrast zu diesen beiden Elementen des Motivs der Zerstörung des Subjekts steht ein drittes Element, welches die Ausweglosigkeit der Zerstörung weiblicher Subjektivität festhält. Im Anschluss daran komme ich auf den Entwurf des Subjekts der sexuellen Differenz zu sprechen, wie es im Konzept des *affidamento* von der Philosophinnengruppe *Diotima* aus Verona und im Umkreis des Frauenbuchladens in Mailand in den 1980er Jahren entwickelt wurde. Dieser Entwurf ist im Kontext der *Schwarzen Botin* bemerkenswert: Erstens, weil er den einzigen Bezug zur Theoriebildung des feministischen Differenzdenkens aus der italienischen Frauenbewegung in der *Schwarzen Botin* bildet, zweitens, weil der Text vom Modus der negativen Kritik sowohl in seiner Haltung und seiner Sprache als auch in seiner positiv praktischen Konzeptionierung der Subjektwerdung von Frauen und in seinem Versuch, Theorie und Praxis zu vermitteln, abweicht.

Im Kritikprogramm der Zeitschrift wird die Subjektfrage als Frage nach der Möglichkeit oder Unmöglichkeit eines Subjekts der Geschichte verhandelt, das seine Abhängigkeit und Kreatürlichkeit nicht verdrängt. Dabei wird Geschichte mittels des Begriffs der weiblichen Produktivität thematisiert. Weibliche Produktivität meint ein Vermögen der Subjektivität. Der Begriff wird im Kritikprogramm der *Schwarzen Botin* nicht eindeutig bestimmt, sondern dient als Mittel der Kritik eines Rationalitätstypus, der Geschichte als geschlossenes, teleologisches System versteht. Durch die Konfrontation des Kritikprogramms der *Schwarzen Botin* mit weiteren feministischen Thematisierungen von Produktivität und Arbeitsvermögen treten im 15. Kapitel die unterschiedlichen Perspektiven und Schwerpunktsetzungen in der Theoriebildung der autonomen Frauenbewegung hervor. Anders als geschichtswissenschaftliche und soziologische Untersuchungen zu Arbeits- und Lebensverhältnissen von Frauen, die empirisch vorgehen, sind die Beiträge zu weiblicher Produktivität in der *Schwarzen Botin* kulturtheoretische und geschichtsphilosophische Untersuchungen. Sie befragen einen Rationalitätstypus, der gesellschaftliche Vermittlung auf Kosten dessen installiert, was als weibliche Produktivität hergestellt wird. Die weibliche Produktivität wird zum vermittelnden Element von Gesellschaft gemacht, indem sie selbst als unvermittelt und geschichtslos erscheint. Somit fällt sie aus dem Geschichtswissen des Subjekts als scheinbar ungeschichtlicher Rest heraus. Die Schwierigkeit, etwas zu fassen, was sich nur zum Preis seiner Ideologisierung und Verdinglichung fassen lässt, bringt die Beiträge zur weiblichen Produktivität dazu, unterschiedliche Verfahrensweisen zu entwickeln: erstens das Verfahren der Konstruktion einer spekulativen Kulturgeschichte, zweitens die Kritik durch Wiederholung, Befragung und Verschiebung der Bedeutung und drittens eine antisystematische Darstellung des Gegenstands, die bewusst Leerstellen im Verständnis produziert. Im Kritikprogramm der *Schwarzen Botin* wird so das später in der feministischen Forschung breit diskutierte Problem, dass Geschlecht „Objekt des Wissens und Analysekategorie“[34] ist, indirekt thematisiert. Denn die Verfahrensweisen in der Untersuchung der weiblichen Produktivität zielen darauf, die Reifizierungsmechanismen zu unterlaufen, die durch eine eindeutige Definition eines weiblichen Vermögens wirken könnten. Die nichtempirische, spekulative Vorgehensweise in der Untersuchung weiblicher Produktivität lässt darüber hinaus die Fragen entstehen, was das Gesellschaftliche der Gesellschaft ist und welche Funktion die Geschlechterordnung in der Konstitution von Gesellschaftlichkeit spielt. Die Zeitschrift thematisiert die Vergesellschaftungsform auf der Ebene der Denk- und Bewusstseinsformen, der Form der Bedeutungs- und Wissensproduktion, nicht aber in der materiellen Dimension als Formänderung der Produktionsweisen.

Das 16. Kapitel gibt ein Resümee zum Kritikprogramm der *Schwarzen Botin* und den Konflikten um feministische Theoriebildung in der autonomen Frauenbewegung der 1970er und 1980er Jahre.

Danksagung

Diese Arbeit beruht auf meiner Dissertation, die ich mit einem Promotionsstipendium der Hans-Böckler-Stiftung begonnen und im Rahmen des Doktoratskollegs *Geschlecht und Geschlechterverhältnisse in Tranformation: Räume – Relationen – Repräsentationen* an der Universität Innsbruck

34 Hark 2005, 272.

im Jahr 2021 abgeschlossen habe. Die Publikation des Buches wurde freundlich unterstützt durch das Vizerektorat für Forschung, das Doktoratskolleg *Geschlecht und Geschlechterverhältnisse in Transformation: Räume – Relationen – Repräsentationen*, die Fakultät für Bildungswissenschaften, das Institut für Erziehungswissenschaft, die Forschungsplattform Center interdisziplinäre Geschlechterforschung der Universität Innsbruck sowie die Hans-Böckler-Stiftung.

Ich danke Maria Wolf von der Universität Innsbruck und Susanne Maurer von der Universität Marburg für ihre anregenden Anmerkungen, die hilfreichen Gespräche und für ihre disziplinäre Offenheit. Sie haben eine Atmosphäre geschaffen, in der ich in Ruhe denken und schreiben konnte. Unterstützt und gefördert haben mich ebenso Michaela Ralser von der Universität Innsbruck und Ulrich Brieler von der Universität Leipzig. Auch ihnen gilt mein Dank. Der Lektorin Elvira M. Gross und Martin Birkner vom Mandelbaum Verlag danke ich für die gute Zusammenarbeit. Jasmin Hegele, Lilli Helmbold, Anna Kow, Sascha Krohn, Anna Schwenck und Jule Wagner haben das Manuskript gelesen, kommentiert und auch formatiert. Dafür sowie für ihr Interesse an meiner Arbeit und ihren motivierenden Zuspruch möchte ich mich herzlich bedanken. Bei Christina Hecht bedanke ich mich für ihre kunsthistorische Recherche. Meinem Lebensgefährten Maximilian Hauer danke ich für seine Ermutigung, unseren Austausch und dass er mich auf meinem Weg zu diesem Buch begleitet hat.

2. Die Anfänge der autonomen Frauenbewegung in Westdeutschland

Die Schwarze BOTIN steht auf einer schmalen Zeitschrift, die im Herbst 1976 in Berlin veröffentlicht wird. Das Heft ist in Schwarz-Weiß gedruckt, vierzig Seiten stark, die Artikel unterbrochen durch Collagen und Abbildungen. Auf dem Titel prangt eine Frauengestalt am rechten Bildrand, den Blick aus dem Bildrahmen in die Ferne gerichtet, die Doppelaxt in der Hand. Links unten, nach hinten versetzt zwei weitere Personen, die Gefolgschaft der Axtträgerin. Ein schwarzer Trauerrand rahmt die Titelseite ein. Über dem in großen Lettern gedruckten Namen ist „Frauenhefte Berlin 1976 5.- DM Nr. 1" zu lesen. Auf der Rückseite sind als Redakteurinnen Brigitte Classen und Gabriele Goettle verzeichnet. Vertrieben wird die Zeitschrift vom Frauenbuchvertrieb Danielle de Baat.[1] Das lesbische Zeichen der Doppelaxt und der Frauenbuchvertrieb Danielle de Baat verweisen im Westberlin der 1970er Jahre auf die Herkunft der Zeitschrift aus der autonomen Frauenbewegung. Inhaltlich stellt die 1. Ausgabe klar, dass sie sich dem „kritischen Denken", der Kritik des Patriarchats und der patriarchalischen Gesellschaft in Geschichte und Gegenwart, aber auch der Kritik der Frauenbewegung widmen will.[2] Kritik hat *Die Schwarze Botin* sich zur Aufgabe gemacht und verfolgt sie mit einer Unterbrechung bis zu ihrem Ende 1987.[3] In den 31 Ausgaben – die Ausgaben 14/15 und 32/33 sind Doppelausgaben – werden sich Fragmente feministischer Gesellschaftskritik entwickeln und ein Netz aus vielerlei Theoriebezügen entspinnen.

Der Anfang der *Schwarzen Botin* fällt in die Hochzeit der Frauenbewegung. Überall entstehen Frauenzentren und feministische Publikationen, das erste Frauenhandbuch zum Thema Verhütung und Sexualität erscheint 1972, die erste Sommeruniversität findet 1976 an der Freien Universität Berlin statt, Frauenfeste werden organisiert, Beratungsstellen etabliert und Selbsterfahrungsgruppen gegründet. Die Kampagne gegen den Paragraphen 218, der Schwangerschaftsabbrüche illegalisiert, bringt zahlreiche Frauen auf die Straße. Zwar verhallen die Stimmen der Frauen in der BRD, die die ersatzlose Streichung des Para-

1 Danielle de Baat war Gitarristin der Band *The Flying Lesbians*, die in der westdeutschen Frauenbewegung berühmt wurde.
2 Die Schwarze Botin 1976, 9; vgl. Anonym/Goettle 1976b, 4–5.
3 Zur Geschichte der Zeitschrift siehe 3. Kapitel und Vukadinović 2020.

graphen fordern,[4] doch der Schwung, der durch die Kampagne entstanden war, hält an.[5] In diese Aufbruchsstimmung hinein gründen Brigitte Classen und Gabriele Goettle ihre Zeitschrift. Sie teilen die Aufbruchsstimmung nicht.

2.1 Der Aktionsrat zur Befreiung der Frau

„Ich hatte in diesen drei Jahren viel erlebt. Viel Glück, und ich hatte viel gelernt. Das Glück lag vor allem darin, daß politische Ereignisse und mein Leben zusammengerückt waren zu einem Ganzen."[6]

Als im Herbst 1976 die 1. Ausgabe der Zeitschrift erscheint, sind nicht viele, aber ereignisreiche Jahre des feministischen Aufbruchs vergangen. Jahre, in denen die ersten Konflikte und Richtungsstreite geführt wurden und sich verschiedene feministische Strömungen innerhalb der Frauenbewegung herausbilden. Die Frauenbewegung in Westdeutschland nimmt ihren Anfang 1967/68 im *Sozialistischen Deutschen Studentenbund* (SDS), als einige Frauen des SDS beginnen, Kinderläden zu gründen, einen Streik der Kindergärtnerinnen zu organisieren, ihre männlichen Genossen mit dem androzentrischen Geschlechterverhältnis und -verhalten innerhalb der eigenen Reihen zu konfrontieren und Veränderung verlangen.[7] Die Politik dieser Frauen des SDS zielt ihrem sozialistischen Selbstverständnis nach auf nichts Geringeres, als alle Lebens-, Arbeits- und Liebesverhältnisse menschlich zu gestalten. Im Januar 1968 gründen sie in Berlin den *Aktionsrat zur Befreiung der Frau* und im Oktober desselben Jahres den *Frankfurter Weiberrat* in Frankfurt am Main.[8] Seinen Ausgangspunkt findet der Aktionsrat bei lebenspraktischen Fragen. Gerade Müttern ist es nur unter großem Aufwand möglich, teilzuhaben am pulsierenden politischen Leben im Umkreis des SDS, das für viele einen reizvollen „Bildungsprozess"[9] bedeutet. Um Frauen und vor allem Müttern die Möglichkeit zu eröffnen, mehr Zeit für sich und politische Tätigkeiten zu haben, rufen Helke Sander, Marianne Herzog und Dorothea Ridder 1967 zu einem Treffen auf, um über eine gemeinsame Kinderbetreuung nachzu-

4 Die meisten Frauengruppen hatten für die ersatzlose Streichung oder eine Fristenregelung gekämpft. 1974 wurde die Indikationsregelung eingeführt.

5 Lenz 2010, 19ff.

6 Herzog 1980, 8. Herzog bezieht sich auf die Jahre 1967/1968 bis 1970.

7 Kristina Schulz weist darauf hin, dass die „68er-Bewegung" für die Frauenbewegung „Objekt der Anlehnung und der Abgrenzung" sei, Schulz 2008, 49. Das hat bis heute Auswirkungen auf die Geschichtsschreibung der Frauenbewegung. Ich setze den Anfang in die Studentinnenbewegung Ende der 1960er Jahre, da ich eine Kontinuität sehe im Wunsch und Willen der Akteurinnen, die kapitalistische Gesellschaft mit all ihren Ausbeutungs- und Herrschaftsformen zu überwinden.

8 Kätzel 2002, 308.

9 Müller 1988, 166–189, hier 170.

denken.[10] Aus dem Treffen, zu dem im Januar 1968 vor allem Frauen aus dem SDS, aber auch Frauen, „die sich ihrer gesellschaftlichen politischen Position individuell bewußt geworden waren und die Notwendigkeit der Solidarität und Organisierung der Frauen ansatzweise begriffen hatten",[11] zusammenkommen, gehen die ersten Berliner Kinderläden hervor, in denen die Kinder jenseits staatlicher Einrichtungen selbstorganisiert versorgt und erzogen werden.[12] Getragen werden die Frauen von der „Sehnsucht, in einer Gruppe mit anderen Frauen Nähe und Verständnis, ja Heiterkeit zu finden, die uns in der Konkurrenz jeder gegen jede, die ja den bürgerlichen Maximen entsprach, verlorengegangen war".[13] Auch wenn die Kinderläden aus dem pragmatisch erscheinenden Grund, Zeit für sich und eigene Interessen zu haben, gegründet werden, ist dieser alltagsweltliche Pragmatismus von Anfang an verbunden mit politischen Interessen. Der Aktionsrat verknüpft die gemeinsame Organisation der Kinderbetreuung und -erziehung mit einer reflexiven Auseinandersetzung mit Erziehung, Familie, der Eltern-Kind-Beziehung und mit der Diskussion theoretischer Konzepte antiautoritärer Erziehung. Die Kinderladen-Frauen erkennen, dass ihre Praxis sowohl gemeinsame Alltagsbewältigung als auch Politik und theoretische Reflexion dieser Praxis ist.[14] Die Frauen im Aktionsrat, die auch Mitglied des SDS sind, haben zudem ein Interesse daran, die Beziehungen zwischen den Genossinnen und Genossen und zwischen den Genossen untereinander innerhalb des Studentinnenbunds zum Gegenstand der Politik zu machen und zu verändern. Vor allem aber soll das Problem der Kinderbetreuung als gemeinsame, politische Aufgabe begriffen werden, sowohl innerhalb des SDS als auch bezogen auf die Gesellschaft allgemein.

Zu einer Zeit, in der der SDS um die Frage der richtigen Organisation und Praxis ringt, beginnen die Frauen – ausgehend von ihren Alltagserfahrungen – eine vielversprechende politische Praxis zu entwickeln. Diese Form der Politik wird von Helke Sander verdichtet dargestellt in ihrer Rede auf der 23. Delegiertenkonferenz des SDS im September 1968 in Frankfurt am Main. Sander tritt als Mitglied des SDS und Abgesandte des Aktionsrats auf. Ihrer Rede folgt, nach Ausbleiben einer von der Rednerin und ihren Genossinnen erhofften Diskussion, der berühmte Tomatenwurf von Sigrid Rüger.[15]

10 Sander 2002,164–165. Sander studierte zu dieser Zeit an der Deutschen Film- und Fernsehakademie Berlin, Herzog veröffentlicht ab Mitte der 1970er Jahre Reportagen zur Arbeitssituation von Fabrikarbeiterinnen und zur Situation in Gefängnissen der BRD, Ridder studierte Medizin in Berlin.

11 Conrad 1968/88, 58.

12 Zum Verhältnis von Kinderladenbewegung und Frauenbewegung siehe Mauritz 2020 und Windheuser 2020.

13 Ebd.

14 Rauschenbach/Trumann 2018, 64–70.

15 Nienhaus 2007, 10. Sigrid Rüger war gewählte Vertreterin des SDS der Freien Universität Berlin, Kätzel 2002.

Im Mittelpunkt der Rede steht die Aufforderung, die Bedürfnisse und die Subjektivität der Einzelnen nicht von der politischen Praxis abzuspalten. Ausgehend von ihrer Erfahrung in den Berliner Kinderläden und dem Aktionsrat kritisiert Sander die Politik und Organisationsstruktur des SDS. Trotz aller Kritik hält Sander den Studentinnenverband für die „einzige progressive Organisation“[16], mit der eine Zusammenarbeit möglich ist. Dennoch spiegeln sich, entgegen dem Selbstverständnis als revolutionärer Organisation, auch im SDS die Trennungen wider, welche die kapitalistische Gesellschaft durchziehen. Vor allem die Trennung von öffentlichem gesellschaftlichem Leben und dem der Gesellschaft scheinbar enthobenen Privaten greift Sander an. Die Trennung in Politik und Alltag, in öffentliches Leben und Privatleben werde vom SDS unreflektiert übernommen. Diese unbewusste Übernahme führe dazu, dass die Grundstruktur der Gesellschaft nicht angetastet werde.[17]

Damit klaffe ein Widerspruch zwischen dem revolutionären Anspruch des SDS und seiner Wirklichkeit – ein Widerspruch, der verschwiegen werde, um nicht in die Verlegenheit zu geraten, die eigene Politik infrage stellen zu müssen. Der Preis sei die Abspaltung des Privaten aus dem Bereich des Politischen, wobei Ersteres den Frauen zugeschoben werde. Sanders Rede wird im Frauenjahrbuch '75 und 1988 in einem Sammelband mit Texten aus den Anfängen der Bewegung abgedruckt. Dort ist zu lesen:

> „Wir stellen fest, dass der SDS innerhalb seiner Organisation ein Spiegelbild gesamtgesellschaftlicher Verhältnisse ist. Dabei macht man alle Anstrengungen, alles zu vermeiden, was zur Artikulierung dieses Konfliktes zwischen Anspruch und Wirklichkeit beitragen könnte, da dies eine Neuorientierung der SDS-Politik zur Folge haben müsste bzw. eine klare Strategie erzwingen würde. Diese Artikulierung wird auf eine einfache Weise vermieden, nämlich dadurch, dass man einen bestimmten Bereich des Lebens vom gesellschaftlichen Leben abtrennt, ihn tabuisiert, indem man ihm den Namen Privatleben gibt.“[18]

Die Konsequenz sei eine vereinseitigte Vorstellung von der Emanzipation der Frau: Frauenemanzipation werde missverstanden als Angleichung der weiblichen an die männliche Subjektivität und damit gleichbedeutend mit der Verallgemeinerung der Zurichtung männlicher Subjektivität.

> „Die so verstandene Emanzipation erstrebt nur eine Gleichheit in der Ungerechtigkeit, und zwar mit den von uns abgelehnten Mitteln des Konkurrenzkampfes und des Leistungsprinzips. Die Trennung zwischen

16 Sander 1968/88, 12.

17 Innerhalb der Studentinnenbewegung hatte sich ein antiautoritärer Flügel herausgebildet, der ebenfalls die Notwendigkeit einer Revolutionierung des Alltagslebens erkannte, Rauschenbach/Trumann 2018, 27–47. Am bekanntesten ist wohl die Kommune I, die von Dorothea Ridder mitgegründet wurde, Goettle 2009, 7ff.

18 Sander 1968/88, 13.

> Privatleben und gesellschaftlichem Leben wirft die Frau immer zurück in den individuell auszutragenden Konflikt ihrer Isolation."[19]

Die Aussperrung des Privaten aus dem Politischen führe zur Beibehaltung der grundlegenden Strukturierung der Gesellschaft und ihrer Subjekte. Der SDS habe in dieser Hinsicht bisher nichts Progressives hervorgebracht. Die Subjektivität der Einzelnen, ihre Versagensängste, ihre Frustration durch zwischenmenschliche Konflikte würden unter den Tisch abstrakter Theorien über Organisation und Praxis des Verbands gekehrt, so Sander. Nicht bessere Einsicht und Solidarität, sondern Aggressionen beherrschten allzu oft die politische Diskussion und den Umgang miteinander:

> „Warum sagt ihr nicht endlich, daß ihr kaputt seid vom letzten Jahr, daß ihr nicht wißt, wie ihr den Streß länger ertragen könnt, euch in politischen Aktionen körperlich und geistig zu verausgaben, ohne damit einen Lustgewinn zu verbinden. Warum diskutiert ihr nicht, bevor ihr neue Kampagnen plant, darüber, wie man sie überhaupt ausführen soll? Warum kauft ihr euch denn alle den Reich? Warum sprecht ihr denn hier vom Klassenkampf und zu Hause von Orgasmusschwierigkeiten? Ist das kein Thema für den SDS? Diese Verdrängungen wollen wir nicht mehr mitmachen."[20]

Die Abstraktion von der eigenen Subjektivität führe zu einem nichtdurchschauten Widerspruch zwischen dem Ziel, die befreite Gesellschaft zu errichten, und dem Weg dorthin. Dieser Widerspruch zwischen der eigenen Erfahrung des Leidens an der eigenen theoretischen und praktischen Praxis und dem Zweck derselben werde verdrängt. Denn die Konsequenz aus dieser Einsicht wäre die grundlegende Neuorientierung der Politik. Diese Neuorientierung solle, wie es die Genossinnen der Kinderladenbewegung experimentiert hatten, ihren Ausgangspunkt bei den Bedürfnissen der Einzelnen, ihrem Alltagsleben nehmen. Durch seine gemeinsame Organisierung werde die Isolation der Einzelnen, ihre Trennung von ihrem eigenen und dem gesellschaftlichen Leben, aufgebrochen. Was bisher als vorpolitisch und privat galt, werde Teil des Politischen. Sander und der Aktionsrat erkennen, dass die Bedürfnisse, die sich in den Kinderläden artikulieren, das Potenzial enthalten, systemsprengend zu wirken. Es erscheint ihnen kaum möglich, sich in der Erziehung der Kinder den „Prinzipien der Konkurrenz und dem Leistungsprinzip"[21] zu entziehen, solange man isoliert auf sich allein gestellt Lohnarbeit, Haushalt und Kindererziehung zu organisieren hat. Als gemeinsame politische Praxis allerdings sei es durchaus möglich, das Interesse durchzusetzen, die Kindererziehung den Paradigmen des kapitalistischen Leistungs- und Konkurrenzzwangs zu entziehen. Die Mütter des Aktionsrats nähmen

19 Ebd. 13f. Satzzeichen i. O.
20 Ebd. 18.
21 Ebd.

den gesellschaftlichen Anspruch, Sozialisationsagentur der Kinder zu sein, zum ersten Mal ernst,

> „[u]nd zwar in dem Sinne, daß wir uns weigern, unsere Kinder weiterhin nach den Prinzipien des Konkurrenzkampfes und des Leistungsprinzips zu erziehen, von denen wir wissen, dass auf ihrer Einhaltung die Voraussetzung des kapitalistischen Systems überhaupt beruht.“[22]

Ziel der Kinderläden sei es, die Kinder nicht „auf Inseln fernab jeglicher gesellschaftliche[r] Realität“ zu drängen, sondern sie in ihren „eigenen emanzipatorischen Bemühungen“ zu unterstützen und ihnen „die Kraft zum Widerstand zu geben, damit sie ihre eigenen Konflikte mit der Realität zugunsten einer zu verändernden Realität lösen können“.[23]

Sander beschreibt in ihrer Rede die Entwicklung einer Praxis, die ausgehend von der solidarischen Gestaltung sozialer Beziehungen die Subjekte verändern soll. Ihr Ausgangspunkt sind die Probleme des Alltagslebens, die eigenen Bedürfnisse und die Subjektivität. So wie sie unmittelbar in der Gesellschaft gegeben sind, erscheinen sie als un- und vorpolitisch. Ihre Politisierung soll sich durch gemeinsame Organisierung entwickeln, die zu einer praktischen Antizipation einer sozialistischen Gesellschaft führen könne.

> „Wir wollen versuchen, schon innerhalb der bestehenden Gesellschaft Modelle einer utopischen Gegengesellschaft zu entwickeln. In dieser Gegengesellschaft müssen aber unsere eigenen Bedürfnisse endlich einen Platz finden.“[24]

Sander visiert die praktische Herstellung anderer, nicht an Konkurrenz, Verzicht und Leistung ausgerichteter menschlicher Beziehungen an, die die Einzelnen in ihrem Gewordensein nicht unberührt lassen würde. Das Ziel, das Ganze intersubjektiver und subjektiver Verhältnisse umzuwälzen, entstehe erst in und durch die Praxis, die ihren Ausgangspunkt dort nehme, wo die Umwälzung stattfinden solle: beim Subjekt, seinen Bedürfnissen und Erfahrungen im Alltag. Selbstveränderung und Gesellschaftsveränderung scheinen zusammenzufallen in der gemeinsamen Organisierung der Kindererziehung, die die Bedürfnisse aller Beteiligten berücksichtigen soll.

Während der SDS sich den Kopf nicht nur über die Bestimmung des revolutionären Subjekts zerbricht, sondern auch darüber, wie die objektive kapitalistische Ausbeutung subjektiv erfahrbar und bewusst verarbeitet werden kann, um zum Ausgangspunkt gesellschaftlicher Umwälzung zu werden, scheint der Aktionsrat die Lösung der Probleme praktisch entwickelt zu haben. Die Journalistin Ulrike Meinhof ist es, die die Bedeutung von Sanders Rede und des Aktionsrats in einem Artikel in der Zeitschrift *Konkret* auf den Punkt bringt:

22 Ebd.

23 Ebd. 19.

24 Ebd.

> „Und die Frau, die die Tomaten warf, und die, die dazu die Begründung geliefert hatte, die redeten nicht aufgrund entlehnter, mühsam vermittelter Erfahrung. Die sprachen und handelten, indem sie zu unzähligen Frauen sprachen, zu sich selbst, und es scherte sie einen Käse, ob das, was sie zu sagen hatten, das ganz große theoretische Niveau hatte, das sonst im SDS anzutreffen ist, und ob das alles haargenau hinhaut. Und Reimund Reiches Vorschlag für die Frauen, doch einfach den Geschlechtsverkehr zu verweigern, bestätigte Helke Sanders Vorwurf, daß die Männer den Konflikt noch ganz verdrängen. Wollte er ihn doch in jene Privatsphäre zurückverweisen, aus der er eben erst durch Referat und Tomate ausgebrochen war."[25]

Die Frauen beginnen sich ausgehend von der Erfahrung ihrer eigenen Probleme und Unterdrückung zum Subjekt der Veränderung ihrer Lebensverhältnisse zu machen. Die Selbstorganisierung der Frauen scheint zunächst die Organisationsfrage geklärt zu haben.

Retrospektiv und vor dem Hintergrund der weiteren Entwicklung der Frauenbewegung lässt sich folgendes Bild zeichnen: Im Aktionsrat scheinen Momente zusammenzutreten, die im späteren Verlauf der Frauenbewegung auseinandergehen werden. Die Trennung von Öffentlichkeit und Privatleben und die geschlechtliche Arbeitsteilung werden durch die Selbstorganisierung nicht nur theoretisch, sondern ebenfalls praktisch kritisiert, diese gemeinsame Praxis bricht die Isolation des Individuums auf und die Sphäre des individuellen Alltagslebens berührt die allgemeine der Politik. Wenn auch bloß in einem Bereich des gesellschaftlichen Lebens, der Kindererziehung, so können hier Theorie und Praxis, Selbstveränderung und gesellschaftliche Veränderung vermittelt werden in der Selbstorganisation der Kinderläden. In Sanders Kritik des SDS im Namen des Aktionsrats liegen „[s]ozialistisches Ziel und Bedürfnis der Frauen […] möglicherweise so nah beieinander wie niemals zuvor"[26].

Der Bruch im Aktionsrat

Die Rede auf dem 23. Delegiertenkongress des SDS verhallt und die mangelnde Reflexionsbereitschaft und Fähigkeit der männlichen Genossen, auf die Vorwürfe konstruktiv und produktiv zu reagieren, ruft Enttäuschung und Resignation bei den Genossinnen hervor. Denn der antiautoritäre Flügel des SDS hatte durchaus Fragen der Subjektivität thematisiert, doch als nun die Forderung der Selbstreflexion und der praktischen Umsetzung auf die Tagesordnung gesetzt wird, versagen auch die antiautoritären Genossen. Anspruch und Wirklichkeit klaffen auseinander.[27] So ziehen sich die Frauen

25 Meinhof 1968, 5.
26 Neuhauss 2015, 58.
27 Studer 2011, 35–36.

des Aktionsrats vermehrt aus den Kampagnen und Aktionen des Verbands zurück, um sich verstärkt ihrer neu entwickelten Arbeit zu widmen.[28] 1969 zerbricht der SDS an inneren Konflikten und löst sich ein Jahr später offiziell auf. Aus ihm entstehen die unterschiedlichen Strömungen der westdeutschen Linken: Frauenbewegung, K-Gruppen, Spontis und Antiautoritäre.[29] Für den Aktionsrat ist klar, dass die Praxis des SDS an eine Grenze gestoßen ist, und diese Klarheit entspringt der Erfahrung der Frauen. Die Erfahrung mangelnder Anerkennung für die von Sander aufgeworfenen Probleme ruft bei den Frauen Frustration hervor. Die fehlende Anerkennung entspringt wiederum der Verfasstheit des SDS. Scheinbar „naturwüchsig" setzt sich die Arbeitsteilung zwischen Kopf- und Handarbeit ebenso wie die zwischen „privater" Sorge und intellektuellen Tätigkeiten entlang der Geschlechter durch.[30] Die Trennung der politischen Organisation und der Theoriebildung vom Alltag

und den Bedürfnissen der Einzelnen, das Aussparen der eigenen Gefühle und Erfahrungen und der Subjektivität aus der theoretischen Reflexion werden den Frauen zum Problem.[31] Zwar sind die Genossen des SDS bemüht, sich über die eigene Klassenlage aufzuklären, über die eigene Geschlechterlage herrscht Schweigen. Das Geschlechterverhältnis aus der theoretischen Diskussion auszusparen, führt zur Trennung von Theorie und Erfahrung und wirft die Frauen zurück „in den individuell auszutragenden Konflikt ihrer Isolation"[32], wie Sander darlegt.

Der Konflikt innerhalb des Aktionsrats entzündet sich an der Frage, was zu tun sei. Die eine Fraktion, die später zum Sozialistischen Frauenbund West-Berlin wird, hat primär ein Interesse an theoretischer Schulung. Darunter wird die Lektüre sozialistischer „Klassiker" wie Karl Marx, Friedrich Engels, August Bebel, Clara Zetkin, Simone de Beauvoir, aber auch Betty Friedans *Der Weiblichkeitswahn* verstanden. Die andere Fraktion, die später den Kern

28 Schmidt-Harzbach 1988, 50.

29 Als K-Gruppen werden kommunistisch-maoistische, antisowjetische Gruppen bezeichnet, die in der BRD nach dem Zerfall des SDS entstanden, sich in ihrer Organisationsweise an der Kommunistischen Partei Deutschlands der 1920er Jahre orientierten und versuchten, eine neue Kommunistische Partei in der BRD zu gründen; Benicke 2010, 80ff.

30 Tatsächlich gab es Frauen wie die Asta-Vorsitzende Sigrid Fronius, die hochschulpolitische Sprecherin Sigrid Rüger oder die SDS-Gruppenvorsitzende Susanne Schunter-Kleemann, die im SDS wichtige und einflussreiche Positionen innehatten und zu ihrer Zeit bekannter waren als männliche Mitglieder, die in der späteren medialen Erinnerung zu den Köpfen des SDS stilisiert wurden. Die Einschätzungen über das Geschlechterverhältnis innerhalb des Verbands und die Umgangsweisen der Frauen mit der sexuellen Liberalisierung in den 1960er Jahren gehen auseinander, Haffner 2002 144, 150–153; Schunter-Kleemann 2002, 104 und 111f.

31 Schnalzger 2015, 6; Kätzel 2002, 16f.

32 Sander 1968/88, 14.

der Gruppe *Brot und Rosen* bildet, plädiert dafür, die eigene Erfahrung zum Ausgangspunkt für Analyse und Kritik der Gesellschaft ebenso wie für die politische Praxis zu nehmen. Zur Diskussion steht demnach, wo anzusetzen sei – bei der Rezeption der *vorhandenen* Theorien über das Geschlechterverhältnis oder bei den noch nicht theoretisch begriffenen eigenen Erlebnissen und Erfahrungen. In Frage steht in diesem Konflikt das Verhältnis von Erfahrung und Theorie, von politischer Praxis und Theorie, von Politik und Subjekt – ein Knäuel von Dimensionen, dessen Fäden sich durch die Frauenbewegung und die unterschiedlichen Ansätze feministischer Theorie ziehen werden. Diese Auseinandersetzung wird von den Problemen ungleicher Arbeitsteilung und mangelnder Solidarität innerhalb des Aktionsrats flankiert, die aus dem SDS bekannt waren und die hinter sich zu lassen der große Wunsch gewesen war. Nun treten sie in der Mitte des Aktionsrats wieder auf. Die Frauen aus dem SDS hatten Erfahrung mit politischer Arbeit und waren fähig, ihren Standpunkt vorzutragen und theoretisch zu untermauern. Doch habe diese Überlegenheit, entgegen dem Wunsch aller, nicht zu einer solidarischen Zusammenarbeit geführt, wie Lena Conrad, Mitglied des Aktionsrats, in einem Beitrag zur Organisationsdebatte im Oktober 1969 kurz vor seinem Zerbrechen vorträgt:

> „Die unbedingt notwendige Vermittlung der Kenntnisse und Erfahrungen dieser Frauen [der im SDS Politisierten, K. L.], die den Aktionsrat hätten gestalten können, fand auf diesem Weg [durch die Selbstdarstellung Einzelner, K. L.] nicht statt. Es stellte sich keine solidarische organisatorische Struktur her, sondern eine in hohem Maß autoritäre."[33]

Der Aktionsrat sieht sich vor keine geringere Aufgabe gestellt, als die individuellen Probleme und Bedürfnisse als Ausgangspunkt politischer Praxis zu nehmen und zu einer kollektiven Arbeit zu synthetisieren, ohne „aus einem falschen Toleranzbegriff und einem noch gar nicht wirklich vorhandenen Solidaritätsgefühl heraus jede machen zu lassen, was sie will"[34]. Allerdings soll ebenso wenig widerspruchslos eine Linie autoritär durchgeboxt werden oder der Aktionsrat zu einer „arroganten Diskutierbude"[35] werden. Die Spannungen und Konflikte, die angesichts dieser schwer lösbaren Aufgabe entstehen, führen dazu, dass der Aktionsrat sich zunehmend in einzelnen Arbeitskreisen organisiert. Das habe, so Conrad, den Zusammenhalt des Ganzen belastet und eine Arbeitsteilung begünstigt, die zur Trennung von theoretischer und praktischer Arbeit geführt habe.[36] Sein eigenes Organisationsproblem versucht die Gruppe im Oktober 1969 zu lösen. In dem Papier „Theorie und Praxis. Diskussionsgrundlage für das Organisationsproblem im Aktionsrat" heißt es:

33 Conrad 1968/88, 58f.
34 Ebd. 60.
35 Ebd.
36 Ebd. 58f.

> „Eine Analyse der bisherigen Projekt- und Arbeitsgruppen zeigt, daß sie notwendig scheitern mußten an dem Auseinanderklaffen von Theorie und Praxis. Man war arbeitsteilig vorgegangen. Folgerichtiges Ergebnis dieser Arbeitsteilung war, daß die SDS-Genossinnen wegen mangelnden Praxisbezugs keine brauchbare Theorie entwickeln konnten, umgekehrt die in der Praxis stehenden Gruppen mangels theoretischer Kenntnisse keine erfolgreiche Arbeit leisten konnten. Daraus folgt: Diese Arbeitsteilung muß aufgehoben werden. Alle müssen den gleichen theoretischen Kenntnisstand haben. Dafür ist Voraussetzung, daß neben unserer Selbstschulung von allen solidarisch versucht wird, die Kinderfrage zu lösen. Nur so werden gleiche Bedingungen für alle geschaffen."[37]

Allerdings verläuft die Trennlinie zwischen Theorie und Praxis nicht so eindeutig, wie anzunehmen wäre.[38] Es ist durchaus nicht so, dass die Fraktion, welche die eigene Erfahrung zum Dreh- und Angelpunkt der politischen Arbeit erklärt, sich ausschließlich um die praktischen, organisatorischen und logistischen Belange des Aktionsrats kümmert. Vielmehr habe sich

> „[d]urchgängig bei allen Frauen […] das Bedürfnis nach theoretischer Arbeit gezeigt, das auch in dem Bekanntmachungspapier der Gruppe ‚Gegen das Alte und für das Neue' [Kinderladengruppe um Helke Sander, aus der später die Gruppe Brot und Rosen hervorgeht, K. L.] deutlich sichtbar wird."[39]

Neben einer solidarischen Zusammenarbeit, einer gleichberechtigten Organisationsstruktur, der Berücksichtigung von Erfahrung als Ausgangspunkt der Politik, der praktischen Arbeit in den Kinderläden, soll die theoretische Arbeit mit der eigenen Praxis vermittelt werden und sogar operationalisierbar sein. Doch die „Synchronizität zwischen persönlicher und kollektiver Entwicklung, das Zusammenfallen von biografischen und politischen Erfahrungen […], [die] Synthese zwischen dem eigenen Leben und dem öffentlichen Engagement"[40] gelingt dem Aktionsrat zur Befreiung der Frau nicht. Die Frauen im Aktionsrat verlangen von sich selbst nichts weniger als die Lösung einer Mammutaufgabe, deren Gelingen die Umwälzung der Gesellschaft bedeuten würde. Sie aber misslingt und der Aktionsrat zerbricht im Winter 1969.

37 Aktionsrat 1969/88, 65f.

38 Maria-Elisabeth Neuhauss arbeitet in ihrem Aufsatz die Konfliktlinien im Aktionsrat präzise heraus; Neuhauss 2015.

39 Aktionsrat 1969/88, 64.

40 Studer 2011, 50.

Welche Politik? Der Konflikt über den Ausgangspunkt feministischer Theorie und Praxis

Die Fraktion, die für theoretische Schulungen plädiert, setzt sich mit ihrem Programm, die „Klassiker“ zu lesen, durch. Daraufhin verlassen jene Frauen den Aktionsrat, die den Versuch fortsetzen wollen, an den eigenen Erfahrungen, Bedürfnissen und Problemen anzusetzen, so wie er in den Kinderladengruppen begonnen wurde. Sie gründen 1971 die Gruppe Brot und Rosen, nachdem die Schulungsgruppe im Frühjahr 1970 den Sozialistischen Frauenbund West-Berlin (SFB) ins Leben gerufen hat. Auf der Lektüreliste des SFB steht nun der Kanon anerkannter sozialistischer Literatur, der diszipliniert durchgearbeitet wird. Ihrem Selbstverständnis nach ist das Ziel des Studiums dieser Texte, den von den Frauen empfundenen Abstand auf dem Feld der Theorie zwischen den männlichen Genossen und ihnen selbst zu verringern. Es werden aus der Literatur die Texte heraus-
gesucht, die sich mit der sogenannten „Frauenfrage“ beschäftigen. In ihrem selbstreflexiven Rückblick schreibt Frigga Haug, Mitbegründerin des SFB, dass hinter dem Entschluss, die von den männlichen Genossen sanktionierte Literatur durchzuarbeiten, der Wunsch steht, sich Zutritt zu verschaffen zur männerdominierten Sphäre der Intellektualität und der anerkannten linken Politik durch die Aneignung bestimmter Theorie.[41] Die Frauen des SFB versuchen, sich von ihrem als mangelhaft empfundenen Zustand, immer diejenigen zu sein, die scheinbar nicht genug wissen, nicht genug gelesen und verstanden haben, dadurch zu emanzipieren, dass sie das Gleiche tun wie ihre männlichen Genossen. Der SFB versteht sich als eine Art Vorfeldorganisation, die den Eintritt der Frauen in das Feld organisiert, das dem SDS und den nach seinem Zerfall entstehenden Gruppen als Politik gilt. Nachdem die Frauen das Schulungsprogramm durchlaufen haben, sollen sie in den gemischtgeschlechtlichen Gruppen mitarbeiten.[42] Das Gleichziehen mit den Männern drückt sich in der Wahl des Gegenstands und der Vorstellung von Emanzipation aus. Im Mittelpunkt steht die Kritik der spezifischen Unterdrückung der Frauen durch das Kapital. Diskutiert werden Fragen der Kritik der politischen Ökonomie und der Reproduktionsarbeit.[43] Dahinter steckt der Gedanke, dass die Emanzipation der Frauen sich durch ihren Einzug in die Lohnarbeit vollziehen werde. Dann wären die Frauen nicht nur ökonomisch unabhängig von Männern, sondern zugleich Teil der Arbeiterinnenklasse und damit des revolutionären Subjekts. Mit die-

41 Haug 1988.

42 In einem Rückblick aus dem Jahr 2002 spricht Helke Sander davon, dass manche Frauengruppen als „Durchlauferhitzer“ für die gemischtgeschlechtlichen Gruppen bezeichnet wurden; Sander 2002, 173.

43 Studer 2011, 34.

ser Position weiß sich der SFB in der Tradition mit Revolutionärinnen wie Alexandra Kollontai, Clara Zetkin und Rosa Luxemburg.[44]

Das Organisationspapier des Aktionsrats von Oktober 1969 verzeichnet deutlich den Unterschied zwischen der Schulungsgruppe um Frigga Haug und der Gruppe *Gegen das Alte für das Neue* um Helke Sander, aus der später die Gruppe Brot und Rosen hervorgeht. Das subjektive Selbstverständnis beider Gruppen schließt den Gedanken theoretischer Arbeit ein – sie unterscheiden sich nicht hinsichtlich ihres Interesses an Theoriearbeit.[45] Es zeige sich,

> „daß Gruppe 1 (Gegen das Alte für das Neue, K. L.) theoretische Arbeit keineswegs ablehnt, sondern das Bedürfnis danach ständig neu formuliert hat, das Kinderproblem aber nicht rein technisch gelöst sehen will, sondern mit Recht an der Frage der Kindererziehung kulturrevolutionäre Modelle für das Leben in einer sozialistischen Gesellschaft entwickeln will. Gruppe 2 (Schulungsgruppe) konzentriert sich ausschließlich auf Schulung und Arbeiterinnenagitation, ohne diese kulturrevolutionären Notwendigkeiten in ihre Vorstellungen einzubeziehen. Gerade die Frauen müssen auf der Antizipation von sozialistischen Verhaltens- und Lebensformen bestehen, damit die Emanzipation aller Menschen durch die Revolution geleistet werden kann. Nur durch Kulturrevolution können wir unsere Verhaltensweisen verändern und erst so am Klassenkampf aktiv teilnehmen. Es besteht also tatsächlich ein Gegensatz zwischen beiden Gruppen."[46]

Demnach scheiden sich die Geister an der Einschätzung, welche Relevanz dem „kulturrevolutionären" Moment für die politische Praxis beigemessen wird. Die Gruppen *Gegen das Alte für das Neue* und später *Brot und Rosen* legen den Schwerpunkt auf die Kritik der patriarchalen Unterdrückung der Frauen, die auf dem Feld der Sexualität und Reproduktionsmedizin angegriffen werden.[47] 1972 gibt die Gruppe das erste Frauenhandbuch heraus, in dem körper- und reproduktionspolitische Themen wie Verhütung und Abtreibung behandelt werden. Das geschieht zur Zeit der Ausweitung der Frauenbewegung im Zuge des Kampfes für die Streichung des Paragraphen 218. Zu dieser Frage versucht die Gruppe eine Position zu entwickeln, die eine menschenfreundliche „sexuelle Kultur" fordert und nicht der Medikalisierung des weiblichen Körpers das Wort redet:

> „Wir müssen die ganze sexuelle Kultur angucken und so lange forschen, bis es unschädliche, nicht medikamentöse Verhütungsmittel gibt. […] Sexualität ist eben auch ein Kommunikationsproblem."[48]

44 Der überragende Teil der sozialistischen Frauenbewegung vor Beginn des Faschismus und Nationalsozialismus vertrat diese Ansicht; Sachse 2010.

45 Neuhauss 2015, 57–58.

46 Aktionsrat 1969/88, 64f.

47 Sander 2002, 174.

48 Ebd. 176.

Sexualität und Kommunikation werden dem Feld der Kultur zugeordnet. Auch reklamiert die Gruppe die Bezeichnung „Feminismus“ für sich.[49] Als eine der ersten im engeren Sinne feministischen Gruppen beginnt sie das zu „radikalisier[en], was im Nukleus (der 68er) bereits vorhanden ist: die Idee, dass das Private politisch ist“[50]. Brot und Rosen erheben die Probleme des Geschlechter*verhältnisses* zum Gegenstand von Theorie und Politik und beginnen ihrem Selbstverständnis nach, die androzentrische Kultur zu revolutionieren. Damit steht die Gruppe am Anfang der theoretischen und praktischen Erforschung der Frage, die in einem Flügel der autonomen Frauenbewegung weiter verfolgt werden wird: die Frage, ob Frauen „möglicherweise einen eigenen Zugang zum Allgemeinen haben und eine eigene Politik entwerfen können“[51].

Ihrem Selbstverständnis nach verstehen sich sowohl der Sozialistische Frauenbund West-Berlin als auch Brot und Rosen als revolutionär und sozialistisch, beide wollen die Umwälzung aller Verhältnisse und die Befreiung aller Frauen, Männer und Kinder von Ausbeutung und Unterdrückung.[52] Hier – zwischen dem Aktionsrat zur Befreiung der Frau, dem Sozialistischem Frauenbund und Brot und Rosen – scheinen für einen kurzen Augenblick die Momente zusammenzuschießen, die sich im Laufe der darauffolgenden Jahre in der Frauenbewegung zerlegen und aufgliedern: Selbstveränderung und Gesellschaftsveränderung als Ziel einer sozial-ökonomischen und zugleich kulturellen Revolution, verfolgt sowohl durch Theoriebildung als auch in der Praxis scheinen zu *einer* geschichtlichen Aufgabe zusammenzufallen – zu einer Aufgabe der theoriepraktischen Vermittlung. Dieser kurze Augenblick des Zusammenfallens ist eine gedankliche Verdichtung, die sich in einer solchen Deutlichkeit nur retrospektiv vollziehen lässt und durch die spätere Konfliktlinien in der autonomen Frauenbewegung sichtbar und deutbar werden.

Mit dem Ende des Aktionsrats brechen die Konflikte auf, die von Anfang an latent geschwelt haben. Die immense Anforderung, die Entwicklung einer anderen Subjektivität und die Veränderung der kapitalistischen Produktionsweise auf den sozialistischen Zweck auszurichten – also die gesellschaftlichen Bedingungen zu schaffen, in denen jede nach ihren Fähigkeiten sich einbringen und nach ihren Bedürfnissen und in ihrer Eigenheit ohne Angst leben kann – gelingt ihm nicht. Als einer politischen Minderheit in einer gesellschaftlichen Situation, in der die Zeichen nicht auf grundlegender Umwälzung stehen, kann diese Anforderung den feministischen und antiautoritären linken Gruppen nicht gelingen.

Ich verstehe die Positionen der beiden Gruppen auch als Antworten auf je einen Aspekt der gesellschaftlichen Tendenzen, die sich seit den 1960er Jah-

49 Ebd. 174.
50 Studer 2011, 49.
51 Neuhauss 2015, 58.
52 Haug 1988, 28.

ren durchsetzen: Die Lohnarbeit in den Mittelpunkt der Analyse zu stellen, wie es der SFB tut, antwortet auf den ansteigenden Anteil von Frauen an der Erwerbsarbeit. Die Frauen werden tatsächlich zunehmend Lohnarbeiterinnen und die disziplinierte Lektüre der Kritik der politischen Ökonomie im SFB hat somit eine Lebensbedingung der Frauen zum Gegenstand: ihr Dasein als Lohnarbeiterin. Insofern sind die Schulungen nicht so abstrakt, wie es mancher noch Jahre später vorkommt:

> „Die zunehmend abstrakten Schulungskonzepte wurden zur Pflichtlektüre des sich herausbildenden ‚Sozialistischen Frauenbunds', der Frauen zum Nebenwiderspruch degradierte und Ansätze einer feministischen Politik zielstrebig boykottierte."[53]

Die Abstraktheit der Theoriearbeit des Frauenbunds liegt wohl eher darin, dass sie nur diese *eine* Seite der gesellschaftlichen Wirklichkeit, nämlich die politökonomische, gelten lässt. Denn zugleich stehen die Neuordnung und Neubestimmung der Geschlechterordnung zur Disposition, die ihren Niederschlag in Sanders Rede findet. Sie plädiert für die Abschaffung des Leistungsprinzips und des Konkurrenzkampfs für alle Individuen zu einem Zeitpunkt, an dem Frauen sich zunehmend konfrontiert sehen mit ebendiesen Anforderungen, die noch in den 1950er Jahren hauptsächlich an Männer gestellt worden sind. Retrospektiv lassen sich in Sanders Rede Reflexionen auf die Neuordnung der Geschlechter entdecken, die mit der zunehmenden Kommodifizierung aller gesellschaftlichen Bereiche inklusive der den Frauen übertragenen Sorgearbeit und der Auflösung der retraditionalisierten Geschlechterbilder der 1950er Jahre einhergeht.[54] Den kulturrevolutionären Impetus von Brot und Rosen, ihre Kritik an der Technologisierung der Körper und der Reproduktion, verstehe ich als Kritik der heraufziehenden neuen Zwänge, denen sich Frauen zunehmend ausgesetzt sehen. Sie künden von einer Veränderung der Subjektivität, die am Ende des 20. Jahrhunderts als Herausbildung einer neoliberalen Subjektivität begriffen und kritisiert werden wird.[55]

2.2 Die autonome Frauenbewegung – Aufschwung, Anknüpfung und Abgrenzung

Von Anfang bis Mitte der 1970er Jahre erlebt die autonome Frauenbewegung ihren Aufschwung. Der Kampf gegen die Illegalisierung des Schwangerschaftsabbruchs durch den Paragraphen 218 bringt Frauen unterschiedlicher sozialer und politischer Herkunft zusammen: Studentinnen, Berufstätige, Hausfrauen, Mütter und Nicht-Mütter, in der Studentinnenbewegung politisierte Frauen, bisher Unpolitische und Gewerkschafterinnen. Bald schon weitet sich das Feld dessen aus, was die Frauenbewegung zu be-

53 Schmidt-Harzbach 1988, 56f.

54 Becker-Schmidt 2004/2017, 77–90, siehe auch Kapitel 2.4.

55 Fraser 2013; Hennessy 2000, 108ff.

arbeiten und sich anzueignen gedenkt. Selbstbestimmung über den eigenen Körper und die eigene Sexualität, Liebesbeziehungen, Mutterschaft, Kindererziehung, Lohnarbeit, die Eroberung der Öffentlichkeit und der Männerdomänen der Politik, der Wissenschaft und der Kunst – kein gesellschaftlicher Bereich wird ausgelassen. Ab Mitte der 1970er Jahre entstehen zahlreiche feministische Projekte: Frauengesundheitszentren, Frauenhäuser, Frauenzentren, Diskussionszirkel und Selbsterfahrungsgruppen. Es werden Sommerlager veranstaltet, Bands gegründet, Verlage und Zeitschriften aufgebaut.[56]

Die Entstehung der autonomen Frauenbewegung vollzieht sich als Prozess der Anknüpfung und Abgrenzung zur Bewegung von 1968. Im SDS sind unter dem Einfluss der Kritischen Theorie und des westlichen Marxismus von Theodor W. Adorno und Max Horkheimer ebenso wie von Herbert Marcuse und Wilhelm Reich Probleme der Entfremdung und der Subjektivität diskutiert worden. Neben marxistischer Theorie findet eine Auseinandersetzung mit unterschiedlichen Strömungen der Psychoanalyse statt. Nicht nur soll die Produktionssphäre umgewälzt werden, sondern ebenso sollen die Familie und die zwischenmenschlichen Beziehungen den Bedürfnissen der Einzelnen entsprechend gestaltet werden. Experimentiert wird mit den Lebens- und Kommunikationsformen, beispielsweise in den Kommunen I und II.[57] In ihren Themen, ihrer Organisationsweise und ihren Strategien unterscheidet sich die Bewegung von 1968 demnach grundlegend von den Parteien und der gewerkschaftlichen Organisierung der alten Arbeiterinnenbewegung.[58] Auch die Formen der Politik weichen von den Formen der Arbeiterinnenbewegung oder der Gewerkschaften ab, denn der SDS verficht keine Stellvertreterpolitik. Diese Momente greift die Frauenbewegung auf.[59] Trotz der Anknüpfungspunkte wird es für die entstehende Frauenbewegung wichtig, ihre Autonomie gegen den Androzentrismus vieler linker Gruppen zu setzen. Nach dem Ende des Aktionsrats 1969 und des SDS 1970 fraktioniert sich die westdeutsche Linke in antiautoritäre Nachfolgeprojekte und marxistisch-leninistische und maoistische K-Gruppen. Auf der einen Seite tragen basisdemokratische Stadtteil- und Betriebsgruppen in ihrer Organisationsweise wie in ihrem Bezug auf das Alltagsleben der Einzelnen den antiautoritären Impuls von 1968 weiter. Auf der anderen Seite entstehen Gruppen, die sich

56 Während Lenz die Ausweitung der Frauenbewegung betont, weist Schulz darauf hin, dass das Ende der Mobilisierung gegen die Regelung zum Schwangerschaftsabbruch in der BRD um 1974 von den Akteurinnen auch als Einschnitt wahrgenommen wurde, mit dem das „euphorische[…] ‚Wir-Gefühl'" zu Ende gegangen sei. Es folgten die Jahre der Auseinandersetzungen und Konflikte, die allerdings dem Feminismus als politischem Projekt gesellschaftlicher Veränderung nicht geschadet habe; Schulz 2002, 108–109; Lenz 2010, 69–74.

57 Benicke 2010, 19.

58 Wallerstein/Zukin 1989, 431–449.

59 Studer 2011, 68; Schulz 1998, 102ff.

dem Aufbau einer kommunistischen Partei in der BRD verschreiben. Sie orientieren sich je nach Lager an der Organisationsweise der Kommunistischen Partei Deutschlands der 1920er Jahre, an Wladimir Lenins Parteikonzeption oder Mao Zedongs Revolutionstheorie.[60] Diese Fraktion vollzieht die „Liquidation der antiautoritären Phase“[61], die schon im SDS ihren Ausgang genommen hat. Die Bedürfnisse der Einzelnen und die Auseinandersetzung mit Sexualität und Alltagsleben bilden für diese Gruppen keinen Ausgangspunkt revolutionärer Politik. Hier herrscht die Vorstellung vor, dass die antiautoritäre Politik dazu führe, die zur Avantgarde erklärten K-Gruppen von den Arbeitern und damit vom revolutionären Subjekt, von dem der gesellschaftliche Umsturz erwartet wird, zu entfernen. Die K-Gruppen können daher zumindest bis Ende der 1970er Jahre in Frauenbewegung und Feminismus nichts anderes als kleinbürgerliche, reaktionäre Umtriebe erblicken.[62] Eine dieser Gruppen, der Kommunistische Bund, wird auch *Die Schwarze Botin* mit Polemik überziehen. Hatte der Aktionsrat schon innerhalb des SDS die praktischen Konsequenzen der antiautoritären Politik erkannt, so radikalisiert die autonome Frauenbewegung diese in ihrer Organisationsweise. In ihrem Selbstverständnis, ihrem Politikbegriff, ihrer Organisationsweise und ihrer Praxis grenzt sie sich deutlich von den K-Gruppen, der Linken und den linken Frauengruppen, wie dem SFB, ab. Autonomie bedeutet für die Bewegung „[i]ndividuelle Selbstbestimmung und institutionelle Unabhängigkeit von den bisherigen Formen und Institutionen des Politischen“[63], was sich in „Selbstorganisation, Separierung von der männerdominierten Linken und Männern überhaupt“[64] als auch in der Unabhängigkeit vom Staat und staatlichen Institutionen ausdrückt. Letztere werden als „patriarchalisch[...] und systemstabilisierend [...]erkannt“[65] und daher abgelehnt. Die einzelnen Gruppen organisieren sich dezentral, und die Frauenzentren zeichnen sich dadurch aus, dass sie über kein koordinierendes Gremium verfügen, das Entscheidungsbefugnis besitzt. Auf der Ebene der Gruppenorganisation meint Autonomie die „Selbstbestimmung der Arbeitsformen und -inhalte, wobei antihierarchische Strukturen angestrebt“[66] werden. Zugleich wird Selbstbestimmung auf die Entwicklung und Entfaltung der Individuen bezogen. Das verbindende Moment zwischen Selbstbestimmung als Organisationsform und als Entwicklung der eigenen Individualität bildet das Prinzip, von

60 Steffen 2002, 18f.
61 Rauschenbach/Trumann 2018, 77.
62 Nach Steffen verändert sich die Haltung des Kommunistischen Bunds, einer der K-Gruppen, gegenüber der autonomen Frauenbewegung ab Ende der 1970er Jahre; Steffen 2002, 202; auch Wir warn die stärkste der Parteien 1977.
63 Gerhard 1995, 263f.
64 Knäpper 1984, 120.
65 Ebd.
66 Ebd.

der eigenen Betroffenheit und von geteilten Erfahrungen auszugehen.[67] Da Erfahrung einen zentralen Stellenwert für das Politikverständnis einnimmt, wird die Vorstellung einer Stellvertreterinnenpolitik abgelehnt. Als Frauen wollen die Frauen nichts als sich selbst repräsentieren und von sich selbst ausgehen. Erfahrung wird nicht nur zum Dreh- und Angelpunkt feministischer Theorie und Politik, sondern vor allem auch zum Streitpunkt, wie die Auseinandersetzungen der *Schwarzen Botin* zeigen werden.

Theorie und Praxis – Die Frauengruppe der Homosexuellen Aktion Westberlin

Die Auseinandersetzung im Aktionsrat dreht sich stärker um den Ausgangspunkt feministischer Theoriebildung als um Theorie versus Praxis. Dieser Konflikt bricht in der Frauengruppe der *Homosexuellen Aktion West-Berlin* (HAW-Frauengruppe) auf. Eine der Frauen, die in die Auseinandersetzung verwickelt ist, ist Brigitte Classen, spätere Herausgeberin, Redakteurin und Autorin der Zeitschrift *Die Schwarze Botin*. Classen studiert in den 1960er Jahren Geschichtswissenschaft an der Freien Universität Berlin und lebt 1968/69 in Paris.[68] Die Homosexuelle Aktion West-Berlin (HAW) ist ein politischer Zusammenschluss männlicher und weiblicher Homosexueller, der sich im Anschluss an die Premiere des Films *Nicht der Homosexuelle ist pervers, sondern die Situation, in der er lebt* von Rosa von Praunheim im Berliner Kino Arsenal 1971 gründet. Ein Jahr später entsteht nach einer weiteren Aufführung des Films an der Berliner Akademie der Künste eine Frauengruppe, in der sich Lesben innerhalb der HAW separat organisieren.[69] 1975 zieht die HAW-Frauengruppe aus den gemeinsamen Räumlichkeiten aus und baut in der Kulmerstraße in Westberlin das *Lesbische Aktionszentrum* (LAZ) auf. Dieser Schritt geht einher mit der Neuorientierung der Lesbengruppe: Steht Anfang der 1970er Jahre die Unterdrückung der Homosexualität, welche homosexuellen Frauen mit den homosexuellen Männern teilen, im Mittelpunkt, so ab Mitte der 1970er Jahre die Erfahrung der Unterordnung aufgrund des Frauseins. Spätestens zu diesem Zeitpunkt zählen sich die Aktivistinnen des Berliner LAZ zur autonomen Frauenbewegung.[70]

Die Vereinzelung und Isolation zu durchbrechen, ist zu Beginn Motivation für die Gründung der HAW-Frauengruppe und Ziel des Zusammenschlusses. In einer kurzen Selbstdarstellung schreibt die Gruppe, dass sie den „Zustand der Angst, Isoliertheit und des Konkurrenzdenkens“[71], der ebenso in der Subkultur wie der Gesellschaft allgemein herrsche, beenden

67 Ferree 2012, 91.

68 Vukadinović 2020, 17.

69 Dennert/Leidinger/Rauchut 2007, 34f.

70 Ebd. 48; Henze 2019, 152ff, 325–335.

71 HAW-Frauengruppe 1974, 14.

wolle. „In unserem Zentrum in der Dennewitzstraße wollen wir versuchen, durch Begegnungen, Gespräche und Geselligkeit die Vereinsamung aufzuheben."[72] Am Anfang folgt die Gruppe dem Bedürfnis der lesbischen Frauen nach Gemeinschaft und verfügt nicht über eine feste Organisationsstruktur, ein gemeinsames politisches Selbstverständnis oder Ziel. Die „Probleme der Einzelnen können ebenso im Mittelpunkt stehen wie allgemeine Themen. [...] fertige Konzepte oder Programme bieten wir nicht. Jeder kann selbst Aktivitäten entfalten",[73] ist in der Selbstdarstellung zu lesen. Die Treffen liefen nicht „nach starrem Schema ab"[74], sondern richten sich nach den Bedürfnissen der Mitglieder. „Keiner stellt sich unter einen Leistungsdruck."[75] Doch gerät die HAW-Frauengruppe schnell in eine Diskussion über ihr Selbstverständnis und ihren politischen Zweck. Ist die Auseinandersetzung im Aktionsrat zur Befreiung der Frau noch nicht so eindeutig entlang der Linie Praxis versus Theorie verlaufen, so stellt sich der Konflikt in der HAW-Frauengruppe im Rückblick der Mitglieder Cristina Perincioli und Ina Kuckuc genau als solcher dar.[76] Kuckuc beschreibt in ihrer Rückschau, dass eine Fraktion innerhalb der HAW-Frauengruppe größeren Wert auf „Gemütlichkeit" gelegt habe, während die andere sich mit „Theorie" habe beschäftigen wollen, wobei sie darunter die Beschäftigung mit der Geschichte weiblicher Homosexualität, mit Diskriminierung von Lesben und von Frauen und mit dem Zusammenhang von Letzterer mit der kapitalistischen Produktionsweise versteht.[77] Perincioli konstatiert ein „Mißtrauen gegenüber vorwärtsstürmender Praxis" vonseiten derer, die „nach theoretischer Rückversicherung verlangten"[78]. Manchen scheint es nicht gereicht zu haben, Kontakt zu anderen Lesben aufgebaut und sich über den eigenen Alltag ausgetauscht zu haben. So formuliert die HAW-Frauengruppe letztlich ein Selbstverständnis mit dem Anspruch, sowohl die theoretische Durchdringung der patriarchalen, kapitalistischen Gesellschaft vor allem hinsichtlich der Unterdrückung Homosexueller zu leisten, als auch den individuellen Erlebnissen und Erfahrungen Raum zu geben. Ein Verständnis der gesellschaftlichen Ideologien und Strukturen, welche die Frauen- und Homosexuellenunterdrückung

72 Ebd.
73 Ebd.
74 Ebd.
75 Ebd.
76 Perincioli ist der Ansicht, dass sich in der HAW-Frauengruppe die Auseinandersetzung des Aktionsrats wiederhole. Das geht meiner Ansicht nach an der Komplexität des Konflikts im Aktionsrat vorbei und verkürzt vor allem die Position der Kinderladengruppe um Helke Sander. Die Filmemacherin Perincioli studierte zeitgleich mit Sander an der Deutschen Film- und Fernsehakademie. Ina Kuckuc ist das Pseudonym der Pädagogin Ilse Kokula, Mitbegründerin des LAZ.
77 Kuckuc 1975, 70.
78 Perincioli 2015, 70.

immer wieder hervorbringen, soll erarbeitet werden. Nicht nur die Kritik von „Kapitalismus [und] Patriarchat – Unterdrückung der Frau, Familienideologie, Rollenzwang“ und des „Ignorieren[s] der homosexuellen Frau“[79] macht sich die Gruppe zur Aufgabe. Sie versteht sich auch als solidarische Gemeinschaft, die im Hier und Jetzt die psychischen Beschädigungen ihrer Mitglieder auffangen und ausgleichen will. „Die Gruppe soll in der Lage sein, ihre Mitglieder von ihrer gesellschaftlich bedingten Vereinsamung und den daraus resultierenden Ängsten zu lösen.“[80] Ihr Ziel sei eine menschenfreundliche Gesellschaft, in der keine Frau aufgrund ihrer Homosexualität und ihres Frauseins unterdrückt werde und leiden solle. Das Interesse der Gruppe sei „selber überflüssig zu werden“.[81] Perinciolis Erinnerungen, die sie in dem Band *Berlin wird feministisch. Das Beste, was von der 68er Bewegung blieb* im Jahr 2015 festgehalten hat, enthält unter anderem Interviewausschnitte mit Mitgliedern der HAW-Frauengruppe. Darunter finden sich auch Auszüge aus einem Gespräch mit Brigitte Classen aus den 1990er Jahren. An die Zeit in der HAW-Frauengruppe erinnert sich Brigitte Classen folgendermaßen:

> „Da saßen sieben Frauen, mehr so ein Familienverein, nach dem Motto ‚Ach, du bist 'ne Neue, setz dich doch‘. Damit konnte ich nichts anfangen. Die wussten nicht, was sie wollten. Hinterher sollte man noch in eine Kneipe gehen, auch das lag mir nicht. Das war so eine Fröhlichkeit, die mir nicht behagte. Und nun kommt der Hammer, und lach mich nicht aus: Ich hab sie gefragt, was sie wollten – denn ich war zielgerichtet, war es so gewöhnt von den Linken. Aber da kam nichts. Da dachte ich, vielleicht wissen die gar nicht, dass sie das brauchen, und hab denen zum nächsten Treffen tatsächlich einen Text geschrieben, darüber, was die Gruppe will. Und dann machte ich den größten Fehler meiner damaligen Zeit, ich schrieb: ‚das Interesse der HAW-Frauengruppe muss sein, sich aufzulösen, überflüssig zu werden‘. Das wollten die nun überhaupt nicht, die wollten weiter schön klein zusammenglucken.“[82]

Das Interesse, überflüssig zu werden, nimmt die Gruppe dann doch in ihr Selbstverständnis auf. Allerdings kann die HAW-Frauengruppe das Bedürfnis nach Geborgenheit letztlich nicht mit dem Anspruch der Theoriebildung zusammenbringen. So erinnert sich Perincioli: „Im Winter 1971/1972 hatten wir die Lesbengruppe der HAW ins Leben gerufen und schon im Sommer saßen wir zwischen ‚Gemütlichkeit‘ und ‚theoretischem Anspruch‘ fest.“[83] Im Gespräch zwischen Cristina Perincioli und Brigitte Classen wird die Erinnerung

79 HAW-Frauengruppe 1974, 12.
80 Ebd. 18.
81 Ebd.
82 Perincioli 2015, 71.
83 Ebd. 89.

an die Konfliktlinien um die Ausrichtung der HAW-Frauengruppe deutlich, weshalb ich den Abschnitt ausführlich zitieren möchte. Brigitte Classen fehlt in der HAW-Frauengruppe „die gesellschaftliche Utopie, Ziele, die über diese Kaffeekränzchen hinauswiesen". Sie sagt im Gespräch:

> „Ich dachte, ich könnte den Frauen etwas beibringen, was für sie selber interessant sein könnte, worüber nachzudenken lohnte. Ich wollte zeigen, dass es mehr gibt als Selbsterfahrung, die sie sich jeden Tag reinzogen, was mir ein Dorn im Auge war, weil sie den Bewusstseinsprozess hemmt: Die trafen sich täglich, erzählten sich täglich dasselbe, meinten dabei aufzublühen, stagnierten aber nur. Was warfen sie mir nicht alles vor: Ich sei elitär, autoritär und arrogant …"[84]

Woraufhin Perincioli antwortet: „Denkst du, dass du das warst?" und Classen meint: „Bin ich bestimmt gewesen oder wenigstens etwas. Irgendjemand muss ja die Anstöße geben, jemand muss sagen, das machen wir jetzt und wir treffen uns dann und dann." Darauf antwortet Perincioli:

> „Das hab ich aber nicht so in Erinnerung, sondern mehr, dass von dir immer wieder theoretische Einwürfe kamen. So dass die Praktikerinnen wie ich nicht weiterkamen. Wir haben uns regelmäßig in die Haare gekriegt. Ich wollte immer was Konkretes angehen, ‚los, machen wir das jetzt …' und du schobst dann gleich die großen Fragestellungen in den Raum und hast damit vom Nächstliegenden abgelenkt."[85]

Brigitte Classen:

> „Vielleicht wollte ich immer noch das und jenes geklärt haben. Vielleicht war ich zu theoretisch und hab die Praxis zu wenig wahrgenommen, könnte ja sein. Ich hab dir ja erzählt, wo ich herkomme, und das war ja größtenteils Theorie. Ich war an sich aber auch dafür, sie in die Praxis umzusetzen, bloß bei den Frauen hatte ich immer das Gefühl, es fehlt noch was und das müssen wir noch hinkriegen. Ich meinte immer, die Lesben könnten dadurch, dass sie etwas mehr auf dem Buckel hatten, weiter vorausdenken, eine Avantgarde sein, das sehe ich als meinen Fehler an. Die HAW-Frauengruppe war sehr an Amerika orientiert, die französische Variante – diese ganze Fraktion gegen [Jacques] Lacan damals, [Luce] Irigaray war noch nicht so mies, dann gab es Hélène Cixous, die für uns neue Wege des Feminismus aufzeigte, in lesbische Richtung vordachten – das interessierte hier natürlich niemanden. Eine sagte mir: Was interessiert mich deine Sache da in Paris, was interessiert mich Hélène Cixous? Mich interessiert die neue Lesbe aus Gelsenkirchen. Sie hatte ja recht. Da kamen diese wunderbaren Frauen zu den Pfingsttreffen. Was wollten die? Die wollten eine Frau abschleppen – konnten sie in Wanne-

84 Ebd. 76.
85 Ebd.

Eickel nicht. Und das ist ja auch okay, aber ich geh doch lieber allein ins Bett als mit einer Frau aus Gelsenkirchen."[86]

Eindrücklich ist, dass sich Perincioli und Classen Jahre später ihrer damaligen Konflikte gemeinsam erinnern, obwohl sich ihre Einschätzungen grundlegend unterscheiden. Perincioli hält die damaligen Theorie- und Strategiediskussionen für Ablenkung und Hemmung, da die konkreten Probleme auf der Hand gelegen hätten. So beschreibt sie in ihren folgenden Erinnerungen die Gründung des Frauenzentrums in Westberlin 1973 als praxisorientierten Aufbruch. Ihr zufolge fanden sich die „Macherinnen", welche die Situation in der HAW-Frauengruppe als Stagnation empfunden hatten, bald im Frauenzentrum wieder. Auf ein vorab erarbeitetes Positionspapier oder ein politisches Selbstverständnis, in dem die gemeinsame Arbeit gründen sollte, sei bewusst verzichtet worden. Beides sollte sich im Laufe der gemeinsamen Arbeit entwickeln. Zu welchen Themen wie gearbeitet wurde, habe sich aus den Interessen der Frauen ergeben. Im Frauenzentrum sei es, so Perincioli, endlich möglich gewesen, dass jede an dem arbeitete, was sie wichtig fand, ohne dass das Plenum irgendeine Untergruppe reglementiert hätte.[87] Eine einheitliche politische Linie habe es ebenso wenig gegeben wie „Liniendiskussionen"[88]. Im Frauenzentrum habe „Einmütigkeit"[89] und „Ideologiefreiheit"[90] geherrscht, die sich weder im Aktionsrat zur Befreiung der Frau noch in der HAW-Frauengruppe hergestellt habe. „Die Frauen verzichteten darauf, den richtigen Weg zur Revolution zu kennen, respektive die Revolution überhaupt anzustreben. Sie wollten nur jeweils das anpacken, was ihnen unter den Nägeln brannte."[91] In Perinciolis Erinnerung sind die Konflikte aufgelöst. Was zuvor eine streitende und widerstreitende Einheit gebildet hatte, scheint sich entmischt zu haben.[92]

Brigitte Classen betont hingegen, dass es ihr hauptsächlich um Theorieaneignung und -bildung gegangen sei. Sie entwirft sich in ihren Äußerungen als Antagonistin im Inneren der Frauen- und Lesbenbewegung: Ihrer Erzählung nach scheint sich kaum jemand außer ihr für Theoriearbeit interessiert

86 Ebd. 77.
87 Ebd. 91.
88 Ebd.
89 Ebd.
90 Ebd. Das ist womöglich nicht die Ansicht aller Frauen aus dem Frauenzentrum Berlin, aber es veranschaulicht den Kontrast zur *Schwarzen Botin*.
91 Ebd. 92.
92 Der Sozialpsychologe Peter Brückner spricht von Entmischung hinsichtlich der Linken nach dem Zerfall der außerparlamentarischen Gegenöffentlichkeit Anfang der 1970er Jahre. Entmischt habe sich der kulturrevolutionäre Wille zur antiautoritären, radikaldemokratischen Umgestaltung gesellschaftlicher Institutionen und des gesellschaftlichen Lebens einerseits, die Orientierung auf den sozialistischen Klassenkampf andererseits, Jünke 2012, 6.

zu haben. Sie differenziert zwischen den Theorieströmungen – die US-amerikanische Feminismusdebatte auf der einen, die französische auf der anderen Seite – wobei wiederum in ihrer Erinnerung kaum jemand außer ihr die Relevanz Letzterer für den Feminismus erkannt habe. Brigitte Classen kreiert das Bild einer Außenseiterin innerhalb der Bewegung, die sie zu ihrer Zeit als Avantgarde angesehen hatte. Diese Außenseiterinnenposition stellt sie her über das Interesse an Theorie – spezifischer noch: über das Interesse an poststrukturalistischen feministischen Theorien der Differenz aus Frankreich. Sie versteht sich nicht als praktische Aktivistin im Frauenzentrum. Zusammen mit Gabriele Goettle gründet sie eines der Theorieorgane der deutschsprachigen Frauenbewegung: *Die Schwarze Botin.*

Nun ließen sich sowohl zu Perinciolis als auch zu Classens Erinnerungen Gegenerzählungen und divergierende Bilder der Frauenbewegung finden. Perincioli selbst notiert zusammen mit Cillie Rentmeister im Jahr 1974 die Untergruppen des Frauenzentrums, zu denen sehr wohl vier zählen, die Theoriearbeit betreiben: eine Gruppe, die zur Lohn-gegen-Hausarbeit-Kampagne arbeitet, und drei zu Theorien der Frauenbewegung, wobei hier die Lektüre von Friedrich Engels, August Bebel und Selma James genannt wird.[93] Es gibt demnach durchaus an Theoriebildung interessierte Gruppen im Frauenzentrum. Möglicherweise ist aber dem Prinzip folgend, dass jede ihren Interessen nachgehen kann, der Konflikt zwischen Theorie und Praxis zeitweise in eine Koexistenz transformiert worden. Spätestens die Konflikte zwischen lesbischen und heterosexuellen Frauen, zwischen Müttern und Nichtmüttern und die Debatten um Autonomie versus Institutionalisierung Anfang der 1980er Jahre zeigen allerdings, dass die „Einmütigkeit", an die Perincioli erinnert, in produktive Auseinandersetzungen und Konflikte überführt wurden.[94] Letztlich ist die Vorstellung der Ideologiefreiheit selbst Ideologie.

Anders als Classen in den 1990er Jahren erinnert, steht sie nicht ganz so alleine da mit ihrer Kritik an der Selbsterfahrungspraxis und ihrem Interesse an feministischer Theoriebildung aus Frankreich. So stammen Ursula Krechels Reflexionen *Selbsterfahrung und Fremdbestimmung. Bericht aus der Neuen Frauenbewegung*, in denen sie die Grenzen und Fallstricke einer auf dem Austausch von Problemen und Gefühlen beruhenden Politik umreißt, aus dem Jahr 1975. Auch Hilge Landweer befragt in ihrem 1981 veröffentlichten Aufsatz *Politik der Subjektivität – Praxis ohne Theorie?* den Umgang der westdeutschen Frauenbewegung mit Theorie und weist auf die Gefahr ihrer Ablehnung unter Berufung auf ein antitheoretisches Verständnis der Politik der Subjektivität hin. Zudem gibt Hildegard Brenner in der Ausgabe 108/109 ihrer Zeitschrift *alternative* im Jahr 1976 Aufsätze von Cathérine Clément, Hélène Cixous, Luce Irigaray und Julia Kristeva heraus – in einer

93 Perincioli 2015.
94 Silies 2011, 94.

Zeitschrift, die nicht explizit Teil der autonomen Frauenbewegung war. Allerdings wird die von Gabriele Goettle und Brigitte Classen gegründete *Schwarze Botin* tatsächlich einer der wichtigen Diskussionsorte des feministischen Differenzdenkens und einer negativen Kritik in der deutschsprachigen Frauenbewegung, ebenso wie eine der schärfsten Kritikerinnen der autonomen Frauenbewegung – speziell ihrer Praxis der Selbsterfahrung.

Politik der Subjektivität[95] und feministische Theoriebildung

Die Parole „Das Private ist politisch" wird zu einem Leitgedanken der autonomen Frauenbewegung. In ihm ist das Grundproblem der Geschlechterverhältnisse ausgedrückt: Politik konstituiert sich in der bürgerlich-kapitalistischen Gesellschaft durch die Trennung von der Sphäre des Privaten. Zugleich beansprucht Politik, die Verhandlung des Allgemeinwohls zu sein. Damit aber fällt das, was innerhalb der Sphäre des Privaten liegt, heraus aus den Belangen der Allgemeinheit. Was, als das Gemeinwohl betreffend behandelt, als *allgemeines* Interesse gesetzt wird, unterschlägt die körperlich-kreatürlichen, sinnlichen, psychischen und emotionalen Bedürfnisse der gesellschaftlichen Individuen. Für ihre Befriedigung sind in der kapitalistischen Arbeitsteilung Frauen zuständig. Diese Bedürfnisse und ihre Befriedigung werden nicht nur ins Private abgeschoben, sondern auch ihre Gesellschaftlichkeit wird verschleiert: Sorge, Pflege und Liebe werden naturalisiert. „Natur" erscheint in der kapitalistischen Gesellschaft als auszubeutender Rohstoff, der einen Wert erst durch seine ökonomische Verwertung erhält.[96] Die Losung vom Privaten, das politisch ist, zielt auf diese grundlegende Trennung der Gesellschaft. So stellt die Politik der Subjektivität ein Subjekt infrage, das auf der Leugnung der menschlichen Abhängigkeit und Angewiesenheit beruht.[97]

Was in der autonomen Frauenbewegung der BRD als Politik der Subjektivität verstanden wird, unterscheidet sich größtenteils von dem Verständnis des italienischen und französischen Feminismus. So entwickelt die autonome Frauenbewegung in Italien eine Politik der Subjektivität, welche das Verhältnis von Subjektwerdung und Geschlechtwerdung in Theorie und Praxis in den Mittelpunkt stellt. Geschlecht wird nicht als Frage geschlechterlicher Identifizierung gedacht, sondern vor dem Horizont der Begriffe von Geschichte und Gesellschaft problematisiert. Ähnlich wie im Marxismus geht

95 Ich beziehe mich hier auf die Politik der Subjektivität in der BRD, die sich meiner Ansicht nach maßgeblich von der in der italienischen Frauenbewegung entwickelten unterscheidet, wie die Selbstreflexion der Frauen aus dem Mailänder Frauenbuchladen zeigt, siehe Libreria delle Donne di Milano 1988.

96 Mit Naturalisierung der Tätigkeiten, welche die Befriedigung der o.g. Bedürfnisse leisten, ist somit nicht gemeint, dass diese sozial konstruiert sind. Denn der Sozialkonstruktivismus übernimmt ungewollt die Abspaltung dessen, was als „Natur" gilt.

97 Zur Komplexität des Verhältnisses siehe Fraser 2001, 151–179.

es dem italienischen Differenzfeminismus um die Entstehung eines Subjekts, das über die gesellschaftlichen Existenzbedingungen, über die Bedingungen der Produktion und Reproduktion der Gesellschaft in Raum und Zeit verfügt. Die Kritik der Feministinnen an der marxistischen Theorie des revolutionären Subjekts ist aber, dass seine Geschlechtlichkeit übersehen und die Orientierung an der männlichen Norm beibehalten wird.[98] Das Ziel ist, die sexuelle Differenz einzubeziehen in die Subjektwerdung: Das würde die Veränderung der Bedingung der Möglichkeit, Subjekt zu werden, bedeuten.[99] Die Selbsterfahrungspraxis der 1970er Jahre wird in der autonomen italienischen Frauenbewegung als ein erster Schritt auf dem Weg zu diesen anderen gesellschaftlichen Anerkennungsbeziehungen verstanden. In den 1980er Jahren reflektieren einige Gruppen der Bewegung die Begrenztheit dieser Praxis, die sie in der Annahme sehen, alle Frauen würden einander gleichen. Anerkennung wird nun konzipiert als Anerkennung der Individualität der Frauen, die sich im Begehren und Willen der Einzelnen Ausdruck verleihen. Die Anerkennung der Differenz, die nun eingefordert wird, meint nicht den Unterschied zwischen der einen und der anderen Frau. Vielmehr ist damit die Anerkennung der Unvergleichbarkeit und Besonderheit der Einzelnen gemeint, die zugleich in ihrem Begehren angewiesen ist auf die Anerkennung durch andere.[100]

In der Frauenbewegung in Frankreich, vornehmlich im Umkreis der Gruppe *Psychoanalyse et Politique*, wird eine Praxis der Theorie entwickelt, die sowohl die Bedingungen der Möglichkeit der Subjektwerdung reflektiert als auch die Art und Weise dieser Reflexion. Die Produktion von Theorie, Wissen und Bedeutung, in denen sich das Subjekt spiegelt, wird durch sprachliche Verfahrens-, Darstellungs- und Schreibweisen gestört. Die symbolische Ordnung der Sprache gilt im Anschluss an die strukturale Psychoanalyse als das Bedingungsgefüge der Subjektwerdung. Die Textproduktionen der französischen Theoretikerinnen versuchen die Struktur der Sprache zu unterlaufen und werden so zur (theoretischen) Praxis der Subjektkritik. Sowohl im italienischen als auch im französischen Feminismus wird die Trennung von Praxis und Theorie kritisiert.[101]

98 Lonzi 1975.

99 Wie die Erziehungswissenschaftlerin und Philosophin Rita Casale gezeigt hat, beinhaltet eine so verstandene feministische Theorie des Subjekts ein über die bloße Positivität der gegebenen Gesellschaft hinausweisendes Moment: Das Subjekt geht nicht auf in der Addition einzelner Subjektivierungspraktiken. Eine solche feministische Theorie bearbeitet die Frage der Möglichkeit eines transzendentalen Subjekts und damit die Frage eines möglichen Universalismus. Casale macht allerdings darauf aufmerksam, dass das Zerbrechen der Einheit der Wirklichkeit nicht ohne Weiteres rückgängig gemacht werden kann; siehe Casale 2013 und 2014b.

100 Libreria delle Donne di Milano 1988; siehe auch Kapitel 14.

101 Zu diesem Flügel der französischen Frauenbewegung siehe die Kapitel 11, 12 und 13.

In der deutschsprachigen autonomen Frauenbewegung wird die Politik der Subjektivität größtenteils gleichgesetzt mit der Selbsterfahrungspraxis, der vorgeworfen wird, theorielos und damit unzureichend zu sein. Die Selbsterfahrungsgruppen sind inspiriert von der Praxis des Consciousness-Raising der US-amerikanischen Frauenbewegung. In ihnen geht es den Frauen darum, herauszufinden, was ihre sozialen, politischen und psychischen Belange sind. Die Teilnehmerinnen tauschen sich über ihre persönlichen Erlebnisse mit Sexualität und Beziehungen, in Familie und Ehe aus. Jede berichtet von ihren individuellen Erlebnissen; Gemeinsamkeiten und Unterschiede zwischen den Frauen sollen erkannt und anerkannt werden. Aus den Erzählungen der Einzelnen werden gemeinsam Verallgemeinerungen gebildet, die wiederum hinsichtlich ihrer gesellschaftlichen Funktion befragt werden. Die individuellen Erlebnisse und Erfahrungen sollen artikuliert und zu gemeinsamen Interessen synthetisiert werden. Die Selbsterfahrungsgruppen changieren einerseits zwischen einer Form feministischer Theoriebildung, die ihren Ausgangspunkt bei der persönlichen Erfahrung nimmt, und andererseits der Suche nach einem Selbst und einem authentischen Kern – ein Unterfangen, das tendenziell die Möglichkeit von Kritik und Theorie beschneidet.[102] Die so verstandene Politik der Subjektivität wird innerhalb der Frauenbewegung in der BRD zum Gegenstand der Auseinandersetzung. So reflektiert Hilge Landweer das Verhältnis von Selbsterfahrung und Theoriebildung und warnte vor Theoriefeindlichkeit, die sie in Teilen der Frauenbewegung erblickt.[103] Vor allem *Die Schwarze Botin* kritisiert die Politik der Subjektivität, verstanden als Selbsterfahrung auf der Suche nach einem authentischen weiblichen Wesen, scharf. Darauf werde ich zurückkommen.

2.3 Sozialer und kultureller Feminismus

Die Historikerin Kristina Schulz bezeichnet den Flügel der autonomen Frauenbewegung, der sich der Politik der Subjektivität widmet, als kulturellen Feminismus, von dem sie einen sozialen Feminismus unterscheidet.[104] Die Kategorisierung legt sie in ihrer vergleichenden Studie zur Frauenbewegung in Frankreich und der BRD von 1968 bis 1976 dar, wobei ihr Augenmerk auf den Transformationsstrategien liegt. Den sozialen Feminismus in Westdeutsch-

102 Prominent wurden die Reflexionen der US-Amerikanerin Pamela Allen, die in ihrem Text „Free-Space“ die Praxis des Consciousness-Raising ihrer eigenen Gruppe reflektierte. Im Frauenjahrbuch ’75 finden sich Reflexionen einer Freiburger Frauengruppe, die ebenfalls über ihre Erfahrungen mit der Praxis der Selbsterfahrung berichten. Zu den Unterschieden in den Konzeptionen siehe Kapitel 9 und Lux 2019a und 2019b.

103 Landweer 1981, 15–20.

104 Schulz 2002, 190ff. und Schulz 2003, 99ff.

land skizziert Schulz anhand der Position der Journalistin Alice Schwarzer.[105] Er fokussiere auf die geschlechtsspezifische Sozialisation: Geschlechterrollen und der Unterschied zwischen den Geschlechtern würden durch (Sexual-)Erziehung, geschlechtersegregierte Zuordnung von Tätigkeiten, gesellschaftliche Institutionen wie der Ehe und durch Normvorstellungen hervorgebracht.[106] Das Emanzipationsziel des sozialen Feminismus sei, den Geschlechterunterschied aufzuheben, die Frau zum Menschen zu machen und die Geschlechter zu vermenschlichen. Der „Aktionslogik eines sozialen Feminismus folgend", schreibt Schulz, „postulierten [...] viele Feministinnen nicht Differenz, sondern Gleichheit in allen gesellschaftlichen und privaten Bereichen."[107] Aus diesem Verständnis ergebe sich als Transformationsstrategie die Forderung nach Gleichheit und juristischer und ökonomischer Gleichstellung der Frauen. Der kulturelle Feminismus wendet sich hingegen stärker als der soziale Feminismus der Sprache, der Literatur und der Kunst, also der kulturellen Ordnung, zu. Vor allem aber gehe er mehrheitlich von spezifischen Erfahrungen des weiblichen Lebenszusammenhangs aus und verfolge eine Politik der Subjektivität. Zu diesem Flügel zählt Schulz exemplarisch die Schriftstellerin Verena Stefan, die 1975 den Roman *Häutungen* veröffentlicht, der zu *dem* Buch der autonomen Frauenbewegung schlechthin wird. Darüber hinaus ordnet sie auch die Zeitschrift *Die Schwarze Botin* dem kulturellen Feminismus in der BRD zu.[108] Während der soziale Feminismus das Problem im Geschlechterunterschied entdecke und diesen aufzuheben trachte, gehe es dem kulturellen Feminismus um die Anerkennung der Differenz der Geschlechter. Damit stehe die Abschaffung der Hierarchie zwischen den Geschlechtern, die sich in der Abwertung des Weiblichen ausdrücke, durch die Umwertung der Werte auf der Tagesordnung des kulturellen Feminismus. Schulz schreibt:

> „Plädierte man dergestalt auf der Seite des kulturellen Feminismus für eine Gesellschaft, die das ‚Andere' anerkannte, zielte der soziale Feminismus auf die Überwindung des ‚Anderen'. Strebten Vertreterinnen des kulturellen Feminismus an, Geschlechterhierarchien aufzuheben, setzten sich soziale Feministinnen für die Überwindung der Geschlechterdifferenzen ein."[109]

Mit der Konzeption des kulturellen Feminismus verbinde sich „die Vorstellung eines ursprünglich weiblichen Kerns, der von Schichten von außen vorgenommener Rollen- und Identitätszuschreibungen" eingefasst sei, so

105 Die Journalistin Alice Schwarzer gründet 1977 die feministische Zeitschrift *Emma*. Sie erlangt Bekanntheit über die autonome Frauenbewegung hinaus.

106 Schulz 2002, 194.

107 Ebd. 107.

108 Schulz 2003, 195.

109 Schulz 2002, 204. Zur Umwertung der Werte auch Klinger 1986, 57–72.

Schulz. „Sie galt es abzustreifen, damit die Frau zu sich kam […]“[110] Nun handelt es sich bei Schulz' Begriffen selbstverständlich um Verdichtungen, um das Spektrum feministischer Vorstellung auf einen Punkt zu bringen. Die Untersuchung des Kritikprogramms der *Schwarzen Botin* wird nämlich zeigen, dass die Zeitschrift zwar sehr wohl zum Flügel des kulturellen Feminismus zu zählen ist, dennoch aber gerade die Elemente, die Schulz als dessen Charakteristika betont, nicht teilt und sogar polemisch kritisiert. Hier ist nun Schulz' vergleichende Perspektive interessant. Denn während sie für den kulturellen Feminismus in der BRD die Suche nach einer weiblichen Substanz oder einem weiblichen Kern herausstellt, betont sie für den kulturellen Feminismus in Frankreich:

> „Die mitunter vorgenommene Charakterisierung des französischen Feminismus als biologischer Essentialismus geht am Kern dieser Feminismusinterpretation vorbei. Denn obwohl die physiologische Determination von Männern und Frauen und die damit verbundenen körperlichen Zwänge in die Definition der Geschlechtsidentität einbezogen wurden, standen biologische Kriterien nicht im Zentrum der Argumentation.“[111]

Zu den Hauptvertreterinnen des kulturellen Feminismus in Frankreich zählt sie die Gruppe *Psychoanalyse et Politique* (*Psych et Po*) um die Psychoanalytikerin Antoinette Fouque, zu deren Umfeld auch die Schriftstellerin Hélène Cixous, die Philosophin Luce Irigaray und die Literatur- und Sprachwissenschaftlerin Julia Kristeva gehören.[112] Die Gruppe widmet sich hauptsächlich der Theoriebildung, wobei in kritischem Anschluss an die strukturalistische Lesart der Psychoanalyse durch den Psychoanalytiker Jacques Lacan die Wirklichkeitsebene in den Mittelpunkt des Interesses rückt, die als symbolische Ordnung bezeichnet wird.[113] In der strukturalen Psychoanalyse bildet die symbolische Ordnung die Bedingung der Subjekt- und Geschlechtswerdung. Sie ist die Wirklichkeitsdimension, in der die Bedeutung des Subjektseins und die des Geschlechtseins produziert werden.

In der *Schwarzen Botin* findet nun eine rege Auseinandersetzung mit Theorie, vor allem aus dem Umfeld von *Psy et Po*, statt. Von diesem Standpunkt aus kritisiert die Zeitschrift einen Feminismus, der in ihren Augen durch seine Selbstsuche nur die Fortschreibung androzentrischer Weiblichkeitsbilder betreibe. Selbsterfahrungspraxis und Politik der Subjektivität zählt Schulz aber ebenso wie die *Schwarze Botin* zum kulturellen Feminismus. Das Kritikprogramm *Der Schwarzen Botin* ist ein Typus des kulturellen Feminismus in der BRD, der sich absetzt von dem, was Schulz als kulturellen Feminismus definiert. Demnach ist der Flügel des kulturellen Feminis-

110 Schulz 2002, 196.
111 Ebd. 197.
112 Siehe Kapitel 11, 13 und 14.
113 Greenwald 2019, Abs.15.

mus in Westdeutschland kein monolithischer Block, sondern durchzogen von Auseinandersetzungen und Konflikten darum, was Feminismus und was feministische Kritik sein soll. Trotz aller Kritik an Selbsterfahrung und Selbstsuche weist das Kritikprogramm der *Schwarzen Botin* Gemeinsamkeiten mit den von Schulz herausgearbeiteten Charakteristika des kulturellen Feminismus auf. So legt die Zeitschrift ihren Schwerpunkt ebenfalls auf die Auseinandersetzung mit der kulturellen Ordnung, mit Sprache, Literatur und Kunst als Gegenstand feministischer Kritik. Damit werden die Produktion von Bedeutung, die Frage der Subjektwerdung und die Kritik von Subjekttheorien zum Schwerpunkt des Kritikprogramms der Zeitschrift. Es wird sich zeigen, dass auch die Frage, ob die Frau das „Andere" des Subjekts ist und was mit dem Begriff der Differenz im Rahmen einer feministischen Subjektkritik und -theorie gemeint ist, strittig ist. Anhand der Beiträge der Zeitschrift offenbart sich exemplarisch, dass die Klärung, was und wie feministische Kritik sein soll, ein Erkenntnisprozess im Streit war. Durch die Darstellung des Kritikprogramms der *Schwarzen Botin* wird der Begriff des kulturellen Feminismus erweitert.

Schulz versteht den sozialen wie den kulturellen Feminismus als Antworten auf das „Wollstonecraft-Dilemma"[114]. Mit der Herausbildung des Kapitalismus, mit den Transformationsprozessen der Aufklärung und der bürgerlichen Revolutionen sowie in den biologisierenden und naturalisierenden Diskursen Ende des 19. Jahrhunderts wurden Frauen ausgeschlossen von staatlichen Aufgaben und Bürgerrechten, ebenso wie aus der bürgerlichen Öffentlichkeit inklusive deren Sphären der Wissenschaft, Philosophie und Kunst.[115] Begründet wurde der Ausschluss aus Staat, Recht, Öffentlichkeit, Wissenschaft, Philosophie und Kunst mit der kulturellen und biologischen Andersartigkeit der Frau im Vergleich zum Mann, die, wiederum durch Wissenschaft und Philosophie untermauert, im Recht implementiert wurde und in der Kunst ihren Ausdruck fand. Diese gesellschaftlichen Sphären des Allgemeinen konstituieren sich im Laufe der Zeit gerade darüber, dass das freie, gleiche Subjekt seine Verkörperung im Mann findet. Die Frauenbewegungen sehen sich nun mit der Situation konfrontiert, einerseits Zugang zum Allgemeinen zu fordern, andererseits aber die besonderen Erfahrungen aus dem weiblichen Lebenszusammenhang nicht leugnen zu wollen:

114 Gerhard 1999, 137.

115 In der Forschung wurde darauf hingewiesen, dass die Aufklärung nicht nur kein einheitliches Gedankengebäude darstellt, sondern dass sich die Biologisierung und Naturalisierung der Frau erst im 19. Jahrhundert verfestigt hat. Feministische Historikerinnen haben gezeigt, dass in der Aufklärung durchaus der Gedanke einer Gleichberechtigung in der Differenz vorhanden war, wenn auch die gleichberechtigten Geschlechterbeziehungen als Komplementaritätsbeziehung gedacht wurden; Honegger 1996.

> „Diese Antinomie wird […] auch ‚Wollstonecraft-Dilemma' genannt und bezeichnet die Schwierigkeit, einerseits die Zumutungen traditionell bürgerlicher Weiblichkeit abzulehnen sowie die hierarchische Form der Geschlechterbeziehungen verändern, aufheben zu wollen, andererseits ‚Frausein' bzw. weibliche Erfahrungen und Orientierungen zum Ausgangspunkt für eine emanzipatorische Politik zu machen. In den Begrifflichkeiten des Rechts ausgedrückt, ist es das scheinbare Paradox, auf dem Recht auf Gleichheit und gleichzeitig der Berücksichtigung und Anerkennung von Differenz zu bestehen."[116]

Ausgehend von dieser Situation haben sich bis in die Zeit der autonomen Frauenbewegung der 1970er Jahre zwei feministische Argumentationsmuster herausgebildet: ein egalitäres Muster, das die Gleichheit der Frauen mit den Männern proklamiert, und ein differentielles, das für die Anerkennung des Unterschieds oder der sexuellen Differenz einsteht. Während Ersteres für den Zugang der Frau zum Allgemeinen argumentiert, beispielsweise zu den als universell proklamierten Menschen- und Bürgerrechten der Französischen Revolution, stellt Letzteres die Konstitutionsmechanismen des Allgemeinen infrage.[117] Anhand des Kritikprogramms der *Schwarzen Botin* lässt sich zeigen, dass sich auch der Differenzfeminismus wiederum aufgliedert in zwei Argumentationsmuster: Denn strittig ist die Frage, ob die Kritik des Allgemeinen zu einer Theoriebildung führen solle, die generell jede Form von Allgemeinheitsansprüchen und Universalität zurückweist, oder ob es um die Entstehung eines neuen Allgemeinen – und das hieße nicht zuletzt einer neuen Form der Vergesellschaftung und des Subjekts – gehen solle. Diese Konfliktlinie durchzieht das Kritikprogramm der *Schwarzen Botin.*

2.4 Theorie und Erfahrung – oder Theorie aus dem Nichts?

Das Jahr 1968 steht zwar für eine kulturelle Liberalisierung, die von den Revoltierenden erhoffte soziale Revolution und eine grundlegende sozialistische Umgestaltung der Gesellschaft bleibt allerdings aus. Ein zentrales Problem, auf das die studentische Linke in der BRD stößt, ist ihre Isolation innerhalb der Gesamtgesellschaft. Der SDS ist sich dessen bewusst, dass eine gesellschaftliche Umwälzung und Neuordnung nicht als voluntaristischer Akt einer „reinen Intellektuellenbewegung"[118] möglich sind. Die Auflösung des SDS setzt linke Gruppen frei, die verschiedene Antworten auf die Isolation und die ausgebliebene Umwälzung geben und sich in ihren Zielen und Politikvorstellungen teils grundlegend unterscheiden. Die Diversifizierung der Linken findet ihren Niederschlag unter anderem in der Veränderung der bisher erprobten politischen Sprache, der Theoriebezüge und der Praxis. Kategorien

116 Gerhard 1999, 137–138.
117 Schulz 2002, 176.
118 Steffen 2002, 16.

und Begriffe, die den Horizont linker Theorie und Praxis gebildet haben, geraten ins Wanken. In dieser Situation beschreiten maoistische K-Gruppen den Weg der politischen Retraditionalisierung, orientieren sich in ihrer Organisationsweise an der Kommunistischen Partei der 1920er Jahre und bestimmen die Arbeiterinnenschaften zum revolutionären Subjekt – größtenteils unter Absehung ihrer eigenen und der tatsächlichen Lebenssituation und -stile der Lohnabhängigen.[119] Setzen die K-Gruppen auf die Organisations- und Politikformen der alten Arbeiterinnenbewegung, so wenden sich jene Gruppen, die als „Alternativbewegung" bezeichnet werden, von den herkömmlichen Formen sozialistischer Politik ab. Ihr Bezugspunkt sind die Bedürfnisse der Einzelnen und ihre Organisationsformen auf den individuellen Alltag bezogen. Nach den Jahren linker Theorieproduktion und -diskussion im Umfeld des SDS befassen sie sich mit der eigenen Subjektivität, werden „Großstadtindianer" oder ziehen sich in Landkommunen zurück. Sie wenden sich teilweise gänzlich von jeder Theorie ab.[120] Das Ziel einer sozialistischen Umgestaltung der Gesamtgesellschaft fällt nicht (mehr) zusammen mit dem Ziel der Selbstveränderung in den individuellen Lebensentwürfen. Unterdessen konstatieren nicht wenige linke Intellektuelle – zeitgleich mit dem Heranrollen der großen Klassenkampfoffensive von oben, die später als „Neoliberalismus" bezeichnet werden wird –, marxistische Begriffe hätten ihr Potenzial zur Analyse der zeitgenössischen gesellschaftlichen Probleme eingebüßt.[121] Vor dem Hintergrund dieses Szenarios stellt der Sozialpsychologe Peter Brückner 1978 fest, dass der „Zusammenhang von Theorie und Erfahrung – auch in der Theoriebildung der ‚Linken' – zerrissen" sei.[122] Theorie sei, so Brückner, getragen von dem Bedürfnis „nach verallgemeinernder, gleichwohl realitätshaltiger Interpretation" der gesellschaftlichen Realität. Dieses Bedürfnis sei im Verlauf der 1970er Jahre im Schwinden begriffen und gehe einher mit dem „Riß, der innerhalb der Linken zwischen marxistischer Theoriebildung einerseits, den alltäglichen Erfahrungen vieler (studentischer) Linker andererseits eintrat".[123] Brückner interpretiert die Entwicklung der Linken in den 1970er Jahren demnach als Situation, in der sich die Einzelnen nicht (mehr) wiederfinden können in den linken Institutionen, Kampfpraktiken, Theorien und Wissensordnungen, die noch für die alte Arbeiterinnenbewegung einen Deutungs-, Handlungs- und damit

119 Diese Diskrepanz ist verarbeitet in Elio Petris Film *La classe operaia va in paradiso* (1972).
120 Kraushaar 1978.
121 Zur historischen Koinzidenz der Verabschiedung Marx'scher Begriffe und des massiven Angriffs auf Arbeitskämpfe ab den 1970er Jahren siehe Bonavena/Hauer/Mohs 2017, 49–52.
122 Brückner 1978, 76.
123 Ebd. 84.

Sinnzusammenhang geboten haben. Die verschiedenen Strömungen innerhalb der Linken, wie K-Gruppen, Antiautoritäre[124] oder Alternative, können mit Brückners Deutung als unterschiedliche Antworten auf diesen Riss verstanden werden. Der Gedanke, dass die Vermittlung von individueller Erfahrung und Verallgemeinerung in Form von realitätshaltiger, weltdeutender Theorie für die 1970er Jahre relevant ist, findet sich in Variationen auch in anderen Reflexionen und Rückblicken auf diese Zeit. Beispielsweise stellen sich für den Essayisten Michael Rutschky 1968 und die folgenden Jahre in der BRD als Übergang dar von einer Orientierung an allgemeinen Begriffen zum „Erfahrungshunger" der 1970er Jahre – so auch der Titel seines Essays aus dem Jahr 1980.[125] Die Studentinnenrevolte sei getragen gewesen von allgemeinen Begriffen: Das individuelle Leben der Einzelnen, ihr politisches Handeln bis hin zu ihrer psychischen Disposition sei den Zeitgenossinnen damals mithilfe von Begriffen und Kategorien aus marxistischer und Kritischer Theorie oder anderer soziologischer Theorien erklärbar und verständlich erschienen. Linke Studentinnen und Studenten haben sich, so Rutschky, „als *bürgerliches Individuum* erlebt, als Exemplar eines allgemeinen Begriffs" und ihre „Lebenswelt daraufhin durchbuchstabiert, daß sie diesen Begriff belege".[126] Rutschky stellt fest, dass die Begriffe und Kategorien der Studentinnen und Linken einen recht hohen Abstraktionsgrad aufgewiesen haben,

124 Die antiautoritäre Strömung versuchte, weder in die Sackgasse der Retraditionalisierung der K-Gruppen zu geraten, noch sich in der ausschließlichen Beschäftigung mit den eigenen Bedürfnissen unter zunehmender Ausblendung der Gesellschaft als Ganzes zu verlieren – wie manche Alternativen. Zur antiautoritären Strömung zählen Projekte wie das *Sozialistische Büro* in Frankfurt am Main, das versuchte, basisdemokratische Betriebsgruppen und Nachbarschaftsgruppen aufzubauen, ebenso wie Peter Brückner selbst, der, ohne marxistische Einsichten über Bord zu werfen, die grundlegenden Veränderungen der Gesellschaft zu begreifen versuchte, Jünke 2012.

125 Ich beziehe mich im Folgenden auf die Ausgabe von 1982. Rutschky veröffentlicht 1984 im *Merkur* den Aufsatz „Erinnerungen an die Gesellschaftskritik", in dem er die in „Erfahrungshunger" beschriebenen Konflikte auf einen Generationenkonflikt und die Krise der Kategorien als Adoleszenzkrisen junger Studentinnen und Studenten herunterbricht. Die Negativität der an Theodor W. Adornos und Max Horkheimers Kritischer Theorie geschulten Gesellschaftskritik wird als Ausdruck der Schwierigkeit des Erwachsenwerdens verharmlost. Deutungen von Konflikten als Generationenkonflikte dienen nicht selten ihrer Entpolitisierung, wird durch die Einführung der Generation doch suggeriert, die Konflikte seien bloß temporär und der Fortgang der Entwicklung werde sie ohnehin lösen. Der Aufsatz hinterlässt den Eindruck, dass sich der Autor seiner (intellektuellen) Vergangenheit entledigen will, um den Anschluss an die konservative Wende der 1980er Jahre nicht zu verpassen, siehe Rutschky, Michael: Erinnerungen an die Gesellschaftskritik. Merkur, Heft 1 Januar 1984, 28–39.

126 Rutschky 1982, 139; Hervorhebung wie im Original.

gleichzeitig aber das Besondere der Erfahrung entbehren. Das Problem, das sich nach Rutschky in den folgenden Jahren entfaltet, sei aber nicht nur ein Mangel an Vermittlung dieser allgemeinen Begriffe mit dem Besonderen individueller Erfahrung, nicht nur, dass diese Art des Denkens tendenziell keine „Lücken […] für Bewegungen der sozialen Realität" gelassen habe.[127] Vielmehr sei diese „Utopie der Allgemeinbegriffe"[128] zugleich eine „negative Utopie"[129] gewesen:

> „Die Protestbewegung […] verfolgte auch eine Utopie der Theorie, des Konzeptualisierens. Positiv in der Überzeugung, die zentralen gesellschaftlichen und lebensgeschichtlichen Prozesse würden sich auf soziologische und sozialpsychologische Begriffe bringen lassen und danach würden die Theoretiker leben können. Negativ in der Empfindung, dem ‚Lebensgefühl', von den zentralen gesellschaftlichen Prozessen im eigenen Verhalten, in der eigenen Biographie, in den eigenen Möglichkeiten durch und durch determiniert, auf Schemata gebracht zu werden."[130]

Diese Konstellation habe zum „Erfahrungshunger" der 1970er Jahre geführt, zum Wunsch, nicht in den Schemata allgemeiner Begriffe aufzugehen, sondern Erfahrungen zu machen, die in ihrer Besonderheit wahrgenommen werden können. Rutschky versteht die Suche nach Erfahrung als Abkehr von einer als entfremdet wahrgenommenen gesellschaftlichen Realität. Sei diese schon Ende der 1960er Jahre verdinglicht und dem Individuum fremd erschienen, so habe sich in den 1970er Jahren die Wahrnehmung verbreitet, eine wirkliche, neue Erfahrung sei nur in Abgrenzung zu und Abkehr von dieser gesellschaftlichen Realität möglich. Sie, die gesellschaftliche Realität, sei zunehmend als ein dem Innenleben des Individuums entgegengesetztes Außen erschienen. Der Wunsch nach dem Besonderen der Erfahrung und die Ablehnung, sich selbst in allgemeinen Begriffen zu erklären, habe dazu geführt, allgemeinen Begriffen die Kraft der Erklärung zu entziehen, die ihnen Ende der 1960er Jahre noch zugerechnet worden sei. Denn das Besondere der Erfahrung scheint in dem Augenblick, in dem es mit Begriffen bestimmt wird – die immer verallgemeinern –, verloren zu gehen. Um das Besondere der Erfahrung, eines Innenlebens oder eines nichtentfremdeten Selbst zu retten, sei auf die Verallgemeinerung und Bestimmung derselben durch Theorie verzichtet worden. Damit seien die Verstehbarkeit und Bestimmbarkeit der Erfahrungen des Einzelnen verloren gegangen. An deren Stelle sei die „Utopie der Unbestimmtheit, des Vagierens, der Strukturlosigkeit und Entgrenzung"[131] getreten. Rutschkys Essay versucht die Bewegung der

127 Ebd. 25.
128 Ebd. 139.
129 Ebd. 33.
130 Ebd. 33.
131 Ebd. 43.

subjektiven Wahrnehmung nachzuzeichnen, während Brückners Aufsatz den politischen Gehalt der Praxis der Alternativen aus den Problemen der sozialistischen Arbeiterinnenbewegung und der kapitalistischen Vergesellschaftung herausarbeitet. Gemeinsam ist den Aufsätzen die Feststellung, dass Theorie und Erfahrung, Besonderes und Allgemeines von ihren Zeitgenossinnen als nicht (mehr) vermittelbar wahrgenommen werden.

Für die Linke bedeutet die Schwierigkeit, Erfahrung und Theorie nicht mehr vermitteln zu können, einen Bruch mit der Tradition der Arbeiterinnenbewegung, ihren Institutionen, Konstitutions- und Organisationsweisen.[132] Das drückt sich in den oben skizzierten Rückblicken aus, die zugleich Ausdruck und Versuch der Reflexion einer Krise der politischen Identität der Linken sind. Denn diese politische Identität der Arbeiterinnenbewegung hat sich – in der Wahrnehmung der Linken der 1970er Jahre – gerade dadurch hergestellt, dass die Erfahrung der Einzelnen in Einklang mit den theoretischen Erklärungen gebracht werden konnte und sich in ihren Organisationen (politische) Handlungsmacht ausdrückte, wodurch ein Sinnzusammenhang hergestellt werden konnte. Diese integrative Kraft geht verloren.[133]

Für die Frauenbewegung stellt sich das Problem der Vermittlung von Theorie und Erfahrung anders dar. Denn weder das Wissen, das an den Universitäten gelehrt wird, noch das Wissen, das in den Theorie- und Politzirkeln der Linken zirkuliert, scheint befriedigende Antworten auf die Probleme des Geschlechterverhältnisses zu geben. Das Spezifische der autonomen Frauenbewegung hinsichtlich der Wahrnehmung des Auseinanderfallens von Theorie und Erfahrung, der Wahrnehmung der Fremdheit den Wissensordnungen gegenüber, zeigt sich in den Reflexionen von Marie-Theres Knäpper. Sie schreibt 1984, dass die Frauenbewegung vor der Aufgabe stehe, gleichsam aus dem Nichts Kategorien, Begriffe und eine Theorie der patriarchalen Unterdrückung der Frau, ihrer psychischen und kulturellen Identitätslosigkeit zu entwickeln:

> „Die […] Schwierigkeit feministischer Politik besteht darin, daß sie in notwendiger Abgrenzung zur Linken und deren Konzepte entstand, aber neue Entwürfe aus der Perspektive eines ‚anderen Blicks' mit adäquaten Kategorien erst erarbeitet werden mußte. Dies führte hier zu einer Ablehnung all dessen, was in irgendeiner Weise an bestehende, als unbrauchbar erwiesene Theorien und Praxen erinnerte."[134]

Zugleich habe der Anspruch bestanden, die neu entstandenen Ansätze feministischer Theorie mit den Erlebnissen, den Erfahrungen und dem Alltag der Frauen zu verbinden. Diese „Forderung nach sofortiger Umsetzung

132 Darin begründet sich der Unterschied zwischen einer „Alten Linken" und einer „Neuen Linken"; Wallerstein/Zukin 1988.

133 Lux 2018.

134 Knäpper 1984, 80.

dieser Analyse in die alltägliche Praxis der Frauen"[135] entspringe der Wahrnehmung, „sich selbst" als Frau nicht wiederzufinden in Philosophie und Wissenschaft, Geschichte oder Kunst. Während das Auseinanderfallen von Theorie und Erfahrung von der Linken als Bruch mit einer Tradition wahrgenommen wird, scheint die autonome Frauenbewegung in ihren Anfängen vor einem leeren Blatt zu stehen, auf dem noch keine Geschichte geschrieben steht, mit der frau hätte brechen können. Die Beschäftigung mit der ersten Frauenbewegung setzt erst später ein.[136]

Der Eindruck, über kein Wissen und keine Theorie zu verfügen, in welche die Erfahrung eingegangen ist, Frau zu sein, hat eine gesellschaftliche Dimension, die über die Situation linker Bewegungen hinausreicht.[137] Denn bis ins 20. Jahrhundert hinein waren Frauen aufgrund ihres Ausschlusses aus Universitäten und Akademien keine forschenden und lehrenden Subjekte, sondern fast ausschließlich Objekt der Wissenschaft. Im „Deutschen Reich" konnten sie sich erst nach 1908 an Universitäten immatrikulieren.[138] Außerdem fand die Lebens- und Erfahrungswelt, in welche die Frauen qua vergeschlechtlichter Arbeitsteilung gestellt waren, in ihren spezifischen Qualitäten keinen Eingang in die Konzeption eines allgemeinen und universellen Subjekts. Diese Verdrängung wird nicht nur nicht reflektiert im legitimen Wissen, den Prinzipien, Kategorien und Begriffen der Wissenschaften. Vielmehr konstituiert sich der Universalismus moderner Humanwissenschaften durch eine „weibliche Sonderanthropologie"[139], aus der die Gynäkologie entsteht. Im Laufe des 19. Jahrhunderts wird das Objekt Frau fast vollständig naturalisiert, alle Tätigkeiten, die ihr durch die gesellschaftliche Arbeitsteilung zufallen, werden zum Ausdruck der natürlichen Verhaltensweisen und ihre Eigenschaften aus ihrer körperlichen Beschaffenheit erklärt. So wird die Frau zum Anderen des Subjekts der Wissenschaften, zu alldem, was das (männliche) Subjekt nicht sein will: durch und durch bestimmt von Sinnlichkeit, ohne Verstand, nicht fähig zur Wissenschaft und zum Denken. Zwar bilden die modernen Wissenschaften keinen monolithischen Block, und gerade in der sozialistischen Bewegung entwickeln sich auch Gegentendenzen, doch gesellschaftlich wirkmächtig wird die Naturalisierung und Entsubjektivierung der Frau im wissenschaftlich legitimierten Wissen.[140] Ausgehend von dieser

135 Ebd.

136 Schaser/Schraut 2019, 8.

137 Der folgende Abschnitt ist eine wörtliche Übernahme aus Lux 2019b.

138 Gerhard 1995.

139 Honegger 1996, 166.

140 Aus den Reihen der Arbeiterinnenbewegung und der sozialistischen und anarchistischen Theorie wurde schon im 19. Jahrhundert die vergeschlechtlichte Arbeitsteilung ebenso wie Sexualität und die Einschränkung der Entwicklungsmöglichkeiten von Frauen thematisiert und kritisiert, beispielsweise bei Friedrich Engels, August Bebel und

Situation der „Sprachlosigkeit“[141] beginnen Frauen sich über ihre Lage aufzuklären und feministische Wissensproduktion und Theoriebildung zu betreiben, die in Zeitschriften, Frauenzentren und Frauenjahrbüchern ihren Ort und ihre Verbreitung finden.[142] Neben soziologischen Sozialisationstheorien werden kulturtheoretische Patriarchats- und Weiblichkeitstheorien ebenso entwickelt wie die Kritik der Herstellung und der Funktionsweise von Weiblichkeitsbildern, sowie unterschiedliche Theorien der Geschlechterdifferenz. Von einigen Theoretikerinnen werden Betroffenheit und Parteilichkeit als grundlegende Prinzipien feministischer Forschung und Theoriebildung ausgewiesen. Damit knüpft dieser Strang der Theoriebildung an Grundgedanken der Selbsterfahrungspraxis an und geht zugleich über dieselbe hinaus, da der Gegenstandsbereich der Theoriebildung ausgeweitet wird. Diesem Verständnis nach soll feministische Theoriebildung aus der Frauenbewegung selbst entstehen und ihren Ausgangspunkt ebenfalls bei den Erfahrungen und Proble- men der Frauen sowie bei den politischen und strategischen Anforderungen der Frauenbewegung als revolutionärer Bewegung nehmen.[143]

Daneben entwickelt sich ein Diskussionsstrang, der das Subjekt des Wissens und sein Geschlecht zum Thema macht. Das Problem der abendländischen Theorie-, Wissens- und Bedeutungsproduktion wird dabei in einem Subjekt-Objekt-Verhältnis verortet, das auf der Unterordnung und Zurichtung des Objekts für das Subjekt beruht. Das Welt- und Selbstverhältnis des Subjekts des Wissens soll verändert werden, sodass es die Welt nicht mehr zum verdinglichten Objekt macht. Die Ausblendung der Angewiesenheit und Abhängigkeit des Subjekts gilt einigen Theoretikerinnen der Frauenbewegung als konstitutiv für das, was unter Wissen, Kultur und Geschichte verstanden wird. Zur Diskussion steht demnach sowohl, wie ein anderes Subjekt werden könne, als auch, wie eine feministische Subjekttheorie zu entwickeln sei oder ob der Feminismus ausschließlich die *Kritik* der bisherigen Subjekttheorien zu entwickeln habe. Wie oben ausgeführt, wird unter der Losung vom Privaten, das politisch ist, darauf hingewiesen, dass das, was sich als Allgemeines behauptet, tatsächlich partikular ist, da es seine Geschlechtlichkeit ausblendet. Das Allgemeine wird als Besonderes, das Allgemein-Menschliche als Männliches, das Universelle als Partikulares entlarvt. Die feministische Kritik des

Eleanor Marx; zu Beginn des 20. Jahrhunderts beispielsweise bei Alexandra Kollontai, Emma Goldman und Milly Witkop-Rocker.

141 Dietze 1979, 7.

142 Lux 2019b, 54.

143 Einer der bekanntesten, einflussreichsten, aber auch umstrittenen Aufsätze im deutschsprachigen Raum sind Maria Mies' „Methodische Postulate zur Frauenforschung – dargestellt am Beispiel der Gewalt gegen Frauen“ von 1978. Betroffenheit und Parteilichkeit bezieht Mies nicht auf den individuellen Lebenszusammenhang der Einzelnen, sondern konzipiert diese Begriffe im Sinne einer globalen sozialistischen Solidarität und Empathie.

Wissens bearbeitet das Problem der Geschlechtlichkeit des Allgemeinen: Die Allgemeinheitsansprüche von Theorien und Begriffen geraten in die Kritik. Von hier führen zwei Wege feministischer Theoriebildung weg, die ich oben als egalitäre und differentielle Argumentation bezeichnet habe: Erstens werden Positionen entwickelt, die die Integration und Aufnahme der Frauen in das Allgemeine, Allgemein-Menschliche und Universelle anvisieren und oftmals stärker im Feld des Politischen und Sozialen agieren; zweitens die Positionen, die auf die Durcharbeitung des Allgemeinen und Universellen setzen, um aufzuzeigen, dass sie sich durch die Differenz zum Weiblichen konstituieren. Dieser Strang gliedert sich noch einmal auf in Positionen, die hauptsächlich darauf zielen, die Mechanismen der Herstellung des Allgemeinen oder Universellen und der Unterordnung des Weiblichen zu kritisieren, und in Positionen, welche die Produktion eines neuen Allgemeinen und damit neuer Subjektformen zu denken versuchen, die nicht mehr auf der Unterordnung der Differenz beruhen.[144] Die Zeitschrift *Die Schwarze Botin* wird zum Ort der Auseinandersetzung dieser theoretischen Positionen in ihren unterschiedlichen Spielarten werden.

Die Forschung zur autonomen Frauenbewegung hebt hervor, dass das Bewusstsein einer geteilten Erfahrung, in einer androzentrischen Gesellschaft Frau zu sein, die Grundlage für das Politikverständnis, die Praxis und die Theoriebildung der Bewegung gebildet habe.[145] Dem möchte ich aus der Perspektive des Konfliktgedächtnisses hinzufügen, dass der Stellenwert und die Rolle der Erfahrung und ihre Verarbeitungsweise für die feministische Theoriebildung durchaus Gegenstand einer regen, teils scharfen Auseinandersetzung waren. Das werde ich anhand des Kritikprogramms der *Schwarzen Botin*, ihrer Kritik an der Selbsterfahrungspraxis und der Konstitution von Erfahrung in der autonomen Frauenbewegung ebenso wie anhand ihrer Auseinandersetzung mit Subjekttheorie und -kritik zeigen. Wird die Kritik an der Herstellung und dem Stellenwert von Erfahrung für die feministische Theorie und Praxis miteinbezogen, so lässt sich der Blickwinkel auf die Bewegung erweitern: Nicht nur wurde Erfahrung zu einem wichtigen Dreh- und Angelpunkt feministischer Theorie und Praxis, sondern die Frage der *Vermittlung* zwischen besonderer Erfahrung und Verallgemeinerung in einer allgemeinen feministischen Theorie wird zum Thema und zum Gegenstand der Auseinandersetzung.

Die Frauenbewegung der 1970er Jahre hat sich als Subjekt konstituiert und Veränderungen bewirkt. Subjekttheorie und Subjektkritik sind Tätig-

144 Die beiden Positionen werden oftmals als Gleichheitsfeminismus und Differenzfeminismus bezeichnet. Über das feministische Denken der Differenz herrscht laut Drygala und Günter ebenso wie laut Rendtorff vor allem in der deutschsprachigen Diskussion Verwirrung; Drygala/Günter 2010; Rendtorff 2014.

145 Studer 2011, 41–42; Ferree 2012, Lenz 2010.

keiten der Theoretikerin und weisen in ihrem Verhältnis zur Bewegung eine dreifache Zeitlichkeit auf. Über die Konstitution des Subjekts der Frauenbewegung schreibt Brigitte Studer:

> „Durch die persönliche Partizipation jeder Frau, durch das gemeinsame Formulieren von theoretischen Analysen, durch die praktische und diskursive Interaktion in der Gruppe, kurz, durch das kollektive Sprechen und Handeln, sollte sich das feministische Subjekt als politisches Subjekt, als in der Öffentlichkeit handlungsfähiges Subjekt konstituieren. Die Praxis basierte auf der Überzeugung, dass die Grenze zwischen dem Verstehen der Welt und ihrer Transformation aufgehoben war – ein für die Aktivistinnen, wie in vielen Erinnerungen zum Ausdruck kommt, höchst beflügelndes, ja ermächtigendes Gefühl."[146]

Insofern die Theoretikerin an theoretischen Analysen und der Herstellung einer Öffentlichkeit mitwirkt, ist sie Teil des Subjekts der Frauenbewegung. Theoretische Tätigkeit und Subjektkonstitution vollziehen sich gleichzeitig. Zugleich kommen Theorie und Kritik verspätet. Ihre theoretischen Reflexionen des Subjekts beziehen sich auf einen vorangegangenen praktischen Prozess der Subjektkonstituierung. Das Subjekt der Frauenbewegung hat sich hergestellt ohne das Zutun der Kritik. Ihr Urteil über die Praxis fällt sie im Nachhinein. Zudem enthält die Tätigkeit des Denkens antizipatorische Fähigkeiten. Denken, Theorie und Kritik können über das Gegebene hinausgehen und Zukünftiges vorstellen.

„Der Feminismus der späten sechziger und frühen siebziger Jahre", so Studer, sei ein „immenses semantisches Unterfangen" gewesen, „im Laufe dessen die soziale Realität neu gelesen wurde".[147] Das „semantische Unterfangen" ist die Neudeutung und -bewertung der Lebenswelt der Frauen, die sich zur Bewegung zusammenschließen, ihrer Erfahrungen und von deren politischen Gehalt. Was Studer für die späten sechziger und frühen siebziger Jahre feststellt, geht unter anderen Vorzeichen im Verlauf der siebziger Jahre weiter. Denn was die oben skizzierten Rückblicke deutlich machen, ist eine Verschiebung des Vokabulars: Mit dem Auseinanderbrechen von Theorie und Erfahrung geht die Suche nach neuen Deutungen der politischen und sozialen Situation einher. Das wird in einem Zitat der Kulturwissenschaftlerin und Soziologin Gerburg Treusch-Dieter,[148] die zu einer der Autorinnen der

146 Studer 2011, 18.

147 Studer 2011, 37.

148 Gerburg Treusch-Dieter studierte nach einer Schauspielerinnenausbildung in Hannover Soziologie, Psychologie und Literaturwissenschaft und lehrte und forschte nach ihrer Habilitation an Universitäten in Berlin, Wien, Freiburg und Innsbruck. Sie publizierte wiederholt in der *Schwarzen Botin* und war Redakteurin der Zeitschrift *Ästhetik und Kommunikation, Beiträge zur politischen Erziehung* und der Wochenzeitung *Der Freitag*.

Schwarzen Botin zählt, deutlich. In einem Gespräch mit dem Publizisten Rudolf Maresch sagt sie über die Zeit der Studentinnenbewegung:

> „Die Theorie – Kant, Hegel, Marx, Freud – wurde für mich zur ‚Therapie'. Als ob ich eine lang gesuchte Sprache des Denkens gefunden hatte und – das war absolut neu – auch gebrauchen durfte. Auf der Straße, in den Seminaren, AGs oder Kneipen, immer hing ‚alles mit allem' zusammen. Mir schien, ich befände mich mitten in der ununterbrochen beschworenen ‚Totalität', die – en détail – im Alltag zum ‚politischen Lernprozess' wurde, während mein Sohn zur Schule und ich zur Uni ging."[149]

Sie verweist deutlich auf die in SDS und Studentinnenbewegung rezipierte marxistische Theorietradition, die in ihrer Erinnerung mit ihrem alltäglichen Leben – in den Seminaren, mit ihrem Sohn – einen Sinnzusammenhang ergab. Dieser Deutungshorizont scheint sich im Laufe der Jahre zu verschieben. Treusch-Dieter übersetzt zusammen mit Xenia Rajewsky, Gabriele Ricke und Regine Othmer Luce Irigarays einflussreiches Werk *Speculum de l'autre femme*, das 1980 unter dem Titel *Speculum. Spiegel des anderen Geschlechts* im Suhrkamp Verlag auf Deutsch erscheint. Über diese Erfahrung sagt sie in dem Gespräch mit Maresch:

> „Wir blieben von Irigarays Verfahren des Durchkreuzens der Diskurse, ihrer symbolischen Lesart des Weiblichen als Lücke und Mittel der Vermittlung, ihrer Entcodierung logisch-dialektischer Konstruktionen unter dem Aspekt der Geschlechterdifferenz fasziniert. ‚Alles hängt mit allem zusammen' hieß jetzt, das Weibliche kommt in der Ordnung der Repräsentation nicht vor."[150]

Das Zitat drückt den oben angesprochenen Eindruck aus, über kein Wissen zu verfügen, den Eindruck, dass das Weibliche in der Ordnung des Wissens verdrängt wird und in diesem Sinne nicht vorkommt. Was zuvor als Sinnzusammenhang erschien – alles hing mit allem zusammen und ergab Sinn –, erscheint jetzt als Nichtvorkommen, als Abwesenheit und Verdrängung. Hier zeigt sich eine Änderung: Es ist nicht mehr das Vokabular des Marxismus – oben ausgedrückt in der Nennung des Autors und in den Begriffen „Totalität" und „politischer Lernprozess". Nun verwendet Treusch-Dieter das Vokabular der strukturalen, an der Linguistik orientierten Psychoanalyse und beschreibt die Methodik dieser Theorierichtung – repräsentiert durch Luce Irigaray. Die Benennung ändert sich – was etwas *geheißen* hatte, *heißt* jetzt etwas anderes. Bekanntermaßen setzt ab Mitte der 1970er Jahre in der BRD die Rezeption des Strukturalismus und vor allem des Poststrukturalismus ein, der die Rezeption des Marxismus marginal werden lässt. Nicht nur die Linke, vor allem auch Teile der Frauenbewegung werden nun andere Welt- und Selbstdeutungen entwickeln als die frühe Frauenbewegung und die Studentinnenbewegung

149 Treusch-Dieter 2014a, 21.
150 Ebd. 22.

der 1960er Jahre: Nicht mehr marxistische Kategorien, Begriffe der Kritischen Theorie oder anderer Strömungen der Soziologie scheinen die Vermittlung von Erfahrung und Theorie leisten zu können. Stattdessen werden Sprachtheorie und Linguistik, strukturalistische Anthropologie und Kulturtheorie sowie poststrukturalistische Differenztheorien zum Gegenstand feministischer Theoriebildung.[151] *Die Schwarze Botin* entwickelt ihr Kritikprogramm in dieser theoriegeschichtlichen Umbruchszeit in der BRD.

2.5 Entstehungsbedingungen der feministischen Theoriebildung

Im Anschluss an den Historischen Materialismus gehe ich davon aus, dass das Bewusstsein der Menschen Teil ihres gesellschaftlichen Lebensprozesses ist, aus ihm entsteht und auf ihn zurückwirkt. Bewusstsein fasse ich als gedankliche Verarbeitungsweise gesellschaftlicher Prozesse. Das trifft auch auf das feministische Bewusstsein zu, das sich im Selbstverständnis der autonomen Frauenbewegung und ihrer feministischen Theoriebildung, Wissensproduktion und Gesellschaftskritik zeigt. Theoriebildung und Wissensproduktion sind damit Formen dieses bewusstseinsmäßigen Verarbeitungsprozesses, sie geben Antworten auf gesellschaftliche Probleme und Fragen.[152] Auf welche gesellschaftlichen Veränderungsprozesse, Probleme und Fragen sucht und gibt die autonome Frauenbewegung Antworten? Die Soziologin Ilse Lenz hat auf das Gefüge von politischen und sozialen „Gelegenheitsstrukturen"[153] wie dem Strukturwandel seit den 1960er Jahren, der Entstehung eines Subjekts und einer gemeinsamen Identität der Bewegung sowie der Herausbildung einer Öffentlichkeit, in der Anliegen formuliert und gehört werden, aufmerksam gemacht. Ich möchte im Folgenden schlaglichtartig auf die Aspekte fokussieren, die für feministische (Theorie-)Debatten in und um *Die Schwarze Botin* relevant sind.

151 Ich beschreibe hier eine Tendenz. Selbstverständlich verschwand die marxistische Theoriediskussion nicht völlig. Aber sie wurde für die nächsten Jahre zu einer linken Szenendiskussion. Die Kritische Theorie blieb etwas präsenter, da einige linke Theoretikerinnen versuchten, Anknüpfungspunkte und Verbindungslinien zwischen poststrukturalistischem Denken und Kritischer Theorie herzustellen. In der feministischen Diskussion wurde das Verhältnis dieser beiden Strömungen Anfang der 1990er Jahre Gegenstand einer scharfen Auseinandersetzung, siehe Gudrun Axeli Knapp (Hg.): Kurskorrekturen. Feminismus zwischen Kritischer Theorie und Postmoderne, Campus, Frankfurt a. M./New York, 1998 und Benhabib, Seyla/Butler, Judith/Cornell, Drucilla/Fraser, Nancy (1993): Der Streit um Differenz. Feminismus und Postmoderne in der Gegenwart, Fischer, Frankfurt a. M.

152 Marx/Engels 1969, v. a. 37–50; Georg Lukács hebt im Rahmen der Diskussion um den Historischen Materialismus hervor, dass es sich bei den „Antworten" um mögliche Antworten handelt. Das heißt, dass es im Rahmen der vom gesellschaftlichen Lebensprozess selbst gesetzten Grenzen auch alternative Antworten gibt oder geben könnte; Lukács 1984, v. a. 34ff.

153 Lenz 2008, 24.

Die autonome Frauenbewegung der 1970er und 1980er Jahre ist eingelassen in einen Prozess der Neukonfiguration der Geschlechterverhältnisse. Drei Aspekte dieser Neukonfiguration möchte ich hervorheben: Erstens geht mit dem Übergang vom Fordismus zum Postfordismus die tendenzielle Freisetzung der weiblichen Arbeitskraft in Westeuropa einher. So wird das Verfügungsrecht des Ehemanns über die Arbeitskraft der Ehefrau in der BRD durch das Gleichberechtigungsgesetz von 1958 und die Eherechtsreform von 1977 beendet. Frauen können nun – egal ob verheiratet oder ledig – selbst entscheiden, ob sie lohnarbeiten gehen oder nicht.[154] Sie werden tendenziell zu doppelt freien Lohnarbeiterinnen[155] – allerdings eben nur tendenziell, denn die weibliche Arbeitskraft war und ist bis heute weiterhin weniger Wert als die männliche und weiterhin fielen und fallen den Frauen die unbezahlte Sorge- und Pflegearbeit zu. Die Entstehung dessen, was als Dienstleistungssektor bezeichnet wird, und die zunehmende Kommodifizierung von zuvor im Privaten unbezahlt verrichteten Tätigkeiten seit Ende des Nationalsozialismus bilden die ökonomische Bedingung, vor deren Hintergrund sich die Erwerbstätigkeit der Frauen – in der BRD hauptsächlich als Teilzeitarbeit – bei gleichzeitig anhaltender Zuständigkeit für unbezahlte Sorge- und Pflegearbeit normalisiert.[156] In diesem Zusammenhang möchte ich einen Gedanken des

154 Ebenfalls wird 1958 im Gleichberechtigungsgesetz der BRD das Recht des Ehemanns, über Einkommen und Vermögen der Ehefrau zu verfügen, eingeschränkt. Auch die Ehefrau durfte fortan gleichberechtigt über Erwerbsarbeit, Einkommen und Vermögen entscheiden. Die Lohnarbeit der Frau darf Ende der 1950er Jahre allerdings nicht in Kollision geraten mit ihren „Pflichten in Ehe und Familie". Zwanzig Jahre später hob die Eherechtsreform von 1977 die gesetzlich festgelegte Regelung der geschlechtlichen Arbeitsteilung auf. Seither sind in der BRD Ehefrauen nicht mehr zur unbezahlten Hausarbeit qua Gesetz verpflichtet.

155 Karl Marx bezeichnet mit dem Begriff des doppelt freien Lohnarbeiters die Lage der Mehrheit der Menschen, die in einer Gesellschaft mit kapitalistischer Produktionsweise leben. Doppelt frei sind sie, da sie erstens frei von Produktionsmitteln sind, also nicht über Mittel verfügen, mit deren Hilfe sie Lebensmittel produzieren und so ihre materielle Existenz sichern könnten. Zweitens sind sie rechtlich frei von Bindungen an andere, wie es in der feudalen Leibeigenschaft der Fall war. Diese zweite Freiheit ermöglicht es den Lohnarbeiterinnen, einen Vertrag mit den Eigentümern der Produktionsmittel einzugehen: Die Lohnarbeiterinnen verkaufen per Vertrag ihre Arbeitskraft und können so ihre Existenz bestreiten.

156 Darauf haben zahlreiche feministische Theoretikerinnen der Ökonomie aufmerksam gemacht, von Silvia Federici, die in der Lohn-gegen-Hausarbeit-Kampagne der 1970er Jahre aktiv war, über Maria Mies, Veronika Bennholdt-Thomsen und Claudia von Werlhof, die den Ansatz der Subsistenzproduktion erarbeitet haben, bis zu feministischen Ökonominnen wie Mascha Madörin, die eine eigenständige feministische Theorie der Care-Ökonomie entwickelt. Die Entstehung feministischer Ökonomietheorien ist eng verknüpft mit der Herausbildung der Frauenbewegung; Dalla-Costa 1971; Bennholdt-Thomsen/Mies/Werlhof 1988; Madörin 2011.

ungarischen Philosophen Georg Lukács zum Verhältnis von Individuum und kapitalistischer Gesellschaft heranziehen. Lukács stellt fest, dass das Individuum, dessen Arbeitskraft die juristische und ökonomische Form der Ware annimmt – also zur Ressource von Lohnarbeit wird –, tendenziell universell bestimmbar wird und sich tendenziell selbst universell bestimmen kann.[157] Damit meint er die Erweiterung der Möglichkeit des Individuums, sich selbst, seine Tätigkeiten und Beziehungen, seine Selbst- und Weltverhältnisse zu bestimmen. Dem ist allerdings die Einsicht marxistischer Feministinnen als Korrektiv hinzuzufügen. Denn im Falle von Frauen wird diese Tendenz zur Universalisierung von einer wirkmächtigen Gegentendenz begleitet. Die Erweiterung der Möglichkeit der Individuierung ist für Frauen noch immer gesellschaftlich eingeschränkt. Sie bleiben auf den Bereich der Sorge- und Pflegetätigkeiten verwiesen und werden weiterhin über diese Tätigkeiten bestimmt.[158] Die Freisetzung weiblicher Arbeitskraft produziert für Frauen demnach eine widersprüchliche Situation: Zwar bedeutet sie die Möglichkeit der Individuierung und der individuellen Selbstbestimmung, zugleich aber wird diese Möglichkeit begrenzt und eingeschränkt durch die Festlegung der Frauen auf Sorge- und Pflegetätigkeiten und auf die damit verknüpften Geschlechterbilder und Zuschreibungen von Eigenschaften und Fähigkeiten.[159]

Zweitens kommt zu dieser widersprüchlichen Situation Mitte des 20. Jahrhunderts die bevölkerungs- und biopolitische Entwicklung der Reproduktionstechnologie hinzu, die sich in der Einführung der Antibaby-Pille Anfang der 1960er Jahre und den Reformen der Paragraphen zum Schwangerschaftsabbruch in den 1970er Jahren manifestiert. Damit wird die Verknüpfung von Frausein und Mutterschaft tendenziell aufgelöst.[160] Drittens spielt die sogenannte „Bildungsexpansion“ eine Rolle. Ab den 1950er und dann verstärkt in den 1960er Jahren kommen auch immer mehr Frauen in den Genuss von qualifizierter Ausbildung und Universitätsabschlüssen. Die US-amerikanische Historikerin Gerda Lerner hat dargelegt, dass für Frauen jahrhundertelang die Entwicklung ihrer intellektuellen Fähigkeiten mit dem Verzicht auf ihre Sexualität einhergegangen ist. Intellektuelle Tätigkeiten für Frauen waren fast ausschließlich zölibatär im Kloster möglich. Historisch eröffnet sich im 20. Jahrhundert für Frauen die Möglichkeit, die Trennung ihrer Sexualität von ihrer Intellektualität zu überwinden.[161]

157 Lukács 1984, 59 und 76–77. Die Schranke dieser potentiellen Universalität des Individuums liegt in der auf dem Klassenantagonismus beruhenden kapitalistischen Gesellschaft in der Klassenzugehörigkeit.

158 Haug 1988, 7–8.

159 Zum Verhältnis von Erwerbsarbeit von Frauen, der Kommodifizierung von Sorgearbeit und der Geschlechterordnung siehe Soiland 2015, 115–130.

160 Treusch-Dieter 1990.

161 Lerner 1993.

Die Frauen, die sich zur Frauenbewegung zusammenschließen, haben es mit widersprüchlichen gesellschaftlichen Tendenzen zu tun: Zwar profitieren sie von der Bildungsexpansion, können Ausbildungen absolvieren und „ihr eigenes Geld" verdienen, dennoch ist die ökonomische, soziale und kulturelle Geschlechterordnung nicht aufgehoben. Einkommen und Arbeit werden weiterhin ungleich zu Ungunsten der Frauen verteilt. Zudem sind die kulturellen Weiblichkeitsbilder trotz der neuen Möglichkeiten und Anforderungen weiterhin wirkmächtig, die sich nach dem Ende des Nationalsozialismus hergestellt haben.[162] Der Erziehungswissenschaftlerin Maria A. Wolf zufolge korrespondiert mit dem materiellen Wiederaufbau in den 1950er Jahren der „immaterielle Wiederaufbau"[163] der bürgerlichen Geschlechterordnung. Sie beruht auf der Familie mit männlichem Ernährer als Oberhaupt, einer sexuell passiven und monogamen, schönen und gepflegten „HausfrauMutter-Gattin"[164], die Kinder und Teilzeitberufstätigkeit lächelnd unter einen Hut bringt und das Heim zum Zufluchtsort macht.[165] Diese Geschlechterordnung, die von der Frauenbewegung angegriffen werden wird, restauriert sich nach, in Abgrenzung zu und als Verdrängung der Selbstständigkeitserfahrung im Nationalsozialismus. Denn „Sozialisation und Erziehung im Bund Deutscher Mädel [sind] nicht eine Erziehung zur traditionellen Weiblichkeit"[166]. Die NS-Jugendpolitik und -erziehung löst junge Menschen aus dem traditionellen Familienverband heraus und bewirkt für Mädchen einen Individuierungsschub. Zudem führt der Zweite Weltkrieg dazu, dass Frauen alleine für sich und die Familien verantwortlich sind und in sogenannten Männerberufen tätig werden. Zusammen mit dem ökonomischen „Wiederaufbau" in den 1950er Jahren werden auch traditionelle Weiblichkeitsbilder restauriert. Dieser „immaterielle Wiederaufbau" ist verknüpft mit der Verdrängung und dem Verschweigen der Erfahrungen in der nationalsozialistischen Gesellschaft und damit vor allem auch mit der Verdrängung der deutschen Verbrechen. Die Emanzipation und die Erfahrung der Selbstständigkeit der nicht verfolgten deutschen Frauen im NS wird von ihnen weder aufgearbeitet noch reflektiert – das hätte ein Bewusstsein und ein Eingeständnis der eigenen Verantwortung erfordert. Nicht zuletzt ist das „Überschreiten der Geschlechter-Grenzen"[167] im NS von oben auferlegt und enthebt Frauen und Mädchen von der Aufgabe, selbsttätig und bewusst ihre Befreiung zu erkämpfen. Daher kann die Emanzipation der Frauen und Mädchen im NS als Pflicht und ihr Handeln

162 Schulz 2002, 36; Dackweiler 1995, 85ff.
163 Wolf 1995, 99.
164 Ebd. 72.
165 Ebd. 67.
166 Ebd. 63.
167 Ebd. 141.

als bloße Pflichterfüllung erscheinen.[168] In der Verdrängung werden Emanzipation und Selbstständigkeitserfahrung zur „Illusion" und „Verführung",[169] die durch die Restauration der traditionellen Weiblichkeit wiedergutgemacht werden soll und verdrängt wird.

Die restaurierte Weiblichkeit der 1950er Jahre und die mit ihr einhergehenden Erfahrungsmuster, die qua Sozialisation von den Müttern an die Töchter weitergegeben werden, passen Ende der 1960er Jahre immer weniger zur Lebenswirklichkeit jüngerer Frauen. Es ist nicht mehr klar, dass man als Frau heiraten, Kinder kriegen und hauptsächlich für den Haushalt zuständig sein wird. Frausein bedeutet nicht mehr zwangsläufig Muttersein oder Ehefrausein. Durch die ökonomischen und sozialen Veränderungen wird die Entnaturalisierung von Tätigkeiten, Beziehungen und Eigenschaften, die zuvor als naturgegeben erschienen sind, möglich. Die Ordnung der Geschlechter und die Bestimmung, was Frausein oder eine weibliche Identität bedeutet, werden gesellschaftlich verhandelbar und von der Frauenbewegung auch verhandelt. Die gesellschaftlichen Veränderungsprozesse der Entnaturalisierung der Geschlechterverhältnisse, der Eröffnung von Möglichkeitsspielräumen und des Aufbrechens der Erfahrungsmuster bilden Aspekte des historischen Rahmens, in dem die Fragen und Antworten der autonomen Frauenbewegung entstehen. Auf diese teils widersprüchlichen gesellschaftlichen Tendenzen gibt die autonome Frauenbewegung unterschiedliche, teils widersprüchliche Antworten.

Für die autonome Frauenbewegung ist nichts mehr fest verfugt, alles soll sich verändern. Sie ist der Generalangriff auf eine nicht mehr tragbare Wirklichkeit: Sie will die Gesellschaftsveränderung ebenso wie die Selbstveränderung, die soziale Revolution ebenso wie die Kulturrevolution und die Umwertung der Werte. Sie zielt auf das Alltagsleben ebenso wie auf die Formen der Arbeit und ihrer Teilungen, der Politik und ihrer Trennungen. Ihre Kritik hat daher viele Dimensionen: Sie ist die Kritik der materiellen Produktion und Reproduktion ebenso wie die Kritik der Erkenntnisweisen, des Wissens, der Wissensformen und der Theoriebildung. Die Frauenbewegung wird unterschiedliche Wege gehen, um die Wirklichkeit umzugestalten. Von welchem Ausgangspunkt welcher Weg gewählt wird, hängt nicht zuletzt davon ab, wo die Frauen, die sich zusammenschließen, stehen – von den Bedingungen, die sie vorfinden, den Lebenssituationen, in denen sie sich befinden, den Erfahrungen, die sie gemacht haben, den Interessen, die sie verfolgen und den politischen Positionen, die sie vertreten. Zu Beginn liegen die unterschiedlichen praktischen, theoretischen, sozialen und politischen Wege, die die Bewegung zur Veränderung der Wirklichkeit beschreiten wird, noch nah beieinander. Sie werden in den folgenden Jahren auseinandergehen

168 Ebd. 66.
169 Ebd. 97.

und unterschiedlichen Programmatiken folgen. Die Herausbildung der autonomen Frauenbewegung ist die Vorgeschichte der Zeitschrift *Die Schwarze Botin.* In ihr zeichnen sich Konfliktlinien ab, die sich im Kritikprogramm der Zeitschrift wiederfinden werden. *Die Schwarze Botin* wird den Weg der feministischen Kulturkritik wählen, Wissensproduktion, Bedeutungsproduktion und Theoriebildung zu ihrem Gegenstand und ihrer Aufgabe machen. In ihrer kulturwissenschaftlichen Theoriebildung analysiert und kritisiert sie, was später als „Geschlechterwissen" Gegenstand der Geschlechterforschung werden wird. So ist das Kritikprogramm der Zeitschrift wiederum Teil der Vorgeschichte der Frauen- und Geschlechterforschung, die sich als akademische Disziplin ab den 1980er Jahre an den Universitäten etablieren wird.

3. Die Zeitschrift *Die Schwarze Botin*

Im Herbst 1976 erscheint in Berlin die 1. Ausgabe der Zeitschrift *Die Schwarze Botin. Frauenhefte*. Gabriele Goettle und Brigitte Classen bringen die Zeitschrift bis 1980 heraus. Gabriele Goettle (*1946) studiert Bildhauerei, Religions-, Kunst- und Literaturwissenschaft in Westberlin, arbeitet später als Schriftstellerin und veröffentlicht als Journalistin zahlreiche Reportagen, unter anderem für die Berliner *tageszeitung*.[1] Brigitte Classen (1944–2006) studiert an der Freien Universität Berlin Geschichtswissenschaft, arbeitet zur Zeit der Gründung der Zeitschrift an einer Promotion und gibt in den 1980er Jahren neben Arbeiten der Malerin und Schriftstellerin Greta Knutson eine Aufsatzsammlung zu Pornographie heraus.[2] Sie verstirbt im Jahr 2006. Im Jahr 1980 wird *Die Schwarze Botin* zunächst eingestellt. Der Historiker Vojin Saša Vukadinović gibt in seiner Darstellung der ersten Jahre der Zeitschrift als Grund für die Pause persönliche Konflikte zwischen Goettle und Classen an.[3] Nach einer zweijährigen Unterbrechung wird sie ab 1983 von Redaktionen in Berlin mit Brigitte Classen und der Juristin Branka Wehowski (1954–1993), in Wien mit der Schriftstellerin Elfriede Jelinek (*1946) und in Paris mit der Germanistin und Übersetzerin Marie-Simone Rollin (*1934) wiederveröffentlicht. Verlegerin ist die Architektin Marina Auder, die fortan die Zeitschrift finanziert.[4] Die letzte Ausgabe er-

1 Zu den zahlreichen Veröffentlichungen von Goettle, Gabriele zählen u. a. Goettle, Gabriele (1991): Freibank. Kultur minderer Güte amtlich geprüft, Tiamat, Berlin; ebenso die scharfsinnigen Beobachtungen der bundesdeutschen Gesellschaft zur Zeit des Endes der DDR und zur deutschen Vergangenheitsverdrängung in Dies. (1991): Deutsche Sitten, Eichborn Frankfurt a. M.; Dies. (1994): Deutsche Bräuche, Eichborn, Frankfurt a. M.; Dies. (1997): Deutsche Spuren, Eichborn, Frankfurt a. M.; sowie das Porträt der Ärztin Dorothea Ridder, die den Aktionsrat zur Befreiung der Frau mitgegründet hat (siehe 2. Kapitel): Goettle, Gabriele (2009): Wer ist Dorothea Ridder? Rekonstruktion einer beschädigten Erinnerung, Tiamat, Berlin.

2 Classen, Brigitte (Hg.): Greta Knutson. Bestien, 1980, Medusa Verlag, Berlin; Classen, Brigitte (1988): Pornost. Triebkultur und Gewinn, Raben Verlag, München.

3 Vukadinović 2020.

4 Branka Wehowski studiert Jura, Literatur- und Religionswissenschaft, sie ist Mitbegründerin und Mitarbeiterin des Sonderdezernat gegen Sexualdelikte der Staatsanwaltschaft Berlin. Elfriede Jelinek studiert Theaterwissenschaft, Kunstgeschichte und Musik, lebt und arbeitet als Schriftstellerin in Wien und München. Sie erhält im Jahr 2004 den Literaturnobelpreis. Marie-Simone Rollin studiert Germanistik, übersetzt Werke der Schriftstellerinnen Ingeborg Bachmann und Christa

scheint im Jahr 1986/1987. Danach wird *Die Schwarze Botin* aufgrund redaktioneller Auseinandersetzungen eingestellt.[5] Bis dahin ist die Zeitschrift vierteljährlich einunddreißig Mal in einer Auflage zwischen 1000 und 5000 Exemplaren erschienen.[6] Die Zeitschrift wird in Darstellungen zur Publikationsgeschichte der autonomen Frauenbewegung und der Linken erwähnt.[7] In den letzten Jahren ist das Interesse an ihr wieder gestiegen, wie Überblicksdarstellungen zeigen.[8] Vukadinović kommt das Verdienst zu, eine Auswahl an Aufsätzen aus den Jahren 1976 bis 1980 wiederveröffentlicht und mit einer informativen Einleitung versehen zu haben.[9] Er wählt einen biografischen Zugang zur Geschichte der Zeitschrift und stellt die Person Gabriele Goettle in den Mittelpunkt. Die Darstellung des intellektuellen Milieus der Zeitschrift verliert allerdings durch den Bericht intimer Details und persönlicher Zerwürfnisse, aus welchen die Geschichte der *Schwarzen*

Botin gedeutet wird. Eine Rezeptionsweise, die Werk und Lebensweg der Autorinnen identifiziert, ist gerade bezogen auf *Die Schwarze Botin* fraglich, die ein solches Vorgehen kritisiert hat.[10] Vukadinović beschränkt sich auf die Zeit von 1976 bis 1980, in der Gabriele Goettle Mitherausgeberin und Autorin war, und lässt die Jahre 1983 bis 1987 außen vor. Die Pause zwischen 1981 und 1983 bezeichnet er als Ende der „originären *Schwarzen Botin*"[11]. Von einer „originären" *Schwarzen Botin* zu sprechen, legt nahe, die Beiträge nach 1983 würden nicht die Eigenständigkeit und Originalität der frühen Ausgaben aufweisen. Das sollte nicht nur behauptet, sondern gezeigt werden, was schwerlich möglich ist, wenn die späteren Ausgaben keine Erwähnung finden.[12] Die Rede, es habe eine „originäre" *Schwarze Botin* gegeben, vermeidet die Herausforderung, sich mit der uneinheitlichen, teils widersprüchlichen Kritik der Zeitschrift als Ganzes zu konfrontieren. Die

Wolf ebenso wie Arbeiten des Sozialpsychologen Peter Brückner ins Französische. In ihrem Roman *Die Berliner Idylle/L'idylle berlinoise* (1989) erzählt Rollin von der *Schwarzen Botin* und ihrem Umfeld. Sie lebt und arbeitet in Paris. Marina Auder (in den 1940er Jahren geboren) studiert Architektur an der Technischen Universität Berlin, arbeitet unter anderem in Mannheim und Berlin. Sie lebt in Berlin.

5 Gespräch mit Marina Auder am 18.5.2016.

6 Podiumsdiskussion 1986, 227.

7 Vedder/Reulecke 1988; Radikal 1996.

8 Hilmes 2016; Lux 2018a; Vukadinović 2019 und Vukadinović 2020.

9 Vukadinović 2020; auch Vukadinović 2019.

10 Siehe die Kapitel 8 und 9.

11 Vukadinović 2020, 50–54.

12 Das Nachwort zu Vukadinović' Anthologie von Magnus Klaue und Christine Kettler (2020) geht auf das Gespräch „Wünsche nach Kraft durch Freude" von Brigitte Classen und Uta Ruge ein, das nach der Pause in der 18. Ausgabe im Jahr 1983 erscheint und, der Einteilung des Herausgebers zufolge, also nicht zur „originären" *Schwarzen Botin* zu zählen ist. So erscheint die Einteilung noch willkürlicher.

Darstellung läuft Gefahr, den Gegenstand zu glätten und so der Rezeption als Identifikationsobjekt anzubieten.

Die kulturwissenschaftlichen, historischen und philosophischen Beiträge der *Schwarzen Botin* widmen sich der Untersuchung und Entwicklung von Kulturtheorien der Geschlechterverhältnisse und der Geschlechterordnungen. Die Frage, was Frausein bedeutet, steht dabei nicht im Fokus. Vielmehr entwickelt die Zeitschrift über die Zeit ihres Bestehens erstens eine feministische Kritik der Geschlechterbilder, ihrer Entstehung und kulturellen Funktion, und tritt im Namen von Ideologiekritik und Dekonstruktion auf – zwei Typen der Kritik, deren Vereinbarkeit oder Unvereinbarkeit seit den 1970er Jahren heftige Diskussionen ausgelöst haben. Somit liegt ein Augenmerk der Zeitschrift auf den Fragen, wie sich Gesellschaft vermittels der Geschlechterverhältnisse konstituiert und welche Verarbeitungsweisen von Geschlecht hervorgebracht werden. Zweitens geht die Zeitschrift den Fragen nach, wie sich die Wahrnehmungsweisen und Vorstellungen von Wirklichkeit konstituieren und wie diese vergeschlechtlicht werden. Die Beiträge nehmen so unterschiedliche Wirklichkeitsebenen in den Blick und befragen die Grenzen des Denk- und Sagbaren und die ästhetischen Ausdrucksformen, um die Vorstellungswelten zu überschreiten. So erklärt das Vorwort der 1. Ausgabe, es gehe darum, „alte Les- und Denkkategorien ab[zu]streifen“[13].

Die Schwarze Botin versammelt literarische Texte, wissenschaftliche Aufsätze, Essays, Collagen, Glossen und satirische Kommentare, Rezensionen zeitgenössischer Publikationen wie des *Kursbuchs*, *Konkursbuchs*, der *Courage*, *alternative* oder Veröffentlichungen des Verlags Frauenoffensive und Vorababdrucke von literarischen Schriften, Aufsätzen und Buchkapiteln. Neben Texten zur Subjekttheorie und -kritik, zur Kritik der Frauenbewegung und von Weiblichkeitstheorien räumt die Zeitschrift der Publikation literarischer Texte und der Auseinandersetzung mit Literatur und Schriftstellerinnen einen großen Raum ein. Ebenso finden sich Beiträge von bildenden Künstlerinnen, von denen einige zum Surrealismus zählen: unter anderem Abbildungen von Objekten der Malerin und Objektkünstlerin Meret Oppenheim, Gemälde der Malerin Sarah Schumann, Zeichnungen der Schriftstellerin Unica Zürn, Comics der Illustratorin Elisabeth Kmölniger, Collagen der Schauspielerin Edith Lechtape, des Malers Max Ernst und von Gabriele Goettle. In einer Anzeige, die vor dem Erscheinen der 1. Ausgabe veröffentlicht wird, schreibt die Redaktion über ihre Zeitung, sie werde sich der „kritischen Auseinandersetzung mit feministischer Theorie und Praxis einerseits und der Zerstörung patriarchalischen Selbstverständnisses andererseits“[14] widmen. Die Zeitschrift lässt sich nicht eindeutig zuordnen: Sie ist weder ein wissenschaftliches Journal im akademischen Sinn noch eine reine Literaturzeitschrift noch infor-

13 Anonym/Goettle 1976b, 5.
14 Die Schwarze Botin 1976, 9.

miert sie über Aktivitäten und Projekte der autonomen Frauenbewegung. Im Unterschied zu anderen Zeitschriften der Bewegung geht es der *Schwarzen Botin* nicht darum, die feministische Gegenöffentlichkeit über interne Ereignisse in Frauenzentren zu informieren oder feministische Themen in die dominante Öffentlichkeit zu vermitteln.[15] Ihr Bezug zu Frauenbewegung und Feminismus ist ein kritischer: Die Kritik der Frauenbewegung aus der Frauenbewegung zu leisten, war ihr Ziel und Selbstverständnis.[16] Sie versteht sich als Ort der theoretischen Selbstverständigung, die bewusst die Grenzen der akademischen Disziplinen überschreitet, und der Erkundung ästhetischer Ausdrucksmöglichkeiten. Im Verlauf der Herausgabe bildet sich durch persönliche Kontakte ein Stamm an Autorinnen heraus, die immer wieder in der *Schwarzen Botin* publizieren.[17] Manche der Autorinnen der Zeitschrift haben durch ihr wissenschaftliches, philosophisches, schriftstellerisches und künstlerisches Werk Bekanntheit erlangt, andere nicht. Die Zeitschrift bietet den Autorinnen eine Plattform, ihr theoretisches und künstlerisches Werk publik zu machen. Verhilft die Zeitschrift zur Zeit ihres Erscheinens den Autorinnen zu größerer Bekanntheit, so ändert sich dieses Verhältnis nach ihrer Einstellung. *Die Schwarze Botin* wird heute unter anderem über die Rezeption ihrer namhaften Autorinnen wahrgenommen.[18]

3.1 Der Name der Zeitschrift

Der Name *Die Schwarze Botin* ist aus dem Spiel mit dem Namen der baden-württembergischen Regionalzeitung *Der Schwarzwälder Bote* entstanden und „ein Scherz gewesen“[19]. Trotz dieser nüchternen Herkunft umgibt er sich mit der Aura des Bedeutungsvollen und evoziert Deutungen, die zwar nicht intendiert gewesen sein mögen, sich allerdings mit dem Kritikprogramm der Zeitschrift verbinden.

Das Schwarze

Drei Deutungslinien zum Namen der Zeitschrift möchte ich im Folgenden skizzieren, die sich aus Beiträgen der Zeitschrift ergeben und das Feld aufspannen, in dem der Name gelesen werden kann. Es umfasst die Deutung der Farbe Schwarz erstens im Zusammenhang mit dem Themenkomplex Satire und Humor. Im Vorwort der 1. Ausgabe „Schleim oder Nichtschleim, das ist hier die Frage. An Stelle eines Vorworts“ ist zu lesen, die *Schwarze*

15 Siehe das 4. Kapitel zu den unterschiedlichen Positionen von *Courage*, *Emma* und *Die Schwarze Botin*.

16 B. C. 1983, 1.

17 So die Soziologin und Autorin der *Schwarzen Botin* Hanna Hacker im Gespräch am 4. Juli 2019 in Innsbruck.

18 Lux 2018a.

19 Vukadinović 2020, 24.

Botin verstehe sich als „Satirikerin", sie werde „unversöhnlich mit dem jeweiligen Objekt ihrer Satire" sein, denn „Humor" gehe ihr „vollkommen ab".[20] Satire sei die „Technik zur Entlarvung des falschen und schädlichen Denkens"[21] und die Zeitschrift gehe davon aus, dass die Leserinnen „nicht in der Lage sind, Spaß zu verstehen, sondern Ernst zu machen".[22] Der Humor erscheint hier zunächst als „philosophische versöhnliche Lebenseinstellung, die eine systemstabilisierende Funktion hat"[23]. Mag der Humor auf den ersten Blick als versöhnlerische Angelegenheit erscheinen, so steht er als *schwarzer* Humor im Dienst der Unversöhnlichkeit mit der Realität. Denn Merkmale des schwarzen Humors sind die „Negation der Realität" als Infragestellung ihres „Geltungsanspruchs" durch die „Transgression moralischer, ästhetischer und sprachlicher Normen".[24] Das Schwarz der Botin verweist demnach auf die Unversöhnlichkeit und das Selbstverständnis der Zeitschrift, durch die „Zerstörung [des] patriarchalischen Selbstverständnisses"[25] herrschende moralische und ästhetische Vorstellungen ebenso wie die herrschende Ordnung der Sprache überschreiten zu wollen.

Zweitens steht die Farbe Schwarz für Anarchismus und Anarchie.[26] Das *Lexikon politischer Symbole* vermerkt anhand Pariser Flugschriften vom Mai 1968 zur Bedeutung der Schwarzen Fahne des Anarchismus, sie sei keine Parteifahne, sondern stehe für Umwälzung, Aufstand und Verneinung, denn sie bedeute die „Beerdigung der Herrschaft"[27]. In Publikationen zu linker Mediengeschichte wird die Zeitschrift *Die Schwarze Botin* als „anarcha-feministische Zeitschrift"[28] bezeichnet. Diese Einschätzungen berufen sich haupt-

20 Anonym/Goettle 1976b, 5. Das Vorwort „Schleim oder Nichtschleim, das ist hier die Frage. An Stelle eines Vorworts", das in der 1. Ausgabe nicht namentlich gekennzeichnet ist, wird im Sammelband *Die Überwindung der Sprachlosigkeit. Texte aus der neuen Frauenbewegung* von 1979, herausgegeben von Gabriele Dietze, wiederabgedruckt. Als Autorin wird hier Gabriele Goettle genannt; Goettle 1979, 51–54.

21 Ebd.

22 Anonym/Goettle 1976b, 5.

23 Lohse/Scherer 2004, 8f.

24 Lohse 2004, 283. Die Negation der Realität meint die Erweiterung der Wirklichkeit um die sinnliche Wahrnehmung des Subjekts, was zugleich die Begrenzung der Geltung der logisch-rationalen Vernunft zugunsten der Unvernunft – beispielsweise der Logik des Traums – ebenso wie eine Hingabe an das Objekt der Wahrnehmung bedeutet.

25 Die Schwarze Botin 1976, 9.

26 Rabbow 1970, 217.

27 Ebd.

28 Drücke bezeichnet *Die Schwarze Botin* als „[m]ilitante, anarchafeministische Zeitschrift aus der autonomen Szene" Drücke 1998, 559, Bezeichnungen, die nicht gerade Assoziationen zu einem an feministischer Theorie, Literatur und Bildender Kunst orientierten intellektuellen Projekt aufkommen lässt; siehe auch Radikal 1996, 202–208 und Lenz 2010, 149.

sächlich auf zwei in der 1. und der 7. Ausgabe der Zeitschrift erschienene Aufsätze mit dem Titel „Schnittmuster für zukunftsorientierte Frauen" aus dem Jahr 1976 und „Gedanken über mögliche Formen feministischer Anarchie" aus dem Jahr 1978, beide von Gabriele Goettle. In „Schnittmuster für zukunftsorientierte Frauen", einem Text, den Goettle namentlich nicht gezeichnet hat, schreibt sie über den Tod der Journalistin Ulrike Meinhof (1934–1976) und ihre Obduktion wenige Monate vor Erscheinen der 1. Ausgabe der Zeitschrift. Meinhof ist zwischen 1959 und 1969 Redaktionsmitglied der Zeitschrift *konkret* und wird Anfang der 1970er Jahre mit Beginn der Zersplitterung der außerparlamentarischen Opposition Mitglied der Roten Armee Fraktion (RAF). Sie wird 1972 festgenommen und nach der Isolationshaft im Hochsicherheitsgefängnis Stammheim im Mai 1976 tot in ihrer Zelle aufgefunden.[29] Titel und Inhalt des Aufsatzes in der *Schwarzen Botin* verweisen mit Sarkasmus darauf, dass die Schnittmuster für die *zukunftsorientierte* Frau keine Nähanleitungen für die neuste Mode der Saison sind, wie sie Illustrierten und sogenannten Frauenzeitschriften beiliegen, sondern die Zerstörung des Leichnams von Meinhof durch die staatlich angeordnete Obduktion. Der Text bezeichnet das Sterben als „letzte[n] anarchistische[n] Schritt des Subjektes"[30] und Meinhof als Anarchistin. Anerkennung wird ihr dafür gezollt, dass sie „aus der Unmöglichkeit des Appellierens Konsequenzen gezogen"[31] habe, wobei konsequentes Handeln „Verzicht auf all die Dinge und Situationen, die einem immer noch dazu verhelfen, sich halbwegs am Leben zu erfreuen, Isolation, und Ablehnung sanierender Liebesbeziehungen"[32] bedeute. Der Text proklamiert die Vorstellung eines „konsequenten Subjekts", das „progressiv" sei und sich „entfernt […] von der Bedeutung der realen Wirklichkeit, weil diese Wirklichkeit für es nicht mehr verbindlich"[33] sei. Das Subjekt verändere

> „sich dabei derart, daß selbst Gefangenschaft, Verlust der Gesundheit und Tod es nicht abschrecken, weil es außer seiner Konsequenz nichts

29 Meinhof war seit Ende der 1950er Jahre in der Anti-Atomkraft-Bewegung aktiv und in den 1960er Jahren an der Heimkampagne der außerparlamentarischen Opposition gegen die gewaltvolle und autoritäre Unterbringung von Kindern und Jugendlichen in Heimen beteiligt. Die Rote Armee Fraktion (RAF) entstand aus der außerparlamentarischen Opposition in der BRD und gehörte zu dem Teil der Linken, der davon ausging, dass eine Revolution und damit das Ende kapitalistischer Ausbeutung nur durch Gewaltanwendung hervorgerufen werden könnte. Die RAF verübte Brandanschläge, Entführung und Mord. Meinhof wurde 1972 festgenommen und kam 1976 unter ungeklärten Umständen im Hochsicherheitsgefängnis Stuttgart-Stammheim zu Tode, Wagenbach 2006, 192–207.

30 Anonym/Goettle 1976c, 7.

31 Ebd.

32 Ebd.

33 Ebd.

> Adäquates mehr besitzt. Die absolute Einsamkeit enthüllt sich dem konsequenten Subjekt am problematischsten auch dort, wo eine Gruppe gemeinsam mit ihm handelnder Subjekte um es ist."[34]

Der Text amalgamiert die Bezeichnung „anarchistisch" mit der Vorstellung eines existentiell auf sich selbst zurückgeworfenen Individuums, das sich jegliche Gesellschaft nur als Äußerlichkeit und entfremdete Wirklichkeit vorstellen kann. Zum Abschluss formuliert der Text den Anspruch sich „nicht an der eigenen Angst vor der Konsequenz vorbeizumogeln", sondern „aufzuzeigen, wo die Lüge steckt, die uns einerseits in hoffnungsloser Wut erstickt, andererseits aber das Leben sehr lebenswert macht"[35].

Der zweite Text, „Gedanken über mögliche Formen feministischer Anarchie" (1978), trägt schon im Titel den Begriff der Anarchie. Neben kritischen Bemerkungen zur Frauenbewegung, auf die ich zurückkommen werde, schreibt die Autorin Gabriele Goettle: „Ziel des Feminismus muß die Beseitigung sämtlicher patriarchaler Herrschaftsstrukturen und die Vernichtung kapitalistischer Produktionsformen sein."[36] Um dieses Ziel zu erreichen, sollten sich Frauen der Verantwortung für gesellschaftliche Aufgaben wie unbezahlte Reproduktionsarbeit entziehen, sich jeglicher Beziehungen zu Männern verweigern, Familien „aufkündigen" und statt dessen Beziehungen zu Frauen aufbauen, die Sexualität, Wohnen, Leben und Arbeiten umfassen. Zudem proklamiert der Text die Organisationsweise der kleinen, dezentralen, nichthierarchischen Gruppe. In seinem Programm enthält der Text die Elemente des Radikalfeminismus der 1970er Jahre, dem sich die Zeitschrift zurechnen lässt.[37] Darüber hinaus skizziert Goettle das Anarchistische des Feminismus folgendermaßen:

> „Emotionalität und Rationalität muß den Grundpfeilern kapitalistischer Strukturen und patriarchaler Bedürfnisse entzogen werden, es sollte den Frauen an genau der Logik mangeln, die suggeriert, man habe sich den alltäglichen Gegebenheiten willig zu unterwerfen. Die Radikalisierung der Frauen wird kein akademischer Prozess sein, sondern einer des konkreten Zorns und der Aneignung eigener Bereiche. Die Unbeherrschtheit der Frauen wird der ihnen adäquate Anarchismus sein, die Befreiung der Frau durch sich selbst von jeglicher Herrschaft wäre die erste und notwendigste humane Errungenschaft in ihrer Geschichte."[38]

34 Ebd.

35 Ebd.

36 Goettle 1978, 31.

37 Zu den Charakteristika des Radikalfeminismus siehe Jahrbuchgruppe des Münchener Frauenzentrums 1976, 63–105 und Knäpper 1984. Charakteristisch für den Radikalfeminismus ist die Forderung, sich Beziehungen zu Männern zu verweigern und zu entziehen und ausschließlich Beziehungen zu Frauen aufzubauen. Zur Selbstbezeichnung als „radikal-feministische Zeitschrift" siehe Classen/Goettle 1977a, 4.

38 Goettle 1978, 33, Interpunktion i. O.

Anarchismus könne

> „keine Methode sein […], um revolutionäre Siege zu erringen, sondern eine Verhaltensweise des Individuums, um die Grenzen seines gesellschaftlichen Verhaltens und Bewußtseins zu überschreiten."[39]

Mögliche Formen feministischer Anarchie sieht Goettle demnach in einer Verhaltens- und Bewusstseinsänderung, die die Veränderung der Gefühle, Bedürfnisse und des Denkens beinhaltet – also eine Umwälzung der Individuen, nicht der gesellschaftlichen Bedingungen zu meinen scheint. Diese Selbstveränderung wird als Inkompatibilität zu einer herrschenden Logik der kapitalistischen, patriarchalen Gesellschaft vorgestellt, die sich im Alltag manifestiere. Der Weg der Befreiung von dieser Beherrschung ist die „Unbeherrschtheit"[40] der Frauen. Unbeherrschtheit kann sowohl bedeuten, sich nicht von anderen beherrschen zu lassen, als auch, sich selbst nicht zu beherrschen, zu disziplinieren und zu kontrollieren. Der Text setzt der Beherrschung die Unbeherrschtheit, der Logik den Mangel an Logik entgegen. Er entwirft feministische Anarchie als das Andere der Ordnung der „alltäglichen Gegebenheiten"[41] und der Beherrschung – als Unordnung und Überschreitung.[42]

Der Entwurf feministischer Anarchie fokussiert auf die individuelle Verhaltensweise, die getragen ist von der Ablehnung und Negation der gesellschaftlichen Wirklichkeit und dem Wunsch, deren Grenzen zu überschreiten. Das Element der Überschreitung und Transgression ist ebenso im schwarzen Humor enthalten. Wohin diese Überschreitung führt oder führen soll, bleibt unbenannt. Es ist der Akt der Überschreitung, der hervortritt. Vor dem Hintergrund der Gesamtheit der Ausgaben der *Schwarzen Botin* fällt ins Auge, dass der Aufruf, sich aller Annehmlichkeiten des Lebens zu entsagen und stattdessen konsequent die Wirklichkeit zu negieren, nachlassen. Die Zeitschrift wird zu einer künstlerisch-intellektuellen Unternehmung, die die Autorinnen nicht aus der Wirklichkeit und dem Alltag heraussprengt, sondern auf den Buchmarkt, auf Lehrstühle und zu Literaturpreisen führt.[43]

39 Ebd.

40 Goettle teilt hier mit dem Gros der autonomen Frauenbewegung einen Ansatzpunkt feministischer Politik – die Selbstveränderung –, die sie selbst und andere Autorinnen der *Schwarzen Botin* in einigen Beiträgen scharf kritisieren werden. Darauf werde ich im 4. Kapitel zu sprechen kommen.

41 Goettle 1978, 31.

42 Weitere Beiträge in der *Schwarzen Botin*, die Bezug auf Anarchie und die dargelegten Motive nehmen: Classen/Ruge 1983, 54–60; Haß 1985, wobei Haß sich kritisch äußert zur Vorstellung und Überhöhung des Subjekts, das sich einem total geschlossenen System gegenüberzustehen wähnt.

43 Zwar ließe sich einwenden, dass die intellektuelle und künstlerische Arbeit der *Schwarzen Botin* für Frauen Mitte der 1970er Jahre sehr wohl eine Sprengung des Alltags und eine Anmaßung bedeutet, insofern diese Art der Tätigkeit die Grenzen

Zu dem Bedeutungsfeld, das durch das Schwarze im Namen der Zeitschrift aufgerufen wird, tritt drittens die Figur der Botin hinzu. Die Schriftstellerin Elfriede Jelinek, die zahlreiche Beiträge in der *Schwarzen Botin* verfasst hat und darüber hinaus von 1983 bis 1986/87 in der Redaktion der Zeitschrift tätig war, entwirft in ihrem Text „An der Zukunft hängen, an der Zukunft dranhängen, etwas an die Zukunft dranhängen und einen Hänger annähen. Frauenarbeit halt“ (2009) die Figur der Botin als Berichterstatterin. Der Text ist nicht in der *Schwarzen Botin* erschienen, sondern stammt aus dem Jahr 2009, in dem Elfriede Jelinek für ihr Theaterstück *Rechnitz – Der Würgeengel* den Mühlheimer Dramatikerpreis erhält. Im österreichischen Rechnitz wurden im März 1945 von der Festgesellschaft der Thyssen-Erbin Margit Batthyány 180 jüdische Zwangsarbeiter ermordet.[44] In Jelineks Theaterstück berichten drei Boten und zwei Botinnen von den Geschehnissen und den Taten ihrer Herrschaften. Für die Preisverleihung verfasst Jelinek eine Dankesrede und eine Rede für die Schauspielerinnen Hildegard Schmahl und Katja Bürkle, die in der Uraufführung von Jelineks Theaterstück die beiden Botinnen gespielt haben. Jelinek geht hier auf die Figur der Botin und ihre Rolle ein und nimmt Bezug auf *Die Schwarze Botin*:

> „Ich habe einmal eine feministische Zeitschrift mit herausgegeben. Sie hieß ‚Die schwarze Botin‘. Es gibt sie längst nicht mehr. Ich erinnere mich heute nicht mehr, warum die Botin schwarz gewesen sein soll, das hatte doch sicher einen Grund.“[45]

Die Figur der Botin verbindet Jelinek mit Sprechen und Urteilen und mit der Anmaßung, die sie sich als Autorin erlaubt, wenn sie spricht und urteilt. Über die weiblichen Figuren in ihrem Stück sagt sie:

> „Meine Botinnen sind eine Art Filter, durch den ich mir das Sprechen zu erlauben versuche […]. Das, was man sich herausgenommen hat, war also eine Unverschämtheit gegen jemand, der es ursprünglich hatte, ein Diebstahl, ein Sich-Vordrängen vielleicht. […] Es ist immer eine Anmaßung. Wie komme ich überhaupt dazu? Das sind alles Überschreitungen, und sie stehen mir nicht zu, aber sie stehen nun mal hier. Was soll ich machen?“[46]

des für sie gesellschaftlich vorgesehenen weiblichen Lebenszusammenhangs überschreitet. Doch hebt die Übersetzerin, Journalistin und ehemalige *Courage*-Redakteurin Christel Dormagen in ihrem Rückblick im Jahr 2021 den Widerspruch zwischen Selbstverständnis und Wirklichkeit der *Schwarzen Botin* hervor. Im Vorwort der 1. Ausgabe ist zu lesen, dass die Zeitschrift „keinerlei Interessen“ habe, „irgendwelche Karrieren als Galionsfiguren anzustreben“ (Anonym/Goettle 1976b, 5). Genau das aber, so Dormagen, sei geschehen: Einige der Autorinnen sind „im Laufe der Jahre großenteils eben doch zu Galionsfiguren geworden“ (Dormagen 2021, 58).

44 Kovacs 2010, 32f.

45 Jelinek 2010a, 462.

46 Ebd.

Das Sprechen sei eine Anmaßung für eine Frau, deren gesellschaftliche Aufgabe sich darin erschöpfe, ein schönes Bild zu sein, das man anschaut. Die Anmaßung liegt nicht nur darin, dass die Botin spricht, sondern dass sie unnachsichtig ist in ihrem Urteil:

> „Eine schwarze Botin ist streng mit dem, was sie zu sagen hat. Sie ist vielleicht unnachsichtig, wie meine beiden Botinnen, die als Botinnen ihrer selbst, aber auch andrer (wenn auch nicht aller andren, obwohl ich mir das manchmal anmaße), hier anwesend sind. [...] Sie müssen sagen, was sie zu sagen haben.“[47]

Auch hier tauchen in der Figur der Botin die Motive der anmaßenden Überschreitung und der unnachsichtigen Unversöhnlichkeit auf. Die Anmaßung liege darüber hinaus in der Botschaft. Das Sprechen der Botin verbindet Vergangenes und Zukünftiges:

> „Das Dilemma besteht darin, daß man nicht dort sein kann, von wo die Boten kommen. Man maßt sich etwas an, wenn man ihnen einen Text vom Kommen, also vom Zukünftigen, in den Mund legt, aber aus dem heraus, was war.“[48]

> „Botinnen berichten über ein Vorbeisein, über Vergangenes (Kassandra berichtet über Zukünftiges, was aber auch nicht gern gesehen wird, die Seherin sollte selbst nicht gesehen werden, und es ist peinlich, was sie sagt, das Zukünftige, vor allem, wenn es eintrifft und ein Zutreffendes wird, kommt ohnedies, auch ohne daß ein Weib vorher darüber irgendwas phantasiert und faselt) [...].“[49]

Was eine Botin zu Vergangenheit und Zukunft zu sagen habe, werde nicht gern gesehen und gehört. Was die Botin über die Zukunft prognostiziert, erschließt sie aus dem Wissen über die Vergangenheit und das Vergangene verweise so auf die Zukunft. Vergangenheit und Zukunft erscheinen als Kontinuum und Fortbestehen des Überkommenen, nicht als Diskontinuität. Die Botin berichtet darüber hinaus von etwas, in das sie involviert ist:

> „Boten berichten von etwas, von dem man nicht sprechen kann [...] und von dem sie noch dazu ein Teil sind. [...] Meine Boten stehen nie außerhalb, sie machen die Geschichte, von der sie berichten, und daher ist auch die Versuchung groß, zu sagen, sie hätten das alles sowieso ‚nur‘ erfunden. Sie machen als sprechende Subjekte aus der Geschichte ein Objekt, und das Objekt macht wiederum sie. Das Objekt erschafft sich seine Boten selbst. Die Geschichte hat diese Boten, die von den Ereignissen berichten, von denen man weder sprechen noch schweigen kann, erfunden. Ohne die Geschichte gäbe es die Boten

47 Ebd. 463.
48 Ebd. 462
49 Ebd. 463.

nicht. Ohne Boten, ohne ihr unaufhörliches Sprechen, […], gäbe es die Geschichte nicht."[50]

Eine Botin macht Geschichte, indem sie von dem spricht, von dem nicht gesprochen werden kann oder soll, und indem sie berichtet, in was sie involviert ist. Zugleich wird sie von der Geschichte gemacht, die die Botin hervorbringt. Sie ist Resultat der Geschichte, in die sie selbst eingreift und die sie zur Geschichte macht. Ob das Eingreifen und die Produktion der Geschichte durch das Sprechen der Botin ein Bruch mit der Kontinuität von Vergangenem und Zukünftigem sein können, bleibt offen.

Die skizzierten Stränge, in deren Feld das Schwarze und die Botin verstehbar werden, unterscheiden sich, was Inhalt und Entstehungskontext angehen, und sind auch nicht einfach vereinbar. Jelineks Text ist im Zusammenhang mit ihrem Theaterstück zu NS-Verbrechen entstanden. Jedoch entwirft sie selbst ein allgemeineres Bild der Botin und nimmt, wie gesagt, explizit Bezug auf die Zeitschrift *Die Schwarze Botin*, weshalb ich ihre Interpretation aufnehmen und in einen Zusammenhang zur politischen Symbolik der Farbe Schwarz und der Rezeption der Zeitschrift als anarchistisches Periodikum stellen möchte. So lässt sich die Figur der *Schwarzen Botin* in den dargelegten Deutungsfeldern als programmatisches Emblem der Zeitschrift lesen: *Die Schwarze Botin* wird entworfen als geschichtsmächtig handelnde Figur, die in ihrem Handeln ohne Rücksicht auf Konsequenzen die Überschreitung der Ordnung zum Ziel hat und sich von der „herrschenden Wirklichkeit" abwendet. Sie überschreitet die Bewusstseins- und Wahrnehmungsmuster, indem sie das Unaussprechliche ausspricht. Sie spricht unversöhnlich und ohne Nachsicht, da sie ihre Kritik als Satire ernst meint, von Vergangenem und Zukünftigem. So wird sie durch ihr Sprechen zum Subjekt, das Geschichte macht, und ist zugleich selbst Resultat der Geschichte.

Die Figur der *Schwarzen Botin* lässt sich vor dem Hintergrund der im zweiten Kapitel dargelegten Situation der 1970er Jahre als Kulminationspunkt zweier Tendenzen interpretieren. Die Forderung, die „Bedeutung der realen Wirklichkeit"[51] nicht mehr als verbindlich zu begreifen und sich den „alltäglichen Gegebenheiten"[52] nicht zu unterwerfen, fällt durch ihre Abstraktheit auf. Denn die Forderung nimmt ihren Ausgangspunkt bei der Vorstellung, die gesellschaftliche Wirklichkeit sei dem einzelnen Individuum entgegengesetzt und etwas Äußerliches. Ein Leben als Einzelne jenseits des Alltags und der Bedeutung der Wirklichkeit würde in die Psychose führen und geht als *politische* Forderung an der gesellschaftlichen Lebenswirklichkeit – auch der Frauen – vorbei. Die Vorstellung der Trennung von Individuum und Gesellschaft lässt sich als Ausdruck der Desintegration innerhalb der Lin-

50 Jelinek 2010b, 453.
51 Anonym/Goettle 1976c, 7.
52 Goettle 1978, 33.

ken verstehen, wie ich sie im vorangegangenen Kapitel anhand von Michael Rutschkys Analyse der 1970er Jahre beschrieben habe und wie sie auch der Sozialwissenschaftler Werner Lindner als Resultat der zunehmenden staatlichen Repression gegen die Linke im Zuge der Terrorismusbekämpfung[53] treffend beschreibt:

„Das eigene Ich wurde zur letzten Instanz, der man noch vertraute, an der sich die Wahrheit des eigenen Tuns allein noch zu rechtfertigen hätte, nachdem man sich von der Restmenge sinnstiftender Instanzen verabschiedet hatte: Abschied vom Proletariat, Abschied von der Rationalität, Abschied von der Theorie, Abschied von Glaubwürdigkeit und Vertrauen, Abschied von Zukunftshoffnungen."[54]

Von der Theorie nimmt *Die Schwarze Botin* allerdings keinen Abschied, ebenso wenig von der Rationalität schlechthin. Im Gegenteil flüchtet sie sich gleichsam in Theorie und Vernunftkritik. Auch wenn radikale Verlautbarungen im Laufe der Ausgaben nachlassen und Veränderung hauptsächlich im Feld der Theorie und der Literatur verhandelt werden, bleibt der Wunsch nach Überschreitung und Transgression – nun eben im Rahmen von Theorie, Sprache und Literatur – bestehen. Zugleich – darin besteht die zweite Tendenz – erlebt die autonome Frauenbewegung Mitte der 1970er Jahre ihren Aufbruch und ihre Ausweitung. Sie finden ihren Ausdruck in der Vorstellung der Botin als geschichtsmächtiger Figur, die sich zum Subjekt der eigenen Geschichte macht.

3.2 Das Titelbild der Ausgaben bis 1980

Die ersten sechzehn Ausgaben der *Schwarzen Botin* tragen das gleiche Titelbild, das von Gabriele Goettle stammt:[55] Mit einem schwarzen Trauerrand umfasst, steht in der oberen Hälfte der Name der Zeitschrift, ebenso Ort und Datum des Erscheinens und die Ausgabennummer in schwarzer Schrift auf weißem Grund, der untere Teil – ebenfalls in Schwarz-Weiß – wird beherrscht von einer Figurengruppe. Links zwei Frauen, von denen ausschließlich die Köpfe sichtbar sind, rechts eine größere Frauengestalt mit Kopfbedeckung, die eine Doppelaxt vor ihrem Umhang hält. Im Hintergrund sind Ausschnitte von Gebäuden zu sehen. Das Titelbild ist eine Collage aus Ausschnitten des Freskos *Die Auffindung und Prüfung des Wahren Kreuzes*, das Teil des Freskenzyklus *Die Legende des Wahren Kreuzes* von Piero della Francesca ist.[56] Der Zyklus aus dem 15. Jahrhundert befindet sich in der Kirche San Francesco in Arezzo, und der Ausschnitt stellt die Legende

53 Ich werde im 7. Kapitel auf die Thematisierung von Staatsgewalt und Terrorismus zu sprechen kommen.

54 Lindner 1996, 315.

55 Vukadinović 2020, 24.

56 Ich danke der Kunsthistorikerin Christina Hecht für ihre Recherche und ihre Hilfe.

der Heiligen Helena dar, die das Kreuz findet und prüft, ob es sich tatsächlich um das wahre Kreuz Christi handelt.[57] Das Fresko zeigt die Legende der Kreuzfindung und -prüfung, der zufolge Kaiserin Helena, die Mutter Konstantins, im vierten Jahrhundert nach Jerusalem gereist und auf der Hinrichtungsstätte Golgatha drei Kreuze gefunden habe.[58] Das wahre Kreuz habe sie dadurch identifizieren können, dass es einen Toten durch Auflegen wieder zum Leben erweckt habe. Die Legende und ihre Deutungen variieren in den Überlieferungen. Wichtig scheint zu sein, dass Helenas Auffindung des Kreuzes die „verborgen gewesenen Leidenswerkzeuge"[59] von Jesus Christus „ans Licht"[60] bringe und durch diese Tat nicht nur ein „neues christliches Weltreich"[61] begründe, sondern selbst zur „Begründerin"[62] desselben werde. Die Titelcollage der *Schwarzen Botin* setzt demnach Elemente eines Bildes neu zusammen, das die Begründerin eines neuen Reiches zeigt, die ihre Herrschaft legitimiert durch das Sichtbarmachen von Verborgenem und durch die Überprüfung des Wahren. Die montierte Figur auf den ersten sechzehn Titelblättern trägt als Insignie der Macht die Doppelaxt, die in den 1970er Jahren zum Symbol der Lesbenbewegung wird.[63]

Einen Ausschnitt aus einem mittelalterlichen Fresko als Titelbild für eine feministische Zeitschrift zu wählen, ist ungewöhnlich und verweist auf die kunsthistorische Bildung der Redakteurin Gabriele Goettle. Allerdings wird in den Ausgaben, die das Titelbild tragen, nicht erwähnt, dass es sich um eine Collage aus dem Fresko von Piero della Francesca handelt oder weshalb die Redakteurinnen gerade dieses Bild wählen. Dass es sich um die weibliche Figurengruppe aus *Die Auffindung und Prüfung des Wahren Kreuzes* handelt, wird erst deutlich durch Hinzunahme der Titelbilder der 18., 19. und 20. Ausgabe ebenso wie der letzten Ausgabe der *Schwarzen Botin* 1986/87. Die 18. Ausgabe ist die erste, die 1983 nach der zweijährigen Pause erscheint. Auf den Titelbildern der folgenden beiden Ausgaben sind ebenfalls Ausschnitte der Frauengruppe aus dem Fresko in anderen Anordnungen zu sehen.[64] Die erste Seite der letzten Nummer der *Schwarzen Botin* zeigt den unbearbeiteten Ausschnitt aus dem Original, durch den die Titelcollage der ersten sechzehn Ausgaben dechiffrierbar wird.[65] Im Bildnachweis der letzten Ausgabe dichtet

57 Die Legende wird in der Legenda Aurea des Jacobus de Voragine aus dem 13. Jahrhundert erzählt, einem der wichtigsten Legendenbücher der christlichen Tradition; Voragine 1975, 349–358.

58 Sachs/Badstübner/Neumann 2005, 232.

59 Heussler 2006, 77.

60 Ebd.

61 Ebd.

62 Ebd.

63 Zimmerman 2000, 747.

64 Die Schwarze Botin 1983a, 1983b, 1983c.

65 Die Schwarze Botin 1986/87a, 2.

die Zeitschrift den Titel des Freskos um. Dort ist zu lesen: „Piero della Francesca, Phantasie der Schwarzen Botin".[66] So erlaubt sich die Zeitschrift auf der letzten Seite ihrer letzten Ausgabe einen letzten Scherz, indem sie sich selbst zum künstlerischen Sujet erklärt, dessen Wurzeln bis in die Renaissance zu reichen scheinen. Für die Leserin wird die Collage der ersten Ausgaben vom Ende her erkennbar.

Dass eine Redaktion aus dem Bildungshintergrund und dem Wissensschatz der Redakteurinnen schöpft, ist selbstverständlich. Im Vergleich zu anderen Zeitschriften fällt aber der Umgang der *Schwarze Botin* mit Wissen auf. Die im gleichen Jahr gegründete feministische Zeitschrift *Courage* wählt einen Namen, der auf literarische Vorbilder der Schriftsteller Hans Jakob Christoffel von Grimmelshausen und Bertolt Brecht und damit ebenfalls auf die Bildung der Redakteurinnen verweist. Die Redaktion geht im Vorwort der 1. Ausgabe explizit auf den Namen ein, nennt die literarischen Vorlagen, und erklärt durch eine kurze Deutung ihre Wahl. Sie schreibt:

> „Courage. Viele von uns denken da an Brechts ‚Mutter Courage' […]. Brecht geht es allerdings nicht um die Frau selbst. […] Brecht kommt es nicht darauf an, die ‚Courage' sehend zu machen, wichtig ist nur ‚das der Zuschauer sieht'. Ganz anders die Courage, die knapp 20 Jahre nach dem Dreißigjährigen Krieg von Grimmelshausen geschildert wurde. […] Courage lernt aus den bitteren Erfahrungen, die sie mit so vielen Männern ihrer Zeit, mit deren Haß auf selbständige Frauen machen muß. […] Sie, die Betrogene, Bestohlene, Geschlagene, Vergewaltigte, setzt sich allerdings nicht mit denselben Mitteln zur Wehr. […] Lust und Witz prägen ihren Lebenskampf. Ihre Neugierde ist unendlich, hält sie am Leben. Ihr Blick macht Kleinigkeiten groß, Nebensächliches zur Hauptsache. Ihre Freiheit verteidigt sie mit allen Mitteln. Courage, die selbständig handelnde Frau. Nicht als ungebrochenes Idealbild, wohl aber: sich nicht mit den bestehenden Machtverhältnissen zufriedengeben. Alternativen denken und leben. Dafür mag ‚COURAGE' stehen. Nicht mehr und nicht weniger."[67]

Die Zeitschrift gibt ihren Leserinnen eine kurze Deutung der literarischen Vorbilder, stellt einen Bezug zu ihrer Gegenwart her und erklärt, weshalb sie den Namen für die Zeitschrift gewählt hat. Der Leserin, die nicht weiß, dass „Mutter Courage" eine literarische Figur ist, wird es gesagt. Im Vergleich dazu bleibt *Die Schwarze Botin* schweigsam, was ihre Namenwahl und ihre Titelbildgestaltung betrifft. Auf den unterschiedlichen Umgang mit Wissen und Kommunikation werde ich im vierten Kapitel zum Streit der Zeitschriften ausführlicher zu sprechen kommen.

66 Die Schwarze Botin 1986/87b, 53.

67 Courage 1976b, 1 Herv. i. O.

3.3 Die Ausgaben

Alle 31 Ausgaben der *Schwarzen Botin* haben gemeinsam, dass sie keine Rubriken aufweisen, außer einer einzigen: In jedem Heft findet sich die Rubrik „Literatur, die uns aufgefallen ist", in der auf literarische wie auch theoretische Arbeiten hingewiesen wird, die allerdings nicht zwangsläufig Neuerscheinungen sind. Ebenfalls alle Ausgaben sind im A4-Format in Schwarz-Weiß gedruckt. Die Hefte der ersten Jahre haben keine expliziten, übergeordneten Themen, manche von ihnen weisen allerdings Schwerpunkte auf. Ich werde im Folgenden Schlaglichter auf die Ausgaben werfen, Schwerpunkte herausstellen und auf Beiträge aufmerksam machen, die in der Gesamtschau der Zeitschrift hervortreten. In der 1. Ausgabe erscheinen alle Texte anonym.[68] Diese Publikationspraxis wird schon in der 2. Ausgabe aufgegeben. Der 1. Ausgabe ist ein lyrischer Text vorangestellt, der anonym publiziert wurde und von Gabriele Goettle stammt. Durch die erste Zeile, welche „Die Schwarze Botin" lautet, und seine hervorgehobene Position im ersten Heft wirkt er wie eine Präambel. Die Situation, die beschrieben wird, ist die einer Rückkehr aus der Dunkelheit, die ein Erwachen aus dem Schlaf ist: „Ich kehre zurück aus der Dunkelheit. Seine Macht war nur mein Schlaf."[69] Was als Rückseite des Lichts und des Wachseins anwesend war, tritt jetzt aus dem Dunkel ins Licht und wird sichtbar. Die angetroffene Vorstellungs- und Wahrnehmungswirklichkeit wird negiert: „Das Unvorstellbare ist nicht das Unmögliche / aber das Vorstellbare ist das Unmögliche."[70] Die Negation der Vorstellungswirklichkeit führt allerdings nicht zu einer positiven Bestimmung dessen, was

68 Vukadinović hat für einige anonym publizierte Beiträge Autorinnennamen recherchiert, die ich übernehme.

69 Ebd.

Die Schwarze Botin
Ich kehre zurück aus der Dunkelheit
seine Macht war nur mein Schlaf.

Das Unvorstellbare ist nicht das Unmögliche
aber das Vorstellbare ist das Unmögliche.

Gedachtem von ihm
verdanken wir die Geschwindigkeit,
mit der wir uns über ihn hinwegsetzen.

Seine Paragraphen sind Symbole
unserer selbstverschuldeten Unmündigkeit.

In der Finsternis der zerstörten Städte
treffen wir uns, um Gericht zu halten.
Das Gesetz sind wir.

70 Ebd.

stattdessen möglich ist. Vielmehr wird die Überschreitung des Vorstellbaren durch eine negative Formulierung beschrieben: Das Unvorstellbare ist *nicht unmöglich*.[71] Die Mittel der Überschreitung sind das Denken und die Aneignung des „Gedachte[n] von ihm", um sich „über ihn hinweg[zu]setzen".[72] Das Denken ist es auch, das aus der „selbstverschuldeten Unmündigkeit" führt: „Seine Paragraphen sind Symbole / unserer selbstverschuldeten Unmündigkeit."[73] Dagegen gesetzt wird die Aufklärung der Unmündigkeit.[74] Sie nimmt das Subjekt in die Pflicht und die Verantwortung. An der Entstehung der Macht, der es unterworfen zu sein scheint, ist es demnach selbst beteiligt: Es hat schlicht verschlafen, der Unterordnung und Unmündigkeit entgegenzutreten. Überschreitung der Vorstellungswirklichkeit, Subjektwerdung durch die Aneignung des Denkens durch Aufklärung und Autonomie im Sinne von Selbstgesetzgebung sind die Motive, die der Text versammelt und der Zeitschrift programmatisch voranstellt.

In der 2. Ausgabe im Jahr 1977 finden sich mehrere Beiträge zu Feminismus in Frankreich.[75] Ihr folgen in der 3. Ausgabe Beiträge zur Kritik der Heterosexualität und der heterosexuellen Erotikvorstellungen und Beiträge zur Abgrenzung der Frauenbewegung zur Linken und zur feministischen Ästhetikdiskussion.[76] Die 4. Ausgabe stellt durch die Titel der aufeinanderfolgenden Beiträge einen Zusammenhang her, der durch die Wortfelder Geschmack, Lust und Essen gestiftet wird. Die Beitragstitel lauten: „Moral und Geschmack" (von Christa Reinig), „Abgeschmacktes aus der Frankfurter Allgemeinen Zeitung" (Elisabeth Lenk), „Fleischeslust und Geistesblust" (Gisela/Ginka Steinwachs), „Der verzehrte Körper" (Heidi von Plato), „Königsberger Klopse" (Gabriele Goettle), „Glaskonserven" (Roswitha Kaever).[77] Dazwischen

71 Ebd.

72 Ebd.

73 Ebd.

74 Kant schreibt in „Was ist Aufklärung": „Aufklärung ist der Ausgang des Menschen aus seiner selbstverschuldeten Unmündigkeit. Unmündigkeit ist das Unvermögen, sich seines Verstandes ohne Leitung eines anderen zu bedienen. Selbstverschuldet ist diese Unmündigkeit, wenn die Ursache derselben nicht am Mangel des Verstandes, sondern der Entschließung und des Mutes liegt, sich seiner ohne Leitung eines anderen zu bedienen." Kant, Immanuel (1784): Beantwortung der Frage: Was ist Aufklärung, in: Berliner Monatsschrift 4, 481–494.

75 Anonym 1977a, 5; Aubenas/Macciocchi/Peemans-Poullet 1977, 6–12; Cixous/Die Schwarze Botin/Sell 1977, 13-16; Sorcières 1977, 42f.

76 Zur Kritik der Heterosexualität: Anonym 1977c, 7–11, Anonym/Classen 1977, 15–17, Kaever 1977a, 12–14; zur Kritik der Linken: Anonym/Goettle 1977a, 2–6, Huffzky 1977/1971, 11; zur Ästhetikdiskussion Bischof 1977c, 20–26.

77 Die Schriftstellerin Christa Reinig (1926–2008) arbeitet in der DDR als Fabrikarbeiterin, studiert in den 1950er Jahren Kunstgeschichte in Ostberlin, geht 1963 nach München, veröffentlicht seit 1949/50 literarische, oft satirische Texte; Elisabeth Lenk (*1937) Studium der Philosophie, Soziologie und Literaturwissen-

finden sich kleine Abbildungen von gebratenen Hasen, einem aufgespießten Hähnchen, Soßenzubereitung und die Illustration des Suppenkaspers aus *Der Struwwelpeter*.[78] Die Lektüre der Beiträge zeigt nun aber, was die Titel schon erahnen lassen: dass nicht alle Beiträge inhaltlich zueinanderpassen. Während Reinig Rücksichtnahme zwischen Frauen über politische Positionen hinweg einfordert,[79] schreibt Lenk über die Verherrlichung von Staatsgewalt durch konservative und liberale Medien im Zuge der Mescalero-Affäre.[80] Steinwachs stellt fest, dass die leibliche Lust des Essens nicht ohne die Phantasietätigkeit des Kopfes zur „Verwirklichung irdische[r] Glückseligkeit"[81] führen kann und Gabriele Goettle erteilt Vorstellungen und Ratgebern des guten Geschmack, der in der „modernen Gesellschaft" an „Ehe, Familie, Ruhe und Ordnung"[82] gebunden sei, eine Absage. Zwischen dem amüsanten Text von

schaft an den Universitäten Frankfurt a. M. und Paris, aktives Mitglied des SDS, 1970 Promotion mit einer Arbeit zum Surrealismus *(Der springende Narziss. Zu André Bertons poetischer Materialismus)*, ab 1970 wissenschaftliche Assistentin an der Freien Universität Berlin, von 1976 bis 2006 Professorin für Literaturwissenschaft an der Universität Hannover; Ginka Steinwachs (*1942) studiert Philosophie, Religionswissenschaft und Komparatistik in Berlin und Paris. 1970 Promotion mit einer Arbeit zu *Mythologie des Strukturalismus oder die Rückverwandlung von Kultur in Natur*, anschließend Lehraufträge unter anderem an der Universität Vincennes. Seit 1974 lebt und arbeitet sie als Schriftstellerin und Performancekünstlerin in Berlin, Wien und auf Mallorca; Heidi von Plato (*1944 oder *1954) Dramaturgin, Schriftstellerin und Publizistin, studiert an der Freien Universität Berlin Germanistik und Philosophie, gründet die Frauentheatergruppe ANNA KONDA (1980–1984), lebt und arbeitet in Berlin; Roswitha Kaever, Pseudonym der Essayistin und Schriftstellerin Katharina Enzensberger (*1949), studiert Literaturwissenschaft an der Freien Universität Berlin, gibt zusammen mit Elisabeth Lenk eine Dokumentation über einen Giftmörder heraus (1974), Kolumnistin der *Frankfurter Allgemeinen Zeitung*, lebt seit 1979 in München.

78 Die Schwarze Botin 1977b, 9–11.

79 Reinig 1977.

80 Lenk 1977a; Nach der Ermordung des Generalbundesanwalt Siegfried Buback im April 1977 durch die RAF wurde in den *Göttinger Nachrichten*, einer Zeitung der Studierendenschaft der Universität Göttingen, ein mit dem Pseudonym Göttinger Mescalero unterzeichneter Nachruf veröffentlicht. In ihm schreibt der Verfasser zwar von einer „klammheimlichen Freude", die ihm die Ermordung beschert habe, distanziert sich aber im Folgenden von politischer Gewaltanwendung, die keinen Rückhalt in einer breiten sozialen Bewegung der Arbeiterinnenklasse habe. Die „klammheimliche Freude" löst eine breite Verurteilung des Autors durch konservative und liberale Medien aus. Darüber hinaus kommt es zu Strafverfahren und Verurteilungen gegen Personen, die den Nachruf (nach)gedruckt und verbreitet haben, wie im Fall des Sozialpsychologen Peter Brückner, der Mitherausgeber der *Göttinger Nachrichten* war, Lindner 1996, 306–313.

81 Steinwachs 1977, 9.

82 Goettle 1977b, 15.

Steinwach und Goettles satirischer Einlassung steht der Aufsatz von Heidi von Plato über die Rolle der Mutter-Tochter-Beziehung bei Magersucht junger Frauen.[83] Kaever schließt den Reigen mit einem Essay über den Voyeur des Schaufensterbummels, der im Unterschied zum Flaneur der Ware – der Konserve hinter Glas – verfallen sei.[84] Auffallend ist die Konstellation der Beitragstitel im Heft. Der satirische Überschuss entsteht dadurch, dass die Beitragstitel aus dem gleichen Wortfeld stammen, in ihrem Inhalt aber völlig verschiedene Themen bearbeiten. Die folgenden Ausgaben fünf und sechs haben keine Schwerpunkte.

Im Jahr 1978 findet sich in der 7. Ausgabe die deutsche Übersetzung des Aufsatzes „Ein neuer Intellektuellen-Typ: Der Dissident" der aus Bulgarien stammenden und seit 1965 in Frankreich lebenden Literaturwissenschaftlerin, Philosophin und Psychoanalytikerin Julia Kristeva, auf den ich an späterer Stelle eingehen werde.[85] Der Aufsatz war 1977 in der französischen Zeitschrift *Tel Quel* unter dem Titel „Un nouveaux type d'intellectuel: Le dissident" erschienen. Die Übersetzung in der *Schwarzen Botin* scheint die erste Übersetzung ins Deutsche zu sein und wird bis heute in der Forschungsliteratur und in Handbüchern zitiert.[86]

Im Jahr 1979 fällt die 11. Ausgabe durch die Aktualität der Beitragsthemen auf. Sie enthält eine Satire von Gabriele Goettle zur Atomenergiepolitik der Bundesregierung in Form eines fiktiven Interviews der *Schwarzen Botin* mit dem Bundeskanzler der BRD Helmut Schmidt,[87] eine Kritik der Anti-Atomkraftbewegung der Schriftstellerin Heidi Pataki,[88] die der Querfrontpolitik der Bewegung nicht traut,[89] und einen Bericht der kommunistischen Politikerin Maria Antonietta Macciocchi zur Revolution in Iran, der die Niederlage der iranischen Frauenbewegung und die Drangsalierung der Frauen heraufziehen sieht.[90] In der Nummer 13 fallen mehrere Beiträge auf, die Geschlechtsverkehr und die Abgründigkeit von Sexualität bis hin zu sexueller Gewalt auf teilweise irritierende Weise bearbeiten. In ihrer „Spruch-

83 Plato 1977, 10.
84 Kaever 1977b, 19–21.
85 Siehe 14. Kapitel.
86 Dehli 2011; Gerlach 1998: Kupke 2011; Schmaus 2013.
87 Goettle 1979a, 19–25.
88 Heidi Pataki (1940–2006), studierte Kunstgeschichte und Publizistik, arbeitete als Schriftstellerin, Journalistin und Redakteurin unter anderem für die österreichische Zeitschrift *Forvm*, für den Hessischen Rundfunk und Radio Freies Berlin, 1973 Mitbegründerin der Grazer Autorinnen und Autorenversammlung, lebte in Österreich.
89 Pataki 1979a, 25f.
90 Macciocchi 1979, 11–19. Maria Antonietta Macciocchi (1922–2007), kommunistische Essayistin, Schriftstellerin, Dozentin für Soziologie, Mitglied der Partito Comunista Italiano (Ausschluss 1977), Abgeordnete des EU-Parlaments (1979–1984), lebte und arbeitete in Italien und Frankreich.

sammlung“ *vögelfrei* ändert die Schriftstellerin Elfriede Gerstl allseits bekannte Sprüche um das Verb „vögeln“ ab und spielt so mit dem Nonsense:

> „1. nur ein viertelstündchen vögeln 2. stetes vögeln höhlt den stein 3. doppelt gevögelt hält besser 4. wer schnell vögelt vögelt doppelt 5. wenn zwei vögeln freut sich der dritte 6. er kann nicht bis drei vögeln […].“[91]

Ebenfalls eine satirische Umdeutung ist Heidi Patakis Parodie „nekrophilie (variation)“ auf das Gedicht „Sah ein Knab ein Röslein stehn“ von Johann Wolfgang von Goethe, das von einer Deflorations- zu einer Kastrationsgeschichte umgedichtet wird: „sah ein ratz ein gliedlein stehn (g)liedlein auf der halde war so krumm und faltenschön abgebissen aus versehn […].“[92] Gabriele Goettles Prosatext „Eine unbefleckte Empfängnis“ erzählt, wie Maria mit dem Erzengel Gabriel schläft, die weiblich und eine Zweifarbfledermaus ist und die Gestalt ihres Geschlechtsorgans zu einer „wellenartig bewegenden Masse“[93] verändern kann. Marie-Simone Rollin und Elfriede Jelinek thematisieren in „Das nennt man saftig“ und „Emma“ Vorstellungen von Vergewaltigung.[94] Vor allem Lydia Christensens Text „Andererseits“ irritiert. Er erzählt in nüchterner Sprache vom sexuellen Missbrauch eines Kindes, das diesen als regelmäßige Routine scheinbar mitgestaltet. Der Text ist durchzogen von den Gegensätzen Schmutz-Sauberkeit, Helle-Dunkelheit, Verunreinigung-Reinheit, wobei das Kind auf der Seite des Schmutzigen steht, gerne in der Abwasserkanalisation spielt und fasziniert ist von verschmutzten Flüssigkeiten. Die Irritation liegt hauptsächlich darin, dass der sexuelle Missbrauch nicht nur als Normalität, sondern als Übereinkunft zwischen dem alten Mann und dem Kind beschrieben wird, die erst im letzten Satz aufgebrochen wird, wenn das Kind sich erbrechen muss.[95] Den Abschluss findet das Heft im Bild auf der letzten Seite, in dem der abgründige schwarze Humor weitergetrieben wird. Es zeigt ein weinendes, nacktes, bis auf die Knochen abgemagertes Mädchen. Die makabre Bildüberschrift lautet: „Das Kind des Jahres“[96]. Die Konstellation von Titel und Bild verdeutlicht, dass das Böse und Abgründige der Satire nicht von ihr produziert wird, die es schonungslos ausspricht. Vielmehr sind es die gesellschaftlichen Verhältnisse, welche die

91 Gerstl 1979, 3. Die Schriftstellerin Elfriede Gerstl (1932–2009) überlebte die Shoah, studierte Psychologie und Medizin in Wien, ging 1963 nach Westberlin, 1972 Rückkehr nach Wien, Veröffentlichung von Prosa, Essays und Gedichten. Gründungsmitglied der Grazer Autorinnen Autorenversammlung 1973. Sie lebte und arbeitete in Wien.

92 Pataki 1979, 20.

93 Goettle 1979b, 20.

94 Jelinek 1979, Rollin 1979.

95 Christensen 1979, 22–27. Zu Lydia Christensen ließen sich keine Informationen finden.

96 Die Schwarze Botin 1979, 40.

Menschenfeindlichkeit hervorbringen und zugleich zu verbergen suchen, sodass Satire zu einem zwingenden Mittel der Aufdeckung und der Kritik wird.

Einen deutlichen Schwerpunkt weist die Doppelausgabe 14/15 aus dem Jahr 1980 auf. In ihr wird eine Auswahl an Beiträgen veröffentlicht, die auf der Frauensommeruniversität 1979 in Berlin gehalten wurden.[97] Die 17. Ausgabe, die letzte im Jahr 1980 vor der zweijährigen Unterbrechung, zeigt die von der österreichischen Comiczeichnerin Elisabeth Kmölniger bearbeitete Titelcollage.[98] Sie versieht die Collage von Goettle mit skurrilen Comicfiguren, einer Weihnachtskrippenszene und einem Osterhasen, verpasst der Frauenfigur mit der Doppelaxt eine kecke Sonnenbrille auf die Nase und einen Nachttopf auf den Kopf und benennt den Untertitel „Frauenhefte" in „Frauenhefteln" um.

Die Ausgabe enthält Zeichnungen von Elisabeth Kmölniger, zu denen Gabriele Goettle die Texte aus Zitaten zusammengestellt hat. Die drei längsten Comicstrips thematisieren den neonazistischen Anschlag auf das Oktoberfest in München 1980 („Bombenstimmung"),[99] den Papstbesuch von Johannes Paul II in der BRD im November 1980 („Das Jahrhundertereignis")[100], der nach dem Attentat vom Oktober weitergeführt wurde, und die zynischen medialen Reaktionen auf das Erdbeben in Süditalien ebenfalls im November des Jahres („Ps. Erdbeben").[101] Die Ausgabe enthält keinen Hinweis darauf, dass *Die Schwarze Botin* zunächst nicht weitererscheinen wird.[102]

Während auf den ersten sechszehn Ausgaben zwischen 1976 und 1980 das Titelbild der Frauengruppe mit der Doppelaxt zu sehen ist, wird ab der 18. jede Ausgabe ein anderes Cover tragen. Auch weiterhin wird das Heft in Schwarz-Weiß gedruckt und das Layout schlicht sein. Die Titelbilder der Ausgaben 18, 19 und 20 aus dem Jahr 1983 zeigen Bildausschnitte des Freskos von Piero della Francesca, die für die Collage der ersten Ausgaben verwendet worden waren. Die Figuren der Collage werden neu zusammengesetzt und kombiniert. Die Frauengruppe, die der „Prüfung des Wahren Kreuzes" durch die heilige Helena beiwohnt, ist nun in kleinerem Format abgebildet. Auch wird nun die Figur, die in Piero della Francescas Fresko das Kreuz hält, ab-

97 Die erste Frauensommeruniversität fand in der BRD im Jahr 1976 statt.

98 Die aus Österreich stammende Illustratorin, Zeichnerin und Fotografin Elisabeth Kmölniger (1947–2018) studierte Malerei an der Akademie der Künste Wien, arbeitete unter anderem für die österreichische Zeitschrift *Forvm*, lebte seit 1980 in Berlin und war die Lebensgefährtin Gabriele Goettles. Kmölniger und Goettle arbeiteten und publizierten zusammen.

99 Goettle/Kmölniger 1980a, 5–10.

100 Goettle/Kmölniger 1980b, 11–29.

101 Goettle/Kmölniger 1980c, 30–34.

102 Die Unterbrechung der Herausgabe bis 1983 und der Ausstieg von Gabriele Goettle sei aufgrund von persönlichen Konflikten zwischen Classen, Wehowski und Goettle erfolgt, so Vukadinović 2020.

gebildet. Die Elemente, aus der die Collage der ersten sechzehn Ausgaben besteht, werden in ihren Konturen deutlicher sichtbar als in der Collage von Goettle. Zugleich dominieren sie nicht mehr das Titelblatt, das von einer weißen Fläche bestimmt wird.

Die 18. Nummer der *Schwarzen Botin* erscheint im März 1983 nach einer zweijährigen Pause. Neben Brigitte Classen ist nun auch Branka Wehowski Redakteurin und die Zeitschrift erhält eine Verlegerin, die Architektin Marina Auder. Im Editorial der Ausgabe ist zu lesen, Gabriele Goettle habe sich wegen der Arbeit an einer Dissertation zurückgezogen. Der Historiker Vojin Saša Vukadinović sieht in dieser Notiz die Verschleierung des persönlichen Konflikts, der zwischen Goettle, Classen und Wehowski geherrscht und zur Beendigung der Zusammenarbeit geführt habe.[103] Mit dem Wiedererscheinen der *Schwarzen Botin* 1983 erhalten die Ausgaben auch klarere Schwerpunkte und ab der 22. im Jahr 1984 Titel.

Den Schwerpunkt der Ausgabe 18 bilden zwei längere Aufsätze der Kulturwissenschaftlerin und Soziologin Gerburg Treusch-Dieter, der Essayistin und Fotografin Petra Doenselmann im Sande und der Theaterwissenschaftlerin Ulrike Haß zur Frage weiblicher Produktivität.[104] Die 19. Ausgabe widmet sich dem Rückblick auf die Frauenbewegung in der BRD und in Frankreich und ist, vor allem was das Urteil über die westdeutsche Frauenbewegung angeht, äußerst skeptisch hinsichtlich ihres Verlaufs und ihrer Erfolge. Die Nummer 20 nimmt einen Strang auf, der schon seit der 1. Ausgabe immer wieder bearbeitet wird: die Beschäftigung mit Faschismus und Nationalsozialismus. Die 21. Ausgabe dokumentiert Beiträge, die bei dem Workshop „Unverstand hat Gold im Mund" gehalten wurden, der 1983 in der Galerie Wewerka in Berlin stattfand. Der Umschlagentwurf stammt von der Redakteurin Branka Wehowski und zeigt die bearbeitete Schwarz-Weiß-Fotografie einer vergrößerten Wanze, deren Körper zerschnitten wirkt. Von nun an wird das Inhaltsverzeichnis auf der Rückseite des Heftes zu finden sein.

103 Vukadinović 2020, 53f.

104 Gerburg Treusch-Dieter (1939–2006) studierte nach einer Schauspielerinnenausbildung in Hannover Soziologie, Psychologie und Literaturwissenschaft und lehrte und forschte nach ihrer Habilitation an Universitäten in Berlin, Wien, Freiburg und Innsbruck. Sie publizierte in der *Schwarzen Botin* und war Redakteurin der Zeitschrift *Ästhetik und Kommunikation. Beiträge zur politischen Erziehung* und der Wochenzeitung *Der Freitag*. Petra Doenselmann im Sande veröffentlichte Anfang der 1980er Jahre Aufsätze zum Thema weibliche Produktivität in den Zeitschriften *Ästhetik und Kommunikation* und der *Schwarzen Botin* sowie im Jahr 2018 einen Bildband zu Berliner Stadtbahnbögen. Ulrike Haß (*1950) studierte Germanistik, Politikwissenschaft und Psychologie in Berlin. Im Jahr 2000 wird sie Professorin für Theaterwissenschaft an der Ruhr-Universität Bochum. Ich werde im 15. Kapitel ausführlich auf die Aufsätze von Treusch-Dieter, Doenselmann im Sande und Haß eingehen.

Auch der Umschlagentwurf der 22. Ausgabe aus dem Jahr 1984 stammt von Branka Wehowski und zeigt eine Collage, in deren Vordergrund eine weibliche Figur mit schwarzem Umhang steht. Im Hintergrund sind zwei abstrakte Frauenköpfe zu sehen, die Skulptur Donne Abissine der italienischen Futuristin Regina Prassade Cassolo Bracchi (1894–1974).[105] Die Figur im Vordergrund ist bis zum Kinn zu sehen, ein schwarzer Rabe sitzt auf ihrer Schulter und beugt sich zu ihrer nackten Brust. Die 22. Ausgabe trägt den Titel „Sans sense: l'avantgarde transe sans danse“[106]; wie der Titel schon sagt, setzen sich die Beiträge mit Avantgarden auseinander: mit „Frauen im italienischen Futurismus“ (Noëmi Blumenkranz-Onimus),[107] den Malerinnen Sonia Delaunay und Tamara de Lempicka (im Hörspiel *Mondlicht im Prisma. Sonia Delaunay und Tamara de Lempicka. Begegnungen in einer unberechenbaren Zeit* von Mona Winter)[108] und in den Reflexionen über den Begriff der

Avantgarde mit der Erstarrung künstlerischer Formen in Manierismus und in Postmoderne von Nicole Gabriel („Mais-où-est-donc-l'avant-garde? Für ein kulturelles Krisenmanagement: die Ideologie des Verräters“)[109]. Zudem werden Texte der surrealistischen Schriftstellerin Greta Knutson und Drucke der Surrealistin Marie Toyen veröffentlicht. Arbeiten von beiden Künstlerinnen finden sich auch in vorherigen wie in nachfolgenden Ausgaben.

Das Cover der Nummer 23 (1984) zeigt Zahnräder, die ineinandergreifen. Es finden sich keine Hinweise auf die Urheberschaft des Titelbilds. Die Ausgabe trägt den Titel „Danger: Schwarze Liebe“, wobei die Beiträge des Hefts kaum schwerpunktspezifisch sind. Hingegen weisen die Beiträge der 24. Ausgabe von 1984 Bezüge zum Thema Sado-Masochismus auf, die so zurückverweisen auf die Schwarze Liebe der vorherigen Nummer. Neben einem langen Gespräch zwischen der Wiener Juristin und Schriftstellerin

105 Katz 1986/87, 7f.

106 Der Titel ist ein Wortspiel, das nicht auf die Bedeutung der Worte als vielmehr auf ihren lautmalerischen Klang abzielt und lautet in etwa: „Bedeutungslos: die Avantgarde, Trance ohne Tanz“.

107 Blumenkranz-Ominus 1984, 12–17. Noëmi Blumenkranz-Onimus (1921–2015) arbeitete in Paris unter anderem zum Futurismus.

108 Winter 1984, 21–25. Die Schriftstellerin Mona Winter (*1946) studierte Theaterwissenschaft und Soziologie in München, schrieb unter anderem für *Freibeuter* und *Kursbuch*. Im Jahr 1983 gab sie im Verlag Frauenoffensive den Aufsatzband *Zitronenblau. Balanceakte ästhetischen Begreifens* heraus. Sie ist Mitbegründerin des Raben Verlags München, in dem Brigitte Classen den Sammelband *Pornost. Triebkultur und Gewinn* im Jahr 1988 herausgab. Lebt und arbeitet als freie Autorin in München.

109 Gabriel 1984, 9–11, Der Aufsatztitel lautet: „Aber wo zum Teufel ist die Avantgarde?“ Nicole Gabriel ist eine französische Historikerin und Dozentin an der Universität Paris VII. Sie arbeitet zur Arbeiterinnenbewegung, Frauenbewegung, Anarchismus und Kritischer Theorie.

Neda Bei, Branka Wehowski und Elfriede Jelinek über deren Roman *Die Klavierspielerin*[110] findet sich der Essay „Alzabeta Báthory, Cachtická pani: Ersébet Báthory, die Herrin von Cachtice" von Neda Bei und der Schriftstellerin Magdalena Sadlon über die ungarische Gräfin, die zu Beginn des 17. Jahrhunderts zahlreiche junge Frauen nach Folterungen ermordet hat und aufgrund der Klassenjustiz und des Schutzes des Adels lange Zeit juristisch nicht belangt wurde.[111] Branka Wehowski rezensiert in „Liberta Sadis et corpus masochianum" Monika Treuts Untersuchung zu Konstitution und Funktion der Figur der sadistischen, monströsen Frau bei Marquis de Sade und Leopold von Sacher-Masoch, welche die Filmemacherin 1984 unter dem Titel *Die grausame Frau. Zum Frauenbild bei de Sade und Sacher-Masoch* veröffentlicht hat.[112] Das Titelbild der 24. Ausgabe von 1984 ist schwarz, am unteren Rand prangt in weißen Lettern der Titel „Jungfrauenmaschinen".[113] Auf sie folgt die 25. Ausgabe, ebenfalls im Jahr 1984, mit dem Titel „Das System – Eine Natur der Männer" und einem Cover, dass einen Trompeterautomaten des Instrumentenbauers Friedrich Kaufmann aus dem 19. Jahrhundert zeigt. Diese und die folgenden Ausgaben haben keinen spezifischen Schwerpunkt. Sowohl die 25. von 1984 als auch die 26. Ausgabe von 1985, mit dem Titel „Blindenalphabet – Tastaturen weiblichen Denkens", enthalten Aufsätze zur feministischen Rationalitäts- und Wissenschaftskritik. Branka Wehowski kritisiert in der Ausgabe 25 in ihrem Bericht „Ein Symposion oder Kann die Alma Mater ihre Töchter lieben?" die Objektivitäts- und Totalitätsvorstellungen der wissenschaftlichen Rationalität und plädiert dafür, dass der Feminismus seine Position zu Macht und Institutionen überdenken, sich nicht weiter jenseits und in Abgrenzung zu denselben positionieren, sondern Einzug in die Uni-

110 Bei/Wehowski 1984, 3–9, 40–46. Neda Bei (*1952) studierte und promovierte in Rechtswissenschaft. Sie veröffentlichte essayistische, literarische und theoretische Texte und ist Mitglieder der Grazer Autorinnen und Autoren Versammlung.

111 Bei/Sadlon 1984, 30–35. Die Schauspielerin, Schriftstellerin und Übersetzerin Magdalena Sadlon (*1956) stammt aus der Tschecheslowakei und emigrierte 1968 nach Österreich. Sie ist Mitglied der Grazer Autorinnen und Autoren Versammlung.

112 Wehowski 1984a, 27ff.

113 Unter Jungfrauenmaschinen versteht Eva Johach die Imagination eines aus sich selbst zeugenden Weibchens, das zur Fortpflanzung keines Männchens bedarf. Diese Parthenogenese ist in ihrer kulturgeschichtlichen Bedeutung ambivalent, irritiert sie einerseits die lange Tradition der Aristotelischen Zeugungstheorie, nach der ausschließlich der männliche Samen zeugt, für den das Weibliche nur das Gefäß ist; Johach 2011, 126–129. Andererseits ist die Vorstellung der Parthenogenese verknüpft mit der Trennung von Sexualität und Fortpflanzung. Denn sie steht für die Fortpflanzung ohne sexuellen Kontakt zu einem anderen und damit für den Vorgang des Klonens des Immergleichen, der, insofern er nicht Neues zeugt, als unfruchtbar erscheint. Gerburg Treusch-Dieter nimmt sich in der *Schwarzen Botin* und darüber hinaus der Kritik der Zeugungstheorie und der kulturellen Imaginationen der Parthenogenese an; siehe 12. Kapitel, Treusch-Dieter o. J., Treusch-Dieter 1983b, Treusch-Dieter 1990.

versitäten halten solle.[114] Anlass des Berichts war der Workshop „Frauen und Universität", der im Rahmen des Symposions „Geschichte der Universität" im November 1984 in Wien stattfand.

Der Jahrgang 1985 beginnt mit der 26. Ausgabe, deren Titelbild ein lachendes Kinopublikum mit 3D-Brillen zeigt. Die Fotografie stammt aus einer Fotoreihe, die der US-amerikanische Fotograf J. R. Eyerman bei der Vorführung des ersten 3D-Kinofilms 1952 für das *Life*-Magazin schoss.[115] Es gibt unterschiedliche Fotografien desselben Publikums, die zum Emblem der entfremdeten Konsumgesellschaft wurden.[116] Während die eine Version ein stummes, verschlossenes Publikum zeigt,[117] ist in der anderen ein lachendes Publikum zu sehen, das seinen Gefühlen Ausdruck verleiht.[118] Die Version auf dem Titel der *Schwarzen Botin* Nummer 26 zeigt das aktive Zuschauen des Publikums. In der Nummer 26 aus dem Jahrgang 1985 wird die feministische Wissenschafts- und Rationalitätskritik aus der vorangegangenen Ausgabe wieder aufgenommen durch den Vortrag „Werden Frauen vernünftig?" der Soziologin Ilse Modelmog[119], den sie ebenfalls auf dem Wiener Symposion im Jahr zuvor gehalten hatte. Sie widmet sich der Trennung von Sexualität und Intellekt, der Frauen ausgesetzt sind. Modelmog zufolge werde die weibliche Sexualität in der modernen, industrialisierten Gesellschaft mit Überfluss und Verschwendung verknüpft, wobei „Verschwendung [...] die Zeichen defizienter Rationalität"[120] trage. So werde der Rationalitätstypus, der Frauen unterstellt werde, zur Irrationalität und zum Gegenteil des Typus sachorientierter Rationalität, der mit Männlichkeit verknüpft und mit Macht ausgestattet werde.[121] Des Weiteren enthält die Ausgabe Auseinandersetzungen mit der Sprache der Schriftstellerinnen Irmgard Keun („Irmgard Keun und

114 Wehowski 1984b, 34–37.

115 https://www.gettyimages.de/detail/nachrichtenfoto/an-audience-in-formal-attire-and-3d-glasses-watches-nachrichtenfoto/2905087 (letzter Zugriff 6.2.2021).

116 Levin 1989, 109.

117 Diese Version ist auf dem Cover der US-amerikanischen Ausgabe des Buchs *Society of the Spectacle* des Situationisten Guy Debord zu sehen. Debord war ein libertärer Kommunist und Mitglied der *Situationistischen Internationalen*, der ausgehend von der Marx'schen Kritik der Politischen Ökonomie die invasive Kommodifizierung aller Lebensbereiche und Beziehungen in der kapitalistischen Gesellschaft kritisierte, Levin 1989, 72–123.

118 Das Bild „depicts its elevantly attired audience in a virtually trance-like state of absorption, their faces grim, their lips pursed. In the other shot of the same audience, however, the 3-D spectators are laughing, their expressions of hilarity conveying the pleasure of an uproarious, active spectatorship". (Levin 1989, 109).

119 Ilse Modelmog (1941–2018) war von 1974 bis 2005 Hochschullehrerin und Professorin in Soziologie an der Universität Oldenburg. Ihre Arbeits- und Forschungsschwerpunkte lagen in Wissenschaftstheorie, Kultursoziologie und Geschlechterforschung.

120 Modelmog 1985, 30.

121 Ebd. 29–36.

die Sprache des Kindes" von Elfriede Jelinek)[122] und Ingeborg Bachmann („Die andere Wirklichkeit. Traumsprache und Sprachvermögen bei Ingeborg Bachmann" von Hanna Schnedl-Bubeniček).[123]

Die 27. Ausgabe, ebenfalls von 1985, trägt den Titel „Rede an die Maden", als Cover ist die *Skulptur XIX, 2* der Fotokünstlerin Edith Lechtape zu sehen. Dabei handelt es sich um eine fotografierte Collage aus Papierfetzen, Stoffresten und Haaren, die zu einem Gesicht zusammengefügt ist. Lechtapes Collage hat einen schockierenden Effekt, da das Gesicht zerstört und deformiert aussieht. „Abschied" ist der Titel der 28. Ausgabe 1985, die als Titelbild die Entwurfszeichnung der Architektin Ingeborg Kuhler für das Landesmuseum Technik und Arbeit in Mannheim zeigt. Der Schwerpunkt der Ausgabe liegt auf dem Thema „Sprache und Geschlecht am Beispiel Japan", wie auch der Untertitel des Beitrags von Irmela Hijiya-Kirschnereit lautet.[124] Im Rahmen des 3. Festivals der Weltkulturen in Berlin im Jahr 1985 interviewt Branka Wehowski für *Die Schwarze Botin* die japanischen Schriftstellerinnen Taeko Komo und Taeko Tomioka, von denen Textausschnitte in der Ausgabe publiziert werden.

Die 29. Ausgabe ist auf den Jahreswechsel 1985/1986 datiert und beginnt mit der Arbeit *Autel* (Altar) der Malerin und Bildhauerin Niki de Saint Phalle (1930–2002) auf dem Titelblatt. Zu sehen ist ein dreiflügeliger weißer Altar, in dessen Mitte ein männlicher Torso herausragt, über dem eine Eule schwebt, während rechts und links betende Frauengestalten knien. Schwarze Farbe läuft über den Altar. Die Beiträge der Ausgabe gruppieren sich nicht um einen Schwerpunkt. Sie ist der Künstlerin Meret Oppenheim gewidmet, die im November 1985 verstorben war und von der immer wieder Arbeiten in der *Schwarzen Botin* präsentiert werden. In der 29. Ausgabe sind ihre Arbeiten *In einer Staubwolke (die schöne Afrikanerin)*, *Haus an der Brücke* und das Gedicht „Wenn sie mir das Richtige nennen"[125] enthalten, in dessen Hintergrund eine Porträtfotografie von Oppenheim durchschimmert. „Frau Mann" lautet der Titel der 30. Ausgabe, ebenfalls aus dem Jahrgang 1986, die auf ihrem Cover zwei Artistinnen in weißen Anzügen zeigt. Es handelt sich um eine Fotografie des Fotografen Hans Robertson, der im Berlin der

122 Jelinek 1985, 9-12.

123 Schnedl-Bubeniček 1985, 4-9. Hanna Schnedl-Bubeniček (*1943) promovierte 1977 mit einer Arbeit zu *Relationen: Zur Verfremdung des Christlichen in Texten von Heinrich Böll, Barbara Frischmuth, Günter Herburger, Jutta Schutting u. a.* an der Universität Salzburg und gab 1982 zusammen mit der Germanistin Sigrid Schmid-Borthenschlager Österreichische Schriftstellerinnen 1880 bis 1938, eine Anthologie biografischer Aufsätze, heraus.

124 Hijiya-Kirschnereit1985, 10–16. Irmela Hijiya-Kirschnereit (*1948) studierte von Ende der 1960er bis Ende der 1970er Jahre Japanologie, Sinologie, Soziologie und Literaturwissenschaft. Promotion 1975, Habilitation in Japanologie, Professorin an der Freien Universität Berlin.

125 Oppenheim 1985/1986, 2, 39 und 3.

1920er Jahren die Tänzerinnen der Revue-Gruppe *Die Alfred-Jackson-Girls* in Bildern festgehalten hat. Die Ausgabe enthält zwei lange Dokumentationen: erstens „Mehr Frau als Mann" – die deutsche Übersetzung des Textes „Più Donne che Uomini" der feministischen *Gruppo 4*, der 1983 in der italienischen feministischen Zeitschrift *Sottosopra* publiziert wurde. Die Übersetzerin Lilo Schweizer hat den Text übertragen. Er ist der einzige Text aus der italienischen Frauenbewegung, der in der *Schwarzen Botin* veröffentlicht wird. An späterer Stelle werde ich auf ihn zu sprechen kommen. Zweitens werden in der Nummer 30 Unterlagen des *Allgemeinen Studentenausschusses* (AstA) der Universität Hamburg unter dem Titel „Dokumentation. Der Fall Brenner – Geschichte einer Verhinderung. Eine für Alle, Alle für Eine?" publiziert. In der Einleitung führt die Autorin B.W. (Branka Wehowski?) aus, dass es sich hierbei um Dokumente aus dem Berufungsverfahren der marxis-

tischen Literaturwissenschaftlerin Hildegard Brenner handelt, das zu ihren Ungunsten endete. Dass Brenner, die die Zeitschrift *alternative* von 1964 bis 1982 herausgibt und in der 20. Ausgabe der *Schwarzen Botin* einen Aufsatz zum Nationalsozialismus veröffentlicht, letztlich den Lehrstuhl nicht erhalten hat, darin sieht B.W. das Resultat einer politischen Intrige.[126]

Auf dem Titelbild der 31. Ausgabe aus dem Jahr 1986 ist Meret Oppenheims Arbeit *Ein Handschuh für Parkett. Niemand kennt den Weg von Blumen gesäumt. Friedlich grasen die Pferde* zu sehen: ein weißer Handschuh aus feinem Leder für die linke Hand, der ein Muster aus Adern trägt, das zugleich das Geäst eines Baumes sein könnte. Auf der Rückseite ist der gleiche Handschuh für die rechte Hand zu sehen. Diese Arbeit trägt den Titel *Ein Handschuh für Parkett: Fern noch der Morgen, der vielleicht mir den lichten Tag bringt. Haben Sie nicht schon lange.*[127] Die Nummer 31, die vorletzte Ausgabe, trägt den Titel „Recycling", der von zwei Beiträgen aufgegriffen wird. Die Fotografie desselben Titels von Petra Welzel zeigt einen angebrannten Mülleimer, aus dem Abfall herausquillt. Der Kommentar der Schriftstellerin Käthe Trettin fragt, weshalb die feministische Theoriebildung in der BRD sich nicht die Theorien der sogenannten Postmoderne von Derrida bis Baudrillard aneigne. Ironisch rät sie, die Feministinnen sollten

> „munter zugreifen & nach dem Prinzip des Wühltisches im Kaufhaus grabschen & festhalten, die Fundstücke lustvoll kombinieren und so buntschillernde Bilder, genuin weibliche Simulakra entwerfen. Mit einem Schlag wären wir auf der Höhe der Zeit und könnten unsere Pseudoprodukte, ohne mit der Wimper zu zucken, auf dem interkontinentalen Theoriemarkt mit Gewinn absetzen."[128]

126 B.W. 1986, 15.

127 Oppenheim 1986, Titel- und Rückseite.

128 Trettin 1986, 4. Käthe Trettin studierte zwischen 1966–1972 und 1980–1989 Anglistik, Germanistik, Philosophie und Politikwissenschaft in Kiel, Freiburg, Sheffield und

Das aber täten die Frauen nicht aufgrund des gefühlten „Nachholbedarf[s]“ an Wissen. Daher seien Frauen noch immer damit beschäftigt, sich die „männliche Historiographie der Wissenschaft und Künste reinzuziehen“.[129] Noch ihr eigener Text ebenso wie die *Schwarzen Botin* hängten dem „alte[n] sarkastischen Kampf an“, so die Autorin:

> „Satire & Parodie, Botinnen & Botschaften – selbst schwarze – sind gänzlich dem Fortschritts- und Veränderungswahn verfallen. Es mangelt an der rechten apokalyptischen Lust, es fehlt der Sinn für den Genuß an der Sinnentleerung, der Geschmack an der Zirkulation des Beliebigen – mit einem Wort: Frauen halten Müllcontainer für Müllcontainer & nicht für einen besonders mystischen Signifikanten in der Recyclingkette. Das muß anders werden. Dass wollen wir doch mal sehen. Das schaffen wir schon.“[130]

Der Kommentar registriert, wie andere vor ihm, theoriegeschichtliche Veränderungen der feministischen Diskussion, bleibt aber in ironischer Distanz dazu. *Die Schwarze Botin* neigt sich ihrem Ende zu.

Ihre letzte Ausgabe, die Doppelnummer 32/33, ist datiert auf den September 1986 und den Februar 1987 und trägt ein Bild der Malerin Lena Vandrey (1941–2018) als Titel, auf dem eine Figur mit Schärpen und ausladenden Kleidern zu sehen ist, umgeben von Gegenständen wie einer Sanduhr und Würfeln. Laut Bildverzeichnis lautet der Bildtitel „Variation I über die Schwarze Botin“, allerdings ist zu vermuten, dass sich die Redaktion mit diesem Titel selbst eine Hommage erfunden hat, wie sie es auch mit dem Bildausschnitt aus dem Freskenzyklus *Die Auffindung und Prüfung des Wahren Kreuzes* von Piero della Francesca tut, der auf der zweiten Seite der letzten Ausgabe zu sehen ist und dessen Titel in „Phantasie der Schwarzen Botin“ umgedichtet wurde. Die „editorische notiz“[131], die über den Freskenausschnitt gelegt ist, vermerkt, es handle sich bei diesem Heft der *Schwarzen Botin* „um ihr derzeit letztes“ und daher um einen „Abschied“[132]. Einige Autorinnen, die jahrelang in der Zeitschrift publiziert haben, verabschieden sich dann auch mit ihren Beiträgen, die sie der Zeitschrift widmen. So die Schriftstellerin Liesl Ujvary mit „Das Territorium. Ein Text für die Schwarze Botin“, der Schwierigkeit und Gefahr des Schreibens auslotet, Elfriede Jelinek mit „Begierde (Begleitperson für ein schwarzes Botin hinüber)“, ein Text über die sprachlichen Abgründe zwischen Geliebten, und auch Elfriede Czurdas Anagrammgedicht „Will stumm sein wie ein Grab“ erscheint im Kontext dieser Ausgabe als

Frankfurt a. M. Promotion 1989 in Philosophie an der Universität Frankfurt a. M. Sie arbeitet als Dozentin, Verlagslektorin, Übersetzerin und freie Publizistin.

129 Ebd.

130 Ebd. 5.

131 B. C./B. W. 1986/1987, 2.

132 B. C. 1986/1987, 2.

Abschied.[133] Die Schriftstellerin Ginka Steinwachs wünscht in „ziemlich viel wind" der *Schwarzen Botin* „requiescat in pace"[134], sie möge in Frieden ruhen, und hofft zugleich auf ihre Auferstehung: „ad plures ire. und und und wir hinterbliebenen zweifeln nicht, daß er an jenem tage, wo die zeitschrift für die wenigsten die meisten leser findet […] wieder auferstehen wird […]."[135] Die „Zeitschrift für die wenigsten", die dann zu den Vielen geht (ad plures ire) und zu ihrer Gemeinschaft zählt, wenn sie zu ihrem Ende kommt und es sie nicht mehr geben wird[136] – mit diesem Gedanken greift Steinwachs das Selbstbild der *Schwarzen Botin* auf, das sich vom Vorwort der 1. Ausgabe bis zur editorischen Notiz der letzten durchzieht. In der 1. Ausgabe hatte Gabriele Goettle für die Redaktion geschrieben, sie gehe „von der Überzeugung aus, daß für die Existenz der schwarzen Botin, sie selbst unentbehrlicher ist als die, welche sie lesen."[137] Diese selbstbezügliche Absage an eine

breite Leserinnenschaft bekräftigt die Redaktion in einer kurzen Notiz in der 18. Ausgabe. Dort heißt es zu ihrem Wiedererscheinen:

> „Inhaltlich wird sich nichts ändern an der Konzeption des Heftes, die davon ausging, aus der Frauenbewegung eine Kritik der Frauenbewegung zu sein. Wir wollten Feminismus nie mit anbiedernden Tendenzen feuchter Freundlichkeit verwechseln. Uns geht es darum, Kultur zu untersuchen, auf das, was sie taugt, zumindest für uns, radikale Frauen. Unsere eigene Kultur machen wir sowieso, weniger mit jäten."[138]

In der letzten Ausgabe ist dann zu lesen:

133 Liesl Ujvary (*1934) wurde in der Slowakei geboren, kam 1945 nach Österreich und studierte in Wien und Zürich Slavistik, althebräische Literatur und Kunstgeschichte. Promotion 1968 mit einer Arbeit zu Ilja Ehrenburg, Aufenthalte in Moskau und Lehraufträge für russische Sprache und Literatur in Tokio. Seit 1971 Schriftstellerin in Wien. Mitglied der Grazer Autorinnen und Autoren Versammlung. Elfriede Czurda (*1946) wurde in Österreich geboren. Nach der Ausbildung an einer Handelsschule studierte sie zwischen 1968 und 1973 Kunstgeschichte und Archäologie in Salzburg und Paris. 1974 Promotion mit einer Arbeit über den französischen Maler Eugène Formentin. Lebt und arbeitet als Schriftstellerin in Berlin und Wien.

134 Steinwachs 1986/1987, 42.

135 Ebd. Mit „er" ist der Mund gemeint, der in der Ästhetik Steinwachs als „kleines anatomo-architektonisches wunderwerk und transpo-apportables welttheater" (ebd.) bezeichnet wird und der für die Vermittlung von Vernunft (Sprache) und Sinnlichkeit (anatomischer Mund), von Sinn und Unsinn steht.

136 Walter Benjamin schreibt in der Einbahnstraße: „Wer eine Todesnachricht überbringt, erscheint sich sehr wichtig. Sein Gefühl macht ihn – selbst wider allen Verstand – zum Boschafter aus dem Reiche der Toten. Denn die Gemeinschaft aller Toten ist so riesig, daß sogar der, der nur vom Tod berichtet, sie verspürt. ‚Ad plures ire' – hieß bei den Lateinern sterben." Benjamin 1981, 142f.

137 Anonym/Goettle 1976b, 5.

138 B. C. 1983, 1.

„Die Interessen der Zeitschrift waren nicht die aller Frauen. Uns hat nie interessiert, verblichenen Glanz zu polieren. Selbsterfahrung sollte ihre Schublade behalten. Wenn es eine Kritik bestehender Verhältnisse gäbe, nicht nur den Deckel über dem Unrat, sollte es die Kritik der Frauen sein, die den nötigen Mut haben, sie zu äußern. [...] Eine Darstellung des Feminismus ist nicht unsere Aufgabe. Subkultur und Postmoderne können uns gestohlen bleiben, denn leider ist dort nichts zu stehlen."[139]

Das Selbstverständnis, eine Zeitschrift für „die wenigsten"[140], die „radikale[n] Frauen"[141] zu sein, deren Interessen „nicht die aller Frauen"[142] seien, bildet eine Klammer über die zehn Jahre ihres Erscheinens. Auf die Herstellung eines Bilds der Frauenbewegung, von der sich dieses Selbstverständnis abheben kann, wie es in den Zitaten anklingt, werde ich später zurückkommen.

Im Jahr 2013 inszeniert die Bühnenbildnerin Barbara Ehnes auf den Wiener Festwochen mit Autorinnen und Redakteurinnen der *Schwarzen Botin* eine Redaktionskonferenz unter dem Titel „Die schwarze Botin – remastered and remistressed". Im Zusammenhang mit dieser künstlerischen Forschung entsteht die Ausgabe „le dernier cri – remastered and remistressed" (1976 – 1987 – 2013). In ihr finden sich Wiederabdrucke von Texten, die Jahrzehnte zuvor in der *Schwarzen Botin* erschienen waren, ebenso wie Erstveröffentlichungen. Beteiligt sind Autorinnen der *Schwarzen Botin* wie Ginka Steinwachs, Heidi von Plato, Mona Winter, Liesl Ujvary und Katharina Riese, ebenso die Verlegerin Marina Auder. Außerdem sind Autorinnen beteiligt, die teilweise aufgrund des jüngeren Alters nicht in der *Schwarzen Botin* zwischen 1976 und 1987 veröffentlicht haben, sowie Literaturwissenschaftlerinnen und Bühnenbildnerinnen. Im Zuge des Projekts entsteht ein Blog mit Texten der Beteiligten.[143]

Das Erscheinen der *Schwarzen Botin* im Jahr 1976 wurde begleitet von Boykott und Streit. Während Mitglieder aus der Hamburger Gruppe des maoistischen Kommunistischen Bunds in der 1. Ausgabe der *Schwarzen Botin* „faschistoiden Spuk" und „perverse Ideen"[144] entdeckten und kurzerhand zum Boykott aufriefen, monierte die feministische *Berliner Frauenzeitung Courage* die Überheblichkeit und Arroganz der *Schwarzen Botin*.[145] Zuvor aber war es zwischen den feministischen Zeitschriften *Courage*, *Emma* und der *Schwar-*

139 B. C. 1986/1987, 2, Herv. v. K. L.

140 Steinwachs 1986/1987, 42.

141 B. C. 1983, 1.

142 B. C. 1986/1987, 2.

143 Beteiligt waren zudem unter anderem die Sozialwissenschaftlerin Doris Artzmann, die Dramaturgin Elisabeth Burchhardt, die Schnittmeisterin Özlem Konuk, die Bühnenbildnerinnen Agathe MacQueen und Cleo Niemeyer und die Literaturwissenschaftlerin Katharina Serles, siehe https://dieschwarzenbotinnen.wordpress.com/ (letzter Zugriff 28.5.2020).

144 Eine Genossin und ein Genosse des KB/Gruppe Hamburg 1977, 29.

145 Lühe 1976, 53f.

zen Botin zu einer Auseinandersetzung über das Verhältnis der Zeitschriften zur Frauenbewegung und damit über die Frage nach dem Ziel und den Mitteln feministischer Theoriebildung gekommen.

4. Der Konflikt der Zeitschriften *Die Schwarze Botin, Courage* und *Emma*[1]

4.1 Sprachrohr, Mittlerin oder Avantgarde?

Das Jahr 1976 steht im Zeichen feministischer Zeitschriftengründungen, die von Auseinandersetzung, Streit und Boykott begleitet wird. Im Juni erscheint die Nullnummer der *Berliner Frauenzeitung Courage*, ihr folgt im Herbst *Die Schwarze Botin. Frauenhefte* und im Sommer kündigt Alice Schwarzer die Gründung der *Emma* an, die im Januar 1977 auf den Markt kommt.[2] Zusammen mit dem *Lesbischen Aktionszentrum*, zwei Berliner Frauenbuchläden, dem Frauenbuchvertrieb Danielle de Baat und Einzelpersonen ruft *Die Schwarze Botin* zum Boykott gegen *Emma* auf, bevor sie sich Anfang 1977 mit *Courage* überwirft. Worum geht es in diesem Konflikt, der am Anfang der Geschichte der *Schwarzen Botin* steht und „in der gesamten Frauenbewegung geführt"[3] wurde, ausgetragen von Zeitschriften, die sich alle drei der autonomen Frauenbewegung zugehörig fühlen? Zur Diskussion stehen: erstens, wer die Leserinnenschaft der Zeitschriften seien, zweitens, wie und welche Öffentlichkeit hergestellt würden und drittens, wie feministische Kritik auftreten solle. Damit wird indirekt auch darüber verhandelt, in welches Verhältnis sich die jeweilige Zeitschrift zur Bewegung setzt und wie sich ein feministisches Subjekt der Frauenbewegung konstituieren soll. Der Konflikt um die Selbstverständnisse der Zeitschriften ist Gegenstand des Beitrags „Courage, Emma und die Schwarze Botin – Einigkeit in Differenz?" (2005) von Catherine Ley, Kathrin Locker und Gregor J. Rehmer von der Ruhr-Universität Bochum sowie von meinem Aufsatz „Von der Produktivität des Streits – Die Kontroverse der Zeitschriften Courage, Die Schwarze Botin und Emma. Überlegungen zur Konfliktgeschichte der Frauenbewegung" (2017), in dem ich das Verhältnis, in das sich die Zeitschriften zur autonomen Frauenbewegung setzen, und die Konzeptionen von (Gegen-)Öffentlichkeiten untersuche. Karolin Kupfer, die in ihrem Aufsatz „‚Kampf um Emma'. Polemik und feministische Öffentlichkeiten" (2021) die Kontinuität der Öffentlich-

1 Das folgende Kapitel ist eine überarbeitete und erweitere Fassung von Lux 2017.

2 Nienhaus 2007, 22; auch Kühte 2005, 119.

3 Ley et al. 2005, 34.

keitskonzeption bei Alice Schwarzer und *Emma* herausarbeitet und den Begriff einer Gegenöffentlichkeit verwirft, kommt ebenfalls auf die Divergenzen der Zeitschrift zur Zeit ihrer Gründung zu sprechen.[4]

Wie jede Zeitschrift sind auch feministische Zeitschriften Orte öffentlicher Rede und damit eingelassen in die gesellschaftlichen Prozesse der Herstellung von Öffentlichkeit und Privatheit. Nach Alexander Kluge und Oskar Negt ist Öffentlichkeit ein „allgemeiner gesellschaftlicher Erfahrungshorizont, in dem das zusammengefaßt ist, was wirklich oder angeblich für alle Mitglieder der Gesellschaft relevant ist."[5] Was „für alle Mitglieder der Gesellschaft relevant" zu sein hat und was als relevanter Erfahrungshorizont erscheint, wird in einer kapitalistischen, androzentrischen Gesellschaft – trotz der Idee von einem freien diskursiven Austausch aller – nicht demokratisch gleichberechtigt verhandelt. Denn die Produktionsweise kapitalistischer, androzentrischer Gesellschaften

beruht darauf, dass partikulare Interessen als allgemeine erscheinen und den Erfahrungshorizont Öffentlichkeit maßgeblich konstituieren.[6] Öffentlichkeit ist somit durchzogen von den Verhältnissen, die die Gesellschaft (mit) bestimmen: vom Gegensatz der Klassen, vom heterosexuellen Geschlechterverhältnis und von Rassismus. Allerdings ist Öffentlichkeit kein monolithischer Block, sondern durchsetzt von „subalternen Gegenöffentlichkeiten"[7]. In diesen „diskursiven Arenen"[8] verhandeln „Mitglieder untergeordneter sozialer Gruppen"[9] ihre Interessen und Bedürfnisse und versuchen, ihnen Gehör zu verschaffen. So stellen Frauen Frauenöffentlichkeiten her, „jene Kommunikationsformen und Kommunikationsforen", in denen sie sich „über Verhaltensmuster und -vorstellungen"[10] austauschen und verständigen. „Im Zentrum von Frauenöffentlichkeit", so die Kommunikationswissenschaftlerin Elisabeth Klaus, „steht jener Austausch über typische Lebensprobleme und charakteristische Alltagserfahrungen, der einen normativen Inhalt aufweist."[11] Von dieser unterscheidet sie die feministische Öffentlichkeit, die sich im Interesse konstituiert, die hierarchischen Geschlechterverhältnisse anzugreifen und zu verändern. Für die Zeitschriften der Frauenbewegung stellt sich die Frage, wie sie sich zur dominanten Öffentlichkeit und zur Frauenöffentlichkeit verhalten und welche Rolle und Wirkmacht der Herstellung einer feministischen Öffentlichkeit beigemessen wird.

4 Ebd. 43–58; Lux 2017.

5 Kluge/Negt 1972, 18.

6 So erscheint das partikulare Interesse der Klasse, die sich auf Privateigentum gründet, als allgemeines. Ähnlich verhält es sich mit dem männlichen Subjekt, das als allgemein menschlich erscheint.

7 Fraser 2001, 129

8 Ebd.

9 Ebd.

10 Klaus 1994, 75.

11 Ebd.

Courage – Ort und Medium der Suche

Die meisten feministischen Zeitschriften vor 1976 haben nur geringe Auflagen und ihr Wirkungsbereich ist regional begrenzt. Einzig die Zirkulare der Frauenzentren werden überregional verbreitet, erfüllen aber eher die Aufgabe, Informationen weiterzugeben und die Frauenprojekte und -zentren zu vernetzen, als eigenständige Zeitschriften zu sein.[12] Das ändert sich mit der Gründung der Zeitschrift *Courage*. Das Ziel der Redaktion ist, eine überregionale feministische Monatszeitschrift zu etablieren, die nicht nur in Frauenbuchläden und -kneipen verkauft wird, sondern an jedem Provinzkiosk erhältlich sein soll.[13] Die Auflage von 5000 Stück im Juni 1976 wird aufgrund des Erfolgs bis Februar 1977 auf 35 000 erhöht und die Zeitschrift in der gesamten BRD verkauft. Sie besteht bis 1984 und wird aufgrund finanzieller Probleme und interner Konflikte eingestellt.[14] In der Redaktion arbeiten Frauen mit, die im Berliner Frauenzentrum und im Lesbischen Aktionszentrum beteiligt sind und sich zuvor in sozialistischen Gruppen organisiert haben, wie beispielsweise die Journalistin und Publizistin Sibylle Plogstedt und die ehemalige und erste weibliche Vorsitzende des Berliner Verbands des Sozialistischen Deutschen Studentenbunds, die Journalistin Sigrid Fronius. Manche von ihnen sind von Berufsverbot betroffen.[15] *Courage* begreift sich als linksfeministische Zeitschrift, die sich trotz des *gender troubles* innerhalb der Linken dieser zugehörig fühlt. In ihrer 1. Ausgabe stellt die Redaktion ihre Namensgeberin aus der Erzählung von Hans Jakob Christoffel von Grimmelshausen, Schriftsteller aus dem 17. Jahrhundert, vor. Anhand der Figur der Courage beschreibt die Redaktion in verdichteter Form ihr Bild von der Situation der Frau, aber auch ihre Eigenschaften, die zur Gegenwehr befähigen, und ihre Ziele.

> „Sie, die Betrogene, Bestohlene, Geschlagene, Vergewaltigte, setzt sich allerdings nicht mit denselben Mitteln zur Wehr. […] Lust und Witz prägen ihren Lebenskampf. Ihre Neugierde ist unendlich, hält sie am Leben. Ihr Blick macht Kleinigkeiten groß, Nebensächliches zur Hauptsache. Ihre Freiheit verteidigt sie mit allen Mitteln. Courage, die selbständig handelnde Frau. Nicht als ungebrochenes Idealbild, wohl aber: sich nicht mit den bestehenden Machtverhältnissen zufriedengeben."[16]

Trotz der Erniedrigung, die das Frausein bedeute, assoziiert das Editorial auch Freiheit, Handlungsfähigkeit, Selbständigkeit und die Verfügung über eine spezifische eigene Perspektive auf die Welt mit dem Frausein. Auch wenn das Editorial die Figur Courage nicht als „ungebrochenes Idealbild" entwerfen

12 Schulz 2002.
13 Notz 2007.
14 Ebd.
15 Schneegass 1993, 74–112.
16 Courage 1976b, 1.

will, wird doch deutlich, wie sich die Redaktion wünscht, dass Frauen seien. Selbstbild und Wunsch spiegeln sich ineinander.

Die Frauenbewegung fasst *Courage* nicht als eine einheitliche Bewegung mit einem klaren politischen Profil, sondern als Suchbewegung, zu der sie ihren Teil beitragen will.

> „Die Frauenbewegung ist kein Produkt irgendeiner Partei, sie ist eher spontan aus der Kritik an linken Gruppierungen entstanden. Sie hat keine einheitliche politische Ausrichtung, sondern besteht aus unterschiedlichen Gruppen."[17]

Auch *Courage* selbst habe „keine fertige ‚Linie'", mit der sie „die Bewegung konfrontieren"[18] wolle. Sie und die Frauenbewegung sind in der Suche nach einem politischen Willen und der Gewinnung von Macht begriffen. Ihre Aufgabe sieht die Zeitschrift darin, „in einem Gedankenaustausch zwischen Redaktion und Leserinnen" beizutragen, „schärfer zu fassen, was für uns Frauen wichtig ist und was wir politisch wollen, um gesellschaftliche Macht für Frauen durchzusetzen."[19] *Courage* versteht sich als „Sprachrohr"[20] und Medium der Frauenbewegung, will aber zugleich nicht nur innerhalb der Bewegung wirken. Ihr Ziel ist es, „eine Zeitung zu machen, in der Frauen sich anderen mitteilen können, und zwar auch jenen, die noch nicht aktiv in der Bewegung sind, aber doch ihre Situation ändern wollen"[21]. Dementsprechend will *Courage* auch Frauen erreichen, die sich bisher nicht als Teil der Frauenbewegung und als feministisch verstanden haben.[22] Als Mittel der Kommunikation und Auseinandersetzung innerhalb sowie als Instrument der Überzeugung und der Erweiterung der Bewegung befasst sie sich mit der Frage, welche *Form* sich die Artikulation eines feministischen Willens geben könne. *Courage* versteht sich als Kollektiv, dessen Arbeitsweise und Struktur hierarchielos sein soll. Um zu verhindern, dass „altbekannte Herrschaftsformen" „sich über arbeitsteilige Entscheidungsstrukturen"[23] einschleichen, soll jede der Mitarbeiterinnen jeden Arbeitsschritt – vom Schreiben eines Artikels bis zum Layout – übernehmen können. Die Arbeit wird als Lernprozess verstanden:

> „Auch die Fragen der internen Arbeitsteilung [...] spielen für uns eine wichtige Rolle. [...] Aus dem Anspruch der ‚Fachkompetenz' kann sich leicht eine Hierarchie herausbilden, an deren Spitze Aufgaben stehen, die

17 Courage 1976c, 1.
18 Ebd.
19 Ebd.
20 Thürmer-Rohr 2007, 57.
21 Courage 1976b, 1.
22 Notz 2007, 7–22.
23 Schöfthaler 1976, 35.

> Prestigebeladener [sic] sind als andere. [...] Wir versuchen, alle Arbeiten rotieren zu lassen. [...] Wir müssen alle alles lernen."[24]

Auch können Frauen, so die *Courage*-Autorin Ele Schöfthaler, „noch weniger als Männer ihre Arbeit selbst bestimmen"[25]. Daher versucht *Courage* innerhalb des eigenen Arbeits- und Wirkungsbereichs durch eine hierarchielose Zusammenarbeit die Identifikation mit dem Produkt der kollektiven Arbeit zu ermöglichen. Der Identifikation mit dem Produkt wird auch dann noch ein hoher Stellenwert beigemessen, als sich das Konzept der Rotation im Laufe der Zeit als impraktikabel und kräftezehrend erweist, sodass die Redaktion beschließt, die Arbeit in Bereiche und Zuständigkeiten einzuteilen.[26] Den Gedanken, auf der Mikroebene der eigenen Arbeit Veränderungen sowohl der einzelnen Individuen als auch der Arbeits- und Lebensbedingungen herzustellen, teilt *Courage* mit dem antiautoritären Flügel der außerparlamentarischen Linken.[27]

Selbstbestimmung ist für *Courage* ein kollektiver Lern-, Arbeits- und Suchprozess. Die Grundpfeiler der Redaktionsarbeit – selbstständig handeln, Gedanken austauschen und gemeinsam lernen – rücken das Subjekt und seine Selbstveränderung in den Mittelpunkt. Zudem ist die Praxis des feministischen Zeitschriftenmachens ein Prozess mit offenem Ausgang. Denn lernen und nach einer politischen Position suchen zielt auf noch unbekanntes Neues. *Courage* entwirft die Frauenbewegung als Ort der Selbstveränderung und der Entwicklung neuer, noch unbekannter Arbeits- und Lebensverhältnisse, im Zuge derer die Etablierung der feministischen Öffentlichkeit die Erprobung neuer Kommunikationsformen und -foren bedeutet. Ihrem Selbstverständnis entsprechend, Sprachrohr der Frauenbewegung zu sein, übernimmt *Courage* zudem eine Mitteilungsfunktion. Um die Frauenbewegung zu stärken und auszuweiten, will sie in die Frauenöffentlichkeit hineinwirken und Frauen feministisch politisieren.

Emma – *feministisches Medium gegen die „Männerpresse"*

Die 1. Ausgabe der *Emma* erscheint im Januar 1977 in einer Auflage von 200.000 Stück und ist als kommerzielles Unternehmen geplant, das, dementsprechend nach ökonomischen Kriterien organisiert, mit einer vierköpfigen Redaktion professionell ausgebildeter Journalistinnen – Christiane

24 Courage 1977, 1.

25 Schöfthaler 1976, 35.

26 Notz 2007, 7–22.

27 Auch andere Gruppen und Projekte, die sich der Selbstbestimmung verpflichtet fühlten, experimentierten Mitte der 1970er Jahre mit hierarchielosen Arbeitsweisen. Prominent ist das Beispiel des Merve-Verlags (Lowien 1977). Nach 1968 begannen Teile der antiautoritären Linken, die Möglichkeit gesellschaftsverändernder Praxis auf der Mikroebene des eigenen Arbeits- und Lebensbereichs anzusiedeln und in Projekten zu experimentieren. So sollte auch die Veränderung der eigenen Subjektivität erreicht werden.

Ensslin, Sabine Schruff, Angelika Wittlich und Alice Schwarzer als Chefredakteurin – geführt wird.[28] Als Journalistinnen haben die Gründerinnen von *Emma* jahrelange Erfahrungen in Zeitungsredaktionen, Fernseh- und Radiosendern gemacht. *Emma* ist für sie ein feministisches Medienprodukt, mit dem sie die männerdominierte Medienlandschaft aufmischen wollen. So hebt Alice Schwarzer im Editorial der 1. Ausgabe auf die mediale Öffentlichkeit der Bundesrepublik und die Stellung feministischer Positionen und Berichterstattungen ab.

> „Die existierende Presse ist eine Männerpresse. […] Weder über das, was Frauen wirklich angeht und bewegt, wird geschrieben […]; noch bekommen die Journalistinnen selbst ein Bein auf den Boden. […] Wie zum Hohn sind selbst die Chefredakteure der sogenannten Frauenblätter in der Bundesrepublik ausnahmslos männlich!"[29]

Ihre zwölfjährige Erfahrung habe ihr gezeigt, dass „Frauenprobleme […] totgeschwiegen" werden und es „immer noch leichter" sei, „über generell unbequeme und kritische Themen zu schreiben – wie zum Beispiel Arbeitskämpfe oder Repression – als über Männermacht und Frauenohnmacht."[30] Die Zeitschrift will feministische Themen in der Öffentlichkeit publik machen, über Frauen berichten und für Probleme von Frauen sensibilisieren. Sie verfolgt das Ziel, die Frauenbewegung zu öffnen und Frauen anzusprechen, die sich nicht als Teil eines linksfeministischen Spektrums begreifen.[31] So sieht *Emma* in allen Frauen ihre Zielgruppe:

> „Frauen schlechthin, vor allem die, die, so wie es läuft, nicht mehr mitmachen wollen, die sich sagen, irgendwie haut"s [sic] nicht mehr hin, ich fang an. [sic] sauer zu werden,"[32]

sollen die Leserinnenschaft bilden, so Alice Schwarzer im *Spiegel* im November 1976. *Emma* versteht sich als Vermittlerin und Vertreterin der Frauenbewegung in der Öffentlichkeit. Als feministische Zeitschrift vertrete sie die Ansicht, dass Frauen und Männer von Natur aus gleich seien, die Stellung der Frauen in der Gesellschaft aber ungleich schlechter sei. *Emma* werde „einen konsequenten Frauenstandpunkt einnehmen."[33] Sie habe zwar keine „Partei-Linie" und „kein Programm", allerdings eine „Zielvorstellung": „Nämlich mitzukämpfen gegen die Erniedrigung und Benachteiligung von Frauen und Unterdrückung überhaupt."[34] Als einzige der drei Zeitschriften existiert die Zeitschrift auch heute noch. Sie steht „in der Tradition eines egalitären

28 Kühte 2005, 119.
29 Schwarzer 1977, 3.
30 Ebd.
31 Schwarzer 1983.
32 Der Spiegel 1976, 219.
33 Schwarzer 1977, 3.
34 Ebd.

Denkens."[35] In ihren Anfängen versteht sich *Emma* als feministisches Medienprodukt, das sich aus der Frauenbewegung kommend in der breiten westdeutschen Medienlandschaft verortet.

Indem sie alle Frauen ansprechen will, fokussiert *Emma* auf die Frauenöffentlichkeit, versteht sich selbst allerdings als Teil der feministischen Öffentlichkeit. Zugleich will sie in die männerdominierte Öffentlichkeit intervenieren, feministische Themen publik machen, über Frauen berichten und für ihre Probleme sensibilisieren. Diese Intervention beruht auf der Einsicht, dass Themen, die hauptsächlich Frauen betreffen, aus der dominanten Öffentlichkeit bisher ausgeschlossen gewesen waren. *Emma* geht von der Erfahrung der Frauen – im speziellen Fall der Journalistinnen – aus, in der männerdominierten Berufs- und Lebenswelt ausgeschlossen zu sein. Mit ihrer Doppelstrategie der Intervention in die Frauenöffentlichkeit ebenso wie in die dominante Öffentlichkeit versteht sich *Emma* zur Zeit ihrer Gründung als Vermittlerin zwischen feministischer, Frauen- und männerdominierter Öffentlichkeit.

Die Schwarze Botin – *Analyse und Kritik*

Die Schwarze Botin sieht sich weder als Mitteilungsorgan der Frauenbewegung noch als feministische Stimme in der breiten Öffentlichkeit. Zwar ist auch sie dem Vorwort der 1. Ausgabe zufolge für Beiträge der Leserinnen offen, teilt aber mit, dass sie sich die Auswahl vorbehalten und „alles Gedruckte, Artikel und graphische Darstellungen, […] das Interesse der Herausgeberinnen"[36] widerspiegeln werde. Außerdem geht die Redaktion „von der Überzeugung aus, daß für die Existenz der schwarzen Botin [sic], sie selbst unentbehrlicher" sei, „als die, welche sie lesen"[37]. Einer der ersten Beiträge der *Schwarzen Botin* konterkariert damit den Zweck einer Zeitschrift, der öffentlichen Kommunikation mit den Leserinnen als einfaches Mittel zu dienen. Die Autorin stellt an die Leserinnen stattdessen die Forderung:

> „Diejenigen, welche meinen, daß die Schwarze Botin ohne Widersprüche sein müsse und, indem sie das Reale verfremdet, Beweise und Belege schuldig bleibe, müssen alte Les- und Denkkategorien abstreifen."[38]

Damit stellt die Zeitschrift auch klar, dass sie sich nicht als ein Organ der gemeinsamen Suche versteht, wie es *Courage* in ihrem Selbstverständnis beschreibt. Der Schwerpunkt der Zeitschrift werde auf „kritischen Analysen"[39] liegen und weniger auf der Mitteilung von Informationen aus der Frauenbewegung. Kritik und Analyse bedeutet für *Die Schwarze Botin*

35 Schulz 2002, 183.

36 Anonym/Goettle 1976b.

37 Ebd.

38 Ebd.

39 Die Schwarze Botin 1976, 9.

„alles, was an patriarchalischen Kulturleistungen vorhanden ist, in Frage zu stellen und zu zerstören, was für Frauen unbrauchbar ist."[40] Das Mittel der Kritik werde Satire sein – „als Technik der Entlarvung des falschen und schädlichen Denkens."[41] Die kritische Auseinandersetzung soll aber auch vor der Frauenbewegung nicht haltmachen, auch und gerade weil sich *Die Schwarze Botin* als Teil derselben versteht. In einer Anzeige, die in *Protokolle. Informationsdienst für Frauen* erscheint, beschreibt *Die Schwarze Botin* ihr Selbstverständnis:

> „Die schwarze Botin ist eine kritische feministische Zeitschrift. Redaktionell unabhängig von einzelnen Gruppen bezieht sie ihre Parteilichkeit auf die Frauen der Frauenbewegung. Diese Parteilichkeit ist die Basis einer kritischen Auseinandersetzung mit feministischer Theorie und Praxis einerseits und der Zerstörung patriarchalischen Selbstverständnisses andererseits."[42]

Parteilich für die Sache der Frauenbewegung und zugleich deren Selbstkritik zu sein, ist das Programm der Zeitschrift.

4.2 Öffentlichkeit und Gegenöffentlichkeit

Bevor die 1. Ausgabe der *Emma* im Februar 1977 erscheint, rufen *Die Schwarze Botin*, *Courage*, das *Lesbische Aktionszentrum* und andere Gruppen dazu auf, das Zeitschriftenprojekt *Emma* zu boykottieren und weder finanziell noch ideell zu unterstützen.[43] Schwarzer war in Verdacht geraten, sich zur Gallionsfigur der Frauenbewegung zu machen oder zumindest machen zu lassen.[44] Diese Tendenz der Öffentlichkeit, die Frauenbewegung mit der Person Alice Schwarzer zu identifizieren, wird als Vereinnahmung empfunden.[45] Darüber hinaus zieht Alice Schwarzer Ablehnung und Argwohn auf sich, als sie in Vorbereitung der 1. Ausgabe von *Emma* in Frauenzentren und -gruppen um ideelle und materielle Unterstützung bittet, es aber ablehnt, dass jene Einfluss auf die Zeitschrift haben sollten.[46] *Courage* kritisiert Schwarzers Ablehnung, weil *Emma* durch den hohen Bekanntheitsgrad von Alice Schwarzer die Macht habe,

> „die Darstellung der Frauenbewegung in der Öffentlichkeit maßgeblich zu beeinflussen, ohne daß bisher deutlich geworden wäre, wie die Frauenbewegung ihrerseits Einfluß auf ‚Emma' nehmen könnte"[47].

40 Die Schwarze Botin 1977c, 4.
41 Anonym/Goettle 1976b, 5.
42 Die Schwarze Botin 1976, 9.
43 Protokolle 1977a, 8f.
44 Schneider 2010, 66–71.
45 Protokolle 1977a, 9.
46 Ebd.
47 Courage 1976d, 42.

In *Courages* Äußerung schwingt nicht nur Skepsis gegenüber der Identifikation der Frauenbewegung mit Alice Schwarzers *Emma* mit. Vielmehr drückt sich hier ein grundlegendes Misstrauen gegenüber der dominanten Öffentlichkeit aus und damit auch gegenüber dem Plan der *Emma*, jene mitgestalten zu wollen. Alice Schwarzer hatte zudem das Angebot der *Courage*, in deren Redaktion mitzuarbeiten, nicht angenommen mit dem Argument, eine einzige überregionale Zeitschrift sei zu zentralistisch.[48] Die Unterstützerinnen des *Emma*-Projekts sehen in der Existenz von mehreren überregionalen Zeitschriften die Entfaltung der „Vielfalt der Ansätze in der Frauenbewegung"[49]. Hinter der Forderung, Frauenzentren oder -gruppen Einflussmöglichkeiten zu gewähren, vermuten die *Emma*-Sympathisantinnen den Wunsch nach einem übermächtigen „Zentralkomitee",[50] das alle, die sich zur Frauenbewegung zählen, kontrollieren solle. Das lehnen sie entschieden ab.[51] Alice Schwarzer spricht diese Vermutung im Gespräch mit dem *Spiegel* aus:

> „Wir informieren, wir stellen uns, wir wollen das Ding nicht stur durchziehen, aber wir öffnen doch nicht allen Tür und Tor, die eine andere Meinung haben."[52]

Es gebe verschiedene politische Strömungen innerhalb der Frauenbewegung, so Schwarzer, und an ihrer Person würden sie „besonders gern festgemacht"[53] werden. *Emma* tritt im Namen von Dezentralität und Pluralität auf. Nicht nur was sie und wie sie berichtet, soll allein der Redaktionsentscheidung unterliegen, sondern auch dass sie sich an die breite Öffentlichkeit wendet. Dem steht das Selbstverständnis der *Courage* entgegen, Ort feministischer Gegenöffentlichkeit zu sein, deren partizipative Praxis Einflussnahme und Kontrolle der Zeitschriften durch die Frauenbewegung einschließen soll. Die *Courage*-Redaktion schreibt:

> „Nicht weil wir keine professionellen Journalistinnen wären, wollen wir nicht alle Artikel selber schreiben, sondern weil wir uns zum Ziel gesetzt haben, einzelne Frauen und Frauengruppen zum Schreiben anzuregen und uns zukommen zu lassen. Es gibt keine formale Kontrolle von Seiten des Frauenzentrums oder des Lesbischen Aktionszentrums über die Redaktion. Das Redaktionskollektiv allein trägt die Verantwortung. Die Kontrolle liegt allein darin, ob es uns gelingt eine Zeitung zu machen, in der Frauen sich anderen mitteilen können, und zwar auch jenen, die noch nicht aktiv in der Bewegung sind, aber doch ihre Situation ändern wollen."[54]

48 Notz 2007, 7–22.
49 Bookhagen et. al. 1977, 55.
50 Ebd.
51 Ebd.
52 Der Spiegel 1976, 219.
53 Ebd.
54 Courage 1976b, 1.

Im Unterschied zu *Courage* orientiert sich *Emma* weniger an einer breiten, gleichberechtigten Partizipation vieler Frauen und der Übereinkunft zwischen der Zeitschrift und der Frauenbewegung. Implizit verhandeln die Zeitschriften, wie und auf welchen Ebenen die Veränderung der Gesellschaft vonstattengehen soll: Sollen Frauen Gesellschaft und Geschlechterverhältnisse durch die Etablierung anderer Arbeits-, Partizipations- und Kommunikationsformen verändern, die zunächst innerhalb der Frauenbewegung experimentiert und im Rahmen einer feministischen Öffentlichkeit diskutiert werden? Oder soll Veränderung durch die Pluralisierung der Bewegung sowohl hinsichtlich ihrer Inhalte als auch hinsichtlich der Strategien der Einflussnahme erreicht werden? Dass *Emma* in der dominanten Öffentlichkeit ein Agitationsfeld sieht, ist für *Courage* und *Schwarze Botin* Grund genug, sich von ihr abzugrenzen.

4.3 „Wir-Frauen" oder feministisches Bewusstsein? – Kritik der *Schwarzen Botin* an *Emma*

Die Schwarze Botin deutet den Versuch von *Emma*, auf dem außerfeministischen Zeitschriftenmarkt Fuß zu fassen und alle Frauen anzusprechen, als Absage an eine „politisch-feministische Position"[55]. Um ihren Zweck zu erreichen, so *Die Schwarze Botin,* verbreite *Emma* die bekannten Klischees über Frausein und Weiblichkeit und orientiere Inhalt und Sprache an „eine[r] möglichst breite[n] Verbraucherinnenschicht"[56]. Das habe zur Folge, dass „andere Projekte sich gezwungen fühlen werden, um überhaupt zu existieren, dieser vorgegeben ‚Qualität' ebenso zu entsprechen."[57] Auch das *Lesbische Aktionszentrum* teilt die Kritik, der Versuch von *Emma*, sich auf dem Zeitschriftenmarkt ökonomisch zu etablieren, führe zu Entpolitisierung und Integration der Frauenbewegung, zu ihrer inhaltlichen Verflachung und zur Verschleierung ihrer Ziele. So schreibt das Zentrum, an Alice Schwarzer gerichtet:

> „Indem Sie zugunsten steigender Verkaufsziffern Kompromisse machen werden, verschleiern Sie die Ziele der Frauenbewegung, entpolitisieren sie und machen Emanzipation salonfähig und integrierbar. Niemand wird sich verunsichert fühlen. Sie selbst waren es anscheinend nie. [...] ‚Emma' hat die Auswirkung einer Knochenerweichung der Frauenbewegung. Mit diesem Schrumpfwuchs, nach dem Motto ‚Emanzipation paßt in den kleinsten Haushalt', will die Frauenbewegung nichts zu tun haben. [...] Deshalb weigern wir uns, mit Ihnen identifiziert zu werden, lehnen es ab, Sie in irgend einer Weise zu unterstützen und schließen uns dem Boykottaufruf gegen ‚Emma' an."[58]

55 Anonym 1977b, 5.
56 Ebd.
57 Ebd.
58 LAZ 1976, 10.

Emmas Ziel, alle Frauen anzusprechen, verknüpfen ihre Kritikerinnen mit dem Schwarzer unterstellten Willen zu ökonomischem Erfolg. Unter dem provokanten Titel „Im Januar sollen 200.000 Frauen penetriert werden. Kleine Anmerkungen zu Alice Schwarzer", schreibt Gabriele Goettle in der *Schwarzen Botin*:

> „Was die Zielgruppe Frauen betrifft, so zweifeln wir zwar nicht an der Zurechnungsfähigkeit der rechnungsfähigen Frau S., sind aber doch seltsam berührt, daß die Nachfrage der Zielgruppe dem Angebot insofern nicht entspricht, als es sie gar nicht gibt."[59]

Und fährt weiter fort:

> „Der Jargon, dessen Frau S. sich befleißigt, ließ uns dann vermuten, es handle sich bei der Zielgruppe vorwiegend um Frauen der Leichtlohngruppen, Büro-Teilzeitkräfte, Stripteasetänzerinnen und verehelichte Hausangestellte. Da sie aber ausdrücklich betont, es handle sich um ‚Frauen schlechthin' sind wir zu der Überzeugung gekommen, daß Frau S. sich auf ihre natürliche Begabung zur Geschmeidigkeit verläßt und bestrebt sein wird, alle Frauen, seien sie nun in Leichtlohngruppen oder Befreiungsgruppen, gleichermaßen zufrieden zu stellen, was uns bei 200.000 Exemplaren Auflage auch unvermeidlich scheint."[60]

Es gebe also keine Nachfrage der „Frauen schlechthin"[61] nach *Emma*: Weder sie selbst, die Redakteurinnen der *Schwarzen Botin*, wären interessiert an dieser Zeitschrift, noch die Frauen, die bisher Frauenzeitschriften[62] gelesen hätten und denen eine „innere Stimme" „zuraunen" würde, dass die „Constanze […] doch scheenere Themas [sic] als ‚emma'"[63] habe. Die polemische Kritik an Alice Schwarzers Äußerung, „Frauen schlechthin" ansprechen zu wollen, fordert die Vorstellung heraus, Frausein reiche als Bestimmung der Leserinnenschaft einer feministischen Zeitschrift. Die Polemik richtet sich zwar hauptsächlich gegen Alice Schwarzer. Doch zugleich geht *Die Schwarze Botin* davon aus, dass sich die „Frauen der Leichtlohngruppen, Büro-Teilzeitkräfte, Stripteasetänzerinnen und verehelichte Hausangestellte"[64], auch

59 Anonym/Goettle 1976d, 36.

60 Ebd. 37.

61 Ebd.

62 Alle drei Zeitschriften grenzten sich von sogenannten Frauenzeitschriften ab, die in ihren Augen auf die Integration der Frauen in die gesellschaftlich sanktionierte Frauenrolle abzielten, beispielsweise durch Koch-, Diät-, Einrichtungs- und Schminktipps, und so die von der Frauenbewegung kritisierte Situation perpetuierten.

63 Anonym/Goettle 1976d, 36. Der Chefredakteur der Frauenzeitschriften *Constanze* war Hans Huffzky. Alice Schwarzer hatte sich im Zuge der Vorbereitungen auf *Emma* mit Hans Huffzky zu einem Beratungsgespräch getroffen, was heftige Kritik in der Frauenbewegung hervorgerufen hatte (Huffzky 1977). Die Nennung der Zeitschrift *Constanze* ist also eine explizite Spitze gegen Alice Schwarzer.

64 Anonym/Goettle 1976d, 36.

angesprochen fühlten vom „Jargon“ der *Emma* und die von der Unterhaltungsindustrie bereitgehaltenen Magazine wie *Constanze* konsumieren. Die Leserinnenschaft, die *Die Schwarze Botin* hingegen anvisiert, soll sich nicht mit Frauenmagazinen und dem „Jargon“ der *Emma* begnügen.

Allerdings liegt der Fokus der *Schwarzen Botin* nicht auf der Kritik der Frauen, die ihr Geld mit schlecht bezahlter Lohnarbeit verdienen oder ihre Zeit mit unbezahlter Hausarbeit fristen müssen. Vielmehr steckt in der Formulierung, in der sich ein Funke Überheblichkeit gegenüber den „Frauen in Leichtlohngruppen“ ausdrückt, auch eine Kritik an der Normalität der Gesellschaft und der Begrenztheit der Möglichkeiten gerade für Frauen. Diese gesellschaftliche Wirklichkeit mit einem tradierte Geschlechterbilder perpetuierenden Angebot zu bedienen, darin liegt für *Die Schwarze Botin* die Verächtlichkeit der *Emma* – verächtlich im doppelten Sinne des Wortes: Verachtenswert, weil sie selbst ihre Zielgruppe verachtet, indem sie diese in ihrer begrenzten gesellschaftlichen Existenzweise weitgehend bestätigt. Zu diesem Urteil kommen die Boykotteurinnen, noch bevor die 1. Ausgabe der *Emma* erscheint und der erste Text der Zeitschrift gelesen ist.

In dem „Artikel Einige Anmerkungen zur Konkurrenz“, der sich implizit auf den Streit um *Emma* bezieht, schreibt die anonyme Autorin der *Schwarzen Botin* über das Verhältnis der Zeitschrift zu ihren Leserinnen:

> „Ich verstehe die Frauenbewegung als eine politische Bewegung, d. h. die Leserinnen und die Produzentinnen der Zeitung, des Buches usw. muß ein gemeinsames Interesse verbinden.“[65]

Das *Interesse,* das Leserin und Produzentin verbinden soll, bestehe in Autonomie – verstanden als Autarkie und Verweigerung:

> „Je mehr autonome Projekte entstehen, desto besser ist die Bedingung der einzelnen Frau, sich aus Eheverhältnissen oder sonstigen Koexistenzen mit Männern herauszuziehen. Die Macht der Frauen lässt sich nicht wie männliche Stärke anwenden, sondern durch die totale Absage und den totalen Entzug. Die rein materielle und unerläßliche Bedingung zur Machterzeugung, ist die Bereitung einer, soweit es möglich ist, autonomen ökonomischen Basis.“[66]

Nicht „Frauen schlechthin“, sondern die Frauen, die ein feministisches Interesse teilen, sollen das Subjekt einer radikalen Frauenbewegung sein. In den Augen der *Schwarzen Botin* sind das die Frauen, die den Willen zum Ausbruch aus der „selbstverschuldeten Unmündigkeit“[67] und zum Bruch sowohl mit herrschenden Denkkategorien als auch mit weit verbreiteten Lebensweisen aufbringen. *Die Schwarze Botin* verknüpft ihre Vorstellung von Separatismus, Autarkie und Verweigerung mit avantgardistischen Vorstellungen, was das

65 Anonym 1977b, 4.

66 Ebd. 4f.

67 Die Schwarze Botin 1976a, 3.

Subjekt der Bewegung betrifft. Dieser intellektuelle Avantgardismus bricht mit dem Common Sense des egalitären „Wir-Frauen" von *Emma* und *Courage*.

4.4 Die Sprache der Kritik – Der Konflikt zwischen *Courage* und *Schwarzer Botin*

Auch *Courage* teilt die Sorge, *Emma* könne einen „Qualitätsverlust"[68] mit sich bringen. In der Rezension zur 1. Ausgabe der *Emma* befürchtet die *Courage*-Autorin Verena Schuster, dass jene zu Plattheit und Verflachung neigen könne. Zwar seien einige Artikel gut recherchiert und durchaus lesenswert, doch würden die Themen

> „‚locker' verpackt nach bekanntem Muster – nur schlechter. EMMA's ‚Seite für Mädchen' zum Beispiel. Dieses Maß an Albernheit wollte ich zunächst schier nicht für möglich halten; die Modeseite ist von gequälter Originalität; [...] Und auf der letzten Seite 63 wird Frauen dann endlich noch an Hand von Schaubildern erklärt, wie sie einen verstopften Abfluß wieder flott bekommen können. ‚Selbst ist die Frau' steht darüber und ich frage mich, wofür die Herausgeberin uns eigentlich hält?"[69]

Überschneidet sich die Kritik von *Courage* und *Schwarzer Botin* an *Emma* zunächst in diesem Punkt, so werden im Frühjahr 1977 die Unterschiede wischen ihnen deutlich. Der Konflikt kreist nun um die Frage, wie kritisches Denken aufzutreten habe. Nach Erscheinen der 1. Ausgabe der *Schwarzen Botin* veröffentlicht *Courage* die Rezension „Warum ist das Banale krumm? Die Schwarze Botin", verfasst von der Germanistin Irmela von der Lühe. Die Autorin konstatiert, dass sich „keine Zeitung der Frauenbewegung [...] ein so radikales Programm der Kritik an der Frauenbewegung gesetzt"[70] habe. Diese Kritik fordere sie allerdings „zu einer Kritik an der Kritik"[71] heraus. Nach der Lektüre der 1. Ausgabe der *Schwarzen Botin* habe man den Eindruck, das „hervorstechende Merkmal der Frauenbewegung" sei ausschließlich „Gefühlsduselei".[72] Die Rezensentin teile zwar die Kritik an den Tendenzen der Frauenbewegung, sich in eine „Gemeinsamkeitsidylle"[73] zu retten und im Namen einer „neuen Weiblichkeit"[74] Widersprüche innerhalb der Frauenbewegung zu übergehen. *Die Schwarze Botin* allerdings mache es sich zu einfach und nicht die Mühe, die Bewegung differenziert zu betrachten. Ihr Urteil ignoriere, welche Tendenzen es noch gebe in der Frauenbewegung: den Kampf gegen den Paragrafen 218, den Aufbau von Frauenhäusern, die Arbeit in Be-

68 Schuster 1977, 45.
69 Ebd.
70 von der Lühe 1976, 53.
71 Ebd.
72 Ebd.
73 Ebd.
74 Ebd.

ratungsstellen. Das „kritische und unversöhnliche Denken“[75], dem sich *Die Schwarze Botin* verpflichtet fühle und das sie fordere, bleibe schematisch und ungenau. Irmela von der Lühe argumentiert:

> „Wer die Aktivitäten und Diskussionen der Frauenbewegung derart auf Alternativen verkürzt, setzt selber fort, was er anklagt: banales Denken. Das Urteil der ‚Schwarzen Botin‘ über die Frauenbewegung ist banal, weil undifferenziert; es dokumentiert Spaß an der Polemik, mehr nicht.“[76]

Nicht nur verfehle dieses Denken seinen Gegenstand, aufgrund von „Arroganz und Überheblichkeit“[77] bleibe es unverständlich, da es sich nicht die Mühe mache, sich anderen mitzuteilen. Unverständlichkeit und Mangel an Vermittlung seien aber die Kennzeichen des „Universitäts- und Wissenschaftsbetriebs“ und des „bürgerlich-patriarchalischen Denken[s]“, das „sich nur allzu leicht als Unterdrückung und Einschüchterung“[78] entpuppe. *Die*

Schwarze Botin verfehle ihren eigenen Anspruch:

> „[R]adikales und unversöhnliches Denken beginnt da, wo es sich weigert, Leistungsängste und Minderwertigkeitsgefühle auszulösen, und wo es den Zusammenhang von Intellektualität und Überheblichkeit aufbricht. Soweit [sic] aber haben die Botschafterinnen der Kompromißlosigkeit wohl noch nicht gedacht; stattdessen versöhnen sie sich und schließen Kompromiß mit den bekannten Formen des Bluffs.“[79]

Die Rezension in *Courage* trifft *Die Schwarze Botin* in ihrem Selbstverständnis, das Organ des kritischen, unversöhnlichen Denkens zu sein. Unversöhnlich will *Die Schwarze Botin* mit der Allgemeinverständlichkeit sein, denn in ihr wird die Versöhnung mit den bestehenden gesellschaftlichen Formen des Denkens entdeckt. Nun wird ihr vorgeworfen, dass ihre Unversöhnlichkeit nur eine scheinbare sei und der Perpetuierung von Herrschaft diene. Scharfzüngig antwortet *Die Schwarze Botin*, arrogant und frech sei nicht die Weigerung, allgemein verständlich zu sein, sondern die Anmaßung der *Courage* „ihren angeblich empfindlichen Leserinnen geistige Schonkost zu verordnen“[80]. Mit „frauenspezifischem Zuschneiden von Inhalten zu leicht verständlichen Artikelchen“ seien „keine Bewußtseinsprozesse zu erreichen.“[81] Form und Sprache der Artikel an der Vorstellung auszurichten, welche die Autorin von der Rezipientin habe, wies Gabriele Goettle in dem namentlich nicht gezeichneten Artikel „Daß schädlich auch ein Denken ist, das sich aus der Reflektion ausnimmt“ als Zumutung zurück:

75 Ebd.
76 Ebd.
77 Ebd.
78 Ebd.
79 Ebd. 54.
80 Anonym/Goettle 1977b, 39.
81 Ebd. 40.

„Texte, die sich direkt an mich richten in der Vermutung, die richtige Sprache, die entsprechende Einfachheit für mich und tausende gefunden zu haben, empfinde ich und tausend andere als aufdringliche Zumutung, sie sind ärgerlich und überflüssig."[82]

Das Zuschneiden des Inhalts und die Ausrichtung der Sprache an den unterstellten Potenzialen der vorgestellten Leserin kappe die Lust und Freude, die Denken, Lesen und Schreiben bringe, und opfere sie der Mitteilbarkeit und Verständlichkeit.[83] Unterstützung erhält *Die Schwarze Botin* durch einen Leserinnenbrief der Literaturwissenschaftlerin Silvia Bovenschen. Sie kritisiert, dass die Fokussierung von der Lühes auf Mitteilung und Verständlichkeit die Frauenbewegung zu einer didaktischen Angelegenheit machen würde:

„Der Tenor der Kritik [von von der Lühe, K. L.]: Wir gelehrten Frauen müssen doch darauf achten, daß wir unsere Ansichten wohldosiert, vorsichtig und keinesfalls polemisch unter das weibliche Fußvolk streuen. Es wäre einmal eine Untersuchung wert, wieviel Verachtung sich hinter diesen Formen der Anbiederung verbirgt. Die Frauenbewegung wird diesem Denken zu einem gigantischen therapeutisch-didaktischen Feld."[84]

Bovenschens Einwurf erscheint allerdings nicht in der *Schwarzen Botin*, sondern in *Courage*. Sie ist es, die der Kritik und dem Konflikt den Raum in ihrer Zeitschrift einräumt.

Courage betont das gemeinsame Lernen, Suchen und Mitteilen. Die Zeitschrift will ein Ort des öffentlichen Sprechens der Frauen miteinander sein – eines Sprechens, das für alle Frauen – egal ob sie „in der Bewegung aktiv" sind oder nicht – verständlich sein soll. *Die Schwarze Botin* hingegen macht sich das Aufbrechen und das Überschreiten alter „Lese- und Denkkategorien"[85], die selbst noch die Spuren des androzentrischen Geschlechterverhältnisses tragen, zur Aufgabe. Im Vorwort ihrer 1. Ausgabe vermutet sie, dass das Überschreiten des Alten, Bekannten, Immergleichen und daher für alle Verständlichen, hin zu einem noch unbekannten Neuen möglicherweise schwer verstehbar sein werde: „Die Schwarze Botin wird vielleicht anfänglich schwer zu verstehen sein, aber noch schwerer mißzuverstehen".[86] Die Befreiung der Frauen knüpft sie an die Aneignung und Entwicklung intellektueller Potenziale und Potenz. Dieses Programm formuliert sie als provokative Herausforderung an die Frauenbewegung. Die Auseinandersetzung zwischen *Courage* und *Schwarzer Botin* macht die Uneinigkeit deutlich, die hinsichtlich der Frage besteht, in welcher Art und Weise feministische Theoriebildung entwickelt, wie Bewusstsein und Wis-

82 Ebd.

83 Ebd.

84 Bovenschen 1977, 59.

85 Anonym/Goettle 1976b, 5.

86 Ebd.

sen vermittelt werden sollen, um dem Anspruch nach Freiheit und Selbstbestimmung zu genügen.

4.5 Zwischenresümee

Emma und *Courage* teilen die Vorstellung der Leserinnenschaft ihrer Zeitschriften: „Alle" Frauen sollen angesprochen werden. Doch während *Courage* noch nicht politisierte Frauen auf der Basis von Selbstorganisation, Kollektivität und Partizipation in die feministische Bewegung integrieren will, geht es *Emma* um die Platzierung feministischer Themen im Diskurs der dominanten Öffentlichkeit und um die Bereitstellung einer feministischen Zeitschrift auf dem Zeitschriftenmarkt. Ihrem Selbstverständnis als Vermittlerin zwischen feministischer, Frauen- und männerdominierter Öffentlichkeit entsprechend, ist es für sie durchaus eine politische Option, innerhalb der breiten westdeutschen

Medienlandschaft auf Veränderung und Transformation zu pochen. Für *Die Schwarze Botin* bedeutet *Emmas* Position, bereit zu sein, Kompromisse mit einer Gesellschaft schließen, die nichts als die „schöne Harmonie zwischen hemmungsloser Ausbeutung und Abfallkultur"[87] darstellt. In der kapitalistischen, androzentrischen Gesellschaft und ihrer dominanten Öffentlichkeit wie auch in ihrer Frauenöffentlichkeit sieht *Die Schwarze Botin* keine Anknüpfungspunkte für eine feministische Umwälzung. Auch die Versuche feministischer Theorie und Praxis unterzieht sie der Kritik, sind doch auch sie Resultate ebendieser Gesellschaft.

Mit *Emma* teilt *Die Schwarze Botin* weder die Vorstellung des feministischen Subjekts der Frauenbewegung noch die Strategie, in der Öffentlichkeit zu wirken. Sprache und Stil der *Emma* setzt sie gleich mit dem Verlust von Radikalität. *Emma* fühlt sich von der Polemik der *Schwarzen Botin* nicht herausgefordert – ihr ist der Streit nur eine Randnotiz wert in ihrer Rückschau zur Neuen Frauenbewegung, die 1981 erscheint.[88] Eine Provokation stellt das Auftreten und die Kritik der *Schwarzen Botin* allerdings für die dar, die ihr nahe steht – für *Courage*. Sie teilt einerseits mit der *Schwarzen Botin* den Gedanken einer feministischen Gegenöffentlichkeit, andererseits mit *Emma* die Zielgruppe und die Vorstellung des „Wir-Frauen" der Frauenbewegung. Diesem „Wir" verweigert sich *Die Schwarze Botin* im Konflikt mit *Courage*. Dennoch bildet auch für sie die feministische Öffentlichkeit ihren Bezugspunkt – im Modus negativer Kritik: Während *Courage* Veränderung durch gemeinsame Lernprozesse, Mitteilbarkeit und Austausch erreichen will, also eine positiv bestimmbare Praxis vorschlägt, fungiert die Kritik der *Schwarzen Botin* als kritisches Korrektiv. Sie benennt, welche Vorstellungen und Praxen dem Feminismus und der Frauenbewegung ihrer Ansicht nach *nicht* dienen. *Die Schwarze Botin* befindet sich damit in einer Abgrenzungsbewegung zur

87 Anonym 1977b, 3.
88 Schwarzer 1981, 35–43.

Frauenbewegung, insofern diese sich positiv auf durchschnittliche Lebensentwürfe bezieht und allgemeinverständlich sein will. Insofern bleibt sie trotz aller Kritik auf die Frauenbewegung bezogen und benötigt sie, ihre Theorie und Praxis, um ihre Kritik zu entwickeln.

Die Auseinandersetzung zwischen *Courage* und *Schwarzer Botin* wird überlagert von einem Boykottaufruf gegen letztere, der unter anderem vom *Kommunistischen Bund* ausgeht. Ihm geht eine Diskussion innerhalb der Frauenbewegung über deren Positionierung zur Neuen Linken voraus, in der sich auch Brigitte Classen und Gabriele Goettle zu Wort melden.

5. Der Konflikt der *Schwarzen Botin* mit dem Kommunistischen Bund

Kritisiert *Courage*, *Die Schwarze Botin* sei überheblich und arrogant, so verschärft der Kommunistische Bund (KB) die Vorwürfe gegen die Zeitschrift: Ihr Denken sei faschistoid und ihr Ziel sei es, Männer auszurotten.[1] In der Rubrik „Frauen“ publiziert die Zeitung *Arbeiterkampf* (*AK*), die der KB herausgibt, am 24. Januar 1977 den Artikel „Im Gruselkabinett der Frau

Doktor Mabuse. Zur Auseinandersetzung mit der Frauenzeitschrift Schwarze Botin“. Er ist von zwei namentlich nicht genannten Mitgliedern des KB verfasst und endet mit dem Aufruf zum Boykott der *Schwarzen Botin* und der Aufforderung „[d]iesem faschistoiden Spuk [...] ein Ende zu bereiten“[2]. Die Forderung nach einem Boykott der Zeitschrift wird auch in der Frauenbewegung diskutiert, nicht aber durchgesetzt. *Die Schwarze Botin* verteidigt sich. In der ersten Hälfte des Jahres 1977 entspinnt sich so eine Auseinandersetzung über die Zusammenarbeit zwischen der autonomen Frauenbewegung mit Frauen aus den K-Gruppen, die mit Ausschlüssen der sogenannten K-Frauen aus den Entscheidungsgremien der Frauenzentren – beispielsweise in Berlin, Bochum, Hamburg, Osnabrück – endet.[3]

Im Streit zwischen den feministischen Zeitschriften war der *Schwarzen Botin* elitäres Verhalten vorgeworfen worden. In der Auseinandersetzung mit dem Kommunistischen Bund ist es nun *Die Schwarze Botin*, die den Avantgardeanspruch der K-Gruppen als Selbstmissverständnis und Selbsttäuschung kritisiert. Im Konflikt mit der K-Gruppen-Linken ist der durchweg positive Bezug der *Schwarzen Botin* auf die autonome Frauenbewegung und deren Autonomieverständnis auffallend. Sie teilt mit ihr den radikalfeministischen Separatismus. So bewegt sich *Die Schwarze Botin* zwischen Elitismus(-vorwürfen), Avantgardismus(-anspruch und -kritik) und Separatismus(-ansprüchen). Die Gemeinsamkeit des Avantgardismus- und des Separatismusanspruchs ist wohl, Störungen zu provozieren und Unruhe zu stiften.

Zugleich zeigt sich in der scharfen Kritik der *Schwarzen Botin* an den maoistischen K-Gruppen eine gewichtige Schwerpunktsetzung in ihrem Verständnis von Autonomie: Autonomie ist intellektuelle Autonomie und feministisches Bewusstsein Bedingung eines feministischen Subjekts. *Die*

1 Eine Genossin und ein Genosse des KB/Gruppe Hamburg 1977, 29.

2 Ebd.

3 Steffen 2002, 204.

Schwarze Botin spricht hier, wie schon in der Auseinandersetzung mit *Courage*, von Bewusstsein, womit die Frage im Raum steht, wodurch feministisches Bewusstsein entstehen und worin es bestehen könne. Der Begriff des Bewusstseins, der hier eine Nähe zur Linken aufweist, da er in den Diskussionen der 1970er Jahre aus der marxistischen Sprache entnommen wird, verliert sich später im Kritikprogramm der Zeitschrift. An seine Stelle werden Texte treten, die eher als Kritik der Wissensproduktionen und deren Verknüpfung mit Geschlechterordnungen zu fassen sind. Damit verschiebt sich der Fokus des Kritikprogramms der *Schwarzen Botin*, das sich – dem allgemeinen Trend der 1970er und 1980er Jahre folgend – immer weniger an den Diskussionen einer Linken um Marxismus, an historischem Materialismus oder Kritischer Theorie orientiert, sondern an poststrukturalistischem Denken der Wissens- und Bedeutungsproduktion.

5.1 Der Kommunistische Bund (KB) und der Arbeiterkampf

Der KB ist Teil der marxistisch-leninistischen Bewegung (ML-Bewegung), die eine Strömung innerhalb der Linken in der Bundesrepublik der 1970er Jahre ist.[4] Die organisatorischen und ideologischen Zentren der Bewegung sind kommunistische Gruppen, die K-Gruppen.[5] Auch die ML-Bewegung hatte ihre Wurzeln in der außerparlamentarischen Opposition, die ihren organisatorischen Höhepunkt in den Jahren 1967 und 1968 im SDS hat und sich danach in betriebliche und stadtteilorientierte Basisgruppen, antiautoritären Spontaneismus, Frauenbewegung und eben die K-Gruppen aufsplittert. Die Erfahrung der Isolation der studentischen Linken ebenso wie der Streikwelle Ende der 1960er und Anfang der 1970er Jahre bewegt die außerparlamentarische Linke zur Neuorientierung. War der SDS vor 1967 davon ausgegangen, dass von den Lohnabhängigen in der postnazistischen BRD keine revolutionäre Umwälzung zu erwarten sei, so stellen die Streiks in der Metallindustrie und im Bergbau zwischen 1967 und 1973 diese Annahme ganz praktisch infrage. Teile der Linken versuchen, Betriebsgruppen zur Zusammenarbeit mit nichtstudentischen Lohnabhängigen aufzubauen, die dem antiautoritären Konzept einer dezentralen, nichthierarchischen Praxis der Basisorganisierung treu bleiben. Auch die K-Gruppen verfolgen das Ziel, aus der Isolation auszubrechen und im Zuge der „‚proletarischen Wende'"[6] der studentischen Linken mit Lohnabhängigen zusammenzuarbeiten. Im Unterschied zu den Betriebsgruppen, ebenso wie zu Spontis und der Frauenbewegung, vertreten die K-Gruppen allerdings „maois-

4 Zur Bestimmung der marxistisch-leninistischen Bewegung und deren objektive Zugehörigkeit zur Neuen Linken bei gleichzeitiger subjektiver Abgrenzung von derselben siehe Steffen 2002.

5 Ebd. 36f.

6 Ebd. 32.

tisch reformulierte“[7], an der leninistischen Avantgardepartei ausgerichtete „Organisations- und Strategiekonzepte“[8]. Es handelt sich demnach um zentralistisch organisierte Gruppen, die sich, am Maoismus und an der Kommunistischen Partei Chinas orientiert, als Avantgarde des Proletariats verstehen und von ihren Mitgliedern theoretische Schulung und verbindliche, aktive Mitarbeit in Betriebszellen erwarten. Die Mitglieder rekrutieren sich größtenteils – aber nicht ausschließlich – aus der intellektuellen Mittelschicht.[9] Zählte ein Großteil der Mitglieder der K-Gruppen selbst bis Ende der 1960er zur antiautoritären Strömung, so grenzt sie sich nun von Positionen der Studentinnenbewegung ab.[10] Letztere war in ihrer Theoriearbeit stark vom Westlichen Marxismus,[11] dessen Subjekt- und Entfremdungskritik, ebenso wie von Herbert Marcuse und dessen Randgruppentheorie geprägt. Anders als Marcuse, der in den marginalisierten, nichtintegrierten gesellschaftlichen Randgruppen – Jugendliche, Migranten, Frauen, Arbeitslose – das Subjekt der Revolution ausmacht,[12] identifizieren die K-Gruppen das Proletariat als revolutionäres Subjekt im Kampf gegen die kapitalistische Ausbeutung. Die marxistisch korrekte Analyse, dass die Lohnabhängigen den Reichtum kapitalistischer Gesellschaft und zugleich ihren eigenen Ausschluss von diesem Reichtum produzieren und aufgrund die-

7 Steffen 2002, 18; Wemheuer 2008, 14–19.

8 Steffen 2002, 18.

9 Ebd. 15–20. Die K-Gruppen unterschieden sich hinsichtlich ihres Selbstverständnisses. Einige, wie die Kommunistische Partei Deutschlands/Marxisten-Leninisten (KPD/ML) und die Kommunistische Partei Deutschlands (Aufbauorganisation) (KPD/AO), verstanden sich als die Reinkarnation der Kommunistischen Partei Deutschlands (KPD) der Weimarer Republik, während die „Bünde“ wie der Kommunistische Bund Westdeutschland (KBW) oder der Kommunistische Bund (KB) sich selbst als Aufbau- und Vorfeldorganisationen verstanden, deren perspektivisches Ziel der Aufbau einer kommunistischen Avantgardepartei war. Zu den Mitgliedern der K-Gruppen zählten auch Kader der in der BRD 1956 verbotenen Kommunistischen Partei Deutschlands; Steffen 2002, 33, 38ff. Die Betriebszellen waren Untergruppen auf Betriebsebene; ebd. 79.

10 Vgl. ebd. 17.

11 Anderson 1987.

12 Marcuse schreibt in *Der eindimensionale Mensch*: „Unter der konservativen Volksbasis befindet sich jedoch das Substrat der Geächteten und Außenseiter: die Ausgebeuteten und Verfolgten anderer Rassen und anderer Farben, die Arbeitslosen und die Arbeitsunfähigen. Sie existieren außerhalb des demokratischen Prozesses; ihr Leben bedarf am unmittelbarsten und realsten der Abschaffung unerträglicher Verhältnisse und Institutionen. Damit ist ihre Opposition revolutionär, wenn auch nicht ihr Bewußtsein. Ihre Opposition trifft das System von außen und wird deshalb nicht durch das System abgelenkt.“ Marcuse 1971, 267. Die Differenz zwischen objektiver Nichtintegration und Ausschluss einerseits und subjektivem Bewusstsein andererseits, wie sie Marcuse hier feststellt, brachte die Linke dazu mit Fürsorgezöglingen oder Gefangenen zusammenzuarbeiten.

ser Stellung im Produktionsprozess das Subjekt einer kommunistischen Umwälzung sind, wird in den K-Gruppen allerdings von kulturellen, projektiven Bildern des Proletariats überlagert.[13] Der Avantgardegedanke täuscht über die tatsächliche Isoliertheit der Linken ebenso hinweg, wie er die Unangemessenheit ihrer Bildwelten verdeckt.[14] Anfang der 1970er Jahre ist die ML-Bewegung eine „Massenbewegung", die „zur hegemonialen Kraft innerhalb der Neuen Linken"[15] geworden ist.

Der KB entsteht 1970/71 in Hamburg aus dem Sozialistischen Arbeiter- und Lehrlingszentrum (SALZ) und dem Kommunistischen Arbeiterbund (KAB) und wirkt hauptsächlich in Norddeutschland. Im Unterschied zu anderen K-Gruppen verfolgt der KB zeit seines Bestehens die Strategie der Bündnispolitik und kooperiert auch mit „nicht-kommunistischen Organisationen und Initiativen"[16]. So arbeiten einerseits Frauen aus dem KB in den Frauenzentren unterschiedlicher Städte mit, andererseits aber verfolgt der Bund bis 1977 einen „scharf geführte[n] ‚ideologische[n] Kampf' gegen die autonome Frauenbewegung"[17], wobei er sich „in seiner Kritik ‚der' autonomen Frauenbewegung in besonderer Weise" auf die „Westberliner Lesbengruppe Schwarze Botin [...] eingeschossen"[18] habe. Vor allem die Autonomiebestrebungen und der Ausschluss der Männer aus Frauengruppen wird angegriffen, aber auch die Praxis der Bewegung. Die Selbsterfahrungsgruppen werden der Huldigung eines puren Subjektivismus verdächtigt und der selbstorganisierte Aufbau von Frauenhäusern wird als Unterstützung des Staates durch die Übernahme der Sozialarbeit gebrandmarkt. Zwar ändert der KB seine Haltung zur Frage selbstorganisierter Frauenhäuser schnell wieder, da er diese Praxis mit seiner Praxisvorstellung des Klassenkampfes vereinigen kann, doch seine generelle Haltung bleibt zunächst gleich. So ist die überregionale Walpurgisnachtdemonstration 1977, zu der verschiedene Frauengruppen unter dem Motto „Wir erobern uns die Nacht zurück" aufrufen und die eine Demonstration gegen Vergewaltigung ist,[19] dem KB zu bunt. Das Problem der Vergewaltigung

13 Kühn 2005, 78; Steffen 2002, 39.

14 Kühn 2005, 125; Steffen 2002, 38f. Im Jahr 1977 erscheint im Rotbuchverlag das schmale Bändchen *Wir warn die stärkste der Partein... Erfahrungsberichte aus der Welt der K-Gruppen*, in dem ehemalige Mitglieder der K-Gruppen (KPD und KBW) anonym von ihren persönlich teils schmerzhaften Erfahrungen berichten und die politische Programmatik der Gruppen auswerten.

15 Steffen 2002, 23.

16 Ebd. 28f. „Im Gegensatz zu anderen K-Gruppen, für die alleine die Frage nach der Bündelung aller ‚wahrhaften Marxisten-Leninisten' und die Gegnerschaft zum ‚Revisionismus' entscheidend waren, vertrat der Hamburger Bund einen ideologisch offeneren und auf ein breites Spektrum zielenden Ansatz." Ebd. 115.

17 Ebd. 195.

18 Ebd. 204.

19 Karcher 2018, 148–151; Zellmer 2011, 233f.

sei falsch analysiert: Der Auftritt der Frauen mit Geschrei, Gejohle und Spaß sei unpolitisch gewesen und außerdem lägen sie falsch damit, die Männer zu beschuldigen, Frauen zu vergewaltigen, und nicht den Kapitalismus und den Staat dafür anzugreifen. Überhaupt mache die Frauenbewegung einen „Nebenwiderspruch" zum „Hauptwiderspruch".[20] Noch im Laufe des Jahres 1977 kommt die Zusammenarbeit des KBs mit der autonomen Frauenbewegung zum Erliegen. So beschließt das Frauenzentrum Berlin den Ausschluss der Frauen, die im KB organisiert sind, aus ihrem Plenum:

> „Das Gesamtplenum des Berliner Frauenzentrums hat beschlossen, daß Frauen des KB nicht an Sitzungen des FZ teilnehmen dürfen, daß prinzipiell keine Aktionseinheit mit dem KB mehr eingegangen wird und daß Anträge des KB – auch wenn sie schriftlich eingereicht werden – nicht behandelt werden."[21]

Die Frauenzentren kritisieren, der KB versuche, die Frauenbewegung zu instrumentalisieren und zu indoktrinieren.[22] Nach dem Bruch beginnt 1978/79 eine Neuausrichtung der „Frauenpolitik" des KB.[23] So gründen die Frauen eigene Frauenzellen,[24] es werden Schwulen- und Lesbenarbeitsgruppen etabliert, Kindererziehung diskutiert und auch über die Gewalt der Genossen gegen Genossinnen im Privaten wird nicht länger geschwiegen. Im Jahr 1990 löst sich der KB auf.[25]

20 Steffen 2002, 202ff. Die Begriffe „Hauptwiderspruch" und „Nebenwiderspruch" stammen aus der Terminologie des Leninismus, die von der ML-Bewegung übernommen wurde. Anwendung finden die Begriffe vor allem in ökonomistischen Theorien. In diesen wird als Hauptwiderspruch der Widerspruch zwischen Kapital und Lohnarbeit, also der Klassenantagonismus zwischen Proletariat und Kapitaleignern bezeichnet. Der Begriff „Hauptwiderspruch" meint, dass alle anderen „Widersprüche" der Gesellschaft sich aus der Logik des Hauptwiderspruchs ergeben und diesen zu ihrer Voraussetzung haben. Diese Theorien verkürzen meines Erachtens die gesellschaftliche Totalität auf den Komplex der Ökonomie und glauben dann, mithilfe der Kritik der politischen Ökonomie alle gesellschaftlichen Probleme lösen zu können. Es handelt sich also um eine ökonomistische Verkürzung des historischen Materialismus. Bezogen auf das Geschlechterverhältnis vertrat der KB also die Ansicht, dass sich das Problem der Frauenunterdrückung und -ausbeutung durch eine kommunistische soziale Revolution, die den Klassengegensatz auflöst, erledigen werde. Dem widersprach die autonome Frauenbewegung.

21 Courage 1977b, 48.

22 Steffen 2002, 204.

23 Aus dem Umfeld der K-Gruppen kamen die autobiografischen Berichte der Autorinnen Svende Merian (*Der Tod des Märchenprinzen*, 1980) in der BRD und Anja Meulenbelt (*Die Scham ist vorbei*, 1978) in den Niederlanden, die ihre Zeit und ihren Bruch mit den Kadergruppen thematisieren.

24 „Zellen" waren die kleinsten Organisationseinheiten innerhalb des KB.

25 Aus dem KB gingen Mitglieder der Partei Die Grünen ebenso hervor wie die antideutsche Zeitschrift *Bahamas*. Zu den prominenten, ehemaligen Mitgliedern, mit

Die Zeitung *Arbeiterkampf* wird vom KB herausgegeben und ist dessen „Zentralorgan"[26]. Entsprechend der Ausrichtung des Bundes entwickelt sie sich in der zweiten Hälfte der 1970er Jahre zu einem „Organ linker Gegenöffentlichkeit"[27] mit heterogener linker Leserinnen- und Leserschaft. 1977 ist der KB „auf dem Zenit seiner organisatorischen Ausdehnung"[28]. Die Auflage des *Arbeiterkampfs*, der alle zwei Wochen erscheint, ist auf 23.000 Exemplare gestiegen. In diese Zeit fällt die Veröffentlichung des Artikels der beiden Mitglieder des KB aus Hamburg gegen *Die Schwarze Botin*, der – in Anbetracht der „relativ hegemonialen Position"[29] des KB innerhalb der Linken – dem Konflikt ein breites Publikum verschafft. Der Konflikt zwischen KB und *Schwarzer Botin* fällt in die Zeit vor der Neuorientierung des KB und ist Teil der Auseinandersetzung, die zum Unvereinbarkeitsbeschluss der autonomen Frauenbewegung führt.

5.2 Die „perversen Ideen" der „Frau Dr. Mabuse"? Der Boykottaufruf des KB gegen *Die Schwarze Botin*

Der *Arbeiterkampf*-Artikel „Im Gruselkabinett der Frau Doktor Mabuse. Zur Auseinandersetzung mit der Frauenzeitschrift Schwarze Botin" setzt zunächst mit der lobenden Bemerkung ein, dass sich die 1. Ausgabe der *Schwarzen Botin* den wichtigen Themen der Frauenbewegung widme. Vor allem die Kritik an der „Neuen Innerlichkeit"[30], die in der Frauenbewegung Einzug halte, mache einen „positiven Eindruck"[31]. Dann folgt die satirische Beschreibung eines fiktiven Besuchs in der „Hexenhöhle der Schwarzen Botin"[32], bevor inhaltliche Kritikpunkte folgen.

Die Wände der „Hexenhöhle", so der Artikel, seien geschmückt mit einem „Mini-Totenkopf" und „Jesus-Wachsfiguren", „zappelnd wie kleine Teufelchen". Weiter fabulieren die Autorin und der Autor des Artikels, dass ihnen ein in Spiritus eingelegter männlicher Fötus serviert worden sei als Vorgeschmack auf das Ziel, das *Die Schwarze Botin* verfolge: die „Ausrottung der Männer" und der Aufbau einer „Frauenherrschaft". Für dessen Erfüllung hätten die beiden Feministinnen auch schon einen „Stufenplan" ausgearbeitet, den sie mit Waffengewalt durchzusetzen bereit seien. Die Strategie der Zeit-

mittlerweile sehr unterschiedlichen politischen Positionen, zählen unter anderem Thomas Ebermann, Jürgen Elsässer, Ulla Jelpke, Andrea Lederer, Rainer Trampert, Jürgen Trittin, Justus Wertmüller.

26 Steffen 2002, 31. Nach dem Ende des KB wurde der *Arbeiterkampf* unter dem Namen *Analyse & Kritik* weitergeführt, die bis heute besteht.

27 Ebd. 226.

28 Ebd.

29 Ebd.

30 Arbeiterkampf 1977, 29.

31 Ebd.

32 Ebd.

schrift bestehe darin, vor allem „linke aktive Frauen" für sich zu gewinnen, um dann mit ihnen den bisher „dem breiten Publikum vorerst vorenthaltenen" Stufenplan zur Eroberung der Frauenherrschaft durchzusetzen. Auf die „Abspaltungen in linken Organisationen" würden sie besonders „spekulieren". Auch die von ihr propagierten und der Frauenbewegung angeratenen Mittel der ökonomischen und sexuellen Verweigerung dienten der Beförderung dieses „Geschlechterkampf[s]".[33]

Der satirisch gemeinten Beschreibung folgt ernstgemeinte Kritik: *Die Schwarze Botin* vertrete ein Subjektideal, das der nietzscheanischen „Übermenschen-Theorie"[34] entstamme und „faschistoid"[35] sei. Das Individuum werde zum einsamen Einzelnen im Kampf gegen die Außenwelt stilisiert, seine Radikalität habe es durch Verweigerung, Kompromisslosigkeit bis hin zur Gewaltanwendung zu beweisen. Diese Art der Radikalität und Kompromisslosigkeit habe keinen politischen Gehalt und kein politisches Ziel. Der *Schwarzen Botin* gelte „die ‚Konsequenz' und ‚Rücksichtslosigkeit' als solche für den höchsten Wert", wohingegen „[f]ür den Revolutionär [...] in erster Linie entscheidend" sei, „wofür er kämpft"[36]. Was *Die Schwarze Botin* vertrete, reiche „in die Randbereiche des Krankhaften"[37], was ihre Gefährlichkeit nicht mindere. Darum sei ein entschlossenes Auftreten gegen diese „perversen Ideen"[38] geboten, schließt der Artikel im *Arbeiterkampf*.

Der Versuch, Satire zu sein, wird konterkariert durch Tonfall und Inhalt der Kritik. Die Vorwürfe gegen *Die Schwarze Botin* entstammen dem Repertoire immer wiederkehrender Motive, die K-Gruppen gegen ihre Gegnerinnen und Gegner vorbringen: so der Vorwurf gegen andere linke Gruppen, faschistisches Gedankengut zu vertreten, die Einordnung des Gegners in das „Rechts-links-Schema" oder die Diffamierung als Rattenfängerin, die ihre geheimen Pläne nicht preisgebe und die Massen zu manipulieren versuche.[39] Vor allem der Vorwurf der Spaltung wird speziell gegen die Frauenbewegung ins Feld geführt. Er funktioniert als Umkehrung: Nicht die tatsächliche Spaltung entlang der Geschlechter sowohl der alten Linken, der Arbeiterinnenbewegung, als auch der Neuen Linken, die ihren Ausdruck findet in der Missachtung der Arbeit der Frauen, im Ausschluss der Frauen aus einflussreichen Bereichen, der Gewalt der Genossen gegen Genossinnen in ihrem Privatleben, wird als Problem erkannt. Vielmehr wird den Frauen, die sich nicht mehr mit dieser Spaltung abfinden, unterstellt, die Spaltung der Lin-

33 Alle Zitate ebd.
34 Ebd.
35 Ebd.
36 Ebd.
37 Ebd.
38 Ebd.
39 Steffen 2002, 32.

ken durch ihre Kritik herzustellen und willentlich herbeiführen zu wollen. Die Verkehrung geht einher mit der Verdeckung der tatsächlichen Probleme.[40]

Die Übertreibungen, mit denen der Artikel arbeitet, greifen auf konventionelle Bilder zurück, mit denen Frauen, vor allem feministische, diffamiert werden. Feministinnen werden mit Hexen, also mit Verführung und dem unlauteren Mittel der Zauberei zur Erreichung gefährlicher Ziele in Verbindung gebracht. Ihre „Ideen" werden als „pervers" und „krankhaft" bezeichnet, sind demnach ungesund und weichen von scheinbar „normaler" Sexualität ab.

Auch wenn es stimmt, dass der zitierte Beitrag „Schnittmuster für zukunftsorientierte Frauen" aus der *Schwarzen Botin* Individuum und Gesellschaft als getrennte Entitäten versteht, bleibt unausgeführt und unklar, worin die Geistesverwandtschaft der *Schwarzen Botin* mit faschistischem Denken bestehen mag.[41] Statt sich einer inhaltlichen Auseinandersetzung zu stellen, versucht der Artikel die feministische Kritik der *Schwarzen Botin* zu delegitimieren. Trotz aller satirischen Versuche im Kontext der sogenannten „Frauenpolitik" des KB und der Konflikte mit der autonomen Frauenbewegung hat der Artikel fraglos ein ernstes Ziel: den Boykott der *Schwarzen Botin*.

5.3 *Die Schwarze Botin:* Rechte Strömung des Feminismus? Die Diskussion in der Frauenbewegung

Den Anschuldigungen im *Arbeiterkampf* ging die Weigerung von Brigitte Classen und Gabriele Goettle voraus, mit Mitgliedern des KB zusammen eine Dokumentation über Alice Schwarzer und deren Projekt *Emma* zu erstellen, wie sie in *Protokolle. Informationsdienst für Frauen*, einem Informationsbulletin, herausgegeben vom Verlag Frauenpolitik Münster, erklären. In den *Protokollen* wird der Konflikt am Anfang des Jahres 1977 weitergeführt. Classen und Goettle hatten die Mitarbeit „unmißverständlich abgelehnt"[42] mit dem Argument, dass es sich beim Boykott gegen *Emma* um eine Auseinandersetzung innerhalb der Frauenbewegung handle. Die Redakteurinnen der *Schwarzen Botin* lehnen „jede Form der Zusammenarbeit mit K-Gruppen oder sonstigen Linken [...] und mit Frauen aus K-Gruppen"[43] ab. Die Arbeitsweise des *Arbeiterkampfes* zeige, wie dieser versuche, „naueninterne Probleme für sich nutzbar"[44] zu machen. In den Ausgaben 14 und 15 der *Protokolle* wird Kri-

40 Siehe dazu die schon 1971 von Mariarosa Dalla Costa vorgebrachte Analyse und Verteidigung gegen diesen Vorwurf in *Die Macht der Frauen und der Umsturz der Gesellschaft*.

41 Die Autorinnen des AK-Artikels beziehen sich auf den Artikel „Schnittmuster für zukunftsorientierte Frauen" über den Tod von Ulrike Meinhof, Anonym 1976, siehe 7. Kapitel.

42 Die Schwarze Botin 1977c, 5.

43 Ebd.

44 Ebd.

tik aus der Frauenbewegung an der *Schwarzen Botin* abgedruckt, ebenso ein Flugblatt, das aus einer Sammlung von Zitaten und vermeintlichen Zitaten, die den ersten beiden Ausgaben der *Schwarzen Botin* entstammen, besteht. Diese Sammlung wurde im Zuge des Boykottaufrufs durch den *Arbeiterkampf* erstellt.[45] Die Zitate der Sammlung sind aus dem Kontext des jeweiligen Textes gelöst und mit Überschriften versehen, die noch einmal den Vorwurf des KB bekräftigten: Von einem rassistischen und faschistoiden Stufenplan ist hier ebenso die Rede wie von der „Endlösung“[46] und der „Diktatur der Frauen“[47], deren Errichtung *Die Schwarze Botin* verfolge. Auch werden ihrem Denken „Parallelen zum Lebensborn“[48] und zu einem „neue[n] (Herren-)Frauenmensch“[49] unterstellt. Der zusammenhangslosen Aufzählung fehlt jegliche satirische Note. Sie zielt auf die Diffamierung der *Schwarzen Botin*. Der Boykottaufruf wird vom Verlag Frauenpolitik aus Münster mit-

getragen und in der Frauenbewegung diskutiert. Der Frauenbuchladen Lillemor aus München kritisiert sowohl den Aufruf als auch das Vorgehen des Informationsbulletins *Protokolle. Informationsdienst für Frauen*, welche die Zitatsammlung „unhinterfragt und undiskutiert“[50] verbreitet habe. Anstelle eines Boykotts solle die inhaltliche Auseinandersetzung unterschiedlicher Strömungen innerhalb der Frauenbewegung treten.[51]

Die Auseinandersetzung, die durch den Boykottaufruf der AK ausgelöst wurde, wird auch innerhalb der Frauenbewegung mit den Etiketten „links“ und „rechts“ versehen. So leiten die *Protokolle* den Abdruck der Zitatensammlung und des Positionspapiers der *Schwarzen Botin* mit der Feststellung ein, dass in der *Schwarzen Botin* „rechten strömungen und ideologien das wort geredet“[52] werde. Es sei für „fortschrittliche [...] frauen“ der Frauenbewegung notwendig, „eine offene diskussion“ zu führen, um eine „‚faschistische‘ emanzipation der frau“ zu verhindern.[53] Dem „immer härteren antikommunistischen kurs“, im Zuge dessen „sozialistinnen zu K-frauen“[54] erklärt und ausgeschlossen würden, müsse entschieden entgegengetreten werden.

In der darauffolgenden Ausgabe der *Protokolle* melden sich die Frauen der Redaktion der Zeitschrift *radikal* zu Wort, die *Die Schwarze Botin* ebenfalls als „rechte[...] Strömung innerhalb der Frauenbewegung“[55] bezeichnen, die

45 Protokolle 1977b, 4.
46 Ebd. 6.
47 Ebd.
48 Ebd. 7.
49 Ebd.
50 Lillemor's Frauenbuchladen 1977, 20.
51 Ebd. 20.
52 Protokolle 1977b, 4, Schreibweise i. O.
53 Ebd.
54 Ebd. 5.
55 Radikal-Frauen 1977, 46.

es zu bekämpfen gelte. Die anarchistische Zeitschrift *radikal* hat sich im Juni 1976 gegründet und versteht sich als „Informationsträger" und „Diskussionsforum"[56] der aufkommenden autonomen Bewegung. Politisch rechts sei *Die Schwarze Botin* erstens, weil das „entscheidende Kriterium für sie [...] das Individuum mit seiner Bewußtseinsstruktur"[57] sei, weil sich daraus zweitens ein Elitismus ergebe, der davon ausgehe, dass nur eine Elite fähig sei, das in der Gesellschaft verbreitete falsche Bewusstsein zu durchschauen. Drittens vertrete *Die Schwarze Botin* die Ansicht, dass die einzige Handlungsmöglichkeit des Subjekts im „totalen Entzug und der totalen Verweigerung"[58] bestehe, weshalb sie konkrete Reformen zur Gleichstellung von Männern und Frauen, beispielsweise in der Arbeitswelt, ablehne. Aus diesen Vorstellungen ergebe sich die Forderung nach einem politischen Lesbianismus und Separatismus, die in der – in den Augen der *radikal*-Redaktion rassistischen – Ansicht gründen, Frauen seien besser als Männer.[59] Es ist durchaus keine falsche Beobachtung, dass *Die Schwarze Botin* auf Individualität und Bewusstsein fokussiert und Ideologiekritik zu ihrem erklärten Ziel gehört. Ebenso ist – wie der Konflikt mit *Courage* und *Emma* gezeigt hat – nicht falsch, dass sie sich zwischen Avantgardeansprüchen (als „Zeitschrift für die wenigsten"[60]) und Separatismus bewegt. So verkündet sie Verweigerung und Entzug als politische Mittel und lehnt Gleichstellungspolitik ab. Weshalb und inwiefern hinter diesen Vorstellungen Rassismus steht, bleibt allerdings das Geheimnis der *radikal*-Redaktion. Brigitte Classen und Gabriele Goettle äußern sich sowohl in den *Protokollen* als auch in ihrer Zeitschrift zu den Angriffen und verteidigen sich.

5.4 Die Verteidigung der *Schwarzen Botin*

In einer Erklärung vom 31. Januar 1977 melden sich Gabriele Goettle und Brigitte Classen in den *Protokollen* zu Wort und stellen klar, dass es zu keinem Besuch der *Arbeiterkampf*-Autorin und des Autors bei den Redakteurinnen der *Schwarzen Botin* gekommen sei. Sie bekräftigen, dass sie nicht bereit seien, mit „K-Gruppen oder sonstigen Linken" zusammenzuarbeiten.[61] Die autonome Frauenbewegung sei so lange wohl gelitten, solange sie den linken Doktrinen nicht widerspreche. Erlaube sich die Frauenbewegung hingegen Theorie, Praxis und Politikverständnis der Linken zu kritisieren,

56 Drücke 1998, 182. Die Zeitschrift verstand sich als Sprachrohr militanter Organisationen wie den Roten Zellen und der RAF, deren Stellungsnahmen sie teilweise abdruckte.
57 Radikal-Frauen 1977, 46.
58 Ebd.
59 Ebd.
60 Steinwachs 1986/1987, 42; siehe 3. Kapitel.
61 Classen/Goettle 1977a, 5.

so sei es schnell vorbei mit dem Wohlwollen. Zur Feindin würden die Teile der Frauenbewegung erklärt, die zu behaupten wagten, der historisch-dialektisch Materialismus sei nicht hinreichend „für die Frauenbefreiung“[62] und zur „Entwicklung einer feministischen Theorie“[63], und die darauf beharren, dass lesbische sexuelle und emotionale Beziehungen „nicht als Privatleben“[64] zu verstehen seien. Diese Teile der Frauenbewegung, die gegenüber Frauen in K-Gruppen die Ansicht vertreten, dass sich „mit der Tatsache, Frau zu sein, auch noch ein spezifisches Bewußtsein“[65] herstellen müsse, und es nicht hinnähmen, dass „Linke an ihren Produkten [der Frauenbewegung, K. L.] profitieren“[66], würden mit dem Vorwurf, „kleinbürgerlich-reaktionär“[67] zu sein, belegt. Theorie, Praxis, Struktur der K-Gruppen und ihre Bildwelten würden keinerlei emanzipatorische Perspektive für Frauen bereithalten, weshalb es in den Augen der *Schwarzen Botin* für die Frauenbewegung auch keine Gründe zur Zusammenarbeit gebe.

Feministische Theoriebildung gegen Theorien der Linken und ihre heterosexuellen Bildwelten

Bezogen auf die Analyse, Kritik und Theorie der Gesellschaft liege der Unterschied zwischen den K-Gruppen und der autonomen Frauenbewegung in der Einschätzung des Geltungsbereichs bestimmter, für die Positionen der K-Gruppen essentieller Theorien. Weder „marxistische Akkumulationstheorie“[68] noch „linke Patriarchatstheorie“[69] würden das notwendige Rüstzeug bereitstellen, um die Situation der Frauen theoretisch zu begreifen, meint *Die Schwarze Botin*. Die autonome Frauenbewegung sehe die Unterdrückung und Ausbeutung der Frauen *als Frauen* in „patriarchalischen Herrschaftsstrukturen“[70] und nicht primär im „unterdrückerischen kapitalistischen System“[71]. Sie selbst verpflichtet sich auf einen „[r]adikalen Feminismus“, der „alles, was an patriarchalischen Kulturleistungen vorhanden ist, in Frage stelle […]“ und zerstöre, „was für Frauen unbrauchbar“ sei.[72]

62 Anonym/Goettle 1977a, 4.
63 Ebd.
64 Ebd.
65 Ebd.
66 Ebd.
67 Ebd.
68 Classen/Goettle 1977b, 45.
69 Ebd. *Die Schwarze Botin* spielt hier auf Ernest Bornemanns Schrift *Das Patriarchat. Ursprung und Zukunft unseres Gesellschaftssystems* von 1975 und Marieluise Janssen-Jureits Schrift *Sexismus. Über die Abtreibung der Frauenfrage* von 1976 und die daran anschließende Auseinandersetzung an.
70 Ebd. 44.
71 Ebd.
72 Classen/Goettle 1977a, 4.

Dieser Mangel „linker" Theorie korrespondiere mit dem Mangel der politischen Analysen und der Praxis der Linken. Die „politischen Programme" der K-Gruppen würden „nicht auf eine Kampfansage gegen das Patriarchat und den Sexismus"[73] zielen, da sie die Unterdrückung und Ausbeutung von Frauen nur als einen untergeordneten Aspekt des „kapitalistischen Systems" missverstehen würden. Die Folge davon sei, dass die Gruppen selbst „männerherrschend strukturiert"[74] seien, in ihren Reihen traditionelle Rollenmuster vorherrschten und Frauen auf „servile Hilfsfunktionen"[75] reduziert würden. So sei auch das Bilderarsenal dieser Linken durch und durch androzentrisch: „Helden und Märchenprinzen der Linken sind Männer, Arbeiter mit stahlharten geballten Fäusten, abenteuergeschwängerte Widerstandskämpfer (Che Guevara)".[76] Frauen würden nur in Bezug auf diese Heldenfiguren – „der Arbeiter, der Widerstandskämpfer oder der Parteichef"[77] – oder als ihr Zubehör vorkommen. Ihre Theorie, Praxis, Struktur und ihre Bilderwelten seien wesentlich durch die vorherrschende Heterosexualität geprägt. Den ökonomischen, soziologischen und historischen Theorien der K-Gruppen stellt *Die Schwarze Botin* ihre „radikale feministische Gesellschaftstheorie"[78] entgegen, welche ermögliche, die „patriarchalen Kulturleistungen", die „fast lückenlosen Unterdrückung" der Frauen und „die Methoden ihrer Unterdrückung"[79] zu analysieren und zu kritisieren.

Kritik des Avantgardegedankens und des Stellvertretertums der K-Gruppen

Legen die Äußerungen der *Schwarzen Botin* im Streit mit *Courage* und *Emma* nahe, dass sie sich selbst als Zeitschrift der Wenigen als Avantgarde versteht, kritisiert sie an der K-Gruppen-Linken gerade deren Avantgardismus. Sie halte sich für eine „gegen Unrecht und Unterdrückung kämpfende Avantgarde"[80]. Um dieses Selbstbild aufrecht erhalten zu können, brauche sie die Vorstellung der „Massen",[81] die sie zu ihrer „Basis"[82] erkläre und auf deren „Einsichtigkeit"[83] sie zähle. Mit der Vorstellung eines revolutionären Volkes, als Nachhut der K-Gruppen, die als Vorhut im Kampf um Emanzipation die Avantgarde mimt, benebele die Linke sich selbst: „Daß die Reli-

73 Classen/Goettle 1977b, 44.
74 Ebd.
75 Ebd.
76 Ebd.
77 Ebd.
78 Classen/Goettle 1977a, 4.
79 Ebd.
80 Classen/Goettle 1977b, 45.
81 Anonym/Goettle 1977a, 5.
82 Ebd.
83 Ebd.

gion Opium fürs Volk ist, kann ergänzt werden durch die Feststellung, daß das Volk Opium für die Linke ist."[84] Zudem beurteile sie die Wirksamkeit ihrer Strategie und Politik falsch: „Die Linke kämpft mit den Parolen ihrer Urgroßväter, sie schätzt die Wirkung ihrer Agitation vollkommen falsch ein [...]."[85] Doch sei der Avantgardismus der K-Gruppen nicht nur illusionär und ihre „Parolen" anachronistisch. Da sie, wie vor ihnen der SDS, die Reflexion auf die „private Praxis" ausspare, habe sie „Unterdrückung selbst mit aller Harmlosigkeit"[86] hervorgebracht: die der Frauen. Das Stellvertretertum der Linken kritisiert *Die Schwarze Botin* in Übereinstimmung mit der autonomen Frauenbewegung. Die Gründe für die politische Praxis der Linken sei nicht in ihrer eigenen Erfahrung zu finden.

> „Die gesamte Linke ist aus moralischen Gründen aufständisch, nicht aus ökonomischen und nicht weil irgendein Joch sie irgendwann nachhaltig gedrückt hätte. Ihre Sensibilität, auf Unrecht in der Welt zu reagieren, ist Teil ihrer privilegierten bürgerlich-humanistischen Erziehung, sie haben allesamt die Psyche entsprungener Pfarrerssöhne, die missionarisch eifrig das sozialistische Licht ins Dunkel der Welt tragen."[87]

Rhetorisch geschickt kehrt *Die Schwarze Botin* den Standardvorwurf, den die K-Gruppen gegen die Frauenbewegung erhob, um: Wird der Leitspruch der Frauenbewegung, dass das Private politisch sei, und ihre Beschäftigung mit persönlichen Erfahrungen, Sexualität und zwischenmenschlichen Beziehungen als subjektivistisch und *kleinbürgerlich* gebrandmarkt, so spottet *Die Schwarze Botin* über die *bürgerliche* Herkunft und die „bürgerlich-humanistische Erziehung" der K-Gruppenmitglieder. Gerade die eigene Herkunft aus der bürgerlichen und der Angestelltenklasse gilt seit der „proletarischen Wende" Anfang der 1970er Jahre in der ML-Bewegung als Schandfleck, was den Schlag der *Schwarzen Botin* verstärkt haben mag. Doch reduziert sich die Spitze nicht auf eine bloße Umkehr des Vorwurfs, kleinbürgerlich oder bürgerlich zu sein. Angesprochen ist damit auch die Gefahr des Selbstmissverständnisses und der Selbsttäuschung. Die Weigerung und Unfähigkeit, die eigene „private Praxis" zu reflektieren, geht Hand in Hand mit der jargonhaften Verwendung der Bezeichnung „kleinbürgerlich", auf deren Grundlage die Frauenbewegung erledigt werden soll, ohne zu begreifen, dass die Frauenbewegung den Weg in Richtung des „allseitig befreite[n] Individuum[s]" – dem Ziel der Linken – weiterzugehen versucht. Ihre Klassenlage teilen die Frauen der autonomen Frauenbewegung mit anderen Linken in der BRD: Sowohl die K-Gruppen

84 Ebd. 4f.
85 Ebd.
86 Ebd.
87 Classen/Goettle 1977b, 45.

als auch die Frauenbewegung rekrutieren sich hauptsächlich aus der Klasse der Angestellten und der Akademikerinnen.[88]

Die Avantgardevorstellungen der K-Gruppen lasse in weite Ferne rücken, wofür die Linke zu kämpfen vorgebe: Denn die Selbstbefreiung der Individuen und die Entfaltung ihrer Möglichkeiten und Fähigkeiten werde durch die Stellvertretervorstellungen und das Verhalten der Linken konterkariert. Süffisant bemerkt *Die Schwarze Botin*:

> „Das sozialistische Paradies der Linken, in dem es dann weder Unterdrückung, noch Ausbeutung, noch Hierarchie, noch den Streit zwischen den Linken, sondern nur noch das ‚allseits befreite Individuum' gibt, ist nicht mal mehr als Illusion zu erkennen, da deutlich wird, daß die Genossen dieses Ziel gerade mit Einsatz aller patriarchalischen Verhaltensmuster der Frauenbewegung oktroyieren möchten."[89]

Die Schwarze Botin spricht hier den Widerspruch aus, Avantgardekonzeptionen mit dem Ziel der Selbstbefreiung der Individuen in Einklang zu bringen. Die autonome Frauenbewegung teilt durchaus das Ziel der Linken, die Befreiung und Entfaltung des Individuums. Doch stehen diese scheinbar deckungsgleichen Ziele im Konflikt miteinander, denn die autonome Frauenbewegung nimmt eine kleine, aber gewichtige Verschiebung vor: Die Frauen wollen als Frauen eigenständig und autonom ihre politischen Ziele entwickeln – und zwar für sich selbst, ohne an der männlichen Norm gemessen zu werden.

In ihrem Selbstbild gekränkt, reagiere die Linke – so *Die Schwarze Botin* – allergisch auf die abtrünnige Frauenbewegung, der „deutlich gemacht werden" solle, „daß es frauentümlerisch und eigensinnig" sei, sich von der Linken loszusagen, „wo doch gerade am Beispiel des Mannes die Frau am besten lernen kann, wie sich ein autonomes Individuum verhält".[90] Der Vorstellung, für andere stellvertretend deren Befreiung erkämpfen zu können, würden die Frauen nicht erliegen, denn „die Geschichte der Frauenunterdrückung" sei „ihre eigene Geschichte und die Erfahrung der Demütigung, Ausbeutung und Unterdrückung" sei „ihre eigene Erfahrung, die jeder Frau".[91] In der Ablehnung einer paternalistischen Stellvertreterpolitik liege der praktische Unterschied zwischen Linker und Frauenbewegung. In ihrer Verteidigung argumentieren Classen und Goettle mit der Erfahrung jeder Frau und rekurriert demnach auf ein Wir-Frauen, das in Abgrenzung zur Linken klassenlos zu sein scheint. Sie bedient sich demnach eines Argumentationsmusters der Frauenbewegung, das sie an anderer Stelle scharf kritisiert.

88 Kühn 2005, 78.
89 Anonym/Goettle 1977a, 4.
90 Ebd. 6.
91 Classen/Goettle 1977b, 45.

Kritik des Selbstmissverständnisses und der Selbsttäuschung der K-Gruppen

Die Linke schätze nicht nur die eigene Wirkung und die Kraft der Parolen „ihrer Urgroßväter" falsch ein. Die Vorstellung des Machtverhältnisses zwischen Mann und Frau beruhe ebenfalls auf einem Selbstmissverständnis. Denn hinter den Angriffen der Linken gegen *Die Schwarze Botin* und die Frauenbewegung überhaupt stehe die Angst vor der „Beschneidung der Verfügungsgewalt über Frauen"[92], ausgelöst durch die „Ablösungsprozesse der Frauen von der Linken"[93]. Dieser Prozess werde von linken Männern als „bevorstehende Kastration durch die Frauen"[94] thematisiert. In der Beschwörung sowohl der Kastrationsangst als auch des möglichen tatsächlichen Machtverlusts, würden sich die Männer der Linken allerdings „entlarven", denn sie würden „all das, was sie tatsächlich verlieren können, nämlich eine intellektuelle

und praktische Vorrangstellung, ihrer Potenz" zu ordnen.[95] Die Vorstellung der Mächtigkeit der Männer hält *Die Schwarze Botin* für eine phantasmagorische Selbstüberschätzung, die in sich zusammenfalle, sobald der Grund, auf dem sie sich erhebe, schwinde. Dieser Grund sei die Abhängigkeit der Frauen, ihre Gängelung und paternalistische Kontrolle durch die Männer.

> „Da wo Frauen sich ihnen [den Männern, K. L.] entziehen und sie darüberhinaus noch in Frage gestellt werden in ihrer Theorie und ihrem Recht, sehen sie ihre Potenz schwinden, wenn nicht gar der ganze Mann gefährdet ist."[96]

Die Abspaltung der Frauenbewegung von der Linken liefere den Beweis, dass die Vorrangstellung der Männer eben nicht in ihrer eigenen Potenz, sondern in der sozial und kulturell abgewerteten und schwachen Position der Frauen bestehe, die sie abhängig und machtlos werden lasse.[97]

Das paternalistische Verhalten innerhalb linker Gruppen, mangelhafte Theorien, androzentrische Bildwelten und der Avantgardeanspruch verunmöglichen in den Augen der *Schwarzen Botin* eine Zusammenarbeit der Frauenbewegung mit linken Gruppen. Sie habe gut daran getan, autonom zu werden, denn

> „Frauenbewegung ist nicht möglich als integrierter Bestandteil der Linken; wo sie sich historisch in die Linke integriert hat, ist sie geschichtslos geblieben, wurde ihre Aktivität gelähmt und ihr Interesse geopfert zugunsten männlich orientierter Parteiprogramme."[98]

92 Anonym/Goettle 1977a, 6.
93 Classen/Goettle 1977b, 45.
94 Anonym/Goettle 1977a, 6.
95 Ebd.
96 Ebd.
97 Siehe 15. Kapitel.
98 Classen/Goettle 1977b, 45.

Nicht nur sei die Separation der autonomen Frauenbewegung von linken Gruppen notwendig, sondern auch die Zusammenarbeit mit Frauen aus K-Gruppen innerhalb der Frauenbewegung lehnt *Die Schwarze Botin* ab:

> „Wir halten es für unmöglich und schädlich, auch nur die geringste (punktuelle) Zusammenarbeit mit den K-Frauen, geschweige mit der Linken, aufzunehmen. Für jede linke Frau hieße, eine konsequente Frauenpolitik betreiben, auch eine konsequente Trennung von der Linken. Frauen können ihre eigene Befreiung nur selbst vollziehen, deshalb gibt es auch keine männlichen Feministen."[99]

Die Ablehnung der Zusammenarbeit mit linken Frauen begründet *Die Schwarze Botin* damit, dass diese nichts anderes als die Meinungen der linken Männer in den K-Gruppen vertreten würden. Diese seien bei Frauentreffen „zwar physisch abwesend"[100], ihre Vorstellungen und Meinungen aber anwesend und repräsentiert durch die Frauen aus den K-Gruppen. „Sie [die Männer der K-Gruppen, K. L.] sind tatsächlich die ‚Hintermänner und Drahtzieher' (um den linken Jargon zu benutzen)."[101] Die „Frauenfrage"[102] sei eine „Machtfrage"[103]: Konsequente Frauenpolitik bestehe in der „physischen und psychischen"[104] Verweigerung der Frauen und ihrer separaten Organisierung jenseits der gemischtgeschlechtlichen linken Gruppen. Ebenso wie in der Auseinandersetzung mit den feministischen Zeitschriften *Emma* und *Courage* betont *Die Schwarze Botin* auch hier die ökonomische Autarkie, die in der weiteren Entwicklung der Zeitschrift keine Rolle mehr spielen wird. Die Politik des Separatismus sei nicht nur ein wichtiges Mittel im Kampf der Frauen für ein „gesellschaftliches Gleichgewicht der Geschlechter"[105]. Es sei auch das einzig wirkungsvolle, da den Frauen durch „mangelnde [...] Ausbildung und Ausgeschlossensein aus den gesellschaftlichen Herrschaftsbereichen"[106] überhaupt keine anderen Mittel zur Verfügung stünden. Reformen, die auf „sog. Gleichstellung"[107] und „Eingliederung in einen Arbeitsprozeß"[108] zielen, seien ebenso wenig das Ziel der *Schwarzen Botin*, wie „Lohn für Hausarbeit zu fordern",[109] Frauen „zur Vertretung von Fraueninteressen in den Bundestag oder die Gewerkschaften zu schicken"[110] oder „eine Frauenpartei

99 Ebd.
100 Ebd.
101 Ebd.
102 Classen/Goettle 1977a, 14.
103 Ebd.
104 Ebd.
105 Ebd.
106 Ebd.
107 Ebd. 4.
108 Ebd.
109 Ebd.
110 Ebd.

zu gründen"[111]. Denn das grundlegende Machtverhältnis zwischen Männern und Frauen scheint in den Augen der *Schwarzen Botin* durch Reformen nicht verändert werden zu können. Vielmehr würden solcherart Aktivitäten auf die Restaurierung der Gesellschaft und damit auf die Beibehaltung des Machtverhältnisses zielen. Es gehe ihr aber nicht darum „zu sanieren" sondern zu „zerstören", erklärt die Zeitschrift: „In jedem Fall muß der Staatsapparat, so wie er besteht, als eine sich stets um sich selbst drehende anwachsende reaktionäre Bürokratie zerstört werden."[112] Und als Vorgehen schlug sie vor: „Zu theoretisieren wären Formen feministischer Anarchie."[113]

Intellektuelle Autonomie und feministisches Bewusstsein

In der Auseinandersetzung mit dem KB vertritt *Die Schwarze Botin* die Kritik der autonomen Frauenbewegung an der Linken und zeichnet ein positives Bild der autonomen Frauenbewegung – was durchaus eine Ausnahme in der Zeitschrift darstellt.[114] Ihre Argumente und ihre Positionen decken sich größtenteils mit denen der Strömung innerhalb der Frauenbewegung, die als radikaler separatistischer Feminismus bezeichnet wird.[115] Sie teilt die Vorstellung von Autonomie als Separation von Männern und der Linken. Auch die Kritik, dass „marxistische Akkumulationstheorie" und „linke Patriarchatstheorie" begrifflich zu begrenzt seien, um die Tragweite des Geschlechterverhältnisses und die Fragen der Frauenbewegung zufriedenstellend beantworten und begreifen zu können, war Common Sense der autonomen Frauenbewegung. Auf diesen Aspekt legt sie ihren Schwerpunkt: auf die intellektuelle Autonomie feministischer Theoriebildung. Die Eigenständigkeit der *intellektuellen Tätigkeit* und *intellektuellen Produktion* der Feministinnen als Intellektuelle bedeutet die Infragestellung der „männlichen Potenz":

> „Da, wo Frauen sich ihnen [den Männern, K. L.] entziehen und sie darüberhinaus noch in Frage gestellt werden in ihrer Theorie und ihrem Recht, sehen sie ihre Potenz schwinden, wenn nicht gar der ganze Mann gefährdet ist."[116]

Im weiteren Verlauf der Ausgaben wird sich zeigen, dass *Die Schwarze Botin* in ihrem Verständnis von intellektueller Autonomie Verweigerung und Entzug mit Produktivität und Tätigkeit verknüpft.

111 Ebd.
112 Ebd.
113 Ebd.
114 Siehe 8. Kapitel.
115 Radikalfeminismus bedeutet keine Zusammenarbeit mit Männern und Linken, Aufbau dezentraler Frauengruppen, Entwicklung feministischer Theorie, die die Geschlechterverhältnisse in den Mittelpunkt stellt; siehe Jahrbuchgruppe des Münchner Frauenzentrums 1976, 63–105; auch Knäpper 1984.
116 Anonym/Goettle 1977a, 6.

5.5 Zwischenresümee

Die Fortführung der Auseinandersetzung innerhalb der Frauenbewegung ist gekennzeichnet von schematischen Vorwürfen, was „rechts" und was „links" sei.[117] Der inhaltlich interessante Punkt liegt nicht hier, sondern in den impliziten Vorstellungen der *Schwarzen Botin*, auf welcher Basis sich die Frauenbewegung konstituieren solle. Im Einvernehmen mit der autonomen Frauenbewegung kritisiert *Die Schwarze Botin* den Stellvertreteranspruch der K-Gruppen und setzt die Selbstbefreiung der Frauen dagegen. In der Auseinandersetzung mit *Emma* und *Courage* verficht *Die Schwarze Botin* die Ansicht, die Frauenbewegung sei als einzige Bewegung im Augenblick fähig, die Kritik der Gesellschaft zu leisten. Diese Avantgardeposition verknüpft sie mit feministischem Bewusstsein. So begründet sie die Forderung, alle Frauen aus K-Gruppen aus den Frauenzusammenhängen auszuschließen, damit, dass „mit der Tatsache, Frau zu sein, auch noch ein spezifisches Bewußtsein"[118] einhergehen müsse. Die Frauen aus den K-Gruppen würden aber die Positionen ihrer maoistischen Gruppen vertreten. In den Augen der *Schwarzen Botin* ist es demnach feministisches Bewusstsein, das die autonome Frauenbewegung zur Avantgarde der Gesellschaftskritik macht. In ihm sieht sie eine mögliche Grundlage der Bewegung und nicht im Frausein an sich. Worin feministisches Bewusstsein bestehen soll, bleibt offen. Das Kritikprogramm der *Schwarzen Botin* gibt eine Antwort auf die Frage, welches feministische Bewusstsein gemeint war und sich in der Zeitschrift in Form feministischer Theoriebildung entwickelt hat. Zum Zeitpunkt des Konflikts mit dem KB geben die Redakteurinnen allerdings einen Hinweis, woraus feministisches Bewusstsein ihnen zufolge entstehen könnte: So beziehen sie sich auf die Erfahrungen der Frauen, aufgrund derer sie nicht für andere, sondern für sich um ihre Befreiung kämpfen. Auch das teilt sie in dieser Situation mit der autonomen Frauenbewegung. Allerdings bleibt es bei diesem *einen* Aspekt des Erfahrungsbezugs, in dem sie mit der autonomen Frauenbewegung übereinstimmt. Denn die Redakteurinnen der *Schwarzen Botin* beziehen sich auf die Erfahrung der „Demütigung, Ausbeutung und Unterdrückung"[119]: auf negative Erfahrungen, deren Bedingungen überwunden werden sollen, nicht auf Erfahrungen, auf die sich positiv bezogen werden und in denen die positive Identität eines „Wir-Frauen" gründen könnte. Die punktuelle Übereinstimmung wird nicht ungebrochen bleiben. Im Gegenteil wird der Stellenwert der Erfahrung für feministische Theorie und Praxis immer wieder Stein des Anstoßes sein für *Die Schwarze Botin*.[120]

117 Steffen 2002, 32.
118 Anonym/Goettle 1977a, 5.
119 Classen/Goettle 1977b, 45.
120 Siehe 9. Kapitel.

In den Konflikten, in welche *Die Schwarze Botin* in ihrer Gründungszeit verwickelt ist, stellt die Zeitschrift ein Element der Störung und der Unruhe dar. Das Erscheinen der 1. Ausgabe provoziert den *Arbeiterkampf* zu einem Boykottaufruf. Auch wenn *Die Schwarze Botin* sich hier positiv auf die autonome Frauenbewegung bezieht, lässt sie auch ihr keine Ruhe. Sie greift tatsächlich oder vermeintlich liebgewonnene Gewissheiten – und seien es feministische – an. Sie lässt sich als weitertreibendes Moment verstehen, welches das Denken nicht zur Ruhe kommen lässt und ist in diesem Sinne der Kritik verpflichtet.

Individualität und Kollektivität

6. Terrorismus und Staatsgewalt in der *Schwarzen Botin*

Die Fraktionierung der außerparlamentarischen Opposition in der BRD bringt Anfang der 1970er Jahre Gruppen wie die Rote Armee Fraktion hervor, die zum Mittel der Gewalt greifen und zum bewaffneten Kampf gegen Staat und kapitalistische Ausbeutung übergehen. So werden in der öffentlichen Diskussion auch der Linken und der Frauenbewegung Gewalt und Terrorismus als Mittel der Politik ebenso wie Staatsgewalt und staatliche Repression thematisiert. Auch in der *Schwarzen Botin* lässt sich ein Strang ausmachen, in dem es um Gewalt vonseiten des Staates wie von terroristischen Gruppen in der BRD geht und in dessen Kontext die oben erwähnten Texte „Schnittmuster für zukunftsorientierte Frauen" (1976) und „Gedanken über mögliche Formen feministischer Anarchie" von Gabriele Goettle ebenso wie Elisabeth Lenks „Abgeschmacktes aus der Frankfurter Allgemeinen Zeitung" (1977) zur Mescalero-Affäre stehen. Auf den Stellenwert, den die Debatte um Gewalt, Gegengewalt und Militanz in der autonomen Frauenbewegung eingenommen hat, haben in der Geschlechterforschung der letzten Jahre die Historikerin Irene Bandhauer-Schöffmann, die Germanistin Clare Bielby, die Kulturwissenschaftlerin Katharina Karcher und die Germanistin Patricia Melzer hingewiesen. Bielby, Karcher und Melzer halten fest, dass die Befürwortung von Militanz und (Gegen-)Gewalt von Teilen der Frauenbewegung der 1960er bis 1980er Jahre in der Geschichtsschreibung tendenziell verschwiegen wird.[1] Karcher stellt fest, dass

> „in einem Großteil der existierenden Literatur zur Neuen Frauenbewegung in der BRD davon ausgegangen [wird], dass es möglich und notwendig ist, eine klare Trennungslinie zwischen friedlichem feministischen Protest auf der einen Seite und ‚böser' patriarchaler Gewalt auf der anderen zu ziehen."[2]

Die Frage, ob Gewalt und Feminismus vereinbar sind, ist selbst eine umstrittene Frage in der Frauenbewegung der 1970er und 1980er Jahre. Während das eine Lager sich auf die (vermeintliche) Sorgeorientierung und Friedfertigkeit von Müttern bezieht und Gewalt strikt ablehnt,[3] kritisiert das andere

1 Bielby 2017, 381; Melzer 2015, 233ff.

2 Karcher 2018, 206.

3 Bandhauer-Schöffmann 2010, 9; Bielby 2017, 381. Die Autorinnen differenzieren jeweils ihren Gewaltbegriff. Während Bandhauer-Schöffmann die Positionen fe-

Lager diese Position als Naturalisierung und ist durchaus bereit, militante Mittel, Widerstand und (Gegen-)Gewalt zu befürworten oder anzuwenden. Eingelassen ist die feministische Diskussion in die gesamtgesellschaftliche und mediale Verarbeitung der Taten der RAF und des Verhaltens der staatlichen Organe. Dem Historiker Hanno Balz zufolge verhandelt der „Terrorismus-Diskurs"[4] der 1970er Jahre „gesellschaftliche Grundfragen"[5] und die „diskursiven, politischen und moralischen Grenzen"[6] der Gesellschaft. Zwar versuchen staatliche Organe die politische Infragestellung des Staates durch die RAF zu umgehen, indem darauf beharrt wird, die politischen Motive der Mitglieder in der juristischen Verfolgung außer Acht zu lassen. Doch die Aufrüstung im Hochsicherheitsgefängnis Stammheim und der Ausbau der staatlichen Überwachung ebenso wie die Einmischung der parlamentarischen Parteien und außerparlamentarischen Gruppierungen in

die öffentliche Debatte dementieren diese Verlautbarungen.[7] Der kulturellen Liberalisierung durch die Studentinnenbewegung um 1968 folgt in den 1970er Jahren „ein Rechtsruck des politisch-parlamentarischen Spektrums und eine Restauration in den politischen Apparaten unter Vorzeichen einer konservativen Tendenzwende"[8]. Diese Tendenzwende war Resultat einer „Gesellschaftsformierung durch Abgrenzung"[9]. Sie stellt sich nicht nur über die „Anrufung […] eine[s] breiten gesellschaftlichen Konsenses"[10] über die Ablehnung der Gewaltpolitik der RAF, sondern auch über die Abgrenzung von der außerparlamentarischen Linken her. Denn zunehmend stehen nicht nur die vor Gericht, denen terroristische Straftaten vorgeworfen werden, sondern die außerparlamentarische Linke und ihre Kritik an Gesellschaft und Staat wird durch den Sympathisantenvorwurf unter den Verdacht gestellt, Verrat an der Allgemeinheit zu üben. So habe der mediale Diskurs über den Terrorismus zur „Abwehr von Kritik durch die moralisierenden Appelle an eine Allgemeinheit"[11] geführt. Im Diskurs über den Terrorismus

ministischer Zeitschriften zu Gewalt herausarbeitet, entwickelt Bielby einen sehr breiten Begriff von Gewalt, der über die Bedeutung von violence hinausgeht und Selbstermächtigung miteinbezieht. Melzer geht es hauptsächlich um Gewalt von sogenannten terroristischen Gruppen, und Karcher um militante Praktiken.

4 Balz 2008, 178.
5 Ebd. 172.
6 Ebd. 170.
7 Ebd. 173ff.
8 Ebd. 181.
9 Ebd. 178; zur Ausgrenzung der politischen Linken siehe auch Weinhauer 2008, 113. Weinhauer sieht im Jahr 1978 eine Zäsur, nach der die Appelle zur Einheit nachgelassen und die „identitätsstiftende Geschlossenheit" langsam ihre (kommunikative) Wirkung verloren habe, Weinhauer 2008, 117f.
10 Balz 2008, 178.
11 Pross 2000, 208, zitiert nach Balz 2008, 179.

geht es Balz zufolge um die Grenzziehung, was und wer zum Wohl der Allgemeinheit beiträgt – und wer nicht.

Ist die Verhandlung über das Wohl der Allgemeinheit genuin politisch, verwundert es nicht, dass der Diskurs über den Terrorismus der 1970er Jahre vergeschlechtlicht ist und die „Teilhabe der Frauen an Politik und Gesellschaft“[12] verhandelte. Der mediale Diskurs der 1970er Jahre über die RAF und die Revolutionären Zellen (RZ) zieht eine direkte Linie von den Emanzipationsbestrebungen der Frauen zum Terrorismus. Terrorismus- und „Feminismusverdacht“[13] rücken eng zusammen. Der Diskurs über den Terror verhandelt demnach die Geschlechterverhältnisse, die seit den 1960er Jahren im Umbruch und in Veränderung begriffen sind und die traditionalistischen Vorstellungen der 1950er Jahre erschüttern.[14] In der „diskursive[n] Explosion des Terrorismus im deutschsprachigen Raum“[15] in Medien, Politik und Alltag werden Feminismus und Frauenbewegung zum Hort der pervertierten Emanzipation der Frau erklärt. Der mediale Diskurs etabliert die Figur der gefährlichen Terroristin, die ihre „natürliche“ Rolle als Ehefrau und Mutter ablehne, lesbisch und feministisch sei und in der Folge Gewalt gegen den Staat und die deutsche Nation anwende.[16] Wurde die Terroristin – Gefährderin der patriarchalen, heteronormativen Ordnung – als abartig und monströs pathologisiert und gebrandmarkt, übt sie zugleich Faszination aus als „dangerous object […] of sexual desire“[17].

Die Fragen nach Legitimität, Mitteln und Zielen von militantem Widerstand und Gegengewalt, werden schon seit Ende der 1960er Jahre thematisiert, aber durch die Zuspitzung der Situation in der BRD durch Rasterfahndung und Radikalenerlass auch für die autonomen Frauenbewegung immer brisanter.[18] Den Generalverdacht gegen Feministinnen und Frauen, die sich nicht in die gesellschaftlich erwartete Frauenrolle und die Muster weiblichen Verhaltens fügen, weist die Frauenbewegung einhellig zurück. Darüber hinaus

12 Schraut 2007, 107. Sylvia Schraut schreibt: „Immer dann, wenn über Terrorismus unter Berücksichtigung des Geschlechts der Täter debattiert wird, steht auch oder gerade die politische Teilhabe von Frauen an Politik und Gesellschaft auf dem Prüfstand.“

13 Melzer 2015, 119.

14 Bandhauer-Schöffmann 2010, 1–4; Melzer 2015, 111;

15 Grisard 2012, 99.

16 Bandhauer-Schöffmann 2010, 5.

17 Melzer 2015, 120.

18 Bielby zeichnet die Diskussion seit Ende der 1960er Jahre nach und macht auf das produktive und transformative Potenzial militanter Aktionen für die einzelnen Frauen wie für die gesamte Bewegung aufmerksam. Die Erfahrung, sich auch körperlich zur Wehr zu setzen sei maßgeblich gewesen für die Entstehung eines feministischen Subjekts, Bielby 2018, 398–399. Siehe auch Karchers Analyse feministischer Militanz in der autonomen Frauenbewegung, Karcher 2018.

sind die feministischen Positionen innerhalb der Bewegung nicht einheitlich. In ihrem Aufsatz „‚Emanzipation mit Bomben und Pistolen?‘ Feministinnen und Terroristinnen in deutschsprachigen Sicherheitsdiskursen der 1970er Jahre“ zeichnet Irene Bandhauer-Schöffmann unter anderem die Positionen der Zeitschriften *Emma*, *Courage* und *Die Schwarze Botin* nach. Für die Autorinnen der *Emma* sei zunächst noch unklar gewesen, ob der Gang in die Illegalität für Frauen ein Schritt in die Emanzipation sein könne oder nicht. Im Verlauf des Jahres 1978 wird die Ablehnung terroristischer Gewalttaten in der Zeitschrift stärker. Sie vertritt die Position, feministische Prinzipien, wie die Politisierung des Privaten, die Thematisierung eigener Bedürfnisse und die Selbsterfahrung als praktischer Ausgangspunkt feministischer Politik, seien unvereinbar mit der hierarchischen Struktur der Untergrundgruppen und der Selbstaufgabe ihrer Mitglieder.[19] Der Journalistin und *Emma*-Mitarbeiterin der Jahre 1979–1986, Ingrid Strobl, wird 1986 Mitgliedschaft in einer terroristischen Vereinigung vorgeworfen, weil sie einen Wecker gekauft hatte, dessen Teile bei einem Anschlag der *Revolutionären Zellen* auf die Fluggesellschaft Lufthansa gefunden wurden. Strobl verbringt zwei Jahre in Untersuchungshaft. Im Jahr 2020 schreibt sie in ihrem autobiografischen Bericht *Vermessene Zeit. Der Wecker, der Knast und ich*, dass sie gewusst habe, wofür der Wecker gebraucht werden sollte.[20] Die offizielle Linie der *Emma* und die politischen Positionen ihrer Mitarbeiterinnen divergieren demnach.

Von der inhaltlichen Linie der *Emma* unterscheidet sich auch die der *Courage*. Die Zeitschrift, deren Redakteurin Sibylle Plogstedt aus „sog. Zweifeln an ihrer Verfassungstreue“[21] ihren Universitätsarbeitsplatz verlor, berichtet immer wieder über Frauen, die aufgrund des Terrorismusverdachts in Haft sind, und würdigt Ulrike Meinhof durch Veröffentlichung ihrer Artikel. Bandhauer-Schöffmann stellt in den *Courage*-Artikeln dieser Zeit eine „gewisse Schwärmerei“[22] für Meinhof fest, die in *Emma* nicht zu finden sei.

Die Beiträge der *Schwarzen Botin* lägen, so Bandhauer-Schöffmann, „zwischen Schwärmerei und kritischer Distanz“[23]. In dem oben erwähnten Artikel „Schnittmuster für zukunftsorientierte Frauen“, der ein Subjekt entwirft, das sich isoliert und ohne Bindungen erfährt, kann durchaus eine Faszination für Meinhof entdeckt werden. In der 2. Ausgabe veröffentlicht *Die Schwarze Botin* auf Bitten der französischen feministischen Zeitschrift *Sorcières* deren Text „Die Tötung der Ulrike Meinhof“, der – so Bandhauer-Schöffmann – eine „unkritische, romantische Heldinnenverehrung“[24] betreibt,

19 Bandhauer-Schöffmann 2010, 8.
20 Strobl 2020, 10.
21 Jäkl 1976, 13.
22 Bandhauer-Schöffmann 2010, 10.
23 Ebd. 12.
24 Ebd.

von dem sich allerdings *Die Schwarze Botin* in einer redaktionellen Notiz distanziert. Jedoch distanziert sie sich nicht von der Bewunderung der terroristischen Taten, die in dem Artikel anklingen, sondern davon, dass Meinhof als Mutter und in ihrer Mütterlichkeit thematisiert wird. Die von *Sorcières* vertretene Sichtweise entbehre der nötigen „politischen Radikalität"[25], so die Redaktion der *Schwarzen Botin*.

In diese Linie reiht sich auch die Replik „Eine Mutter reist nach Stammheim" aus dem Jahr 1978 der Berliner Architekturstudentinnen Isolde Eckle und Ute Frank ein, die eine Antwort auf den mit dem Namen Meo gezeichneten, in *Courage* erschienen Aufsatz „Stammheim und Bonn. Die reden also miteinander" der Journalistin und Autorin Meo Hellriegel-Rentzel ist. Sie schreibt, dass sich in „Bonn und Stammheim [...] die ‚Befreiten'" befänden, „die sich nämlich kurzerhand ihrer Kinder entledigten" und betont:

> „Sie haben nämlich Kinder, auch Baader, Ensslin, Meinhof. Und die Linke schweigt sie tot. Das ist die Unterstützung der RAF. Das ist die falsche, linke Solidarität, und da beginnt unser Kampf. Sie haben Kinder!"[26]

Aus der Perspektive einer „Politik der Kinder"[27] kritisiert die Autorin die „Machtzentren Stammheim und Bonn"[28], gegen welche die RAF eine „zweite Macht" aufgebaut habe, was „zum erbitterten Krieg"[29] von Staat und RAF geführt habe. Gegen die Kriegslogik setzt der Text das Wir der Mütter, „die Erfahrung mit dem Leben haben und eine soziale Kultur"[30]. In dem Text ist nichts zu spüren von der Schwärmerei, die in anderen *Courage*-Artikeln für Ulrike Meinhof aufgebracht wird.[31] Die Konstruktion eines Wir-Mütter im Kontrast zur Gewalt der Außenwelt in Meo Hellriegel-Rentzels Bericht kritisieren Eckle und Frank in der *Schwarzen Botin*. Die beiden Autorinnen sehen in dem *Courage*-Artikel eine Versicherung der Identität „Frau als Mutter" am Werk, die sie als Mythos kritisieren. Die Herstellung dieser Einheit vollziehe sich dadurch, dass die Gewalt von Staat und RAF gleichgesetzt und den Frauen und Müttern gegenübergestellt werde. So entstehe das Bild, Gewalt sei dem alltäglichen Leben der Frauen äußerlich. Der Artikel verfehle es, die „Gewalt der Normalität" und die „Gewalt, die [den] Alltag strukturiert" zu begreifen und zu kritisieren.[32] Die Autorinnen zielen – „in Foucaul-

25 Die Schwarze Botin 1977a, 43.
26 Meo 1978, 52.
27 Ebd.
28 Ebd.
29 Ebd. 53.
30 Ebd.; Bandhauer-Schöffmann 2010, 11.
31 Bandhauer-Schöffmann 2010, 11.
32 Eckle/Frank 1978, 23.

dian terms"[33] – darauf ab, dass der Zusammenhang von Macht und Identität sowohl bei der RAF als auch im Artikel der *Courage* missverstanden werde:

> „Wir leben in Verhältnissen, in denen sich täglich tausendfach das Auseinanderbrechen von Identitätsresten vollzieht. Die RAF hat die Macht noch einmal als eine lokalisierbare behauptet, und deren Angriffpunkte [sic], Orte bestimmt, die es zu besetzen/zu sprengen gelte. Und sie hat für sich daraus noch einmal Möglichkeiten letzter Identitätsgewinnung abgeleitet."[34]

Auch die Herstellung des „Wir-Mütter" in Meo Hellriegel-Rentzels Artikel vollziehe diesen Mechanismus, wenn sie Staat und RAF als zwei im Krieg stehende Machtzentren entwerfe, um sich dadurch „der eigenen Versatz-Identität noch einmal zu versichern: Frau/Mutter".[35] Die „Mutterrolle" sei vielmehr selbst „Ergebnis gesellschaftlicher Reduktion"[36] und somit eingelassen in die alltäglichen Gewaltverhältnisse der Gesellschaft.

Die meisten Artikel zu Terrorismus und Staatsgewalt in der *Schwarzen Botin* weisen ein Merkmal auf: Sie positionieren sich eher zu Diskursen über den Terrorismus, als dass sie die Frage nach der Vereinbarkeit oder Unvereinbarkeit von Feminismus und Gewalt direkt adressieren: Sie sprechen darüber, wie andere dieses Verhältnis bestimmen. Deutlich wird das in der satirischen Antwort auf einen Leserinnenbrief aus der Sonderausgabe der französischen, linksliberalen Zeitung *Libération*, veröffentlicht in der 6. Ausgabe der *Schwarzen Botin* im Jahr 1978. Dem Abdruck des Briefes in deutscher Übersetzung, der mit Michèle gezeichnet ist, folgt die Antwort der Literaturwissenschaftlerin und Schriftstellerin Roswitha Kaever sowie weitere fiktive Leserinnenbriefe von Brigitte Classen.[37] Michèle schwärmt für Andreas Baader, den sie für einen „Held[en] unserer Zeit"[38] hält und von dem sie „fasziniert" ist, weil er „den Mann schlechthin repräsentiert, einen Radikalen",[39] wie er kaum mehr zu finden sei. Der Verehrung für Andreas Baader kann Kaever nichts abgewinnen und sie zeigt sich befremdet darüber, dass Frauenbewegung und Feminismus völlig an Michèle vorbeigegangen seien. Denn die Frauenbewegung sei angetreten, jegliche Heldenverehrung zu beenden:

> „Die Helden, die bisher angebetet wurden, standen immer auf einem großen Haufen von Leichen, hoch droben. Und wenn man nicht auf-

33 Melzer 2015, 140. Zuvor hatte Barbara Freymuth in der *Schwarzen Botin* Nummer 5 den Gedanken der dezentrierten und nicht lokalisierbaren Macht aufgebracht, Freymuth 1977, 7–11.

34 Eckle/Frank 1978, 23.

35 Ebd. 24.

36 Ebd.

37 Vukadinović hält Brigitte Classen für die Autorin der fiktiven Leserinnenbriefe, Vukadinović 2020, 38.

38 Kaever 1978, 41.

39 Ebd.

paßt, liegt man unten und steht nicht oben. Dieses Problem des Unten und Oben zu lösen, war ja auch eines der vornehmsten Ziele der Frauenbewegung."[40]

Kaevers Absage an die „ewig schleimigen Klischees von Heldentum, Liebe und Tod"[41] folgen sechs kurze, fiktive Leserinnenbriefe von Classen, die eine Typologie der Reaktionsweisen deutscher Leserinnen und Leser auf Michèles Brief geben. Der erste Typ sind die Feministinnen Peggy, Ulla, Babsi, die „für die Gleichberechtigung kämpfen"[42] und betonen, dass auch die Frauen der RAF wichtig seien. Sie rügen Michèle, dass sie „Baader als Mann"[43] exponiere, während sie „Gudrun nur wieder an der Seite als zweitrangig"[44] darstelle. Der zweite Typ ist die frankophile Leserin Sybille Häberle, die verkündet, sie stehe „mehr auf dunkle Männer, Franzosen am liebsten"[45] und könne „nicht ganz akzeptieren", dass „Andreas der einzige tolle Typ gewesen sein soll".[46] Der dritte Typ ist die Linksintellektuelle Erika Kubicki, die ebenfalls „die melodischen Rufe der Hirsche, das Brüllen des Löwen und den Schrei des Hahnes"[47] liebe, sich aber fragt, ob die Betonung der Männlichkeit Baaders angesichts der politischen Situation angemessen sei und wissen lässt, die „deutschen Intellektuellen" seien „intelligent und gutmütig", ließen sich „zwar von […] Staatsorganen geiseln [sic], aber niemals mit ihnen verwechseln".[48] Der vierte Typ ist der Mann Gunter Metschke, der Michèle davon zu überzeugen versucht, dass auch er ein richtiger Mann sei, „ein toller Hecht", von dem es Fotos „als Kampfflieger" gebe.[49] Die fünfte Typ ist die Rechtsintellektuelle Dr. Margarete Kammgruber, die ihre harsche Zurechtweisung mit den Worten schließt: „In diesem schönen Vaterland herrscht Ordnung, Ruhe und Verstand, wer dies nicht mag, den holt alsbald dann schon die Sitte und reißt ihn aus des Lebens Mitte."[50] Zuletzt schreibt der sechste Typ, die RAF-Sympathisantin Sieglinde Böker, in Deutschland gebe es kein „Verständnis für die RAF"[51]. Ihr verstorbener Freund sei „so ähnlich wie Andreas" gewesen, „auch optisch" und habe viel „in der Politik zu tun" gehabt, weshalb sie „immer sehr stolz" war, „seine Freundin"[52] gewesen zu

40 Ebd. 42.
41 Ebd.
42 Anonym/Classen 1978, 44.
43 Ebd.
44 Ebd.
45 Ebd.
46 Ebd.
47 Ebd.
48 Ebd.
49 Ebd.
50 Ebd.
51 Ebd.
52 Ebd.

sein. *Die Schwarze Botin* macht sich ihren Spaß aus der Staatskrise und der Aufregung, die 1977 die Öffentlichkeit erfasst hat, und führt die Reaktionen vor: Ihre Satire zielt auf die Stereotypen, die sich herausgebildet haben: Von der Belehrung der Feministinnen, die Gleichberechtigung auch im Terrorismus einfordern, über die linken Intellektuellen, die mehr über sich selbst reden als über etwas anderes und politisch harmlos sind, bis zu den Rechten, denen die Aufrechterhaltung der Ordnung über alles geht. Aufgespießt werden die stereotypen Geschlechterbilder: Dem Selbstbild des Mannes, der sich als viril und begehrenswert darstellt, entspricht das Begehren der Frauen für den Mann Andreas Baader. Die fiktiven Leserinnenbriefe zeigen durch die Zuspitzung zu Stereotypen die Ökonomie der Geschlechter auf: Der Mann liebt sich selbst, die Frauen lieben den Mann – Staat, RAF und Terrorismus treten in den Hintergrund.

Die Thematisierung des Terrorismus, der RAF und der staatlichen Reaktion nimmt in der zweiten Phase der *Schwarzen Botin* ab Anfang der 1980er Jahre ab, was mit der allgemeinen politischen Stimmung in der BRD und dem allgemeinen medialen Umgang mit dem Deutschen Herbst korreliert.[53] In den Ausgaben 20 und 23 aus den Jahren 1983 und 1984 werden noch einmal zwei kurze Beiträge publiziert, die im Zusammenhang mit der staatlichen Verfolgung vermeintlicher Terroristinnen stehen. Es handelt sich um Artikel von Katharina de Fries, in denen die Journalistin von ihrem Exil in Frankreich („Die werden uns mit Netzen von der Straße wegfangen …") und vom Auslieferungsbescheid der französischen Behörden berichtet („Ausweisung"). De Fries war Ende der 1960er Jahre in der Kinderladenbewegung aktiv gewesen, in den 1970ern aus der maoistischen Partei KPD/ML wegen „‚anarchistischer Umtriebe'"[54] ausgeschlossen und 1981 nach einem Banküberfall verhaftet worden. Die Staatsanwaltschaft erhob Anklage wegen Mitgliedschaft in einer terroristischen Vereinigung. De Fries ging ins Exil nach Frankreich und schrieb von dort aus für die Berliner *tageszeitung* (*taz*). Nachdem der französische Staat die Auslieferungsgesuche der BRD zunächst abgelehnt und de Fries als politisch Verfolgte geschützt hatte, erhielt sie 1984 von den französischen Behörden die Aufforderung, Frankreich zu verlassen. Auch dieses Gesuch scheitert und de Fries kann in Frankreich bleiben.[55] In ihren Reflexionen aus der Emigration skizziert sie die gesellschaftliche Tendenz in der BRD als Aufrüstung zu einem „gigantische[n] Überwachungsapparat"[56], der – einmal in Gang gesetzt – Überwacher und Überwachte, Betreuer und Betreute, Ärzte

53 Weinhauer 2008, 117–123.

54 Kögel 2001, 166. Die KPD/ML war eine 1968 gegründete, zunächst maoistische, später am albanischen Sozialismus von Enver Hoxha orientiere K-Gruppe.

55 Ebd. 166f.; Der dritte Auslieferungsversuch 1987 konnte durch Solidaritätskampagnen verhindert werden; ebd.

56 De Fries 1983, 124.

und Kranke produzieren werde. Staat und Gesellschaft erscheinen ihr zunehmend als Apparate zur Einschränkung individueller Freiheit.

Die Frage, ob Feminismus und Gewalt vereinbar sind, beantworten die Beiträge der Zeitschrift *Die Schwarze Botin* nicht als Frage nach möglichen Mitteln feministischer Praxis. Für die feministische Kritik der Beiträge spielt die Einschätzung der Gewalt aber sehr wohl eine Rolle. Die Beiträge in der *Schwarzen Botin* analysieren und kommentieren die mediale Verarbeitung und die Positionen anderer, wie Lenk, Eckle und Frank,[57] einschließlich der Satire über Reaktionen in Leserinnenbriefe, wie Kaever und Classen. Sie verhandeln das Thema Terrorismus und Gewalt demnach vor allem hinsichtlich seiner medialen und diskursiven Dimension. Was die feministische Verarbeitungsweise angeht, kritisieren Eckle und Frank die Herstellung einer Identität der friedfertigen Mutter, die jenseits der in Staat und RAF lokalisierten Gewalt situiert wird. Wo die Beiträge sich die Gewaltfrage direkt stellen, argumentieren sie in Anlehnung an Foucaults Vorstellung einer nicht lokalisierbaren Macht[58] oder betonen, dass Gewalt nicht vom Alltag getrennt werden kann, da jene die Grundlage der kapitalistischen bürgerlichen Gesellschaft und ihres Staates ist. Vor allem dieser letzte Aspekt zieht sich in Varianten durch einige der Artikel und verdichtet sich zu einem Deutungsmuster und Kritikmotiv: die Abkehr von der verbindlichen und damit gesellschaftlich bedeutsamen Wirklichkeit in „Schnittmuster für zukunftsorientierte Frauen“ (1976), Lenks Kritik an der Staatsgewalt in „Abgeschmacktes aus der Frankfurter Allgemeinen Zeitung“ (1977), Eckles und Franks Betonung, dass sich die Gewalt durch das Alltagsleben aller hindurchzieht in „Eine Mutter reist nach Stammheim“ (1978) und de Fries Befürchtung einer umfassenden Überwachung des Individuums, das jegliche Freiheit verliert in „Sie werden uns mit Netzen von der Straße wegfangen …“ (1983) verdichten sich zu einem Bild, in dem die Einzelne sich einer ihr fremden Gesellschaft gegenübersieht, die zu einer festgefügten totalen Gewalt geworden zu sein scheint.

57 Ähnlich auch Classen 1978, 16f.

58 Ähnlich auch Freymuth 1977, 7–11.

7. Feministische Theoriebildung in der postnazistischen Gesellschaft – Faschismus und Nationalsozialismus in der *Schwarzen Botin*

Das Kritikprogramm der Zeitschrift *Die Schwarze Botin* entwickelt sich vor dem Hintergrund der Einsicht, dass die BRD eine postnazistische Gesellschaft ist. Daraus ergibt sich für die Zeitschrift der Anspruch, dass auch Frauenbewegung und feministische Kritik diesen gesellschaftlichen Zusammenhang, aus dem sie entstehen und in den sie wirken, zu reflektieren haben. Die Auseinandersetzung mit Nationalsozialismus und Faschismus zieht sich durch die Zeitschrift: Sie beginnt mit Gabriele Goettles anonym veröffentlichtem Aufsatz „Der Faschismus als höchstes Stadium banaler Herrschaft" in der 1. Ausgabe 1976 und endet mit „Oh Wildnis oh Schutz vor ihr" von Elfriede Jelinek in der Ausgabe 27 im Jahr 1985. Es lässt sich – da es sich um eine Zeitschrift mit unterschiedlichen Autorinnen handelt – kein einheitlicher Gebrauch der Begriffe Nationalsozialismus und Faschismus feststellen. Die Beiträge widmen sich hauptsächlich der Zustimmung von nicht verfolgten Frauen und der Frage nach der Anziehung, die Nationalsozialismus und Faschismus auf sie ausüben konnten. Sie gehen von Theodor W. Adornos Überlegung aus, dass das „Nachleben des Nationalsozialismus *in* der Demokratie"[1] bedrohlicher sei als das „Nachleben faschistischer Tendenzen *gegen* die Demokratie"[2]. Auf unterschiedliche ideologie- und kulturkritische Weise stellen die Autorinnen der *Schwarzen Botin* die Frage, was die Ursachen und Bedingungen waren, die zum Nationalsozialismus geführt haben und deren Fortbestehen beendet werden muss, will man wirklich die Vergangenheit aufarbeiten und Verbrechen gegen die Menschheit verhindern. Die Beiträge zum Nationalsozialismus und Faschismus beziehen die Frage nach Ursachen und Bedingungen auf die Geschlechterordnung und widmen sich den Momenten, in denen sie in Geschlechterordnungen das „Nachleben des Nationalsozialismus" sehen. Die Auseinandersetzung mit dem Nationalsozialismus und Faschismus ist integral für das Kritikprogramm der Zeitschrift.

1 Adorno 2003, 555f.
2 Ebd. 556.

Die Nummer 20 aus dem Jahr 1983 bildet mit vier Beiträgen zum Thema ein Schwerpunktheft. Eingelassen ist das Schwerpunktheft in die Opfer-Täter-Diskussion in der autonomen Frauenbewegung, die Anfang der 1980er Jahre beginnt und Mitte der 1980er Jahre verwoben wird mit der Aufarbeitung des Nationalsozialismus. Teilweise setzt die Zeitschrift Schwerpunkte, die sich nicht ohne Weiteres einfügen in das Bild, das die Forschung von der feministischen Auseinandersetzung mit Faschismus und Nationalsozialismus zeichnet.

Stellt man sich heute die Frage, wie die westdeutsche Frauenbewegung mit der nationalsozialistischen deutschen Geschichte umgegangen ist, so stößt man auf die Auseinandersetzung, die Mitte der 1980er Jahre beginnt und Ende des Jahrzehnts im *Historikerinnenstreit* kulminiert. Diskutiert wird erstens über Rolle und Verantwortung nichtverfolgter deutscher Frauen an der Etablierung und Aufrechterhaltung des Nationalsozialismus und zweitens über die Frauenforschung und ihr Verhältnis zu ebendieser Frage.[3] Einige Historiografien zu Geschlechterforschung und Nationalsozialismus sehen in der Diskussion Anfang der 1980er Jahre um Opferstatus, Täterinnenschaft und Mittäterinnenschaft von Frauen an ihrer eigenen Unterordnung einen ersten Impuls für die spätere Diskussion um Faschismus und Nationalsozialismus.[4] Der Impuls geht von Aufsätzen der Soziologin Frigga Haug im Jahr 1980 und der Sozialwissenschaftlerin Christina Thürmer-Rohr im Jahr 1983 aus. Haug stellt unter dem Titel „Frauen – Opfer oder Täter? Über das Verhalten von Frauen“ Überlegungen darüber an, dass und wie Frauen an ihrer eigenen Unterwerfung beteiligt sind und wie sie „als Opfer und Objekt in den Satus von tätigen Subjekten“[5] kommen können. Thürmer-Rohr greift drei Jahre später in „Aus der Täuschung in die Ent-Täuschung – Zur Mittäterschaft von Frauen“ den Gedanken der Mittäterinnenschaft von Frauen auf und kritisiert, die Frauenbewegung berufe sich zur Identitätsstiftung auf einen vermeintlichen Opferstatus der Frau.[6] Beide Aufsätze befassen sich nicht mit der Verantwortung oder der Täterinnenschaft von Frauen im NS, sind allerdings Indikatoren für eine neue Schwerpunktsetzung innerhalb der feministischen Diskussion.[7] Hier werden Frauen als Subjekte begriffen, die trotz aller gesellschaftlich verankerten Frauenfeindlichkeit politische und his-

3 Koonz 2008, 256–289; Central European History; Grossmann 1991, 350–358.

4 Herkommer 2007; Koonz 2008; Lanwerd/Stoehr 2007; Reese/Sachse 1990.

5 Haug 1980/2008, 243f. Die „Unterdrückungsstrukturen“ können nur existieren, so Haug weiter, „wenn sie von denen, die in ihnen leben, immer wieder hergestellt werden. Dass dies so ist, heißt auch, dass diese Strukturen von denen, die sie herstellen, geändert werden können. […] der Gedanke, dass Frauen ihre eigenen Verhältnisse ändern können, setzt voraus, dass sie diese Verhältnisse auch mit herstellen und also […] dass die Unterdrückung, wenn und soweit sie nicht mit äußerem Zwang arbeitet, die Zustimmung der Unterdrückten braucht.“ Haug 1980/2008, 244.

6 Thürmer-Rohr 1983, 11–25.

7 Lanwerd/Stoehr 2007, 25; Reese/Sachse 1990.

torische Verantwortung tragen. Mitte der 1980er Jahre entwickelt sich dann die Diskussion um Mittäterinnenschaft und Verantwortung von deutschen, nichtverfolgten Frauen im Nationalsozialismus. Neben der Frage von Schuld und Verantwortung der Frauen im NS geht es auch um die Frage nach dem Umgang der westdeutschen Frauenforschung mit der nationalsozialistischen Geschichte. Einschneidend war unter anderem der Aufsatz „Gnade der weiblichen Geburt? Zum Umgang der Frauenforschung mit Nationalsozialismus und Antisemitismus" (1988) der Soziologin Karin Windaus-Walser, in dem sie die Ansicht vertritt, die Frauenforschung in der BRD habe bisher die Position vertreten, Frauen hätten „an der Vernichtung der Juden keinen originär eigenen Anteil"[8] gehabt. Die Studien, welche die „aktive Teilnahme der Frauen an Nationalsozialismus und Antisemitismus"[9] thematisierten, seien größtenteils von US-amerikanischen Forscherinnen verfasst und stammten nicht aus der BRD.[10] Sie kritisiert an der historischen Frauenforschung der BRD, diese habe zwar zu Recht die in der Nachkriegszeit vertretene These zurückgewiesen, dass Frauen die Nationalsozialisten an die Macht gebracht hätten. Allerdings sei aus der Zurückweisung eine „grandiose Verleugnung der Schuld und Verantwortung von Frauen"[11] geworden. Die weitere Diskussion um die feministische Forschung zum Nationalsozialismus und Faschismus strukturiert sich unter anderem entlang dieser Kritik und ihrer Gegenkritik. Beispielhaft für die Auseinandersetzung ist der Sammelband *Töchter Fragen. NS-Frauengeschichte*, der von den Soziologinnen Lerke Gravenhorst und Carmen Tatschmurat 1990 herausgegeben wird. Exemplarisch vertritt Gravenhorst hier die Position, die Frauenbewegung und die mit ihr verwobene Frauenforschung – die sich gerade in den 1980er Jahren im Zuge dieser Diskussionen von jener löst und sich institutionalisiert – habe sich mit der deutschen NS-Vergangenheit kaum oder gar nicht befasst; und wenn, dann habe sie Frauen generell als homogene Opfergruppe dargestellt und sei daher auch hinsichtlich der NS-Vergangenheit jeglichen Verdachts der Täterinnenschaft enthoben.[12] Gegen die Ansicht, es habe keinerlei feministische Untersuchungen zum NS gegeben, argumentieren die Soziologin Dagmar Reese und die Historikerin Carola Sachse im selben Band. Sie machen auf die feministischen Studien zur Frauenarbeitspolitik und zur Körperpolitik ebenso

8 Windaus-Walser 1988, 102.

9 Ebd.

10 Windaus-Walser nennt hier unter anderem die wegweisenden Forschungsarbeiten der US-amerikanischen Historikerinnen Claudia Koonz, Marion Kaplan, Renate Bridenthal und der jüdisch-deutschen französischen Historikerin Rita Thalmann, außerdem für die BRD Angelika Ebbinghaus.

11 Windaus-Walser 1988, 102. Gehmacher kritisiert an Windaus-Walsers These eine undifferenzierte Ineinssetzung von Nationalsozialismus und Antisemitismus; Gehmacher 1994.

12 Gravenhorst 1990, 17–37.

wie zu sozialem und politischem Handeln von Frauen während des NS aufmerksam. Die feministische Forschung habe ab Mitte der 1970er Jahre sehr wohl die Rolle der im NS-Jargon als „volksdeutsch" bezeichneten Frauen für die Durchsetzung und Stabilisierung der nationalsozialistischen Gesellschaft diskutiert. Die beiden Autorinnen fragen sich, wie es Mitte der 1980er Jahre zu dem vereinseitigenden Bild der Frauenforschung kommen und wie die vorangegangene Auseinandersetzung vergessen werden konnte.[13] Noch knapp zwei Jahrzehnte später weisen Beiträge zur feministischen NS-Forschung das Muster der Kritik, gefolgt von der Aufforderung zur Differenzierung der Kritik auf. So skizziert die Soziologin Christina Herkommer die feministische Forschungsdiskussion als „Diskurs, der aufgeteilt werden kann in die Phasen ‚Opferdiskurs', ‚Täterinnendiskurs' und ‚Diskurs zur Rollenvielfalt'"[14], wobei der Opferdiskurs Frauen einseitig als Opfer der nationalsozialistischen Gesellschaft begriffen habe. In den 1980er Jahren habe dann verstärkt die Erforschung der Täterinnenschaft begonnen. Das habe teilweise zur einfachen Umkehr der Opferthese geführt, da die Frauenforschung nun deutsche Frauen ausschließlich hinsichtlich ihrer Täterinnenschaft in den Blick genommen habe. Zuletzt habe sich der Diskurs zur „Rollenvielfalt" entwickelt.[15] Die Historikerin Nicole Kramer kritisiert in ihrer Rezension zu Herkommers Thesen ihre schematische Darstellung und die Unterstellung, die Frauenforschung habe in einer ersten Phase Frauen ausschließlich als Opfer des NS behandelt. Herkommer ignoriere die kontroverse Diskussion und übernehme die Vereinfachungen, die innerhalb der Diskussion vorgeherrscht hätten.[16]

Die US-amerikanische Historikerin Wendy Lower argumentiert in ihrem Buch *Hitler's Furies. German Women in the Nazi Killing Fields* aus dem Jahr 2013 ebenfalls gegen die Vorstellung, Frauen seien hauptsächlich Opfer des nationalsozialistischen Regimes gewesen.[17] Die US-amerikanische Historikerin Donna Harsch kritisiert wiederum, das in Lowers Buch nicht klar werde, wer diese Meinung vertrete. Sie stimme Lower zwar zu, dass feministische Historikerinnen deutsche nichtverfolgte Frauen hinsichtlich ihres Opferstatus dargestellt haben. Allerdings seien es ebenfalls feministische Historikerinnen gewesen, die in den 1970er und dann verstärkt in den 1980er Jahren die aktive Rolle von Frauen im Dritten Reich untersucht und die allzu einfache Kategorisierung in Opfer-Täterin überwunden hätten.[18] Der Vorwurf, die

13 Reese/Sachse 1990, 80–83. Reese und Sachse blicken hier auf die internationale Frauenforschung und beziehen somit die US-amerikanischen Studien mit ein.
14 Herkommer 2007, 25.
15 Ebd. 25ff.
16 Kramer 2007.
17 Lower 2014. Die deutsche Übersetzung erschien 2014.
18 Harsch 2014, 875ff. Die Politikwissenschaftlerin Liljana Radonić hebt in ihrer Rezension zu Lowers Untersuchung hervor, dass Täterinnen in der Nachkriegs-BRD und im Nachkriegs-Österreich oftmals freigesprochen wurden, weil es unglaub-

feministische Forschung ignoriere die deutsche NS-Geschichte und/oder minimiere, entschuldige und verharmlose die Rolle von Frauen an der NS-Verfolgungs- und Vernichtungspolitik und die Gegenrede zu diesem Vorwurf strukturiert die Diskussion bis heute.

Der sogenannte Historikerinnenstreit nahm seinen Ausgang bei der Debatte um zwei Studien. Im Jahr 1986 veröffentlichte die westdeutsche Historikerin Gisela Bock ihre Studie *Zwangssterilisation im Nationalsozialismus: Studien zur Rassenpolitik und Geschlechterpolitik*. Sie betont, dass die nationalsozialistische Geschlechterpolitik nicht nur einen Mutterkult beinhaltet. Das Spezifische und Moderne der nationalsozialistischen Geburtenpolitik liege vielmehr im Antinatalismus, der durch Sterilisation vollzogen wurde und ein Element des nationalsozialistischen Rassismus sei.[19] Rassismus von Frauen versteht Bock als „Anpassung an denjenigen von Männern"[20]. Frauen, die als „(meist kinderlose) ‚Führerinnen', Helferinnen in Sterilisations- und Euthanasiepolitik, Aufseherinnen der Frauenkonzentrationslager" den NS-Rassismus befürwortet und mitgetragen hätten, seien „unter den Männern in gleicher Situation eine Minderheit [gewesen] und erst recht unter Frauen"[21]. Dieser Ansicht, die Frauen aus der Verantwortung nimmt, steht die Position der US-amerikanischen Historikerin Claudia A. Koonz gegenüber. Sie kommt in ihrer ebenfalls im Jahr 1986 veröffentlichten Studie *Mothers in the Fatherland*, in der sie unter anderem die Beteiligung von nichtverfolgten deutschen Frauen als Hausfrauen und Mütter an den Verbrechen des NS untersucht, zu dem Schluss, dass diese einen „Teil der Verantwortung für nationalsozialistische Verbrechen"[22] zu tragen haben, in dem sie als Sozialarbeiterinnen, Lehrerinnen, Krankenpflegerinnen die antinatalistische Politik ebenso wie das Euthanasieprogramm mittrugen, die durch Rassismus und Antisemitismus Stigmatisierten verrieten, die im NS-Jargon als „asozial" Diffamierten auslieferten und zur Verbreitung der Ideologie beitrugen.[23]

lich erschien, dass sie als Mütter oder Schwangere fähig gewesen wären zu morden. Harsch mag recht behalten, dass Lower nicht differenziert genug auf die Forschungsdiskussion eingeht. Allerdings liegt die Stärke des Buches darin, ein allgemeines Geschlechterklischee zu kritisieren, das Täterinnen in der Nachkriegszeit zu ihren Gunsten auszunutzen wussten und von dem zu befürchten ist, dass es das gesellschaftlich verbreitete, nichtwissenschaftliche Bild zum NS noch heute prägt; Radonić 2014.

19 Bock 2014/1986, 496.

20 Ebd. 136.

21 Ebd.

22 Koonz 2008.

23 „During 1933, the Nazi social planners who outlawed birth control and increased punishments for abortion among ‚Aryans' also decreed the laws that deprived Jews of their rights and forced the ‚racially unfit Aryans' to submit to sterilization. It fell to women to put all of these edicts into practice. [The] social workers, teachers,

Die Debatte schneidet grundlegende Fragen der Frauenforschung sowohl hinsichtlich des Nationalsozialismus als auch darüber hinaus an. Zur Diskussion steht die Bewertung der gesellschaftlichen Funktion von Mutterschaft in ihrer nationalsozialistischen, mythifizierten Form, die Einschätzung der Politisierung der Privatsphäre und die Beteiligung nichtverfolgter deutscher Frauen an der NS-Verfolgungs- und Vernichtungspolitik in und durch ihr Alltagsleben. Da diese Themen – Mutterschaft, die Politisierung des Privaten und die Erfahrungen des Alltags – genuine und zugleich umstrittene feministische Themen der Frauenbewegung der 1970er und 1980er Jahre sind, erhalten sie eine politische Brisanz, die über die historische Dimension hinausgeht.[24]

7.1 Zustimmung oder Widerstand? Ein Konflikt um den Maßstab feministischer Politik

Schon vor dem Historikerinnenstreit wird die Frage nach Zustimmung oder Widerstand von Frauen gegen den Nationalsozialismus zum Gegenstand einer feministischen Debatte zwischen *Courage*, *Emma* und *Schwarzer Botin*, in der die Frage nach dem Politik- und Autonomieverständnis der Frauenbewegung mitverhandelt wird. Die Veröffentlichung der 20. Ausgabe der Zeitschrift *Die Schwarze Botin* im Jahr 1983 fällt in die beginnende allgemeine Diskussion um Mittäterinnenschaft von Frauen, wie sie von Haug und Thürmer-Rohr angestoßen wird, und liegt vor der breit geführten Debatte um Zustimmung und Täterinnenschaft von Frauen in Faschismus und Nationalsozialismus. Die Zeithistorikerin und Sozialwissenschaftlerin Irene Stoehr veröffentlicht in der Februar-Ausgabe der *Courage* 1983 den Aufsatz „Macht ergriffen? Deutsche Frauenbewegung 1933", auf den sich die Literaturwissenschaftlerin und Kunsthistorikerin Hildegard Brenner in ihrem Vortrag „‚Es ging alles so weiter 1933' – Aber für wen?", den sie im April 1983 auf der Konferenz *Women, Fascism, Everyday Life* an der Ohio State University hält,[25] kritisch bezieht. Sowohl *Die Schwarze Botin* als auch kurz darauf *Emma* (in einer gekürzten Version) drucken den Vortrag ab. Trotz aller Unterschiede zwischen *Emma* und der *Schwarzen Botin* treffen sich die Redaktionen in der

nurses turned over the names of the mentally retarded, schizophrenics, alcoholics, and misfits to Nazi sterilization agencies. Brides left the lobor market in order to receive state loans and bear many children; housewives boycotted Jewish businesses and cut lifelong Jewish friends out of their social lives; women professionals founded eugenic motherhood schools and educated young women for housewifely careers; and women organizers carried on missonary work to convert the unconvinced. It fell to women to report ‚suspicious' strangers in the neighborhood, send their own children to the Hitler Youth, and finally to close the door firmly if anyone who looked ‚dangerous' begged for mercy." Koonz 1986/1987, 7.

24 Landwerd/Stoehr 2007, 25–28.

25 Caplan 1983, 72ff.

Kritik der *Courage*-Position. Irene Stoehrs Antwort „Über ‚männliche' Politik und weibliche Gleichgültigkeit. Diskussion: Frauenbewegung 1933 bis 1983" auf die Kritik Brenners erscheint in *Courage* im Januar 1984. Die Journalistin Ingrid Strobl bezieht sich in „Gretchenfrage" in der 4. Ausgabe der *Emma* von 1984 ebenfalls auf Stoehrs Artikel wie auch Petra Dönselmann im Sande in ihrem Beitrag „Wer sucht wen? Zur Diskussion um Frauen(bewegung), Weimarer Republik und Faschismus", den sie im selben Jahr auf der 7. Sommeruniversität für Frauen in Berlin hält.

Stoehr untersucht in ihrem Aufsatz von 1983 die Position des Bunds Deutscher Frauenvereine (BDF) zum Nationalsozialismus. Der BDF wurde im Jahr 1894 gegründet und war ein Dachverband politisch unterschiedlicher Frauenorganisationen. Seinem Selbstverständnis nach wollte er die Kräfte der Frauenvereine über politische Differenzen hinweg bündeln und verfolgte eine

„Politik des kleinsten gemeinsamen Nenners"[26]. Daher konnten Vereine, die deutlich politische Arbeit verfolgten, nicht Mitglied werden – was einer Ausladung der sozialistischen, proletarischen Frauenbewegung gleichkam. Auch das Verhältnis zum Jüdischen Frauenbund wurde bis zur Selbstauflösung des BDF 1933 „zunehmend belastet [...]" durch „antisemitische Tendenzen und Vorfälle"[27]. Der BDF löste sich im Mai 1933 auf.

Zu Beginn ihres Aufsatzes wirft Stoehr das Problem des Verhältnisses von historischem Gegenstand – die Positionierung des BDF zum NS –, dem retrospektiv getroffenen Urteil und dem Maßstab des Beurteilens auf. Denn vorschnell werde auch von feministischer Seite der Maßstab der „Männerpolitik"[28] übernommen und ein feministischer, „mühsam erworbene[r] Maßstab"[29] über Bord geworfen. Sie veranschaulicht dieses Problem anhand der Einschätzungen zu den Äußerungen von Gertrud Bäumer, stellvertretende Vorsitzende des BDF, die im April 1933 verlauten ließ, für die Frauenbewegung sei es „im Grunde gleichgültig", „ob es ein parlamentarischer, ein demokratischer, ein faschistischer Staat"[30] sei. Der Frauenbewegung „wohlwollende[...]"[31] Historikerinnen, so Stoehr, hätten hinsichtlich dieser und ähnlicher Positionierungen eine „,Ambivalenz im Verhalten der Frauenbewegung zum Nationalsozialismus"[32] und das Ausbleiben einer „grundsätzliche[n] Kritik"[33] festgestellt.

26 Gerhard 1992, 171.
27 Ebd. 207.
28 Stoehr 1983, 25.
29 Ebd.
30 Ebd.
31 Ebd. 26.
32 Ebd.
33 Ebd.

Stoehr will nun die „Gleichgültigkeit“[34] und „[p]olitische Neutralität“[35], die sich in Bäumers Position ausdrücke, nicht ohne Weiteres verurteilen, denn in der Verurteilung liege die Übernahme des Maßstabs der „Männerpolitik“. Stattdessen sei es notwendig, die Gleichgültigkeit des BDF als Ausdruck einer *anderen*, einer *frauenorientierten Politik* zu verstehen. Diese andere Politik will Stoehr zugleich als ihren eigenen feministischen Maßstab zur Beurteilung der historischen Situation des BDF verstanden wissen. Diese „andere Art der Politik“[36] des BDF habe bei den „menschlichen Beziehungen [...] anzusetzen“[37] versucht. Zudem sollte das „Persönliche“[38] und die „Verbundenheit“[39] unter Frauen die Stütze der Politik der Frauenbewegung sein. Der „politische Machtanspruch“[40] des BDF habe sich darin begründet, „daß Frauen von Männern verschieden seien“[41], woraus sich eine „Trennung der geschlechtsspezifischen Verantwortlichkeit“[42] ergebe, so Stoehr.

Diese Aufteilung der Verantwortung führe Gertrud Bäumer dazu, in Erwägung zu ziehen – so Stoehrs Interpretation –, ob es im Zweifelsfall für die Frauen nicht angebracht sei, politische Rechte wie das Frauenstimmrecht „zurückzugeben“[43]. Denn durch das Wahlrecht entschieden Frauen über Aufrüstungs- und Kriegspolitik mit, was sie aber aufgrund ihrer „geschlechtsspezifischen Verantwortung“[44] nicht willens seien, mitzutragen. Stoehr kommentiert die von ihr angeführten Äußerungen von Bäumer nun mit Wohlwollen und schreibt:

> „Mir gefällt, daß [...] ein Widerstand dagegen formuliert wird, Frauen durch das Mittel politischer Rechte in die Männergesellschaft zu integrieren. Daß also Mitverantwortung für alle staatspolitischen Entscheidungen, nur weil sie formal von den Frauen ‚mitgetragen‘ werden, abgelehnt wird.“[45]

Widerstand versteht Stoehr demnach als Weigerung, in politischen Institutionen mitzuarbeiten und politische Verantwortung zu übernehmen, wenn diese nicht schon die anvisierte „andere Art der Politik“[46] verkörpern. Die Basis dieser Politik liege im Alltag:

34 Ebd. 32.
35 Ebd. 28.
36 Ebd.
37 Ebd.
38 Ebd. 30.
39 Ebd.
40 Ebd.
41 Ebd.
42 Ebd, 29.
43 Ebd.
44 Ebd.
45 Ebd.
46 Ebd. 28.

„Aber eine solche Trennung der geschlechtsspezifischen Verantwortlichkeit setzt die Vorstellung einer besonderen Verbindung zwischen Frauen – um nicht zu sagen: einer eigenen ‚Frauenwelt' voraus. Und diese orientierte sich am Alltag der meisten Frauen: an der (familiären) Hausarbeit."[47]

Gerade der Alltag sei im Nationalsozialismus für die Frauen gleich geblieben, weshalb für sie kaum ein Unterschied bestanden hätte im Vergleich zu jenem in der Zeit der Weimarer Republik. Nach dem 30. Januar 1933 habe sich nicht alles „von einem Tag auf den anderen"[48] geändert: „Es ging alles so weiter."[49] Stoehr zieht nun die Konsequenzen für die Einschätzung der Position des BDF zum Nationalsozialismus. Die Gleichgültigkeit, die sich in Bäumers Äußerungen zeige und als problematische „Ambivalenz" kritisiert werde, sei vielmehr „einer der schlimmsten Widerstände"[50] gewesen. Denn Widerstand, „vor allem der von Frauen"[51], bedeute nicht, „immer genau das

‚Gegenteil' zu sagen"[52].

Stoehrs Artikel spricht ungebrochen von den Frauen, was gerade hinsichtlich der Verfolgungs- und Vernichtungspolitik im Nationalsozialismus fatal ist. Denn für eine jüdische Deutsche oder eine Kommunistin bedeutete der Nationalsozialismus durchaus einen Einschnitt. Ebenso fällt auf, dass im Namen einer anderen Politik der Alltag getrennt wird von der öffentlichen gesellschaftlichen Auseinandersetzung über das Wohl der Allgemeinheit – als Feld der Politik – bis hin zur Bejahung der Vorstellung, diese andere Politik könne entstehen und wirkmächtig werden durch den Rückzug von diesen Auseinandersetzungen. Vor dem Hintergrund, dass die Frauenbewegung sich in ihrem Selbstverständnis auf Autonomie bezieht, gründet in Stoehrs Konzept die Autonomie einer anderen – einer feministischen – Politik nicht nur im Alltag. Vielmehr wird die Sphäre des Alltags von der Sphäre der institutionellen Politik abgetrennt und isoliert. Autonomie liegt bei Stoehr in der Verweigerung der Übernahme von Verantwortung in dieser Sphäre der institutionellen Politik, die sie als Widerstand versteht.

Hildegard Brenner kritisiert nun in ihrem Vortrag, der in der *Schwarzen Botin* ebenso wie in *Emma* veröffentlicht wird, Stoehrs Interpretation der Gleichgültigkeit als Widerstand und ihre Vorstellung einer „anderen Art der Politik". Zugleich repräsentiert Stoehrs Artikel für Brenner eine bestimmte feministische Position innerhalb der Frauenbewegung der 1980er Jahre. Brenner nimmt den feministischen Blick auf Erfahrung und Alltag und das Prinzip, von sich selbst zu sprechen, allerdings ebenso ernst wie die

47 Ebd. 29.
48 Ebd. 32.
49 Ebd.
50 Ebd.
51 Ebd.
52 Ebd.

Selbstverpflichtung der autonomen Frauenbewegung auf Autonomie. Nur sind Brenner und Stoehr uneins, was damit gemeint ist.

Brenner argumentiert gegen Stoehrs These einer bruchlosen Kontinuität des Alltagslebens aufgrund des Fortbestands des „patriarchale[n] Unterdrückungsverhältnis[es]“[53] vor und nach 1933. Allerdings vertritt sie nicht die abstrakte Gegenthese eines totalen Bruchs mit dem Alltagsleben durch den Nationalsozialismus. Denn beide Thesen hätten, so Brenner, eine verzerrte Vorstellung des Alltags im Nationalsozialismus. An Stoehrs Aussage, für Frauen sei es nach 1933 so weitergegangen wie bisher, stellt Brenner die im Titel ihres Vortags aufgegriffene Frage, für *wen* alles so weitergehe wie bisher. Denn „verschiedene Bevölkerungsschichten“[54] hätten den Nationalsozialismus „unterschiedlich erfahren“[55]. Die Erfahrung sei abhängig davon, ob man zu den „artikulierten Gegnern“[56] gehöre, die sich aktiv gegen den NS stellten, oder zu jenen, die von den Nationalsozialisten zu Gegnern erklärt und aufgrund der Rassenideologie verfolgt, weggesperrt und ermordet wurden, oder aber zu jenen, die nicht von Ausgrenzung, Verfolgung und Ermordung bedroht waren. Ausschließlich Letztere seien überhaupt in den „Genuß des NS-Alltags“[57] gekommen und hätten diesen durch ihren „passiven Konsens“[58] getragen. Für die Verfolgten habe es keinen Alltag im Sinne einer strukturierten Normalität gegeben.

Der „Träger des NS-Alltags“[59] sei die Mittelschicht gewesen, die sich an Leistungswillen, Besitzsicherung und eigenem Fortkommen orientierte und die Verfolgungspolitik nicht prinzipiell ablehnte; zumal wenn sie sich gegen die sozial und ökonomisch abgehängte Unterschicht – im NS-Jargon als „Asoziale“ bezeichnet – sowie gegen Kommunistinnen und Kommunisten gerichtet habe, so Brenner. Die Gleichgültigkeit, die Stoehr für die Frauenbewegung und den BDF konstatiert, habe auf ebendiesem passiven Konsens beruht, denn nicht alle konnten es sich erlauben, gleichgültig zu sein. Es seien demnach nicht „DIE Frauen und auch nicht DIE Männer“[60] gewesen, die den NS-Alltag gestützt und getragen haben.

> „Es waren die Männer und Frauen der in die kapitalistische Leistungsgesellschaft sich einfügenden sog. unpolitischen Mittelschicht (die Ausnahmen sind nicht zu vergessen), auf die sich der Nationalsozialismus verlassen konnte, die sich für ihn als ‚politisch zuverlässig‘ erwiesen.“[61]

53 Brenner 1983, 90.
54 Ebd. 86.
55 Ebd.
56 Ebd.
57 Ebd.
58 Ebd.
59 Ebd.
60 Ebd. 88, Herv. i. O.
61 Ebd.

Zu ihrer klassenspezifischen Unterscheidung fügt Brenner noch eine weitere hinzu, die sie mit Verweis auf Äußerungen der BDF-Vorsitzenden Agnes von Zahn-Harnack entwickelt. Die Theologin, Germanistin und Anglistin von Zahn-Harnack, die als eine der ersten Studentinnen 1912 in Berlin promovierte, war von 1931 bis zur Selbstauflösung des BDF 1933 dessen letzte Vorsitzende. Sie schrieb im Jahr 1933 im Schlussbericht des BDF, der in der Zeitschrift *Die Frau* erschien, mit dem Nationalsozialismus ziehe ein „Zeitalter äußerster Männlichkeit"[62] herauf, welches eine „starke Wirkung"[63] auf Frauen ausüben könne.[64] Brenner betont, dass die Feministinnen des BDF sehr wohl sahen, dass es dem Nationalsozialismus gelinge, eine Faszination auch auf Frauen auszuüben. Während Stoehr an die Sichtweise innerhalb des BDF anschließt, welche die „äußerste Männlichkeit" des NS herausstellt und mit Gleichgültigkeit reagiert, betont Brenner die Position im BDF, die vor einer möglichen Faszination und Anziehung dieser übersteigerten Männlichkeit auf Frauen warnt. Brenner insistiert auf der Unterscheidung zwischen dem feministischen Bewusstsein einer Frauenbewegung und einer

> „z. T. auch organisierten Frauenmehrheit, für die dieses Bewußtsein zurücktrat im Konfliktfall, die aus ihrem realen Lebenszusammenhang heraus anders empfand und entschied, eben aus dem Lebenszusammenhang, den wir als ‚Alltag' zu fassen suchen."[65]

Brenner zielt hier offensichtlich auf ein feministisches Bewusstsein, das sich nicht aus dem Frausein und dem Alltag ableiten lässt. Damit kritisiert sie Stoehrs Basis einer anderen Art Politik, die gerade im Frauensein, in dem den Frauen zugeteilten Bereich des Alltagslebens und in der Orientierung auf persönliche Beziehungen, liege.

Brenner verwirft nicht einfach den Bezug zum Alltag als Zusammenhang, in dem auf das Wohl der Nächsten und auf die Familie orientiert wird. Sie befragt ihn vielmehr und differenziert aus, was ihn bestimmt. Ausgehend von ihrer eigenen Erfahrung als junge Frau im Nationalsozialismus beleuchtet sie die Begrenztheit des Alltagsbewusstseins. Es sei getragen von einer Begrenzung auf das, was evident erscheint: In den Bombennächten sei die Gefahr nicht aus Berlin gekommen, sondern aus dem „Bauch der Bomber"[66]:

> „Das ist der Alltag, das ist Evidenz. Und weiter denkt man da nicht als: wer ist noch da, wer tot, steht das Haus noch, wen muß man ausgraben aus den Trümmern, wem das Dach decken, die Fenster vernageln."[67]

62 Zahn-Harnack, zitiert nach Brenner 1983, 89.
63 Zahn-Harnack, zitiert nach ebd.
64 Gerhard 1996, 379.
65 Brenner 1983, 89.
66 Ebd. 87.
67 Ebd.

Brenner schlägt hier den Bogen zur Frauenbewegung der 1980er Jahre. Ein kritischer Bezug zum Alltag müsse die ökonomischen Interessen thematisieren, deren Verfolgung die Existenz der Familien überhaupt erst sichere. Frauen befänden sich nämlich in dem Dilemma, ihren Lebensunterhalt in „staatlichen und privaten Institutionen"[68] verdienen zu müssen und diese so am Laufen zu halten, obwohl diese zugleich die Unterordnung der Frauen gewährleisten. In Anlehnung an die Forderungen aus der Anfangszeit der westdeutschen Frauenbewegung um 1968, als gefordert wurde, wer von Kapitalismus rede, solle vom „Patriarchalismus"[69] nicht schweigen, schreibt Brenner, wer vom „Patriarchalismus" rede, solle auch vom Kapitalismus sprechen, „so etwa über geschlechtsspezifische Arbeitsteilung"[70]. Stoehrs „Gleichgültigkeit", die sie Brenner zufolge als Mittel feministischer Politik schlechthin darstelle, sei nur eine scheinbare Auflösung dieses ökonomischen Dilemmas der Frauen, in dem behauptet werde, es sei „der Männerstaat, der die Dienste von uns verlangt"[71]. Die Weigerung durch Gleichgültigkeit führe zur Aufrechterhaltung der gesellschaftlichen Verhältnisse, denen sich zu verweigern man vorgebe.[72]

Die Kontinuität zwischen dem Nationalsozialismus und den 1980er Jahren verortet Brenner in der strukturellen Gewalt, die Menschen auf die Anforderungen der Leistungsgesellschaft zurichtet, diszipliniert, kontrolliert, im Zweifelsfall psychiatrisiert, kriminalisiert und wegsperrt. Ausgeübt werde sie in und durch Familie und soziale Berufe.[73] Das aber sei eine „Frauendomäne"[74], die Frauen in einer männerdominierten Gesellschaft zugewiesen werde. Brenner warnt davor, diese sozialen Tätigkeiten als weibliche Tätigkeiten zu verklausulieren und – wie es in Stoehrs Artikel geschehe – nicht mehr auf ihre Verwobenheit mit Gewalt und Disziplinarmacht zu befragen. Brenner kritisiert demnach, dass Stoehr, beziehungsweise eine feministische Linie, für die Stoehr stehe, Alltag, Familie und die Orientierung auf persönliche Beziehungen zwar zum Ausgangspunkt und Ort einer anderen, feministischen Politik erkläre, diese Bereiche aber zugleich als je schon gegeben und unberührt von Gewalt, Disziplinarmacht und Politik (im bürgerlichen Sinne)

68 Ebd. 91.

69 Ebd. 90.

70 Ebd.

71 Ebd. 91.

72 Ebd.

73 „Dieser familiale Zusammenhang, diese so strukturierten und gelebten Nähe-Beziehungen (mit ihrer Unterscheidung von privat und öffentlich, mit ihrer Ideologie des herrschaftsfreien Raumes), die Familie selbst IST ein solcher handlungsstrukturierender Zusammenhang: ein gesellschaftliches Verhältnis, ein Staat im kleinen, auf dessen ‚sanfte Macht' unsere neuen Regierenden nicht zu unrecht [sic] ihre Hoffnungen heute setzen", ebd. 90.

74 Ebd.

missverstehe. Damit kritisiert Brenner Stoehrs „Trennung der geschlechtsspezifischen Verantwortung". Aus ihr resultiere der Rückzug und die Gleichgültigkeit gegenüber gesellschaftlichen Bereichen, die den Frauen äußerlich zu sein scheinen, und damit die Verdrängung der Verwicklung ihrer (sozialen) Tätigkeiten in Gewalt.

Anders als bei Stoehr basiert Brenners Vorstellung von Autonomie demnach nicht auf Rückzug und Verweigerung. Sie führt die vom Staat unabhängig arbeitenden Frauenhäuser der Frauenbewegung bis Ende der 1970er Jahre an,[75] in denen sie „Ansätze" für die Solidarisierung unter Frauen und die Entwicklung „autonomer Lebensformen"[76] sieht. Sie schließt ihren Vortrag mit dem Aufruf, dass die Frauen miteinander über ihre eigene Situation reden müssten und somit über sich selbst sprechen sollten:

> „Wir Frauen müssen reden über die Neuzusammensetzung des Arbeitsmarktes und der Unterklasse und nicht verschweigen, daß viele von uns, sozial gesehen (materiell), zu dieser neuen Unterklasse längst gehören: und andere, wenn auch vergleichsweise wenige, zu der beispielsweise sozialwissenschaftlichen Intelligenz, die oben ihr gutes Geld damit verdient zu analysieren, was unten ausbricht, die das Wissen, das social engineering dazu bereitstellt, wie die sozialen Protestbewegungen paralysiert werden können."[77]

Beide Autorinnen verwenden die Kategorie Frau unterschiedlich. Stoehr begründet sie in einer spezifischen Lebenswelt – dem Alltag – und den Tätigkeiten und sozialen Orientierungen, die aus ihr resultieren. Bei ihr erscheinen die Kategorie Frau wie auch der Alltag als undifferenzierte Einheiten. Was die Frage nach dem feministischen Subjekt und seiner Autonomie angeht, so zeigt sich bei Stoehr die Vorstellung, das Anderssein des Frauseins sei die Basis des feministischen Subjekts. Autonomie bestehe im Rückzug auf die Bereiche, in denen Frauen tätig sind unter Absehung der Intervention in die gemeinhin als Politik bezeichneten, gesellschaftlichen Bereiche.

Brenner richtet sich gegen die Vorstellung einer abgetrennten, frauenspezifischen Alltagswelt. Die Trennung von Alltag und Politik situiert den Alltag jenseits von struktureller Gewalt und ermöglicht es, Frauen aus der Verantwortung zu nehmen, ohne die ökonomischen und sozialen Probleme oder Dilemmata tatsächlich zu lösen. Sie kritisiert eine Verwendungsweise der Kategorie Frau, die unterschiedslos alle Frauen, unabhängig von ihrer Klassenzugehörigkeit, ihrer politischen Einstellung, Bewusstsein und Handlungen

75 Ab den 1980er Jahren wurden die seit 1976 von der Frauenbewegung aufgebauten selbstorganisierten und -verwalteten Frauenhäuser in der BRD von Staat und Kommunen finanziert und professionalisiert und verloren damit größtenteils ihre organisatorische und politische Autonomie; Lenz 2010, 285f.

76 Brenner 1983, 91.

77 Ebd.

und ihrer Verfolgung oder Nichtverfolgung durch den Nationalsozialismus, subsumiert. Das Subjekt Frau, das sie entwirft, ist bestimmt von der kapitalistischen Klassengesellschaft. Von diesem Subjekt Frau unterscheidet Brenner ein feministisches Subjekt. Von ihm verlangt sie, die jeweilige Klassenlage und die eigene durch den Zwang zu Lohnarbeit produzierte Verstrickung in Macht und Gewalt zu begreifen. Autonomie bedeutet für sie der Aufbau selbstorganisierter, solidarischer Gegeninstitutionen, die sie in Ansätzen in den autonomen Frauenhäusern erblickt. Brenners Aufsatz vertritt innerhalb der *Schwarzen Botin* eine Autonomievorstellung, die denjenigen Äußerungen aus der Anfangszeit der Zeitschrift entgegengesetzt sind. So hatte die Zeitschrift 1977 noch die Verweigerung proklamiert und geschrieben: „Die Macht der Frauen lässt sich nicht wie männliche Stärke anwenden, sondern durch die totale Absage und den totalen Entzug.“[78]

Unter anderem den Hinweis auf die Klassenzugehörigkeit greift Stoehr in ihrer Antwort auf. Sie sieht darin aber eine unzulässige Subsumierung von Frauen unter Männergruppen. Sie verteidigt ihren Versuch, den feministischen Maßstab einer Frauenpolitik angelegt zu haben, und nimmt den Bogen, den Brenner zur Frauenbewegung der 1980er Jahre schlägt, auf. Ein Feminismus, der nicht von einer „grundsätzlichen Unterscheidung zwischen Männern und Frauen“[79] ausgehe und nicht „eine Frauenpolitik für möglich halte, die sich grundsätzlich von Männerpolitik unterscheidet“[80], trage im Namen der Gleichheit zur „Auslöschung des weiblichen Geschlechts“[81] bei – was der „Nationalsozialismus [...] schon vorgeführt“[82] habe.

In der 4. Ausgabe der *Emma* von 1984 interveniert Ingrid Strobl in die Debatte. Auch sie hebt die Relevanz der Klassenzugehörigkeit von Frauen hervor. Die Frauenbewegung habe die Klassentheorie der Linken erweitert:

> „Wir haben der Linken entgegengehalten, daß der Satz, ‚Der Proletarier hat nichts zu verlieren als seine Ketten‘, nicht stimmt, weil er seine Frau zu verlieren hat, seine private Leibeigene. Diese feministische Analyse war nicht etwas einschränkend, sondern im Gegenteil, umfassender. Sie hat die Klassen- und Rassenunterschiede nicht ignoriert, sondern in Zusammenhang gestellt mit der ursprünglichen Unterdrückung, die beiden zugrundliegt, in beiden noch einmal enthalten ist mit der Geschlechterunterdrückung.“[83]

Entgegen dieser feministischen Erweiterung vereinseitige Stoehrs Position die Analyse und werde dadurch falsch: Feministische Politik auf das Frau-

78 Anonym 1977b, 4f.
79 Stoehr 1984, 60.
80 Ebd.
81 Ebd.
82 Ebd.
83 Strobl 1984, 35f.

sein zu gründen, beruhe auf der fragwürdigen, weil biologistischen, Ansicht, Frauen seien anders. Dass diese argumentative Figur nicht neu ist, stellt Petra Dönselmann im Sande in ihrem Vortrag auf der 7. Sommeruniversität 1984 heraus. Sie verweist auf die bürgerliche Tradition, „Weiblichkeit zum Garanten des schlechthin Anderen und Besseren“[84] zu erklären.

In gewissen Punkten ist die Auseinandersetzung zwischen Brenner, Stoehr, Strobl und Dönselmann im Sande exemplarisch: Stoehrs Behauptung, Frauen werde die Schuld am Nationalsozialismus zugeschoben, obwohl sie von der Auslöschung bedroht gewesen seien, bestätigt das Bild, die feministische Forschung zum NS habe nichtverfolgte deutsche Frauen zu Opfern erklärt. Zugleich sind Brenners, Strobls und Dönselmann im Sandes Debattenbeiträge aus der gleichen Zeit die Kritik an dieser Position und der Versuch, die Frage nach Zustimmung am und Aufrechterhaltung des Nationalsozialismus differenziert zu untersuchen. Zuletzt zeigt die Auseinandersetzung, dass „der Bezug zu politischen Fragen der achtziger Jahre im Vordergrund“[85] gestanden hat. Sie dreht sich um die Frage, was feministische Politik sein, wie sie sich zu institutionellen Formen der Politik verhalten solle und was das aus ihren Anfangsjahren der 1970er Jahre stammende Prinzip der Autonomie bedeuten könne. Umstritten ist zudem, ob Frausein eine politische Kategorie ist oder nicht, ob sie als Anderssein bestimmt werden und welche Rolle die Kategorie Klasse für feministische Analysen spielen soll.

7.2 Mutterkult und Nationalsozialismus

Die Thematisierung von Mutterschaft, die im Historikerinnenstreit aufgenommen wird, findet sich ebenfalls drei Jahre zuvor in Beiträgen der *Schwarzen Botin*. In der Ausgabe 20 des Jahres 1983 analysieren die Kulturwissenschaftlerin Gerburg Treusch-Dieter und Renate Steinchen, Dozentin an der Akademie der Künste Berlin, den nationalsozialistischen Mutterkult. Sie untersuchen nicht die tatsächliche Lebenssituation und die Handlungen von Müttern, sondern die ideologische und symbolische Ebene der Überhöhung der Mutterschaft und ihre Funktion. Steinchen zeichnet in „Von der ‚geistigen Mutter‘ zur Trägerin des Mutterkreuzes. Entstehung und Wirkung des Mutterkults im Faschismus“ den Weg von der kulturellen Aufwertung zur „geistigen Mutterschaft“[86] durch Teile der ersten Frauenbewegung bis zur Indienstnahme durch den Nationalsozialismus nach, ohne jedoch einen direkten Wirkungszusammenhang zu behaupten. Zusätzlich zum Ideal der biologischen Mutterschaft werde im NS die Aufopferung für das Volk als weib-

84 Dönselmann im Sande 1984, 273.

85 Zu diesem Urteil kommt die Historikerin Johanna Gehmacher bezogen auf die Debatte zwischen Irene Stoehr und Hildegard Brenner; Gehmacher 1994, 139f.; auch Reese/Sachse 1990, 86; auch Lenz 2010, 509ff.

86 Steinchen 1983, 117.

liche Tugend naturalisiert und so zur „Dienstverpflichtung für die Gesamtheit“[87]. Der so generalisierte „Mutterkult um ‚Arierfrauen‘“ korrespondiere mit der „Verfolgung und Tötung ‚artfremden‘ Lebens.“[88] Steinchen hebt die „symbolische Aufwertung“[89] der bisher gesellschaftlich als wertlos erachteten Arbeit von Frauen durch die NS-Geschlechterpolitik hervor. Diese Arbeit erfahre nun Anerkennung, werde aber zugleich als „Akt der Liebe“[90] naturalisiert und zur wesenhaften Eigenschaft der Frau erklärt. Mit der Thematisierung der „symbolischen Aufwertung“ erhellt Steinchen die Frage, worin die Attraktivität des Nationalsozialismus für nichtverfolgte deutsche Frauen womöglich gelegen haben mag.

Dieser Gedanke findet sich ähnlich in Gerburg Treusch-Dieters Aufsatz „... Ferner als die Antike ... Machtform und Mythisierung der Frau im Nationalsozialismus und Faschismus“ ebenfalls in der 20. Ausgabe. Sie stellt zu Beginn ihres Aufsatzes die Frage, welche Erklärungen sich fänden für die Tatsache, dass es

> „den Nazis und auch den Faschisten gelang, die Uhren nach ca. 50 Jahren politischer Emanzipationsgeschichte der sogenannten alten Frauenbewegung zurückzudrehen und die Frauen, die eben angefangen hatten, im Arbeitsprozeß und in den öffentlichen Institutionen produktiv zu werden, aus diesen eroberten Stellungen hinauszudrängen und sie dabei auf sich und ihre ‚blutrünstige Männerdiktatur‘ zu verpflichten – ohne daß die Frauen dabei das Bewußtsein hatten, ihre Emanzipation aufzugeben, oder doch?“[91]

Der Nationalsozialismus habe die „Pervertierung des emanzipatorischen Wunsches der Frauen“[92] betrieben, indem er ihre aus der Öffentlichkeit „ausgeschlossene[...] Position als Hüterin des Herdes“[93] öffentlich gemacht habe: Die „Mutter-Position“[94] werde zum „öffentlichen Dienst“[95] an Volk und Rasse. Die Kritik der Ersten Frauenbewegung an der bürgerlichen Trennung von Privatheit und Öffentlichkeit scheint sich im NS einzulösen durch die Anerkennung der Sozialisations- und Mutterfunktion und durch ihre direkte Indienstnahme im Namen eines übergeordneten Ganzen des deutschen Volkes. Diese Funktion wird naturalisiert und der Frau als Identität zugeschrieben.[96] Die nationalsozialistische Geschlechterordnung erweckt den Anschein, die

87 Ebd. 119.
88 Ebd. 122.
89 Ebd.
90 Ebd.
91 Treusch-Dieter 1983a, 100.
92 Ebd. 108.
93 Ebd.
94 Ebd.
95 Ebd.
96 Ebd.

Probleme der bürgerlichen Gesellschaft wie die Trennung von Privatheit und Öffentlichkeit zu lösen, indem es sie aber tatsächlich in eine neue Form der Herrschaft überführt.[97] Mutterschaft als Dienst am deutschen Volk erhalte so ihre Funktion in der nationalsozialistischen Ideologie: „Mütterlichkeit im Zeichen der Selbstaufopferung und der damit notwendig werdenden Mythisierung“[98] könne, so schließt Treusch-Dieter ihren Aufsatz, das „Unmenschlichste schlechthin“[99] werden.[100]

7.3 Sexualität und Faschismus

Die Frage nach Zustimmung und Anziehung von Frauen zu Faschismus und Nationalsozialismus hatte sich die kommunistische Journalistin und spätere EU-Politikerin Maria Antonietta Macciocchi in einem Interview aus der belgischen Zeitschrift *GRIF* gestellt, das in der 2. Ausgabe der

Schwarzen Botin 1977 in deutscher Übersetzung publiziert wird. Im Jahr 1976 erschien Macciocchis Band *Jungfrauen, Mütter und ein Führer. Frauen im Faschismus* auf Deutsch, in dem sie unter anderem auf die faschistische Sprache und ihre „sexuelle[…] Repräsentanz“[101] eingeht. Die Anziehungskraft des italienischen Faschismus für Frauen findet Macciocchi nicht nur in der Funktionalisierung von Mutterschaft und Fortpflanzung, sondern auch im faschistischen „Diskurs der Sexualität“[102]. Mussolini reduziere die Frauen auf ihre „erotische Beziehung zu einem Mann“[103] und spreche sie als Mütter und Witwen an, denn als solche hätten sie eine erotische Beziehung zu ihrem Ehemann oder inzestuös zum im Krieg gefallenen Sohn gehabt. Die faschistische Sprache habe es geschafft, sexuelle Triebe bei den Frauen zu erregen und sie zugleich in reglementierte Bahnen der monogamen Ehe, deren Funktion die Fortpflanzung ist, zurückzuführen.[104] Die Kommunistische Par-

97 Nach Treusch-Dieter hat die scheinbare Aufhebung der Trennung von Privatheit und Öffentlichkeit eine ähnliche Funktionsweise wie die Stillstellung des Klassenantagonismus im Namen der nationalsozialistischen, scheinbar klassenlosen Volksgemeinschaft.

98 Ebd. 111.

99 Ebd.

100 Es kann hier nicht erörtert werden, inwiefern die Beiträge von Treusch-Dieter und Brenner in der *Schwarzen Botin* vorwegnehmen, was nach der US-amerikanischen Historikerin Ann Taylor Allen in der Geschlechterforschung zum NS erst in den 1990ern thematisiert worden sei: die Auflösung der Sphären des Privaten und des Öffentlichen, die Veröffentlichung des Privaten und das Eindringen des Staates in die Familie in der NS-Gesellschaft; Allen 1997, 358f.

101 Macciocchi/GRIF 1977, 6.

102 Ebd. 8.

103 Ebd. 6.

104 Ebd. Die erotische Aufladung der Sprache legt Macciocchi an einem Beispiel dar. Mussolini habe die Frauen dazu aufgerufen, ihre Eheringe aus Gold zur Staatsfinanzierung abzugeben und dafür einen Blechring zu erhalten. Dem Aufruf kamen

tei Italiens habe es in ihrem antifaschistischen Kampf vor dem ebenso wie nach dem Faschismus versäumt, die „Frage der Sexualität als Frage des sexuellen Verhältnisses der Geschlechter“[105] zu stellen. Macciocchi schließt, dass die Frauenbewegung die „Widersprüche im Inneren dieser Bewegung [der Arbeiterinnenbewegung, K. L.] selbst aufbrechen“ müsse, „wo die männliche Dominanz total und absolut ist.“[106]

Dass *Die Schwarze Botin* in ihrer 2. Ausgabe 1977 ein Interview mit Macciocchi veröffentlicht, verdeutlicht nicht nur, welchen Stellenwert die Auseinandersetzung mit Faschismus und Nationalsozialismus für das Kritikprogramm der Zeitschrift einnimmt.[107] Vielmehr positioniert sie sich damit hinsichtlich des Erkenntnisinteresses, das eine feministische Auseinandersetzung und Aufarbeitung antreiben solle: die Frage nach der Zustimmung der Frauen zu Faschismus und Nationalsozialismus und nach deren Anziehung auf Frauen. Sie wird, wie sich anhand der Ausgabe 20 gezeigt hat, in späteren Beiträgen aufgegriffen und weiterbearbeitet.

7.4 Antisemitismus

Die österreichische Historikerin Johanna Gehmacher schreibt in ihrem Aufsatz „Feministische Geschichtsforschung und die Frage nach Antisemitismus von Frauen“ aus dem Jahr 1994, Macciocchi sei eine der ersten Feministinnen gewesen, die der Zustimmung von Frauen zum Faschismus nachgegangen sei.[108] Allerdings spare auch Macciocchi die „Frage nach einem möglichen Antisemitismus von Frauen – sei er nun geschlechtsspezifisch oder nicht –“[109] aus. Die Frage nach dem Antisemitismus *von Frauen* wird in keinem Beitrag der *Schwarzen Botin* aufgegriffen; sehr wohl wird aber der Antisemitismus unter den Deutschen – ohne geschlechterspezifisch zu differenzieren – und sein zentraler Stellenwert für die nationalsozialistische Ideologie herausgestellt.

tausende Frauen nach. Macciocchi deutet diesen Akt als Heirat mit dem Duce, der so Ehemann und Geliebter wird.

105 Ebd. 9.

106 Ebd.

107 Die Gewichtung der Auseinandersetzung mit Faschismus und Nationalsozialismus macht schon der Aufsatz „Der Faschismus als höchstes Stadium banaler Herrschaft“ von Gabriele Goettle aus der Nr. 1 der *Schwarzen Botin* deutlich. Goettle versucht in ihm kulturelle Kontinuitätslinien des Bewusstseins aufzuzeigen, in denen die NS-Ideologie verstanden werden müsse; Anonym/Goettle 1976e, 9–18.

108 Gehmacher 1994, 131–159.

109 Ebd. 135. Darüber hinaus schreibt Gehmacher, Macciocchi begreife Frauen zwar als Beteiligte am Faschismus und vertrete nicht die Ansicht, sie seien teilnahmslos oder ausschließlich Opfer gewesen. Jedoch kritisiert sie, die „Zustimmung von Frauen zu einer Ideologie der Macht“ (ebd.) komme bei Macciocchi „ohne den masochistischen Umweg […] ebensowenig in den Bereich des Möglichen wie eine Teilhabe von Frauen an sozialen Konflikten außerhalb des Geschlechterverhältnisses“ (ebd.).

Folgt man Gehmachers Einschätzung, dass bis 1994 in der „feministischen Geschichtsforschung [...] Antisemitismus bislang nur selten thematisiert"[110] wird, so stellt *Die Schwarze Botin* wohl eine der seltenen Ausnahmen dar. Allerdings finde sich, so Gehmacher, „noch seltener [...] die Frage nach dem Antisemitismus von Frauen"[111] und die Reflexion der antisemitischen Ideologie innerhalb der bundesdeutschen Gesellschaft und in den Reihen der Frauenbewegung. Hier ist *Die Schwarze Botin* keine Ausnahme. Diese Auseinandersetzung beginnt erst durch die Kritik jüdischer Feministinnen ab Ende der 1980er Jahre.[112]

Anlässlich der US-amerikanischen TV-Serie *Holocaust*, die 1979 in der BRD ausgestrahlt wird, veröffentlicht Gabriele Goettle im selben Jahr in der 10. Ausgabe der *Schwarzen Botin* den Aufsatz „Tele-Visionen. Anmerkungen zu Holocaust". Sie hält die Fernsehserie nicht für eine gelungene Form der Auseinandersetzung mit der eigenen Verstrickung in den NS und findet darin keine Anzeichen für eine Aufarbeitung, die über Lippenbekenntnisse hinausgehe. Vielmehr konstatiert sie das Fortleben einer Mentalität und ihrer Bedingungen, die den Nationalsozialismus ermöglichten und in der BRD fortlebten. Anpassung und Verantwortungslosigkeit bestimmten die „Mentalität des Durchschnittsdeutschen"[113]:

> „Die radikale Abwesenheit von Vernunft nationalgesinnter und freudiger Massen steht nicht nur in einem Verhältnis zum Fehlen all jener Kenntnisse, die eine solche ermöglichen, sondern hauptsächlich wohl in einem der Bequemlichkeit paradiesischer Verantwortungslosigkeit."[114]

Der Wille, sich einzufügen und mitzumachen, da „Sicherheit, Gemütlichkeit und Heimat"[115] in Aussicht stehe, treffe auf die „Tradition des Judenhasses"[116] und des Antisemitismus. Er „diente von Anfang an der NSDAP als propagandistisches Instrument".[117] Die Wirkmacht des Antisemitismus verknüpft Goettle mit der scheinbaren Evidenz von Erfahrung: Das antisemitische Bild des „blutsaugerischen jüdischen Bankiers"[118] sei dem „Kleinbürgertum"[119], das abhängig von „Bankkrediten" war, „als Begriff eigener Erfahrungen"[120] erschienen. Goettle schreibt ihren Aufsatz zugleich in ihre Gegenwart der

110 Ebd. 132.
111 Ebd.
112 Baader 1993, 82–94; Kohn-Ley/Korotin 1994.
113 Goettle 1979c, 15.
114 Ebd. 16.
115 Ebd. 21.
116 Ebd. 14.
117 Ebd. 16.
118 Ebd. 14.
119 Ebd.
120 Goettle 1979, 14.

1970er Jahre hinein, in denen sie das Fortleben der Bedingungen erkennt, die den Nationalsozialismus ermöglicht haben:

> „Die Ausrottung mit dem Blick nur auf das unmittelbar vor Augen liegende [sic] ist Alltag. [...] Die Unzurechnungsfähigkeit einer auf Gewinne programmierten Gesellschaft und ihres Systems drückt sich aus in einer grenzenlosen Rohheit der Sinne, und sie stellt Übel her, deren Ausmaß ihr verborgen bleiben. Charaktere wie z. B. Höss oder Himmler sind in der Mentalität zahlloser Beamter, Politiker, Ärzte, Industrieller usf. wiederzuerkennen."[121]

Die Vernichtung von Menschen sei immer noch Alltag, der Normalvollzug der kapitalistischen Weltgesellschaft. Doch es interessiere „den Deutschen" wenig,

> „daß z. B. der Siemenskonzern, der schon im Nationalsozialismus die Arbeitskraft erschöpfter Häftlinge ausschöpfte, auch jetzt in Südafrika in der selben [sic] Weise Unterdrückung produktiv macht. Allerdings interessiert ihn sehr der dreckige Kanake mit dem Gemüseladen an der Ecke, und noch mehr der am Arbeitsplatz."[122]

Daher sei es ein nichtssagendes Lippenbekenntnis, wenn angesichts der TV-Serie *Holocaust* in der Öffentlichkeit versichert werde, dass „[s]o etwas [...] nie wieder passieren"[123] dürfe. Die Fähigkeit, sich mit der Erfahrung des Nationalsozialismus auseinanderzusetzen, sei trotz aller öffentlichen Beteuerungen nicht vorhanden. Diese Verlautbarungen zeigten nur, dass die Erschütterung der Deutschen, hervorgerufen durch die Fernsehserie, die selbstbezogene Erschütterung über das „Ausmaß ihrer eigenen Erschütterung"[124] sei.

Ähnlich wie Brenner thematisiert auch Goettle Erfahrung nicht als ungebrochene Bezugsgröße. Im Gegenteil nimmt sie vielmehr eine Erfahrungs*un*fähigkeit ihrer bundesdeutschen Zeitgenossinnen wahr. Die Auseinandersetzung mit dem Nationalsozialismus und dem Faschismus in der *Schwarzen Botin* ist, wie in Goettles Aufsatz ebenso wie in der 20. Ausgabe deutlich hervortritt, bezogen auf die Gegenwart der BRD der 1970er und 1980er Jahre.[125]

121 Goettle 1979c, 22.

122 Ebd. 21.

123 Ebd. 22.

124 Ebd. 13.

125 Neben den schon angeführten Beiträgen widmet sich auch die Literaturwissenschaftlerin Gisela Dischner in der 20. Ausgabe der *Schwarzen Botin* in ihrem Aufsatz „Autoritärer Charakter und Frauenbild im Faschismus – Phänomene der Vergangenheit?" dem Fortleben eines autoritären Sozialcharakters in der BRD, in der ein „Automatisierungsprozeß" im Gange sei, durch den sich der „Einzelne [...] als funktionierendes Moment eines undurchschaubaren Ganzen" (Dischner 1983, 95) erfahre, was die Autorin als Merkmal eines „technokratische[n] Faschismus" versteht (ebd. 99).

7.5 Zwischenresümee

Die Beiträge in der *Schwarzen Botin* zu Faschismus und Nationalsozialismus sind keine soziologischen oder historischen Studien, sondern größtenteils Analysen der Ideologie und des Symbolischen als allgemeines, teils unbewusstes Wissen und Wahrnehmungsmuster. Insofern thematisieren die Beiträge Frauen auch nicht pauschal als Opfer, sondern fragen danach, wie der Nationalsozialismus und der italienische Faschismus eine solche Attraktivität entwickeln konnten, dass sie trotz ihres Maskulinismus und ihrer Misogynie bei Frauen Zustimmung hervorriefen. Schon vor dem Historikerinnenstreit schenken die Beiträge ihre Aufmerksamkeit der Untersuchung der Zustimmung und Anziehungskraft, die Nationalsozialismus und Faschismus auf nichtverfolgte Frauen ausgeübt hat. Unklar bleibt die Vermittlung zwischen dieser – als handlungsstrukturierend angenommenen – ideologischen und symbolisch-kulturellen Ebene zu den tatsächlichen Handlungen der Subjekte ebenso wie zu den ökonomischen und sozialen Bedingungen.

Die Beiträge stellen alle einen Bezug zur Gegenwart der Autorinnen her. Ihnen geht es nicht darum, NS und Faschismus als rein historische Phänomene zu verstehen und einer von der Gegenwart scheinbar loslösbaren, geschichtswissenschaftlichen Analyse zu unterziehen. Vielmehr verstehen die Beiträge ihre Auseinandersetzung als Kritik einer postnazistischen Gesellschaft, in der die Bedingungen und Elemente nationalsozialistischer und faschistischer Ideologien fortleben. In einer Entwendung des Diktums Theodor W. Adornos lässt sich sagen, dass *Die Schwarze Botin* das „Nachleben" der Geschlechterordnung des Nationalsozialismus in der Demokratie für bedrohlich hält. Die Zeitschrift stellt sich so in die Tradition der Studentinnenbewegung vor 1968 und ihrer eingehenden Auseinandersetzung mit dem Nationalsozialismus und der Verstrickung ihrer Elterngeneration in die Ausgrenzungs-, Vernichtungspolitik und den Krieg.[126] Sie hatte ein deutliches Bewusstsein davon, dass die BRD auf einem Leichenberg aufgebaut worden und die Entnazifizierungspolitik gescheitert war. Ihre Politik und Kritik entzündete sich daran, dass in staatlichen Institutionen, in Politik und in privaten Unternehmen ebenso wie in der Bundeswehr die alten Eliten wieder in Machtpositionen gekommen waren, während die restliche Mehrheit der deutschen Bevölkerung in Erinnerungen an die Zeit in der Hitlerjugend, dem Bund Deutscher Mädel oder der Wehrmacht schwelgte und nichts einzuwenden hatte gegen den Lauf der Dinge in Vergangenheit und Gegenwart.[127]

Die Zeitschrift *Die Schwarze Botin* entwickelt ihr Kritikprogramm im Bewusstsein, in einer postnazistischen Gesellschaft feministische Kritik zu üben. Darin liegt, so denke ich, ein Imperativ an die Frauenbewegung, der vonseiten der *Schwarzen Botin* formuliert wird. Auch die Frauenbewegung

126 Benicke 2010, 39ff.
127 Wagenbach 2006, 190.

entsteht in der postnazistischen Gesellschaft und solle sich dazu verhalten. Treusch-Dieter formuliert in ihrem Aufsatz:

> „Die Beschäftigung mit dem Nationalsozialismus und Faschismus [...] ruft notwendig die Gründe und Ausgangsbedingungen des heutigen Feminismus auf den Plan, denn die Auseinandersetzung mit dem Kulturcharakter der Frau, mit den in ihn einprogrammierten Herrschaftsmechanismen, die den heutigen Feminismus und die Radikalisierung seiner Kritik seit spätestens 1976 kennzeichnet, muß nicht zuletzt als ein Resultat des Schocks darüber gelten, wie leicht es den Nazis und auch den Faschisten gelang, die Uhren nach ca. 50 Jahren politischer Emanzipationsgeschichte der sogenannten alten Frauenbewegung zurückzudrehen [...]."[128]

Vor allem Treusch-Dieter, Steinchen und Macciocchi thematisieren die faschistische und nationalsozialistische Geschlechterordnung, die Aufwertung der Mutterschaft im Namen der rassischen „Volksgemeinschaft" bei gleichzeitiger Reduzierung der Frau auf ebendiese, ebenso wie die sexuelle Dimension als Grundpfeiler faschistischer und nationalsozialistischer Ideologie. Ihre feministische Perspektive richtet sich demnach darauf, welche Funktion Weiblichkeitsbilder in der nationalsozialistischen und faschistischen Ideologie erfüllen und welche Geschlechterbilder entworfen werden, in denen sich Frauen wiederfinden konnten und die ihre Zustimmung und Integration in NS und Faschismus ermöglicht haben. Es sind diese Weiblichkeits- und Geschlechterbilder, ihre Funktionsweise und ihre Herstellung, die die Beiträge der *Schwarzen Botin* in den Blick nehmen.

In den Beiträgen zur Geschlechterordnung des NS und des Faschismus treten drei Elemente hervor: Die Autorinnen thematisieren die Naturalisierung von sozialen Geschlechtscharakteren, Eigenschaften und Tätigkeiten, ebenso die Auflösung des Individuums in einem übergeordneten, scheinbar höheren Ganzen und die Vorstellung einer unmittelbaren Evidenz der Erfahrung. Diese Elemente werden von den Autorinnen der *Schwarzen Botin* in unterschiedlichen historischen, gesellschaftlichen und kulturellen Konstellationen entdeckt, analysiert und kritisiert. In ihnen erkennt die Zeitschrift Kontinuitätselemente der unfreien Geschlechterordnung. Sie werden als Gegenstand der Kritik im Kritikprogramm der Zeitschrift immer wiederkehren, nicht zuletzt in ihrer Kritik an der autonomen Frauenbewegung.

128 Treusch-Dieter 1983a, 100.

8. Die negative Kritik der *Schwarzen Botin*

Wie die Soziologin Sabine Hark gezeigt hat, wird die feministische Theoriebildung der autonomen Frauenbewegung in den Narrationen der späteren, institutionalisierten Geschlechterforschung und Gender Studies allzu oft homogenisiert und ihre vermeintliche Unterkomplexität beklagt.[1] Unkenntlich wird so, dass die feministische Theoriebildung sich in konfliktreichen Auseinandersetzungen entwickelt hat. In den folgenden Kapiteln wird sich zeigen, dass das Kritikprogramm der Zeitschrift *Die Schwarze Botin* Aspekte vorwegnimmt, die in der späteren Kritik gegen Theorie und Praxis der autonomen Frauenbewegung angeführt werden. Denn es sind gerade die Identitätssuche, die Frage nach der feministischen Theorie und Kritik des Subjekts und die Berufung auf Erfahrung als Grundlage von Theorie und Praxis, die von Autorinnen der Zeitschrift problematisiert werden. Es geht nicht darum, das Kritikprogramm der *Schwarzen Botin* als den richtigen, besseren oder gar authentischen Feminismus der Frauenbewegung misszuverstehen. *Die Schwarze Botin* stellt *einen* Teil *einer* Strömung der autonomen Frauenbewegung dar. Anhand ihres Kritikprogramms zeigt sich, dass sich die Herausbildung feministischer Theorie in konfliktreichen Auseinandersetzungen vollzog. Die autonome Frauenbewegung und ihre theoretischen Auseinandersetzungen und Kritikentwürfe sind nicht nur nicht einheitlich. Vielmehr enthalten sie unabgegoltene Momente, denn einige Probleme von damals sind noch nicht gelöst, auch wenn sie sich heute anders darstellen.

8.1 Das Bild der autonomen Frauenbewegung als Folie der Kritik der *Schwarzen Botin*

Ausgehend von ihrer Konzeption, „aus der Frauenbewegung eine Kritik der Frauenbewegung“[2] zu entwickeln, erstreckt sich die „Auseinandersetzung mit feministischer Theorie und Praxis“[3] in der *Schwarzen Botin* von anfänglichen Auseinandersetzungen mit *Courage* und *Emma* bis hin zu den Abschiedsworten in der letzten Ausgabe. Die Kritik folgt einer Denkbewegung, die sich durch Abstoßung von ihrem Gegenstand bestimmt: So bringt die

1 Hark 2005.

2 B. C. 1983, 1.

3 Die Schwarze Botin 1976, 9. Die Zeitschrift stellt klar, dass es ihr ebenfalls um die „Zerstörung patriarchalischen Selbstverständnisses“ geht; ebd.

Zeitschrift ihre Vorstellungen davon, was und wie feministische Kritik sein *soll*, in einen Gegensatz zu dem, was und wie die Frauenbewegung in ihren Augen *ist*. Sie kritisiert grundlegende Aspekte des Selbstverständnisses der autonomen Frauenbewegung – wie ihre Suche nach Identität, ihr Politik- und Praxisverständnis und ihr Verhältnis zu Intellektualität. Der Identitätssuche stellt sie die Entwicklung der Individualität entgegen, der positiven Bestimmung von Frausein die Negativität der Kritik.

Es wird sich zeigen, dass sich die Kritik der *Schwarzen Botin* zuspitzt und polemisiert. Diese Form der Kritik kann einerseits den Effekt haben, durch Pointierung manifest wie auch latent vorhandene Tendenzen in der Frauenbewegung deutlich zu machen und aufzuklären. Andererseits führt dieses Vorgehen allzu oft zu Vereinseitigungen, denn die Zuspitzung einer Tendenz verlangt Vereindeutigung, wodurch Gegentendenzen übersehen werden. Das Bild der autonomen Frauenbewegung, das *Die Schwarze Botin* zeichnet, ist demnach keine differenzierte Darstellung der Frauenbewegung der 1970er und 1980er Jahre. Die Kritik der *Schwarzen Botin* an der autonomen Frauenbewegung, ihren praktischen und theoretischen Tendenzen gibt Auskunft darüber, wie und was feministische Kritik in den Augen *einer* Akteurin der Frauenbewegung sein soll, beziehungsweise wie und was feministische Kritik nicht sein soll. *Die Schwarze Botin* zeichnet ein fragwürdiges Bild der vorherrschenden Frauenbewegung, das ihr als Folie der Kritik dient und entwirft sich als eine der schärfsten feministischen Kritikerinnen der Frauenbewegung. Der Kritik*modus* der *Schwarzen Botin* ist ein negativer: Sie erarbeitet ihre Kritik, indem sie sich negativ auf die Frauenbewegung bezieht. Insofern *Die Schwarze Botin* Teil der autonomen Frauenbewegung ist, kann sie als Element der Selbstkritik der Bewegung verstanden werden. Allerdings findet in der Zeitschrift keine Reflexion und Einordnung ihrer eigenen Positionen statt, wodurch das potenziell selbstkritische Verhältnis der Zeitschrift zur Bewegung von Abgrenzungsbedürfnissen überlagert wird. *Die Schwarze Botin* bleibt auf Theorie und Praxis der autonomen Frauenbewegung bezogen, auch wenn sie Denken und Handeln der Bewegung negiert und verwirft. Das Leitmotiv des Kritikprogramms lässt sich zusammenfassen in der Bestimmung: Feministische Kritik ist negativ, oder sie ist keine Kritik.

Identitätssuche als Wiederholung des Immergleichen?

In der 1. Ausgabe aus dem Jahr 1976 erscheint das Vorwort „Schleim oder Nichtschleim, das ist hier die Frage. An Stelle eines Vorwortes". Der Text erscheint anonym und wird 1979 in dem Sammelband *Die Überwindung der Sprachlosigkeit. Texte aus der neuen Frauenbewegung*, herausgegeben von Gabriele Dietze, wiederabgedruckt. Als Autorin wird hier Gabriele Goettle genannt. Der Text ist die Vorstellung der Zeitschrift *Die Schwarze Botin* und der Motivation der Herausgeberinnen, ein Zeitschriftenprojekt in Angriff zu nehmen. Der Antrieb, eine Zeitschrift herauszugeben, sei die Kritik „alter

Les- und Denkkategorien"[4] und die Kritik der Frauenbewegung. Denn die Frauenbewegung habe bisher nur einen „Kostümwechsel" vollzogen:

> „Die bisherige Entwicklung der Frauenbewegung (es gibt Ausnahmen) macht eher den Eindruck eines Kostümwechsels, um ein Rührstück überschwappender Neuer Weiblichkeit aufzuführen. Bühnen mit geblümten Vorhängen geben den Blick frei auf geblümte Frauen, die vor geblümten Kulissen unverblümte Seichtigkeiten von sich geben, wobei die Frauen, die das Publikum ausmachen, ihrerseits nicht weiter im Verborgenen blühen wollen usw."[5]

Das Bild des Kostümwechsels legt nahe, dass das Neue eine Äußerlichkeit, eine Oberflächlichkeit, keine tiefgreifende und umfassende Erneuerung sei. Wer ein neues Kostüm anlegt, bleibt dieselbe, nur der Anschein, was sie sei, verändert sich. Das Alte *scheint* nur ein Neues zu sein. Die Textpassage suggeriert, hinter den neuen, sichtbaren Kostümen, die sich die Frauenbewegung angelegt habe, verstecke sich das Alte. Das betreffe auch den Willen, aus den überkommenen Erfahrungsmustern auszubrechen:

> „So macht das Verlangen nach Selbsterfahrung und Selbstbestätigung das Selbst immer unsichtbarer, frau läßt sich getrost Gedanken kommen, ohne sich welche zu machen: die neuentdeckten Sinne (Neue Zärtlichkeit, Eigenkörperlichkeit u. s. w.) sollen für das Denken sorgen, sorgen aber nur für sich selbst. Damit ist garantiert, daß die ‚Neuen Erfahrungen' gar nicht erst gemacht werden können, oder immer wieder nur die alten gemacht werden."[6]

Die „geblümten Kostüme" der Frauenbewegung sind, Goettle zufolge, altbekannte Bilder und Eigenschaften von Weiblichkeit und Frausein, wie „Aggressionslosigkeit, Weichheit und frauenspezifisches Denken"[7]. Die Frauenbewegung entwerfe das Bild eines weiblichen Selbst, dass verdecke, was erst aufgedeckt und aufgeklärt werden müsse:

> „Wenn statt der Dinge das Bild von den Dingen untersucht wird, steht es schlimm genug, wenn aber diese Bilder dann Gebrauchsfähigkeit bekommen, die es unmöglich macht, die Dinge überhaupt noch wahrzunehmen, dann ist schon der erste Schritt zur erneuten Unmündigkeit freiwillig getan."[8]

Die Frauenbewegung übernehme gesellschaftlich gebilligte Bilder von Weiblichkeit und Frausein. Das verhindere, sich Konflikten zu stellen und die Kämpfe, die es zu kämpfen gelte, zu bestehen. Ungewollt erhalte die Frauenbewegung daher Zuspruch von gesellschaftlichen Kräften, denen sie zutiefst misstrauen sollte.

4 Anonym/Goettle 1976, 5.
5 Ebd. 4f.
6 Ebd. 4.
7 Ebd.
8 Ebd.

„Das Insistieren der Frauen auf Aggressionslosigkeit, Weichheit und frauenspezifischem Denken hat zur Folge, daß die Konflikte nur da festgestellt werden, wo durch ihre Lösung keine Kollision mit der patriarchalischen Macht entsteht. […] Der Eindruck braver Fortschrittlichkeit und Emanzipation wird belohnt, indem man den eifrigen Gehversuchen im Reservat dubiose Ehrungen spendet. Die Frauen hatten es ja auf das verständnisinnige Wohlwollen der Männer zwar überhaupt nicht abgesehen, erzeugten es aber durch den Verzicht auf eine klare Kampfposition."[9]

Goettle wirft der Frauenbewegung vor, ihre Emanzipationsbestrebungen perpetuierten patriarchale Weiblichkeitsbilder, brächten zwar geringfügige Veränderungen, beließen aber die Grundlagen unverändert, weshalb sie auf Zustimmung stießen, statt fundamentale Konflikte zu provozieren. Wenn die Bilder „Gebrauchsfähigkeit" bekämen, sei „der erste Schritt zur erneuten Unmündigkeit freiwillig getan."[10] In Goettles Kritik scheint die Frauenbewegung sich nicht nur Illusionen über ein weibliches Selbst, sondern dieses illusionäre Selbst zudem zur Grundlage eines Subjekts der feministischen Bewegung zu machen. Goettles Text plädiert für die Selbstbefreiung aus der Unmündigkeit und versteht diese als Selbstaufklärung illusionärer Selbstbilder.

Das Problem des „Kostümwechsels", einer nur scheinbaren Veränderung, formuliert auch die Malerin Sarah Schumann in der 5. Ausgabe der *Schwarzen Botin* im Jahr 1977 in ihren Reflexionen mit dem Titel „Annäherungen". Die Frauenbewegung stehe vor der Frage, wie Tabus wirklich gebrochen werden könnten, wie die Möglichkeit zu Neuem entstehen könnte. Das unzureichende „feministische Angebot"[11] zum Tabubruch sei, „schöne Frauen häßlich, häßliche Frauen schön finden. Alten Frauen das Alter, jungen Frauen die Jugend nehmen"[12]. Doch könne die gewünschte „Grenzüberschreitung"[13] nicht „allein darin bestehen, daß wir als junge Frau uns in eine alte Frau verlieben. Oder daß wir als alte Frauen den Mut haben, mit einem jungen Mädchen ins Bett zugehen."[14] Denn es handle sich um

„Konstellationen, deren herkömmliche Verständlichkeit bereits infrage gestellt ist. Es sind Konstellationen, die wir bereits kennen, weil wir ein Teil von ihnen sind. […] Die Tabus, die es zu brechen gilt, sind so schrecklich, daß wir sie uns bei äußerster Anstrengung nicht vorstellen können. Die Vorstellungskraft reicht dazu nicht aus. Die Tabus liegen auf jeden Fall tief in den gewöhnlichen Gegenständen unserer Umgebung: in der

9 Ebd.
10 Ebd.
11 Schumann 1977, 13.
12 Ebd.
13 Ebd.
14 Ebd.

> Tasche des Kleides. In der Dralongardine. Im leeren Regal. Im Aschenbecher. Im aufgeschlagenen Ei."[15]

Schumann geht es demnach nicht um die Umkehr gesellschaftlich anerkannter Werterelationen: Der Weg der feministischen Umwertung der Werte liegt ihr zufolge nicht darin, das Abgewertete aufzuwerten und das gesellschaftlich als wertvoll Akzeptierte abzuwerten, sondern im Aufbrechen der herrschenden Werterelationen. Das würde bedeuten, das Verhältnis selbst zu ändern und schön nicht länger auf häßlich, jung nicht länger auf alt und – so lässt sich fortsetzen – weiblich nicht länger auf männlich zu beziehen.

Den Gedanken, dass alles beim Alten bleibe, weil die Frauenbewegung bekannte Weiblichkeitsbilder nicht über Bord werfe, greift Goettle in der 7. Ausgabe in ihrem Artikel „Gedanken über mögliche Formen feministischer Anarchie" wieder auf. Sie verdichtet ihn zur Kritik an der Identitätssuche der Frauenbewegung. Goettle kritisiert, die Frauenbewegung gründe das politische Subjekt des Feminismus auf einer Identität, die auf der vermeintlich geteilten Erfahrung von Leid basiere. Die Frauenbewegung lasse sich in ihrer Identitätssuche dazu verleiten, das Werden und Gewordensein der Identitäten zu übersehen. Sie akzeptiere und adaptiere das, was schon gegeben ist:

> „Es ist leicht, auf der Suche nach Identität in die Frauenbewegung zu geraten, noch leichter, solche dort zu finden in der Subjektivität gemeinschaftlicher Leidenserfahrungen. Was weniger leicht, ist offenbar der Schritt von der Erfahrung zur Veränderung von Erfahrungswirklichkeit. Es wäre wichtig, die scheinbare Vorgegebenheit von Identität zu analysieren, umsomehr, wenn sie sich als neues Verhaltensklischee innerhalb der Frauenbewegung einnistet."[16]

Die Erfahrungsbezogenheit feministischer Theorie und Praxis will Goettle um die *Veränderung der Bedingungen der Erfahrung* erweitern, die Identitätssuche um die *Aufklärung der Genese der Identität.* Goettles Artikel deutet ein Verständnis von Identität und Erfahrung an, das beide als geschichtliche und gesellschaftliche Resultate begreift. Bei diesen beiden Texten handelt es sich um formale Skizzen einer feministischen Kritik. Sie sprechen davon, wie die feministische Kritik sein soll, sind aber keine inhaltlich ausgeführte Kritik und *zeigen* insofern nicht, wie eine solche Kritik verfahren könnte. Das übernehmen andere Beiträge der Zeitschrift.

Die Kritik der Identitätssuche greifen auch Brigitte Classen und die Journalistin Uta Ruge in einem Gespräch auf, das in der 19. Ausgabe im Jahr 1983 unter dem Titel „Wünsche nach Kraft durch Freude" veröffentlicht wird. Der Titel ist eine Provokation: Er zieht eine Linie von der nationalsozialistischen Organisation *Kraft durch Freude* zu den Wünschen der autonomen Frauenbewegung. *Kraft durch Freude* war eine Unterorganisation der

15 Ebd.
16 Goettle 1978, 31.

Deutschen Arbeitsfront und diente der Integration der Arbeiterinnenschaft in die nationalsozialistische *Volks- und Leistungsgemeinschaft*.[17] Die beiden Autorinnen schneiden in ihrem Gespräch Themen an, die von der *Schwarzen Botin* immer wieder bearbeitet werden: die Identitätssuche, das Politik- und Praxisverständnis, (Anti-)Intellektualität der Frauenbewegung und ihr Verhältnis zum Staat. Doch nicht nur die Themenwahl und die Positionen von Classen und Ruge machen den Beitrag paradigmatisch. Auch der Gestus, mit dem das Urteil über die Frauenbewegung gesprochen wird, ist exemplarisch für das Kritikprogramm der Zeitschrift. Die Sprache ist scharf, das Urteil vernichtend und die Charakterisierung dessen, was Kritik sei, tritt deutlich hervor: Kritik ist negativ, oder sie ist keine Kritik.

Die beiden Gesprächspartnerinnen sind sich einig: Die Suche der Frauenbewegung nach einer weiblichen Identität habe nicht aus der Sackgasse der Geschlechterstereotypien herausgeführt. Im Gegenteil habe das hauptsächliche Geschäft der Frauenbewegung darin bestanden, alte Stereotype beizubehalten, aufzuwerten und zu bestätigen. Classen sagt über die Bewegung:

> Die „Qualitäten der Frau" seien „besonders hervorgehoben [worden], eben ihr Verzicht auf Gewalt, ihr Bereitsein zum Frausein, wobei das Frausein jetzt plötzlich als das Andere und Bessere hervorgehoben wurde. [...] Diese Weiblichkeit betonte alle Tugenden, die Männer an Frauen immer so geschätzt hatten und die ihre Unterlegenheit ausmachten."[18]

Nicht ihr Verhältnis zu den von Männern beanspruchten Eigenschaften, nicht die Illusion der Komplementarität von Mann und Frau und nicht die Funktion, welche die Frau für das männliche Subjekt spiele, seien konsequent aufgedeckt worden. Auf der Suche nach Identitätsentwürfen, nach etwas, dass sich integrieren lasse in das eigene Leben, in die eigenen Vorstellungen und was den eigenen Wünschen entspräche, greife die Frauenbewegung nach dem, was vorhanden sei: nach den Weiblichkeitsbildern, die der Bilderreigen der androzentrischen Gesellschaft bereit halte. Die Umwertung, welche die Frauenbewegung in ihrer Kulturrevolution intendiert hat, scheint für Classen fruchtlos und gescheitert zu sein.

17 Hachtmann 2012. Die Massenorganisation Deutsche Arbeitsfront diente der Integration der Arbeiterinnen und Arbeiter in die nationalsozialistische „Volks- und Leistungsgemeinschaft" durch die Stillstellung des Klassenkampfes. Ihr Ziel war unter anderem die Zersetzung des linken, sozialistischen und kommunistischen Milieus der Weimarer Zeit, dessen solidarischen Werte und des Bewusstseins über den antagonistischen Klassencharakter der kapitalistischen nationalsozialistischen Gesellschaft. Sie bewerkstelligte die Disziplinierung der Lohnabhängigen und schaffte zugleich auch Anreize. So bot ihre Unterorganisation Kraft durch Freude in rassistischer Weise „Gefühlswelten" einen Platz, „die das Gegenteil kapitalistischer Eiseskälte und individualistischer Konkurrenz markierten", Hachtmann 2012, 116.

18 Classen/Ruge 1983, 54.

„Frauen waren ausgeschlossen aus dem sogenannten Gemeinwesen und züchteten eine Form von Innerlichkeit, die nun in der Übernahme männlicher Einschränkungen gehätschelt wird. Der Feminismus bot ihnen neue Identifikationsmöglichkeiten, die die alten waren. Nur wird von Frauen jetzt positiv gewertet, was sie vorher als ihre Reduktion erkannt hatten."[19]

Die Identitätssuche der feministischen Zeitgenossinnen sei nichts weiter als die implizite Übernahme der Eigenschaften, die in der androzentrischen bürgerlichen Gesellschaft den Frauen schon immer zugewiesen werden. Diese würden nicht als begrenzte und begrenzende dechiffriert, sondern unreflektiert übernommen. Allein die Bewertung dieser Eigenschaften falle anders aus, nämlich positiv.

Die Suche der Frauenbewegung nach einer weiblichen Identität setzen Classen und Ruge gleich mit der Suche nach einem allgemeinen Subjekt der

Bewegung. Für Classen und Ruge gerät die Entstehung eines Subjekts des feministischen Kampfes zur Etablierung eines kollektiven Wir, das seine Stärke daraus beziehe, dass es „Identifikationsraster"[20] bereitstelle und neue Normen des Frauseins etabliere. Diesen Normen liege ein „Kriterienkatalog"[21] zugrunde, den einzuhalten jede gezwungen sei, die Teil des Wir werden wolle. Die Normierung führe zur moralischen Auf- und Überladung des Wir und zum Entstehen eines Freund-Feind-Denkens, dessen Resultat die Homogenisierung des Wir sei. Uta Ruge bemerkt am Ende des Gesprächs:

„Noch einige Beispiele, was hätte gesehen werden können [von der Frauenbewegung, K. L.]: – wie (und mit welchem Ende) ein kollektives Ideal erzeugt wurde, durch Sprache, durch die Kreation eines Wir, – daß darin die Kreation von Feindbildern angelegt ist, auch natürlich des inneren Feindes, also Zensur gefordert ist, – daß man jeden Grund hat, sich zu hüten vor der Gewalt des Positiven, – daß, wenn es um die Konstruktion des BÖSEN geht, gegen die WIR das Gute sind, über die eigene Zerstörung – also Geschichte – nicht nachgedacht werden darf; – daß so etwas ein intellektuellenfeindliches Klima schafft, weil es das braucht. Aber diese Beschäftigung hat eben nicht stattgefunden."[22]

Moralisierung und Homogenisierung seien der Modus, durch welchen die Frauenbewegung das Wir-Frauen herzustellen versuche. Das ideale Wir der Frauenbewegung sei ein Wir ohne Friktionen: „Die Pflicht zum Konsens ist da groß, Streit in den Mauern endet schnell mit Ausschluß des nicht Konsensfähigen."[23]

19 Ebd. 59.
20 Ebd.
21 Ebd.
22 Ebd. 60; Herv. i. O.
23 Ebd. 59.

Die Schwarze Botin nimmt Elemente der Kritik am Subjekt der autonomen Frauenbewegung vorweg, die spätestens seit den 1990ern geäußert werden: die Kritik der Vorstellung eines homogenen, unterschiedslosen Wir-Frauen, das Ausschlüsse produziere. Anders allerdings, als es heute gängig wäre, meint *Die Schwarze Botin* hier nicht die Homogenisierung unterschiedlicher Subjektpositionen durch vereinheitlichende Repräsentation, sondern das Vereinheitlichen des nicht konsensfähigen, störenden, kritischen Denkens: Sie werfen der Frauenbewegung die Homogenisierung differenter Interessen, Ziele und politischer Positionen vor. Sowohl in Anbetracht der unterschiedlichen politischen Strömungen in der Frauenbewegung als auch vor dem Hintergrund der weiteren Ausdifferenzierung des Feminismus ist das Urteil, es sei zu einer Homogenisierung des Denkens gekommen, unzutreffend. Die Kritik dient dem Selbstentwurf der Zeitschrift. Sie entwirft sich als die, welche den Konsens stört, Friktionen hervorruft, Konflikte und intellektuelle Auseinandersetzungen provoziert. Dennoch ist die theoriepolitische Perspektive der Kritik interessant. Classen und Ruge lehnen es ab, „Weiblichkeit wieder verbindlich [zu] definieren“[24] und kritisieren, was Goettle schon vor ihnen formuliert hatte: die „Suche nach Identitäten“[25] und die „scheinbare Vorgegebenheit von Identitäten“[26]. Ihr Vorwurf ist nicht, dass die Frauenbewegung bestimmte Identitäten ausschließe oder nicht repräsentiere. Sie kritisieren die Politisierung von persönlichen Identitäten und Identitätssuche als erstrebenswerten Ziele der Frauenbewegung.

Die Suche nach positiven Identitätsentwürfen habe außerdem – so Classen und Ruge – zur Fixierung der Aufmerksamkeit auf die eigene Subjektivität geführt. Der „Politik der Subjektivität“ sei die Anpassung gefolgt, die Affirmation der gesellschaftlichen Verhältnisse, in denen die Individuen zu leben haben. „In der noch existenten Frauenbewegung ist eins sichtbar: der Rückzug in die ‚totale Subjektivität‘, danach der Ausbruch in die totale Anpassung.“[27] Mit scharfzüngiger Polemik blicken Classen und Ruge zurück auf die 1970er Jahre, das erste – und in ihren Augen letzte – Jahrzehnt der bundesdeutschen Frauenbewegung: „[F]alls es weiterhin eine Frauenbewegung geben sollte, wäre es an der Zeit, daß die jetzige sich überlegte, wie sie aus ihrer Angepaßtheit und den schönen Gefühlen herauskäme.“[28] Die positive Bestimmung einer weiblichen Identität führe – so legt das Gespräch nahe – zu nichts anderem als zu Anpassung und Affirmation des Status quo. In der Frauenbewegung habe sich eine Entwicklung vollzogen von der „Kritik der

24 Ebd. 59.
25 Goettle 1978, 31.
26 Ebd.
27 Classen/Ruge 1983, 54.
28 Ebd.

Weiblichkeit zur ‚Neuen Frau'"[29]. Das Interesse an positiv bestimmbaren Identitätsentwürfen und konstruktiven Veränderungsvorschlägen habe sich durchgesetzt und die Frauenbewegung habe sich dem Positiven verschrieben. Ihr größter Mangel sei der Mangel an Negativität: „Die Frauenbewegung hat in ihrer Sucht, Positives bieten zu wollen, die Gelegenheit verpaßt, negativ zu sein."[30] Dabei habe man, so die beiden Gesprächspartnerinnen, „Grund genug [...], sich zu hüten vor der Gewalt des Positiven."[31] Ein brauchbares Mittel, um der „Gewalt des Positiven" keinen Dienst zu erweisen, sei Verweigerung: „Da Frauen angeblich zur Passivität neigen, könnten sie sich doch einmal ganz verweigern."[32] So scheint die Haltung der in den späten 1970er Jahren entstehenden Punkbewegungen Classen und Ruge näher zu stehen als die Frauenbewegung.

> „No-Future, auch wenn es eine modische Button-Parole geworden ist, geht als Ausgangspunkt des Denkens über wonnige Zukunftsblütenträume um einiges hinaus. Und auch über den Karrierismus einiger Feministinnen."[33]

No-Future, Verweigerung und negative Kritik, darin lägen Ausgangspunkt und Möglichkeit der Veränderung der Verhältnisse. Allerdings wollen Classen und Ruge keine „Rezepte" geben:

> „‚Direkte Rezepte kann man selten geben, auch wenn die Frage kommt, wo bleibt das Positive, oder wo bleibt wenigstens das Negative.' – ‚In der Kritik der Verhältnisse?' – ‚Ja, nur käme es, um bei einem deutschen Dichter zu bleiben, auf die Veränderung der Verhältnisse an, oder, nur wenn, was ist, sich ändern läßt, ist das, was ist, nicht alles.'"[34]

Die Kritik der Identitätssuche verbindet Goettles Texte aus der frühen Phase der *Schwarzen Botin* mit dem Gespräch von Classen und Ruge aus der späteren. Goettle kritisiert ein illusorisches Selbstbild der Bewegung. Insofern sie der Frauenbewegung vorwirft, es mangele ihr an der Aufklärung ihrer Vorstellung eines weiblichen Selbst und ihres eigenen Selbstbilds, verwirft Goettle hier nicht die Auseinandersetzung mit dem Prozess der Individuierung und der Herausbildung eines Subjekts der feministischen Bewegung. Kritisiert wird die Art und Weise, *wie* sich diese Auseinandersetzung vollzieht. Im Gespräch in der 19. Ausgabe aus dem Jahr 1983 scheint sich Enttäuschung ausgebreitet zu haben. Classen und Ruge erteilen der Politik der Subjektivität im Ganzen eine Absage und auch die Konstitution eines feministischen

29 Ebd. 55.
30 Ebd. 60.
31 Ebd.
32 Ebd. 58.
33 Ebd.
34 Ebd. Der deutsche Dichter ist Theodor W. Adorno und das Zitat stammt aus: Negative Dialektik GS 6, Frankfurt 1973, 391.

Subjekts scheint ihnen in die Sackgasse geraten zu sein. Allerdings wird die theoretische Auseinandersetzung um ein feministisches Subjekt durchaus weitergeführt werden in den folgenden Heften.

Welche Politik, welche Praxis?

In „Gedanken über mögliche Formen feministischer Anarchie" hatte Goettle die Position einer radikalfeministischen Separation vertreten, die auch schon in der Auseinandersetzung mit *Courage*, *Emma* und dem *Kommunistischen Bund* angeklungen war. Dem „brutalisierte[n] Staatsapparat"[35] solle sich die Frauenbewegung als dezentrale, hierarchielose und selbstorganisierte „anarchofeministische Bewegung" entgegenstellen.

> „Eine anarchofeministische Bewegung wird nicht zu erkennen sein an einer hierarchisch organisierten und strukturierten Partei mit Programm und Status als eingetragenem Verein, sondern an subversiven und anarchen Aktivitäten, die von unzähligen kleinen Gruppen ausgehen."[36]

Die Frauenbewegung solle sich, so Goettle, „radikaleren Methoden des Entzugs aus einigen der drückendsten Zwänge"[37] wie der „Verweigerung"[38] des Zusammenlebens mit Männern bedienen, ebenso wie der Verantwortung für die Organisierung der Hausarbeit als der weiblichen Domäne schlechthin.[39] Statt Beziehungen zu Männern zu führen und in den von ihnen dominierten Institutionen und Gruppierungen mitzuarbeiten, sollten die Frauen „mit oder ohne die Kinder mit anderen Frauen zusammen sich selbst und neu" organisieren „im Wohnen und Leben".[40] Goettle folgt der Argumentation des damals verbreiteten lesbischen Separatismus und plädiert dafür, erotische und sexuelle Beziehungen zu Frauen aufzubauen, schreibt dann aber: „Absehen will ich von der Forderung, im Lesbianismus eine revolutionäre Taktik zu propagieren, da es die wirklichen Qualitäten dieser Beziehungen zwischen Frauen instrumentalisieren würde."[41] Für Goettle stehen die Frauen vor der historischen Aufgabe, ihren Eintritt in die Geschichte zu bewerkstelligen:

> „Die Radikalisierung der Frauen wird kein akademischer Prozess sein, sondern einer des konkreten Zorns und der Aneignung eigener Bereiche. Die Unbeherrschtheit der Frauen wird der ihnen adäquate Anarchismus sein, die Befreiung der Frauen durch sich selbst von jeglicher Herrschaft wäre die erste und notwendigste humane Errungenschaft in ihrer Geschichte."[42]

35 Goettle 1978, 31.
36 Ebd. 33.
37 Goettle 1978, 31.
38 Ebd.
39 Ebd.
40 Ebd.
41 Ebd. 33.
42 Ebd.

Das Ziel des Feminismus sei die „Beseitigung sämtlicher patriarchaler Herrschaftsstrukturen und die Vernichtung kapitalistischer Produktionsformen".[43] Der „feministische Kampf" sei „kein teilbarer", sondern „ein umfassender."[44] Die Perspektive der Umwälzung aller gesellschaftlichen Verhältnisse betont auch Classen fünf Jahre später. Sie habe

> „[u]nter Frauenbewegung [...] eine Veränderung aller Lebensbereiche, eine Abschaffung von Herrschaft schlechthin verstanden mit neuen Zielen und Utopien, die über den Alltag hinausweisen. Allerdings denke ich nicht an ‚Lesbian Nation' oder den gemeinsamen Bauernhof in Schleswig-Holstein."[45]

Dieses Ziel sei nicht erreicht worden, weil es zur Selbstisolation und Szenebildung der Frauenbewegung gekommen sei, die in eine Sackgasse geführt habe. Das Umschlagen der Politik der Subjektivität in „totale Anpassung" re-

sultiert für Classen aus dem Versäumnis der Frauenbewegung, sich mit Konflikten und mit der Notwendigkeit von Kämpfen auseinanderzusetzen, die nicht aus dem unmittelbar eigenen Lebensumfeld resultieren. Damit meint sie ausschließlich das Verhältnis zum Staat:

> „Und was den Staat angeht, für die meisten Feministinnen ist er nicht relevant, nicht weil man ihm anarche Vorstellungen entgegensetzte, sondern weil Frauen, nach wie vor begrenzt auf ihren heimlichen Horizont, der auch Kreta oder Indien heißen kann, ganz egal ist, ob es hier ein Kaiserreich gibt, eine Monarchie, eine Demokratie oder sonst was. Das ist lediglich eine Bedrohung von außen für schöne Blütenträume und männlich sowieso. – Was nach wie vor gilt, ist die totale Subjektivität der Frauen, das bewußte oder auch unbewußte Sich-Absetzen in der Hoffnung, sich selbst ganz leben zu können, ein Anspruch, von dem man aus Schnulzen aller Art weiß, daß das genial ist. Nur rückt man dann bei aller Legalität des persönlichen Glücks, ob es sich so herstellen läßt, ist eine andere Frage, in Sphären, in denen man sich nicht mehr wehren kann, weil man die Zusammenhänge nicht mehr durchschaut – ich fordere nicht einsames Heldentum oder Ermordung durch den Staatsapparat."[46]

Schon der Kampf gegen den Paragraphen 218 des Strafgesetzbuches, der das Verbot des Schwangerschaftsabbruchs regelt, zeige das affirmative Verhältnis der Bewegung zum Staat. Die beiden Gesprächspartnerinnen resümieren:

> „Das heißt eigentlich, der Beginn der Auseinandersetzung mit dem Staat war eine Forderung an ihn, und nicht etwa, nachdem diese halbwegs erfüllt war, die Infragestellung des Begriffs der Politik, der Macht überhaupt. Oder hat es die gegeben? – Nein, es ging um die Frage legalisierter

43 Ebd. 31.
44 Ebd. 33.
45 Classen/Ruge 1983, 57.
46 Ebd.

Abtreibung und um sie allein. Das war keine Staatskritik, sondern eine Kritik der Staatspraxis, wie sie in diesem Paragraphen festgelegt war."[47]

Die Frauenbewegung habe die Streichung des Paragraphen 218 vom Staat gefordert. Die Forderung *an* den Staat impliziere die Anerkennung des Staates in seiner gegebenen Form. Der Staat als Staat, die androzentrische bürgerlich kapitalistische Form des Gemeinwesens, sei von der Frauenbewegung nicht angegriffen worden. Dreizehn Jahre nach Beginn der Frauenbewegung kommen Classen und Ruge in der *Schwarzen Botin* 1983 zu dem Urteil: „Die derzeitige Frauenbewegung ist, ohne daß sie sich besonders mit dem Staat auseinandersetzt, ganz staatstragend."[48] Der Fokussierung auf die weibliche Subjektivität, auf die „totale Subjektivität", die in „totale Anpassung"[49] umschlage, korrespondiere die Verengung des Politischen. Was das Politische sei, werde durch die Grenzen der eigenen Szene definiert:

> „Das Verhältnis zur Politik besteht darin, Grenzen zu ziehen und gemeinsam zu definieren, was innerhalb dieser Grenzen getan werden soll und was nicht getan werden darf. Die Pflicht zum Konsens ist da groß, Streit in den Mauern endet schnell mit Ausschluß des nicht Konsensfähigen. Wer bei solchen Zuständen wieder wunderbar sein Süppchen kochen kann, ist der Staat."[50]

Verpflichtet auf die Szene der Frauenbewegung, deren Augenmerk auf der Suche nach einer weiblichen Identität liege, werde Politik in Identitätskategorien gefasst. Politik werde zur „weiblichen" Politik. Rhetorisch fragt Uta Ruge: „Was hältst Du überhaupt von der Vorstellung einer ‚weiblichen Politik'?"[51] und Brigitte Classen antwortet: „Nichts. Entweder es gibt eine Politik, und dann kann man sagen, wer zu wessen Nutzen sie macht, das sind reine Interessenfragen. Politik ist weder an sich männlich noch an sich weiblich."[52] Politik bestimme sich über Interessenkonflikte, nicht über Identität, auch nicht über eine weibliche. Ähnlich wie die „Pflicht zum Konsens" innerhalb der Frauenbewegung Denken und Kritik eliminiere, führe ihre Politik der Subjektivität zur Selbstisolation. Wie in einem Brennglas verdichtet sich ihre Kritik in einem Satz: Die Frauenbewegung „müßte radikal politisch werden, und politisch nicht in dem Sinne, daß gerade das Private politisch sei."[53] Damit greift sie eines der grundlegenden Prinzipien feministischer Politik der damaligen Frauenbewegung an.

47 Ebd. 54.
48 Ebd. 56.
49 Ebd. 54.
50 Ebd. 59.
51 Ebd. 58.
52 Ebd.
53 Ebd. 54.

Hatte Goettle in der frühen Phase der *Schwarzen Botin* noch mit Emphase für Autonomie als Verweigerung und Separation plädiert, so halten Classen und Ruge die tatsächlichen Umsetzungsversuche dieses Autonomieverständnisses für misslungen. Ihr Resultat sei Rückzug ins Private und Ignoranz gegenüber dem Staatshandeln. Die Kontinuität innerhalb der *Schwarzen Botin* besteht in der abstrakten Absage an den Staat und in der Forderung, das feministische Subjekt nicht in einer weiblichen Identität zu begründen, sondern im geteilten Interesse, „Herrschaft schlechthin" abzuschaffen. Es bleibt jedoch offen, worin dieses Interesse gründet und welche praktischen Kämpfe gekämpft werden sollen.

Was von Classen und Ruge in der *Schwarzen Botin* in ihrem Gespräch im Jahr 1983 nicht aufgriffen wird: In ihren Anfängen organisiert sich die autonome Frauenbewegung unabhängig von korporatistischen Institutionen, wie Gewerkschaften, Parteien und Verbänden. Unterstützung von staatlicher Seite ist nicht nur kaum vorstellbar, vielmehr lehnt die Bewegung den Staat ab, wird er doch als patriarchale Institution erkannt. Mit der Etablierung von Frauenprojekten kommt die Frage nach finanzieller Unterstützung durch den Staat auf, da sich die Frauen in ein Dilemma verstrickt sehen: In Frauenhäusern, -gesundheitszentren und Bildungsinitiativen übernehmen sie gesellschaftliche Funktionen, ohne dafür bezahlt zu werden. Die unbezahlte weibliche Arbeit scheint sich demnach nur vom Privaten in weitere Teile der Öffentlichkeit auszudehnen. Daher erscheint die Forderung nach finanzieller Unterstützung nur folgerichtig. Zugleich und zu Recht wird befürchtet, dass die Finanzierung durch den Staat dessen Einflussnahme und so die Integration und Entradikalisierung der Bewegung und den Verlust von Autonomie bedeuten würde. Während der eine Flügel die Finanzierung und Integration als mögliche Einflussnahme in Institutionen begrüßt, fordert ein anderer Staatsgelder bei Aufrechterhaltung der autonomen Verfügungsgewalt und ein dritter versucht weiterhin jeglicher Zusammenarbeit mit dem Staat, auch finanzieller Art, aus dem Weg zu gehen.[54] Innerhalb der Frauenbewegung wird also sehr wohl grundlegende Kritik am Staat als Institution zur Durchsetzung patriarchaler Interessen artikuliert. Die oben diskutierten Textstellen aus der *Schwarzen Botin*, die das Verhältnis der Frauenbewegung zum Staat kritisieren, übergehen diese feministischen Diskussionen.

Anfang der 1980er Jahre wird innerhalb der Bewegung ihr staatskritisches und teilweise separatistisches Autonomieverständnis infrage gestellt. Schon die Frauensommeruniversität im Jahr 1979 in Berlin steht unter dem Titel *Autonomie oder Institution*. Die *Courage* bringt 1983 und 1984 mehrere Artikel

54 Gerhard spricht von einer „Rechtsfeindschaft" (Gerhard 1992, 48) der autonomen Frauenbewegung, die rechtliche Reformen als Reformismus ablehnte. Schäfer betont die „Staatsabstinenz" (Schäfer 1997, 127) der Bewegung; siehe auch Lent/Trumann 2015; Ferree 20, 135ff.

zur Frage, ob die antiinstitutionelle Politik der autonomen Frauenbewegung jenseits etablierter Parteien und Verbände an ein Ende gekommen sei.[55] *Die Schwarze Botin* zählt zu dem Flügel, der eine strikte Ablehnung jeglicher Forderung an und Zusammenarbeit mit dem Staat vertritt. Solch eine Haltung liegt wohl auch in der eigenen feministischen Praxis begründet. Die Ablehnung des Staats ist leichter durchzuhalten, wenn feministische Politik in erster Linie theoretischer und nicht alltags- und lebenspraktischer Art ist.[56] Deutlich wird hier, mit welchem Problem feministische Bewegungen konfrontiert waren und sind: Kann ein Gemeinwesen wie die androzentrische Klassengesellschaft durch den Aufbau von *separierten*, autonomen Gegeninstitutionen verändert werden – zumal wenn die Akteurinnen der Veränderung als Frauen ausgeschlossen und separiert waren aus der politischen Sphäre des Allgemeinen? Können ihre Belange, die je schon separiert waren von diesem Allgemeinen in separierten, autonomen Gegeninstitutionen geltend gemacht werden? Kann die androzentrische Klassengesellschaft revolutioniert werden durch den Aufbau von autonomen Gegeninstitutionen, in denen die scheinbar privaten Belange der Reproduktion, der Sorge- und Pflegearbeit gemeinschaftlich organisiert werden – Belange, deren Ausschluss aus dem Politischen konstitutiv ist für diese Allgemeinheit?

Goettles Text skizziert eine politische Praxis, die ihren Ausgangspunkt in der Lebenswelt – im Wohnen, in den Beziehungen zwischen Frauen – nehmen soll und ist somit ein Vorschlag zu einer im Alltag wurzelnden Praxis. Damit ist Goettles Text aus der Frühphase der *Schwarzen Botin* eine Ausnahme. Ein weiterer Beitrag wird ebenfalls die Möglichkeit einer feministischen Praxis reflektieren: der Text „Mehr Frau als Mann" der *Gruppo 4* in der 30. Ausgabe, auf den ich zurückkommen werde. Für Classen und Ruge hingegen kann die „Veränderung aller Lebensbereiche" nicht vom Alltag und dem „Bauernhof in Schleswig-Holstein"[57] ausgehen. Was schlagen sie stattdessen vor?

Negative Kritik und das Bild des Antiintellektualismus

Den Ausgangspunkt einer Veränderung, „die über den Alltag hinausweisen"[58] soll, verortet *Die Schwarze Botin* in feministischer Kritik und

55 Dokumentationsgruppe Berliner Sommeruniversität 1981; zur Auseinandersetzung in Courage siehe Brandes/Hebenstreit 1984, 6f. und 57f.; Plogstedt 1983a, 4–7; Plogstedt 1983b, 54–60; Sterzenbach 1984, 57f.

56 Ein Zeitschriftenprojekt ist leichter ohne staatliche Gelder, Institutionalisierung oder juristische Reformen realisierbar als die Aufrechterhaltung eines Frauenhauses oder die Durchführung eines Schwangerschaftsabbruchs, die nicht lebensgefährlich ist. Allerdings hat die autonome Frauenbewegung bis Anfang der 1980er Jahre gezeigt, dass auch Frauenhäuser und -gesundheitszentren autonom aufrechterhalten werden können.

57 Classen/Ruge 1983, 57.

58 Ebd.

Theorie. Schon in der 1. Ausgabe erwartet sie von ihren Leserinnen, diese mögen „alte Les- und Denkkategorien“[59] abstreifen und Gabriele Goettle meint, die Frauenbewegung lasse sich „getrost Gedanken kommen, ohne sich welche zu machen“[60]. Antiintellektualismus, Kritik- und Theoriefeindlichkeit gehören von Anfang an zum Repertoire der Vorwürfe, die *Die Schwarze Botin* gegen die Frauenbewegung ins Feld führt. In einem Interview mit der französischen Schriftstellerin Hélène Cixous in der 2. Ausgabe bemängelt *Die Schwarze Botin* die Trennung von Kopf und Körper, von Vernunft und Sinnlichkeit, die in der Frauenbewegung der BRD vollzogen werde. Es gebe das Problem,

> „daß die Frauenbewegung bei der Beschäftigung mit dem Körper, sei es in Selbsterfahrungsgruppen, sei es in Selbsthilfegruppen, in Gruppen also, die sich ganz konkret auf den Körper beziehen und die versuchen, neue Verhütungs- und Abtreibungsmethoden zu entwickeln, daß bei diesen Gruppen das Interesse für den Körper zu einer ganz besonderen Trennung führt, nämlich zur Trennung vom Kopf. Kopf wird = Rationalität = männlich gesetzt und Körper im Gegensatz zu dem, was Du vorhin gesagt hast, als Natur = Fruchtbarkeit = weiblich verstanden. Der Erfahrungswelt des Körpers wird ein ganz besonderer Bereich zuerkannt, dem eine Vermittlung mit dem Kopfe, wenn nicht abgesprochen, so doch in sehr weite Ferne gerückt wird, ohne daß diese Beziehung jeweils geklärt würde. Und wenn Du auf den Kopf oder die Rationalität ansprichst, gerätst Du leicht in den Verruf, Dich männlich zu verhalten, männliche Systeme zu reproduzieren, anzuwenden und darüber hinaus nichts zu leisten.“[61]

In ihrem Rückblick auf die Frauenbewegung spricht Brigitte Classen in der 19. Ausgabe im Jahr 1983 von „Denkverboten“,[62] die in der Frauenbewegung geherrscht hätten, und stellt fest:

> „Dieser ganze Rummel, den die Frauenbewegung betrieb, ihre Unfaßbarkeit bei konkreten Zielen, ihre ewige Leidensfreude gepaart mit Lachverbot, ihre Kritikfeindlichkeit und die geforderte neue Zärtlichkeit – das ist alles nicht neu. Die Schwarze Botin entstand im Herbst 1976 als Reaktion auf diese Sülze.“[63]

Ihr Urteil lautet, die Frauenbewegung versinke in Irrationalität:

> „Die Frauenbewegung, die wir wollten, gibt es nicht mehr bzw. noch nicht. Und bei dem, was unterdessen unter Feminismus verstanden wird, kann ich nur sagen – ich bin keine Feministin ... Dieser Ein-

59 Anonym/Goettle 1976b, 5.
60 Anonym/Goettle 1976, 4.
61 Cixous/Die Schwarze Botin/Sell 1977, 16.
62 Classen/Ruge 1983, 55.
63 Ebd. 57.

bruch totaler Irrationalität hat für mich mit Denken und Handeln nichts zu tun."[64]

Classen und Ruge lassen in ihrem Gespräch kein gutes Haar an der autonomen Frauenbewegung. In dem Bild, das sie zeichnen, scheint sich die Bewegung durch die Ablehnung von Denken und Kritik und durch die Vagheit und Unbestimmtheit hinsichtlich politischer Zwecke ausgezeichnet zu haben. Gegen die Trennung von Kopf und Körper sowie den Antiintellektualismus setzt *Die Schwarze Botin* die Mittel der Theorie und der Kritik. Sie proklamiert, feministischer Kampf „würde bedeuten, Mobilisierung der Kräfte zum Erwerb eines notwendigen Territoriums. Dazu gehört auch, daß wir das von Männern Gedachte verwenden, um uns über sie hinwegzusetzen!"[65] Das „Territorium", das *Die Schwarze Botin* erobern will, ist das der Kritik und Theoriebildung.

Die Forderung, sich das Gedachte von Männern anzueignen, verknüpft *Die Schwarze Botin* mit Potenz: „Wenn die Frauen zum Bewußtsein ihrer aufkeimenden Potenz kommen, wird sich auch ihr Denken verschärfen."[66] Potenz ist ein durchaus schillernder Begriff im Vorwort der 1. Ausgabe 1976. Er deutet auf ein formgebendes, weltgestaltendes, schöpferisches Können. Zugleich enthält er eine sexuelle Konnotation, wobei gerade die männliche Sexualität mit Potenz beschrieben wird, nicht aber die weibliche. Der Abschnitt ist gespickt mit Sprachbildern und Begriffen des Kampfes und Krieges. Es gehe um eine „klare Kampfposition"[67], um eine „Strategie des Kampfes"[68], um Verteidigung und die „Mobilisierung der Kräfte zum Erwerb eines notwendigen Territoriums"[69]. Der Abschnitt wird eingeleitet mit der Kritik an der Frauenbewegung, die sich in Aggressionslosigkeit und Vermeidung von Konflikten übe. Das Vorwort vollzieht demnach durch eine virile, mit andro-

64 Ebd. Der Ausspruch, vor dem Hintergrund des zeitgenössischen Feminismus keine Feministin zu sein, ist eine Entwendung des Zitats von Karl Marx – „Alles was ich weiß, ist, daß ich kein Marxist bin" –, das Friedrich Engels ihm in den Mund legt; MEW 37, 436. Engels kritisiert damit allerdings, die „materialistische Geschichtsauffassung" sei zur Phrase verkommen und werde von Leuten vertreten, „denen sie als Vorwand dient, Geschichte nicht zu studieren". Unter Letzterem versteht er die „ökonomische Geschichte", die „Daseinsbedingungen der verschiedenen Gesellschaftsformationen", die „im einzelnen untersucht werden" sollten, bevor man versuche, „die politischen, privatrechtlichen, ästhetischen, philosophischen, religiösen etc. Anschauungsweisen, die ihnen entsprechen, aus ihnen abzuleiten." MEW 37, 436f. Von einer solchen materialistischen Untersuchung der Bedingungen des Feminismus war die Kritik der *Schwarzen Botin* allerdings selbst weit entfernt.

65 Anonym/Goettle 1976b, 4.

66 Ebd.

67 Ebd.

68 Ebd.

69 Ebd.

zentrischen Männlichkeitsbildern verknüpfte Sprache des Krieges eine Abgrenzungsbewegung von einer Frauenbewegung, die mit der Reproduktion von Weiblichkeitsbildern assoziiert wird. Überdeutlich tritt hier hervor, dass es den Redakteurinnen der *Schwarzen Botin* um die Aneignung männlich konnotierter Tätigkeiten und Fähigkeiten geht und nicht um deren Vermeidung oder Ablehnung. Nicht zuletzt enthält der Begriff Potenz auch die Bedeutung einer noch nicht realisierten Möglichkeit, zu deren Verwirklichung aber das Vermögen und die Fähigkeit gegeben sind. Das Vorwort der *Schwarzen Botin* stellt Denken in einen Zusammenhang mit Sexualität, Aggression, Kampf und intellektuellem Vermögen.

Eine Sprache, die sich so deutlich aus dem Repertoire der Männlichkeitsbilder bedient, die Gegenüberstellung einer verworfenen Weiblichkeit und einer begehrten Männlichkeit produziert und sich recht ungebrochen

in Komplementaritätsvorstellungen einfügt, lässt die Frage aufkommen, ob Frauen nur dann Zugang zu Potenz – Können und Macht –, Intellekt und Denken haben, wenn sie Anteil an der herkömmlichen Männlichkeit haben. Da Männlichkeit aber auf der Verdrängung von Weiblichkeit beruht, wäre nichts gewonnen. Eine Sprache, die Intellektualität ausschließlich in Männlichkeitsbildern ausdrückt, findet sich in späteren Beiträgen der *Schwarzen Botin* nicht mehr. Sie folgt ihrer Programmatik, sich, was männlich konnotiert ist, *anzueignen*, ohne bei einer bloßen *Adaption* stehen zu bleiben. Damit wirft das Kritikprogramm der *Schwarzen Botin* die Frage nach Potenz, Intellekt und Denken jenseits ihrer Imprägnierung mit Männlichkeit auf.

Die Zeitschrift *Die Schwarze Botin* entwirft ihr Selbstbild, indem sie einen Gegensatz zwischen sich und der autonomen Frauenbewegung aufmacht. Ihrem Interesse an Theoriebildung, Kritik und Negativität setzt sie Theorie-, Kritikfeindlichkeit und Positivität entgegen und ordnet sie der Frauenbewegung zu. Die Eindeutigkeit der Unterscheidung entsteht durch das Ignorieren *jener* Stimmen der autonomen Frauenbewegung, die die Orientierung auf Theorie und negative Kritik mit der Zeitschrift teilen, aber nicht in der *Schwarzen Botin* publiziert haben.[70] Ein Beispiel ist Hilge Landweers Aufsatz „Politik der Subjektivität – Praxis ohne Theorie?“ aus dem Jahr 1981. Landweer, die in den 1980er Jahren in Bielefeld und Kiel unter anderem Philosophie studiert, konstatiert ebenfalls „Theoriefeindlichkeit“[71] in einem Teil der Frauenbewegung. Allerdings bemerkt sie, dass sich innerhalb der Bewegung die gesellschaftliche Arbeitsteilung in Theorie und Praxis, die Trennung zwischen Hand- und Kopfarbeit reproduziert habe. Landweer plädiert

70 Zur Dynamik der Selbstkritik und dem ihr innewohnenden „Rhythmus von Öffnung und Schließung“ (Maurer 2016, 60) sozialer Bewegungen im Allgemeinen und feministischer im Besonderen – auch hinsichtlich theoretischer Positionen siehe Maurer 2016b, 50–73.

71 Landweer 1981, 20.

für die Selbstreflexion der Bewegung, sowohl hinsichtlich ihrer unterschiedlichen, teils unvereinbaren Theorieansätze als auch für die Reflexion ihrer Praxis und deren vor-theoretischen Annahmen.[72]

Während Classen und Ruge in ihrem Gespräch im Jahr 1983 die Notwendigkeit der Negativität der Kritik hervorheben, schreibt Christina Thürmer-Rohr in ihrem Aufsatz „Aus der Täuschung in die Enttäuschung. Zur Mittäterschaft von Frauen", Feministinnen sollten alle Hoffnung fahren lassen und zu „Nihilistinnen"[73] werden. Thürmer-Rohr, die Autorin der *Courage* und von 1980 bis 2005 Professorin für Erziehungswissenschaften an der Technischen Universität Berlin war, stellt in der Frauenbewegung einen Hang zur „Introspektion"[74] und zum „Leiden"[75] fest. Es herrsche ein „Kult der Selbstbeschäftigung"[76]. In den Selbsterfahrungsgruppen beschäftigten sich die Frauen mit den „Katastrophen der eigenen Biographie"[77] unter Ausschaltung der Auseinandersetzung mit der als äußerlich wahrgenommenen gesellschaftlichen Realität. „Identität" sei an diese „Erfahrung" des „Leiden[s] am Privaten"[78] gebunden worden. Thürmer-Rohr zitiert die Aufforderung der Schriftstellerin Christa Wolf, „zu denken, was nicht geht"[79], und bestimmt die feministische Aufgabe der Zeit:

> „Unser einziger Weg ist der aus der Täuschung in die Enttäuschung, ist der Mut, den Dingen ins Gesicht zu sehen und nicht nach Perspektiven und Weiterentwicklungen da Ausschau zu halten, wo es sie nicht gibt. Jeden vordergründigen Trost müssen wir radikal zurückweisen. Wenn Frauen endlich zu Nihilistinnen in diesem Sinne würden, es wäre eine revolutionäre Tat."[80]

Auch Thürmer-Rohr kritisiert den Wunsch eines Teils der Frauenbewegung, positive Antworten auf Probleme der Zeit zu geben, und schreibt:

> „‚Wo bleibt das Positive? Ohne Hoffnung kann niemand leben!' aber unser Leben als hoffnungs-loses, sinn-loses und ent-täuschtes zu begreifen, ist nur dann lebensgefährlich, wenn es in erneute Anpassung abstirbt, in Erschlaffung, Bewegungslosigkeit, Beliebigkeit und Selbstvergiftung, diesen Werken fortgesetzter Ohnmacht."[81]

Die Schwarze Botin war nicht so alleine mit ihren Positionen, wie sie durch die Herstellung ihres Bildes der autonomen Frauenbewegung nahelegt – eines

72 Ebd. 23f.
73 Thürmer-Rohr 1983, 23.
74 Ebd. 22
75 Ebd.
76 Ebd. 21.
77 Ebd. 23.
78 Ebd.
79 Christa Wolf zitiert nach Thürmer-Rohr 1983, 23.
80 Ebd.
81 Ebd. 23f., Herv. i. O.

Bildes, von welchem sie durch Abgrenzung ihr Selbstbild erhält und das die Funktion erfüllt, Folie und Abstoßungspunkt ihrer negativen Kritik zu sein.

Die Position der *Schwarzen Botin* steht für einen theorie- und kritikaffinen Feminismus in der autonomen Frauenbewegung. Von der Entwicklung neuer Denkkategorien, von der Praxis der Theorie erwartet *Die Schwarze Botin* die Veränderung der Verhältnisse. Sie ist es, die sich mit dem Anspruch, „negativ zu sein",[82] verbinden lässt als *gedankliche* Negation der Verhältnisse. Die Zeitschrift verlässt sich auf die negative Kraft des Denkens, auf die Möglichkeit, die Grenzen der Lebensverhältnisse zumindest in der Theorie zu überschreiten und durch Negation die Antizipation des Neuen zu ermöglichen. Zum Bild der „positiven Kritik" der Frauenbewegung entwirft *Die Schwarze Botin* ihre Kritik als negative Kritik. Die Frage, was Feminismus sein soll, trägt die Zeitschrift entlang der Achsen Negativität-Positivität, Intellektualität-Antiintellektualität, Theorie-Praxis aus.

8.2 Kritik der Wahrnehmungsmuster und Vorstellungswelten

Die Kritik der Zeitschrift *Die Schwarze Botin* ist insofern negativ, als dass sie sagt, was Frauenbewegung und Feminismus nicht sein sollen und was dem feministischen Ziel einer Abschaffung „jeglicher Herrschaft" nicht diene. Sie vollzieht sich, indem sie ein Bild der Frauenbewegung entwirft, von dem sich ihre Kritik abstoßen kann. So ist sie negativ auf die autonome Frauenbewegung bezogen: Eine Kritik, die sagt, welches Denken und Handeln nicht dienlich ist, braucht das Denken und Handeln der anderen, braucht die, welche den Mut haben, in ihrem Denken und Handeln Fehler zu machen, die Gegenstand der Kritik werden können.

Darüber hinaus umfasst die negative Kritik der *Schwarzen Botin* die Kritik der Mythen und die Kritik feministischer Mythen. Anhand von Beiträgen aus der Zeitschrift werde ich die feministische Mythenkritik herausarbeiten und am Ende des Kapitels in einen Theoriekontext einordnen, der sie erhellt und auf den Autorinnen der *Schwarzen Botin* explizit Bezug genommen haben. Es handelt sich dabei um die Kritik der Mythen, wie sie der französische Literaturwissenschaftler Roland Barthes (1915–1980) in seinem 1957 auf Französisch erschienenen Band *Mythologies* entwickelt hat, der 1964 auf Deutsch unter dem Titel *Mythen des Alltags* publiziert wurde. Barthes schreibt seine Mythenkritik anhand der Analyse unterschiedlichen Materials, wie Kommentare in Tageszeitungen, kulturindustrielle Vergnügungen, Werbung oder Verlautbarungen der Regierung. Der erste Teil der *Mythen des Alltags* deckt an diversem Material Formen mythischer Rede auf, im zweiten Teil folgt ein Aufsatz über die Funktionsweise des Mythos. Nicht zuletzt in der Wahl des Materials zeigt sich eine Parallele zum Vorgehen der *Schwarzen Botin*. Unter Mythos versteht Barthes eine Art der Rede und ein

82 Classen/Ruge 1983, 60.

System der Kommunikation, in dem der Sinn, den die Dinge in und durch eine Tätigkeit erhalten, intentional von einer anderen Bedeutung überdeckt wird. Die mythische Rede lässt den Produktionsvorgang von Bedeutung verschwinden, wodurch sie als natürliche Eigenschaft erscheint. An die Stelle von Erklärungen setzt sie Fakten und Feststellungen und lässt so Herrschaftsverhältnisse unbenannt. Sie bedient sich der rhetorischen Figuren der Naturalisierung und der Entnennung.[83]

Ich werde im Folgenden Elemente der Mythenkritik im Kritikprogramm der *Schwarzen Botin* zeigen: die Stillstellung der Gesellschaft als Schicksal, die Ent-Individualisierung der Frau durch die Naturalisierung von Weiblichkeit, wobei sich die Naturalisierung sowohl durch eine Sprache der Naturmetaphern als auch im Bild der Mutterschaft zu manifestieren scheint. Auch die Mythenkritik der *Schwarzen Botin* entsteht in Auseinandersetzung mit ihrem Bild der autonomen Frauenbewegung: Entgegen ihrem Selbstverständnis gerate diese in die Fallstricke der mythischen Rede und laufe Gefahr, *feministische* Mythen zu produzieren.

Gesellschaft als Schicksal

Die Kritik der Vorstellungswelten verfolgt die Zeitschrift Zeit ihres Bestehens. In „Fatale Liebe. Aus den Reichen der Phantasiearmut" aus der 4. Ausgabe im Jahr 1977 formuliert Brigitte Classen das Prinzip, dem die Kritik der Vorstellungs- und Wunschwelten folgt:

> „Leichter als an sogenannter hoher Kunst, läßt sich an abgeschmacktem Kulturgut der Ballast gesellschaftlicher Forderungen darstellen, deren Uneinsichtig- und Uneinsehbarkeit nie wichtig wird und den Weltkriege nur fördern können; Mechanismen wirken, mit denen die Normalverbraucherin gegen ihr besseres Wissen über den Brei des Vertrauens und des Sichfügens zur Räson gebracht werden soll. Als glückhafte Kräfte werden nach wie vor dargestellt die Einsicht ins Gegebene und dessen Förderung, also das zu wollen, was man darf …"[84]

An sogenannten Groschen- oder Trivialromanen zeigt Classen, wie die Produktion des „Sichfügens", der Einpassung und Integration der Vorstellungen und Wünsche, vonstattengeht. Gegen den möglichen Einwand, die Geschichten in Groschenromanen seien eben bloße Unterhaltungsgeschichten ohne nennenswerten Realitätsgehalt, setzt Classen, das „Reale an Geschichten dieser Art" sei, „daß die Schemata, die falsch gedacht, schlecht beschrieben und lächelnd rezipiert werden, nach wie vor Grundmuster akzeptierter Erfahrungen darstellen."[85] Die Prämisse ihrer Kritik ist demnach, dass die in Groschenromanen verbreiteten Vorstellungswelten die Muster möglicher Er-

83 Barthes 2013, 293; 306.

84 Classen 1977, 22ff.

85 Classen 1977, 24.

fahrungen der Leserinnen abstecken und begrenzen. Classen zeigt die Versatzstücke, aus denen die Geschichten bestehen und die ihr zufolge das Material der „Grundmuster akzeptierter Erfahrungen“ bilden.

Gesellschaft erscheine in den Groschenromanen als Schicksal ohne Handlungs- und Veränderungsmöglichkeit und die Geschlechterverhältnisse als Klischees. Die Geschichten der Groschenromane *passieren* den Protagonistinnen, ohne dass sie handelten, so Classen. Ziel und Zweck des Agierens von Frauen seien immer schon vorausgesetzt, ohne dass sie beeinflusst werden können:

> „Die seltenen Heldinnen der Schicksalsromane, die als aktive dargestellt werden, hasten auf zusätzlichen Bühnen von Erfolg zu Erfolg, um als letzten und größten das sichere Heim an der Brust des finanziell, potentiell und konventionell betuchten Gatten zu finden, die passiven wissen das von vornherein.“[86]

Den Frauenfiguren sei es beschieden, durch einen Ehemann erlöst zu werden, gleichgültig, ob sie Aktivitäten an den Tag legen oder passiv abwarten. Handeln im Sinne eigener Zwecksetzung und Wirkungsmacht der Protagonistinnen gibt es ebenso wenig, wie Veränderungen der Bedingungen, unter denen gelebt wird. Gesellschaftliche Verhältnisse, Bedingungen kollektiven wie individuellen Handelns werden zum unveränderlichen Schicksal, so Classen:

> „Die Schicksalsfäden der Liebenden haben die Autoren von Groschenromanen stets fester gesponnen als das Netz der Handlungsstränge, in dem ihre pauschalen Charaktere sich vorübergehend verstricken sollen. Deren Eigenschaften (gut, böse, selten geläutert) gehen abgesehen von der Klassifikation ihrer Äußerlichkeiten aus dem Walten des Schicksals selber hervor, das gerecht die jeweiligen Gesellschaftsnormen als unerbittliche Instanz erfüllt und desto häufiger von den Akteuren zu deren Gunsten – natürlich vergeblich – zu beeinflussen versucht wird.“[87]

Erscheint Gesellschaft als unveränderbar, so scheinen auch gesellschaftliche Normen das Handeln auf angepasste Verhaltensmuster einzuschränken. Ihre Überschreitung wird mit Sanktionen und dem individuellen Unglück der Protagonistinnen geahndet.

> „Gut meint es das Schicksal mit denen, die sich blind wie die Justiz auf es verlassen und der vorgeblichen Güte ihrer Herzen und Seelen adäquat handeln oder leiden, schlecht mit jenen, deren Verhalten außerhalb enger Grenzen der Konvention sich aus dem Milieu der Schloß-, Guts-, Fabrik-, Krankenhaus-, Waldbesitzer oder auch Bewohner schmucker Reihenhäuschen bzw. anheimelnder Katen zu lösen versuchen.“[88]

86 Ebd.
87 Ebd. 22.
88 Ebd.

Wer sich einfügt in die erlaubten Wünsche, Vorstellungs- und Erfahrungsmuster, wer das „Gegebene“[89] akzeptiere und fördere, werde belohnt. Konflikte können so nicht entstehen oder werden zur bloßen Staffage:

> „‚So reich und doch so unglücklich‘ kann beim nötigen Maß an Tugend die dankbare Leserin nur auf die schließliche Versöhnung der Konflikte harren lassen. Damit wird sie nie zum Narren gehalten. Denn offensichtlich sind es nur Prüfungen, die bekanntlich die Guten noch besser, die halbwegs Guten ganz gut und die Schlechten noch schlechter werden lassen. Der Lebensplan stimmt immer.“[90]

Gesellschaft als konfliktfreies Schicksal jenseits jeglicher Veränderungsmöglichkeit eliminiere das Subjekt durch Fragmentierung und die Verkehrung von Subjekt und Objekt:

> „So nimmt denn alles seinen Lauf, ständig öffnen und schließen sich irgendwelche Tore, Türen oder Pforten, um Böses oder Gutes dahinter vermuten oder herein und hinaus zu lassen. Der neue Animismus scheut weder den Deckel überm Unrat noch die Persilkultur, beseelt und aktiv werden selbst Nierentisch und Kuckucksuhr, OP-Mütze und Desinfektionsmittel. Individuen handeln vorgezeichnet wenig oder gar nicht, umso aktiver sind deren diverse Körperteile, die grünen Nixenaugen etwa weiten sich, die zierlichen Füßchen laufen davon, der kirschrote Mund lächelt verführerisch, und die erschreckten Blauaugen gleiten über die zartrosa Seidentapete zur Pendeluhr.“[91]

Ist das Subjekt erst einmal ersetzt durch agierende Gegenstände oder Körperteile, die nach dem Plan des Schicksals bewegt werden, so wird es auch jeglicher Verantwortung entledigt. In den Groschenromanen der „Persilkultur“ der postnazistischen BRD erhalten

> „[w]eibliche ‚Heimatvertriebene‘ […], die in Breslau das erste Haus am Platze hatten, […] dank voriger Affären und weiterer inniger Liebe nach dem 2. Weltkrieg das zum Gasthaus umgebaute Rokokoschlößchen nahe einer bundesdeutschen Großstadt und dazu […] den zum Versicherungsangestellten umgeschulten ehemaligen Offizier …“[92]

Die Protagonistinnen der Groschenromane sind schuldlos, da sie keine Eigenschaften eines Subjekts aufweisen und daher keine Verantwortung haben – weder für den Zweiten Weltkrieg, der „die Familie […] überrascht“[93], noch für die gesellschaftlichen Verhältnisse im Postnazismus.

Classen zerlegt Sprache und Motive der Groschenromane und persifliert sie durch Wortwiederholung – „ständig öffnen oder schließen sich irgend-

89 Ebd.
90 Ebd.
91 Ebd. 24; Interpunktion wie i. O.
92 Ebd. 22.
93 Ebd. 24.

welche Tore, Türen oder Pforten …"[94] –, durch Vereinfachung und Steigerung von Gegensatzpaaren – „die Guten [werden] noch besser, die halbwegs Guten ganz gut und die Schlechten noch schlechter"[95] – und durch die Trivialisierung mittels Vergleich – es seien nicht „die Moiren", sondern „der gute und gerechte Vater, der selbst Trivialromane denkt und lenkt"[96], in denen „der feuerrote Sportwagen des Juniorchefs zum reitenden Weltgeist avanciert".[97]

In ihrer Analyse der Groschenromane verhandelt Classen die Wahrnehmungs- und Vorstellungswelten der Gesellschaft. Ihre Kritik zielt darauf, die Evidenz der Wahrnehmung zu zerstören, die Gesellschaft als subjekt- und geschichtsloses Schicksal erscheinen lässt. Das scheinbar harmlose Unterhaltungsgenre ist demzufolge Symptom der tatsächlichen herrschenden Verhältnisse. Der Groschenroman reproduziert und affirmiert die Wahrnehmung der Gesellschaft als Schicksal.

So ergibt sich die Frage, welche Darstellungsweise die Wahrnehmungsmuster aufzubrechen vermögen. Doch auch in der Erzählung eines handlungs- und wirkmächtigen Subjekts, das sich seiner bewusst ist und Zwecke setzt, sieht Classen keine Lösung. Einen Ausweg scheint die Darstellung des Verschwindens des Subjekts als dessen Auflösung zu bieten:

> „Zwar bleibt viel Falsches bei Betrachtungen, die vom Subjekt ausgehen, mehr jedoch bei jenen, in denen Subjekte überhaupt nicht vorkommen, geschweige denn agieren. Weder wird eine Auflösung der Subjekte dargestellt noch die angeblich waltende Objektivität durch Begriffe oder zumindest Zielvorstellungen erklärt. Emanzipation gibt es nicht und das aus gutem Grund. Wer wollte sich sonst freiwillig fügen? Was bleibt, ist die dumpfe Einsicht in eine schwammige Notwendigkeit."[98]

Classens Kritik der Groschenromane umfasst drei Elemente: Sie kritisiert die Verkehrung, durch welche das Subjekt zum passiven Objekt wird. Sie weist den Entzug von Handlungsmacht auf, der mit der Vorstellung eines Schicksals einhergeht, dem die Fähigkeiten des Subjekts zugeordnet werden. Dem folgt der Entzug von Geschichte, denn das Schicksal, dem Wirk- und Übermacht zugesprochen wird, „schaltet und waltet" bis in alle Ewigkeit. Ihre Kritik zielt darauf, den Schleier der Evidenz zu zerreißen, der die Wahrnehmung einer in sich gefügten Schickalswelt umgibt.

Groschenroman und Frauenbewegung

„Fatale Liebe. Aus den Reichen der Phantasiearmut" spießt stereotype Geschlechterbilder auf. Die weiblichen Protagonistinnen enden in

94 Ebd. 22.
95 Ebd.
96 Ebd.
97 Ebd. 24.
98 Ebd.

der Ehe, ihr einziges Movens ist die Verfolgung der Liebe. Sie übernehmen ausschließlich „weibliche" Aktivitäten und singen und tanzen durch die Groschenromane, während die männlichen Protagonisten Bankiers und Chefs sind und Sportwagen fahren.[99] Die diesen Vorstellungen zugrundeliegenden Erfahrungs- und Wahrnehmungsmuster, so Classen, werden nicht nur in Groschenromanen reproduziert, sondern halten ebenfalls Einzug in Textproduktionen, die als Literatur anerkannt seien. Die „Ansprüche und Erfolgsrezepte" der Groschenromane glichen denen der „neue[n] Frauenromane à la Karin Struck"[100]:

> „Man braucht statt der Fabrikantensöhne, Ärzte oder Förster sich nur Softies zu denken, und schon ist die Traummanufaktur wieder auf dem Niveau angeblicher Geschichte. Sattsam bekannte Eigenschaftslosigkeit mit ihren vielen Marotten, Phantasielosigkeit mit ihren vielen aufgetakelten Problemen haben den Glanz eigentlicher Folgenlosigkeit, mit der alles ‚kreativ' werden soll. [...] Die Wiege zur Ichfindung im Anderen und Immergleichen ist dann der Wurmfortsatz zur Ewigkeit, den nicht zuletzt die Frauenbewegung mit ihrer neueren konfusen Mutterschaftsideologie zu unterstützen bereit scheint."[101]

Die Romane der Schriftstellerin Karin Struck wurden mit der in den 1970er Jahren aufkommenden, umstrittenen Bezeichnung *Frauenliteratur* belegt. Die Bezeichnung wurde von feministischer Seite scharf kritisiert.[102] Classen zieht eine Linie von den Wahrnehmungsmustern der Groschenromane zu

99 Ebd.

100 Karin Struck (1947–2006) war Schriftstellerin und veröffentlichte 1973 ihren Debütroman *Klassenliebe*, in dem sie private Erlebnisse in linken politischen Zusammenhängen der 1970er beschreibt (Weigel 1995, 57). Er ist nicht im Umfeld der Frauenbewegung entstanden, wird aber oft mit dem Begriff Frauenliteratur bezeichnet. Der Roman versucht, Erfahrungen von Frauen aufzuwerten, indem weibliche Subjektivität „in Abgrenzung zu männlichen Verhaltensweisen und Bewertungen entworfen" wird (ebd. 98). Der Versuch, die Erfahrungen unvermittelt und unbearbeitet authentisch zu berichten, führt aber dazu, dass der Roman „keine ästhetische Ich-Konzeption" (ebd. 99) aufweist. Daraus entsteht das Problem, dass sich diese Schreibweise „im Aufzeichnen von Erlebnissen, Empfindungen und Gedanken in einer Reproduktion vorhandenen Bewußtseins erschöpft" (ebd. 101f.). Strucks Texte lesen sich „wie eine Reproduktion trivialisierter Liebes- und Weiblichkeitsmythen aus der Literatur" (ebd. 236), was von feministischer Seite scharf kritisiert worden ist, so die Literaturwissenschaftlerin Sigrid Weigel.

101 Classen 1977, 24.

102 Die Literaturwissenschaftlerin Sigrid Weigel fasst den Begriff Frauenliteratur als diskursives Ereignis und untersucht die „Möglichkeitsbedingungen und Defizite" (Weigel 1995, 23), aus denen dieser Diskurs seit Mitte der 1970er Jahre entstanden ist. Der Begriff taugt ihr zufolge nicht zur Charakterisierung oder Beschreibung von literarischen Produktionen, sondern zur Erhellung der Bedingungen, die dazu führen, dass Texte als Frauenliteratur bezeichnet werden.

denen der sogenannten Frauenliteratur und weiter bis zu den Vorstellungen der Frauenbewegung.

Die zitierte Passage lässt sich als Kommentar auf Veränderungen im Geschlechterverhältnis lesen. Zwar wird es für immer mehr Frauen Ende der 1970er Jahre möglich, qualifizierte Berufe zu ergreifen, und so rastlos „von Erfolg zu Erfolg" zu hasten. Wird diese Pseudoaktivität jedoch als Emanzipation missverstanden, so bleibt alles beim Alten: sowohl die Aktiven als auch die Passiven landen in der Ehe. Die bloße Änderung der Geschlechterverhältnisse, beispielsweise durch den Einzug von Frauen in die Lohnarbeit, bedeutet noch nicht die Freiheit der Frauen. Vor der Gefahr dieser Missdeutung, so lässt sich Classens Einschätzung verstehen, ist auch die Frauenbewegung nicht gefeit. Denn Selbstsuche und „Ichfindung" der Frauenbewegung seien bloß Variationen des in den Groschenromanen schicksalhaft vorgezeichneten Wegs, solange sie die Frau auf das Andere des Mannes festlegten. Das „Groschenromanhafte der Frauenbewegung"[103] besteht darin, sich als das Andere des Mannes wahrzunehmen und das Frausein im Anderssein zum Mannsein zu begründen. Das Missverständnis, auf dem Weg der Emanzipation zu sein, tatsächlich aber die grundlegenden Muster der Selbstwahrnehmung nicht zu verändern, liegt demnach in der Selbstsuche. Sie affirmiere und werte nicht nur bekannte Weiblichkeitsbilder auf, sondern beruhe weiterhin auf der gleichen Grundlage, auf der Frausein und Weiblichkeit in androzentrischen Gesellschaften bestimmt werden: eben auf der Begründung eines Frauseins als dem Anderen des Mannes.

Classen stellt fest, in den Groschenromanen würden als „glückhafte Kräfte [...] die Einsicht ins Gegebene und dessen Förderung" dargestellt – eine Einsicht, die sich darin ausdrückt, „das zu wollen, was man darf".[104] Ihr Text lässt das Wollen der Frauenbewegung als Variation dazu erscheinen: Auch wenn die Frauenbewegung vordergründig keine „Einsicht ins Gegebene" übt, sondern Letzteres kritisiert, so scheint ihr Wollen doch auf das „Gegebene" bezogen und beschränkt zu bleiben. Der Wille der Frauenbewegung sprenge die Grenze dessen, was gewollt werden darf, nicht. Diesen Mechanismus sieht Classen in der „Mutterschaftsideologie"[105] der Frauenbewegung am Werk, die eine Variante der „Ichfindung" im „Anderen und Immergleichen"[106] darstelle.

Die Kritikmotive der Einpassung der Frauenbewegung ins „Gegebene" ebenso wie der Selbsttäuschung treten in weiteren Beiträgen der Zeitschrift auf. So meinen Classen und Ruge in ihrem Gespräch „Wünsche nach Kraft durch Freude" aus der 19. Ausgabe 1983, die Frauenbewegung müsse sich

103 So die Interpretation von Classens Text durch die Erziehungswissenschaftlerin Susanne Maurer, Diskussion in Gladenbach, 1.7.2017.

104 Classen 1977, 22f.

105 Ebd. 24.

106 Ebd.

überlegen, „wie sie aus ihrer Angepaßtheit und den schönen Gefühlen"[107] herauskomme. Auch in Goettles Vorwort „Schleim oder Nichtschleim, das ist hier die Frage" der 1. Ausgabe der *Schwarzen Botin* im Jahr 1976 ist die Rede vom „Eindruck braver Fortschrittlichkeit und Emanzipation"[108], den die Frauenbewegung hervorrufe. Das Bild, das sich die Frauenbewegung von sich und von einem weiblichen Selbst mache, werde zur Selbsttäuschung. Denn es gründe in überkommenen Erfahrungsmustern, die bestätigt statt aufgebrochen werden, so Goettle. Dadurch werde verhindert, dass neue Erfahrungen gemacht würden und das Individuum sich verändern könne. Hinter dem Bild der alle Verhältnisse umstürzenden Frauenbewegung, das sie sich selbst glaube, bleibe alles beim Alten. Das Selbstbild der Frauenbewegung spiegle ihr eine größere und fundamentalere Radikalität und Veränderung ihrer selbst vor, als es tatsächlich der Fall sei. Diese Selbsttäuschung vollziehe sich durch die unbewusste Übernahme von Bildern, in denen Frauen von je her gesehen und beschrieben wurden, und durch die Aufwertung der diesen Bildern entsprechenden Eigenschaften: „Aggressionslosigkeit, Weichheit und frauenspezifisches Denken".[109]

Vor dem Hintergrund von Classens Kritik, dass nur gewollt werde, was man dürfe, erscheint die Frauenbewegung als zu wenig radikal, da ihr Wille und ihr Wollen im Rahmen des gesellschaftlich Möglichen verbleibe und befriedigt werden könne. Classens Text kann als Einwand verstanden werden, dass es der Bewegung an Autonomie im Sinne eines selbstbewussten Willens mangelt, der Zwecke setzt und somit für gesellschaftsveränderndes Handeln elementar ist. Insofern wäre die autonome Frauenbewegung noch *zu wenig* Subjekt. Dieser Mangel an Subjektsein wird in der *Schwarzen Botin* an wenigen Stellen auf ein überindividuelles feministisches Subjekt der Bewegung bezogen, wie in Goettles „Gedanken über mögliche Formen feministischer Anarchie" von 1978, hauptsächlich aber auf die Subjektwerdung der Einzelnen. Weiter gedacht wäre es der *Schwarzen Botin* zufolge die Aufgabe der Frauenbewegung, die gesellschaftlichen Bedingungen zu verändern, die bisher die Subjektwerdung der Frau verhindert haben. Darin läge das Wollen, was man *nicht* darf.

Im Bild, das die Kommentare von Classen zeichnen, steht die Frauenbewegung nicht nur vor der Aufgabe, die Festlegung des Frauseins als dem Anderen des Mannes zu überwinden. Was in Classens Groschenromankritik noch verhandelt wird, ist, dass in einer Gesellschaft, die als undurchschaubares Schicksal erscheint, das Subjekt nur in seinem Verschwinden und seiner Auflösung dargestellt werden kann. Mit dem Verschwinden des Subjekts steht auch die Vorstellung eines männlichen, sich selbst bewussten Subjekts,

107 Classen/Ruge 1983, 54.
108 Anonym/Goettle 1976b, 4.
109 Ebd.

das mit sich identisch zu sein scheint, zur Diskussion. In einer zum Schicksal erstarrten Welt ist auch das männliche Subjekt keines.[110]

Somit stellt sich die Frage nach einem Subjekt, das den Bann der zum Schicksal versteinerten Gesellschaft aufzusprengen vermag. Die Antwort von Classen ist eine negative: Als habe sich die Zeitschrift einem Bilderverbot verpflichtet, wird ein solches Subjekt nicht positiv bestimmt. Einziger Ausweg scheint ihr die *Darstellung des Verschwindens* des Subjekts zu sein. In Beiträgen aus der späteren Phase der *Schwarzen Botin* wird die Subjektfrage und das Problem seiner positiven Bestimmbarkeit anhand strukturalistischer und poststrukturalistischer Theorien weitergeführt werden.

Die feministische Kritik, die hier entworfen wird, ist die Kritik der Muster, welche die Wahrnehmung erzeugen, Gesellschaft sei Schicksal, und so das Subjekt zum Verschwinden bringen. Sie ist die Kritik der Wahrnehmungsmuster, welche die bloße Wiederholung der bestehenden Weiblichkeitsbilder hervorbringen – und sei es im Namen einer feministischen Emanzipation. Insofern Classen und Goettle die Affirmation der androzentrischen Weiblichkeitsbilder in der Selbstsuche begründet sehen, setzen sie an die Stelle der Selbstsuche die Subjektwerdung. Sie orientiert sich an der Idee eines Subjekts, das es in einer Gesellschaft, die als Schicksal wahrgenommen wird, noch nicht gibt.

Naturalisierte Weiblichkeit und das Besondere der Individualität

Die Schwarze Botin entwickelt ihre Kritik in Abgrenzung zu einem Flügel der autonomen Frauenbewegung, der die Suche nach einem Selbst als Grundlage weiblicher Identität vermittels einer Sprache betreibt, die sich „Metaphern von Natur“[111] bedient. Noch bevor die 1. Ausgabe der *Schwarzen Botin* erscheint und noch vor dem Konflikt der *Schwarzen Botin* mit *Courage*,[112] schreiben Classen und Goettle in der 1. Ausgabe der *Courage* im Jahr 1976 die Rezension „Häutungen“. Eine Verwechslung von Anemone und Amazone“ zum Debütroman der Schriftstellerin Verena Stefan.[113] Stefans Roman *Häutungen* erschien im Jahr 1975 im Verlag Frauenoffensive und wurde zu einem vielgelesenen und diskutierten Buch der Frauenbewegung. Die Autorin beschreibt den Versuch einer Frau, sich aus Liebes- und Lebensbeziehungen zu Männern, aus androzentrischen Anerkennungsverhältnissen und Bewertungsmaßstäben zu lösen. Der Roman stellt die Frage, wie die rationale Erkennt-

110 Siehe 15. Kapitel zum Motiv des Phantasmas des männlichen Subjekts.

111 Kaever 1977, 29.

112 Siehe 4. Kapitel.

113 Die Schriftstellerin Verena Stefan (1947–2017) arbeitete nach Selbstauskunft als Krankengymnastin in Westberlin, während sie *Häutungen* verfasste. Sie hatte zuvor in der Gruppe Brot und Rosen am ersten Frauenhandbuch mitgearbeitet; Stefan 1984, 125ff.; Weigel 1995, 102.

nis der Notwendigkeit, die Unterordnung der Frau zu beenden, „nicht nur zu Veränderung des Verhaltens, sondern auch des Fühlens“[114] führen und wie die „libidinösen Bindungen an Strukturen, die einer befreiten Gesellschaft im Weg stehen, aufgebrochen werden“ [115] können. Dabei stellt *Häutungen* den weiblichen Körper in den Mittelpunkt des Textes und versucht für ihn eine Sprache zu finden, die die männliche Perspektive, die Unterordnung, Objektivierung und Verfügbarkeit des weiblichen Körpers unterläuft.[116]

In den Augen von Classen und Goettle scheitert Stefans Versuch, eine neue Sprache für den weiblichen Körper zu finden und so eine andere Wahrnehmung zu befördern, gründlich.

> „Frau hat, darf sie Verena Stefans Häutungen glauben, wenig Aussicht auf Veränderung. Schon in Brehms Tierleben könnte sie erfahren, daß bei dem Prozeß der Häutung zwar eine neuere und bessere, doch bis ins Detail gleiche Haut nachwächst. Die Oberfläche mag in Verenas Fall neu sein, kurze Haare statt langer, Bauernhof statt Großstadt, Frau statt Mann, aber immer noch gilt die gleiche Biologie: die der Frau als Mädchen, Blondine, Mutter und Natur, dumm und unsicher ihren Emotionen ausgeliefert, von pflanzenhafter Passivität und Trägheit. Das Bild, das man und nun auch frau von frau machen, ist fast deckungsgleich.“[117]

Die Häutung verstehen die beiden Autorinnen als ähnlichen Vorgang wie den „Kostümwechsel“ der Frauenbewegung, den Goettle in „Schleim oder Nichtschleim, das ist hier die Frage“, ebenfalls im Herbst 1976, beschreibt: Trotz des Anscheins des Neuen bleibe alles beim Alten. Es würden nur die entgegengesetzten Attribute verwendet und aufgewertet: statt lang kurz, statt Mann Frau. Der Versuch, die objektivierende und aneignende männliche Perspektive zu sprengen, sei nicht nur nicht gelungen, sondern sie werde unbewusst von Stefan reproduziert.

> „Verena versucht, sich über ihren Körper zu definieren; da er den verinnerlichten Maßstäben männlicher Kultur nicht entsprechen kann, wird er bei Beibehaltung dieser Maßstäbe in eine krampfhafte vegetative Natürlichkeit hinübergerettet, in der frau sich dann erfolgreicher zu definieren meint.“[118]

Die Kritik trifft die Sprache Stefans, die sich Naturbildern bedient, um den weiblichen Körper zu beschreiben. „Sich als Frau in Metaphern von Natur einzubinden“, so auch Roswitha Kaever in der 2. Ausgabe der *Schwarzen Botin* im Jahr 1977, sei allerdings „nicht sehr vielversprechend“:[119]

114 Paulus 2019, 126.
115 Ebd.
116 Weigel 1995, 103.
117 Classen/Goettle 1976, 45.
118 Ebd.
119 Kaever 1977, 29.

„Denn schon immer hat man die Unterdrückung durch Gleichsetzen von Natur und Frau sanktioniert. Sie sind beide wilde, bedrohliche, schöne und notwendige Objekte, die man bilden, zähmen, beschmutzen und ausbeuten muß.“[120]

Bilder aus Biologie und Naturkunde heranzuziehen, führe die androzentrische Tradition der Weiblichkeitsbilder fort und entkomme weder dem „triviale[n] Repertoire billiger Pornoautoren“[121] noch den Sujets aus dem Bereich von „Blumen, Obst und Gemüse, die ganze Malergenerationen schon dazu verholfen haben, Frauen ‚natürlich‘ darzustellen“[122]. Die Rezension zu Verena Stefans Roman erhellt, worin das Problem der Naturmetaphern besteht: Eine Sprache, die sich in der Beschreibung des weiblichen Körpers erstens der Naturbilder bediene und dadurch zweitens den Anschein von Natürlichkeit herstellen wolle, setze die Tradition der Naturalisierung der Frau und damit ihre Reduzierung auf ein biologisches Gattungsexemplar fort. Dass Stefans Roman daran scheitere, Frauen als Individuen – und eben nicht als bloße Exemplare einer durch ihre Natur bestimmten Gattung – literarisch zu gestalten, zeige sich in ihrer Darstellung der Protagonistinnen des Romans:

„Frauen, mit denen Verena zusammentrifft, bleiben, obwohl ihr Name genannt wird, in der Anonymität der Topographie […] verborgen. Die Beschreibung der Männer hält sich weniger mit Äußerlichkeiten auf, trotz unzähliger Hinweise auf die Fremdheit erscheint die Beschreibung vertrauter, als es ihr bei Frauen möglich ist.“[123]

Die Frauenfiguren werden zu bloßen Trägerinnen von Namen und nicht in ihrer Besonderheit dargestellt. Genau darin aber sehen Classen und Goettle die Aufgabe feministischer Textproduktion: die „Entwicklung weiblicher Individualität“[124] durch die Erarbeitung von Darstellungsweisen des Besonderen. *Die Schwarze Botin* widmet sich der Lösung dieser Aufgabe, in der sie die Kardinalfrage des Feminismus sieht.

Mutterschaft ohne Geschichte? Kritik der Mutterschaft als Grundlage weiblicher Identität

Die Entwicklung der Individualität bildet einen der Zwecke des Kritikprogramms der Zeitschrift. Dem Modus der negativen Kritik folgend, gilt das Augenmerk der *Schwarzen Botin* dem, was diesem Zweck zuwiderläuft. Sie hebt *jene* Tendenzen der autonomen Frauenbewegung hervor, die ihr zufolge die Entwicklung von Individualität der Frauen behindern. Ebenso wie die Versuche weiblicher Selbstbeschreibung in einer Sprache der Naturbilder,

120 Ebd.
121 Classen/Goettle 1976, 45.
122 Ebd.
123 Ebd.
124 Ebd. 46.

geraten Vorstellungen von Mutterschaft und Mütterlichkeit als Grundlage einer weiblichen Identität ins Fadenkreuz ihrer Kritik.

In einer Selbstsuche, die Frausein als das Andere des Mannes bestimme und so androzentrische Weiblichkeitsbilder reproduziere, findet sie die Parallele zwischen den Wahrnehmungsmustern der Groschenromane und der Frauenbewegung. So befördert Classen zufolge die „konfuse [...] Mutterschaftsideologie“[125] der Frauenbewegung die „Ichfindung im Anderen und Immergleichen“[126]. Sechs Jahre später, im Jahr 1983, bemängeln Uta Ruge und Brigitte Classen in ihrem Gespräch „Wünsche nach Kraft durch Freude“, Weiblichkeit werde über Mutterschaft definiert, wobei das *Bild* der Mutterschaft und der Mütterlichkeit, das sich in der Frauenbewegung großer Beliebtheit erfreue, „Frauen auf eine immergleiche, quellende Biologie festlegen“[127] würde. Im Gespräch sagt Uta Ruge:

> „Es schien mehr zum Bild der Weiblichkeit zu gehören, als daß es einem unangestrengten Bedürfnis entsprang: Kinder zu wollen. Es war eine Maxime und man redete jahrelang, ob man es wolle und wann, und daß, ja wirklich ... aber was dann ... Meist passierte es dann kurz vor der Altersgrenze, und das Kind wurde dann eingefüttert in die sozialtechnologischen Begrifflichkeiten über sich selbst: es brachte einem Mütterlichkeit, Sinnlichkeit, Erotik, und das alles bei Berufstätigkeit ...“[128]

Was die Frauenbewegung als Weiblichkeit und weibliche Identität ansehe, erscheint den Gesprächspartnerinnen als Kombination aus androzentrischer Reduzierung der Frau auf die Mutter*funktion* und Sozialtechnologie. Die Identitätssuche bestimme auch das Verhältnis zum Politischen:

> „‚Frauen gehen so weit, zu behaupten, Mütterlichkeit sei ihre eigentliche Bestimmung, eine Frau ohne Kind sei keine Frau. – Eine erstaunliche Politik.‘ – ‚Sie geben ihr also den Körper zurück als Basis der Politik. Denn so kann weiter produziert, konsumiert und expandiert werden, da die Reproduktion des Staatskörpers gesichert wird [...].‘ – ‚Die Frau opfert sich für den Staat, indem sie weiter gebiert.‘“[129]

Die Fundierung der Politik im weiblichen Körper führe ungewollt zur Fortführung der Funktion, die Frauen seit Herausbildung des bürgerlichen Staates gehabt hätten: als Material zur Produktion des Menschenmaterials dem Staat zu dienen. Als weiblicher Körper werde die Frau so zur Materie und Natur, ihre Fähigkeit zu gebären zur Funktion für den Staat, der sich ihrer bediene.

Das Weiblichkeitsbild der autonomen Frauenbewegung – so lässt sich Classens und Ruges Kritik verstehen – leiste der Naturalisierung der Frau und

125 Classen 1977, 24.
126 Ebd.
127 Classen/Ruge 1983, 57.
128 Ebd. 56.
129 Ebd. 55f.

der Funktionalisierung ihrer Fähigkeit zu gebären Vorschub und reduziere die Individuen damit auf den Status von Gattungsexemplaren. Zur Statthalterin der Natur gemacht, werde ihr die Geschichte entzogen. Das habe sich in der Sprache der Frauenbewegung, in ihrer Verwendung der Naturmetaphern niedergeschlagen. Uta Ruge konstatiert:

> „Was es da [in der autonomen Frauenbewegung, K. L.] an Natur- und Körpermetaphern, an Wachsen, Blühen, Reifen, an Wünschen nach Kraft durch Freude (und Aerobic), an Müsli- und Strickkultur des Echten und Gesunden gegeben hat, das darf schon sehr nachdenklich stimmen. Darin steckt, was wir vorhin schon gesagt haben, die Enthistorisierung von Natur, vom Körper, von Sexualität."[130]

Geschichte in Natur zu verwandeln, ist nach Roland Barthes einer der Mechanismen des bürgerlichen Mythos. Classen nimmt auf Barthes Bezug und stellt fest, dass, um der Naturalisierung durch das Weiblichkeitsbild der Mutterschaft zu entkommen, die Kritik der Sprache nötig sei.[131] Setze man sich aber mit der deutschen Sprache auseinander, so stoße man auf ihre nationalsozialistische Geschichte, deren Verschweigen und Fortleben. Worüber die postnazistische Gesellschaft schweige, kehre wieder in ihrer Sprache und ihren Bildern. Auch die Bilder der Frauenbewegung verfingen sich darin, solange diese die Aufarbeitung der Vergangenheit umgehe. Uta Ruge bemerkt:

> „Die Geschichte der Deutschen, auf die wir stoßen, wenn wir mit Sprache experimentieren, [...] ist eine tabuisierte. Unsere direkteste Vergangenheit ist in Schweigen gehüllt (man könnte sagen: es schweigt sich am besten in deutscher Sprache); und wie es dann so ist: das, was nicht benannt werden darf, kommt in ALLEM zur Sprache, auch im Jargon der Frauenbewegung zum Beispiel."[132]

Mutterschaft als Weiblichkeitsbild thematisiert *Die Schwarze Botin* unter Bezugnahme auf die nationalsozialistische Mutterschaftsideologie. In ihrer Auseinandersetzung mit der symbolischen Geschlechterordnung des Nationalsozialismus heben Gerburg Treusch-Dieter und Renate Steinchen in der 20. Ausgabe der *Schwarzen Botin* hervor, dass die „Mutter-Position"[133] zum

130 Ebd. 60.

131 „In der Kritik der Sprache steckt ein explosives Element. Roland Barthes hat recht, wenn er meint, eine Gesellschaft verändern heißt, die Klassifikation ihrer Sprache verändern. Nur wird das bei den immer beliebter werdenden Sprachspielen und der Akademisierung der Sprache oft vergessen. Die Grenzen der Sprache müssen gesprengt werden, damit sie nicht die Grenzen der Welt bleiben." Classen/Ruge 1983, 60. Es finden sich weitere direkte und indirekte Bezugnahmen auf Roland Barthes' Mythenkritik in der *Schwarzen Botin*, beispielsweise in Goettle 1977c; Kaever 1977c; Steinwachs 1978; Classen 1983; Haß 1985; Jelinek 1985.

132 Classen/Ruge 1983, 60; Herv. i. O.

133 Treusch-Dieter 1983, 108.

„öffentlichen Dienst“[134], die biologische Mutterschaft der arischen Frau zur „Dienstverpflichtung für die Gesamtheit“[135] wird. Die Reproduktion der Gattung wird zur Reproduktion des nationalsozialistischen Volkskörpers und führt zur Auflösung des Individuums in der Volksgemeinschaft. Die Reduzierung der Frau auf ihre Gebärfähigkeit und deren Funktionalisierung, ihre Naturalisierung und das Verschwinden des Individuums im Volkskörper sind die Merkmale des nationalsozialistischen Mutterschaftsbilds.[136] *Die Schwarze Botin* thematisiert Mutterschaft hauptsächlich hinsichtlich dieser Vorstellungen von Mutterschaft, deren Weiterleben sie auch in der Frauenbewegung entdeckt. Ihre Kritik ist die Kritik am Bild der Mutterschaft und an einer Sprache und einem Denken, welche der Fähigkeit zu gebären die geschichtliche Dimension entziehen. Der Entzug von Geschichte ist aber die Verunmöglichung der Subjektwerdung und der Individualität.

Mutterschaft wird seit den Anfängen der westdeutschen Frauenbewegung im *Aktionsrat zur Befreiung der Frau* in ihren sozialen und kulturellen Dimensionen thematisiert. Am Beginn stehen die Diskussionen lebenspraktischer Strategien der Kinderladenbewegung und ihre Auseinandersetzung mit der sozialen und erzieherischen Funktion der Mütter hinsichtlich der Vergesellschaftung der Subjekte, ihrer Integration in Staat und Gesellschaft. Darüber hinaus zählen die Müttermanifeste, in denen auf Grundlage einer als „archaisch“[137] und weniger entfremdet verstandenen Mutter-Kind-Beziehung die Etablierung eines Mutterrechts gefordert wird ebenso zur Auseinandersetzung mit Mutterschaft, wie die Thematisierung der Position der Mutter in der symbolischen Ordnung. Nicht zuletzt wird das Verhältnis der feministischen Bewegung zur Mutterschaft diskutiert.[138] Nach den Anfängen in der Kinderladenbewegung wird Mutterschaft in der westdeutschen Frauenbewegung bis Mitte der 1970er Jahre hauptsächlich als Emanzipationshemmnis behandelt, so die Pädagoginnen Lilli Lent und Andrea Trumann in ihrer

134 Ebd.

135 Steinchen 1983, 119.

136 Siehe 7. Kapitel.

137 Feigenwinter 1983, 66.

138 Zur lebenspraktischen, gleichwohl theoretischen wie politisch strategischen Position beispielweise „Dokumente zur Kinderfrage“ in Courage 1978, 43ff.; zur Alltagserfahrung von Mutterschaft beispielsweise Sichtermann 1981, das zugleich ein praktischer Ratgeber ist; zu den Müttermanifesten, die noch vor dem Müttermanifest aus dem Umfeld der Partei Die Grünen von 1987 verfasst wurden, Courage 1977c, 33f. und Feigenwinter 1983, 64–67; zur Mutterposition in der symbolischen Ordnung beispielsweise in der *Schwarzen Botin* Kristeva 1978, 5–10; zum Verhältnis der feministischen Bewegung zur Mutterschaft beispielsweise die Debatte in der österreichischen Zeitschrift *AUF* (Ruth 1981, 4f.; Ulli 1981, 10f.; Doris 1981, 12f.) und Sichtermann 1984, 21–34; einen Rückblick vor dem Hintergrund aktueller Familienpolitik geben Lent/Trumann 2015.

Kritik des Staatsfeminismus im Jahr 2015. In Reaktion darauf wurden Stimmen laut, die dieser Emanzipationsvorstellung widersprachen und für eine „selbstbestimmte Mutterschaft“[139] plädierten. Darunter wollten die feministischen Mütter durchaus nicht die Festlegung der Frau auf ihre Gebärfähigkeit oder die Reduzierung ihrer Tätigkeiten auf Kinderpflege und -erziehung verstanden wissen – erst recht nicht die Dienstbarmachung der Gebärfähigkeit zu einer Funktion zur Erhaltung des Staats. Die Erfüllung individuellen Lebensglücks wurde durchaus nicht ausschließlich im Kinderkriegen gesucht – aber auch nicht in dessen Ablehnung. Entgegen der Kritik an Mütterlichkeit aus den eigenen feministischen Reihen – zu denen nicht nur *Die Schwarze Botin*, sondern beispielsweise auch *Emma* zählte – ging es den feministischen Müttern um die „Aufhebung der Trennung von Reproduktion und Produktion“[140], um die „Kritik geschlechterdifferierender Arbeitsteilung“ ebenso wie um die „Solidarisierung mit schlecht bezahlten Erzieherinnen im Bereich öffentliche[r] Kleinkindererziehung“[141]. Die gesellschaftlichen Verhältnisse sollten so verändert werden, dass Mutterschaft nicht mehr zur Bürde werden und zur Einschränkung der Möglichkeit der individuellen Lebensgestaltung führen müsse, sondern ein selbstbestimmtes Leben mit Kindern möglich sei. Mutterschaft wurde von diesem Flügel der Frauenbewegung demnach als „Teil des antikapitalistischen Kampfes“[142] verstanden.

Ihrem Selbstverständnis folgend steht *Die Schwarze Botin* für eine theoretisch orientierte Position, welche die kulturelle und symbolische Dimension von Mutterschaft fokussiert. Fragen nach anderen alltäglichen Lebensformen mit Kindern und einer umsetzbaren Praxis stellt sie sich nicht. Sie kritisiert Mutterschaftsbilder hinsichtlich ihrer Funktion für die Kohäsion und Integration des Sozialen, vor allem in der nationalsozialistischen Volksgemeinschaft und in der postnazistischen BRD. Im Kritikprogramm der *Schwarzen Botin* steckt implizit eine Aufforderung an feministische Kritik und Theorie: Was feministische Kritik zu kritisieren hat, ist die Auflösung des Individuums Frau in Gebärfunktion und Mutterschaft. Vor dem Hintergrund der unterschiedlichen Positionen, die es in der autonomen Frauenbewegung zur Frage der Mutterschaft gibt, wird deutlich, dass Classen und Runte in ihrem Urteil eine Tendenz zuspitzen. Sie gehen nicht auf die alltagspraktischen Probleme oder die leibliche Dimension des Gebärens ein. Ihre Kritik bezieht sich auf Mutterschaft *als Mythos*.

139 Lent/Trumann 2015, 17.
140 Ebd. 19.
141 Baader 2018, 28f.
142 Lent/Trumann 2015, 18.

8.3 Die Kritik der *Schwarzen Botin* als Mythenkritik

In „Fatale Liebe. Aus den Reichen der Phantasiearmut" deckt Classen die Wahrnehmungsmuster auf, die implizit mit einem Gesellschaftsverständnis verknüpft sind, das Gesellschaft zum geschichtslosen, unveränderlichen Schicksal macht. Gesellschaft wird so als das genommen, was sie auszeichnen sollte: Bedingung und Zusammenhang frei handelnder Individuen zu sein. Ihrem Selbstanspruch entsprechend, aus der Frauenbewegung die Kritik der Frauenbewegung zu leisten, bezieht Classen die Gefahr, diese Wahrnehmungsmuster zu reproduzieren, auf die Vorstellungswelten der Bewegung. Classen, Goettle, Kaever und Runte kritisieren, die Frauenbewegung meine, durch die Verwendung von Naturmetaphern und durch die Festlegung der Mutterschaft als Merkmal des Frauseins Kritik an den androzentrischen Bildern, Forderungen und Begrenzungen üben zu können. Genau das Gegenteil sei der Fall: Statt zu einem neuen sinnlichen und leiblichen Selbst- und Weltverhältnis führten Naturmetaphern zu einem *Mythos der Sinnlichkeit*, statt die Freiheit der Frau als Individuum zu befördern, führe die Rede über Mutterschaft zu einem *Mythos der Mutterschaft*. Im Folgenden werde ich auf Barthes' Mythenkritik eingehen und das Potenzial, aber auch die Begrenztheit der Kritik feministischer Mythen, wie sie *Die Schwarze Botin* betreibt, herausarbeiten.

Roland Barthes' Mythenkritik

Nach Barthes ist der Mythos eine Art der Rede, ein „System der Kommunikation",[143] das den Sinn einer Sache „deformiert"[144] und „entfremdet"[145]. Die Deformation besteht darin, dass die mythische Rede sich sinnhafte Zeichen aneignet, intentional mit Bedeutung aus einem anderen Wirklichkeitsbereich auflädt und naturalisiert. Um die Funktionsweise zu verdeutlichen, greift Barthes auf die strukturale Linguistik zurück und zerlegt den Mythos in Analogie zum System der Sprache in seine Elemente. Was im „linguistischen System"[146] ein sinnhaftes Zeichen ist, wird in der mythischen Rede zu einem leeren Zeichen, das von einer anderen Bedeutung besetzt wird. Das Zeichen wird zur leeren Form, die von der Bedeutung des Mythos gefüllt wird. „Indem er Form wird, verliert der Sinn seinen Zusammenhang; er leert sich, verarmt, die Geschichte verflüchtigt sich, er bleibt nur noch Buchstabe."[147] Die mythische Rede füllt das entleerte Zeichen, in dem der Sinn aus seinem Zusammenhang genommen und in einen neuen Kontext gestellt wird. Die mythische Rede verwendet Zeichen in ihrer *Form* als Zeichen. Daher kann alles zum Material des Mythos werden, was Zeichen und

143 Barthes 2013, 251.
144 Ebd. 269.
145 Ebd.
146 Ebd. 261.
147 Ebd. 262.

Teil von Kommunikation ist: Werbetafeln ebenso wie Romane, politische Ansprachen ebenso wie Videos.

Zur Veranschaulichung führt Barthes den Satz „*quia ego nominor leo* […]: *denn ich werde Löwe genannt*“[148] an, der als grammatisches Beispiel im Lateinunterricht dient. Einerseits enthält dieser Satz einen buchstäblichen Sinn, der einen Löwen betrifft, andererseits ist die Intention des Satzes, eine grammatische Regel zu verdeutlichen. Im letzteren Fall soll der Satz etwas anderes bedeuten, als vom Löwen, seinem Leben und seiner Lebensumgebung zu sprechen. In der mythischen Rede wird die Absicht zum bestimmenden Moment, nicht der buchstäbliche Sinn.[149] Die Absicht, ein grammatisches Beispiel zu bedeuten, löscht allerdings den Sinn nicht völlig, sondern drängt ihn zurück. Ferner könnte der Satz vom Löwen und seinen Eigenschaften sprechen. Dadurch steht der Sinn der mythischen Rede weiterhin zur Verfügung: „Der Sinn wird der Form als leicht zugänglicher Vorrat von Geschichten dienen, als ein disponibler Reichtum, der in raschem Wechsel herangezogen und wieder fallengelassen werden kann.“[150] Der Mythos kann sich also des Sinns bedienen, zugleich aber dominiert er ihn, indem er ihn verdrängt und nur die Form übrig lässt. Er füllt die Form aus und ist „keineswegs abstrakt“[151], sondern „erfüllt von einer Situation“[152] und intentional. Der Mythos verbindet sich mit der entleerten Form und bildet eine neue assoziative Gesamtheit, er wird „mit der Totalität der Welt wieder neu verknüpft“[153].

Die Relation von Sinn und Mythos ist ein „*Deformations*verhältnis“[154]: Der Sinn im linguistischen System wird zur entleerten Form im System des Mythos deformiert. Dadurch, dass der Signifikant als Sinn zur leeren Form

148 Ebd. 260, Herv. i. O.

149 Ebd. 270. Der buchstäbliche Sinn liegt nicht im Zeichen selbst – das sprachliche Lautbild Löwe und die Vorstellung eines Löwen sind arbiträr – ihre Arbitrarität ist nur durch die „Assoziationsbeziehungen des Wortes“ beschränkt; Barthes 2013, 273. Der Sinn, den Barthes als „buchstäblich“ bezeichnet, entsteht durch eine Tätigkeit, die auf die Dinge gerichtet ist. Dadurch sei die Sprache dieser Tätigkeit auf das bestimmte Ding gerichtet und wirke auf die Wirklichkeit der Dinge ein. Diese „Objektsprache“ unterscheidet Barthes von der Metasprache, die nicht durch Tätigkeit auf ein Ding, sondern auf Zeichen bezogen sei: Spreche ein Holzfäller von einem Baum, so sei dieser Baum für den Holzfäller der Sinn seiner Tätigkeit und seine Sprache Objektsprache. Spreche ein Schriftsteller oder eine Philosophin vom Baum, so handelt es sich um Metasprache, da diese nicht an die auf den Baum gerichtete Tätigkeit gebunden sei; Barthes 2013, 299f.

150 Ebd. 263.

151 Ebd. 264.

152 Ebd.

153 Ebd.

154 Ebd. 268, Herv. i. O.

wird, wechselt eine „Objektsprache“[155] beständig in eine „Metasprache“[156] und damit „ein rein bedeutungshaftes in ein rein bildhaftes Bewußtsein“[157]. Der Satz, *Denn ich werde Löwe genannt*, changiert zwischen dem Sinn, der sich auf das Objekt *Löwe* bezieht, und seiner Funktion, ein grammatisches Beispiel zu sein. Dieses beständige Umschlagen vergleicht Barthes mit einem Drehkreuz, bei dem die zwei Seiten des Signifikanten – der Signifikant als Sinn und der Signifikant als Form – abwechselnd aus der Tür treten. Das Drehkreuz selbst ist der mythische Begriff, der beide Dimensionen zusammenhält:

> „Gemeinsam zusammengehalten wird diese Oszillation durch den Begriff, der sich ihrer als eines doppeldeutigen Signifikanten bedient, der zugleich gedanklich und bildlich, arbiträr und natürlich ist.“[158]

Diese „konstitutive Doppeldeutigkeit“[159] hat Auswirkungen auf die Bedeutung, die „der Mythos selbst“[160] ist. Die Bedeutung stelle sich auf der einen Seite als „Aufforderung und Anrufung“[161], auf der anderen als „Feststellung“[162] und „Faktum“[163] dar. Auch Aufforderung und Feststellung vollziehen die Schwingbewegung des Drehkreuzes. Die „anrufende Rede“, die sich direkt an die Einzelne zu wenden scheint, kippt in die Allgemeinheit einer Feststellung, wodurch der auffordernde Charakter nicht mehr greifbar ist. Wird etwas als Faktum festgestellt, verschwindet die Absicht der Rede. Die Feststellung lässt die Intention „erstarren, um sie unschuldig zu machen“[164]. Die Unschuldigkeit einer Faktenfeststellung stellt sich nicht dadurch her, dass die Absichten des Mythos „verborgen“ werden, denn „wären sie es, könnten sie nicht wirksam sein“[165]. Der Mythos wird als „unschuldige Rede“ aufgenommen, weil seine Absichten „zur Natur geworden sind“[166]: zu einer scheinbar natürlichen Eigenschaft des Bedeutungsträgers.

Barthes führt rhetorische Figuren an, die sich der Mythos in der bürgerlichen kapitalistischen Gesellschaft gibt und die sich wiederholen. Dazu zählen die Naturalisierung und der Entzug der Geschichte:

> „Der Mythos entzieht dem Gegenstand, von dem er spricht, jegliche Geschichte. Die Geschichte verflüchtigt sich aus ihm. Er gleicht einer idealen Hausbediensteten: Sie bereitet zu, bringt herbei, legt bereit, und

155 Ebd. 269.
156 Ebd.
157 Ebd.
158 Ebd.
159 Ebd. 267.
160 Ebd.
161 Ebd. 271.
162 Ebd.
163 Ebd. 272.
164 Ebd. 272f.
165 Ebd. 280.
166 Ebd.

> wenn der Herr kommt, verschwindet sie lautlos. Man braucht nur noch zu genießen, ohne sich zu fragen, woher dieses schöne Objekt kommt. Oder vielmehr: Es kann eigentlich nur schon immer dagewesen sein; von jeher war es für den bürgerlichen Menschen gemacht […] Man sieht, wie diese glückliche Figur alles verschwinden läßt, was stören könnte: Determinismus und Freiheit zugleich. Nichts ist erzeugt, nichts ist ausgewählt. […] Diese wundersame Verflüchtigung von Geschichte ist eine andere Form eines Begriffs, der den meisten bürgerlichen Mythen gemein ist: die Nichtverantwortlichkeit des Menschen."[167]

Naturalisierung und Entzug der Geschichte haben zur Folge, dass gesellschaftliche Herrschaftsverhältnisse als ewig und unveränderbar erscheinen. Der Mythos lasse die Dinge so erscheinen, „als bedeuteten sie von ganz allein"[168], als wäre ihre Bedeutung unmittelbar ersichtlich und evident, und als wäre die

Gesellschaft ohne Widersprüche. Darin liegt der politische Gehalt der mythischen Rede. Die Kritik der Mythen rekonstruiert diese Funktionsweise und durchbricht den Anschein, die Dinge würden von Natur aus bedeuten. Ihr geht es um den „Rückgang hinter das unmittelbar Sichtbare"[169], um die Kritik der scheinbaren „Einfachheit der Wesenheiten"[170] der Dinge, welche die „Komplexität der menschlichen Handlungen"[171] verschleiert, um die Kritik der „Evidenz"[172].

Kritik des androzentrischen Geschlechtermythos

Das Kritikprogramm der *Schwarzen Botin* weist Elemente der Mythenkritik auf: In „Fatale Liebe. Aus den Reichen der Phantasiearmut" (1977) zeigt Classen, wie das Verhältnis der Geschlechter in einer zum Schicksal verewigten Gesellschaft zementiert wird. Die Geschichten, die im Groschenroman erzählt werden, dienen dazu, die Frau als das Andere des Mannes, ihre Bezogenheit auf den Mann als naturgegeben und evident erscheinen zu lassen. Die Absicht dieses Mythos ist es, die Geschlechterordnung beim Alten zu belassen, Frauen und Männer auf ihre Plätze zu verweisen. Classens Kritik lässt sich analog zur Barthes'schen Kritik des Mythos der bürgerlichen Klasse

167 Ebd. 306. Das Bild der weiblichen Hausbediensteten deutet Barthes nicht weiter aus. Es ist aber überaus passend und verweist auf die vergeschlechtlichte Arbeitsteilung der kapitalistischen Gesellschaft, die auf der schlecht bezahlten ebenso wie auf unbezahlter Sorge- und Pflegearbeit beruht – Arbeit, die nicht als gesamtgesellschaftlich notwendige erscheint und von Frauen, oftmals Migrantinnen, erbracht wird. Vor allem unbezahlte Sorge- und Pflegearbeit unterliegt der Naturalisierung: Sie scheint eine „natürliche", „weibliche" Verhaltensweise zu sein.

168 Ebd. 296.

169 Ebd.

170 Ebd.

171 Ebd.

172 Ebd.

als *Kritik des androzentrischen Geschlechtermythos* verstehen. Der bürgerliche Mythos verschleiert die Geschichte der Bedeutungen der Dinge und damit ihren Entstehungszusammenhang aus einer Gesellschaft, die auf Klassenherrschaft beruht. Die Naturalisierung ist die Entnennung der Klassenherrschaft.

> „Unsere Presse, unser Film, unser Theater, unsere Gebrauchsliteratur, unsere Zeremonien, unsere Justiz, unsere Diplomatie, unsere Unterhaltungen, das Wetter, das Verbrechen, über das wir urteilen, die Hochzeit, die uns bewegt, die Küche, von der wir träumen, die Kleidung, die wir tragen, alles in unserem Alltagsleben ist davon abhängig, wie die Bourgeoise die Beziehungen zwischen dem Menschen und der Welt sich vorstellt und uns darstellt. Diese ‚normalisierten' Formen [...] genießen eine Zwischenstellung: Weder sind sie unmittelbar politisch noch unmittelbar ideologisch, friedlich leben sie zwischen den Aktionen der politisch Engagierten und den Streitigkeiten der Intellektuellen; von den einen wie von den andern mehr oder weniger unbeachtet, verschwimmen sie in der ungeheuren Masse des Undifferenzierten, Unbedeutenden, kurz: des Natürlichen."[173]

Die Bedeutungswelt der bürgerlichen Klasse verschleiert die Klassenherrschaft. Die Frau als das Andere des Mannes erscheinen zu lassen und das Geschlechterverhältnis zu naturalisieren, verschleiert die androzentrische Herrschaft. Die Mythenkritik in der *Schwarzen Botin* zeigt demnach, dass „alles in unserem Alltagsleben [...] davon abhängig" ist, wie der Androzentrismus sich die Beziehungen zwischen den Geschlechtern und der Welt vorstellt und sie darstellt. Auf die „Zwischenstellung" dieser Vorstellungen, auf die scheinbare Harmlosigkeit der mythischen Wahrnehmungsmuster, zielt das Kritikprogramm der Zeitschrift.[174]

Kritik feministischer Mythen

Classen und Goettle zufolge wiederholen sich die mythischen Wahrnehmungsmuster in Texten der Frauenbewegung. In „‚Häutungen'. Eine Verwechslung von Anemone und Amazone" (1976) legen sie ihren Schwerpunkt auf die Kritik der Naturalisierung. Die Sprache der Naturmetaphern gerate zum Mythos der Sinnlichkeit, in den Frauen durch Wissenschaft, Kunst und Unterhaltungsindustrie der androzentrischen Gesellschaft eingespeist werden. Die Naturalisierung ist verknüpft mit der Vorstellung der Frau als dem Anderen des Mannes, die sich auch im Mythos der Mutterschaft wiederhole, in der scheinbaren Evidenz der Feststellung, Frausein bestimme sich durch Mutterschaft. Die Wiederholung des androzentrischen Geschlechtermythos

173 Ebd. 292, Herv. i. O.

174 Die Schriftstellerin Elfriede Jelinek ist wohl die bekannteste Mythenkritikerin der Zeitschrift. Zum antimythischen und „mythenzersetzenden" Verfahren von Jelinek, siehe Klettenhammer 1998.

erscheint den Autorinnen umso gravierender, als sie im Gewand *feministischer Feststellungen* auftrete und verschleiert werde.

In Barthes' Mythenkritik besteht eine der zwingenden Forderungen des Mythos im Sich-Wiedererkennen der Menschen im gleichbleibenden, verewigten Bild. Die Mythen seien

> „nichts anderes als die unaufhörliche, niemals nachlassende Forderung, das heimtückische und unnachgiebige Verlangen, daß alle Menschen sich in diesem ewigen und doch zeitbedingten Bild wiedererkennen, das man irgendwann einmal von ihnen gemacht hat, als ob es für alle Zeiten so sein müßte."[175]

Wiedererkennen und Identifizierung treten auch in Classens und Goettles Kritik an der Rezeption von Verena Stefans Roman auf. Zur Leseerfahrung der Leserinnen des Romans vermuten sie, es gebe „vielleicht 30 000 Frauen, die alle meinen, ‚genau so wars bei mir', und nun wie die Lemminge ins Meer der verwässerten ‚Neuen Weiblichkeit' springen"[176]. Gegen die Identifizierung des eigenen Lebens und der persönlichen Erfahrungen mit den Weiblichkeitsbildern des androzentrischen Geschlechtermythos richtet sich ihre Kritik. Die Mythenkritik in den Beiträgen der *Schwarzen Botin* verfolgt die „Wiederholung des [mythischen, K. L.] Begriffs"[177] – die Frau als das Andere des Mannes – „durch die verschiedenen Formen hindurch"[178] und sucht sie auf in Stefans Mythos der Sinnlichkeit ebenso wie im Mythos der Mutterschaft. In ihnen sieht *Die Schwarzen Botin* den androzentrischen Geschlechtermythos in den Vorstellungswelten und den Texten der Frauenbewegung wirken und zu *feministischen* Mythen werden.

Grenzen der Mythenkritik

Roland Barthes zählt zu den Möglichkeiten, den Mythos zu entziffern, die Methode des Mythologen. Die Mythologin entwickelt einen doppelten Blick, mit dem sie die Doppeldeutigkeit des Signifikanten entschlüsseln kann. Sie sieht beide Seiten des Signifikanten: den Sinn und die entleerte Form. Indem sie beide Seiten analytisch voneinander unterscheidet, kann sie die Deformation erkennen, die der Mythos dem Sinn zufügt. Die Erkenntnis der Deformation ist nach Barthes die Entzifferung des Mythos und damit seine Zerstörung und die Destruktion seiner Bedeutung.[179] Das methodische Vorgehen, dem Classen und Goettle folgen, lässt sich als das der Mythologin bezeichnen. Barthes beschreibt allerdings auch die Grenzen der Kritik der Mythologin.

175 Barthes 2013, 312.
176 Classen/Goettle 1976, 46.
177 Barthes 2013, 265.
178 Ebd.
179 Ebd. 276.

In ihrer Analyse der Groschenromane zeigt Brigitte Classen, dass die harmlos unterhaltenden Geschichten von Lebensweg und Liebesglück dem Erhalt der Geschlechterordnung dienen. Sowohl die Handlungen der Protagonistinnen als auch ihre totale Passivität führen mit schicksalhafter Zwangsläufigkeit an die Seite eines Ehemanns. Die Geschichten stellen fest, wie es zwischen Mann und Frau zu sein hat, und fordern zugleich auf, die Geschlechterordnung einzuhalten. Indem sie die Groschenromane als Mythologin liest, zerstört sie den androzentrischen Geschlechtermythos, der sich in den Geschichten erzählt.

In der Entzifferung und Zerstörung der Mythen liegt der politische, feministische Gehalt der Tätigkeit der Mythologin – oder, wie Barthes sagt, ihre Rechtfertigung und ihre „Moralität"[180]. Da die mythische Rede alle gesellschaftlichen Bereiche durchziehe, schließe die Tätigkeit der Mythologin sie aus dem „Kreis aller Mythenkonsumenten"[181], aus der „Gemeinschaft als Ganze[s]"[182] aus. Denn die Zerstörung der Mythen bedeutet, nicht Anteil zu haben am Konsum der Mythen und der Freude und Lust, die dieser erzeugen kann. Den Mythos des „guten französischen Wein[s] entziffern, heißt, sich von denen entfernen, die sich damit ablenken, die sich dafür begeistern"[183] und sich das Leben erträglich gestalten. Es heißt auch, sich in der Aporie zu verfangen, „das Reale"[184], das die Mythologin durch die Kritik der Mythen „zu schützen behauptet"[185], zugleich „zum Verschwinden zu bringen"[186]: Ihre Rede ist Metasprache, sie spricht *über* die semiotische Verfasstheit der Dinge, über ihre Zeichenhaftigkeit und über die Namen der Objekte. Ihre Rede ist keine Objektsprache[187], sie ist nicht

180 Ebd. 314.
181 Ebd. 313.
182 Ebd.
183 Ebd. 314, Interpunktion i. O.
184 Ebd. 315.
185 Ebd.
186 Ebd.
187 „Wir müssen hier auf die Unterscheidung zwischen Objektsprache und Metasprache zurückkommen. Wenn ich Holzfäller bin und auf den Baum zu sprechen komme, den ich fälle, dann spreche ich den Baum – in welcher grammatischen Form auch immer –, ich spreche nicht über den Baum. Das heißt, daß meine Sprache operativ ist, mit ihrem Objekt transitiv verbunden: Zwischen dem Baum und mir gibt es nichts als meine Arbeit, das heißt eine Handlung. Es ist eine politische Sprache; sie präsentiert mir die Natur nur, insoweit ich sie verändere. Es ist eine Sprache, mit der ich handelnd auf das Objekt einwirke; der Baum ist für mich kein Bild, sondern einfach der Sinn meiner Handlung. Wenn ich jedoch kein Holzfäller bin, kann ich den Baum nicht mehr sprechen, ich kann nur noch von ihm, über ihn sprechen. Meine Sprache ist nicht mehr Instrument eines behandelten Baumes; vielmehr wird der besungene Baum zum Instrument meiner Sprache. Ich stehe zu dem Baum nur noch in einem intransitiven Verhältnis; der Baum ist nicht mehr der Sinn des Rea-

durch Handlungen auf ein bestimmtes Objekt bezogen, und verfängt sich daher in der Aporie, dass der „Wein […] objektiv gut, und *gleichzeitig* die Güte des Weins ein Mythos“[188] ist.

Wenn Classen und Goettle die Mythen der Groschenromane und in Verena Stefans *Häutungen* destruieren, dann schließen sie sich aus dem Kreis der Leserinnen, in Bezug auf *Häutungen* aus dem Kreis der Leserinnen der Frauenbewegung, aus. Das mag zunächst für eine feministische Kritik, wie sie *Die Schwarze Botin* vertritt, kein Problem darstellen, ist ihre Kritik doch als Aufklärung der „tiefen Entfremdung“, die „unter der Unschuld der einfachsten menschlichen Beziehungen“[189] liegt, gerechtfertigt. Ihrem Selbstverständnis entsprechend, würde *Die Schwarze Botin* an einer solchen Ausschließung vermutlich nichts Problematisches finden können. Doch ist die „Verbindung [der Mythologin, K. L.] zur Welt“ nicht nur „sarkastischer Art“[190]. Das Problem liegt vielmehr darin, dass die Analyse des Mythos selbst auf die Metasprache zurückgreift. Darin sieht Barthes die Begrenztheit der Wirkungsweise dieser Kritik: Die Rede der Mythologin „ist Metasprache, sie wirkt auf nichts ein; allenfalls enthüllt sie, aber für wen?“[191] Sie könne daher „die revolutionäre Aktion nur mittelbar leben“[192]. Indem die Kritik der Mythologin Destruktion bedeutet, ist sie negative Kritik, hat daher aber keinen Anteil an der Herstellung der Geschichte:

> „In gewissem Sinne ist der Mythologe im Namen dessen, was er zu tun behauptet, von der Geschichte ausgeschlossen. Die Zerstörung, die er in die kollektive Sprache trägt, ist für ihn absolut, in nichts anderem besteht seine Aufgabe […]. Es ist ihm verboten, sich vorzustellen, wie die Welt aussehen würde, wenn der unmittelbare Gegenstand seiner Kritik verschwunden wäre. Die Utopie ist für ihn ein unmöglicher Luxus; er befürchtet sehr, daß die Wahrheiten von morgen das genaue Kehrbild der Lügen von heute sein werden. Die Geschichte garantiert nie den reinen, eindeutigen Triumph von etwas über sein Gegenteil: In ihrem Werden offenbart sie unvorstellbare Auswege, ungeahnte Synthesen. Nicht einmal in einer mosaischen Situation befindet sich der Mythologe; er

len als menschliche Handlung, sondern ein verfügbares Bild. Gegenüber der realen Sprache des Holzfällers schaffe ich eine zweite Sprache, eine Metasprache, in der ich nicht die Dinge, sondern ihre Namen behandle und die sich zu der ersten Sprache verhält wie die Gebärde zur Tat. Diese zweite Sprache ist nicht ganz und gar mythisch, doch ist sie der Ort, an dem sich der Mythos festsetzt, denn der Mythos kann nur auf Objekte einwirken, die bereits die Vermittlung durch eine erste Sprache erfahren haben.“ Ebd. 299f., Herv. i. O.

188 Ebd. 315.
189 Ebd. 312.
190 Ebd. 314.
191 Ebd. 313.
192 Ebd.

erblickt das Gelobte Land nicht. Für ihn ist die Positivität des morgigen Tages gänzlich verborgen hinter der Negativität des heutigen. Alle Werte seines Unternehmens erscheinen ihm als Zerstörungsakte; sie decken sich genau, nichts ragt hervor."[193]

Es handle sich um ein Geschichtsverständnis, „in dem der mächtige Keim der Zukunft *nichts weiter* ist als die tiefste Apokalypse der Gegenwart [...]."[194] Das Weltverhältnis der Mythologin scheint sie dazu zu verdammen, bei der Destruktion stehen zu bleiben. Der Zerstörung der Weiblichkeitsbilder des androzentrischen Geschlechtermythos stellt sie keine anderen, keine neuen, keine zukünftigen oder utopischen Geschlechterbilder entgegen. Dieses Weltverhältnis kennzeichnet das Kritikprogramm der *Schwarzen Botin* – zumindest was ihre negative Kritik angeht. Es prägt das Verhältnis der Zeitschrift zu Anderen in der autonomen Frauenbewegung: Die Versuche zu einer zukünftigen Sprache der Sinnlichkeit ist ihr nur das „Kehrbild der Lügen von heute"[195] – sie wird zum Mythos der Sinnlichkeit. Die „Utopie" einer selbstbestimmten Mutterschaft ist ihr ein „unmöglicher Luxus"[196] und wird zum Mythos der Mutterschaft.

Das Weltverhältnis der negativen Kritik der *Schwarzen Botin* gründet in ihrer Einschätzung der bürgerlichen, kapitalistischen Gesellschaft, die in der BRD zudem eine postnazistische ist. Im Vorwort der 1. Ausgabe der *Schwarzen Botin* 1976 ist zu lesen: „Zu verteidigen gibt es wenig."[197] Wenn es wenig zu verteidigen gibt, dann finden sich auch kaum positive Anknüpfungspunkte für Theorie und Praxis der Frauenbewegung, oder für die Entwicklung eines Subjekts der feministischen Bewegung. Zu verstellt und durchdrungen von der „patriarchalischen Macht"[198] scheint alles, was bisher als Weibliches, Weiblichkeit und Frausein bestimmt wurde, als dass eine positive Bestimmung möglich wäre, die nicht wieder zum stillgestellten, verdinglichten Bild zu geraten droht. Gerade weil die Frauenbewegung aber versuche, eine positive Bestimmung des weiblichen Selbst vorzulegen und zu leben, verfalle sie wieder dem Bild, aus dem sie sich zu befreien versucht.[199] In „Einige Anmerkungen zur Konkurrenz" aus der 2. Ausgabe 1977 schreibt die anonyme Autorin über die Gesellschaft, in der sie lebt:

„Der geordnete moralische Lebenswandel des Bürgers, der sich aus Sparsamkeit, Fleiß, Pflichterfüllung, Zuverlässigkeit und sorgfältiger Kalkulation der Gewinne zusammensetzt, hat all das, was er an Fortschrittlichkeit

193 Ebd. 314; Herv. i. O.
194 Ebd.
195 Ebd.
196 Ebd.
197 Anonym/Goettle 1976b, 4.
198 Ebd.
199 Ebd. 4f.; Classen/Ruge 1983, 55, 59.

und Kultur erbracht hat, als Abfallprodukt erbracht, und gerade damit ist er legitimiert worden bis heute."[200]

Diese Gesellschaft sei die „schöne Harmonie von hemmungsloser Ausbeutung und Abfallkultur"[201]. Unter anderem aus dieser Einschätzung der Kulturproduktion der bürgerlichen, kapitalistischen Gesellschaft resultiert die Kritik der Zeitschrift als *negative*. Wie die Mythologin, die „grundsätzlich annimmt, daß der Mensch der bürgerlichen Gesellschaft in jedem Moment in eine falsche Natur getaucht ist," will auch *Die Schwarze Botin* „unter der Unschuld der einfachsten menschlichen Beziehungen die tiefe Entfremdung auf[...]finden, die durch diese Unschuld erträglich werden soll"[202]. Ihrem Modus der negativen Kritik folgend, stellt *Die Schwarze Botin* zunächst fest, was den androzentrischen Geschlechtermythos und die Grenzen, die er den Wahrnehmungen, Vorstellungen, Bildern, dem Imaginären setzt – und damit auch dem Begehren, dem Willen und der Individualität der Frauen –, nicht sprengt. Allerdings deuten sich in der Kritik der Naturalisierung der Frau in Naturmetaphern, ihrer Reduzierung auf ein Gattungsexemplar ebenso wie in der Kritik des Entzugs der Geschichte zugleich an, was die Sprengung des androzentrischen Geschlechtermythos bedeuten würde: das Ende der Wahrnehmungsmuster und das Ende eines Denkens, das Frausein hierarchisch auf den Mann bezogen und hinsichtlich ihrer Nützlichkeit *für andere* wahrnimmt und bestimmt.

8.4 Negative Kritik, Mythenkritik und Überschreitung zu Neuem – Zwischenresümee

Die Kritik der *Schwarzen Botin* ist negative Kritik in zweifacher Hinsicht: Sie versteht sich als die, welche den Konsens der Bewegung stört und Auseinandersetzung und Konflikt darüber provoziert, was feministische Kritik der Frauenbewegung sein soll. Dadurch, dass sie Tendenzen in der Bewegung zuspitzt, ohne die ebenfalls vorhandenen Gegentendenzen zu berücksichtigen, zeichnet sie ein Bild der Frauenbewegung das ihrem Kritikprogramm als Kontrast dient. So bleibt sie gerade durch ihre Kritik negativ auf die Frauenbewegung bezogen.

Darüber hinaus ist die negative Kritik der *Schwarzen Botin* Mythenkritik: Indem sie den naturalisierenden und enthistorisierenden Mechanismus der

200 Anonym 1977b, 3.

201 Ebd. Der Satz geht folgendermaßen weiter: „Diese schöne Harmonie von hemmungsloser Ausbeutung und Abfallkultur stellt sich heute aber sehr deutlich als Ehe zwischen einem Blinden und einem Lahmen heraus, denen nichts weiter fehlt als der Gnadenstoß." Weshalb Blinde und Lahme den „Gnadenstoß" erhalten sollten, bleibt das Geheimnis der Autorin. Dass ausgerechnet in einer Zeitschrift, die sich der Sprache gegenüber als sehr empfindlich zeigt und die Aufarbeitung der nationalsozialistischen Vergangenheit einfordert, ein Sprachbild gewählt wird, das eugenische Handlungen als notwendigen Teil der Erneuerung impliziert, ist schlicht katastrophal.

202 Barthes 2013, 312.

Mythen – inklusive der feministischen Mythen, die sie in den Weiblichkeits- und Geschlechterbildern der autonomen Frauenbewegung wirken sieht, – aufdeckt, werden die allgemeinen Muster, in denen die Welt wahrgenommen und erfahren wird, aufgebrochen, ihre Evidenz zerstört. Das Weltverhältnis der *Schwarzen Botin* als Mythologin ist ein negatives: Jede positive Bestimmung der Geschlechterordnung droht ihr zum Mythos zu werden.

Inhaltlich zielt die negative Kritik der Zeitschrift hauptsächlich auf die Versuche der Bewegung, eine weibliche Identität zu bestimmen und diese sprachlich ebenso wie in Bildern zu repräsentieren. Das Kritikprogramm der *Schwarzen Botin* zeigt, dass die Wissensproduktion der autonomen Frauenbewegung von grundlegenden Auseinandersetzungen über die feministische Bestimmung von Identität und Subjekt geprägt war. Demnach gehen der kulturelle Feminismus und die Theoriegeschichte der autonomen Frauenbewegung nicht in dem Bild auf, das später gezeichnet wird: Mit der Bezeichnung Differenzfeminismus versehen, wird dem kulturellen Feminismus unterstellt, die Essentialisierung von Weiblichkeit zu betreiben, da er eine weibliche Wesenhaftigkeit im Anderssein zu finden versuche.[203] Dagegen hat die Analyse des Kritikprogramms gezeigt, dass der kulturelle Feminismus auch die *Kritik* eines Denkens beinhaltet, das die Grundlage der weiblichen Identität im Anderssein der Frau entdeckt, positiv bestimmt und aufwertet. In ihrer Kritik schließt *Die Schwarze Botin* die Fixierung einer weiblichen Identität kurz mit Kollektivität. Deren Ablehnung drückt sich im Kritikprogramm durch die Aufladung der Kategorie der Individualität aus. Sie wird einseitig zum Wertmaßstab feministischer Kritik und herausgelöst aus ihrem dialektischen Verhältnis zu Kollektivität und Gesellschaft. Damit aber verhält sich die Kritik der *Schwarzen Botin* komplementär zur Überbetonung von Kollektivität, die sie in der Frauenbewegung zu entdecken meint.

203 Die Kulturwissenschaftlerin Cornelia Möser arbeitet heraus, wie die Gegenüberstellung eines Gleichheits- und eines Differenzfeminismus dazu dient, der jeweilig anderen Position Essentialismus vorzuwerfen und so die „eigene Position von jedem Essentialismusverdacht zu reinigen“ (Möser 2014, 38). Dass die Frauenbewegung kein „festes oder geschlossenes Frauenbild“ entworfen hat, darauf macht auch Lenz 2019, 64 aufmerksam.

Überschreitung – neues Denken und Neues denken

„Zu verteidigen gibt es wenig."[204]

„Es geht um neue Formen von Produktivität, von Rationalität und wenn es sein muß und es muß sein – von Aggressivität, und nicht um Verzicht nach dieser oder jener Seite."[205]

Die negative Kritik der *Schwarzen Botin* weist Aspekte auf, welche die Politikwissenschaftlerin Barbara Holland-Cunz im Jahr 2003 als grundlegende Elemente feministischer Theorie beschreibt:

> „Die feministische Theorie befasst sich mit den Bildern, die der männliche Andere über Frauen erfunden hat, beschreibt die darin eingeschlossenen gespiegelten Bilder dieses Anderen und erzeugt aus diesem Prozess ein zweifach mittelbares Bild über die eigene Identität. Pointiert gesagt: Das neue Bild entsteht aus der Kritik der Sklavin an der Kritik des Despoten an der Sklavin."[206]

Das Kritikprogramm der Zeitschrift enthält die Kritik der Weiblichkeits- und Geschlechterbilder in ihrer hierarchischen Komplementarität und scheinbaren Unmittelbarkeit. Doch ist die negative Kritik nicht das Einzige, was sich in der Zeitschrift findet. Denn was im obigen Zitat von Holland-Cunz anklingt – die Verknüpfung der Kritik der Bilder mit der *Entstehung neuer Bilder* –, dieses Problem stellt sich schon für die Zeitschrift: Das Kritikprogramm der *Schwarzen Botin* stellt die Frage nach der Möglichkeit und Wirklichkeit der Produktion neuer Bilder, neuer Wahrnehmungs- und Erfahrungsmuster, einer neuen Sprache. Hier trifft die negative Kritik der Zeitschrift mit ihren oben ausgeführten Grenzen und ihrem impliziten Imperativ, Kritik solle negativ sein, auf einen weiteren Imperativ feministischer Theoriebildung: Feministische Theorie und Kritik soll neue Wahrnehmungen, neue Erfahrungen und neues Denken sein, sie soll das Neue wahrnehmen, erfahren und denken. Das Kritikprogramm umfasst das Urteil der 1. Ausgabe 1976, dass es nur wenig zu verteidigen gibt, ebenso wie die Äußerung der Literaturwissenschaftlerin Silvia Bovenschen aus demselben Jahr, dass es um *neue Formen* von Produktivität, Rationalität und Aggressivität gehe. Die Suche und Entwicklung neuer Denk- und Wahrnehmungsformen bilden neben der negativen Kritik ein weiteres Feld des Kritikprogramms der *Schwarzen Botin*.

204 Anonym/Goettle 1976b, 4.
205 Bovenschen 1976, 67.
206 Holland-Cunz 2003, 120.

Unvermitteltheit und Vermittlung

9. Erfahrung und feministische Theoriebildung

Schon zu Beginn der autonomen Frauenbewegung stellt sich die Frage, welchen Stellenwert die Erfahrung von Frauen für Theorie und Praxis der Bewegung erhalten soll. Während für den Sozialistischen Frauenbund West-Berlin nicht die Erfahrung den Ausgangspunkt der Wissensaneignung und Theoriebildung bildet, sondern die Lektüre des anerkannten Kanons sozialistischer Literatur, stellt die Kinderladenbewegung und Gruppen wie *Brot und Rosen*
Erfahrung und Wissen in das umgekehrte Verhältnis zueinander: Für sie ist Erfahrung der Ausgangspunkt ihres Denkens und Handelns.[1] Vor allem die Selbsterfahrungsgruppen, die sich ab Anfang der 1970er Jahre gründen, beziehen sich auf die „geteilte Erfahrung, in einer androzentrischen Gesellschaft Frau zu sein“[2] – eine Erfahrung, die nach Brigitte Studer die Grundlage der Konstituierung eines feministischen Selbstbewusstseins der autonomen Frauenbewegung ist. Doch bringt die Entstehung der Selbsterfahrungsgruppen zugleich die Kritik der Selbsterfahrungspraxis wie auch der darin enthaltenen Konzeptionen von Erfahrung aus den Reihen der autonomen Frauenbewegung hervor. So unterzieht *Die Schwarze Botin* die Praxis und das Erfahrungsverständnis der Selbsterfahrungsgruppen einer Kritik. Innerhalb der autonomen Frauenbewegung gibt es demnach Auseinandersetzungen über den Stellenwert und die Bedeutung von Erfahrung für die Entstehung feministischen Bewusstseins, feministischer Wissensproduktion und Theoriebildung. In der Auseinandersetzung der 1970er und 1980er Jahre werden Aspekte der Kritik vorweggenommen, die in der Debatte der 1990er Jahre um Erfahrung und ihren Stellenwert für eine feministische Bestimmung des Subjekts und eine feministische Identitätspolitik geäußert werden. Diese Diskussion in der Geschlechterforschung der 1990er Jahre wird unter anderem durch den einflussreichen Aufsatz „The Evidence of Experience“ (1991) der US-amerikanischen Historikerin Joan Wallach Scott angestoßen. Ich werde im Folgenden auf die unterschiedlichen Konzeptionen der Selbsterfahrungspraxis der 1970er Jahre, auf deren Verständnis von Erfahrung und auf die Kritik vonseiten der *Schwarzen Botin* eingehen. Dem Kritikprogramm der Zeitschrift stelle ich dann Scotts Erfahrungskonzeption gegenüber. Dadurch wird sichtbar, dass beide Konzeptionen den Gedanken teilen, dass Erfahrung nicht *unvermittelter*

1 Siehe 2. Kapitel.
2 Studer 2011, 41; siehe auch Ferree 2012, 91.

Ausgangspunkt feministischer Bewusstseinsbildung sein kann, sondern Resultat derselben ist. Zugleich tritt ihr Unterschied in der Konzeption der Überschreitung der Grenzen der Erfahrung und der Betonung der Möglichkeit zu Neuem hervor. Die Veränderung der Bedingungen von Erfahrung bearbeitet *Die Schwarze Botin* als Frage der Darstellung und Wahrnehmung und verlagert sie damit in den Bereich der Ästhetik.

9.1 Selbsterfahrung in der autonomen Frauenbewegung[3]

Die Selbsterfahrungsgruppen orientieren sich an dem Verständnis partizipativer Demokratie, wie es im US-amerikanischen Civil Rights Movement und vor allem in den Consciousness Raising Groups des Women's Liberation Movements erprobt wurde. Die Bezeichnung *Consciousness Raising* spricht schon an, dass es um Bewusstseinsbildung geht. In den Consciousness-Raising-Gruppen soll gemeinsam ein Bewusstsein über die gesellschaftlichen Verhältnisse, in denen die Frauen leben, erarbeitet werden. In der BRD werden unterschiedliche Bezeichnungen verwendet: Die Gruppen werden „Selbsterfahrungsgruppen"[4], „Emanzipations-Gesprächsgruppen"[5], auch „bewußtseinverändernde Gruppen"[6] oder „Kleingruppen"[7] genannt. In den Gruppen treffen sich Frauen, um über Themen aus ihrem Leben zu sprechen, wie beispielsweise Kindheit und Familie, Sexualität, das Verhältnis zum eigenen Körper, die Beziehungen zu anderen Frauen und die Beziehungen zu Männern. Die Selbsterfahrungspraxis ist ein Weg zur Entwicklung feministischen Bewusstseins – wenn auch innerhalb der autonomen Frauenbewegung unterschiedliche Vorstellungen über diese Praxis, ihre Funktion und die Art und Weise des durch sie generierten Wissens herrscht.[8]

Bereits zu Beginn der Entstehung der Gruppen werden Texte publiziert, welche die Praxis der Selbsterfahrung, ihr Vorgehen und ihren Zweck vorstellen, die Gruppenprozesse und Erfahrungen in den Gruppen reflektieren, ebenso wie Anregung und Anleitung zur Gründung weiterer Gruppen geben. Weite Verbreitung findet die Übersetzung des Textes „Free-Space. A Perspective on the Small Group in the Women's Liberation" der US-ame-

3 Das folgende Kapitel ist die Überarbeitung meiner Aufsätze „Selbsterfahrung und Kritik. Zur Geschichte feministischen Bewusstseins in der autonomen Frauenbewegung der 1970er Jahre" (Lux 2019a) sowie „‚Es liegt nicht in unserem Interesse, Erfahrung in eine vorgefertigte Theorie einzupassen …' Erfahrung und feministisches Bewusstsein in der autonomen Frauenbewegung der 1970er Jahre" (Lux 2019b).

4 Krechel 1975; Frauen aus der Frauengruppen Freiburg 1975, 184.

5 Wagner 1973, 145.

6 Ebd.

7 Frauen aus der Frauengruppen Freiburg 1975, 184.

8 Dackweiler 1995, 204–218. Dackweiler betont in ihrer Darstellung den methodischen Aspekt der Selbsterfahrungspraxis, die auf die unterschiedlichsten Themen angewandt wurde.

rikanischen feministischen Aktivistin Pamela Allen, der 1972 in dem Band *Frauen gemeinsam sind stark! Texte und Materialien aus dem Women's Liberation Movement in den USA*, herausgegeben vom *Arbeitskreis sozialistischer Frauen Frankfurt am Main* in Ausschnitten auf Deutsch erscheint.[9] Auf Allen beziehen sich weitere Texte der deutschsprachigen Frauenbewegung, wie der Artikel „Bewußtseinsveränderung durch Emanzipations-Gesprächsgruppen" der Psychologin Angelika Wagner aus dem Jahr 1973 oder die Anleitung und Reflexion „Kleingruppen – Erfahrungen und Regeln", die im ersten *Frauenjahrbuch* 1975 erscheint. Die Autorinnen sind Frauen aus der Frauengruppe Freiburg, die sich im Frauenzentrum zusammengefunden und eine Selbsterfahrungsgruppe gegründet haben.

Gemeinsam ist den Texten neben der Zielsetzung – der Bewusstseinsveränderung – der Ausgangspunkt des Gruppengesprächs. Es gehe zunächst darum, so die Autorinnen, sich über Gefühle auszutauschen, welche die Frauen, bezogen auf ihr Leben wie auch bezogen auf die Gruppe, empfinden. Den Erzählungen der anderen sollen Berichte aus der eigenen Biografie hinzugefügt werden, wodurch die Frauen die Erfahrung machen können, dass andere ähnliche Erfahrungen gemacht haben wie sie. Die *gesellschaftlichen* Ursachen der persönlichen, scheinbar im eigenen Unvermögen begründeten Probleme können so sichtbar werden. Die Erhellung der gesellschaftlichen Bedingungen, unter denen Frauen leben, ebenso wie der „Gründe und Ursachen der Frauenunterdrückung"[10] sind das erklärte Ziel aller drei Texte. Die Gruppe biete einen Ort, an dem Frauen miteinander in Kontakt treten können, wodurch die Isolation der einzelnen, die durch Kleinfamilien, Lohnarbeit und die Fokussierung auf einen Ehemann oder Freund zustande komme, aufgebrochen werde.[11]

Während für diese Texte – allerdings in unterschiedlicher Weise – Selbsterfahrung zum Katalysator des feministischen Bewusstseins und damit zum Ausgangspunkt feministischer Wissensproduktion, teilweise auch der erste Schritt zu Theoriebildung wird, stellt diese Praxis für die Autorinnen der Zeitschrift *Die Schwarze Botin* im Gegenteil ein *Hindernis* für Erkenntnis und Theoriebildung dar. So enthält die Passage aus dem Vorwort der 1. Ausgabe von 1976, die ich schon im Kapitel zur negativen Kritik zitiert habe, auch eine Absage an die Selbsterfahrungsgruppen:

> „So macht das Verlangen nach Selbsterfahrung und Selbstbestätigung das Selbst immer unsichtbarer, frau läßt sich getrost Gedanken kommen, ohne sich welche zu machen: die neuentdeckten Sinne (Neue Zärtlichkeit, Eigenkörperlichkeit u. s. w.) sollen für das Denken sorgen, sorgen aber nur für sich selbst. Damit ist garantiert, daß die ‚Neuen Er-

9 Ebd. 204.
10 Allen 1972, 67.
11 Allen 1972; Wagner 1973; Frauen aus der Frauengruppe Freiburg 1975.

fahrungen' gar nicht erst gemacht werden können, oder immer wieder nur die alten gemacht werden."[12]

Zwei Jahre später, in der 7. Ausgabe 1978, konstatiert Gabriele Goettle eine „ängstliche Erfahrungsfeindlichkeit"[13] in der Frauenbewegung – ein Urteil, das angesichts der Fokussierung der Bewegung auf Erfahrung paradox erscheint. In ihrem resignierten Rückblick auf die Bewegung aus dem Jahr 1983 sprechen Classen und Ruge lakonisch von „Selbsterfahrungsgruppen zur Sanierung der Psyche"[14].

Was die „geteilte Erfahrung, in einer androzentrischen Gesellschaft Frau zu sein"[15], bedeutet, welchen Stellenwert sie erhält und in welchem Verhältnis Erfahrung zur Neudeutung der Welt und feministischer Wissensproduktion steht, ist demnach weniger eindeutig, als es aus der Retrospektive zunächst erscheinen mag.[16] Bevor ich auf die Kritik der *Schwarzen Botin* an der Erfahrungskonzeption der Selbsterfahrungspraxis eingehe, werde ich die Unterschiede in den Konzeptionen von Pamela Allen, Angelika Wagner und den Frauen aus der Frauengruppe Freiburg herausarbeiten. Denn jenseits der oben beschriebenen allgemeinen Gemeinsamkeiten weisen die Beschreibungen der Selbsterfahrung als Mittel zur Entstehung eines feministischen Bewusstseins bei Pamela Allen einerseits, Angelika Wagner und den Frauen aus der Frauengruppe Freiburg andererseits Unterschiede auf, die Konsequenzen für das Verständnis von Erfahrung, Bewusstseinsbildung und Theoriebildung haben.

Erfahrung als Persönliches und Gemeinsames?

Die Texte von Angelika Wagner und der Frauen der Frauengruppe Freiburg ähneln sich in ihrem Verständnis von Erfahrung und Bewusstsein. In der Gewichtung der persönlichen Erfahrung sieht Wagner den Vorteil der „Frauengesprächsgruppe" gegenüber „herkömmlichen Diskussionsgruppen":

> „Erfahrungsberichte machen einen großen Teil des Gesprächs aus und werden dann anschließend gemeinsam diskutiert. Gegenüber einer theoretischen Analyse hat dieses Vorgehen zweierlei Vorteile. Erstens bleibt ‚Emanzipation' für die Teilnehmer kein theoretisches Problem, losgelöst von ihrem persönlichen Leben, sondern ihre vielfältigen Bezüge zum eigenen Denken und Handeln werden sichtbar. Zweitens wird vermieden, daß die Mehrzahl aller Frauen, die die Sprache der Theo-

12 Anonym/Goettle 1976b, 5.

13 Goettle 1978, 31.

14 Classen/Ruge 1983, 59.

15 Studer 2011, 41.

16 Studer belässt es nicht bei der allgemeinen Aussage über den Stellenwert der Erfahrung für die autonome Frauenbewegung, sondern zitiert auch das Vorwort der *Schwarzen Botin*. Sie bezieht somit deren Kritik mit ein und umgeht es, ein homogenes Bild des Erfahrungsbezugs der Bewegung zu zeichnen.

retiker nicht verstehen, sich wiederum minderwertig vorkommen und ausgeschlossen bleiben."[17]

Theorie auf der einen, Erfahrungen des persönlichen Lebens, eigenes Denken und Handeln auf der anderen Seite werden hier tendenziell in einen Gegensatz gebracht. Auch für die Frauen aus der Frauengruppe Freiburg liegen Sinn und Ziel der Selbsterfahrungsgruppe darin, ein Bewusstsein über die persönlichen Erfahrungen zu erlangen. „Unsere persönlichen Erfahrungen", so die Freiburger Autorinnen, „können nur dann bewußt werden, wenn wir sie frei aussprechen". Der Charakter dieser Erfahrungen ist den Freiburgerinnen zufolge persönlich und ihre Geltung subjektiv verbürgt: „Erfahrungen sind für die, die sie macht, immer wahr."[18]

Die Freiburger Frauengruppe zeichnet nun die Schritte nach, die Wagner für ihre Politik der Subjektivität auf dem Weg zur Bewusstseinsveränderung vorschlägt. Die Gruppe zieht die Konsequenz aus der Trennung von Erfahrung und Theorie und schreibt:

> „Nicht ‚man', sondern ‚ich' sagen. Verallgemeinerungen machen das Gespräch unpersönlich. Sie stoßen diejenigen, auf die sie nicht zutreffen, vor den Kopf. Hinter den meisten Verallgemeinerungen stehen persönliche Erfahrungen."[19]

Dass das Gespräch einen persönlichen Charakter behalten soll, hat weitreichende Konsequenzen:

> „Es ist wichtig, daß wir lernen, aufeinander einzugehen und unsere Erfahrungen als Frauen nicht zu kritisieren. Erst wenn wir uns wohlfühlen miteinander, wenn wir keine Angst mehr haben offen zu sein, ist Kritik an unserem Verhalten nicht mehr niederschmetternd, sondern kann uns helfen, uns zu verändern."[20]

Da das Ziel die Bewusstwerdung der persönlichen Erfahrung ist und Erfahrungen als *unmittelbare* Erlebnisse begriffen werden, verbitten sich die Frauen Kritik an den eigenen Erfahrungsberichten. Denn Kritik am persönlichen Verhalten ist durchaus nicht immer leicht zu ertragen. Auffallend ist, dass Kritik hier ausschließlich als Kritik am Individuum und seinem Verhalten verstanden und daher als gefährlich und bedrohlich wahrgenommen wird.

Damit verschieben die Autorinnen die Möglichkeit von Kritik an einen Ort, der nicht mehr klar fassbar ist: Erst dann, wenn die Kleingruppe zu einem angstfreien Raum geworden sei und sich alle wohlfühlten, sei Kritik „an unserem Verhalten nicht mehr niederschmetternd"[21]. Die Möglichkeit zur Kritik hängt zunächst von den Gefühlen in der Gruppe ab. Auch wenn

17 Wagner 1973, 156.
18 Frauen aus der Frauengruppe 1975, 195 und 196.
19 Ebd. 196.
20 Ebd.
21 Ebd.

der Zustand erreicht werden sollte, an dem sich alle Teilnehmerinnen wohlfühlen, bliebe die Kritik auf das Verhalten der Einzelnen bezogen. Damit werden implizit diejenigen Aspekte des gesellschaftlichen Lebens, die nicht in den Umkreis und den Wirkungsbereich des eigenen Verhaltens fallen, aus dem Feld feministischer Kritik und Bewusstwerdung ausgeschlossen.

Die Tendenz zur Vereinseitigung der Wissensproduktion wird noch verstärkt durch das Beharren darauf, dass es um die „Erfahrungen von Frauen" gehe, weshalb „andere Themen vermieden werden"[22] sollen. Die Passage suggeriert, dass eine klare Grenzziehung möglich ist zwischen den Erfahrungen, die *als Frau* gemacht werden, und denen, die außerhalb des Frauseins zu liegen scheinen. Ein solches Verständnis von Erfahrung zieht die Frage nach sich, wie dieses Frausein vorgestellt wird und was es bedeutet. Frausein scheint Garant und Grundlage von Erfahrung zu sein. Die Bestimmung einer Identität Frau scheint unumgänglich, wenn sie zum Beurteilungskriterium von Erfahrung wird.

Beide Texte, „Kleingruppen – Erfahrungen und Regeln" ebenso wie „Bewußtseinsveränderung durch Emanzipations-Gesprächsgruppen", enthalten deutliche Vorstellungen davon, was diese gemeinsame „Erfahrung von Frauen" ist und sie setzen die Leserin in Kenntnis darüber, worin die Gemeinsamkeit bestehe:

> „Wichtig ist, daß die Gespräche in den Kleingruppen uns zeigen, wie und in welchem Ausmaß wir unter den vorgegebenen Rollen leiden, daß wir Angst haben, uns gegen die Rollenzwänge aufzulehnen. Daß es aber für uns genauso schlimm ist, wenn wir sie einfach hinnehmen. Dadurch, daß wir unsere Erfahrungen austauschen, fühlen wir uns nicht mehr allein."[23]

Der Text der Freiburger Autorinnen nimmt hier das Ergebnis des Erkenntnisprozesses vorweg. Auch in Wagners Artikel erwecken manche Stellen den Anschein, dass das Wissen, welches durch das Gruppengespräch generiert werden soll, schon vorausgesetzt ist. Die Autorin stellt eine Liste von Fragen auf, die zur Erleichterung der Gespräche dienen soll. Der suggestive Charakter einiger der Fragen – wie beispielsweise „Wie oft können wir unsere Gefühle ehrlich zugeben?", „Mit welchem Teil unseres Körpers sind wir unzufrieden?" oder „Was sind unsere Ängste, nicht liebenswert, nicht geliebt zu sein?"[24] – lassen kaum zweifeln, dass der Inhalt des Wissens schon gesetzt ist und nur mehr seine Bestätigung erwartet wird. Der Erkenntnisprozess gerät in Gefahr, stillgestellt zu werden.

Die Freiburger Frauengruppe formuliert ein paradoxes Sollen: Die Gespräche sollen zeigen, dass allen Teilnehmerinnen das Leid an der Frauenrolle

22 Ebd. 197; auch Wagner 1973, 151.

23 Frauen aus der Frauengruppe 1975, 189.

24 Wagner 1973, 153. Die merkwürdige Syntax des letzten Satzes verrät, dass es sich nicht um eine Frage handelt.

gemeinsam ist. Im Wissen um die Gemeinsamkeit besteht das feministische Bewusstsein. Zugleich aber soll das Leiden an dieser Rolle persönlich sein. Das Gemeinsame kann dann nur im Persönlichen bestehen. Das aber hätte zur Konsequenz, dass die Frauen tatsächlich gleich *sein* und gleich *empfinden* müssten. Das Persönliche wäre unmittelbar das Gemeinsame und das Gemeinsame unmittelbar das Persönliche.[25] Unklar bleibt, wie der Schritt von der Feststellung dieses Gemeinsam-Persönlichen zur Erkenntnis der gesellschaftlichen Bedingungen der Lage der Frauen vollzogen werden soll. Der Anspruch, gerade diese Bedingungen zu erhellen, bleibt uneingelöst.

Intellektuelle Erfahrung

Der erste augenfällige Unterschied der Konzeptionen von Angelika Wagner und der Freiburger Autorinnen zum Text von Pamela Allen liegt in ihrem Verständnis davon, was Erfahrung ist und in der Gewichtung derselben innerhalb der Gesprächsgruppe. Programmatisch schreibt Allen:

> „Es liegt nicht in unserem Interesse, Erfahrungen in eine vorgefaßte Theorie einzupassen, besonders dann nicht, wenn sie von Männern erdacht ist. Nicht nur, weil wir alles männliche Denken der Frauenverachtung verdächtigen müssen, sondern auch, weil wir lernen müssen, unabhängig zu denken. Unser Denken muß aus unseren Fragen erwachsen, wenn es unser eigenes sein soll, und weil wir ein Instrumentarium brauchen, mit Hilfe dessen wir neue Erfahrungen objektiv betrachten und korrekt analysieren können.“[26]

Allen geht es demnach um eine objektive Analyse der Erfahrung, die durch Abstraktion und Verallgemeinerung der unmittelbaren Erlebnisse der Gesprächsteilnehmerinnen im Gespräch erreicht werden soll. Allens Beschreibung des Vorgehens in der Gesprächsgruppe zeigt, wie sich diese Objektivität intersubjektiv herstellen soll. Nach dem Austausch über Gefühle und Erfahrungen komme der Schritt des Abstrahierens:

> „Diese Periode ist wichtig, weil wir in ihr beginnen, über unsere persönlichen Erfahrungen hinauszugehen. Nachdem wir durch den Prozeß des Teilens eine Perspektive für unser Leben gewonnen haben, beginnen wir nun, die beschissene Lage der Frau mit mehr Objektivität zu betrachten.“[27]

Das ist die exakte Umkehrung des Wegs, den die Freiburger Autorinnen vorschlagen. Sie hatten Abstraktion, Verallgemeinerung und Distanzierung von

25 Auch wenn es in Wagners Text ähnliche Tendenzen gibt, finden sich hier auch Stellen, die die Akzeptanz der Anderen in ihrer Andersheit ansprechen und in denen darauf verwiesen wird, dass man sich „niemals völlig in die Lage der anderen versetzen und die Situation mit ihren Augen sehen“ könne und dass, was „für uns selbst richtig“ sei, für eine „andere falsch sein“ (Ebd. 150) könne.

26 Allen 1972, 68.

27 Ebd. 67.

der eigenen Erfahrung vermeiden wollen. Pamela Allen versteht den Prozess der Selbsterfahrung hingegen als Weg gemeinsamer, durch das Gespräch intersubjektiv zu entwickelnder Theoriebildung, weshalb es ihr nötig erscheint, über persönliche Erfahrungen hinauszugehen. Um die „Lage der Frau mit mehr Objektivität zu betrachten"[28] soll schon vorhandenes Wissen über die Gesellschaft herangezogen werden, um nicht bei der rein persönlichen Erfahrung stehen zu bleiben:

> „Die Komplexität der Frauensituation erzwingt, daß wir Informationen, die außerhalb unserer individuellen Erfahrung liegen, in unsere Analyse der Frauenunterdrückung einbeziehen. Das ist der Punkt, an dem sich die Frage des Funktionierens der Gesamtgesellschaft stellt. Das ist auch der Punkt, an dem Bücher und anderes Material wichtig werden."[29]

Es ist das Werkzeug Theorie, das Erfahrung bewusst werden lässt, sinnfällig macht und zur Darstellung bringt. Der Prozess der Theoretisierung bedeutet eine Objektivierung der Erfahrung, die diese nicht unberührt lässt. Kann Erfahrung zunächst als persönliche aufgefasst werden, so wird sie im Verlauf der gemeinsamen Analyse diesen Charakter verlieren. Das Allgemeine an ihr wird begreifbar. Zugleich ist die gemeinsame Theoriebildung selbst eine Erfahrung; die Erfahrung intellektueller Tätigkeit, durch die sich die Frauen die gesellschaftliche Wirklichkeit gedanklich aneignen. Die Autorin schreibt:

> „Die Erfahrung der Abstraktion sehen wir als die intensivste Form des ‚Freiraums' an. Wir beginnen erst jetzt, im Prozeß des Abstrahierens diesen Freiraum zu erfahren, nachdem wir ein Jahr lang uns selbst dargestellt, unsere Erfahrungen geteilt und analysiert haben."[30]

Erfahrung ist in Allens Konzeption mehrschichtig: als Erfahrung des persönlichen Lebens ist sie Ausgangspunkt des Gesprächs; im Verlauf der Analyse wird sie konkretisiert, indem die gesellschaftlichen Beziehungen und Verhältnisse erkennbar werden, in denen die persönlichen Erfahrungen gemacht werden;[31] als Erfahrung der kollektiven intellektuellen Aneignung der Welt überschreitet sie die bisherigen Erfahrungen. Die intellektuelle Erfahrung ist die Bereicherung der Individualität der Einzelnen.

Ein zweiter gewichtiger Unterschied liegt im Verständnis des Bewusstseins, das in und durch den Selbsterfahrungsprozess entstehen soll. Wagner und den Frauen aus der Frauengruppe Freiburg geht es um die Bewusstwerdung persönlicher Erfahrungen, welche die Frauen schon gemacht haben. Bei Allen beginnen die Frauen im Verlauf des kollektiven Prozesses „eine Uto-

28 Ebd.
29 Ebd. 68.
30 Ebd. 69.
31 Allens Abstraktion von der persönlichen Erfahrung ist demnach die Konkretion derselben: konkret in dem Sinne, dass Erfahrung reicher an Bestimmungen wird, ein Prozess, der an G. F. Hegels Aufsatz „Wer denkt abstrakt" erinnert.

pie (und bis zu einem gewissen Grade auch Erfahrungen)" ihres „menschlichen Potentials zu entwickeln"[32]. Das bedeute gerade nicht, dass Frauen „wie Männer werden" sollten: „Vielmehr werden wir zu dem Verständnis gelangen, was wir *sein könnten*, wenn wir befreit wären von gesellschaftlicher Unterdrückung."[33] Die Entwicklung von individuellem Selbstbewusstsein entwirft Allen bemerkenswerterweise in die Zukunft hinein, als Bewusstsein von Möglichkeiten, von Selbstentwürfen, die *noch nicht* Wirklichkeit sind.

Zu dieser Bestimmung eines individuellen Selbstbewusstseins tritt eine weitere Bedeutungsebene hinzu. So setzt die Autorin fort:

> „Wir entwickeln Vorstellungen darüber, wie die Frauenbewegung beschaffen sein muß, damit sie die Institutionen, die Frauen unterdrücken, abschaffen kann. Konkret haben wir begonnen, ein Verständnis der Funktionen zu entwickeln, die die kleine Gruppe in dieser sozialen Revolution spielen kann, und auch ein Verständnis dessen, was sie nicht leisten kann."[34]

Es geht demnach nicht nur um das Bewusstsein *individueller* Möglichkeiten. Vielmehr soll die Gesprächsgruppe ein Bewusstsein der Frauenbewegung als politischer Kraft entwickeln, die Teil gesellschaftlicher Umwälzungsprozesse ist. Feministisches Selbstbewusstsein, so lässt sich Allen verstehen, bezieht sich zugleich auf das Selbstbewusstsein des Individuums wie auf das Bewusstsein der eigenen politischen Wirkmächtigkeit als Frauenbewegung im Rahmen sozialer Revolutionen. Der historische Zusammenhang ist hier wichtig: Allen schreibt in ihrem Text, der im Jahr 1970 in den USA erscheint, über die Erfahrungen in feministischen Gruppen in den Jahren 1968 und 1969 – Jahre, in denen weltweit eine globale soziale Revolution möglich schien. Das Bewusstsein, als feministische Gruppe Teil einer gesamtgesellschaftlichen sozialen und kulturellen Umwälzung zu sein, verliert sich im Laufe der 1970er Jahre. Das könnte ein Grund sein, weshalb in der deutschsprachigen Rezeption des Textes, wie beispielsweise durch die Frauen aus der Frauengruppe Freiburg, diese Dimension fehlt. Das feministische Bewusstsein ist bei Allen ein Bewusstsein des eigenen Subjektseins, das im eben beschriebenen Prozess des Erfahrung-Machens gründet. Das feministische Subjekt beruht in Allens Text auf der Erfahrung gemeinsamer Bewusstwerdung der eigenen gesellschaftlichen Lage durch kollektive Theoriebildung *und* der Bewusstwerdung, den gesellschaftlichen Umwälzungsprozess politisch, wirkmächtig gestalten zu können.

32 Ebd.
33 Ebd. Herv. K. L.
34 Ebd.

Kritik durch Darstellung

Die Autorinnen der *Schwarzen Botin* können einer Selbsterfahrungskonzeption, in der die persönliche Erfahrung eine Gemeinsamkeit aller darstellen soll, nichts abgewinnen. Eine Konzeption feministischer Theoriebildung und politischer Bewusstwerdung, die aus der Selbsterfahrungspraxis entsteht, wie sie Pamela Allen entwickelt, diskutieren sie nicht. Erfahrung wird im Kritikprogramm der *Schwarzen Botin* erstens als Frage der Darstellungsweise verhandelt. Damit verknüpft sie ihre Kritik von Unmittelbarkeitsvorstellungen, welche die Zeitschrift in der autonomen Frauenbewegung am Werk sieht. Das werde ich im Folgenden anhand des Textes „Eine Versammlung" der Schriftstellerin Elfriede Jelinek aus der 2. Ausgabe der *Schwarzen Botin* von 1977 zeigen, in dem die Darstellung von Erfahrung als *ästhetisches Problem* thematisch wird. Zweitens wirft das Kritikprogramm die Frage nach der Überschreitung der Erfahrungsmuster und nach der Möglichkeit zu neuen Erfahrungen auf.

Jelineks Text ist ein Bericht zum Autorinnen- und Schriftstellerinnentreffen, das im November 1976 unter dem Titel *Schreib das auf, Frau!* in Berlin stattgefunden hat. Mit spitzer Feder kommentiert Jelinek die Diskussion auf dem Treffen und beginnt ihren Kommentar mit dem Satz: „Ich werde jetzt immer ICH sagen, wenn ich ICH meine. Auf der Versammlung hat man mir gesagt, das soll gut und ehrlich sein. Ein paar Frauen haben auch gestrickt."[35] Der Satz klingt wie eine Parodie der Formulierung der Freiburger Frauengruppe, die geschrieben hatte: „Nicht ‚man' sondern ‚ich' sagen." Neben Beschreibungen des Leidens von Frauen „mit bekannten Mitteln" seien – so Jelinek – „Erlebnisschilderungen vom Alltag der Schriftstellerinnen, Gattinnen und Mütter (alles eine Person) sehr beliebt" gewesen, ebenso wie „die Beschreibung von Schwangerschaftsnarben"[36]. Weiter schreibt sie:

> „Bejubelt wurde Margot Schroeder, die sagte, daß sie ihren Hängebusen liebt. Nicht bejubelt wurde Gisela Steinwachs, die in ihrem Beitrag eine Verbindung zog zwischen Marx, der Hegel vom Kopf auf die Füße gestellt hat, zur Firestone, die Engels auf die Füße gestellt hat – vom Warencharakter von Arbeit, von der Aneignung menschlicher Arbeitskraft (und der Menschen selber) bis hin zum Warencharakter des weiblichen Geschlechts und seinen Aneignungen durch die Männer als Drehmoment der Gesellschaft. Bejubelt wurde Margot Schroeder, als sie sagte, daß sie ihre Krampfadern liebt."[37]

In der Gegenüberstellung dessen, was von den Teilnehmerinnen „bejubelt" und dessen, was abgelehnt worden sei, spitzt Jelineks Text den bekannten Dualismus von Geist und Natur derart schroff zu, dass sein ideologischer Charakter

35 Jelinek 1977, 30; Herv. i. O.

36 Ebd.

37 Ebd.

zu Tage tritt. Gegenübergestellt werden auf der einen Seite Vorstellungen und Beschreibungen des weiblichen Körpers, wie er *unmittelbar* gegeben zu sein scheint, und auf der anderen Seite Auffassungen von Theorie. Diese sei als „phallokratisch“[38], abstrakt, „unhübsch und brutal“[39] verunglimpft worden. Die Kontrastierung lässt die Vorstellung, der weibliche Körper ebenso wie das alltägliche Leben und seine direkten sozialen Beziehungen seien unmittelbar gegeben und aussprechbar, fragwürdig werden. Jelineks Text entlarvt den Schein der Unmittelbarkeit – dem aufzusitzen sie den Teilnehmerinnen des Treffens vorwirft. Jelinek führt vor, wie die Vergeschlechtlichung des Dualismus Geist/Natur, welche die moderne Geschlechterordnung legitimiert, undurchschaut mitgeschleppt wird, wenn der weibliche Lebenszusammenhang als unmittelbar gegeben und unvermittelt ausdrückbar missverstanden wird.

Der Indikator dafür, dass die anderen Schriftstellerinnen den Schleier der Unmittelbarkeit, den Alltag, Körper, Mutterschaft und Ehe in der bürgerlichen Gesellschaft umgibt, nicht zerreißen, liegt Jelineks Ausführungen zufolge in ihrer Darstellungsweise. Die Frage der Darstellung ist für Jelinek keine beliebige oder harmlose. Vielmehr drücken sich in ihr Wirklichkeitsvorstellungen und Selbstbilder aus. Die Lösungsversuche, die auf dem Autorinnentreffen vorgeschlagen worden seien, missbilligt Jelinek. Zwei „Arten“ von Texten seien ihr auf dem Treffen vorgestellt worden, die einem von zwei Prinzipien folgten:

> „1. Man sagt, wie es ist, aber möglichst so wie es immer wieder schon gesagt worden ist. Oder: 2. Man sagt, wie man dabei leidet (‚Neue Larmoyanz‘). Am besten, man sagt gleich am Anfang, für welche Sorte man sich entscheiden möchte. Noch besser, man gibt gleich praktische Lebenshilfe, Verhaltensmaßregeln, Regeln für die Anwendbarkeit und Rezepte dazu.“[40]

Anwendbarkeit und Verhaltensregeln als Maßstab feministischer Literatur zu verstehen, setzt voraus, dass sich die Leserin mit dem Inhalt identifizieren, ihre Lebenssituation im Text wiederfinden und sich einfühlen kann. Was sich dieser Art Einfühlung und Identifikation verwehre, sei auf dem Schriftstellerinnentreffen „sehr unbeliebt“ gewesen, namentlich die Satire: „Sehr unbeliebt war die Satire, vermutlich, weil sie nicht-wie-du-den-Schmerz fühlen kann.“[41] Jelineks Ablehnung dieser Identifikation der Rezipientin mit dem literarischen Inhalt beruht auf ihrer Kritik der Identifikation der Frauen miteinander qua Frausein. Die Identifikation führe zur Auflösung jeglichen ästhetischen Urteils und jeglicher Anerkennung für individuelle, künstlerische Leistungen. Gegen die Vorstellung, dass Frauen, weil sie Frauen sind, die

38 Ebd.
39 Ebd.
40 Ebd.
41 Ebd.

gleichen Erfahrungen machen, die sie mit den gleichen sprachlichen Mitteln in der gleichen Weise ausdrücken, polemisiert Jelinek: „Was von einer Frau kommt, ist sowieso gut, wenn Frau einem dabei ständig sagt, daß sie eine solche ist und daher leidet.“[42]

Jelineks Bericht stellt infrage, dass einfach so gesagt werden kann, „wie es ist“, so als sei das, was ist, ebenso einfach und unvermittelt da, wahrnehm- und ausdrückbar, so als wären die literarischen Formen gegeben. Jelinek ist weder von „realitätsgetreuer Abbildung“ noch von Rezepten und Anwendungstipps überzeugt. Sie misstraut dem Schein der Unmittelbarkeit ebenso wie der ungebrochenen Identifikation. Sie wählt die Satire als Mittel, die sich der Einfühlung und Identifikation verweigert, und plädiert für „andere ästhetische Methoden, Ausbeutung *erfahrbar zu machen*“[43]. Sie fügt hinzu: „Vielleicht sogar durch die Beugung der Wirklichkeit, was nicht deren Verfälschung bedeuten muß.“[44] Die Beugung der Wirklichkeit erfordert Distanzierung und Abstraktion vom eigenen persönlichen Lebensumfeld, mithin das Gegenteil von Einfühlung in ein geteiltes Leiden. Jelinek vertraut nicht darauf, dass Ausbeutung unmittelbar erfahren wird. Sie stellt sich vielmehr die Frage, wie die Erfahrung von Ausbeutung *dargestellt* werden kann. Erfahrung erscheint hier nicht als je schon gegebene Voraussetzung des Schreibens, die unvermittelt ausgesprochen werden und deren man sich durch naturalistische Abbildung versichern könnte. Erfahrung ist bei Jelinek nicht der Ausgangspunkt des Schreibens, sondern dessen Resultat.

Soziale, intellektuelle und ästhetische Erfahrung

Das Kritikprogramm der *Schwarzen Botin* bezieht sich an keiner Stelle positiv auf die Selbsterfahrungspraxis der Frauenbewegung, von der es sich durchweg abgrenzt. In ihrer Absage an die Selbsterfahrungspraxis der Frauenbewegung entgeht der *Schwarzen Botin* aber, worum es den Gruppen, neben der Sichtbarmachung der Erfahrung und der Fundierung feministischen Wissens in derselben, *auch* ging: In den Selbsterfahrungsgruppen entstanden Freundschaften, wer sich nicht getraut hatte zu sprechen, sprach, wer sich minderwertig gefühlt hatte, entwickelte Selbstvertrauen. Die Praxis der Selbsterfahrung war auch der Versuch, das Leben selbstbestimmt und kollektiv zu gestalten und Beziehungen zwischen Frauen zu knüpfen. Das ist nicht gering zu schätzen in einer Gesellschaft, deren Vergesellschaftungsform die Vereinzelung der Einzelnen, die Konkurrenz jeder gegen jede hervorbringt und als androzentrische die Beziehungen zwischen Frauen unterbindet.

So unterschiedlich die Texte der Frauen aus der Frauengruppe Freiburg, von Angelika Wagner, Pamela Allen und Elfriede Jelinek auch sind, sie alle kreisen

42 Ebd.

43 Ebd. Herv. K. L.

44 Ebd.

um die Frage der Erfahrung und ihrer Bedeutung für feministisches Bewusstsein. Die Konzeption der Freiburger Autorinnen lässt Erfahrung als *soziale Erfahrung* des Verstandenwerdens hervortreten, durch die ein gemeinsamer Sinnhorizont hergestellt wird. Er bietet den Frauen der Frauengruppe einen verbindlichen Deutungsrahmen des eigenen, wie des gemeinsamen Lebens und Handelns. Pamela Allens Text betont hingegen die *intellektuelle Erfahrung* gemeinsamer Theoriebildung im Prozess der Bewusstseinsbildung. Elfriede Jelinek wirft die Frage auf, wie etwas erfahrbar werden kann und welche Darstellungsmittel notwendig sind, um Erfahrung entstehen zu lassen. Erfahrung wird hier hinsichtlich ihrer *ästhetischen* Dimension thematisiert.

9.2 Erfahrung und Sprache

Die Selbsterfahrungskonzeptionen gehen davon aus, dass ein Verständnis der Unterdrückung zu einer neuen Weltsicht und damit zu einem veränderten Selbst- und Weltverhältnis führt. Der Veränderungsprozess ist vermittelt über Sprache: In den Selbsterfahrungsgruppen wird eine Sprache für die Erfahrungen, für die eigene Situation, für erfahrene Abwertung gesucht. Durch die sprachliche Vermittlung kann dem Eindruck, der Missachtung unmittelbar ausgesetzt zu sein, ein Ende gesetzt und begonnen werden, ein Bewusstsein über die „Naturalisierungseffekte der Geschlechterordnung“[45] zu entwickeln. In der Überwindung „alte[r] Les- und Denkkategorien“[46], mithin in der Veränderung des Denkens und des Bewusstseins, sieht auch *Die Schwarze Botin* einen Weg zur Umwälzung der Geschlechterordnung. Ebenso ist der Blick auf Sprache, auf den sprachlich vermittelten Zugang zur Welt dem Zeitgeist entsprechend kennzeichnend für das Kritikprogramm der Zeitschrift. Sprache ist spätestens ab Mitte der 1970er Jahre ein viel beachtetes Thema in der Frauenbewegung, und auch Brigitte Classen unterstreicht, dass Sprachkritik ein Feld der feministischen Kritik sein soll: „Der Ansatz, Sprache auseinanderzunehmen, scheint mir der grundlegendste Ansatz zu sein.“[47] Zwar benennt sie das Feld „Sprache“ als feministisches Terrain, grenzt sich aber zugleich von der in ihren Augen vorherrschenden Auseinandersetzung mit Sprache ab:

> „In der Kritik der Sprache steckt ein explosives Element. Roland Barthes hat recht, wenn er meint, eine Gesellschaft verändern heißt, die Klassifikation ihrer Sprache verändern. Nur wird das bei den immer beliebter werdenden Sprachspielen und der Akademisierung der Sprache oft vergessen. Die Grenzen der Sprache müssen gesprengt werden, damit sie nicht die Grenzen der Welt bleiben.“[48]

45 Studer 2011, 41f.
46 Anonym 1976b, 5.
47 Classen/Ruge 1983, 59.
48 Ebd. 60.

Für sie gibt es demnach einen Umgang mit Sprache, der ein revolutionäres Potenzial entfesselt und einen Umgang, der harmloses Sprachspiel ist. Die *Überwindung der Sprachlosigkeit*[49] ist für *Die Schwarzen Botin* nicht das Sprechen über das eigene Leben in der Selbsterfahrungsgruppe.

Doch auch in den Selbsterfahrungsgruppen wird das bisher stumm Erlebte durch das gemeinsame Sprechen erfahrbar gemacht, und Schriftstellerinnen wie Verena Stefan sehen es als ihre explizite Aufgabe an, die Sprache zu befragen und sie aus ihrer patriarchalen Zurichtung zu befreien. Im Vorwort zu *Häutungen* schreibt sie: „Die sprache versagt, sobald ich über neue erfahrungen berichten will. Angeblich neue erfahrungen, die im geläufigen jargon wiedergegeben werden, können nicht wirklich neu sein.“[50] Demnach lässt sich nicht davon sprechen, dass ein Gros des kulturellen Feminismus von einem ungebrochenen und unmittelbaren Zugang zur Sprache ausgegangen

ist – eine Position, die Jelineks Kritik des Schriftstellerinnentreffens nahelegt, wenn sie schreibt, dort sei gefordert worden, unumwunden zu sagen, „wie es ist“[51]. Die Auseinandersetzung wurde vielmehr über das Verhältnis zur Sprache und den Umgang mit ihr geführt: Welche Sprache kann erfahrbar machen, was bisher nicht erfahrbar war? Welche Sprache, welches Sprechen kann die Geschlechterordnung zum Einsturz bringen? Wie kann die Ordnung, in der Frauen zu sprachlosen Exemplaren einer als geschichtslos vorgestellten stummen Natur werden, so erfahrbar gemacht werden, dass sie im Augenblick, in dem sie erfahrbar wird, zusammenbricht? Diese Fragen werden in der Debatte, ob es ein weibliches Schreiben und eine weibliche Ästhetik gebe und wenn ja, worin diese bestehen könnten, diskutiert. Auch *Die Schwarze Botin* mischt sich in diese Auseinandersetzung Mitte der 1970er Jahre ein, worauf ich an späterer Stelle zu sprechen kommen werde.

9.3 Das Problem der Erfahrung

Consciousness Raising und Selbsterfahrung sind durchaus umstrittene Themen der Frauenbewegung. So ist die Zeitschrift auch nicht die einzige, die aus den Reihen der Frauenbewegung die Selbsterfahrungsgruppen kritisiert. In ihrer 4. Ausgabe im Jahr 1980 publiziert *Courage* eine Kontroverse über die Veröffentlichung des alltäglichen und privaten Lebens in der Selbsterfahrungspraxis, beziehungsweise über die Veränderung derselben im Laufe der Jahre. Die Filmemacherin und Drehbuchautorin Alexandra von Grote kritisiert, dass über Verletzungen, die in lesbischen Liebesbeziehungen erlebt werden, nur in Form von Klatsch gesprochen werde und plädiert dafür, diese

49 So der Titel eines 1979 von Gabriele Dietze herausgegebenen Sammelbands, in dem Brigitte Classen und Garbiele Goettle veröffentlichten.

50 Stefan 1994, 33f.

51 Jelinek 1977, 30.

Erfahrungen in der Öffentlichkeit der Frauenbewegung zu thematisieren.[52] Dagegen erteilt die Journalistin und Übersetzerin Christel Dormagen den Aufforderungen, über persönliches Befinden und Gefühle öffentlich zu sprechen, eine Absage. Sie spricht von „Sprech-Ritual"[53], „Geständniszwang"[54] und „Rede- und Verhaltenszwang"[55], die sich in der Frauenbewegung durchgesetzt und zu einem „geschlossene[n] Kontrollsystem befreiter Persönlichkeiten"[56] geführt hätten. Ihren Artikel versteht sie als „Rede für das Schweigen"[57].

Auch die Schriftstellerin Ursula Krechel wägt in ihrem 1975 erschienen Band *Selbsterfahrung und Fremdbestimmung. Bericht aus der Neuen Frauenbewegung* das Potenzial ebenso wie die Grenzen der Selbsterfahrungspraxis ab. Krechel veröffentlicht ab 1979 literarische Texte in der *Schwarzen Botin.* In ihrem Buch zur Selbsterfahrung gibt sie zu bedenken, dass sich „aus dem, was jede Frau zum Gruppenprozeß beisteuert, nicht unbedingt die Analyse der Stellung der Frau in der Gesellschaft"[58] ergebe. Sie stellt in ihrer Auseinandersetzung mit den Selbsterfahrungsgruppen fest, dass in diesen eine „Atmosphäre der Gefühligkeit" entstehen könne, „in der die Gruppenmitglieder ihre Identität in der Gruppe aufgehen lassen".[59] Eine Praxis zu wählen, die dem Austausch der Gefühle dient, könne zu einem „Teufelskreis" werden: Denn es sei gerade der „Bereich der Gefühle", der den Frauen zugeschoben werde bei gleichzeitigem Ausschluss „vom Denken, von Rationalität"[60]. So würden Frauen weiterhin auf den ihnen zugewiesenen Platz verwiesen, der abgesichert werde durch die Bestätigung der überkommenen weiblichen Identität: Die „Organisation der weiblichen Gefühle in den Selbsterfahrungsgruppen stützt sich [...] auf die überlieferte weibliche Identität, auf den mangelnden Zugang der Frauen zur Rationalität."[61] Krechel schließt ihre Überlegungen zu den Selbsterfahrungsgruppen mit der Befürchtung, die Selbsterfahrungsgespräche könnten Erfahrung verhindern und das gesuchte Selbst könne leer sein:

> „Es gibt eine Blindheit mit offenen Augen und es gibt Erfahrungen, die eben, weil sie nur Erfahrungen sein wollen, keine mehr sind; die, die sie ‚machen', nehmen sie gedankenlos auf, wollen gedankenlos mit sich selbst identisch sein, sich keine Veränderungen mehr wünschen, die gegen ihre und für andere Erfahrungen sprechen könnten. Gedankenlos sitzen sie auf ihrem erfahrenen Ich. [...] Mir kommt

52 Grote 1980, 30–34.
53 Dormagen 1980, 35.
54 Ebd.
55 Ebd.
56 Ebd.
57 So der Titel des Artikels, ebd. 34.
58 Krechel 1983, 44 (erweiterte Neuauflage).
59 Ebd.
60 Ebd. 45.
61 Ebd. 46.

es so vor, als hätte sich ein Reden ‚über uns' in der Frauenbewegung breitgemacht, das Mitteilung verhindert, als würden wir schnell das Sagbare beim Schopf ergreifen, um nicht über das sprechen zu müssen, was noch keinen Namen und kein Gesicht hat in unseren mühsam destillierten Mustern. Es könnte ja auch sein, daß wir, wenn wir immer tiefer in unserem Selbst graben, nichts finden, nur Trümmer, Gerümpel, in Tausenden von Jahren der Männerherrschaft in uns abgestellt, oder eine gähnende Leere, die angstvoll mit schnellen Sätzen zugedeckt werden muß."[62]

Die Wiederholung der Weiblichkeitsbilder, die Trennung von Denken und Erfahrung, Angst vor Veränderung und Erfahrungsfeindlichkeit sind Motive, die auch im Kritikprogramm der *Schwarzen Botin* angeführt werden. Was Krechel hier deutlich fokussiert, ist die Frage der weiblichen Identität im Zusammenhang mit Erfahrung. Vier Dimensionen thematisiert die Passage: erstens die Auflösung persönlicher Identität in der Gruppe durch die Übertragung einer als Gemeinsamkeit angenommenen weiblichen Erfahrung auf jede Einzelne, zweitens eine weibliche Identität, die durch androzentrische Weiblichkeitsbilder bestimmt ist, gekennzeichnet durch die Übernahme der Gefühlsbetonung in der Selbsterfahrung, die zum Gefühlsaustausch ohne gedankliche Durchdringung werde, drittens die Aufforderung nicht das Sagbare zu sagen, sondern über das Unsagbare zu sprechen und viertens die Identitätslosigkeit, Leere und Zerstörtheit des Selbst. Würde die Identitätslosigkeit gewahr werden, würde der Bezug auf Erfahrung als Basis der Identität – und auch als Grundlage feministischen Wissens – radikal infrage gestellt sein. In dieser Konstellation umkreist auch das Kritikprogramm der *Schwarzen Botin* das Problem der Identität und der Subjektkonstituierung.

9.4 Die Möglichkeit zu neuer Erfahrung?

Ich möchte noch einmal die Elemente ins Gedächtnis rufen, die – in einen Zusammenhang gebracht – das Verhältnis von Identität, Erfahrung und Wissen im Kritikprogramm der Zeitschrift umfassen. Goettle moniert, die Frauenbewegung tendiere dazu, die „scheinbare Vorgegebenheit von Identität"[63] zu akzeptieren und als „neues Verhaltensklischee"[64] zu verfestigen, denn der Austausch von Erfahrungen führe nicht „zur Veränderung von Erfahrungswirklichkeit".[65] Auch Classen und Ruge haben in ihrem Gespräch aus dem Jahre 1983 kritisiert, dass es in der Frauenbewegung von der „Kritik der Weiblichkeit zur ‚Neuen Frau'"[66] als Identitätsentwurf gekommen sei,

62 Ebd. 48.
63 Goettle 1978, 31.
64 Ebd.
65 Ebd.
66 Classen/Ruge 1983, 55.

der sich in alten Weiblichkeitsbildern verfange. *Die Schwarze Botin* lehnt die Konstituierung einer weiblichen Identität auf Basis der Erfahrungen, die in den Selbsterfahrungsgruppen besprochen und zu Ausgangspunkt und Grundlage von Theorie und Praxis der Frauenbewegung genommen werden, ab. Die Erfahrung, die in den Selbsterfahrungsgruppen ausgetauscht werde, bildet für sie keine Grundlage feministischer Bewusstseins- und Theoriebildung. Auch sichert die durch das Gruppengespräch entstehende Erfahrung nicht unmittelbar Erkenntnis über die Geschlechterordnung. Vielmehr bedarf es ihrer Vermittlung durch die literarische Gestaltung. Goettles Äußerung, dass die Vorgegebenheit von Identität ein Schein sei, der analysiert werden sollte, verweist darauf, dass Identität selbst als Resultat zu begreifen ist. Jelineks Äußerung, dass Ausbeutung erfahrbar gemacht werden müsse, verweist darauf, dass Erfahrung als Resultat zu begreifen ist.

Die Auseinandersetzungen der 1970er Jahre um Erfahrung als Grundlage feministischen Wissens, in welche *Die Schwarze Botin* involviert ist, weisen voraus auf die Debatte, die Anfang der 1990er Jahre in der Geschlechterforschung geführt wird. Einen maßgeblichen Anstoß für die spätere Diskussion gibt der Aufsatz „The Evidence of Experience" der US-amerikanischen Historikerin Joan Wallach Scott aus dem Jahr 1991.[67] Scott kritisiert darin, die feministische Geschichtswissenschaft behandle Erfahrung als unmittelbar einsichtig. Das führe dazu, dass Erfahrung zur Grundlage von Wissen werde, ohne dass sie selbst erklärt oder interpretiert werde. Damit erhalte Erfahrung den Status einer scheinbar nicht hintergehbaren Letztbegründung. Scott argumentiert, Erfahrung könne nicht als unmittelbare Grundlage von Wissen gelten, sondern sei selbst etwas, *über* das Wissen produziert werde. Erfahrung bedürfe der Interpretation.[68] Eine konsequente Historisierung der Kategorien wissenschaftlicher Forschung – und damit auch der Identitätskategorien und der Kategorie Geschlecht – könne nicht die Kategorie Erfahrung unberücksichtigt lassen. Werde Erfahrung nicht selbst als interpretationsbedürftig verstanden, kippe auch der Versuch, Identitätskategorien zu historisieren, in sein Gegenteil, in ahistorische Essentialisierung. Denn Erfahrung werde dann etwas, worin sich eine scheinbar je schon gegebene Identität auszudrücken scheint. Eine als gegeben missverstandene, vermeintlich eigentliche Identität scheint dann darauf zu warten,

67 Zu dieser Debatte siehe außerdem Weedon, Chris (1990): Wissen und Erfahrung. Feministische Praxis und poststrukturalistische Theorie, efef, Dortmund/Zürich; auch Daniel, Ute (2000): Erfahrung – (k)ein Thema der Geschichtstheorie? In: L'homme. Zeitschrift für feministische Geschichtswissenschaft 1, 120–123; auch Bos, Marguérite et al. (Hg.): Erfahrung: Alles nur Diskurs? Zur Verwendung des Erfahrungsbegriffs in der Geschlechtergeschichte, Chronos, Zürich.

68 Scott 1991, 780.

ausgedrückt zu werden durch die Geschichtsschreibung der Erfahrung.[69] Scott kommt zu dem Schluss, dass nicht Individuen Erfahrungen machen oder haben, sondern Subjekte durch Erfahrungen konstituiert würden.[70] Die Konstituierung beider gehe durch Diskurse und Sprache vonstatten, im Rahmen derer Erlebnisse interpretiert werden, Bedeutung erhalten und so erst zu Erfahrungen werden:

> „Subjects are constituted discursively and experience is a linguistic event (it doesn't happen outside established meanings), but neither is it confined to a fixed order of meaning. Since discourse is by definition shared, experience is collective as well as individual. Experience can both confirm what is already known (we see what we have learned to see) and upset what has been taken for granted (when different meanings are in conflict, we readjust our vision to take account of the conflict or to resolve it) […]. Experience is a subject's history. Language is the site of history's enactment."[71]

Scotts Aufsatz ist Teil der Auseinandersetzung um die feministische Bestimmung des Subjekts, die Ende der 1980er Jahre, im deutschsprachigen Raum Anfang der 1990er Jahre geführt wird, und er ruft Kritik hervor. Mir geht es an dieser Stelle nicht darum, die Breite der Diskussion abzubilden. So werde ich nicht auf den meiner Ansicht nach berechtigten Einwand der Körperhistorikerin Barbara Duden eingehen. Duden spricht hinsichtlich des diskursiven und somatischen Wissens von unterschiedlichen „epistemischen *modi*"[72] und argumentiert im Sinne einer „historischen Somatologie"[73] für die Erforschung der „Historizität der erlebten Somatik der Person"[74]. Aus der langanhaltenden Debatte möchte ich einen Aspekt in den Blick nehmen, der für das Verständnis des Kritikprogramms der *Schwarzen Botin* aufschlussreich ist.

Für Scott werden Erlebnisse dann zu Erfahrung, wird Erfahrung der Wirklichkeit dann erfahrbar, wenn sie durch Sprache vermittelt und erzählbar wird. Erfahrung muss erklärt werden als Resultat oder Effekt des Diskurses, welcher der Logik der Sprache folgt. Damit aber muss Erfahrung, um Erfahrung zu werden, verständlich gemacht werden und im Rahmen möglicher Bedeutungen bedeuten. Entweder Erfahrung bestätigt, was schon gewusst wird, oder sie widerspricht bestimmten Bedeutungen, wenn differierende Bedeutungsmöglichkeiten in Konflikt geraten – und das Erlebte ein anderes

69 Ebd. 792.
70 Ebd. 779.
71 Ebd. 793.
72 Duden 2004, 27, Herv. i. O.
73 Ebd.
74 Ebd.

Wissen innerhalb des Wiss-, Sag- und Erfahrbaren bestätigt.[75] Gesellschaftliche Konflikte werden zu Konflikten differierender Diskurse. Vor allem aber wird Wirklichkeit identisch mit dem diskursiven Rahmen möglicher, möglicherweise sich widersprechender Bedeutungen, sie bilden sich ohne Rest aufeinander ab. Infolge gibt es kein überschießendes, inkommensurables Moment der Wirklichkeit: In dieser Wirklichkeitskonzeption ist nicht denkbar, dass etwas (noch) ohne Bedeutung ist. Damit steht die Offenheit der Zukunft auf dem Spiel.

In ihrer Kritik an Scotts Aufsatz schreibt die US-amerikanische Historikerin Kathleen Canning im Jahr 2004, die Kategorie Erfahrung habe vor dem *linguistic turn* die Schnittstelle markiert zwischen Selbst und Gesellschaft, „wo letztlich die Geschichte stets *neu* gemacht“[76] werde. Aufgeworfen ist damit die Frage nach der Unvorhersehbarkeit von Geschichte, danach, wie *Neues* entsteht und denkbar ist, wie der Übermacht des Vergangenen in der Gegenwart, wie den überkommenen gesellschaftlichen Verhältnissen entronnen werden kann, wie die androzentrische Geschlechterordnung, die androzentrische Form der Vergesellschaftung und der Subjektwerdung hinter sich gelassen werden kann.[77]

Auch Scott will Handlungsfähigkeit („agency“) als Element von Subjektivität nicht negieren. Doch kritisiert sie an der feministischen Wissenschaft, diese unterstelle dem Subjekt Frau von vorne herein Handlungsfähigkeit, ohne zu analysieren und zu erklären, wie Subjektivität, Handlungsmacht und Identität hergestellt werden.[78] Diese Begriffe als diskursive Resultate sind für Scott „a contested terrain“[79] – ein umkämpftes Gebiet. Die Frage nach der Möglichkeit neuer Erfahrungen wäre bei Scott die retrospektive Analyse, wie sich diskursiv die neue Erfahrung hergestellt, wie sich die Vorstellung, eine neue Erfahrung gemacht zu haben, diskursiv durchgesetzt hat. (Noch) Unerfahrenes, Unsagbares, Unerkanntes als begriffliche Statthalter für die Möglichkeit des Neuen sind keine Elemente in Scotts Wirklichkeitsbegriff. Wirklichkeit ist der Prozess der Bedeutungsverschiebung auf dem umkämpften Gebiet der Diskurse. Neue Erfahrungen zu machen ist in ihrem Denken das Resultat einer Bedeutungsverschiebung.[80]

75 „Experience can both confirm what is already known (we see what we have learned to see) and upset what has been taken for granted (when different meanings are in conflict we readjust our vision to take account of the conflict or to resolve it)“, Scott 1991, 793.

76 Canning 2004, 37, Herv. K. L.

77 Siehe zur Kritik, Scotts Poststrukturalismus erbe entgegen dem eigenen Selbstverständnis das ahistorische Denken des Strukturalismus, Downs 1993, 446ff.; auch Oksala 2014, 391.

78 Scott 1991, 786f.

79 Ebd. 787.

80 Das ist das Denkmodell, das durch Judith Butlers Performativitätstheorie in *Gender Trouble. Feminism and the Subversion of Identity* aus dem Jahr 1990 in der

Im Kritikprogramm der *Schwarzen Botin* findet sich nun ebenfalls der Gedanke, dass Erfahrung nicht gegeben und aufzudeckende Eigenschaft einer ahistorischen Identität ist. Es nimmt den Gedanken von Scotts späterer Kritik vorweg, Identität und Erfahrung nicht als Grundlage feministischen Wissens, sondern als *Resultate feministischer Wissensproduktion* zu begreifen. In der Art und Weise, die Möglichkeit des Neuen zu denken, unterscheiden sich die beiden Denkmodelle allerdings. Die Zeitschrift kritisiert an der Frauenbewegung, in dem diese das Anderssein der Frauen gegenüber Männern behaupte, greife sie auf bekannte, androzentrische Weiblichkeitsbilder zurück und verbleibe in alten Erfahrungsmustern, wodurch neue Erfahrungen gerade verhindert würden. Der Vorwurf an die Frauenbewegung impliziert, dass die Bedingungen, unter denen Erfahrungen gemacht werden, verändert werden können. So hatte Goettle geschrieben: „Was weniger leicht, ist offenbar

der Schritt von der Erfahrung zur *Veränderung von Erfahrungswirklichkeit*."[81] In dieser Veränderung liege die Aufgabe der Frauenbewegung. Der Vorwurf an die Frauenbewegung, wie ihn *Die Schwarze Botin* formuliert, ist aber nur dann sinnvoll, wenn Erfahrung eben nicht ausschließlich als Diskurseffekt gedacht wird, sondern den Subjekten die Freiheit und Wirkmächtigkeit zugesprochen wird, den Rahmen möglicher, auch sich widersprechender Bedeutungen zu sprengen – und damit den Rahmen des möglichen Wissens, auch sich widersprechender Diskurse, in dem Erfahrungen bisher interpretiert und zu Erfahrungen wurden, aufzubrechen. *Neue* Erfahrungen liegen damit jenseits des bisher Erfahr-, Denk- und Wissbaren im Bereich des Unsagbaren. Ursula Krechel hatte in ihrer Kritik der Selbsterfahrungspraxis geraten, nicht zu schnell „das Sagbare beim Schopf [zu] ergreifen"[82], und in der Präambel in der 1. Ausgabe der *Schwarzen Botin* ist zu lesen: „Das Unvorstellbare ist nicht das Unmögliche."[83]

Die Frage nach der Möglichkeit neuer Erfahrung beantwortet *Die Schwarze Botin* nicht, wie sie mit Scott beantwortet werden müsste. Hier macht sich die unterschiedliche Situiertheit der feministischen Wissensproduktion bemerkbar. Scott schreibt als Historikerin an einer Universität zu einer Zeit, in der die feministische Wissensproduktion – zumindest in den USA – schon institutionalisiert ist. Frauen-, beziehungsweise Geschlechterforschung und Frauenbewegung haben sich schon ausdifferenziert und voneinander distanziert. Von diesem Standpunkt aus plädiert sie dafür, die Herstellung des Subjekts, der Erfahrungen und der Identität *retrospektiv* zu analysieren. Eine solche Untersuchung – das macht den Charakter von Geschichtswissenschaft aus – setzt ein, wenn das Geschehen schon vorbei ist. Die Zeitschrift

Geschlechterforschung einflussreich wurde.

81 Goettle 1978, 31, Herv. K. L.

82 Krechel 1983, 48.

83 Anonym/Goettle 1976a, 3.

Die Schwarze Botin steht inmitten der Konflikte der Frauenbewegung der 1970er und 1980er Jahre noch vor der Institutionalisierung feministischer Wissensproduktion. Erfahrung ist hier nicht ausschließlich ein zu rekonstruierender Gegenstand der später durchgeführten (geschichts-)wissenschaftlichen Untersuchung. Vielmehr ist die Frage, was Erfahrung ist, wie sie sich konstituiert und welche Rolle sie in der Frauenbewegung spielen soll, eine Frage der (theoretischen) Praxis der feministischen Kritik in der Bewegung. Für eine theoretische und literarische Zeitschrift wie *Die Schwarze Botin* hängen Zukunft und Potenzial der Bewegung von diesen Auseinandersetzungen, von der Beantwortung der Frage, welches Verständnis von Erfahrung die Frauenbewegung entwickelt, ab. Während Scott für ein feministisches Denken steht, in dem das *Neue* als Diskursverschiebung gedacht wird, erscheint es im Kritikprogramm der *Schwarzen Botin* im Sinne eines *Noch-Nicht* und eines qualitativen Sprungs.

Die Grenzen der Erfahrung und die feministische Einbildungskraft

Im Kritikprogramm der Zeitschrift verknüpfen sich drei Motive: Erstens der Gedanke, dass es kaum Anknüpfungspunkte für Frauen gebe: „Zu verteidigen gibt es bisher nur wenig,“[84] ist in Gabriele Goettles Vorwort der 1. Ausgabe zu lesen. Zweitens das Motiv der „Zerstörung patriarchalischen Selbstverständnisses“[85]. Drittens findet sich der auf die Zukunft gerichtete Gedanke eines Neuen, das noch nicht ist, noch keine Wirklichkeit hat. Von hier rührt die im vorherigen Kapitel analysierte Kritik, die Frauenbewegung vollziehe nur einen Kostümwechsel und bleibe beim Alten. Die Malerin Sarah Schumann schreibt in der 5. Ausgabe der *Schwarzen Botin* im Jahr 1977:

> „Mir hat die Behauptung ‚das Weibliche müsse erst noch werden‘, immer gut gefallen. Das, was sich heute als ‚neue Weiblichkeit‘ anbietet, ist nur das schlecht verkleidete Alte. So viel Aufwand, für so viel klischeehaften Mist, das ist lächerlich.“[86]

So zielt das Kritikprogramm nicht auf die Repräsentation dessen, was ist, sondern auf die Sprengung der Grenzen des Erfahr- und Repräsentierbaren. Darin liegt für *Die Schwarze Botin* die Aufgabe feministischer Kritik.

Die Kritik an der Frauenbewegung in Gabriele Goettles Vorwort der 1. Ausgabe im Jahr 1976, dass im Namen neuer Sinnlichkeit keine neuen, sondern immer nur die alten Erfahrungen gemacht würden, verweist auf ein konservatives Moment von Erfahrung. Denn Erfahrung ist zunächst Erfahrung dessen, was war oder ist – die Verknüpfung von schon Erlebtem in einen Sinnzusammenhang, der die Folie der Deutung kommender Erfahrungen abgibt. Zudem ist sie in der Praxis der Selbsterfahrung auf den

84 Anonym/Goettle 1976b, 4.
85 Die Schwarze Botin 1976, 9.
86 Schumann 1977, 14.

Umkreis des persönlichen Lebens bezogen. Was diesen Umkreis übersteigt, fällt aus dem Bereich des Erfahrbaren heraus. Um diese Begrenzungen feministischer Wissensproduktion zu überschreiten, braucht es andere Werkzeuge. Für *Die Schwarze Botin* sind es Denken und Theorie, die sich nicht auf persönlicher Erfahrung des eigenen Lebens gründen, sondern auch das „von Männern Gedachte verwenden", um sich „über sie hinwegzusetzen".[87] Die Forderung lautet nicht nur, die schon entwickelten Erklärungen der Welt aufzunehmen und zu überschreiten, sondern sich vor allem das *Vermögen* zur Erklärung der Welt anzueignen.

Für den Flügel des kulturellen Feminismus, zu dem die Zeitschrift zählt, ist es zudem die feministische Einbildungskraft, welche die Grenze persönlicher Erfahrung zu sprengen vermag. In ihrem Aufsatz „Lose Gedanken über das Verhältnis von Phantasie und Gesellschaft", der im Ausstellungsband *Künstlerinnen international 1877–1977* im Jahr 1977 erscheint, schreibt die Literaturwissenschaftlerin, Soziologin und Autorin der *Schwarzen Botin*, Elisabeth Lenk:

> „Der gesellschaftliche Zusammenhang, sofern er nicht erfahrbar ist, kann nur gedacht oder nur phantasiert werden. Die Phantasie ist dasjenige Organ, welches einsetzt bei Zusammenhängen, die noch nicht oder nicht mehr oder überhaupt nicht erfahrbar sind: denn es ist charakteristisch für alle Phantasie, daß sie beschreiben kann, was nie erfahren worden ist."[88]

Die Möglichkeit zu erkennen, was noch nicht erfahren worden ist, ist die Möglichkeit zur Überschreitung der Grenzen der Erfahrung – darin liegt die Verheißung der „grenzüberschreitenden Phantasie"[89]. Die Einbildungskraft ist auch in der *Schwarzen Botin* ein Werkzeug zum Erfahrbar-Machen der Welt und um neue Erfahrungen zu machen. Auf diese *ästhetische* Dimension des Kritikprogramms werde ich zu sprechen kommen.

9.5 Zwischenresümee

Der Eindruck, sich nicht wiederfinden zu können in den Theorien und dem Wissen der Linken und noch weniger in der bürgerlichen Wissenschaften, ist ein Anstoß zur „Neuinterpretation"[90] der Gesellschaft, zu dem „immense[n] semantische[n] Unterfangen"[91], das der Feminismus Ende der 1960er und Anfang der 1970er Jahre darstellt. Aus dieser Situation entstehen die Selbsterfahrungsgruppen. In den Selbsterfahrungskonzeptionen wird die Mitteilung der Erfahrung in unterschiedlicher Weise zum Ausgangspunkt feministischer Bewusstseinsbildung: Ist sie in Pamela Allens Konzeption Aus-

87 Anonym/Goettle 1976b, 4.
88 Lenk 1977b, 83, Herv. K. L.
89 Dietze 1978, 12.
90 Maurer 2011, 151.
91 Studer 2011, 37.

gangs- und Endpunkt der Theoriebildung und zugleich eine neue, intellektuelle Erfahrung, so ist in der Konzeption der Frauen aus der Frauengruppe Freiburg der Erfahrungsaustausch das Ziel des Prozesses. Erfahrung ist hier die soziale Erfahrung des Verstandenwerdens. Für *Die Schwarze Botin* bildet der Erfahrungsaustausch im Sinne des gemeinsamen Sprechens über Erlebnisse und Gefühle, bezogen auf das Frausein der Teilnehmerinnen, nicht nur keinen Ausgangspunkt für feministische Kritik und Theorie, sondern sogar ein Hindernis derselben. Für sie stellt sich die Frage danach, wie die gesellschaftlichen Verhältnisse der Ausbeutung, der Hierarchien und Verächtlichkeit erfahrbar gemacht werden können. In ihrer Kritik der Selbsterfahrungspraxis fokussiert sie auf die Frage nach dem Neuen. Die Frage nach der Möglichkeit des Neuen, des Unsagbaren oder des Noch-nicht-Gesagten verknüpft sich mit der Thematisierung der Grenzen der Erfahrung, die ich anhand von Elisabeth Lenks Überlegungen dargelegt habe. Die Möglichkeit oder Unmöglichkeit des Neuen und die feministische Einbildungskraft verweisen beide auf den Wirklichkeitsbereich der ästhetischen und künstlerischen Produktionen, denen sich das Kritikprogramm der *Schwarzen Botin* widmet.

In der Auseinandersetzung darum, was Erfahrung sei und welche Rolle sie für die feministische Wissensproduktion spielen solle, wird eine Spannung deutlich, welche die Erziehungswissenschaftlerin Susanne Maurer als Verhältnis von „Zuschreibung", „Identitätspolitik" und „Selbstgestaltung" in der autonomen Frauenbewegung fasst. Die autonome Frauenbewegung versteht sie als „sehr konkreten und gleichzeitig symbolischen (Bildungs-)Raum"[92], der zur Veränderung des gesellschaftlichen Allgemeinen führt:

> „Wenn sie [die in der Frauenbewegung zusammentreffenden Frauen, K. L.] untereinander aus der ‚Unmittelbarkeit' heraustreten und für sich ein ‚geteiltes Allgemeines' schaffen – einen gemeinsamen theoretischen und symbolischen Bezugshorizont oder ‚Sprach-Raum', der ihnen ‚Sprechen' und ‚Handeln' erst ermöglicht –, so schaffen sie für sich damit auch die Möglichkeit, in ‚gesellschaftlichen (d. h. vermittelten) Beziehungen' miteinander verbunden zu sein."[93]

Dieser Bezugshorizont konstituiert sich unter anderem durch den konfliktreichen Prozess feministischer Wissensproduktion: Die gesellschaftlich erwarteten Weiblichkeitsentwürfe und Muster des Frauseins werden als „Zuschreibung" im Namen einer erstrebten „Selbstgestaltung" zurückgewiesen. Die Zurückweisung vollzieht sich durch den Bezug auf gemeinsam geteilte Erfahrungen, wie er am Beispiel der Selbsterfahrungskonzeption der Frauen aus der Frauengruppe Freiburg gezeigt wurde. Die Erfahrungen stiften Gemeinsamkeit über die Konstituierung einer Identität Frau, die *anders* sein soll als die zugeschriebene. Diese Identitätskonstituierung versteht sich als „Selbstgestaltung". Zugleich

92 Maurer 2011, 168.
93 Ebd. 166.

ruft diese Identitätsbehauptung ein „Unbehagen im Feminismus"[94] hervor. Dieses Unbehagen ist der Motor der Kritik an der Produktion dieser gemeinsamen Erfahrungen und der Identitätspolitik – eine Kritik, wie sie bei Goettle, Jelinek, Dormagen und Krechel als Störung und Dissens entwickelt wird. Diese Kritik erscheint ebenfalls als „Selbstgestaltung"[95] – nun eben im Namen der Abgrenzung zur Identitäts- und Erfahrungskonstitution in den Selbsterfahrungsgruppen. Die Auseinandersetzung um Erfahrung als Bezugspunkt feministischer Wissensproduktion zeigt demnach erstens, wie die Konstitution einer gemeinsamen weiblichen Erfahrung und einer darauf beruhenden Identität zugleich deren Kritik hervorgebracht hat. Zweitens wurde durch die Konfrontation mit der späteren Debatte um Erfahrung anhand von Joan W. Scotts Aufsatz deutlich, dass es in der feministischen Diskussion unterschiedliche Varianten gibt, Erfahrung als Resultat zu denken. Der Unterschied liegt hierbei in der Konzeptionierung der Möglichkeit neuer Erfahrung und damit in der Konzeptionierung von Gesellschaftsveränderung.

Im Zusammenhang der Auseinandersetzung um Erfahrung weist das Kritikprogramm der *Schwarzen Botin* eine Schwerpunktverlagerung auf: Es bezieht sich nicht auf die Erfahrung eines Frauseins. Vielmehr geht es um die Frage, wie die androzentrische Geschlechterordnung erfahrbar und vor allem, wie der Erfahrungshorizont des Frauseins in einer androzentrischen Gesellschaft überschritten werden kann. Während die Selbsterfahrungspraxis sich auf alltägliche Erfahrungen der Wirklichkeitsbereiche bezieht, die als soziale und psychische Wirklichkeit beschrieben werden können, so bezieht sich das Kritikprogramm der Zeitschrift auf die ästhetische Wirklichkeit literarischer Produktion. In den verschiedenen Erfahrungsbezügen zeigen sich unterschiedliche Erwartungen und Strategien feministischer Kritik. Um ein verändertes Selbst- und Weltverhältnis zu entwickeln, zielt die Selbsterfahrungspraxis auf die Veränderung des Alltags, des alltäglichen Handelns und der zwischenmenschlichen Beziehungen, weil dieser Lebensbereich veränderbar erscheint. Das Kritikprogramm der *Schwarzen Botin* erwartet in diesem Lebensbereich gerade keine Veränderung. Die Veränderungserwartung ist auf den Bereich der Wahrnehmungsmuster und der ästhetischen Produktion gerichtet: In einer Gesellschaft, die sich den Autorinnen als „hemmungslose Ausbeutung und Abfallkultur"[96], als warenförmig verfasste und verfugte Totalität präsentiert, scheinen erschütternde, selbstverändernde neue Erfahrungen nur in der Sphäre der ästhetischen Produktionen möglich zu sein.

94 Ebd. 167.
95 Maurer 1996, 421ff.
96 Anonym 1977b, 3.

Versöhnung und Unversöhnlichkeit

10. Die Auseinandersetzung um weibliches Schreiben und feministische Ästhetik

Eine ausgreifende Auseinandersetzung führt die autonome Frauenbewegung über die Frage, ob es ein weibliches Schreiben gebe, und wenn ja, worin dieses bestehen könnte. *Weibliches Schreiben* ist dabei eine schillernde und unklare Bezeichnung – in der Bewegung wie in der späteren Forschung.[1] Sie fungiert oftmals als Übersetzung der französischen *écriture féminine*, womit eine von der strukturalen Psychoanalyse inspirierte, feministische Kultur- und Literaturkritik bezeichnet wird, die mit den Namen der Schriftstellerin Hélène Cixous, der Philosophin und Psychoanalytikerin Luce Irigaray und – allerdings irrigerweise – mit der Literaturwissenschaftlerin, Philosophin und Psychoanalytikerin Julia Kristeva verbunden werden – eine Trias, deren Zusammenschau die Unterschiedlichkeit der Konzeptionen eher verdeckt als erhellt.[2] Alle drei stellen Referenzen des Kritikprogramms der *Schwarzen Botin* dar. Zeitgleich mit dem Schlagwort vom weiblichen Schreiben kommt die ebenfalls umstrittene Bezeichnung *Frauenliteratur* und die kontrovers geführte Debatte um das Für und Wider einer *weiblichen Ästhetik* auf. Die Literaturwissenschaftlerin Sigrid Weigel, die Mitte der 1970er Jahre selbst an der Auseinandersetzung beteiligt ist, schreibt in den 1990er Jahren eine Diskursgeschichte der Frauenliteratur. Sie stellt heraus, dass die Frauenbewegung in ihrem Ausgang aus der Studentinnenbewegung von 1968 mit dieser zunächst den „Ausschluß des Literarischen"[3] aus ihrer Gegenöffentlichkeit teilt. In der 16. Ausgabe der Zeitschrift *Kursbuch* im Jahr 1969 wird der Tod der bürgerlichen Literatur verkündet, wodurch sich die Linke allerdings die „Möglichkeit einer zu den etablierten Redeweisen disparate Artikulation"[4] für einige Jahre nimmt – eine Möglichkeit, die „andere als die durch die Öffentlichkeitsstruktur geprägte Wahrnehmungsweisen"[5] eröffnen kann. So ist auch die Gegenöffentlichkeit der Frauenbewegung bis Mitte der 1970er Jahre eine

1 Schulz 2012, 308.
2 Siehe 11. Kapitel.
3 Weigel 1995, 43.
4 Ebd.
5 Ebd.

„vorliterarische Öffentlichkeit“[6], in der Protokollliteratur und Interviews die gemeinsamen Erfahrungen von Frauen dokumentieren sollen. Die Dokumentation „‚authentischer‘ Frauen-Erlebnisse“[7] richtet sich gegen das Verschweigen derselben, ihren Ausschluss und ihre Abwertung im Bereich der Literatur. Mit der Etablierung der Selbsterfahrungspraxis rückt Subjektivität auch in den Mittelpunkt der Textproduktionen. Doch wird nicht nur „autobiographische Erfahrungsliteratur“[8] veröffentlicht, die im Namen eines unmittelbaren und authentischen Ausdrucks teilweise die ästhetische Gestaltung vernachlässigt.[9] Zeitgleich beginnt die Debatte innerhalb der Bewegung über die Stellung der Frauen zur Kunst und Literatur und zu den Beurteilungskriterien ästhetischer Produktionen. Mitte der 1970er Jahre setzt zeitgleich mit der Rezeption der Texte von Hélène Cixous, Luce Irigaray und Julia Kristeva eine Diskussion um die Fragen ein, ob es eine weibliche Ästhetik und ein weibliches Schreiben, ein spezifisches Körper-Schreiben gebe. Die feministische Ästhetikdiskussion wird in den Zeitschriften *Courage*, *Ästhetik und Kommunikation* und *alternative* – die beiden letzteren sind keine explizit feministischen Publikationen –, *Frauen und Film* und in der *Schwarzen Botin* geführt.

Die Auseinandersetzung mit Literatur kann auf feministische Klassiker zurückgreifen, in welchen im angelsächsischen und französischen Raum anhand von Literaturkritik die Erscheinungs- und Funktionsweisen der hierarchischen, heterosexuellen Geschlechterordnung aufgezeigt und kritisiert werden. So beziehen Abhandlungen wie *Sexus und Herrschaft* von Kate Millett von 1970/71 oder der schon in den 1950er Jahren von Simone de Beauvoir verfasste Klassiker *Das andere Geschlecht* literarische Analysen in ihre Untersuchung mit ein. Sie greifen auf literarische Produktionen zurück, weil sich in ihnen Phantasien und Projektionen, Vorstellungen und Wahrnehmungen zeigen, die das Selbstbild einer Gesellschaft – bewusst und unbewusst – konstituieren. Das Selbstbild aber wird geprägt von der Selbstwahrnehmung des Geschlechts, der Klasse und *race*, die für sich beanspruchen, Repräsentanten des Allgemeinen zu sein. Es ist geprägt von den Herrschafts- und Machtverhältnissen der androzentrischen, auf rassistischer Ausbeutung beruhenden Klassengesellschaft. In der untersuchten Literatur werden die gesellschaftlichen Vorstellungs- und Bildwelten über die Frau und das Weibliche in all ihren Facetten aufgedeckt. Doch bilden diese Bildwelten nicht einfach die Geschlechterverhältnisse ab. Sie sind nicht bloßes Spiegelbild der sozialen Verhältnisse, der vergeschlechtlichten Arbeitsteilung und Aufteilung gesellschaftlicher Praxen. Denn auch Kunst „partizipiert an

6 Ebd. 44.
7 Ebd. 27.
8 Ebd.
9 Ebd. 108.

Geschlechterpolitik"[10], so die Philosophin Herta Nagl-Docekal, in dem sie Geschlechterbilder, Weiblichkeits- und Männlichkeitsentwürfe projektiert und herstellt, die den Geschlechterverhältnissen einer Gesellschaft, den Lebens- und Handlungsmöglichkeiten der Geschlechter *nicht* entsprechen. So spiegeln die literarischen und philosophischen Weiblichkeitsentwürfe der Jahrhundertwende vom 18. zum 19. Jahrhundert nicht die tatsächlichen sozialen Verhältnisse der Geschlechter wider, sondern stellen vielmehr Idealvorstellungen der heraufziehenden bürgerlichen Geschlechterordnung dar, wie die Literaturwissenschaftlerin Silvia Bovenschen gezeigt hat.[11] Im Falle der Frauen trifft eine materialreiche „Geschichte der Bilder, der Entwürfe, der metaphorischen Ausstattungen des Weiblichen"[12] auf eine „Geschichte der realen Frauen"[13], die „arm an überlieferten Fakten"[14] ist. Das große „Panoptikum imaginierter Frauenfiguren"[15] der Literatur verdoppelt die Frauen in eine „imaginierte Weiblichkeit"[16] und ihre profane alltägliche Existenz in den sozialen Verhältnissen. Dem literarischen „Kunstweiblichen"[17] werden „Funktionen und Wirkungen"[18] unterstellt, „die in einem geradezu grotesken Verhältnis zu den Möglichkeiten der wirklichen Frauen stehen"[19]. Dieses jahrhundertealte Missverhältnis zeigt sich nicht zuletzt in der geringen Zahl an Frauen, die als Produzentinnen ästhetischer Produktionen in Erscheinung getreten sind. Dass Frauen kaum als Schriftstellerinnen, Malerinnen, Bilderhauerinnen, Komponistinnen in der Geschichte erinnert werden, hat mehrere Gründe. So wurde es Frauen verunmöglicht, überhaupt künstlerisch tätig zu sein, künstlerische Fähigkeiten und Techniken zu erlernen und Können zu entwickeln. Abgestützt wurde die Verhinderung durch die patriarchale Idee, Frauen seien zu Kulturleistungen nicht fähig.[20] Gelang es Frauen trotz aller gesellschaftlich organisierten Behinderungen dennoch, Kunst zu schaffen, so wurden ihre Produktionen teilweise nicht als solche anerkannt. Denn die Beurteilungskriterien der Kunstkritik trugen ebenfalls die Male der hierarchischen Geschlechterordnung: Was wert- und bedeutungsvoll war, hing auch vom Geschlecht der Produzentin ab.[21]

10 Nagl-Docekal 2000, 80.
11 Bovenschen 1979; Nagl-Docekal 2000, 80.
12 Bovenschen 1979, 11.
13 Ebd.
14 Ebd.
15 Ebd. 12.
16 So der Titel der Studie von Silvia Bovenschen.
17 Ebd. 13.
18 Ebd.
19 Ebd.
20 Nagl-Docekal 2000, 75f.
21 Ebd. 77f., Klinger 1998, 813.

Vor dem Hintergrund der androzentrischen Kulturgeschichte sieht sich die autonome Frauenbewegung nicht nur einem Berg an literarischen Projektionen und Geschlechtermythen, sondern auch einer vergeschlechtlichten ästhetischen Wissensproduktion gegenüber. Für den kulturellen Flügel der Bewegung wird die Auseinandersetzung mit Ästhetik – als Lehre sinnlicher Wahrnehmung und als Kunsttheorie[22] –, die Auseinandersetzung mit Formen künstlerischer Produktion und Rezeption und die Kritik der Kunstkritik zur Aufgabe.

10.1 Schreib das auf, Frau!

Im Jahr 1975/76 macht sich der Münchner Verlag Frauenoffensive vom 1967 gegründeten linken *Trikont*-Verlag unabhängig. Sein Programm ist, „eigene Erfahrungen zu veröffentlichen"[23] und so Frauen aus der Frauenbewegung eine Stimme zu verleihen. Im Jahr zuvor veröffentlicht er Verena Stefans viel gelesenen Roman *Häutungen*, den Gabriele Goettle und Brigitte Classen einer polemischen Kritik unterziehen.[24] Die Ausrichtung des Verlags sowie Verena Stefans Publikationen werden Gegenstand der Kontroverse um weibliches Schreiben und feministische Ästhetik in der autonomen Frauenbewegung.

Auf Einladung des Verlags Frauenoffensive treffen sich im Mai 1976 Frauen, die Interesse an Sprache und Schreiben haben. Die Teilnehmerinnen sind teils Schriftstellerinnen und Journalistinnen, teils Autodidaktinnen. Die 5. Ausgabe des Journals des Verlags Frauenoffensive mit dem Titel „Aufständische Kultur" entsteht im Rahmen dieses Treffens schreibender Frauen. Im November desselben Jahres findet in Berlin das zweite bundesweite Treffen als *Kritische Tage der Frau* unter dem Titel *Schreib das auf, Frau!* statt, das vom Deutschen Schriftstellerverband organisiert wird. Beide Treffen bieten Anlass für Diskussion in der autonomen Frauenbewegung. In der Nummer 4 der *Courage* von 1976 berichtet deren Redakteurin Karin Petersen und in der 13. Ausgabe der *Protokolle. Informationsdienst für Frauen* von 1977 die Literaturwissenschaftlerin Sigrid Weigel vom zweiten Treffen. In der *Schwarzen Botin* beziehen sich in der Ausgabe 2 von 1977 neben dem schon angeführten Bericht „Eine Versammlung" von Elfriede Jelinek ein Kommentar der Publizistin Roswitha Kaever mit dem Titel „Schreib das auf, Frau!" ebenso der Beitrag „Weibliche Sprache?" der Philosophin und Soziologin Rita Bischof[25] auf die Treffen.

22 Insofern feministische Theorie die Kritik einer Philosophie ist, die – sich als System verstehend – die Wissenschaft vom Absoluten zu sein beansprucht, gibt es auch keine feministische Kunstphilosophie, Klinger 1998, 808.

23 Zitiert nach Zellmer 2011, 193.

24 Anonym/Goettle 1976b, Classen/Goettle 1976.

25 Bischof studiert zum Zeitpunkt des Erscheinens der *Schwarzen Botin* Philosophie, Germanistik, Linguistik und Pädagogik an der Universität Bochum.

In ihrem Rückblick zur Zusammenkunft schreibender Frauen schreibt die Redakteurin Karin Petersen in *Courage* über den Zusammenhang von Erfahrung und Sprache:

> „Ich hatte die Frage nach einer weiblichen Sprache eigentlich polemisch verstanden, mich mehr an das Fragezeichen gehalten. Sprache ist Ausdruck von Erfahrungen, und wenn wir andere Erfahrungen machen und gemacht haben, die männliche(n) [sic] Allgemeinheit für uns erleben, dann wird sich auch die Sprache dafür finden."[26]

Die Vorstellung, dass es eine wesentlich durch das Frausein bestimmte Sprache gebe, lehnt Petersen ab. Ihr Verständnis von Erfahrung und Sprache ist pragmatisch, wenn sie feststellt, dass sich schon eine Sprache finden werde für die Erfahrungen der Frauen. Die Erfahrungen drücken sich in der Sprache aus und Sprache ist damit ein Mittel ihres Ausdrucks. Auch die Vorstellung, dass nur unmittelbare Erfahrungen Authentizität und Wert besäßen, lehnt die Autorin als Begrenzung der Erfahrungswirklichkeit ab:

> „Wie viele Erfahrungen gibt es heute noch, die unmittelbar laufen? Über unseren Körper, von du zu du, anfassen, riechen, schmecken? Sehr wenige. Wollen wir alle anderen Erfahrungsbereiche links liegen lassen, die große Weigerung?"[27]

Zudem stellt sie fest, dass Sprache zwar „immer abstrakt" sei: „Wörter bleiben Wörter und fangen nicht an zu tanzen und zu riechen und zu schmecken."[28] Dennoch habe die Selbsterfahrungspraxis gerade gezeigt, dass sich „über Sprache eine Allgemeinheit"[29] herstellen lasse. Indem „subjektive Erfahrungen verallgemeinert"[30] worden seien, sei die Unmittelbarkeit des eigenen Icherlebens überschritten worden, wodurch Allgemeinheit nicht notwendig als fremd oder abstrakt erfahren werden müsse. Petersen versteht Sprache als *Ausdruck* von Erfahrung und Mittel der Verallgemeinerung, lotet aber ihr Verhältnis zueinander nicht weiter aus. Der Bezeichnung einer weiblichen Sprache – die sie nur als polemische Frage versteht – steht sie skeptisch gegenüber.

In „Protokolle. Informationsdienst für Frauen" kritisiert Sigrid Weigel, die 1977 in Literaturwissenschaft promoviert wurde, die „Diskussion über [...] inhaltliche Fragen" sei auf dem Autorinnentreffen durch die Debatte „über weibliche Sprache und formale Probleme in den Hintergrund gedrängt"[31] worden. Die „politische Funktion von Frauenliteratur"[32] sei kaum erörtert

26 Petersen 1976, 13.
27 Ebd.
28 Ebd.
29 Ebd.
30 Ebd.
31 Weigel 1977, 26. Sigrid Weigel promoviert 1977 mit einer Arbeit zu *Flugschriftenliteratur 1848 in Berlin. Zu Geschichte und Öffentlichkeit einer volkstümlichen Gattung* an der Universität Hamburg.
32 Ebd. 23.

worden. Weibliche Sprache und feministische beziehungsweise weibliche Ästhetik – wobei Weigel, wie zu dieser Zeit üblich, feministisch und weiblich begrifflich nicht voneinander trennt – verknüpft die Autorin mit einem Verständnis von Frauenliteratur als „literarische[r] Selbsterfahrung“[33] und „individuellem Schreibprozeß“[34]. Ein solches einseitiges Verständnis von Literatur führe dazu, dass sie die Funktion von „Selbstgesprächen weiblicher Individuen“[35] erhalte. Weigel stellt eine Tendenz zur „Reduktion der feministischen Literatur“ auf den Bereich der „Subjektivität“ und der „Emotionalität“ fest:

> „Wenn feministische Ästhetik nur bedeutet, Subjektivität mit weiblicher Sprache zu vermitteln, wenn unter Frauenliteratur einzig literarische Selbsterfahrung, die dann veröffentlicht wird, verstanden wird, sehe ich darin nur eine Fortschreibung der tradierten weiblichen Identität, die die Frauen in der Literatur auf das Schreiben von Tagebüchern, Briefen und ähnlichen Formen verwiesen hat.“[36]

Dagegen setzt sie die Aufgabe, die Literatur zu verändern. Dazu sei – zum Zwecke der Entwicklung „konkrete[r] Utopien“[37] – die Diskussion der Fragen angetan,

> „ob und wie in Frauenliteratur der Zusammenhang erlebter Unterdrückung von Frauen in den Bereichen der Sozialisation, der Familie, des Arbeitsplatzes, auf der Straße, in der Sexualität vermittelt und deren gesellschaftliche Begründung begriffen werden kann“.[38]

Petersen und Weigel kritisieren eine Position in der Diskussion um weibliches Schreiben und Frauenliteratur, die auch im Fadenkreuz der Kritik der *Schwarzen Botin* steht und mit dem Verlag Frauenoffensive und dem Namen Verena Stefan verknüpft wird. So kritisch *Die Schwarze Botin* der Selbsterfahrungspraxis gegenübersteht, so kritisch ist sie gegenüber einem Schreiben, das sie als literarische Fortführung derselben versteht und Jelinek in ihrem Bericht „Eine Versammlung“ als Abgleiten in die totale Innerlichkeit bezeichnet.[39]

In der 2. Ausgabe der *Schwarzen Botin* von 1977 nimmt Roswitha Kaever Bezug auf das zweite Treffen vom November 1976. Sie bemerkt, dass die Bezeichnungen einer „weiblichen Sprache“[40], einer „weiblichen Ästhetik“[41] und der Aufruf „zu sich selbst [zu] finden“[42] durch die Zuwendung zu „Innerlich-

33 Ebd. 26.
34 Ebd.
35 Ebd.
36 Ebd.
37 Ebd.
38 Ebd.
39 Siehe 9. Kapitel.
40 Kaever 1977c, 28.
41 Ebd.
42 Ebd.

keit"[43] bei ihr ein „bohrendes Unbehagen"[44] hinterlassen habe. Sie plädiert dafür, diese „fatalen Begriffe" aufzugeben und stattdessen „von einer Sprache, einer Ästhetik [zu] reden, die dazu taugt, Träume, Wünsche und Wirklichkeit der Frau auszudrücken".[45] Eine feministische Kunstkritik solle nicht ausschließlich bestimmte Gattungen wie Tagebuch und Briefroman sanktionieren. Statt sich „mit der Innerlichkeit und der Natur zu verschwistern", müsse eine Literatur von Frauen sich an Aggression und Subversion orientieren, um „die Welt der Männer, ihre Träume von Erfolg, Leistung, Herrschaft und Ausbeutung zu vergiften und in Alpträume zu verwandeln"[46].

Während sich Weigel und Kaever hier einig sind in ihrer Kritik, so unterscheiden sie sich hinsichtlich ihres Gegenentwurfs sowie hinsichtlich der Wirklichkeitsebene, auf die sie zielen: Weigel betont, Literatur der Frauenbewegung solle den gesellschaftlichen Zusammenhang literarisch bearbeiten und die „Beschreibung von Unterdrückung und Vereinzelung im Prozeß ihrer Aufhebung"[47] leisten. Sie nimmt damit das Verhältnis von Literatur und sozialer Ordnung in den Blick. Bei Kaever tritt der Umgang mit Träumen und Wünschen – als auszudrückende oder zu vergiftende – hervor. Sie rückt das Verhältnis von Literatur und Unbewusstem und damit von Literatur, Imaginärem und Symbolischem in den Mittelpunkt des feministischen Schreibens.

In der 4. Ausgabe 1977 der *Schwarzen Botin* erscheint ohne Bezug zu den Treffen der kurze Text „Weibliche Kunst" der surrealistischen Künstlerin Meret Oppenheim. Unmissverständlich schreibt sie:

> „So wenig wie es ‚weibliches Denken' gibt (es gibt nur ein Denken), so wenig gibt es ‚weibliche Kunst'. […] Es gibt nur einen Geist und es gibt nur eine Kunst. Kunst, Dichtung, Philosophie liegen in Höhen weit über animalischen Geschlechtsunterschieden. Die Inspiration, die bezeichnenderweise immer als weiblich dargestellt wurde, als Muse, ließ die großen Männer Werke schaffen, die damit als ein vom ganzen Menschen Geschaffenes anzusehen sind. Ebenso ist der männliche Seelenteil an den von den großen Frauen geschaffenen Werken beteiligt. Auch hier wieder sind es also Werke von einem ganzen Menschen."[48]

Oppenheims konventionelle Ansichten über die Männlichkeit schöpferischer Kraft und die Weiblichkeit der Inspiration umgeht die Problematik, die mit dem Schlagwort vom weiblichen Schreiben aufgerufen worden war. Es zielt ebenso auf die Kritik des Diktums, die Frau sei zu Kulturleistungen kaum fähig, wie es beispielsweise in der Psychoanalyse Sigmund Freuds formuliert

43 Ebd.
44 Ebd.
45 Ebd.
46 Ebd. 29.
47 Weigel 1977, 26.
48 Oppenheim 1977, 35, ähnlich auch Oppenheim 1985, 39f.

wird,[49] wie auch auf den Androzentrismus der herrschenden Werteordnung. Oppenheims Äußerung hingegen bildet das Komplement zu der Position, die weibliche Eigenschaften und Weiblichkeit als Quellen künstlerischer und kultureller Produktion aufzuwerten versucht. Die Vorstellung der Androgynität, wie sie sich bei Oppenheim als Androgynität des Künstlers findet, kritisiert Elisabeth Wiesmayr, die 1980 mit einer Arbeit über die österreichische Literaturzeitschrift *manuskripte* promoviert wurde, in der 23. Ausgabe der *Schwarzen Botin* im Jahr 1984. Die Vorstellung von Androgynität als Vereinigung von Männlichkeit und Weiblichkeit als Gleiche sei eine erpresste Versöhnung, in der im Namen der Identität die Differenz aufgelöst werde.[50]

In ihrer Skepsis gegenüber einer *weiblichen* Ästhetik und einem *weiblichen* Schreiben trifft sich die Kritik der *Schwarzen Botin* (1977) mit Petersens und Weigels Überlegungen in der *Courage* (1976) und den *Protokollen. Informationsdienst für Frauen* (1977). Exempel für die Position eines weiblichen Schreibens sind den Kritikerinnen die Veröffentlichungen des Verlags Frauenoffensive. Auch Sigrid Weigel kritisiert das Programm des Verlags und schreibt:

> „Die ‚Frauenoffensive', die nur von Frauen geschriebene Literatur verlegt, will vor allem literarisch verarbeitete Erfahrung von einzelnen Frauen veröffentlichen. Unausgesprochener Orientierungspunkt ist dabei das Buch von Verena Stefan ‚Häutungen'. [...] Die Forderung, heutige Ansätze von neuer Frauenliteratur müßte in die Richtung Subjektivität weiterentwickelt werden, begründet sich aus der Kritik der gesellschaftlich vorherrschenden Trennung von öffentlich und privat, innerhalb derer die Emotionalität in den Privatbereich verbannt ist."[51]

Diese Ausrichtung führe letztlich aber zur Reproduktion der Trennung und der fortgeführten Festlegung der Frauen auf den Bereich des Privaten und Emotionalen.

Die Bezeichnung eines weiblichen Schreibens, einer weiblichen Ästhetik und Kultur wird mit dem Verlag Frauenoffensive – vor allem mit deren Veröffentlichung *Aufständische Kultur* aus dem Jahr 1976 – assoziiert und von Petersen und Weigel ebenso wie von den Autorinnen der *Schwarzen Botin* zurückgewiesen und kritisiert. Welche Position vertreten die Autorinnen der *Aufständischen Kultur*?

49 Freud 1961, 144; Freud 1955, 463.

50 Wiesmayr 1984, 10–17. Dagegen plädiert Wiesmayr für den nicht auflösbaren Widerspruch als Darstellungsprinzip, wie es Heinrich von Kleist entwickelt: So liebt Pentesilea den, den sie besiegen muss. Sie isst und vernichtet ihren Geliebten. Der Würzburger Torbogen steht, weil seine Steine gleichzeitig fallen.

51 Weigel 1977, 25.

10.2 Fremdheit und *radikale Subjektivität*?

Im Jahr 1976 geben die Schriftstellerin Verena Stefan und die Musikerin und Publizistin Kathrin Mosler das Journal Nummer 5 des Verlags Frauenoffensive mit dem Titel *Aufständische Kultur* heraus. In ihm finden sich programmatische Artikel der Herausgeberinnen, die eine Perspektive einnehmen, welche die oben angeführte und von der *Schwarzen Botin* scharf formulierte Kritik hervorruft.

Aus den Texten der *Aufständischen Kultur* spricht die Wahrnehmung einer Entfremdung: Fremd ist den Autorinnen die Welt, in der sie leben, die Sprache, die sie sprechen, die Theorien, die als Erklärung dienen sollen. So schreibt Stefan im Vorwort des Journals:

> „Wir können nicht aus dem Vollen schöpfen. Wir sind einer Umgebung ausgesetzt, die uns nicht verwandt ist in Bildern, Worten, Tönen, Gerüchen, Berührungen."[52]

Die subjektive Wahrnehmungsfähigkeit scheint hier getrennt von der Welt, die wahrnehmbare Welt nicht zu den Sinnen zu passen. Auch auf die Sprache ist offensichtlich kein Verlass:

> „Den Frauen ist die Sprache verschlagen worden. Wenn sie anfangen zu reden und zu schreiben, dann meistens in der Sprache der Männer, was der verzweifelten Gestikulation von Stummen ähnelt."[53]

Aus dieser Situation resultiere das Problem, dass Sprache die Erfahrungen des eigenen Lebens nicht vermitteln könne. Auf dem Treffen im Mai sei das Problem thematisiert worden:

> „Als zentrale Arbeitserfahrung wurde eine schizophrene Situation beschrieben, das Auseinanderfallen von Sprach- und Erlebnisfähigkeit. ‚Wie ist unser Leben mit unseren Erfahrungen vermittelbar, Sprache ist uns da ein fremdes Element.'"[54]

Die Fremdheit der Sprache gehe einher mit der Traditionslosigkeit, auf welche schreibende Frauen träfen.

> „Das größte Hindernis aber war die Feststellung, daß einer Frau, setzte sie den Stift zum Schreiben an, merkte, daß ihr kein eigener Sprachgebrauch zur Verfügung stand. Es gab für sie nur den Mangel an Tradition, nur spärliches Handwerkszeug."[55]

Ein ähnliches Problem zeigt sich auch in Bezug auf eine feministische Theorie, die gerade die Trennung von Theorie und Erfahrung zu überbrücken habe, um nicht über die Lebensrealität der Frauen hinwegzugehen.

> „Dann spürten wir den bösen Blick der Abstraktion, der uns vorübergehend erstarren ließ [...] Theorie darf eben nicht sein, was wir der noch

52 Stefan 1976, 3.

53 Mosler 1976a, 6.

54 Heidecke 1976, 8.

55 Stefan 1976, 3.

regellosen und ziellosen Bewegung überstülpen. Theorie muß anders entstehen und eine andere Theorie."[56]

Im Anspruch an diese „andere Theorie", die Aufhebung der Trennung von Theorie und Erfahrung zu leisten, wird Erfahrung assoziiert mit Betroffenheit und sinnlicher Wahrnehmung.

> „Wie lassen sich etwa theoretische Themen so darstellen, daß auch die Betroffenheit der Schreibenden spürbar wird?"[57]

Auf der Seite der Theorie-Produzentin soll die eigene Subjektivität als Betroffenheit eingehen und so dargestellt werden, dass sie für die Rezipientin „spürbar", also sinnlich wahrnehmbar, wird. In dieser Vorstellung wäre auch die Trennung von sinnlicher Wahrnehmung und Welt aufgehoben, „Bilder [...], Töne [...], Gerüche [...], Berührungen"[58] wären nicht mehr fremd.

Eine eigene, andere Sprache aus der radikalen Subjektivität?

Auf diese Situation der Entfremdung und Trennung werden zwei Antworten gegeben. Regina Heideckes Bericht in *Aufständische Kultur* über das Treffen im Mai 1976 stellt eine Position heraus, die in der Diskussion das Problem der Trennung und der Fremdheit in der Welt fokussiert. Die „Sprachzerstörtheit" solle sich in feministischer Theorie und im feministischen Schreiben reflektieren:

> „Nicht um eine neue Sprache gehe es, sondern um einen veränderten, unseren Erfahrungen gemäßen Sprachgebrauch. Adäquater Stand einer bewußten weiblichen Ausdrucksweise sei die Reflexion über die Sprachnot, die in das Geschriebene mit eingeht, und nicht die Festlegung zugunsten einer Gattung oder auf einen neuen Stil. [...] Immer wieder diskutierten wir Probleme der Sprachzerstörtheit, des Zusammenhangs von Sprache und Erfahrung; nur an konkreten Beispielen ließen sich Ansätze einer feministischen Theorie entwickeln."[59]

Verena Stefan und Kathrin Mosler legen ihren Schwerpunkt hingegen auf einen anderen Aspekt. Ihnen geht es neben dem Bedenken der Zerstörtheit um die Entwicklung einer Sprache, die ihnen als *andere* und *eigene* Sprache der Frauen gilt. Es ist diese Perspektive, die ihnen die Kritik einbringt, wie sie von Petersen, Weigel, Classen, Goettle, Jelinek und anderen Autorinnen der *Schwarzen Botin* geübt wird. Stefans und Moslers Antwort auf die wahrgenommene Trennung von Wahrnehmung und Welt, Erfahrung und Sprache

56 Mosler 1976a, 7. Die Formulierung „Dann spürten wir den bösen Blick der Abstraktion" rief den beißenden Spott der *Schwarzen Botin* auf den Plan. Die erwähnte Rezension zum Journal *Aufständische Kultur* trägt diesen Passus als Titel; Anonym 1976, 30.

57 Heidecke 1976, 9.

58 Stefan 1976, 3.

59 Heidecke 1976, 9, Herv. K. L.

ist es, ein weibliches Subjekt zur Sprache kommen zu lassen: „Unsere eigene Sprache wird neue Strukturen, neue Stile, neue Bilder, eine andere Intonation, einen anderen Klang haben."[60] Diese eigene, neue Sprache soll in einer „radikalen Subjektivität" gründen:

> „Keine [Frau, K. L.] kann die Stelle der anderen einnehmen, weil die weibliche Subjektivität gesellschaftlich ungelebt ist. Das weibliche Subjekt, nicht als der Zusammenhang des schwachen Geschlechts, sondern als die radikale Subjektivität, die ein erweitertes Bild der Freiheit entwirft, wird erstmals gelebt, von vielen Einzelnen, die das Allgemeine noch ausbrüten müssen."[61]

Die „radikale Subjektivität", soll zum Leben erweckt und so zur Grundlage einer Allgemeinheit eines weiblichen Subjekts werden. Mit „radikaler Subjektivität", in der ein weibliches Subjekt sich gründen soll, bezeichnen die Autorinnen Vermögen, die mit Weiblichkeit assoziiert und als die andere Seite männlicher Subjektivität vorgestellt werden:

> „Distanzieren, Verallgemeinern, Abstrahieren, Objektivieren – patriarchalische Normen. Nur eine Seite des Ganzen! Von der anderen Seite sind noch Konturen vorhanden. Da patriarchale Normen vorherrschen, wird nur anerkannt, was ihnen entspricht. Das heißt, das, was Patriarachen nur (noch) können, wird zur Norm erhoben – die andere Seite wird ‚Sentimentalität' Kitsch Gefühlsverwirrung Subjektivität Innerlichkeit genannt."[62]

Diese radikale, weibliche Subjektivität wird entworfen als das Andere des Männlichen, als positives Gegenbild:

> „Männer haben sich im Außen aufgebraucht, haben die Norm der Verallgemeinerung so restlos erfüllt, daß ihre Substanz aufgebraucht wurde. Wenn sie von sich absehen, dann gewissermaßen auch, um von ihrer Selbstvernichtung abzusehen – und ihrer Kulturvernichtung! […] Sie können ihren Sinnen nicht mehr trauen. Ihre Kultur – Bedingungen von Leben und Arbeit – ist am Ende."[63]

Die Entfremdungswahrnehmung, die das Verhältnis der Frau zur Sprache und zur Welt kennzeichnet, kehrt hier als „Kulturvernichtung", verstanden als Vernichtung der Sinne, die durch das männliche Subjekt ins Werk gesetzt werde, wieder. Hinter dieser männlichen Kultur vermuten die Autorinnen eine mögliche weibliche Kultur: „Worin bestünde das kulturell Gemeinsame von Frauen? Für die Vergangenheit ist das vielleicht einfacher zu entscheiden als für die Gegenwart."[64] Auch wenn Stefan und Mosler die Schwierigkeit

60 Mosler 1976a, 6.
61 Ebd.
62 Stefan/Mosler 1976, 10, Herv. u. Interpunktion i. O.
63 Ebd. 11, Herv. u. Interpunktion i. O.
64 Ebd.

der Bestimmung einer solchen Kultur von Frauen konstatieren, sehen sie in der historisch entstandenen gesellschaftlichen Arbeitsteilung einen Hinweis auf eine andere Arbeitsweise und Lebensform von Frauen:

> „Frauen haben anders gelebt und gearbeitet als Männer, sie tun es heute noch. Sie haben andere Fähigkeiten entwickelt, andere Kenntnisse, Denkweisen, Sehweisen. Trotzdem wird es schwierig sein, von einer Frauenkultur zu sprechen."[65]

Sie fügen hinzu:

> „Die Subjektivität von Frauen, ihre Sinneswahrnehmung, ihre Fähigkeiten sind noch nicht ausgebrannt, ihre Substanz ist gesellschaftlich ungelebt. Sie ist Ausgangspunkt für eine Kulturrevolution, für neue Bedingungen von Leben und Arbeiten."[66]

Von diesem Ausgangspunkt aus sollen Sprache, Schreiben und Theorie aus dem Leben heraus neu aufgebaut werden nach der Maßgabe, dass sie einen Wert besitzen für ein verändertes Leben:

> „Sprache wird oft als Fertigprodukt übernommen aus den Regalen, in denen sie vorfabriziert liegt: aus Geschriebenem und Gelesenem. (Wie: Theorie aus Theorie bilden). Wir müssen Sprache wieder selber anfertigen, sie als einen Gebrauchswert herstellen, aus der Wirklichkeit, die wir gleichzeitig verändern. Im Leben und beim Schreiben häuten! Literatur und Leben werden etwas anderes werden als die Sparten Literatur/Leben. Es gibt eine Verbindung von Lebensformen – die wir erproben – und einem Sprachgebrauch – den wir erarbeiten."[67]

Die Sprache, die es nach Stefan und Mosler zu entwickeln gilt, gründet in einer Subjektivität, deren „Substanz" darin besteht, das *andere* des männlichen Subjekts zu sein. Um einen Ausweg aus der als Entfremdung wahrgenommenen gesellschaftlichen Situation aufzeigen zu können, wird *gesetzt*, was aus den gesellschaftlichen Bedingungen *erklärt* werden müsste – eine radikale Subjektivität, die unberührt von den gesellschaftlichen Verhältnissen intakt geblieben und den Frauen zu eigen zu sein scheint. Stefans und Moslers radikale Subjektivität ist davon gekennzeichnet, dass sie einerseits ungelebt ist und der Welt fremd gegenübersteht, andererseits aber die „Substanz" abgeben soll für eine mögliche Kulturrevolution.[68] Die Erziehungswissenschaftlerin Maria A. Wolf fasst diese Denkbewegung als Paradox:

> „Diese ersten feministischen Erklärungsansätze und Veränderungsforderungen thematisieren somit als Konflikte der Geschlechter-Beziehung in den vorherrschenden Lebensformen von Ehe und Familie,

65 Ebd.

66 Ebd.

67 Ebd.

68 Moslers und Stefans Konzept der radikalen Subjektivität enthält weitere Dimensionen, auf die ich weiter unten zu sprechen kommen werde.

daß die Frau nicht ‚zu sich selbst kommt' und damit als Frau gar nicht existent sei. Die Veränderungsansprüche enthalten aber gleichzeitig das Paradox, daß es die Frauen zum einen gar nicht gibt und daß zum anderen ein ‚weibliches Prinzip' eine Kulturrevolution einleiten soll."[69]

Hier sieht sie den Mechanismus einsetzen, der Teile des kulturellen Feminismus dazu führen wird, die Vorstellung eines wahren Wesens der Frau als verbindliche Norm zu verstehen:

> „In der Neuen Frauenbewegung wurden Frauen somit im Rahmen einer ‚Politik der Subjektivität' durch den geforderten Ausbruch aus der fremdbestimmten Position der Frau und dem darin implizierten Aufbruch zu einem ‚utopischen Nirgendwo' in Bewegung gebracht. Dieses ‚Nirgendwo' war aber implizit bereits im letzten Satz der den Bruch markierenden Rede angesprochen: ‚Frauen sind anders'. Damit waren die Frauen aber ‚vorerst einmal' angekommen – nämlich bei sich selbst. Die ‚Suche nach Utopia' wird zur Suche nach der ‚wahren Frau'."[70]

Es ist die Kritik dieser Vorstellung, die Frau als das Andere des Mannes zu denken, die ein Motiv des Kritikprogramms der *Schwarzen Botin* bildet. Sie kritisiert, wie ich gezeigt habe, nicht nur die Festlegung der Frau auf diese „frauenspezifischen" Eigenschaften, sondern das Verbleiben in einem Denken, welches das Weibliche weiterhin als das Andere des Männlichen auf dieses bezieht. Weder Naturmetaphern und Beschreibungen von Hängebusen und Krampfadern, so tabubrecherisch sie auch auftreten, noch die Abbildung von Verhaltensmaßregeln, so feministisch gemeint sie auch seien, sind den Autorinnen der Zeitschrift zufolge der richtige Weg, neue Formen künstlerischer Produktion zu entwickeln.[71]

Die späteren Rückblicke auf die Diskussion um weibliches Schreiben und auf Verena Stefans *Häutungen* sind nachsichtiger, als es die in die Auseinandersetzung verstrickten Zeitgenossinnen waren. So kommt die Literaturwissenschaftlerin Sigrid Weigel in ihrer Diskursgeschichte der Frauenliteratur auch auf die Probleme der Sprache und des Schreibens zu sprechen, denen sich der kulturelle Feminismus gegenübergestellt sah. Verena Stefans *Häutungen* stellt für sie den Versuch dar, eine Sprache zu finden, die nicht bei einem ungestalteten Ausdruck stehen bleibt, wie es für einige Texte aus der Linken und der Frauenbewegung vor Stefans Veröffentlichung kennzeichnend gewesen ist.[72]

Die Historikerin Kristina Schulz begreift in ihrem Aufsatz zum Briefwechsel von Verena Stefan mit Erich Fried „weibliches Schreiben" nicht als

69 Wolf 1995, 107.

70 Ebd. 112.

71 Jelinek 1977, 30f.; siehe 9. Kapitel.

72 Weigel 1995; zur Kritik der Zeitgenossinnen siehe Classen/Goettle 1976, 46; Jelinek 1977, 30f.

„Programm“, sondern als „Suchbewegung“[73]. Diese „Suche nach einem von männlichen Dominanzstrukturen freien Ausdruck“[74] habe durch das Brechen der „Regeln der allgemeinen Sprache“[75] neue „Erkenntnisräume“[76] eröffnet und „Identifikationspotentiale“[77] erschlossen. Die „Suche nach Weiblichkeit“[78] habe zu sehr unterschiedlichen Ergebnissen geführt. Darüber, worin „Weiblichkeit“ bestehe und ob sie überhaupt jenseits einer „imaginierten Weiblichkeit“[79] existiere, habe keine Einigkeit geherrscht. Auch die Sozialwissenschaftlerin und Herausgeberin der *feministischen studien* Regine Othmer-Vetter bemerkt, dass *Häutungen* im Rahmen der Diskussion um weibliches Schreiben versucht, Sprache zu reflektieren, konstatiert allerdings, das Buch leiste der Vorstellung einer „authentischen Weiblichkeit“[80] Vorschub – ein Vorwurf, den auch Classen und Goettle in ihrer Rezension des Romans erhoben haben.[81] Die beiden Herausgeberinnen der *Schwarzen Botin* ebenso wie Elfriede Jelinek hatten eine Rezeptionsweise kritisiert, die auf der Identifikation der Leserin mit dem literarischen Ich beruhe.[82] Othmer-Vetter, die 1983 in der 21. Ausgabe eine Rezension in der *Schwarzen Botin* veröffentlicht,[83] stellt in ihrem Rückblick auf die Diskussion um weibliches Schreiben aus dem Jahr 1988 in den *feministischen studien* fest, dass der Wunsch, sich in literarischen Texten wiederfinden zu wollen, mit der „engen Verbindung von Leben und Werk in den Texten der Autorinnen“[84] einherging. Es sei „bei weiblichen Autoren“ eine „größere Nähe zwischen Leben und Werk“[85] unterstellt worden als bei männlichen. Das identifikatorische Verhältnis von Leserin und Text tritt demnach auch in seiner Umkehrung auf: Werke von Frauen werden aus ihrer Biografie und ihrem Frausein gedeutet.[86]

Die Nähe von Werk und Leben deutet sich in dem oben angeführten Zitat von Stefan und Mosler an, wenn sie schreiben, dass Literatur und Leben keine getrennten „Sparten“ sein sollen und „Lebensform“ und „Sprachge-

73 Schulz 2012, 308.
74 Ebd.
75 Ebd.
76 Ebd.
77 Ebd.
78 Ebd.
79 Bovenschen 1979.
80 Othmer-Vetter 1988, 116.
81 Classen/Goettle 1976, 46.
82 Weigel 1995, 108.
83 Othmer 1983, 158–161. Es handelt sich um eine Rezension der kunstsoziologischen Monografie *Die unbewusste Gesellschaft* der Soziologin und Literaturwissenschaftlerin Elisabeth Lenk.
84 Othmer-Vetter 1988, 122.
85 Ebd.
86 Ebd.

brauch" sich verbinden werden.[87] Auch wenn die eben skizzierte Kritik an der weiteren Entwicklung der feministischen Schreibbewegung zutreffen mag, so zeigt sich in dem Zitat noch eine weitere Dimension. Denn die „radikale Subjektivität", wie sie Stefan und Mosler vorschwebt, enthält einen theoriepolitischen Bezug, der auch das Verhältnis von Ästhetik und Politik berührt. Die „Verbindung von Lebensform" und Sprache spiegelt den Wunsch wider, einen sprachlich vermittelten Zugang zur Welt zu finden, der die empfundene Fremdheit überwindet und Literatur und Leben zu verbinden vermag. Das Programm, das die Autorinnen formulieren, deutet auf die Aufhebung der gesellschaftlichen Trennung von Kunst und Leben, auf die Verwirklichung der Kunst in der alltäglichen Lebenspraxis. Damit nimmt dieser Flügel feministischer Kulturkritik, für den Stefan und Mosler stehen, einen Strang ästhetisch-politischen Denkens auf, der nicht nur als Antwort auf die Avantgarden des 20. Jahrhunderts, sondern auch vor dem Hintergrund der Ausweitung der Kommodifizierung tendenziell aller Lebensbereiche entstanden ist und unter anderem in der Situationistischen Internationalen (S. I.)[88] entwickelt wurde. In der *Aufständischen Kultur* beziehen sich Stefan und Mosler explizit auf Raoul Vaneigem, der bis 1970 Mitglied der S. I. war. Ich lese Moslers und Stefans Position weniger als Beweise des feministischen Sündenfalls, Weiblichkeit zu einer Substanz gemacht und eine wahre Identität Frau festgelegt zu haben – diese Tendenz ist durchaus vorhanden und wurde hinlänglich besprochen und kritisiert –, denn als Fortsetzung des Versuchs einer feministischen Revolution, die in der Aufhebung der Trennungen der kapitalistischen, geschlechterhierarchischen Gesellschaft ihr Ziel sieht.

Bevor ich darüber spreche, möchte ich auf *Die Schwarze Botin* zurückkommen und anhand von Texten der Schriftstellerinnen Heidi Pataki und Ginka Steinwachs auf die literarische Sprachkritik in der Zeitschrift eingehen.[89] Anschließend werde ich Stefans und Moslers Programm der Verwirklichung der Kunst im Leben mit dem Kritikprogramm der Zeitschrift konfrontieren. Anhand von Überlegungen von Rita Bischof zur Ästhetik werde ich zeigen, dass das Kritikprogramm der *Schwarzen Botin* nicht auf die Verwirklichung der Kunst in der Lebenspraxis zielt, sondern in der Autonomie der Kunst die Statthalterin der Freiheit in einer unfreien Gesellschaft sieht und auf die Möglichkeit ästhetischer Erfahrung setzt.

87 Stefan/Mosler 1976, 11.

88 Die Situationistische Internationale (S. I.) war ein im Paris der Nachkriegszeit entstandener, bald internationaler Zusammenschluss kommunistischer Kräfte, der sowohl den Kapitalismus als auch den realexistierenden Sozialismus angriff und in Texten und Aktionen kritisierte. Ich werde weiter unten darauf zurückkommen.

89 Es handelt sich um zwei Beispiele und keinesfalls um eine umfassende Beschreibung des Verhältnisses von Sprache und Erfahrung im Kritikprogramm der Zeitschrift. Die beiden Beispiele habe ich gewählt, weil sie gegensätzliche Lösungen entwickeln.

10.3 Literarische Sprachkritik als Aufgabe feministischer Kritik

Die Erfahrung der Erfahrungslosigkeit

In ihrer 18. Ausgabe aus dem Jahr 1983 veröffentlicht *Die Schwarze Botin* das Gedicht „Frühlings Wachen" der Wiener Lyrikerin und Essayistin Heidi Pataki. Es ist eine Montage von Sprachversatzstücken aus Literatur, Sprichwörtern und Umgangssprache. Schon der Titel greift den Titel von Frank Wedekinds Theaterstück *Frühlings Erwachen* auf:

„Fühlings Wachen
windelbleiche teutoburger:
pfiffe schüsse halsbandklirren
wie es schweigt im walde!
trocknes knacken unterm schuh
schoten schutt & hundescheiße
taube äste schwanken splittern
einmal tief ins auge tauchen!
nackte hängen an den sträuchern
im gebüsch in gürtelhöhe
fotofetzen statt der blätter
schwarze weiße grobgerastert
sturm daß sich die balken biegen
frauen mit verschmierten köpfen
nichts als fotze hintern titten
häuft der wind in einem winkel
Bild gespießt auf schlehdornzweige
fährt mit sittenrichtern schlitten
einmal schmilzt das winterschweigen
rieselnd über schwarze wiesen
wenn beim weißen schlehenstock
sich die jungs vom dorfe treffen &
um die wette wichsen in der feuchten
frühlingsabenddämmerung"[90]

Natur und Sexualität – Themen, die auch in der Diskussion um ein weibliches Schreiben immer wieder aufgebracht werden – erscheinen hier nicht als schöne Sehnsuchtsorte, gar Orte der Versöhnung. In Patakis Natur gibt es Hundescheiße, und die Blätter der Bäume sind „fotofetzen". Frauen werden in vulgären Ausdrücken als fragmentierte Körper beschrieben, wobei es sich weniger um die Beschreibung von Frauen, als um die Beschreibung zerrissener *Bilder* des weiblichen Körpers auf zerrissenen Fotografien handelt.[91]

90 Pataki 1983, 42, Herv. i. O.

91 Zum Umgang Patakis mit den zum Klischee erstarrten Frauenbildern siehe Taïb 2010.

Auch für die Sexualität junger Männer werden umgangssprachliche Redeweise gefunden: Die „jungs vom dorfe" „wichsen" in Anbetracht der Bilder der in ihre Geschlechtsmerkmale zerstückelten weiblichen Körper „um die wette". Das Versmaß wird am Ende durchbrochen. Die Wirklichkeit scheint hier zum fragmentierten Bild geronnen zu sein, das nur mehr in seiner Zerstückelung wahrgenommen werden kann. Sprache kann nur noch Montage aus Literatur, ordinärer Alltags- und Umgangssprache sein und Zerstörung darstellen. So wählt Pataki eine Sprache, die sich aus abgestandenem Material zusammensetzt: aus Redewendungen wie dem „Schweigen im Walde" und dem Ausdruck, „dass sich die Balken biegen", ebenso wie aus einer verrohten Umgangssprache in der Beschreibung der Sexualität. Das „Schweigen im Walde" ist eine alltägliche Redewendung, die zudem aus Goethes Gedicht *Über allen Gipfeln* stammt.

Heidi Patakis Montage aus literarischen Zitaten, Jargon, Phrasen und „alltäglichen Sprachgewohnheiten"[92] führt die Sprache als zerstörte Sprache vor. „In dieser Welt ist alles kaputt, die Worte und die Liebe; die Bombe und die Waren triumphieren, das Bewußtsein hängt voll des Medienmülls."[93] Die Zerstörung lässt auch das Verhältnis von Erfahrung und Sprache nicht unberührt: Natur und Sexualität sind nur als Goethe'sches Klischee und verdinglichte Masturbationsvorlage zu haben. Patakis Schreiben vertraut nicht darauf, dass sich zum rechten Zeitpunkt die passende Sprache für die Erfahrungen einstellen wird. Erfahrung selbst ist fragwürdig geworden: Wenn eine jargonhafte und phrasenhafte Sprache alles zudeckt, dann scheint die Möglichkeit, Erfahrungen einen Ausdruck zu geben, verstellt: „An die Stelle der Erfahrung sind Klischees getreten. Klischees sind das Material des Gedichts."[94] Patakis Ansammlung schon vorhandener Sprachfetzen ist die Darstellung der Verhinderung neuer Erfahrung durch Sprache.

Da auf die Sprache kein Verlass mehr sei, müsse man „etwas finden, sich etwas einfallen lassen, das die Lesenden, die Zuhörenden verläßlich vor den Kopf" stoße,[95] so Heidi Pataki. Das gelingt der Lyrikerin durch ihren „Angriff auf die Sprache"[96]: Indem durch das Hineinmontieren anderer Versatzstücke der Zusammenhang der jeweiligen Zitate, Satzteile und Phrasen aufgelöst und zerstört wird, wird „auch deren Ideologie" zerstört.[97] So zielt Patakis Verfahrensweise, indem sie die zerstörte Sprache ansammelt, auf die Kritik der verlorenen Sprache als Ideologiekritik.[98] Patakis Wut über den Ver-

92 Pataki 2003, 289.
93 Alms 1987, 185.
94 Rothschild 2013, 24.
95 Pataki 1998, 40.
96 Klettenhammer 2003, 301.
97 Rothschild 2013, 24.
98 Klettenhammer 2003, 294.

lust der Sprache und damit der Möglichkeit neuer Erfahrungen ist zugleich ihr Antrieb: „Die Wut über die verlorene Sprache ist ein Lebens-Elixier."[99] Doch Pataki ist an einer Rettung der Sprache und damit der Möglichkeit von Erfahrung gelegen. Hierin stimmt sie mit der ebenfalls aus Österreich stammenden Berliner Schriftstellerin Elfriede Czurda überein, die in der letzten Ausgabe der *Schwarzen Botin* schreibt: „Lassen wir die Wörter nicht im Stich."[100] In der Auflehnung gegen die Sprache kann Patakis Montage doch den von ihr beklagten Zustand erfahrbar machen: die Erfahrung der Erfahrungslosigkeit.[101]

Die Erfahrung der Vermittlung von Sinnlichkeit und Vernunft

Patakis Lösung der „Sprachkrise"[102] besteht im Angriff gegen und in der Zerstörung der Sprache, die durch kulturindustrielle Phrasen, Werbeslogans

und literarischen Jargon Erfahrung verhindert. Die entgegengesetzte Lösung präsentiert im Kritikprogramm der Zeitschrift die Schriftstellerin Ginka Steinwachs. Sie stellt sich dem Problem der kultur- und geistesgeschichtlichen Trennung von Sinnlichkeit und Vernunft und bearbeitet es in und mit der Sprache.[103] In ihrem „gaumentheater des mundes" werden die Worte als Träger von Bedeutung selbst sinnlich wahrnehmbar. Der Text aus der 21. Ausgabe aus dem Jahr 1983 entstammt einer Performance, in der Ginka Steinwachs ihr Drama *George Sand. Eine Frau in Bewegung eine Frau von Stand* vorstellt. Sie beschreibt, wie die Figur George Sand als Titanin in Stein gemeißelt wird:

> „darunter, fein gestimmt: das klavichord der rippen.
> chopin hat seine étude für schwarze tasten darauf geschrieben.
> darunter, die gürtellinie äquatorial.
> quirlende sirrende perlen ohne zahl.
> das weiß der lenden wird blinde blenden.
> hammer ziseliert scham, charme, schwarm, schwamm drüber."[104]

Die Autorin reiht Wörter und ähnlich klingende Laute aneinander und stellt so die Lust an Rhythmus, Melodie und sinnlichem Unsinn in den Mittelpunkt. Sprache – das Medium des Bewusstseins – tritt hier in ihrer körper-

99 Pataki 1998, 40.

100 Czurda 1986/87, 8. Elfriede Czurdas Anagramm „Lassen wir die Wörter nicht im Stich" erscheint in der letzten Ausgabe der *Schwarzen Botin* und klingt vor dem Hintergrund des Endes der Zeitschrift wie ein dringlicher Aufruf.

101 So lautet Patakis letzter Satz ihrer poetologischen Überlegungen: „Dort im Gedicht, kann ich der Sprache einen Strich durch die Rechnung machen; doch sie – mein Wirt – hat ihre Rechnung ohne mich gemacht: Strich durch den Wirt!" Pataki 1998, 42, siehe Klettenhammer 2003, 299.

102 Dommel 1998, 88.

103 Staets 2016, 289.

104 Steinwachs 1983, 132.

lichen und sinnlichen Dimension hervor. Ginka Steinwachs' Dichtung folgt nach eigener Aussage der „utopie vom wort, das fleischlich ist":

> „damit ist die utopie meiner persönlichen un-art von dichtung heraus: die utopie vom wort, das fleischlich ist, vom wort, das körper hat, vom wort, welches man fassen, beriechen und betasten möchte, vom sinnlichen wort, welches ein gewicht hat und einen duft ausströmt, vom erkennenden und vom gefühle einlösenden und erlösenden wort. um dieses wortes willen, das fällt, verschreibe ich mich schreibend, in einem zeitalter der tv, der mikro-elektronik und des over-kills (ein lippenbekenntnis schwarz auf weiß) der dramatischen dichtung."[105]

Steinwachs setzt auf das Lustvolle der Sprache, auf eine Sprache, die sich vom Sinn löst, mit ihm spielt.[106] Der Text ordnet die Worte nach dem Prinzip „Klanganziehung vor Sinnanziehung"[107]. Damit wird „der Wortkörper [...] zum primären Objekt der Begierde"[108]. Die Freisetzung und Stimulierung der Begierde und des Triebhaften ist es, die Steinwachs im Sinn hat.[109] Ihr Text unterläuft die Ordnung der Sinne, die aus einer auf ihre Bezeichnungsfunktion reduzierten Sprache als Ort der Ratio und der Logik ausgeschlossen sind. Damit greift sie die Trennung von Vernunft und Sinnlichkeit, von Bewusstem und Unbewusstem an, die in der abendländischen Kulturgeschichte eine vergeschlechtlichte ist und die Konnotationen von männlich und weiblich trägt.[110] Steinwachs' „Protest gegen die Entmischung"[111] teilt das Anliegen der Frauenbewegung, eine „Körper-Sprache"[112] zu ihrem Recht kommen zu lassen. Auch ihre Texte nehmen sich der Sinne an und drehen sich ebenfalls um die Frage der Sinnlichkeit oder der „Neuen Sinne". Der gravierende Unterschied liegt darin, dass Steinwachs ihr „Plädoyer für die unterdrückten Sinne und gegen ihre sinnlosen Unterdrücker"[113] in die Sprache selbst hineinverlegt. Hatte beispielsweise Karin Petersen in der *Courage* geschrieben: „Wörter bleiben Wörter und fangen nicht an zu tanzen und zu riechen und zu schmecken"[114], so ist es gerade Steinwachs' Ziel, „dem Wort sinnlich wahrnehmbare Qualitäten wie Geschmack, Geruch, Farbe und damit auch Gewicht zurückzugeben"[115]. Sie will Sprache nicht auf die Funktion eines Mittels zur Kom-

105 Ebd. 133.
106 Weigel 1989, 69.
107 Dommel 1998, 97.
108 Ebd.
109 Steinwachs im Interview mit Nowoselsky-Müller 1989, 32.
110 Zum Verhältnis von Steinwachs Dichtung zum Surrealismus siehe Staets 2016.
111 Steinwachs, Bombistisches Manifest, zitiert nach Staets 2016, 289.
112 Staets 2016, 291.
113 Ritschel, Hanne/Schön, Ute (1984): Die Sinne freischaufeln. Ein Gespräch mit Ginka Steinwachs, in: TheaterZeitSchrift 9, 35, zitiert nach Dommel 1998, 96.
114 Petersen 1976, 13.
115 Dommel 1998, 88.

munikation reduzieren.[116] Das körperliche ihrer Sprache besteht nicht darin, dass neue Sprachbilder für den weiblichen Körper gefunden werden, wie es beispielsweise Verena Stefan tut, sondern in dem Versuch, die Worte selbst in ihrer akustischen, rhythmischen Dimension erfahrbar zu machen. So geht es in Steinwachs' Texten auch nicht um die „Aneignung von individuell Erlebtem als Erinnerung", sondern um die „Aneignung von vorgefundener, allgemeiner Sprache durch ihre Versinnlichung".[117]

In Zusammenhang mit der Selbsterfahrungspraxis der Frauenbewegung bedeutet dieses Sprachverständnis einerseits eine Begrenzung, denn in jenen wurde Sprache ausgehend von den Erzählungen persönlicher Erlebnisse zu einem politisch wirkmächtigen Mittel der gemeinsamen inhaltlich neuen Weltdeutung. Andererseits ist das Einklagen der sinnlichen Dimension der Sprache eine Wirklichkeitserweiterung: Das Wort sei für sie, so Steinwachs, eine „Wirklichkeit, die von einem wirklichen Objekt nicht eingeholt werden kann".[118] Die grenzenlose Ausweitung sinnlicher Wirklichkeit ist das Programm der Literatur, wie sie Ginka Steinwachs schreibt. Die Erfahrung, die Steinwachs' Texte evozieren, ist die Erfahrung der Lust an und mit der Sprache, eine intellektuell-sinnliche Erfahrung. Im Kontext des Kritikprogramms der *Schwarzen Botin* nehmen Steinwachs' Beiträge den Platz einer positiv ausgestalteten Utopie ein. Die literarische Wirklichkeit, die Steinwachs in ihren Texten kreiert und gestaltet, ist bereichert um das Sinnliche in der Sprache. Damit ist ihre „Gegenwelt auf dem Papier"[119] als „Utopie des Schreibens"[120] der Protest gegen die Verkümmerung, Zurichtung und Einhegung der Sinne. Die Erfahrung, auf die sie zielt, ist die Erfahrung der Sprache und des Sprechens, des Textes, des Schreibens und Lesens als intellektuelle und als ästhetische Erfahrung.

Zwischenresümee

Pataki und Steinwachs wenden sich nicht nur der Sprache zu, sondern stellen in ihrem Umgang mit Sprache, in der sprachlichen Gestaltung ihres Schreibens die Frage nach der Möglichkeit der Gestaltung der Sprache. Die Frage nach ästhetischer Formung wird – auf sehr unterschiedliche Weise – zum Gegenstand ihres Schreibens. Hier zeigt sich ein anderes Verhältnis zum Allgemeinen der Sprache, als es die Konzeptionen des Schreibens entwickeln, die für die alltäglichen Erfahrungen einen Ausdruck suchen. Wenn Petersen

116 Genauer gesagt, wirft Steinwachs' Hereinnehmen der körperlichen Dimension von Sprache die Frage nach einer veränderten Form der Kommunikation, nach einer auch körperlichen und sinnlichen Kommunikation auf.

117 Ebd. 92.

118 Zitiert nach Staets 2016, 300.

119 Steinwachs 1979, 81.

120 Ebd.

in *Courage* schreibt, dass sich in der Selbsterfahrungspraxis „über Sprache eine Allgemeinheit“[121] habe herstellen lassen, in dem „subjektive Erfahrungen verallgemeinert“[122] wurden, so beschreibt sie das Verhältnis zum Allgemeinen als Weg, der seinen Anfang in der subjektiven Erfahrung nimmt. Pataki und Steinwachs operieren und experimentieren von vorneherein auf der Ebene des Allgemeinen der Sprache. Ihr Ausgangspunkt ist nicht die subjektive Erfahrung, für die ein Ausdruck gesucht wird, sondern das schon bearbeitete und mit Bedeutung vollgesogene Sprachmaterial des gesellschaftlichen Allgemeinen.

Auch wenn sich Pataki und Steinwachs der Sprache als Gegenstand zuwenden, so bedeutet es nicht, dass ihr Schreiben einen völligen Rückzug aus der sozialen Wirklichkeit darstellt. Die Wahl der Thematik bei Steinwachs – im angeführten Text „gaumentheater des mundes“ die Schriftstellerin George Sand – und die Wahl des Materials bei Pataki verweisen durchaus auf eine soziale Wirklichkeit jenseits der ästhetischen: Der Satz „Frauen mit verschmierten köpfen, nichts als fotze, hintern, titten“ schockiert in seiner Gewalttätigkeit. Gerade bei Pataki wird deutlich, dass die Gewalttätigkeit sich in und durch die verstümmelte Sprache Bahn bricht. Im Verhältnis ihres Schreibens zur sozialen Wirklichkeit stehen Pataki und Steinwachs einem Denken nahe, dass in der Autonomie der Kunst, in ihrer „Verselbständigung der Gesellschaft gegenüber“[123], die Möglichkeit zu Kritik sieht. Damit folgen sie – repräsentativ für das Kritikprogramm der *Schwarzen Botin* – einer anderen Konzeption von Kunst und Gesellschaft, als es Verena Stefan und Kathrin Mosler tun. Letztere verfolgen die Verwirklichung der Kunst in der Lebenspraxis.

10.4 Verwirklichung der Kunst im Leben oder Rettung der Autonomie der Kunst?

Silvia Bovenschen schreibt in ihrem Aufsatz „Über die Frage: gibt es eine weibliche Ästhetik?“, der in der 25. Ausgabe der Zeitschrift *Ästhetik und Kommunikation. Beiträge zur politischen Erziehung* im Jahr 1976 erscheint:

> „Es geht um neue Formen von Produktivität, von Rationalität und wenn es sein muß und es muß sein – von Aggressivität, und nicht um Verzicht nach dieser oder jener Seite.“[124]

Die Feststellung steht programmatisch für die Auseinandersetzung über das Für und Wider einer weiblichen Ästhetik. Denn die Absicht, neue Formen zu entwickeln, wird im kulturellen Flügel der autonomen Frauenbewegung weitgehend geteilt. Allerdings unterscheiden sich die Vorstellungen darüber, wo eine solche Entwicklung ansetzen soll, worin ihr Ziel besteht und was dem-

121 Petersen 1976, 13.
122 Ebd.
123 Adorno 1973, 334.
124 Bovenschen 1976, 67. Siehe 8. Kapitel. Die Rezension „Starre Frau – bewegte Frau“ aus der 2. Ausgabe der *Schwarzen Botin* 1977 greift dieses Zitat auf.

nach unter neuen Formen von Produktivität und Rationalität zu verstehen sei. Wie ich oben schon erwähnt habe, verweisen Stefans und Moslers Ausführungen zur radikalen Subjektivität nämlich auf eine Revolutionstheorie, in der die Kunst im Leben verwirklicht werden soll. *Die Schwarze Botin* verfolgt hingegen das Konzept, das in der relativen Autonomie der Institution Kunst die Möglichkeit sieht, der instrumentellen Vernunft der kapitalistischen Gesellschaft etwas entgegenzusetzen. Beide Konzeptionen antworten in unterschiedlicher Weise auf die gleiche Ausgangslage: auf die Situation nach den Avantgarden des 20. Jahrhunderts.

Verwirklichung der Kunst im Leben

Am Ende ihrer Rezension von Verena Stefans Roman *Häutungen*, veröffentlicht auf den letzten Seiten der *Aufständischen Kultur*, kommt Kathrin

Mosler noch einmal auf den Begriff der radikalen Subjektivität zu sprechen. Sie sei das Darstellungsprinzip und das eigentliche Thema von Stefans Roman: „Die radikale Subjektivität, die Liebe zu dir selbst, zu deinem Körper, die Zerstörung der Selbstverachtung – das ist die Bedingung dafür, daß du auch andere lieben kannst."[125] Sie wird als noch nicht entfremdetes Element in einer von der totalen Entfremdung bedrohten Gesellschaft zum „Ausgangspunkt jeder Widerstandshandlung gegen das System der Unmenschlichkeit"[126]. In dieser Bestimmung der radikalen Subjektivität bezieht sich Mosler auf den Künstler und Kulturtheoretiker Raoul Vaneigem, dessen *Handbuch der Lebenskunst für die jungen Generationen* sie im Folgenden zitiert. Vaneigem gehört bis 1970 der Situationistischen Internationalen (S. I.) an, einem internationalen Zusammenschluss von Kommunistinnen und Kommunisten, der von 1957 bis 1972 besteht und im Mai 1968 in Paris aktiv die Revolte unterstützt. Die S. I. greift den realexistierenden Sozialismus ebenso scharf an, wie die kapitalistische Gesellschaft und entwickelt eine Revolutionstheorie, die im Alltagsleben ansetzt. Sie ist eine Erweiterung der marxistischen Klassen- und Revolutionstheorie, die der Ausweitung der Kommodifizierung immer weiterer Lebensbereiche, der Reduzierung der Individuen auf Konsumentinnen und der sich ausweitenden Kultur- und Konsumgüterindustrie Rechnung trägt. Anders als beispielsweise Herbert Marcuse oder auch Theodor W. Adorno und Max Horkheimer, die ebenfalls die Veränderungen der kapitalistischen Produktionsweise und deren Auswirkungen auf Subjektivität zum Gegenstand ihrer Kritik machen, steht die S. I. der universitären Wissensproduktion – als vom Leben abgetrennter Sphäre von Expertinnen – ablehnend gegenüber.[127]

Vaneigems *Handbuch*, das 1967 auf Französisch und 1975 auf Deutsch erscheint, ist eine Kritik der kapitalistischen Konsumgesellschaft, die auf

125 Mosler 1976b, 52.
126 Ebd.
127 Biene Baumeister Zwi Negator 2005.

deren praktische Umwälzung zielt. Es versteht sich als theoretische Analyse und praktische Gebrauchsanweisung. Vaneigem greift die Invasion und Totalisierung von Warenform und Tauschlogik durch die seit den 1950er Jahren zunehmende Konsumgüterproduktion, die sich ausweitende Kulturindustrie und deren Einfluss auf die Individuen in zunehmend allen Lebensbereichen an. Dagegen setzt er eine Revolutionstheorie, die ihren Ausgangspunkt in dem nimmt, was er radikale Subjektivität nennt. Sie ist das noch nicht auf passiven Konsum und Arbeitsmonadendasein zugerichtete Element, das Spontanität und somit freies Handeln ermöglicht. Von den Individuen, die ihr Leben nach der revolutionären Lebenskunst einzurichten verstehen, solle die Revolutionierung des Alltagslebens ausgehen. Diese würde die Kohärenz herstellen zwischen Praxis und Theorie, Erfahrung und Wissen, Wissen und Handeln, Negation und Konstruktion, Sinn und Welt. Die Subjektivität in den Mittelpunkt der Revolutionstheorie zu stellen und so die „Grenzen des alten Klassenkampfes“[128] zu erweitern, teilt Vaneigem mit Zeitgenossen wie Herbert Marcuse. Darin liegt ein Charakteristikum der Veränderung der Linken der 1960er und 1970er Jahre.[129]

Vaneigems Schilderungen einer fast totalen Entfremdung erhält Resonanz im kulturellen Feminismus von Mosler und Stefan. Denn all die Motive der Sprachlosigkeit der Frau, ihrer Fremdheit in der Welt, ihrer Traditions- oder Geschichtslosigkeit, der Unangemessenheit ihrer Wahrnehmungen und ihrer sinnlichen Ansprüche finden eine Parallele in den Formulierungen von Vaneigem, der schreibt:

> „Wir, die wir in der geschichtlichen Phase des Nichts stecken, kennen als nächsten Schritt nur die Änderung des Ganzen. In dem Bewußtsein einer totalen Revolution und ihrer Notwendigkeit sind wir zum letztenmal geschichtlich, liegt unsere letzte Chance, unter bestimmten Bedingungen die Geschichte aufzulösen. Das Spiel, mit dem wir beginnen, ist das Spiel unserer Kreativität. Seine Regeln widersprechen radikal den Regeln und Gesetzen, die unsere Gesellschaft regieren.“[130]

Gemeinsam ist den Denkerinnen einer feministischen Kulturrevolution – wie Mosler, Stefan und Vaneigem – der Wille, alle Lebensverhältnisse umzuwälzen. Auch ist ihre Denkbewegung die gleiche: Warenlogik und die Daseinsform als Konsumentin sind nicht so total, wie sie erscheinen mögen, das Individuum ist ihnen nicht völlig unterworfen, weshalb sich eine solch gewaltige Aufgabe wie die revolutionäre „Änderung des Ganzen“ ausgehend von der Konzeption der radikalen Subjektivität denken lässt.

128 Vaneigem 2008, 16.

129 Siehe Herbert Marcuses Der eindimensionale Mensch. Studien zur Ideologie der fortgeschrittenen Industriegesellschaft, Luchterhand, Neuwied/Berlin, 1967.

130 Vaneigem 2008, 229.

In ihrer Rezension zu Verena Stefans *Häutungen* wählt Kathrin Mosler eine Stelle aus Vaneigems *Handbuch*, in der die Kritik der Gesellschaft an die Hinwendung zum eigenen Selbst gebunden wird:

> „Die Perspektive umkehren heißt, aufhören, mit den Augen der Gesellschaft zu sehen, mit den Augen der Ideologie, der Familie, der anderen. Heißt, sich selbst grundlegend erfassen, sich selbst zum Ausgangspunkt, zum Zentrum machen."[131]

Auch der Aufbau von Beziehungen zu anderen gründe im Interesse an sich selbst. So zitiert Mosler Vaneigem:

> „Um an dem anderen Interesse zu finden, muß ich zuerst die Kraft für ein derartiges Interesse in mir selbst finden. Das, was mich mit den anderen verbindet, muß in dem sichtbar werden, was mich mit dem reichsten und anspruchvollsten Teil meines Willens zu leben verbindet."[132]

Sich selbst ins Zentrum zu stellen und zum Ausgangspunkt der Politik gesellschaftlicher Veränderung zu machen, teilt Vaneigems *Handbuch* mit der Selbsterfahrungspraxis der Frauenbewegung. Vaneigems radikale Subjektivität ist eine „Art, *von sich selbst auszugehen* und dann auszustrahlen, weniger auf die anderen als auf das, was man von sich bei den anderen entdeckt"[133]. Sie sei, so Vaneigem, das

> „Bewusstsein, dass alle Menschen dem gleichen Verlangen nach authentischer Verwirklichung folgen und dass ihre Subjektivität durch die bei den anderen wahrgenommene Subjektivität verstärkt wird."[134]

Und auch die Schlüsse, die Vaneigem aus dem „von sich selbst ausgehen" für das Verhältnis von Theorie und Erfahrung zieht, finden sich in den Selbsterfahrungskonzeptionen der Frauenbewegung.[135]

> „In Zukunft müssen wir die Abstraktionen, die Begriffe, die uns beherrschen, auf ihren Ursprung, auf die erlebte Erfahrung zurückführen, nicht um sie zu rechtfertigen, sondern um sie zu berichtigen, umzukehren, wieder in das Erlebte zu verwandeln, aus dem sie entstanden sind und das sie niemals hätten verlassen dürfen!"[136]

131 Mosler 1976, 52; Vaneigem 2008, 229.

132 Mosler 1976, 52; Vaneigem 2008, 59.

133 Vaneigem 2008, 239. Herv. K. L. Vaneigem entdeckt demnach immer nur sich selbst in der Welt, die zu einem riesigen Spiegel seiner selbst wird. Er spricht um einiges deutlicher aus, was in der feministischen Diskussion der Selbsterfahrungspraxis vorgeworfen wird: Sich selbst in der Anderen finden zu wollen und somit die Konfrontation mit einer möglichen Fremdheit der Anderen, die Erfahrung der Differenz zu vermeiden. Es finden sich weitere Ähnlichkeiten zur Selbsterfahrungspraxis wie beispielsweise: „Außerhalb meiner eigenen erlebten Erfahrung gibt es keine Autorität; das muss jeder allen beweisen." (Vaneigem 2008, 239).

134 Ebd.

135 Siehe 9. Kapitel.

136 Vaneigem 2008, 239.

Die Neugestaltung der gesellschaftlichen Beziehungen, die bei Vaneigem ihren Ausgangspunkt in eben der radikalen Subjektivität findet, beinhaltet auch ein verändertes Verhältnis zur Kunst. Sie soll ihren Charakter, ein autonomer, spezialisierter Teilbereich der Gesellschaft zu sein, verlieren und vielmehr im Leben der Individuen verwirklicht werden. Die Verwirklichung der Kunst im Leben würde Vaneigem zufolge die direkte und sinnvolle Kommunikation der Menschen miteinander bedeuten. Die „Suche nach neuen Wegen der Kommunikation“[137] sei aber eine „kollektive Aufgabe“[138] aller und damit nicht mehr nur die Angelegenheit von spezialisierten Künstlerinnen innerhalb des gesellschaftlichen Teilbereichs der Kunst.

> „Die vom Künstler so zwingend begehrte Kommunikation wird bis in die einfachsten Beziehungen des täglichen Lebens hinein unterbrochen und verboten. So sehr, dass die Suche nach neuen Wegen der Kommunikation, die keineswegs Malern und Dichtern vorbehalten ist, heute zu einer kollektiven Aufgabe geworden ist. So endet die alte Spezialisierung der Kunst. Es gibt keinen Künstler mehr, da alle Künstler sind. Das kommende Kunstwerk ist die Konstruktion eines leidenschaftlichen Lebens. Das Kunstwerk ist weniger wichtig als der Prozess des Entwurfs, als der schöpferische Akt.“[139]

Die Verwirklichung der Kunst im Leben würde demnach das Alltagsleben nicht unberührt lassen. Es würde zum Spiel werden, dessen Regeln die Mitspielerinnen selbst setzen und modifizieren, und wäre die „Konstruktion eines leidenschaftlichen Lebens“[140]. So versteht Vaneigem auch die Poesie nicht als Dichtung. Das leidenschaftliche Leben selbst werde zur Poesie.

> „Welche poetischen Umwälzungen kann man von so universellen Gefühlen wie denen des Todes, des Alters und der Krankheit erhoffen? Von diesem noch marginalen Bewusstsein muss die Revolution des alltäglichen Lebens ausgehen, die einzige Poesie, die von allen gemacht wird und nicht von einem.“[141]

Vaneigems Revolution des alltäglichen Lebens hebt die Trennungen auf, welche die bürgerliche kapitalistische Gesellschaft durchzieht. Praxis und Theorie, Kunst und Alltagsleben vereinen sich im „großen Spiel […] mit dem alltäglichen Leben“[142]. In der Herstellung dieser Einheit, ausgehend von der radikalen Subjektivität, liege die Poesie.

137 Ebd. 246.
138 Ebd.
139 Ebd.
140 Ebd.
141 Ebd. 244.
142 Ebd. 243.

„Die Poesie ist […] auch die in den Taten verarbeitete radikale Theorie; die Krönung revolutionärer Strategie und Taktik; der Höhepunkt des großen Spiels mit dem alltäglichen Leben."[143]

„Die Poesie liegt anderswo, in den Taten, in dem Ereignis, das man erschafft."[144]

Vaneigems *Handbuch* visiert eine Gesellschaft an, in der die Unterscheidung zwischen sozialem Handeln und ästhetischem Handeln keinen Sinn mehr ergeben würde.

Kathrin Mosler und Verena Stefan setzen nun in ihren Aufsätzen in der *Aufständischen Kultur* (1976) ebenfalls Lebensform und Sprachgebrauch in ein Verhältnis zueinander, in dem die „Sparten Literatur/Leben" nicht mehr gelten sollen.[145] Gegen die Wahrnehmung der Fremdheit in der Sprache und im Alltagsleben setzen die beiden Autorinnen das Programm der Aufhebung der Literatur in der Lebenspraxis des Individuums. Sprache und Kommunikation sollen nicht nur selbst entwickelt werden, sondern auch nützlich für den gewünschten Gebrauch sein. Die Frage einer anderen Sprache, die Stefan und Mosler aufwerfen, wäre demnach die Suche nach einer Lebensform, in der eine Sprache entwickelt wird, die den Bedürfnissen derer entspricht, die sie sprechen. Auch Literatur würde dann den Zweck erfüllen, nützlich zu sein für Kommunikation, und wäre nicht zweckfreie Kunst. Damit stellen sich Mosler und Stefan wie Vaneigem gegen die Autonomie der Kunst.

Die Verschiebung, die Mosler und Stefan vornehmen, liegt nun im Geschlecht der radikalen Subjektivität: Für Mosler und Stefan ist die Fremdheit und Enteignung der Frau in der androzentrischen Gesellschaft noch absoluter als die der Männer, welche die „Normen der Verallgemeinerung so restlos"[146] erfüllen, was zur „Selbstvernichtung" und „Kulturvernichtung"[147] führe. Die radikale Subjektivität wird zur „ungelebten Substanz" zur „Subjektivität von Frauen", zu ihren „Sinneswahrnehmung" und ihren „Fähigkeiten", die „noch nicht ausgebrannt" seien.[148] Die herausragende Stellung, welche die Subjektivität der Frauen für eine lebensfreundliche Veränderung der gesellschaftlichen Verhältnisse habe, wird mit den Arbeits- und Lebensbedingungen der Frauen begründet, aus denen „andere Kenntnisse, Denkweisen, Sehweisen" [149] entstanden seien. Was das Verhältnis der Frauenbewegung zur Ästhetik, Kunst und speziell zu Literatur und zum Schreiben angeht, stehen Mosler und Stefan in ihren Ausführungen in *Aufständische Kultur* für eine Position, welche

143 Ebd.
144 Ebd. 246.
145 Stefan/Mosler 1976, 11.
146 Ebd.
147 Ebd.
148 Ebd.
149 Ebd.

die Revolutionierung des Alltagslebens als Verwirklichung der Kunst vertritt. Damit führen sie den kulturfeministischen Strang der autonomen Frauenbewegung weiter, der vom eigenen Leben ausgeht.

Gesellschaftliche Trennungen und die Autonomie der Kunst

Die Position von Mosler und Stefan, mit Vaneigem, lässt sich als eine Antwort auf die Herausbildung der Autonomie der Kunst in der bürgerlichen Gesellschaft verstehen. Mit der Herausbildung der bürgerlichen kapitalistischen Gesellschaft, in der Rationalität zunehmend zur zweckrational auf Warenproduktion und universellen Tausch gerichteten instrumentellen Vernunft wird, wird Kunst zu einem gesellschaftlichen Teilbereich widersprüchlicher Autonomie. Sie wird nicht mehr durch religiöse Zwecke bestimmt und verliert ebenso die Funktion, Repräsentationsmedium der herrschenden Klasse der feudalen Gesellschaft zu sein. Die Kunst wird zweckfrei und damit zu dem gesellschaftlichen Teilbereich, welcher den Zwecken der bürgerlichen Lebenspraxis der warenproduzierenden, kapitalistischen Gesellschaft und deren instrumenteller Logik enthoben ist.[150] Eine in diesem Sinne autonome Kunst gibt sich selbst ihre Gesetze und doch vollzieht sich diese Selbstgesetzgebung unter heteronomen Bedingungen. Denn es ist gerade die zweckrationale, instrumentelle Vernunft der kapitalistischen Gesellschaft, die alles dem Zweck der Nützlichkeit und Verwertbarkeit unterwirft und zugleich die Autonomie der Kunst als zweckfreier gesellschaftlicher Institution freisetzt.[151] Die autonome Kunst wird der Bereich einer besonderen Erfahrungsweise, der ästhetischen Erfahrung, die ebenfalls getrennt ist von den Erfahrungsweisen der Lebenspraxis.

Der Literaturwissenschaftler Peter Bürger versteht in seiner *Theorie der Avantgarde* die ästhetizistische Kunstauffassung am Ende des 19. Jahrhunderts als Höhepunkt des Autonomwerdens der Kunst. In der Behauptung der Kunst gegen die „lebensweltlichen Bezüge“[152] der bürgerlichen Gesellschaft verbannt sie jede Nützlichkeit und setzt ihr die zweckfreie und nutzlose Schönheit entgegen. Mit dieser Trennung werden die Fähigkeiten der ästhetischen Wirklichkeitswahrnehmung und der Gestaltung des Materials in eben den gesellschaftlichen Teilbereich der Kunst verschoben und damit aus anderen Bereichen ausgeschlossen. War sie in der feudalen Gesellschaft an religiöse und kultische Praktiken gebunden, so wird sie in der bürgerlichen Gesellschaft zum Gegenstand von Spezialisierung und Expertinnentum auf der Produzentinnen- wie auf der Rezipientinnenseite.

Für den Ästhetizismus am Ende des 19. Jahrhunderts hat die Kunst nur ihren eigenen Regeln zu folgen und besitzt keinen anderen Gehalt als sich

150 Bürger 1974, 67; Schweppenhäuser 2007, 194–197.
151 Bürger 1974, 28–35.
152 Schweppenhäuser 2007, 195.

selbst.[153] Diese Trennung bildet den Ausgangspunkt der Avantgarden des beginnenden 20. Jahrhunderts. Der Surrealismus ist der Protest gegen diese Trennung und gegen „den Zusammenhang von Autonomie und Folgenlosigkeit“[154] der Kunst in der Gesellschaft. Gegen eine arbeitsteilige, instrumentell auf die Warenproduktion gerichtete Gesellschaft, in der Kunst zur abgetrennten und wirkungslosen Institution geworden ist, schreibt sich der Surrealismus die Aufhebung der Trennung von Kunst und Leben auf die Fahnen.[155] Akzeptiert der Ästhetizismus die Trennung der gesellschaftlichen Sphären und zieht sich folglich auf die Nutzlosigkeit und Zweckfreiheit der Kunst zurück, so greift der Surrealismus die Tausch- und Warenlogik der Lebenspraxis an. Die Kunst soll zum Ausgangspunkt für eine neue Lebenspraxis werden:

> „Die Kunst soll nicht einfach zerstört, sondern in Lebenspraxis überführt werden, wo sie, wenngleich in verwandelter Gestalt, aufbewahrt wäre. Es ist wichtig zu sehen, daß die Avantgardisten dabei ein wesentliches Moment des Ästhetizismus übernehmen. Dieser hatte die Distanz zur Lebenspraxis zum Gehalt der Werke gemacht. Die Lebenspraxis, auf die der Ästhetizismus sich, diese negierend, bezieht, ist die zweckrational geordnete des bürgerlichen Alltags. Die Avantgardisten intendieren nun keineswegs, die Kunst in diese Lebenspraxis zu integrieren; im Gegenteil, sie teilen die Ablehnung der zweckrational geordneten Welt, die die Ästhetizisten formuliert haben. Was sie von jenen unterscheidet, ist der Versuch, von der Kunst aus eine neue Lebenspraxis zu organisieren. […] Nur eine auch in den Gehalten der Einzelwerke gänzlich von der (schlechten) Lebenspraxis der bestehenden Gesellschaft abgesonderte Kunst kann das Zentrum sein, von dem aus eine neue Lebenspraxis sich organisieren läßt.“[156]

Formen anderer sinnlicher Wahrnehmung der Wirklichkeit – wie der Traum – und die Gestaltung und Formung der Welt nach ästhetischen Gesichtspunkten wären dann Teil der Lebenspraxis. Raoul Vaneigem konstatiert nun das Scheitern des Surrealismus und sieht es unter anderem darin begründet, dass dieser die Umwälzung der *ganzen* Gesellschaft aus einem *Teil*bereich – eben der Kunst – heraus bewerkstelligen wollte. Der Surrealismus habe weiterhin das Vermögen der Gestaltung auf Kunstwerke und damit auf den Bereich der Kunst begrenzt. Vaneigem kehrt das Verhältnis um: Die Konstruktion des leidenschaftlichen Lebens soll Lebenspraxis sein und sich in ihr vollziehen. Die Kraft der Weltgestaltung sei in der Lebenspraxis aufgehoben. Der Surrealismus – so Vaneigems Kritik – gehe nicht von der Lebenspraxis aus, sondern von der Kunst, die sich gleichsam auf die Lebenspraxis ausdehnen solle. Dagegen setzt Vaneigem, wie ich oben ausgeführt habe, die Verwirklichung der

153 Bürger 1974, 28f.

154 Ebd. 29.

155 So die Deutung in Peter Bürgers *Theorie der Avantgarde*.

156 Bürger 1974, 67.

Kunst und der in ihr gespeicherten Vermögen, Fähigkeiten und Fragen durch die Revolutionierung des Alltagslebens.[157]

Die Position, die Kunst in der Lebenspraxis zu verwirklichen, ist eine Antwort auf die Abtrennung ästhetischer Vermögen aus der Lebenspraxis durch die Autonomie der Kunst. Auch das Kritikprogramm der *Schwarzen Botin* lässt sich als Antwort darauf verstehen, allerdings unter entgegengesetzten Vorzeichen. Für sie besteht gerade in der Autonomie der Kunst die Möglichkeit, der Totalisierung des kapitalistischen Tauschs zu entgehen.

Die Unversöhnlichkeit der Kunst

In Kathrin Moslers und Verena Stefans Schreiben sehen die Autorinnen der *Schwarzen Botin* die Fortsetzung der Selbsterfahrung in der Literatur – und lehnen sie ab. Der Wunsch, sich in der Literatur wiederfinden zu wollen auf Basis der Vorstellung einer geteilten Subjektivität, ist ihnen so suspekt wie die Identifikation von Biografie und Werk in der Rezeption.[158] Das Kritikprogramm folgt auch nicht dem Programm der Verwirklichung der Kunst im Leben. Im Gegenteil wird auf der Autonomie der Kunst als Ort des möglichen Widerspruchs und der Kritik beharrt.

Im Jahr 1977 findet in Berlin die Ausstellung *Künstlerinnen international 1877–1977* statt, die für großes Aufsehen und für eine rege Diskussion über feministische Ästhetik, feministische Kunst und Kunstkritik sorgt. Rita Bischof reflektiert in „Gegen das ‚feministische' Bilderverbot" in der 3. Ausgabe der *Schwarzen Botin* 1977 die Diskussion um Kriterien feministischer Kunstkritik. Programmatisch für das Kritikprogramm der Zeitschrift verdeutlicht sie im Rückgang auf Theodor W. Adornos *Ästhetische Theorie* ihr Verständnis der Kunst als Ort des Nicht-Identischen. Wenn auch nicht explizit, so stellt sie sich implizit gegen die Position, welche die Verwirklichung der Kunst durch die Revolutionierung des Alltagslebens anstrebt.

Bischof kritisiert die Ansicht, das Feministische der Kunst bestimme sich durch deren sozialen und politischen Gehalt, und feministisch sei Kunst demnach dann, wenn sie die soziale Lage der Frauen, politische Forderungen der Frauenbewegung oder „biologische […] Vorgänge (Krampfadern, Eisprung)"[159] abbilde. Es geht Bischof nicht um die Wahl des Inhalts eines Kunstwerks, sondern um dessen Gestaltung. Die Abbildung der sozialen Realität missfällt ihr, da sie einer Verdopplung gleichkomme:

> „Ein Realismus, der bloß verdoppelt, ist keiner. Und außerdem: welche Zumutung an die Rezensenten, die auch noch durch die Kunst dazu verdammt werden, in der Enge ihrer empirischen Welt zu verkümmern."[160]

157 Vaneigem 2008, 265.
158 Anonym/Goettle 1976b, 4f.; Jelinek 1977, 30; B. C. 1986/87, 2.
159 Bischof zitiert hier Lenk 1977, 81; Bischof 1977c, 22.
160 Bischof 1977c, 23.

Kunst hat demnach die Transzendierung der empirischen Immanenz, die Überschreitung des politischen, sozialen und alltäglichen Lebens zur Aufgabe. Die Forderung nach einer „Widerspiegelungskunst“[161] und einem „abbildhaften Realismus“[162], wirke nicht nur zensierend, sondern nehme der Kunst das, was sie zur Kunst mache:

> „[S]ie [die Kunst, K. L.] läßt sich nicht auf ein Programm, schon gar nicht auf ein soziales Programm vereidigen, ohne daß sie aufhört zu sein, was sie ist. Jeder Versuch ihr anarchisch Nicht-Identisches durch Normen und Gesetze zu zähmen, muß an dem Widerstand scheitern, den sie allem Gesellschaftlichen entgegensetzt. Kunst und Gesellschaft stehen in einem Spannungsverhältnis; zwischen ihnen klafft eine unüberbrückbare Differenz. In gewisser Weise ist Kunst asozial; auf jeden Fall unversöhnbar, wie die Phantasie […] Kunst tritt ein für die Rechte des unterdrückten Besonderen.“[163]

Die feministische Kunstkritik habe von dem Spannungsverhältnis von Kunst und Gesellschaft auszugehen. Für Theodor W. Adorno, auf den Bischof sich in ihrem Aufsatz bezieht, ist Kunst zugleich sozialer Tatbestand und diesem gegenüber autonom, da sie in der bürgerlichen Gesellschaft zum Zweckfreien und Funktionslosen wird und somit dem universellen Tauschprinzip entzogen ist.[164] Die Gesellschaftlichkeit der Kunst bestehe gerade in „ihre[r] Gegenposition zur Gesellschaft“[165]. So schreibt Adorno:

> „Indem sie sich als Eigenes in sich kristallisiert, anstatt bestehenden gesellschaftlichen Normen zu willfahren und als ‚gesellschaftlich nützlich‘ sich zu qualifizieren, kritisiert sie die Gesellschaft, durch ihr bloßes Dasein, so wie es von Puritanern aller Bekenntnisse mißbilligt wird. Nichts Reines, nach seinem immanenten Gesetz Durchgebildetes, das nicht wortlos Kritik übte, die Erniedrigung durch einen Zustand denunzierte, der auf die totale Tauschgesellschaft sich hinbewegt: in ihr ist alles nur für anderes.“[166]

An der Autonomie der Kunst orientiert sich Bischofs Kunstkritik, wenn sie dafür plädiert, die Kriterien der Kunstkritik aus dem je besonderen Kunstwerk zu entwickeln und nicht „Prinzipien a priori“[167] zu folgen. Damit werde die Kritik dem gerecht, dass das Kunstwerk „seinem immanenten Gesetz“[168]

161 Ebd. 22.
162 Ebd.
163 Ebd. 20.
164 „Kunstwerke sind die Statthalter der nicht länger vom Tausch verunstalteten Dinge, des nicht durch den Profit und das falsche Bedürfnis der entwürdigten Menschheit Zugerichteten.“ (Adorno 1973, 337).
165 Ebd. 335.
166 Ebd.
167 Bischof 1977c, 22.
168 Adorno 1973, 335.

folgt – also autonom ist. Das Spannungsverhältnis zwischen Kunst und Gesellschaft fasst Bischof als „Konfrontation zweier Erfahrungs- und Erkenntnisweisen"[169]. Hier bezieht sie sich auf den Unterschied zwischen sozialem und politischem Handeln einerseits und ästhetischem Handeln andererseits, wie ihn die Literaturwissenschaftlerin und Soziologin Elisabeth Lenk in ihrem Aufsatz „Lose Gedanken über das Verhältnis von Phantasie und Gesellschaft" im Ausstellungskatalog *Künstlerinnen international 1877–1977* darlegt. Lenk schreibt dort:

> „Ein Denken, welches den Begriff des Ästhetischen nicht von der Institution Kunst her gewinnt, läuft es nicht Gefahr, daß der Unterschied, die Distanz des Ästhetischen zum Sozialen, sich verflüchtigt, daß das eine sich ohne Rest in das andere auflöst? Daher mit dem Unterschied von poetischem und prosaischem Weltzustand (Traum und Wachen) beginnen."[170]

In ihrem späteren Aufsatz „Emanzipierte oder autonome Kunst. Anmerkungen zum Werk von Frida Kahlo", der im Jahr 1983 in dem von der Dramatikerin und Autorin Mona Winter herausgegebenen Sammelband *Zitronenblau. Balanceakt ästhetischen Begreifens* im Verlag Frauenoffensive[171] erschienen ist, formuliert Bischof den Unterschied von politischem und ästhetischem Handeln anhand des Scheiterns des Surrealismus, der gerade diesen aufheben wollte. Die „Prinzipien des politischen Handelns" seien „den Forderungen der Kunst inkommensurabel",[172] denn die „Poesie spricht nicht die Sprache des Handelns und das Handeln nicht die der Poesie"[173]. Darin liegt nicht nur eine deutliche Absage an die Umwälzungsabsichten des Surrealismus, der ausgehend von Kunst und Traum die gesellschaftliche Wirklichkeit zum Zweck der Befreiung der sinnlichen Wahrnehmung revolutionieren wollte. Die Betonung der Differenz zwischen Politik und Ästhetik kann verstanden werden als Absage an Vaneigems, Moslers und Stefans Konzeption einer Verwirklichung der Kunst durch die Revolutionierung des Alltagslebens. Denn sie zielt darauf, eine neue, noch ungekannte *Synthese* der getrennten Handlungsformen zu verwirklichen. Vaneigem fasst diese als Spiel, in dem politisches Handeln – die Aushandlung und Setzung der Regeln des Handelns – ästhetisch-spielerisch, lustvoll vollzogen wird.[174]

169 Bischof 1977c, 23.

170 Lenk 1977b, 81.

171 Dass der Verlag demnach in der Zeit zwischen 1976 und 1983 konträre Positionen zur Frage einer feministischen Kunstkritik und Ästhetiktheorie publiziert, ist ein schönes Beispiel für die lebhafte Debattenkultur der autonomen Frauenbewegung dieser Zeit.

172 Bischof 1983, 155.

173 Ebd.

174 Vaneigem 2008, 314–328.

Aus dieser Unterscheidung folgt für Bischof die Unterscheidung der Erkenntnis- und Erfahrungsweisen, an der sich feministische Kunstkritik orientieren solle:

> „Echte Kunstkritik dagegen entspringt der doppelten Konfrontation zweier Erfahrungs- und Erkenntnisweisen, zwischen denen eine dialektische Beziehung besteht: aus der Konfrontation von imaginärer und gesellschaftlicher Realität, von Kunst und Gesellschaft. Grundlegend ist dabei die Einsicht in das zutiefst unversöhnliche Verhältnis beider zueinander. Das Verhältnis von Kunst und Gesellschaft ist immer ein widersprüchliches, niemals ein affirmatives, wie die Realisten wollen."[175]

Demnach gehe die Forderung, das Kriterium feministischer Kunst liege in der Abbildung von Frauen, ihrer Probleme, ihrer Körper oder ihres Lebenszusammenhangs am Einspruch und Widerspruch der Kunst gerade vorbei

und werde zum Einverständnis mit einem gesellschaftlichen Zustand, den zu kritisieren sie antritt. Zur Kritik wird (feministische) Kunst für Bischof dort, wo es ihr gelingt, die kulturelle Position der Frau und die verschwiegene Grundlage der patriarchalen Enkulturation und Vergesellschaftung darzustellen, wo der „Protest gegen die Reduktion der Frau aufs Empirische"[176] und der „Protest gegen die Einengung in einen bloßen Tatsachenraum"[177] erfahrbar werden, wo das Objekt Frau beginnt, sich als Objekt zu begreifen, wodurch ebendieser Status zu zerbrechen beginnt.[178]

Bischof betont die *Unversöhnlichkeit* der Kunst und ihren *Widerspruchscharakter* gegenüber der Gesellschaft. Sie bringt Kunst und Gesellschaft in einen Gegensatz zueinander, wodurch Kunst zum nicht korrumpierten und damit prädestinierten Ort der Kritik wird. Bei Adorno hat die Möglichkeit der Kritik, die der Kunst innewohnt, einen durchaus prekären Status. Er spricht vom Doppelcharakter der Kunst, der darin besteht, dass Kunst autonom *und* soziale Tatsache ist.[179] Ihre Autonomie, nur ihren eigenen Gesetzen zu gehorchen, erhält die Kunst aufgrund der gesellschaftlichen Trennung von Handarbeit und Kopfarbeit, die Adorno als Schuldzusammenhang versteht.[180] Die Schuld zeigt sich in der Folgenlosigkeit der Kunst gegenüber der Ausbeutung und Herrschaft der kapitalistischen Klassengesellschaft. Die Unversöhnlichkeit der Kunst kann so zur falschen Versöhnung und ihr Einspruch gegen eine auf Verwertung und Vernutzung beruhende Gesellschaft, der in der Nutzlosigkeit der Kunst besteht, kann neutralisiert werden. „Neutralisie-

175 Bischof 1977c, 23.
176 Ebd. 25.
177 Ebd.
178 Bischof bezieht sich hier unter anderem auf die Arbeiten der Künstlerinnen Verita Monselles, Antonietta Robotti und Anna Oppermann; Ebd. 25f.
179 Adorno 1973, 337.
180 Ebd.

rung ist der gesellschaftliche Preis der ästhetischen Autonomie."[181] Das nimmt der Kunst nicht die Kraft zur Kritik, doch ist diese auch nicht ein für alle Mal verbürgt.[182] Dass ein Kunstwerk, das der Gesellschaft gegenüber eben nicht unversöhnlich, sondern affirmativ ist, einfach keine Kunst sei, dieses Urteil würde schlicht über das Problem der Kunst hinweggehen. Adorno stellt die Aporie der Kunst heraus:

> „Auch gesellschaftlich ist darum die Situation von Kunst heute aporetisch. Läßt sie von ihrer Autonomie nach, so verschreibt sie sich dem Betrieb der bestehenden Gesellschaft; bleibt sie strikt für sich, so läßt sie als harmlose Sparte unter anderen nicht minder gut sich integrieren."[183]

Doch spielt Adorno den Gedanken weiter und kommt auf Kriterien zu sprechen, durch die das Kunstwerk der Integration entgehen kann. Es sind die Absage an die Kommunikation, also das Schwer- oder Unverständliche des Kunstwerks, und die „Kraft des Ausdrucks", die der Integration widerstehen:

> „Die gesellschaftlich kritischen Zonen der Kunstwerke sind die, wo es wehtut; wo an ihrem Ausdruck geschichtlich bestimmt die Unwahrheit des gesellschaftlichen Zustands zutage kommt."[184]

Die „Unwahrheit" der Gesellschaft könne, wie Adorno am Beispiel von Pablo Picassos Bild Guernica erläutert, durch „inhumane Konstruktion"[185] zum Ausdruck kommen.

Paradigmatisch für das Kritikprogramm der *Schwarzen Botin* bezieht sich Bischof auf die Unversöhnlichkeit der Kunst, die unter anderem in ihrer Distanz zum Alltagsleben, zu den politischen Kämpfen der autonomen Frauenbewegung besteht. Diese Distanznahme, wie auch das Hervorheben des Schwer- und Unverständlichen zieht sich durch das Kritikprogramm der Zeitschrift.[186] Die Gefahr der Folgenlosigkeit von Kunst und Literatur, in der für Adorno ihre Schuld liegt, reflektiert das Kritikprogramm der *Schwarzen Botin* nicht. Doch gibt sie Schriftstellerinnen wie Heidi Pataki oder Elfriede Jelinek die Möglichkeit, die „Unwahrheit des gesellschaftlichen Zustands" zum Ausdruck zu bringen und wird so ein Ort der *immanenten* Kritik der Kunst.

181 Ebd. 339.
182 Ebd. 337.
183 Ebd. 353.
184 Ebd.
185 Ebd.
186 Siehe 4. Kapitel zum Konflikt der Zeitschriften *Courage*, *Die Schwarze Botin* und *Emma*. Silvia Bovenschens Parteinahme in diesem Streit für die Unverständlichkeit erinnert ebenfalls an Adornos Position, wenn er schreibt: „Der Herrschaft paßte es ins Konzept, wenn das, was sie aus den Massen gemacht hat und wozu sie die Massen drillt, aufs Schuldkonto der Massen verbucht würde. Kunst achtet die Massen, indem sie ihnen gegenübertritt als dem, was sie sein könnten, anstatt ihnen in ihrer entwürdigten Gestalt sich anzupassen." (Adorno 1973, 356).

10.5 Zwischenresümee

Der kulturelle Flügel der autonomen Frauenbewegung diskutiert die Vorstellung eines weiblichen Schreibens und einer weiblichen Ästhetik kontrovers. Kritik und Skepsis gegenüber der Vorstellung von Weiblichkeit als Grundlage oder Beurteilungskriterium ästhetischer Produktionen teilen Classen und Goettle ebenso wie Kaever und Jelinek in der *Schwarzen Botin* mit Sigrid Weigel in *Protokolle. Informationsdienst für Frauen*, Kathrin Petersen in *Courage* und Regine Heidecke in der *Aufständischen Kultur*. In der Auseinandersetzung um ein weibliches Schreiben, verknüpft mit der Frage nach einer feministischen Ästhetik, treffen zwei Aneignungen ästhetischen Denkens durch die autonome Frauenbewegung aufeinander. In der Nachfolge des Anfangs der autonomen Frauenbewegung, in dem Helke Sander geschrieben hatte: „Wir wollen versuchen, schon innerhalb der bestehenden Gesellschaft Modelle einer utopischen Gesellschaft zu entwickeln",[187] setzen Stefan und Mosler auf die Aufhebung gesellschaftlicher Trennungen, auf die Entwicklung neuer Lebensformen und einer neuen Sprache, die den Bedürfnissen der Sprechenden entsprechen solle. Diese Konzeption geht über Selbsterfahrung und eine Selbsterfahrungsliteratur hinaus, insofern sie auf die Herstellung einer Lebensform zielt, in der soziales, politisches und ästhetisches Handeln vereint wären. Die Fremdheit der Sprache scheint ihr überwindbar zu sein. Die Konzeption stellt auf die Versöhnung in der Welt durch deren Veränderung ab.

Dem Wunsch, sich in der Sprache wiederzufinden durch die Verwirklichung der Kunst, setzt das Kritikprogramm der *Schwarzen Botin* die Unversöhnlichkeit entgegen. Die Autonomie der Kunst, ihre Getrenntheit von einer auf dem Tauschprinzip beruhenden sozialen Wirklichkeit ermöglicht es ästhetischen Produktionen, zu stören und die Feindlichkeit der Gesellschaft den Individuen gegenüber hervortreten zu lassen. Die „Zuhörenden verläßlich vor den Kopf"[188] zu stoßen, das poetologische Programm von Heidi Pataki, lässt sich motivisch auf das Kritikprogramm der Zeitschrift beziehen. Blitzen Momente einer Versöhnung auf, wie in Ginka Steinwachs' „utopie vom wort das fleischlich ist"[189], so als Versprechen der Kunst und innerhalb des Bereichs der Kunst. Sie haben die Autonomie der Kunst, die Trennung von sozialem, politischem und ästhetischem Handeln zur Voraussetzung.

187 Sander 1968/88, 18.
188 Pataki 1998, 40.
189 Steinwachs 1983, 133.

Subjektkritik und sexuelle Differenz

11. Weibliches Schreiben oder *écriture féminine*?

Die Diskussion in der deutschsprachigen autonomen Frauenbewegung über weibliches Schreiben ab Mitte der 1970er Jahre trifft zusammen mit den ersten Übersetzungen und der Verbreitung von Texten der Gruppe *Psychoanalyse et Politique* (*Psych et Po*) aus Frankreich. Zum Umfeld der Gruppe zählen die Schriftstellerinnen, Psychoanalytikerinnen und Philosophinnen Hélène Cixous, Luce Irigaray und Julia Kristeva, die in Kritik, Weiterentwicklung und Abgrenzung zur strukturalen Theorie des Psychoanalytikers Jacques Lacan zum Verhältnis von Sprache, Geschlecht und Subjektwerdung arbeiten.[1] Bezogen auf die Diskussion um weibliches Schreiben ist vor allem das Konzept der *écriture féminine* einflussreich, das die Schriftstellerin Hélène Cixous entwickelt und durch die Übersetzungen Bekanntheit erlangt. Für den deutschsprachigen Raum sind es hauptsächlich drei Publikationsorte in Westberlin, die Texte von Cixous, Kristeva und Irigaray herausbringen, rezipieren und diskutieren: die Aufsatzsammlungen des Merve Verlags, die Zeitschrift *alternative* und die Zeitschrift *Die Schwarze Botin*. Es sind Autorinnen der *Schwarzen Botin*, die einige der Schriften von Cixous, Irigaray und Kristeva als Erste ins Deutsche übersetzen. So übersetzt die Philosophin Eva Meyer zusammen mit der Herausgeberin des Merve Verlags Heidi Paris Aufsätze von Luce Irigaray, die in den Aufsatzsammlungen *Waren – Körper – Sprache. Der verrückte Diskurs der Frauen* von 1976, *Unbewußtes, Frauen, Psychoanalyse* von 1977 und *Das Geschlecht, das nicht eins ist* von 1979 im Merve Verlag publiziert werden. Auch Aufsätze von Hélène Cixous, die unter dem Titel *Die unendliche Zirkulation des Begehrens. Weiblichkeit in der Schrift* ebenfalls im Merve Verlag erscheinen, überträgt Meyer zusammen mit der Übersetzerin Jutta Kranz ins Deutsche. Ebenso ist mit der Kulturwissenschaftlerin und Soziologin Gerburg Treusch-Dieter eine Autorin der *Schwarzen Botin* an der Übersetzung von Luce Irigarays einflussreichem Werk *Speculum. Spiegel des anderen Geschlechts*, die 1980 bei Suhrkamp erscheint, beteiligt. Darüber hinaus wird *Die Schwarze Botin* selbst zum Publikationsort für die deutsche Übersetzung des Aufsatzes „Ein neuer Intellektuellen-Typ: Der Dissident" von Julia Kristeva, die in der 7. Ausgabe der *Schwarzen Botin* im Jahr 1978

1 Hélène Cixous bleibt am längsten mit der Gruppe verbunden, da sie im Verlag Des femmes, der – wie die Psych et Po – von Antoinette Fouque gegründet wird, ihre Bücher verlegen lässt, Allwood 2000, 119.

enthalten ist. Meines Wissens ist der von der Übersetzerin Monika Metzger übertragene Text bis heute die einzige deutsche Version desselben. In der 31. Ausgabe 1986 findet sich die Übersetzung des Textausschnitts „Heft der Verwandlung“ aus Hélène Cixous’ *Cahier de métamorphoses* von 1983, das von Georg Webern übersetzt wurde.[2] Jahre zuvor hatte *Die Schwarze Botin* in ihrer 2. Ausgabe 1977 ein mehrseitiges Gespräch mit Hélène Cixous und der Journalistin Maren Sell unter dem Titel „Trennungen“ veröffentlicht. Vor allem finden sich im Kritikprogramm der Zeitschrift inhaltliche Bezüge zu Cixous, Irigaray und Kristeva, wie beispielsweise in den Aufsätzen von Eva Meyer oder der Literaturwissenschaftlerin Annette Runte. Von Luce Irigaray finden sich keine Übersetzungen in der *Schwarzen Botin*. Ihr Denken war allerdings Gegenstand einer kontroversen Auseinandersetzung, die sich von den ersten Ausgaben der 1970er bis zur Mitte der 1980er Jahre zog.

Im gleichen Jahr, in dem die 1. Ausgabe der *Schwarzen Botin* erscheint, veröffentlichen die Literaturwissenschaftlerin Hildegard Brenner und die Redakteurin Johanna Wördemann in der Zeitschrift *alternative* Aufsätze aus der französischen Diskussion um Frauenbewegung, Sprache und Psychoanalyse – wie auch der Untertitel der Ausgabe lautet. Sie publizieren Übersetzungen einiger Texte von Hélène Cixous, Cathérine Clément, Luce Irigaray, Jacques Lacan, Julia Kristeva, Elisabeth Roudinesco ebenso wie einen Beitrag der Schriftstellerin Christa Reinig und ein Interview mit Verena Stefan. Auf diese Ausgabe nimmt die Debatte um weibliches Schreiben immer wieder Bezug, da die *alternative* zur Hochzeit der Diskussion Mitte der 1970er Jahre die ersten Übersetzungen von Texten des psychoanalytischen, kulturellen Flügels der Frauenbefreiungsbewegung aus Frankreich veröffentlicht.

Das Denken der Theoretikerinnen Hélène Cixous, Luce Irigaray und Julia Kristeva ist lange unter dem Schlagwort des *French Feminism* und des französischen Feminismus subsumiert worden. Ausgangspunkt für diese Rezeptionslinie, die oftmals die Unterschiede zwischen den Theorien übergeht, waren Anthologien, die eine Auswahl französischer Texte des psychoanalytischen kulturellen Flügels der feministischen Theoriebildung in amerikanischer Übersetzung zusammenstellten, wie beispielsweise der Sammelband *New French Feminism*, herausgegeben von Elaine Marks und Isabelle Courtviron, aus dem Jahr 1980. Auch in der deutschsprachigen Diskussion kam es zur „rezeptionsgeschichtliche Fusion von Cixous und Irigaray“[3], so die Germa-

2 Es handelt sich dabei um die Übersetzung des Textes „Cahier de métamorphoses“ von 1983. Die Übersetzung ist gezeichnet mit Georg Webern, wobei es sich möglicherweise um den Librettisten gleichen Namens handelt. Runte veröffentlicht in der 5. Ausgabe 1977 und in der 29. Ausgabe 1985, Eva Meyer in der 6. Ausgabe im Jahr 1978, in der 10. 1979, der 14./15. 1980 und der 18. Ausgabe 1983 zum Denken der sexuellen Differenz.

3 Frei Gerlach 1998, 242.

nistin Franziska Frei Gerlach. Dass die Bezeichnung (New) French Feminism ein diskursiv entstandenes Schlagwort ist und den französischen Feminismus und dessen Theoriebildung nicht in seinen heterogenen Facetten und schon gar nicht in Gänze umfasst, ist mittlerweile Konsens der Forschung.[4] Die Ineinssetzung von Cixous, Irigaray und Kristeva als Repräsentantinnen *der* französischen feministischen Theorie übergeht, dass sie sich nicht alle drei unter das vereinheitlichende Etikett einer *écriture féminine* einordnen lassen, denn zur Frage einer *écriture féminine* und der sexuellen Differenz divergieren ihre Positionen. So hält Kristeva im Unterschied zu Cixous nichts von der Konzeption einer *écriture féminine.* In „Kein weibliches Schreiben? Fragen an Julia Kristeva", auf Deutsch erschienen 1979 in *Freibeuter 2*, weist sie diese zurück mit dem Argument, die „Schreibweise" ignoriere „das Geschlecht".[5] In der *Schwarzen Botin* werden nun alle drei Theoretikerinnen aufgegriffen, allerdings ohne die Unterschiede ihrer Positionen einzuebnen. Ihr Denken scheint einen fruchtbaren Nährboden für das Kritikprogramm der Zeitschrift gebildet zu haben.[6]

Vor dem Hintergrund der im vorangegangenen Kapitel diskutierten Debatte um weibliches Schreiben und eine feministische Ästhetik, werde ich mich dem Gespräch der *Schwarzen Botin* mit Hélène Cixous und Maren Sell in der 2. Ausgabe 1977 und Cixous' Konzeption der *écriture féminine* zuwenden. Zuvor werde ich einen kurzen Exkurs zur Gruppe Psych et Po im Kontext der französischen Frauenbewegung geben. Denn neben dem Einfluss, den die psychoanalytische Theoriebildung des kulturellen französischen Feminismus auf das Kritikprogramm der Zeitschrift hatte, finden sich Ähnlichkeiten hinsichtlich ihrer Haltung zur Frauenbewegung.

11.1 Exkurs: Die Gruppe *Psych et Po* und die autonome Frauenbewegung in Frankreich

Die autonome Frauenbewegung in Frankreich – das Mouvement de Libération des Femmes (MLF) – entwickelt sich in und aus der Arbeiterinnen- und Studentinnenbewegung von 1968 und steht auch hier für die Revolutionierung der Revolutionäre – für die Fortführung und Ausweitung des Anspruchs, Politik nicht auf Parlamente zu beschränken, sondern den Veränderungsprozess auf das Leben als Ganzes zu beziehen. Auch hier wendet sich die Frauenbewegung ebenso wie Teile der Linken von den institutionalisierten Formen der Politik und der Frauenpolitik etablierter Verbände der Nachkriegszeit ab, rückt die Veränderung der menschlichen Beziehungen

4 Mader/Oliver 2003, 309–337.

5 Kristeva 1979, 80.

6 Zur Subsumtion von Cixous, Irigaray und Kristeva unter French Feminism Frei Gerlach 1998, 242; Mader/Oliver 2003, 328; Allwood 2000, 112.

in den Mittelpunkt der Debatten und politisiert das Private.[7] Das MLF treibt den Anspruch der Selbstverwaltung, der Autogestion, wie sie Ende der 1960er Jahre in den Streiks und auf den Straßen eingefordert werden, weiter und überträgt ihn in der Forderung nach Selbstbestimmung konsequent auf alle Belange des Lebens von Frauen – was zu Konflikten innerhalb der Linken führt und die autonome Organisierung der Frauen zur Folge hat. Das MLF entsteht als loser Zusammenschluss dezentral organisierter Gruppen, die sich in ihren theoretischen Positionen und ihrer praktischen Politik unterscheiden. Wie im deutschsprachigen Raum ist auch in Frankreich der Kampf um die Legalisierung des Schwangerschaftsabbruchs eines der zentralen Themen, auf das sich die unterschiedlichsten institutionellen und autonomen Gruppen einigen können. Zugleich treten die politischen und theoretischen Unterschiede immer deutlicher hervor, sodass sich bis

Anfang der 1970er Jahre verschiedene Strömungen herausbilden. Eine der Konfliktlinien innerhalb der französischen Frauenbewegung verläuft bis in die 1980er Jahre entlang der theoretischen und politischen Ausrichtung eines sozialen marxistischen Feminismus, für dessen Theoriebildung die Kategorie Klasse maßgeblich ist, und eines sozialen Radikalfeminismus und dessen materialistischer Theoriebildung, die Frauen als eigene ökonomische Klasse betrachtet, auf der einen Seite sowie eines psychoanalytisch orientierten kulturellen Feminismus, der Geschlecht als Position in der symbolischen Ordnung und der Sprache versteht, auf der anderen. Was Feminismus und was feministische Kritik sein und welche Ziele er mit welchen Mitteln verfolgen solle, ist auch hier umstritten.[8]

Während der Schweizer Historikerin Kristina Schulz zufolge die zwei Frauengruppen *Féminisme, Marxisme, Action* aus Paris und *Psychoanalyse et Politique* (*Psych et Po*) aus Vincennes eine wichtige Rolle für den Aufbau der Bewegung spielen, betont die US-amerikanische Historikerin Lisa Greenwald, dass Psych et Po keinerlei produktiven Anteil am Aufbau der Bewegung gehabt habe. Die Gruppe habe sich anderen Gruppen der autonomen Frauenbewegung gegenüber feindlich und ablehnend verhalten, ihre Aktionen seien destruktiv für die Bewegung gewesen, was vor allem an der Haltung der Gruppengründerin, der Psychoanalytikerin Antoinette Fouque (1936–2014),

7 Greenwald 2018, Kap. 3, Abs. The May Events and the Feminist Attack on the Left. Die Bewegung des Mai 1968 in Frankreich war eine Eruption, die in ihrem Grad der Erschütterung die Revolten in der BRD weit übertraf.

8 Der soziale, marxistische Feminismus wurde unter anderem von den Gruppen *Cercle Dimitriev* und *Lutte de Classe*, der soziale Radikalfeminismus von der Gruppe *Féministes revolutionaires* um Christine Delphy und Monique Wittig und der kulturelle psychoanalytische Feminismus von Psych et Po vertreten, Greenwald, Kap. 4, Abs. We Are 27. Million und Kap. 3, Abs. The May Events and the Birth of Second Wave Feminism 1. Absatz; auch Braidotti 2014, 601.

gelegen habe.[9] Festzuhalten ist, dass im Jahr 1967 die Gruppe *Féminin, Masculin, Avenir* entsteht, die aus dem sozialistisch orientierten *Mouvement Démocratique Féminin* (MDF) hervorgeht. Die Aktivistinnen mischen sich 1968 in die Diskussionen der außerparlamentarischen Linken ein und kritisieren die Geschlechterhierarchien in den eigenen Reihen. Im Verlauf des Jahres 1968 benennt sich die Gruppe um in *Féminisme, Marxisme, Action*. Zu ihren Gründungsmitgliedern zählen Anne Zelensky (*1935) und Christine Delphy (*1941), die zu den bekanntesten feministischen Aktivistinnen und Theoretikerinnen des sozialen, materialistischen Radikalfeminismus in Frankreich zählen. Theoriepolitisch orientiert sich die Gruppe an historisch-materialistischer Analyse und Kritik, lehnt es aber ab, Klasse als ökonomische Kategorie einzig auf das Proletariat zu beziehen. Christine Delphy entwickelt in ihrem Text *L'ennemi principal* (1970, *Der Hauptfeind* 1985) die Theorie, dass das patriarchale Geschlechterverhältnis als materielle Produktionsweise begriffen werden müsse und so neben der kapitalistischen Ausbeutung eine patriarchale existiere, wodurch Frauen zu einer ökonomischen Klasse gehörten.[10]

Zur selben Zeit findet sich eine Gruppe Theoretikerinnen und Schriftstellerinnen um die Psychoanalytikerin Antoinette Fouque zusammen. Die Mitglieder dieser Gruppe kommen aus dem Umfeld der – Ende der 1960er als Reformuniversität gegründeten – Universität Vincennes und geben sich den Namen *Psychoanalyse et Politique*. Der Name verrät die theoretische Ausrichtung der Gruppe, die sich der Kritik und Aneignung psychoanalytischer Theorie – vor allem der Auseinandersetzung mit der strukturalen Psychoanalyse Jacques Lacans – verschreibt. Gründungsmitglied ist neben Antoinette Fouque die Schriftstellerin und Theoretikerin Monique Wittig (1935–2003), die die Gruppe bald verlässt, um mit Christine Delphy zusammenzuarbeiten. Die Gruppe Psych et Po wird die Aufgabe feministischer Praxis hauptsächlich

9 Schulz 2002, 97–100; Greenwald 2018, Kap. 4, Abs. Antoinette Fouque and Psych et Po. Lisa Greenwald geht auch davon aus, dass Cixous, Irigaray und Kristeva zwar im akademischen Diskurs der Universitäten und in der Presse stark wahrgenommen wurden, für die Frauenbewegung selbst und ihre politischen Kämpfe aber marginal blieben. Für die Öffentlichkeit sei es einfacher gewesen, die Positionen der Theoretikerinnen und Schriftstellerinnen in einen intellektuellen Diskurs zu integrieren, als mit der politischen Dimension der Bewegung umzugehen: „Regardless of their philosophical and literary contributions, these writers remained marginal to the political heart of the women's liberation movement, although some of them gained increasing visibility within the university, and the press at times found them appealing. […] Their work was part of a proud French tradition of intellectual discourse and was that much easier for the public and the media to digest than the work of the radicals since lines were drawn and demands were made within the confines of symbolic language, not laws and political power." Greenwald 2018, Kap. 4, Abs. Antoinette Fouque.

10 Delphy 1985; Schulz 2002, 97–100.

in der Entwicklung feministischer Theorie sehen. Im Herbst 1969 kommen beide Gruppen Féminisme, Marxisme, Action und Psychoanalyse et Politique bei einem Treffen in Vincennes zum ersten Mal zusammen – das Treffen wird als wichtiger Moment des Beginns des MLF erinnert.[11]

Auch wenn sich einige der Mitglieder wie beispielsweise Luce Irigaray durchaus aktiv an Aktionen der Bewegung beteiligen, tritt die Gruppe Psych et Po hauptsächlich durch die Produktion von Texten hervor, wobei die Grenzen zwischen Literatur, Philosophie und psychoanalytischer Theorie bewusst überschritten und unterlaufen werden. Verbreitung findet die Theoriebildung durch die Zeitschrift *le quotidien des femmes* ebenso wie durch den Verlag *éditions des femmes*, zu deren Initiatorinnen ebenfalls Fouque zählt. Die deutliche Schwerpunktsetzung auf feministischer Theoriebildung führt zu einer intensiven Rezeption der strukturalen Psychoanalyse Jacques Lacans. Lacan verknüpft die Psychoanalyse Sigmund Freuds mit Ansätzen der strukturalen Linguistik und kommt zu der Einschätzung, dass das menschliche Individuum dadurch zu einem Subjekt wird, dass es in die sprachlich vermittelte symbolische Ordnung eintritt. Der Anspruch der strukturalen Psychoanalyse ist, Struktur und Funktionsweise von Gesellschaftlichkeit ebenso wie die Enkulturation des Einzelnen zu erklären, wobei die Subjektwerdung zugleich gedacht wird als Vergeschlechtlichung: Subjektsein bedeutet ein Geschlecht zu haben, eine geschlechtliche Position innerhalb der symbolischen Ordnung einzunehmen. Die Verknüpfung von Subjektwerdung, Geschlecht und Sprache wird für die psychoanalytisch informierte Strömung des kulturellen Feminismus zum vornehmlichen Gegenstand der Theoriebildung. Hier wird eine Verschiebung deutlich: Die Theoriebildung des sozialen Feminismus, die sich an marxistischer Theorie orientiert, bearbeitet hauptsächlich Fragen der geschlechtlichen Arbeitsteilung und Ökonomie sowie der rechtlichen Stellung der Frau und denkt Gesellschaftlichkeit und Subjektwerdung vermittelt über den Begriff der Arbeit. Dieser Strang tritt ab Mitte der 1970er Jahre zunehmend in den Hintergrund. Die Theoriebildung des kulturellen Feminismus legt ihren Schwerpunkt auf Sprache als Vermittlungsinstanz und Merkmal von Gesellschaftlichkeit und rückt intersubjektive Anerkennungsverhältnisse in den Fokus der Überlegungen.[12]

Neben der Theoriebildung fällt die Gruppe Psych et Po als Provokateurin der Frauenbewegung auf. So stellte Psych et Po die Bezeichnung Feminismus infrage, die für eine kompromisslerische Position stehe, welche die Gleichstellung von Frauen mit Männern innerhalb der kapitalistischen patriarchalen Gesellschaft zum Ziele habe und somit die kulturellen Maßstäbe der Gesellschaft übernehme, statt sie zu brechen. Daher bezeichnete sich Fouque als

11 Schulz 2002.

12 Schulz 2002, 216; Greenwald 2018, 4. Kap. Abs. We are 27 Million, letzter Absatz; Mitchell 1987, 163–190.

antifeministisch und auch Hélène Cixous und Julia Kristeva lehnen für sich die Bezeichnung Feministin ab. Im Streit darum, was Feminismus sei und sein soll, stellte Psych et Po dem Feminismus die Frauenbefreiung gegenüber.[13] Die Historikerin Lisa Greenwald hebt hervor, dass Psych et Po sich als „the original – and only legitimate – voice of women's liberation" verstanden habe. Diese Haltung sei von den meisten anderen Gruppen der Bewegung als Anmaßung aufgefasst worden. Auf die Spitze getrieben wird der Konflikt, als Antoinette Fouque 1979 den Namen MLF als geschützte Marke eintragen lässt und so aus der Selbstbezeichnung der Bewegung einen Besitz und eine verkaufbare Ware macht.[14] Hatte Psych et Po in den 1970ern den Vorwurf gegen den sozialen Feminismus erhoben, er sei zu wenig radikal und zu angepasst an die gängigen Formen der Politik, so unterstützt Fouque in einer Kehrtwendung Anfang der 1980er Jahre den Wahlkampf des sozialistischen Kandidaten François Mitterand für die Präsidentschaftswahl.[15]

Psych et Po und *Die Schwarze Botin* weisen Ähnlichkeiten auf: Die Fokussierung auf feministische Theoriebildung im Bereich der Kulturtheorie geht einher mit der Kritik bis hin zur polemischen Verurteilung der politischen Praxis anderer Gruppen der Frauenbewegung. Die Versuche, im von der kapitalistischen, bürgerlichen Gesellschaft abgesteckten Rahmen der Politik Veränderungen bewirken zu wollen, ohne die Bedingungen anzugreifen, werden verworfen, auch wenn sie aus der Frauenbewegung kommen. Die Theoretikerinnen von Psych et Po scheinen sich als Kritikerinnen des Feminismus aus der Perspektive der Frauenbefreiung zu verstehen. Ähnlich beansprucht auch *Die Schwarze Botin*, die Kritik der deutschsprachigen Frauenbewegung aus der Frauenbewegung zu entwickeln.

11.2 *Écriture féminine* und das Denken einer „gesellschaftlich ungelebten Substanz"[16]

Die Schwarze Botin veröffentlicht in ihrer 2. Ausgabe im Jahr 1977 ein Gespräch mit der Schriftstellerin Hélène Cixous und der Journalistin Maren Sell mit dem Titel „Trennungen". Auch Verena Stefan und Kathrin Mosler

13 Moi 1989, 122f.; Allwood 2000, 119; Greenwald zitiert aus einem Artikel, den Psych et Po 1974 in der Zeitung *Libération* im Jahr 1974 veröffentlicht und die Unterscheidung zwischen Feminismus und Frauenbefreiung betont: „[F]eminism is not women's struggle" und weiter „feminism is an adversary of the Women's Liberation Movement, of all liberation movements, and of all anti-imperialist movements." Siehe Psych et Po/des femmes (1974): Le revolution est en travail, in: Libération, 06/10, 1974, zitiert nach Greenwald, 4. Kap., Abs. Antoniette Fouque and Psych-et-Po, 5. Absatz.

14 Greenwald 2018, 4. Kap., Abs. We are 27 Million, letzter Absatz.; Delphy 1991, 138; Mader/Oliver 2003, 309.

15 Greenwald 2018, 3. Kap.; Kaufmann-McCall 1983, 285–289.

16 Mosler/Stefan 1976, 10.

beziehen sich im Jahr zuvor in der *Aufständischen Kultur* (1976) auf Hélène Cixous. In der Einleitung gibt Stefan einen Ausschnitt aus „Schreiben, Feminität, Veränderung" wieder, einem Aufsatz Cixous', der in der Ausgabe 108/109 der *alternative* im Jahr 1976 auf Deutsch erscheint. Stefan zitiert Cixous, die schreibt, dass ein „weiblicher Text […] immer nur subversiv sein"[17] könne. Um sich zu befreien, sollten Frauen ein neues „aufständische[s] Schreiben"[18] erfinden, das zu den „notwendigen Brüche[n] und Veränderungen ihrer Geschichte"[19] führe.

Auch in ihrem gemeinsamen Aufsatz „Die gesellschaftlich ungelebte Substanz" beziehen sich Verena Stefan und Kathrin Mosler auf Cixous' Aufsatz „Schreiben, Feminität, Veränderung", in dem Hélène Cixous wie folgt argumentiert:

> „Die Frau wird, indem sie sich schreibt, zu diesem Körper zurückkehren, den man ihr mehr als genommen hat, aus dem man den besorgniserregenden Fremden gemacht, den Kranken oder den Toten, und der so oft der schlechte Geselle ist, Ursache und Ort der Untersagungen. Indem man den Körper zensiert, zensiert man auch den Atem, die Sprache. Schreiben: Akt, Verwirklichung nicht nur des ent-zensierten Bezugs der Frau zu ihrer Sexualität, zu ihrem Frau-Sein. Schreiben verschafft ihr Zugang zu den eigenen Kräften, gibt ihr ihren Besitz zurück, ihre Lust, ihre Organe, ihren Körper. […] Schreibe dich: dein Körper muß sich Gehör verschaffen."[20]

Die Fremdheitswahrnehmung dem eigenen Körper gegenüber, wie ich sie oben für Stefans und Moslers Konzeption festgestellt habe, scheint bei Cixous nicht nur bestätigt zu werden. Vielmehr bietet sie einen Ausweg an: Die Enteignung der Frau beruhe in der Enteignung ihres Körpers und damit ihrer sinnlichen Wahrnehmung. Schreiben führe heraus aus der Enteignung und überwinde die Fremdheit, indem es einen Zugang zum Körper und zur Lust schaffe.

Mosler betont, mit einem Zitat Raoul Vaneigems, die Wichtigkeit, sich selbst in den Mittelpunkt des eigenen Schreibens zu stellen: „Um an dem anderen Interesse zu finden, muß ich zuerst die Kraft für ein derartiges Interesse in mir selbst finden."[21] Der Gedanke findet nicht nur Widerhall im viel zitierten letzten Satz von Verena Stefans Roman *Häutungen* – „Der Mensch

17 „Ein weiblicher Text kann immer nur subversiv sein: Indem er sich schreibt, hebt er vulkanartig die alte, immobile Kruste empor. Die Frau muß sich schreiben, denn das Erfinden eines neuen aufständischen Schreibens läßt sie im Augenblick ihrer Befreiung die notwendigen Brüche und Veränderungen ihrer Geschichte vollziehen." Cixous 1976, 147; Stefan 1976, 3.

18 Cixous 1976, 147; Stefan 1976, 3.

19 Cixous 1976, 147; Stefan 1976, 3.

20 Cixous 1976, 147.

21 Mosler 1976, 52; Vaneigem 2008, 59.

meines Lebens bin ich."[22] Ähnlich klingt, was Cixous in „Die unendliche Zirkulation des Begehrens. Weiblichkeit in der Schrift" schreibt:[23]

> „Wenn es sich um das gesprochene Wort handelt, geht es von dir zum Anderen. Handelt es sich ums Schreiben, geht es vom Anderen zu dir. Es kommt zu dir zurück. Das nun, dessen die Frauen am meisten beraubt sind, ist das Zurückkommen, das Zurückkommen zu sich selbst. Sie verlieren sich maßlos. Es gibt unwahrscheinlich viele Frauen, die ihrer selbst völlig beraubt sind. Sie genießen sich niemals selbst. Und eben darum handelt es sich. Worauf es für mich in jeder Praxis ankommt, ist, es dazu zu bringen, daß die Frauen in sich selbst die Kraft finden, sich selbst zu lieben."[24]

Zu sich selbst und zum Körper zurückkommen, sich selbst lieben – hier liegen die Anknüpfungspunkte für Stefans und Moslers Konzeption weiblichen Schreibens, die von einer radikalen Subjektivität ausgeht, zu Cixous' *écriture féminine*. *Die Schwarze Botin* verwirft, wie ich gezeigt habe, *diese* Konzeption eines Schreibens als Wiederholung abgegriffener Naturmetaphern. Dennoch bezieht auch sie sich auf Hélène Cixous, die ihr zur Gewährsfrau einer Kritik der Gleichsetzung von Frau und Natur wird.

Im ersten Heft der *Schwarzen Botin* erscheint 1976 die Rezension der *Aufständischen Kultur* mit dem Titel „Dann spürten wir den bösen Blick der Abstraktion". Die anonyme Autorin teilt zwar die Einschätzung der Ausgangslage, die Stefan und Mosler konstatieren – eine „Sprachlosigkeit der Frauen" –, kritisiert aber die Konsequenzen, welche die beiden Autorinnen ziehen. In der *Schwarzen Botin* ist zu lesen:

> „Sprachlosigkeit der Frauen – Unweiblichkeit der Sprache? Sicher. Nur scheinen uns die Versuche des Hefts, Frauen auf eine vorindustrielle Erfahrungswelt und reduzierte Äußerungsmöglichkeiten festzulegen, kaum ‚tragfähig'. Es geht auch nicht nur darum, daß mangelnde Verfügungsgewalt von Frauen über Sprache festgestellt wird: sie wird mit dem neuen Vokabular gleichzeitig produziert."[25]

Und die Autorinnen der *Schwarzen Botin* kommentieren den Bezug Stefans auf Cixous: „Nicht zuletzt Hélène Cixous unterstellen wir ein müdes Lächeln über Heft Nr. 5 der Frauenoffensive."[26] Ein müdes Lächeln, weil die Rezensentin Stefans und Moslers Verständnis des Weiblichen und der Sprache und damit ihre Interpretationen der Aufsätze von Cixous für falsch hält.

22 Stefan 1994.

23 Allerdings erscheint *Die unendliche Zirkulation des Begehrens* erst 1977 auf Deutsch. Es geht mir hier um eine Ähnlichkeit, die es einem Denken wie dem von Stefan und Mosler ermöglicht hat, sich auf Schriften von Cixous zu beziehen, sich in ihnen wiederzufinden.

24 Cixous 1977, 52.

25 Anonym 1976, 29.

26 Ebd. 30.

11.3 Das Gespräch mit Hélène Cixous in der *Schwarzen Botin*

In der 2. Ausgabe der *Schwarzen Botin* 1977 folgt das Gespräch von Brigitte Classen und Gabriele Goettle mit Hélène Cixous und Maren Sell. Es wird deutlich, aus welchen inhaltlichen Gründen sich *Die Schwarze Botin* auf Cixous, die zu *der* Denkerin der *écriture féminine* werden wird, bezieht und zugleich ein weibliches Schreiben ablehnt, das sie mit Stefan und Mosler in Verbindung bringt. Die Auseinandersetzung um weibliches Schreiben lässt sich demnach auch als Konflikt um die richtige Lesart von Hélène Cixous' Konzept der *écriture féminine* und der sexuellen Differenz verstehen.

Zu Beginn des Gesprächs bitten die Interviewerinnen der *Schwarzen Botin* Hélène Cixous, über ihre Arbeit zu berichten. Schnell kommen sie darauf zu sprechen, was mit Weiblichkeit gemeint sei und in welchem Verhältnis zur Sprache sie stehe. Dabei kritisieren Classen und Goettle, dass die Frauenbewegung in der BRD einer Vorstellung von Weiblichkeit anhänge, die diese im unmittelbar natürlich vorgestellten weiblichen Körper begründet sehe. Die Frauenbewegung vollziehe nicht nur eine Trennung von Kopf und Körper, sondern hänge einer Idee von weiblichem Schreiben an, dessen Basis in eine „Erfahrungswelt des Körpers“[27] verlegt werde, der „eine Vermittlung mit dem Kopf, wenn nicht abgesprochen, so doch in sehr weite Ferne gerückt wird, ohne daß die Beziehung“[28] von Körper und Denken „jeweils geklärt würde“[29]. Diese Vorstellung eines weiblichen Schreibens führe zu einer autobiografischen Literatur, die in der Thematisierung des Verhältnisses zum eigenen Körper sich erschöpfe und die im Modus der Identifikation rezipiert werde. Ein Beispiel dieser Literatur ist der *Schwarzen Botin* Verena Stefans *Häutungen*, in dem „eine regelrechte Theorie der Weiblichkeit auf Naturbasis“[30] sich der „Naturmetaphorik“[31] bediene und eine Identifikation der Leserinnen auf Grundlage der geteilten „Natürlichkeit“[32] befördere. Nach ihrer Meinung befragt, bestätigt Cixous nun die Position der *Schwarzen Botin*:

> „Eine Frau ist immer zerteilt, man gestattet ihr nur den Körper und schlägt ihr den Kopf ab, weil sich dort etwas denken ließe. Und wenn es eine Kastration der Frau gibt, findet sie hier statt in der Form der Enthauptung. Daß die Frau ja nicht denkt, daß sie weiterhin Körper bleibt! Es gibt erstaunlich viele feministische Praktiken, die in diesem Sinne ausufern, die die enthauptete Frau produzieren und sich einer Art

27 Cixous/Die Schwarze Botin/Sell 1977, 16.
28 Ebd.
29 Ebd.
30 Ebd. 18.
31 Ebd.
32 Ebd.

nichtssagenden, natürlichen Körpers versichern. Das ist für mich eine gefährliche Naivität."[33]

Ein auf der Vorstellung von Natürlichkeit beruhendes Verständnis von Weiblichkeit sei, so Cixous, der „Gipfel der Verdrängung"[34], da die fundamentale Trennung von Denken und Körper, der die Frau im Sozialen ausgeliefert sei, beibehalten und verdeckt werde. Die Reflexion dieser Trennung erfordere es, „niemals vom Körper ohne Kopf"[35] zu sprechen. Das schließe ein, Weiblichkeit nicht als natürlich misszuverstehen: „Ich spreche nicht von Natürlichkeit."[36] Sie widme sich dem „*Denken* des Körpers"[37], das eine „Arbeit des Imaginären"[38] sei. Durch die „Arbeit des Imaginären", Arbeit an und mit unbewussten Körperbildern, könne etwas über den Körper in Erfahrung gebracht werden, ohne der Vorstellung eines unmittelbaren Zugangs zur Natürlichkeit der Frau aufzusitzen. Das Problem sei, dass Frauen „eines Bildes, einer Vorstellung von ihrem Körper"[39] beraubt seien. Der Mangel am Imaginären, an imaginären Bildern des Weiblichen, die nicht patriarchalen Mustern entsprächen, führe erstens zur Errichtung einer Identität der Frauen auf Basis des „natürlichen elementaren Funktionieren[s]"[40] ihres Körpers – eine Identifikation, auf die sie die androzentrische Gesellschaft ohnehin bringe. Zweitens führe das Fehlen imaginärer Selbstbilder zu Stagnation. Das zeige sich auch in einer Rezeptionsweise, in der die Leserinnen sich, ihr eigenes Leben im Text wiederfinden wollen. Das verspreche Sicherheit, verhindere aber Veränderung:

> „Wenn eine Frau Dir sagt: ‚Ich erkenne mich, das ist genau meine Geschichte', dann bedeutet das auch, daß es eine Wiederholung gibt; wenn Du Dich zusammenschließt um etwas, das schon gelebt ist, so gibt Dir das Sicherheit. Das bedeutet nicht, daß Du etwas ändern wirst, was schon gelebt ist. Das Phänomen der Reproduktion und der Begrenzung ist das Phänomen, das verhindert, eine Änderung zu beschließen."[41]

Cixous bestätigt die Kritik, die die Redakteurinnen der *Schwarzen Botin* an den Vorstellungen eines weiblichen Schreibens in der deutschsprachigen Frauenbewegung üben.

Cixous interessiere sich nicht dafür, was sich „die Leute auf der Straße erzählen", denn das sei „überwacht und verstümmelt"[42]. Vielmehr sei es

33 Ebd. 16.
34 Ebd.
35 Ebd. 17.
36 Ebd. 13.
37 Ebd. 17, Herv. K. L.
38 Ebd.
39 Ebd. 19.
40 Ebd. 18f.
41 Ebd. 19.
42 Cixous 1977, 11.

„all das Schweigen, die Blicke, die Weise, in der die Körper sprechen“[43], die Cixous aufzugreifen versucht. Diese Dimension sei aber unbewusst und unterliege dem Verdikt des Nichtsagbaren: „Ich arbeite nur an dem Untersagten (das macht meine Texte schwierig).“[44] Dieses Untersagte in die „Schreibweise [...] einfließen zu lassen“[45], ist Cixous' Programm der *écriture féminine*:

> „Vorsicht, ich versuche nicht, eine weibliche Schreibweise zu schaffen, sondern in die Schreibweise das einfließen zu lassen, was bisher immer verboten gewesen ist, nämlich Wirkungen von Weiblichkeit.“[46]

Écriture féminine bedeute, „das hervortreten zu lassen, was vom Symbolischen abgetrennt wurde, nämlich die Stimme der Mutter, heißt, Archaischeres hervortreten zu lassen.“[47] Wenn Cixous vom Untersagten, Verbotenen, von dem „vom Symbolischen [A]bgetrennte[n]“, von der Weiblichkeit, der „Stimme der Mutter“ spricht, denen sie in der Schrift[48] zum Ausdruck verhelfen will, so zeigt sich hier ein Subjektverständnis, das in Anknüpfung, Durcharbeitung und Kritik einer psychoanalytischen Konzeption des Subjekts, der Subjektwerdung und der Vergeschlechtlichung entsteht. Cixous' *écriture féminine*, ihre „Arbeit des Imaginären“ will Unbewusstem, will Formen unbewusster Körperbilder, durch welche die Erfahrung eines eigenen, integrierten Körpers erst möglich wird, Ausdruck geben.

Écriture féminine *und sexuelle Differenz*

Maren Sell, die 1969 aus der BRD nach Paris ausgewandert war,[49] kommt im Gespräch mit der *Schwarzen Botin* auf das „Konzept der Differenz“[50], der „sexuelle[n] Differenz“[51], zu sprechen. Die folgende, längere Passage des Ge-

43 Ebd.
44 Ebd.
45 Ebd. 8.
46 Ebd.
47 Ebd. 42f.
48 *Écriture* bezieht sich bei Cixous auf die Schrift, die, im Unterschied zur gesprochenen Sprache, stärker auf den Anderen verweise. Anhand des Beispiels einer „brieflichen Textur“ beschreibt die Philosophin Eva Waniek Cixous' Schriftverständnis. Der „Entstehungsort von Schrift überhaupt“ zeige sich in der brieflichen Textur eines Textes: „Dieser Ort muß in Erscheinung treten, weil hier die Zeichenproduktion als Bewegung von außen – der Adressat als Bedingung – nach innen – der Autor als Möglichkeit – anschaulich wird, indem sie sich über ein Medium – Sprachmuster, das zur Vermittlung der Darstellung von Bedeutung dient – fixiert (in Schrift), um sich dann erneut nach außen zu richten.“ (Waniek 1993, 95). In einem solchen Verständnis von Schreiben ist der Adressat, der Andere, an den sich der Text richtet und der der Kontrolle der Schreibenden entzogen ist, Bedingung des Schreibens; Cixous 1977, 52; Waniek 1993, 93ff.
49 Bülow/Sell/Reismann 1980, 80.
50 Cixous/Die Schwarze Botin/Sell 1977, 18.
51 Ebd.

sprächs macht deutlich, wie die Gesprächspartnerinnen die theoriepolitischen Positionen innerhalb der feministischen Diskussion fassen, worin sie die Unterschiede sehen und wie sie selbst die Frauenbewegung begreifen.

> „Der Unterschied zwischen der französischen und der amerikanischen als auch der deutschen Bewegung ist, daß es auf der einen Seite so einen Feminismus gibt, der sich mit der einfachen Umkehrung der männlichen Verhaltensweisen abgibt, sie also negativ übernimmt und das System letztlich verstärkt; auf der anderen Seite Verena Stefan, in deren Text die Frau als Naturobjekt wieder erfunden wird, was Freud das ‚Rätsel' nannte, nun nicht mehr ein Rätsel ist, sondern ich weiß, was es ist, mein Körper, und das wird dann gleich der Körper aller Frauen, was das herkömmliche Bild der Frau, also das System ebenfalls bestärkt. In Frankreich gibt es ein philosophisches Konzept, das in Deutschland weniger ausgearbeitet ist, das Konzept der Differenz."[52]

Die Passage zeigt die theoriepolitische Selbstwahrnehmung der Gesprächspartnerinnen: Für Sell sind die Frauenbewegungen in Frankreich, den USA und Deutschland durch verschiedene Arten des feministischen Denkens charakterisiert, wobei sie selbst das Denken der sexuellen Differenz für vielversprechend hält. Es ermögliche den Frauen, „ihr Anderssein" auszudrücken. Dieses Anderssein verknüpft sich mit der Frage, wie „Neues erfahren", gedacht und gesagt werden könne. Die Konstellation des Neuen – etwas, das noch nicht existiert – und des Andersseins der Frau grenzt Sell aber – trotz gleichklingendem Wortlaut – von der Position von Verena Stefan ab, denn diese greife auf das Bild der Frau als „Naturobjekt" zurück. Das Denken der Differenz ermögliche neues Denken und Neues zu denken:

> „An Stelle von Oppositionen wie Körper – Kopf, männlich – weiblich, aktiv – passiv, was ein Herrschaftsbezug ist, stets zur Vernichtung des einen zu Gunsten des anderen aufruft, wird Leben in der Differenz, im (sich) verändernden Anderssein begriffen. Nun kann in herkömmlicher, begrifflicher Sprache, die gewohnt ist, Dinge auf einen Nenner zu bringen, schwer gesagt werden, was das bedeutet. Wie wir Neues erfahren, wie sich Vorstellungen verschieben, das Denken sich wandelt, dafür bedarf es eigentlich einer anderen Sprache, eine die nennt und doch offen läßt, die das Offene läßt und nach den Bedingungen des Nicht-Nennbaren sucht, in Bewegung bleibt."[53]

Der bedeutende Unterschied zwischen den Frauenbewegungen in den USA, in Frankreich und in der BRD besteht für Maren Sell darin, wie Frausein und Weibliches gedacht werden. Sie hebt das Konzept der sexuellen Differenz hervor:

52 Ebd.
53 Ebd.

„Differenz bedeutet einmal die sexuelle Differenz. Es gibt zwei, nicht gleiche Geschlechter in einem eingeschlechtlichen Gesellschaftssystem, Sprachsystem usw. Es geht für die Frau darum, ihr Anderssein, das Andere ihrer Empfindungen, ihrer Ausdrucksform, ihres Denkens und Handelns in die Gesellschaftsverhältnisse einzubringen und diese zu verändern, die Herrschaft des ‚Einen' zu sprengen, ohne die Herrschaft eines anderen ‚Einen' zu wollen. Differenz bedeutet ja gerade, daß es ein Prinzip des ‚Einen' nicht geben kann. Die Herrschaft des ‚Einen' bedeutet immer den Tod des anderen. Dieser Tod kann sich als Leben verbrämt auch in der regressiven Identifikation auf ‚einen' Archetypus weiblicher Natur äußern. Dabei ist kulturell gesehen, keine Frau einer anderen Frau identisch. Eine jede unterscheidet sich durch ihre Familiengeschichte, ihre Anlagen, ihre Verausgabung und Ängste. Jede einzelne ist einzig. Das macht Solidarität, das macht Liebe möglich. Das macht die Vielfältigkeit der Fragestellungen, der Kämpfe, der stets anderen Begegnungen und die Dynamik der Bewegung aus."[54]

Sell zufolge eröffnet das Denken der sexuellen Differenz die Möglichkeit der Individualität jeder Einzelnen. Es ist bemerkenswert, dass Sell davon spricht, dass keine Frau der anderen identisch und die Bewegung gerade deshalb so vielfältig in ihren Kämpfen sei. Auch wenn an dieser Stelle noch unklar ist, was sexuelle Differenz bedeutet und wie genau Sell und Cixous das Anderssein der Frau begreifen – und vor allem, worin der Unterschied dieses Andersseins zu dem von Stefan und Mosler anvisierten Anderssein bestehen soll –, so sticht doch hervor, dass hier das Selbstverständnis eines feministischen Differenzdenkens skizziert wird, das als Zielvorstellung Individualität und Vielfältigkeit anpeilt. Der hier formulierte „Differenzfeminismus" der autonomen Frauenbewegung macht demnach die Vereinheitlichung und Homogenisierung aller Frauen zu der *einen Frau* im Bild des Naturobjekts zum Gegenstand seiner Kritik.

Was aber meint nun Cixous' Konzept der *écriture féminine*, durch die Verdrängtes zum Ausdruck kommen soll, im Rahmen des von Maren Sell angesprochenen Konzepts der sexuellen Differenz? Zur Erläuterung werde ich im Folgenden kurz auf die strukturale psychoanalytische Subjekttheorie eingehen, die auch für die Bezüge des Kritikprogramms der *Schwarzen Botin* zu Luce Irigaray und Julia Kristeva relevant sein wird.

11.4 Die psychoanalytische Subjekttheorie. Ein theoriegeschichtlicher Kontext der *Schwarzen Botin*

Das Verhältnis der Frauenbewegung der 1970er Jahre zur Psychoanalyse ist ambivalent vor allem wegen der Werturteile über Frauen und Weiblichkeit, die Sigmund Freud und seine Nachfolgerinnen und Nachfolger in ihren

54 Ebd.

Theorien zur Entwicklung und Geschlechtswerdung der Individuen fällen. So sieht die Literaturwissenschaftlerin und Schriftstellerin Kate Millett in ihrem 1971 erschienen Buch *Sexus und Herrschaft. Die Tyrannei des Mannes in unserer Gesellschaft* in der Psychoanalyse Sigmund Freuds eine Legitimationstheorie der hierarchischen Geschlechterordnung, die auf der mit Gewalt durchgesetzten Macht und Herrschaft von Männern über Frauen beruht. Die Psychoanalyse sei die konterrevolutionäre „Reaktion der Ideologie"[55], welche die sexualpolitische Revolution der ersten Frauenbewegung und der sozialistischen Bewegung im Keim zu ersticken suche. Zu einem ähnlichen Urteil kommt die Journalistin Marielouise Janssen-Jurreit in ihrem 1976 veröffentlichten Band *Sexismus. Über die Abtreibung der Frauenfrage*, in dem sie die Objektivierung der Frau in der psychoanalytischen Wissenschaft angreift. Beide Autorinnen waren aktiv in der autonomen Frauenbewegung der USA und der BRD organisiert.[56] Zugleich entwickelt sich ein Strang feministischer Psychoanalyserezeption, der trotz der androzentrischen Architektur der Theorie eine Möglichkeit ihrer Erweiterung durch Kritik sieht. Denn die Psychoanalyse entthront das seiner selbst bewusste Subjekt und theoretisiert die unbewussten Wünsche und Regungen, die sich der Kontrolle des bewussten Willens entziehen. Genau deshalb lässt sich die in ihr angelegte Subjektkritik gegen den Androzentrismus der Psychoanalyse selbst wenden. Zudem versucht die Psychoanalyse, die Entstehung von Geschlecht zu erklären, und leistet damit der Entnaturalisierung von Geschlechtsidentität und Geschlechterordnung Vorschub. In der autonomen Frauenbewegung der BRD ist es Carol Hagemann-White, die sich 1976 in ihrem Habilitationsvortrag dem Verhältnis der Frauenbewegung zur Psychoanalyse stellt.[57] Sie plädiert dafür, feministische Wissenschaft und Theorie sollten die Psychoanalyse durcharbeiten und sie sich aneignen, ohne jedoch die Wut zu verleugnen, welche die psychoanalytischen Behauptungen von der „Minderwertigkeit" und der „Unterlegenheit der Frau"[58] hervorrufen könnten. Nicht zuletzt ist es die Zeitschrift *Die Schwarze Botin*, die zum Ort der Auseinandersetzung um die Psychoanalyse wird. Wenn ich im Folgenden in groben Zügen die psychoanalytische Subjekt- und Geschlechtertheorie Jacques Lacans nachzeichne, so steht meine Erörterung in der Tradition einer Aneignung derselben durch die feministische Kritik.[59]

55 Millett 1982, 233.

56 Janssen-Jurreit legt einen Schwerpunkt auf die Kritik der Wissenschaft und der Objektivierung der Frau in der Psychoanalyse, Janssen-Jurreit 1987, 467f., 534.

57 Hagemann-White war die fünfte Frau, die sich in der BRD in Soziologie habilitiert hat.

58 Hagemann-White 1979, 11.

59 Ich folge der Einschätzung, dass feministische Theorie auch ein Denken durchdenken sollte, das nicht direkt feministische Einsichten reflektiert, und dass im Gedankengebäude der Psychoanalyse sehr viel Potenzial für eine feministische Subjektkritik

Begrenzung, Bestimmung und das Begehren der Mutter

Die Psychoanalyse Jacques Lacans versucht die Subjektwerdung nicht von einem mit sich identischen, seiner selbst bewussten Subjekt aus zu denken, sondern von der ihm vorgängigen symbolischen Ordnung, von der sein Status – Subjekt zu werden und zu sein – abhängig ist. Die Lacansche symbolische Ordnung ist bestimmt durch eine „strukturell notwendige Unvollständigkeit, durch ein konstitutives Fehlen"[60]. Unvollständigkeit und Mangel ziehen sich systematisch durch das Gedankengebäude der strukturalen Psychoanalyse. Für die unterschiedlichen feministischen Kritikentwürfe wird sich unter anderem die Frage stellen, wie sie mit dem Mangel und seiner Rolle für die Genese des Subjekts verfahren.

In der psychoanalytischen Theorie Sigmund Freuds übernehmen das Inzesttabu und dessen Elemente des Ödipus- und des Kastrationskomplexes die Funktion der Schleuse und des Übergangs zum Subjektsein. Freud denkt den Ausgang der Subjektgenese als Ende der dyadischen Mutter-Kind-Beziehung, das durch die väterliche Kastrationsdrohung herbeigeführt werde.[61] Ähnlich wie bei Freud wird auch bei Lacan die als Einheit imaginierte Mutter-Kind-Dyade durch das väterliche Gesetz,[62] einen von außen hinzutretenden Dritten, aufgebrochen.[63] Das dem Auftritt des Gesetzes vorangegangene Entwicklungsstadium – das Spiegelstadium – ist gekennzeichnet vom Begehren des Kindes nach dem Begehren der Mutter, das es vollkommen zu erfüllen

und -theorie steckt. Dementsprechend orientiert sich meine Interpretation auch an Erklärungsansätzen der Psychoanalyse.

60 Rendtorff 2014, 40.

61 Im Theorem des Ödipuskomplexes formuliere Freud den „fundamentalen Inzestwunsch" (Mitchell 1987, 173), das heißt den Wunsch des Kindes nach unbegrenzter Lustgewinnung und -befriedigung mit der Mutter. Der Ausgang dieser Situation wird beschrieben im Kastrationskomplex, der das Verbot des Inzests beinhalte. Für den Jungen werde das Verbot durchgesetzt durch die Drohung der Kastration: Nur wenn der Inzestwunsch, die Lustgewinnung und -befriedigung mit der Mutter, aufgegeben werde, sei die Unversehrtheit gesichert. Die Kastrationsdrohung erfordere die Unterwerfung unter das Gesetz, das den Inzest verbiete, wobei die Befolgung des Gesetzes die Subjektwerdung markiere; Freud 1961a, 93ff.; Mitchell 1987, 163–190.

62 Dylan Evans fasst den Begriff des Gesetzes bei Lacan wie folgt zusammen: „Wie im Werk von Lévi-Strauss bezieht sich das Gesetz bei Lacan nicht auf einen spezifischen Teil der Gesetzgebung, sondern auf die fundamentalen Prinzipien, die allen sozialen Beziehungen zugrunde liegen. Das Gesetz ist die Summe der universalen Prinzipien, die die sozialen Beziehungen ermöglichen, die Strukturen, die alle Formen des sozialen Austausches regeln, unabhängig davon, ob es sich dabei um den Austausch von Geschenken, um Verwandtschaftsbeziehungen oder den Abschluß eines Vertrags handelt." (Evans 2002, 123).

63 Es handelt sich um eine imaginierte Einheit, denn körperlich und sozial sind Mutter und Kind keine Einheit, Nagl-Docekal 2000, 81–94.

wünscht. Die imaginierte Einheit mit dem Begehren der Mutter – die Vorstellung, alles zu sein für die Mutter – ist zugleich eine Ganzheits- und Vollkommenheitsillusion für das Kind. Durch den Auftritt des Dritten werde es gewahr, dass die Mutter noch einen anderen begehrt als es selbst. Das Begehren der Mutter ist nicht ausschließlich auf das Kind gerichtet. Das Begehren des Kindes, alles zu sein für die Mutter, ihr Begehren vollkommen zu stillen, scheitert somit. So bedeutet die Auftrennung der imaginären Einheit für das Kind den Verlust eines begehrten Objekts. Das verbotene, verlorene und damit ermangelnde Objekt, um das in Lacans Theorie sich alles dreht und das „strukturell unzugänglich"[64] ist, ist das Begehren der Mutter. Das Verbot produziert zugleich das Phantasma, mit dem mütterlichen Körper sei ein unmittelbares und totales Genießen möglich. Die Wahrnehmung des Verlusts, ausgelöst durch das Inzestverbot, das den Genuss des mütterlichen Körpers verbietet, ruft einen Mangel hervor. Im Mittelpunkt der psychoanalytischen Theorie Lacans steht der fundamentale Mangel des Subjekts, nicht aus sich selbst, sondern von anderen abhängig zu sein. Ein Mangel, der die fundamentale Bedingung des Subjektseins darstellt, zugleich aber – und gerade deswegen – der Verdrängung anheimfällt und eine Herausforderung für das Subjekt darstellt.[65]

Um die Illusion der Vollkommenheit des Ichs aufrecht zu erhalten und den erlittenen Verlust, den Mangel zu kompensieren, werden andere Objekte gesucht und gebildet. Von ihnen wird die *umfassende* Erfüllung und Vollkommenheit erhofft, die das Subjekt in der imaginären Einheit mit der Mutter gehabt zu haben meint. Doch die Herstellung der Ganzheit und Vollkommenheit, die totale Erfüllung wird unerreichbar bleiben, denn sie war auch als Einheit mit der Mutter illusionär. Vor allem würde sie das Ende der Individuierung und den Verlust dessen bedeuten, was das Subjektsein in der Tradition der abendländischen Philosophie ebenso wie der Psychoanalyse ausmacht: die Unterscheidung von Subjekt und Objekt, die Trennung von einem Objekt, die Fähigkeit, Objekte zu bilden. So resultiert in Lacans Theorie aus dem durch das Gesetz hervorgerufenen Verlust eine fundamentale Trennung, welche die Grundlage darstellt für die Trennung von Subjekt und Objekt: Weil das Subjekt, indem es Subjekt wird, einen Verlust erfahre, versuche es diesen wieder auszugleichen, begehre es ein Objekt, um diesen fundamentalen Mangel wettzumachen. Einen Mangel, der in der Lacan'schen Psychoanalyse nur aufzuheben wäre durch den Verlust des Subjektseins.[66]

Mit der Trennung entsteht bei Lacan aber zugleich das Begehren nach einem Objekt, das den Mangel zu beheben verspricht – gleichsam als An-

64 Rendtorff 2014, 40.
65 Lacan 1996a, 66–69.
66 Fink 2015, 82ff.

trieb und Streben des Subjekts.[67] Die Psychoanalyse tritt hier als Kritikerin der Philosophie und der Wissenschaften insofern auf, als dass sie deren Voraussetzungen aufzuklären beansprucht. Die philosophische Grundfigur, die das Subjekt in seinem Verhältnis und durch sein Verhältnis zum Objekt bestimmt sieht, erweitert Lacan um den Begriff des Begehrens. Ihm zufolge bedeutet zu begehren, sich ein Objekt zu suchen und zu setzen, das den Mangel zu beheben verspreche – aber nie beheben werde. Ein Objekt suchen und setzen bedeute, sich als Subjekt zu manifestieren – als ein Subjekt, das aufgrund des Mangels begehre.[68] Die Enkulturation vollzieht sich bei Lacan demnach ausgehend von einer grundlegenden Entzweiung: Das Subjekt kann sich als einheitliches, mit sich identisches Subjekt zwar imaginieren, allerdings verdeckt dieses imaginäre Bild, dass das Subjekt ein gespaltenes ist. Es ist Subjekt in und durch die Abhängigkeit von einem seiner Kontrolle entzogenen Anderen.[69]

Die imaginäre Einheit in der Dyade, welche die Befriedigung des Begehrens am mütterlichen Körper verspricht, bildet bei Lacan Grundlage und Abstoßungspunkt für das Subjekt: Grundlage, insofern in seiner Theorie der mütterliche Körper das Begehren und die Jagd nach der umfassenden Befriedigung am Laufen halte und so die Subjektwerdung erst ermöglicht. Abstoßungspunkt, insofern das Subjekt sich aus der imaginierten Einheit herauslösen muss, um überhaupt ein Subjekt zu werden. Lacans symbolische Ordnung ist strukturiert durch die Kastration, insofern das Inzestverbot den mütterlichen Körper verbietet und zugleich das Begehren produziert.

Jacques Lacan entwirft die Psychoanalyse sprach- und zeichentheoretisch. Neben der strukturalen Anthropologie von Claude Lévi-Strauss bedient er sich der strukturalen Linguistik und verarbeitet Aspekte des Sprachverständnisses von Ferdinand Sausurre und Roman Jacobson.[70] Ein Subjekt zu werden bedeutet den Eintritt in die symbolische Ordnung, vermittelt über das Inzestverbot innerhalb der Institution Familie. Es bedeutet, in die dem Individuum immer schon vorgängige Sprache einzutreten. Der Begriff der symbolischen Ordnung bezeichnet eine Kommunikationsstruktur, den Tausch von Zeichen, die das gesellschaftliche Band stifte und zugleich sei. In der Engführung von

67 In der Lacan'schen Subjekttheorie kann dieser Mangel gerade weil er konstitutiv für das Subjekt ist und die stetige Wiederholung der Objektsuche qua Befriedigungsversprechen induziert, nicht aufgehoben werden, es sei denn durch die Aphasie, das Ende des Subjektseins. Lacan bearbeitet somit die Frage, warum das Subjekt, das durch die Objektsetzung zum Subjekt wird, sich überhaupt ein Objekt sucht und setzt.

68 „Für Lacan stimmen Mangel und Begehren miteinander überein." (Fink 2015, 83) Siehe auch Evans 2002, 53–58.

69 Zum Aspekt der Alienation und der logischen Unmöglichkeit eines absoluten Wissens, Fink 2015, 21–35 und 178f.

70 Evans 2002, 279–283.

Tausch und Kommunikation kommt Lacan zu dem Schluss, dass die symbolische Ordnung als allgemeine Vermittlungsinstanz strukturiert sei wie eine Sprache.[71] In Anlehnung an das Sprachverständnis der strukturalen Linguistik konzipiert Lacan die symbolische Ordnung als Signifizierungsprozess, wobei die Elemente der symbolischen Ordnung als Signifikanten begriffen werden. Die Signifikanten seien keine Bedeutungsträger in dem Sinne, dass sie auf ein eindeutiges und identifizierbares Signifikat verweisen und so Bedeutung herstellen. Vielmehr erhalte jeder Signifikant seine Bedeutung durch seine Differenz zu den anderen Signifikanten, er werde durch die anderen Signifikanten, deren Verhältnis zueinander und im Kontext des Gesamtzusammenhangs bestimmt.[72] Um aber überhaupt einen Gesamtzusammenhang und damit eine einer Gesetzmäßigkeit folgende Struktur denken zu können, geht Lacan von einem universalen Signifikanten aus, der die Einheit stiftet.[73] Dieser Signifikant wird von Lacan als Phallus bezeichnet und als leerer Signifikant entworfen: Da er leer und ohne Bedeutung sei, halte er die Bewegung und die Dynamik der Signifizierungsprozesse aufrecht. Weil er leer ist, treibt er gleichsam zu immer neuer Bedeutungsproduktion an. Wäre er nicht leer, könnte die Einheit abgeschlossen werden, die Bezeichnungsprozesse zu einem Ende kommen, die absolute Wahrheit erreicht werden. Eine Sache könnte nie etwas anderes bedeuten als das, was sie bedeutet. Veränderung wäre nicht möglich. Vor dem Hintergrund der Annahme der strukturalen Psychoanalyse, dass der Mensch vornehmlich ein sprechendes und Bedeutung generierendes Wesen ist, wäre dieses Ende zugleich die Aphasie, die Auflösung des Subjekts.[74]

Männliche und weibliche Position

Für Geschlecht interessiert sich Lacan nun nicht hinsichtlich eines anatomischen oder biologischen Unterschieds der Körper, sondern hinsichtlich ihrer symbolischen Vermittlung. Die Frage ist demnach, wie sich Geschlecht symbolisieren kann, welches die Bedingungen sind, unter denen geschlechtliche Körper als solche wahrgenommen werden können. Lacan geht wie Freud davon aus, dass es im Unbewussten keine Unterscheidung von männlich und weiblich gibt.[75] Geschlecht ist für ihn eine Position zur und in der symbolischen Ordnung und – da diese strukturiert wird durch den universalen Signi-

71 Evans weist wiederholt darauf hin, dass Lacan die symbolische Ordnung allerdings nicht gleichsetzt mit Sprache, siehe ebd. 279–283 und 298–301.

72 In diesem Verständnis erhält der Satz das Primat über das einzelne Wort: Letzteres erhält seinen Sinn erst im Gesamtzusammenhang des Satzes.

73 Es wurde kritisiert, dass Lacans Konzept des Einheit stiftenden Phallus eine metaphysische Inkonsequenz ist, da er Bedeutung abzusichern verspricht, wo es keine Sicherheit der Bedeutung und der Wahrheit gebe, Evans 2002, 228.

74 Das „Gesetz des Menschen [ist] das Gesetz der Sprache“ (Lacan 1996b, 112).

75 Freud 1961b, 122ff.

fikanten Phallus – eine Beziehung zu diesem. Männlich und Weiblich sind bei Lacan unterschiedliche Positionen im Verhältnis zum Signifikant Phallus und unterscheiden sich darin, ob sie in der symbolischen Ordnung symbolisiert werden oder nicht.[76]

Um ein sprechendes Subjekt im Sinne Lacans zu werden, müssen alle durch die Schleuse des Kastrationskomplexes hindurch, alle sind vom Verbot des Genusses des mütterlichen Körpers – von der „phallischen Funktion" – betroffen. Allerdings bedeutet die Kastrationsdrohung für die männliche Position etwas anders als für die weibliche. Bezogen auf die männliche Position bedeutet die Kastration die Angst, etwas zu verlieren, was man (scheinbar) hat: den mit dem Penis identifizierten Phallus. Die Aufgabe für das Kind, das sich durch die männliche Position strukturieren wird, besteht darin, ein anderes Verhältnis zum verlorenen Objekt zu entwickeln, sich ein anderes Objekt

zu suchen als die Mutter. Auf der Suche nach Ganzheit und Vollkommenheit wird es immer wieder aufs Neue neue Objekte suchen. Für die männliche Position bedeutet die Kastrationsdrohung erstens die Phantasie, ein unmittelbares, vervollständigendes Genießen (eines Objekts) sei möglich. Damit einher geht zweitens die Phantasie, nur das Genießen des mütterlichen Körpers sei verboten, alle anderen Objekte, alle anderen Frauen aber seien diesem Genuss zugänglich. Für die männliche Position bedeutet Kastrationsangst demnach die Aufrechterhaltung eines Bezugs zum *imaginären* Phallus: Die Subjektwerdung durch die Kastrationsdrohung geht hier einher mit der Aufrechterhaltung der Phantasie, man sei einstmals vollständig gewesen und es bestehe die Möglichkeit der Vervollständigung durch ein Objekt.[77]

Das Resultat des Verbots ist nun die *Bestimmung* durch eine *Begrenzung*: Die Kastrationsdrohung beinhaltet, dass der Vater sehr wohl Zugang zum mütterlichen Körper habe. Das Verbot, welches den Verlust des Objekts bedeutet, scheint demnach nicht für alle zu gelten – der Vater ist die Ausnahme, er scheint vollständig genießen zu dürfen und vollkommen zu sein. Im Imaginären bleibt die Illusion, dass das Kind selbst einstmals (in der Einheit mit der Mutter) vollständig und vollkommen war und es eine zu erringende Position gebe, in der die Einheit mit dem Objekt, das vollkommene Genießen

76 So gibt es für Lacan auch kein Geschlechterverhältnis, da er die Positionen hinsichtlich ihres Verhältnisses zum universellen Signifikanten Phallus bestimmt. Wer die männliche und wer die weibliche Position einnimmt, ist nicht durch einen biologischen oder anatomischen Körper bestimmt: „Man reiht sich hier ein, in summa, durch Wahl – frei den Frauen, sich hier zu platzieren, wenn es ihnen Spaß macht. Jeder weiß, daß es phallische Frauen gibt und daß die phallische Funktion die Männer nicht hindert, homosexuell zu sein." (Lacan 2015, 79); auch Fink 2015, 143–163. Männliche und weibliche Position meinen demnach nicht das Gleiche wie der Begriff *gender* als imaginärer Geschlechtsidentität, siehe dazu Rendtorff 2014, 37–43.

77 „Die Kastrationsangst folgt aus der Illusion der Mangellosigkeit, die gleichbedeutend mit der Vorstellung ist, den Phallus zu haben." (Widmer 1990, 90).

(wieder) möglich sei: die Position des Vaters. Kastration beinhaltet für die männliche Position so zwar den Verzicht auf die Mutter, zugleich aber das Versprechen, Zugang zu allen anderen Frauen als Objekte des Begehrens zu haben.[78] Lacan versucht so, das Verhältnis zum Allgemeinen zu begreifen, das die symbolische Ordnung und die Sprache darstellen. Die männliche Position sei gerade durch die Ausnahme „vollständig von der symbolischen Kastration bestimmt“[79]: Denn Kastrationsangst bedeutet die Illusion, die Vollständigkeit und Vollkommenheit verloren zu haben und irgendwann in der Position des Vaters allmächtig – da nicht vom Gesetz, dem Inzestverbot, betroffen – zu sein. Das Allgemeine bestimmt sich durch die Ausnahme.[80]

Für die weibliche Position bedeutet Kastration nur teilweise die Trennung vom mütterlichen Körper, den Verlust des Objekts. Auch das Kind, das durch die weibliche Position strukturiert werden wird, muss sich aus der Einheit mit der Mutter herauslösen, um ein sprechendes Subjekt zu werden. Doch bedeutet Kastration für die weibliche Position nicht die Angst vor dem Verlust des imaginären Phallus, sondern dessen Abwesenheit und damit die Abwesenheit der Illusion der Vollständigkeit, die Abwesenheit der Illusion, an die Stelle des allmächtigen Vaters treten zu können. Für die weibliche Position gibt es keine Ausnahme vom Gesetz, weshalb ihr die Begrenzung und damit die Bestimmung fehlt.[81] Sie kann das Objekt für das männliche Subjekt werden, mit dem dieses vergeblich versucht, die Trennung ungeschehen zu machen. Oder sie kann Mutter werden und versuchen, das Kind zu ihrem Objekt zu machen. Da die weibliche Position für Lacan keine Ausnahme zulässt, kann sie auch keine Allgemeinheit erlangen und wird nicht symbolisiert: Die weibliche Position existiert in der symbolischen Ordnung, dem Ort gesellschaftlicher Vermittlung der Allgemeinheit, nicht.[82] Für die weibliche Position bedeutet das auch, dass sie nicht völlig dem Gesetz unterworfen, nicht völlig von ihm bestimmt sei. So nimmt Lacan in seinen späteren Schriften die Möglichkeit eines weiblichen Genießens an, das jenseits der Ordnung und damit jenseits der Beschreib- und Begreifbarkeit zu liegen scheint. Die weibliche Position wird demnach vorgestellt als unbegrenzt und unbestimmt. Sie ist gleichsam die Chiffre für das Unbestimmbare.[83]

78 Fink 2015, 149ff.

79 Ebd. 150.

80 Ebd. 150ff.

81 Evans 2002, 104.

82 Lacan spricht davon, dass die Frau nicht als Allgemeines existiere. Sein Satz, dass die Frau nicht existiere, ist zum Klassiker geworden: „Es gibt nicht Die Frau, bestimmter Artikel, um zu bezeichnen das Universale. Es gibt nicht Die Frau, denn – ich habe den Ausdruck bereits riskiert, und weshalb sollte ich da zweimal hinschauen – ihrem Wesen nach ist sie nicht alle.“ (Lacan 2015, 80, Herv. i. O.).

83 In seiner Vorlesung „Gott und das Genießen der Frau“ umkreist Lacan die Möglichkeit eines „Genießen[s] jenseits des Phallus“, (ebd. 81); siehe auch Fink 2015, 158–163.

Das Gesetz, der symbolische Phallus, ist der Signifikant, der die Sprache strukturiert, Bedeutungsproduktion ermöglicht und am Laufen hält. Die männliche Position, die sich von der Illusion nährt, den Phallus zu haben, verfügt somit über die Sprache und existiert in der symbolischen Ordnung. Das weibliche Subjekt erlangt nur vermittelt über den Mann Zugang zu Letzterer. Bezogen auf die sprachtheoretische Konzeption der Lacanschen symbolischen Ordnung bedeuten Inzestverbot und Kastrationsdrohung, dass die Trennung vom mütterlichen Körper, der Mangel, die Verarbeitung durch das „Signifikanten-Machen" in Gang setzt und Kultur durch Bedeutungsproduktion ermöglicht.[84] Das heißt, der Phallus als leerer, universaler Signifikant ist die transzendente Instanz, die universale Funktion, die Sinnstiftung und Bedeutung gewährleistet, selbst aber nicht bedeutet. Demnach bilden Inzestverbot und Kastrationsdrohung den Sinnhorizont, vor dessen Hintergrund Dinge und Sachverhalte überhaupt signifiziert und mit Bedeutung versehen werden können. Das Inzesttabu, das dem männlichen Subjekt zugleich alle Frauen außer der Mutter verspricht, lässt das männliche Subjekt teilhaben am Prozess der Signifizierung und damit an der Universalität und der Transzendenz. Die weibliche Position kann nach Ansicht der Lacan'schen Psychoanalyse nicht verallgemeinert werden, sie entbehrt der Universalität und der Transzendenz. Die symbolische Ordnung, so lässt sich zusammenfassend sagen, ist bei Lacan geschlechtlich asymmetrisch und hierarchisch strukturiert.[85]

Lacans psychoanalytische Geschlechtertheorie stieß bei feministischen Theoretikerinnen ebenso auf Ablehnung wie auf Zustimmung in kritischer Distanznahme. Die geschlechtliche Asymmetrie und Hierarchie der symbolischen Ordnung und die Beschreibung des Weiblichen im Bild des Unbestimmbaren, Rätselhaften, verbleiben einerseits in der Tradition androzentrischer Werterelationen sowie androzentrischer Weiblichkeitsbilder und -projektionen. Andererseits aber – und darin liegt das Potenzial für die feministische Theoriebildung – wird Lacans Theorie als treffende Darstellung der patriarchalen, misogynen Geschlechterordnung aufgegriffen. Gerade durch die Darstellung ihrer Strukturen und Funktionsweisen entsteht die Möglichkeit zur Kritik durch die Erkenntnis, dass die Bedeutung von Geschlecht nicht einer vorkulturellen Natur entstammt. Geschlecht als Position in der symbolischen Ordnung zu fassen und sexuelle Differenz als Verhältnis zum universalen Signifikanten zu begreifen, hat es der feministischen Theoriebildung

Luce Irigaray wird kritisieren, dass es sich hierbei um ein patriarchales Phantasma handelt, dem Lacan aufsitzt, siehe 13. Kapitel.

84 Fink 2015, 96.

85 Evans 2002, 104. Überaus aufschlussreich für mein Verständnis der Lacan'schen Theorie war der Vortrag über Lacans Geschlechtertheorie der Erziehungs- und Musikwissenschaftlerin Maya Dolderer auf der feministischen Lesewoche 2015 im Seminarhaus Quecke in Cöthen/Falkenberg.

darüber hinaus ermöglicht, Vergesellschaftung und Enkulturation hinsichtlich ihre Vergeschlechtlichung zu kritisieren.[86]

11.5 Cixous' männliche und weibliche Ökonomien – Kritik der Psychoanalyse

Hélène Cixous entwirft ihre Konzeption der Schrift und der *écriture féminine* vom Unbewussten aus. Darin folgt sie einerseits der Psychoanalyse, als *der* Theorie, die vom Unbewussten handelt. Zugleich kritisiert Cixous Jacques Lacans Theorem der Kastration und der Mangelhaftigkeit des Subjekts, da es verstrickt sei in die Verhinderung einer Schrift, die einem weiblichen Imaginären, einem weiblichen Unbewussten zum Ausdruck verhelfe. Darin aber sieht sie das Programm ihrer *écriture féminine*.[87]

Im Gespräch von Brigitte Classen und Gabriele Goettle mit Hélène Cixous und Maren Sell in der 2. Ausgabe der *Schwarzen Botin* 1977 kommen die Gesprächspartnerinnen auf die Frage, was „mit dem Körper schreiben"[88] bedeute. So fragen Classen und Goettle:

> „Was ist eigentlich mit dem Körper als Ort des Geschehens gemeint, wieweit verbindet er sich mit Sprache, wieweit werden Ausdrücke, wie sie in der Bundesrepublik und West-Berlin geläufig sind, ‚mit dem Körper schreiben' bei Euch verwandt und kommen sie für Deine Theorie in Frage?"[89]

Im weiteren Verlauf des Gesprächs kommt Cixous auf das Körperverständnis in der psychoanalytischen Theorie Jacques Lacans zu sprechen und sagt:

> „Lacan geht von dem Theorem aus, das absolut die ganze Psychoanalyse beherrscht, und das darin besteht, daß ein Körper erst durch die Sprache zu einem Körper wird, d. h. ein normaler sexualisierter Körper wird erst durch die Erfahrung der Anwesenheit oder Abwesenheit des Phallus zu einem Körper, erst mit der Erfahrung der Kastration beginnt ein Subjekt zu sprechen."[90]

Für Lacan entsteht das Subjekt durch den Eintritt in die symbolische Ordnung, der sich unter anderem durch die Aneignung der Sprache vollzieht. Durch diesen Eintritt in die dem Einzelnen vorgängige Ordnung wird das Individuum zu einem sprechenden Subjekt und zugleich vergeschlechtlicht. Strukturiert werden die symbolische Ordnung und die Sprache durch einen allgemeinen Signifikanten, den Lacan Phallus nennt.[91]

86 Zur feministischen Rezeption von Lacan in den 1970er und 1980er Jahren siehe beispielsweise Mitchell 1987 und das Werk von Luce Irigaray, für den US-amerikanischen Kontext beispielsweise Gayle Rubin (1975): The Traffic in Women. Notes on the Political Economy of Sex, in: Reiter, Rayna R. (Hg.): Towards an Anthropology of Women, New York, 157–210.

87 Cixous 1977 und 1980.

88 Cixous/Die Schwarze Botin/Sell 1977, 13.

89 Ebd.

90 Ebd. 22.

91 Mitchell 1987.

Hélène Cixous resümiert in ihrem Gespräch mit der *Schwarzen Botin* Lacans Konzeption des Verhältnisses der weiblichen Position zur Kastration – also zu seiner Konzeption der Bedingung der Möglichkeit, ein sprechendes Subjekt zu werden.

> „Und obwohl die Frau nichts zu verlieren hat, da sie keinen Penis hat, muß sie doch auf die eine oder andere Art dieses Stadium [der Kastration, K. L.] durchlaufen. Also ist der Mann dazu da, sie die Kastration zu lehren, er ist es, der sie sie fühlen läßt. […] Offensichtlich gibt es von da an für die Frauen nichts mehr zu sagen. Sie sind dazu verdammt, über den Körper des Mannes Frau zu werden."[92]

Etwas zu sagen zu haben bedeutet in Cixous' Interpretation der Lacan'schen Psychoanalyse demnach, etwas über das Verhältnis zur Kastration zu sagen, in der einen oder anderen Form die Kastration, den Mangel, zu verarbeiten.

Lacan versteht die symbolische Ordnung als Gefüge, in dem gerade das symbolisiert wird, was nicht da ist, was also ermangelt und als verloren erscheint. Sprache wird hier verstanden als Ersetzung, deren Notwendigkeit durch den Verlust und die Trennung von einem Objekt gegeben ist. Daher gibt es für die Psychoanalyse kein unmittelbares Sprechen, denn das Verhältnis zur Sprache ist immer eines der Entfremdung. Wenn nun das Verhältnis zur Kastration und zur Trennung die Schleuse zur Subjektwerdung ist, so stellt sich für Cixous die Frage nach dem Verhältnis der Frauen[93] zur Trennung. In einer Passage des Gesprächs kommt sie darauf zu sprechen:

> „Ich versuche in Erfahrung zu bringen, wie und wo sich Trennung bzw. der Verlust (perte) für eine Frau leben läßt, und zwar auf allen Ebenen, angefangen dort, wo sie Frau ist, bei ihrem Körper. Was heißt es, sich zu trennen und sich von etwas zu trennen. In welcher Weise spielt sich für Frauen eine Trennung anders ab als für Männer, zumal alles Männliche sich durch eine besondere Beziehung zur Trennung bestimmt, zur Kastration, zur Kastrationsangst und zu ihrer Abwehr, eine Beziehung, die die Frau nicht haben kann."[94]

Woraufhin Classen und Goettle nachfragen:

> „Ist Trennung hierbei auch als politisches Phänomen verstanden, d. h. bezogen auf die Frauenbewegung oder auf Frauen, die sich bewußt werden, bisher in Schemata gelebt zu haben, zwischen denen und sich sie jetzt einen tiefen Schnitt machen? Ist Trennung auch ein historischer Begriff, der, daß Frauen sich trennen von herkömmlichen Denkmodellen,

92 Cixous/Die Schwarze Botin/Sell 1977, 23.

93 Cixous spricht von Frauen und nicht von der weiblichen Position in der symbolischen Ordnung.

94 Ebd. 13.

> von herkömmlichen Gefühlswelten, die vielleicht gar nicht ihre eigenen gewesen sind?"[95]

Cixous führt daraufhin weiter aus:

> „Das könnte Trennung sein mit der Ausnahme, daß ich mit séparation ein Wort anwende, das in gewisser Weise negativ ist, sich als Verlust bestimmt, als Einschränkung, als Gefahr. Was Du Trennung nennst, hat ein positives Gesicht, ich würde das Unterscheidung (différenciation) nennen. [...] ich [will] die wirkliche Beziehung zur Trennung befragt sehen [...]. Ist die Tatsache, daß Du etwas verlierst, negativ, oder ist negativ Deine Art, etwas zu verlieren. Wäre nicht eine gute Einstellung zum Verlust denkbar? [...] Die Geschichte, das ganze Sozialsystem haben sie [die Frauen, K. L.] vor Verlust zurückgehalten, so daß sie selber an den Dingen festhalten, die ihre Fesseln sind."[96]

Das Verhältnis zur Trennung scheint für Cixous so zentral wie für die Lacan'sche Psychoanalyse. Verlust und Trennung sind es, die Subjektsein und Autonomie – die Trennung von der Mutter – ermöglichen. Doch lässt sie zugleich keine Zweifel aufkommen, was ihre Haltung zur Lacan'schen Theorie und zum Theorem der Kastration angeht: „Ich habe immer gegen die Theorie der Kastration gearbeitet."[97] So verschiebt Cixous den Fokus um eine Nuance: Die wirklich wichtige Frage ist für sie die nach der „*Art*, etwas zu verlieren". Cixous vollzieht hier, was sie später in „Wer singt, wer veranlasst zu singen?" (1980) als Methode beschreibt. Dort schreibt sie, es gehe darum, die Fragen, die durch das väterliche Gesetz aufgeworfen werden, also Fragen, die von der in der Psychoanalyse beschriebenen Subjektwerdung und ihren Bedingungen aufgeworfen werden, wiederum zu befragen, um zu *eigenen* Fragen zu kommen. In den Theoremen des Inzestverbots und der Kastration werde die „Grundfrage"[98] nach dem „Geben-und-Empfangen-Können"[99] gestellt, die es *anders* zu fragen und *anders* zu beantworten gelte. Für Cixous ist die Form der Subjektwerdung vermittels der Kastrationsdrohung ein Umgang mit der Frage „nach dem Ursprung"[100], mit der Frage „wer hat gegeben?"[101]. Den über die Kastration geschalteten Umgang mit dem Geben und Empfangen nennt sie „männliche Ökonomie". Sie folge erstens der Logik der „absoluten Äquivalenz"[102]: Was in den Austausch hineingegeben werde,[103] müsse in gleichem

95 Ebd. 14.
96 Ebd. Herv. i. O.
97 Ebd. 23.
98 Cixous 1980, 92.
99 Ebd.
100 Ebd.
101 Ebd.
102 Cixous 1977, 30.
103 Lacan fasst im Anschluss an Claude Lévi-Strauss die Struktur der symbolischen Ordnung als Tausch von Zeichen, siehe 13. Kapitel.

Maße zurückerhalten werden und werde in gleichem Maße wieder in Besitz, wieder ins „Reich des Eignen“[104] zurückgenommen. Damit einher gehe zweitens das Vergessen, dass vor dem Geben immer ein Empfangen stehe: Die Beziehung zur Mutter, die (vormalige) Abhängigkeit von ihr, werde vergessen. „Man hat traditionsgemäß die Angewohnheit oder das Bedürfnis zu vergessen, was man der Mutter, den Müttern, dem Mütterlichen schuldet.“[105]

Die Produktion von Texten innerhalb dieser männlichen Ökonomie lasse den Dichter als Besitzer des Textes erscheinen, der sein Werk aus sich geschaffen zu haben meint, ohne vom Nehmen abhängig zu sein. Diese Vorstellung hält Cixous für ein Phantasma: „Der Dichter gibt, weil man ihm gegeben hat“[106], weil er die Mutter einverleibt und sich an ihre Stelle des Ursprungs gesetzt habe.[107] Die Vorstellung des Dichters als Besitzer seines Werks beruht in den Augen Cixous' auf der Vorstellung von Autonomie, die auf der Verdrängung und dem Verschweigen der Abhängigkeit beruhe.

Cixous' *écriture féminine* soll nun einer anderen, einer weiblichen Ökonomie folgen, die in ihrer Konzeption zwischen noch zu entwickelnder Utopie und schon vorhandener, wenn auch verdrängter Struktur hin- und herpendelt.[108] Während sie die männliche Ökonomie mit Zentralisierung, Ordnung und „Erhaltung“[109] assoziiert, bringt Cixous die weibliche Ökonomie mit Verausgabung, Verschwendung und „Exzess“[110] in einen Zusammenhang. Die überfließenden, verschwenderischen Stile einer solchen *écriture féminine* stehen

104 Cixous 1977, 33.
105 Cixous 1980, 92.
106 Ebd.
107 Ebd.
108 Cixous 1977, 33ff. Ihre Utopie beschreibt Cixous folgendermaßen: „Die Möglichkeit einer radikalen Veränderung der Verhaltensweisen, der Mentalitäten, der Rollen, der politischen Ökonomie, deren Einfluß auf die libidinöse Ökonomie heute unvorstellbar ist, läßt sich keineswegs ausschließen. Stellen wir uns gleichzeitig einen allgemeinen Wechsel aller Bildungs-, Erziehungs-, also aller Reproduktionsstrukturen vor, einen Wechsel der ideologischen Verhältnisse, stellen wir uns eine wirkliche Befreiung der Sexualität vor, das heißt ein neues Verhältnis jedes Menschen zu seinem Körper (und zum Körper des Anderen), eine Annäherung an das immense materielle, sinnliche Universum, das wir darstellen, was natürlich nicht ohne ebenso radikale (stellen wir es uns vor!) politische Veränderungen geschehen kann! Dann würden die ‚Feminität‘ und die ‚Maskulinität‘ ihre Verschiedenheit, ihre Ökonomie, ihr Verhältnis zur Verschwendung, zum Mangel, zum Geben auf ganz andere Weise zum Ausdruck bringen. Was heute als weiblich oder männlich erscheint, wäre nicht mehr das Gleiche. Die allgemeine Logik der Verschiedenheit würde sich nicht mehr auf die heute noch herrschenden Oppositionen gründen. Die Verschiedenheit wäre ein Bündel von neuen Verschiedenheiten.“ (Cixous 1976, 142).
109 Cixous 1980, 69.
110 Ebd.

einem phonetischen Schreiben nahe.[111] Cixous findet diese Schrift in Texten ihrer Zeit, wenn sie festhält:

> „Es gibt Texte von älteren Frauen […], die Texte über die Rückkehr der Frau zum eigenen Körper sind, sehr fleischlich, sehr sinnlich, Texte der Erforschung. Texte eines wirklichen ‚Hungers' … und eines Dursts: sie baden im Wörterbuch, sie fressen Wörter, sie sind eine Art von gewaltiger verbaler Feinschmeckerei."[112]

Im Kritikprogramm der *Schwarzen Botin* gibt es eine Nähe zwischen der „verbale[n] Feinschmeckerei", die Cixous im Sinn hat, und Ginka Steinwachs' „utopie vom wort, das fleischlich ist"[113].

Cixous' weibliche Ökonomie orientiert sich an einer Bisexualität, die sie als „Unentscheidbares" versteht. So wie die Psychoanalyse von der Bisexualität des Kindes ausgeht, die in der Unentscheidbarkeit zwischen männlich und weiblich bestehe.[114] „Unentscheidbar bedeutet weder das eine noch das andere, sondern das eine oder das andere."[115] *Écriture féminine* bedeutet demnach, im Schreiben das Unentscheidbare der libidinösen Ökonomien zum Ausdruck zu bringen. Ein so „schreibende[s] Subjekt"[116] steht in einem Verhältnis zur Kastration und zur Unentscheidbarkeit, ob es ein Verhältnis zur Kastration hat oder nicht. Cixous' *écriture féminine* möchte ich als paradoxe Konstruktion eines polymorphen Schreibens bezeichnen: Ein Schreiben, in dem durch die Verfügungsmacht über Sprache und Schreiben ein Zustand zum Ausdruck gebracht wird, der *neben* der Strukturierung der Sprache durch den universalen Signifikanten zu liegen scheint. Diese Praxis ist bei Cixous verknüpft mit einer „Annäherung an das immense sinnliche Universum, das wir darstellen"[117].

Das Politische des Schreibens liegt für Cixous im Umgang mit dem Vergessen der Mutter, denn es obliege einer Entscheidung (und damit der Freiheit), wie mit dem ursprünglichen Nehmen und Empfangenhaben verfahren werde, ob es einverleibt, vergessen und verdrängt oder aber erinnert werde. Politisch schreiben heiße, „vom Vergessen abkommen"[118]. Cixous lehnt ein Verständnis politischen Schreibens ab, das die Zugehörigkeit der Schreibenden zu einer Partei oder „feministische Forderungen"[119] als Gegenstand des Schreibens fordere. Nicht „politische oder analytische Abhandlungen über

111 Ebd. 85; Postl 2013, 29.
112 Cixous 1977, 38.
113 Steinwachs 1983, 133.
114 Cixous 1980, 69.
115 Ebd. 71.
116 Ebd. 71f.
117 Cixous 1976, 142.
118 Cixous 1980, 89.
119 Ebd. 88.

Mutter und Tochter"[120] hält Cixous für politisch, sondern ein Schreiben, das den libidinösen Triebkräften, den Vorstellungen (und Versprechen) des Genießens nachgehe. Hier schließt sich der Bogen zur Frage der *Schwarzen Botin* im Gespräch der 2. Ausgabe nach dem Körper-Schreiben. Cixous' Konzeption einer *écriture féminine* verfolgt ein Körper-Schreiben, das nicht nur die Lust der und an der Sprache in den Mittelpunkt stellt, sondern den Triebgrund des Schreibens zu Tage fördern will.

Ein anderes Anerkennungsverhältnis

Nun ist Cixous' Kritik, dass die Psychoanalyse Subjektwerdung einzig als Strukturierung innerhalb dieser männlichen Ökonomie denkt und damit ein intersubjektives Verhältnis aufrechterhält, das auf der Unterwerfung des Anderen, Fremden durch die männliche Ökonomie des Einen beruhe. Denn das Subjekt der männlichen Ökonomie bedürfe eines unterworfenen anderen, das zum Objekt seines Begehrens werde, um sich zu konstituieren. Es bedarf der Frau als „Geheimnis" und Rätsel, als „Unordnung"[121], ihren „Zustand des ängstigenden und geängstigten Agglomerats"[122], als „inkohärente"[123] und „chaotische"[124] Ressource, damit das Begehren (zu wissen) nicht stillgestellt werde, damit also die Konstituierung des Subjekts gelinge. Cixous schreibt gegen ein Modell der Subjekt-Subjekt-Beziehung, in dem die Anerkennung des Subjekts auf der Unterordnung des Anderen beruht. Damit kritisiert sie – ähnlich wie die italienische Feministin Carla Lonzi zur gleichen Zeit – das Modell der Dialektik von Herr und Knecht, wie sie Georg Friedrich Hegel in seiner Phänomenologie des Geistes fasst. Dagegen setzt sie das Denken der Differenz, ein Denken, das nicht auf der Unterwerfung der „nicht einzuordnende[n] weibliche[n] Struktur"[125] beruhen soll. Cixous spricht von der weiblichen Ökonomie, die „das Andere" produziere, in dem sie „nicht wieder sich einbringt"[126], in dem sie nicht nach der Logik der Äquivalenz funktioniere. Vielmehr solle sie der Logik der Gabe folgen, „eine gewisse Möglichkeit zu geben, die keine Gabe wäre, die nimmt, sondern eine Gabe, die gibt"[127]: ein Bezug zum Anderen, der dieses in seinem Anderssein und seiner Fremdheit bestehen lasse, ohne es sich gleichzumachen und ohne es sich zu unterwerfen. Das hätte auch ein anderes Selbstverhältnis des Subjekts und seines Begehrens zur Folge, das sich eben nicht mehr durch An-

120 Ebd. 90.
121 Cixous 1977, 18.
122 Ebd. 25.
123 Ebd. 26.
124 Ebd.
125 Ebd. 27.
126 Ebd.
127 Ebd. 35.

eignung des Anderen und dessen Unterwerfung konstituieren könnte. Cixous formuliert hier im Konjunktiv, wodurch unklar bleibt, ob eine solche weibliche Ökonomie schon existiert oder noch entstehen soll.[128]

Das Modell der Subjekt-Subjekt-Beziehung sieht Cixous im Paar und der Liebe gegeben, die sich innerhalb der männlichen Ökonomie nur als Schauplätze des Kampfes beschreiben ließen. Sie widmet sich der Ergründung einer Liebe, die nicht mehr der männlichen Ökonomie entspräche:

> „Ich lese – seitdem bin ich von dem Bedürfnis getrieben zu prüfen, ob es nicht auf der anderen Seite der Welt diese Beziehung zwischen Menschen gibt, die allein den Namen Liebe verdient. [...] Alle Dichter wissen: was denkbar ist, ist wirklich. [...] Es muss Beziehungsmöglichkeiten geben, die verschieden sind von denjenigen, die die tradierte männliche Ökonomie vorschreibt. Ich suche also, eiliger und ängstlicher, einen Schauplatz, auf dem eine andere Art von Tausch produziert wird, ein Begehren, das nicht Komplize der alten Geschichte vom Tod ist. Dieses Begehren würde die Liebe erfinden, die Einzige, die sich nicht des Wortes Liebe bediente, um damit ihr Gegenteil zu verdecken: unmöglich, in die dialektische Fatalität zurückzufallen, die sich mit der Erniedrigung des Anderen anerkennt, und diese Anerkennung wäre die Folge einer intensiven und leidenschaftlichen Suche nach Erkennen: ein(e) jede(r) nähme endlich das Risiko des Anderen auf sich, der Verschiedenheit, ohne sich von der Existenz eines Andersseins bedroht zu fühlen; sich erweitern durch Unbekanntes, das zu entdecken wäre, zu respektieren, zu fördern. Diese Liebe wäre nicht durch die Widersprüche und Ambivalenzen gefesselt, die unaufhörlich den Mord des Anderen nach sich ziehen.“[129]

Die Entwicklung eines anderen Anerkennungsverhältnisses wäre die „Affirmation der Differenz“. Sie bestünde darin, dass die weibliche Ökonomie, das Begehren der Frau, sich Ausdruck verschafft in der Schrift. Cixous' Texte sind die Suche nach einem anderen Anerkennungsverhältnis, das nicht mehr nach dem „Herrschaftsbezug“ der „Oppositionen wie Körper – Kopf, männlich – weiblich, aktiv – passiv“, der „stets zur Vernichtung des einen zu Gunsten des anderen aufruft“,[130] organisiert wäre.

In ihrer klaren Distanznahme zu einem Schreiben einerseits, das die Natürlichkeit des weiblichen Körpers und die Identifikation mit ihm propagiert, andererseits in ihren Äußerungen zur Rückkehr der Frauen zum Körper und im Aufruf, „sich“ zu schreiben, um dem „Körper Gehör zu verschaffen“[131], sind Hélène Cixous' Texte sowohl Verbündete der Vorstellungen eines weiblichen Schreibens von Stefan und Mosler als auch des Kritikprogramms der

128 Ebd. 33ff.
129 Cixous 1976, 137.
130 Cixous/Die Schwarze Botin/Sell 1977, 18.
131 Cixous 1976, 147.

Schwarzen Botin. Das zeigt sich an Cixous' Annahme einer weiblichen Libido. In „Wer singt? Wer veranlasst zu singen?" (1980) schreibt sie, was männlich und weiblich bedeute, sei bestimmt vom sexuellen Unterschied[132] und gerade nicht „etwas biologisch [B]estimmtes"[133]. Allerdings schreibt sie anschließend über das Libidinöse: „[L]ibidinös bedeutet, daß es eine Körperstruktur gibt, eine Beziehung zum Genuß, eine Beziehung zur Sexualität, die bei Männern und Frauen ganz allgemein völlig anders organisiert sind."[134] Hier lässt sich ebenso die Vorstellung eines Weiblichen herauslesen, das in einer genuin weiblichen Libido – einer „ungelebten Substanz" (Mosler und Stefan) – gründe, wie die Betonung des psychoanalytisch verstandenen „sexuellen Unterschieds" als sexueller Differenz.

Die Schwarze Botin hebt in ihrem Gespräch auf die Unterschiede zwischen einem weiblichen Schreiben der Naturmetaphern und Hélène Cixous' psychoanalytisch durchdrungenem Konzept der *écriture féminine* ab. Innerhalb des kulturellen Feminismus der autonomen Frauenbewegung zeichnen sich hier zwei unterschiedliche Vorstellungen von Geschlecht und Differenz ab. Die Kritik an Mosler und Stefan zielt auf deren Tendenz, eine weibliche Substanz anzunehmen, die sich in einem biologischen Körperverständnis gründet und den *Unterschied* zwischen Frauen und Männern begründen soll. Das Kritikprogramm der *Schwarzen Botin* greift die Überlegungen zur sexuellen Differenz auf, die eine Position in der symbolischen Ordnung, ein Verhältnis zum universalen Signifikanten bezeichnet. Deren Analyse verspricht, Auskunft über die strukturelle Bedingung der Möglichkeit der Wahrnehmung und Erfahrung des Subjekts zu geben. Hier zeigt sich recht deutlich, dass es Uneinigkeit und Auseinandersetzung darum gab, was ein feministisches Denken der Differenz bedeuten könne.

Positivität und Produktivität

Über Hélène Cixous' Konzeption einer *écriture féminine* ist viel geschrieben worden. Die einen erkennen das subversive Potenzial ihres „utopischen Neubeginns"[135] in der Unterwanderung hierarchisch geordneter Begriffspaare durch die Herstellung einer Ununterscheidbarkeit zwischen denselben.[136] Andere kritisieren, dass Cixous' Argumentation auf der Ebene des Imaginären bleibt, der Ebene, in der in Lacans Theorie keine Unterschiede bestehen. In ihrem zum Klassiker avancierten Text argumentiert die Literaturwissenschaftlerin

132 Cixous 1980, 70. Der in der Übersetzung unglücklich gewählte Begriff „sexueller Unterschied" meint meiner Ansicht nach die sexuelle Differenz.

133 Ebd.

134 Ebd.

135 Postl 2013, 24.

136 Exemplarisch für diese Position siehe Hutfless/Postl/Schäfer 2013 und Postl 2013, Conley 1991, Penrod 1996.

Toril Moi, dass das Verbleiben in diesem Raum der ungeschiedenen Lust den Verlust des Realitätsprinzips nahelegt. Zwar könne Cixous als „utopische Feministin"[137] verstanden werden, doch gerate ihre Konzeption in Gefahr, zur „Flucht aus der vorherrschenden gesellschaftlichen Realität"[138] zu werden. Ähnlich kritisiert die Philosophin Herta Nagl-Docekal, dass Cixous' Bestimmung des Politischen zur Auflösung der Trennung von Politischem und Poetischem führe und sie sich somit auch gefallen lassen müsse, wenn ihre Texte am Maßstab einer außerpoetischen politischen Realität gemessen werden würden.[139] Darüber hinaus merkt sie an, dass Cixous' Fokussierung auf das Ungeschiedene im Imaginären, auf die präödipale imaginäre Einheit mit der Mutter, droht „Reflexion und Normen"[140] zu vergessen und in die Vorstellung kippt, die Einheit bestünde auch vonseiten der Mutter tatsächlich. Das Begehren der Mutter wäre dann aber einzig auf das Kind gerichtet, was einer Reduzierung der Mutter und ihres Begehrens gleichkäme. Cixous' weibliche Ökonomie der Ungeschiedenheit wäre somit ausschließlich aus der „Perspektive des Säuglings bestimmt"[141] und daher für eine feministische Kritik der Geschlechterordnung nicht hilfreich. Damit aber sei auch Cixous' Annahme einer weiblichen Libido, die einer eigenen Ökonomie folge, fraglich. Denn die präödipale Ungeschiedenheit mit der Mutter betrifft sowohl Jungen als auch Mädchen, sodass die „weibliche Libido" zur Bezeichnung einer allgemeinen Entwicklungsstufe des Subjekts wird und nicht zu einer anderen libidinösen Ökonomie.

Ich möchte auf die Kritik der Philosophin Eva Laquièze-Waniek zu sprechen kommen. Denn ausgehend von ihren Überlegungen lässt sich das Spannungsverhältnis innerhalb des Kritikprogramms der *Schwarzen Botin* deuten, das zwischen der negativen Kritik der Zeitschrift, die ich oben ausgeführt habe, und einem positiven Denken der Produktivität, wie es Cixous darstellt, besteht. Im Gespräch mit der *Schwarzen Botin* fordert Cixous dazu auf, eine „Psychoanalyse der Frau von Frauen"[142] zu entwickeln, die „nicht von der Kastration oder vom Phallus ausgeht"[143], und ihr letzter Satz im Gespräch mit der *Schwarzen Botin* lautet: „[I]ch habe immer gegen die Theorie der Kastration gearbeitet."[144] Die Kastration bricht, wie ich oben dargelegt habe, in der psychoanalytischen Theorie Lacans die imaginäre Einheit mit der Mutter auf. Diese Entzweiung, diese Trennung und Wahrnehmung des Man-

137 Moi 1989, 144.
138 Ebd.
139 Nagl-Docekal 2000, 81–94.
140 Ebd. 85.
141 Ebd. 86.
142 Cixous/Die Schwarze Botin/Sell 1977, 23.
143 Ebd.
144 Ebd.

gels, ermöglicht, sich zu lösen und ein Subjekt zu werden. Cixous' Ablehnung des Kastrationstheorems, das für sie Ausdruck der männlichen Ökonomie ist, führt sie zur Infragestellung des Mangels. In *Die unendliche Zirkulation des Begehrens. Weiblichkeit in der Schrift* (1977) schreibt Cixous, die Psychoanalyse hebe hervor, dass die Frau „des Mangels ermangelt“[145]. Nun dreht sie diesen Gedanken weiter und folgert, dass „[z]u sagen, daß sie des Mangels ermangelt heißt nach allem auch, daß sie nicht des Mangels ermangelt … da sie nicht des Mangels an Mangel ermangelt“[146]. Cixous wendet sich gegen das Theorem der Kastration und setzt in einer *positiven* Wendung die „Frau als begehrende[s] Subjekt“[147] – eine positive Setzung, die sich gegen den Mangel als *Negation*, als Begrenzung und Bestimmung wendet. In *Das Lachen der Medusa*, ein Text der erst 2013 auf Deutsch erschienen ist, schreibt Cixous: „Wir haben nicht den leisesten *Frauen*grund, dem Negativen einen Treueeid zu schwören.“[148] Laquièze-Waniek merkt nun an, dass Cixous in ihrer Kritik an der Psychoanalyse den imaginären Phallus mit dem symbolischen verwechselt – oder veruneindeutigt. Denn der Auftritt des *symbolischen* Phallus, der Einbruch der symbolischen Ordnung in die imaginierte Einheit des Kindes mit der Mutter, ermöglicht erst das Begehren, dass das Subjekt zu einem solchen macht. Ohne den Einschnitt in das Phantasma der Vollständigkeit und Ganzheit mit dem Begehren der Mutter – eine Vorstellung, die der *imaginäre* Phallus stiftet – würde nichts begehrt werden, da es keinen Mangel gäbe. Weshalb sollte etwas gewollt werden, wenn es keinen Mangel gibt? Weshalb sollte dann überhaupt die Symbiose verlassen werden?[149] Cixous' Antworten bleiben unzureichend. Insofern Cixous eine feministische Kritik des Subjekts zu entwickeln versucht, die nicht von der Kastration, nicht vom Mangel ausgehen soll, möchte ich sie als Denkerin der Positivität bezeichnen: als Denkerin eines positiv gesetzten weiblichen Begehrens.

Aus der Sackgasse, dass für Frauen in der kulturellen und symbolischen Ordnung nur zwei Optionen vorgesehen sind, nämlich entweder Objekt für das männliche Subjekt zu sein oder als Mutter das Kind zum Objekt zu machen, versucht Cixous durch die Setzung einer weiblichen libidinösen Ökonomie herauszukommen. Sie soll Antrieb sein für die Erfindung eines Imaginären, imaginärer Bilder aus einem Unbewussten, das nicht mehr von Kastration, Trennung und Mangel bestimmt wäre. Denn das Imaginäre als Ort, an dem das Ich ein Bild seiner selbst entwirft und findet, an dem es sich als Ganzes und Vollständiges vorstellt, hält für Frauen nur die Bilder be-

145 Cixous 1977, 27.

146 Ebd.

147 Laquièze-Waniek 2013, 152.

148 Cixous 1975/2013, 49, Herv. i. O.

149 Laquièze-Waniek 2013, 143. Luce Irigaray wird eine andere Antwort auf die Frage des Mangels geben.

reit, die der Mann von der Frau entworfen hat. Es gehe darum, „ein weibliches Imaginäres [zu] konstituieren“[150], einen „Ort der Identifikation eines Ichs“ herzustellen, „das nicht mehr entfremdet wäre nach dem Bild, das das Männliche vorschlägt“.[151] Das würde die „Produktion eines Unbewußten“ bedeuten, „das nicht mehr das klassische Unbewußte wäre“.[152] Eine solche Aufbauarbeit sei *positive* Produktion, da sie nicht von der Negation (der Trennung, vom Mangel) bestimmt sei:

> „[E]s ist viel leichter im Negativen zu arbeiten, in Bezug zur Angst, zum Tod, zur Kastration, zum Verlust usw., weil es passiv ist, aber das Positive, da muß man arbeiten, da muß man erfinden.“[153]

Unter der Hand kehrt Cixous hier das Verständnis von Passivität um: Passiv ist die männliche Position, die sich von der Kastrationsangst bestimmen lasse. In ihrem Versuch, die imaginäre Einheit mit dem verlorenen Objekt wiederherzustellen, scheint sie dazu verdammt, den Ersetzungen des verlorenen Objekts in einer ewig wiederkehrenden Wiederholung hinterherzujagen – ohne wirklich Neues jenseits der Struktur der symbolischen Ordnung zu schaffen. Das Ende der Wiederholung, die Konstitution eines neuen Unbewussten, neuer imaginärer Bilder wäre für Cixous die Überwindung der Passivität.

Cixous' weibliche Libido stellt demnach eine produktive Kraft dar, die ihre Produktivität nicht – wie das Begehren der männlichen Position – aus der Kastrationsangst, nicht aus dem Mangel und der Trennung vom verlorenen Objekt beziehen soll. Abgesehen von den grundlegenden, auf Basis von Cixous' Konzeption nicht lösbaren Problemen, weshalb ein Begehren ohne Mangel entstehen, wie die Bildung eines Objekts – als Ziel der Libido – und wie der Realitätsbezug ohne Bestimmung und Begrenzung vonstatten gehen soll,[154] verweist Cixous' Denken aber auf die Frage nach einer anderen *Produktivität.* Es ist diese Frage nach den logischen, historischen, sozialen und kulturellen Bedingungen der Möglichkeit einer anderen Produktivität, die im Kritikprogramm der *Schwarzen Botin* verhandelt werden wird.

11.6 Zwischenresümee

Für den Flügel der Frauenbewegung, der in der Umwälzung der Kultur die wichtigste Aufgabe sah, war die Frage der Ästhetik und der Kunstproduktion von grundlegender Bedeutung – ging es doch um nichts weniger

150 Cixous 1977, 39.
151 Ebd.
152 Ebd. 40.
153 Cixous 1980, 92.
154 Das Problem des Objektebildens verhandelten selbstverständlich auch andere Autorinnen der autonomen Frauenbewegung wie beispielsweise Barbara Sichtermann in ihrem Aufsatz aus dem Jahr 1984 „‚Von einem Silbermesser zerteilt' – Über die Schwierigkeiten der Frauen, Objekte zu bilden und über die Folgen dieser Schwierigkeiten für die Liebe“ mit einem stärker sozialpsychologischen Blick.

als um die Widerlegung der psychoanalytischen Behauptung, Frauen seien zu Kulturleistungen nicht fähig, da Kultur auf der Notwendigkeit des Inzesttabus und damit auf der Unterordnung der Frau beruhe –; mit anderen Worten, auf der Behauptung, die Unterordnung der Frau sei notwendig gewesen, um aus dem Zwang des Naturzusammenhangs hinauszutreten und durch Triebsublimierung zu Kulturleistung die Menschwerdung der Gattung zu vollziehen.

In der Auseinandersetzung um weibliches Schreiben und *écriture féminine* stehen unterschiedliche Subjektkritiken zur Diskussion. Die Suche nach dem Ausdruck eigener Erfahrungen, nach der Selbstgewissheit der Autorinnenschaft und der Begründung eines Subjekts in einer „gesellschaftlich ungelebten Substanz“[155], wie sie hier exemplarisch anhand von Stefans und Moslers Position gezeigt wurde, folgt der Vorstellung eines Subjekts, das sich ermächtigt, in dem es sich erkennt, seiner selbst bewusst wird und die Welt umgestaltet, um sich in ihr wiederzufinden. Fremdheit ist hier die zu überwindende Entfremdung des Subjekts in der Welt.

Cixous' Position steht für eine Subjektkritik, die ausgehend vom Unbewussten und Verdrängten, vom Unentscheidbaren denkt. Sie repräsentiert einen Flügel feministischen Denkens, der die Entstehung des Subjekts, wie es Mosler und Stefan anvisieren, als vergeschlechtlichtes Verdrängungsgeschehen fasst.[156] Ihre Konzeption geht von den Anfechtungen aus, dem das selbstbewusste Subjekt fortwährend ausgesetzt ist, und wertet diese auf. Fremdheit ist hier die aufzuwertende, ängstigende und verdrängte Seite des Subjekts.

Als Zeitschrift, die sich der Theoriebildung, der Literatur, der Kunst verschreibt, stellt sich für *Die Schwarze Botin* die Frage, wie es möglich ist, dass Frauen, die von diesen Formen gesellschaftlicher Praxis ausgeschlossen sind, zu Produzentinnen von Theorie, Literatur, Kunst werden können. Das zieht die Frage nach sich, welche Konsequenzen ihre Produktivität für die Bedeutungsproduktion einer Kultur, einer symbolischen Ordnung hätte, für welche die Festschreibung der Frauen in der Immanenz und ihre Nicht-Existenz auf der Ebene signifikanter Prozesse konstitutiv ist. Diese an den Fundamenten der androzentrischen Kultur rührende Problematik bildet einen Rahmen des Kritikprogramms der *Schwarzen Botin*. Damit stellt die Zeitschrift die Frage nach den kulturellen Bedingungen ihrer eigenen Existenz als intellektuelle und literarische Zeitschrift aus der Frauenbewegung. In dieser Art und Weise stellt sich die Frage dann, wenn der strukturale, psychoanalytische Diskurstyp geteilt wird oder als Ausgangs- und Abstoßungspunkt der Kritik dient, wie es für Hélène Cixous' Konzeption der Fall ist. Das Gespräch der *Schwarzen Botin* mit Cixous und Maren Sell steht im Zusammenhang der Auseinandersetzungen um Erfahrung, um weibliches Schreiben und *écriture féminine* in

155 Mosler/Stefan 1975, 10.

156 „What interests Cixous is the story under history, the story of the other and the other of the other, not that of the couple and the same.“ Conley 1991, 127.

der autonomen Frauenbewegung, in deren Verlauf diskutiert wird, *ob und wie ein Subjekt feministisch gedacht werden kann oder soll.* In seiner Uneinheitlichkeit beinhaltet das Kritikprogramm auch andere Motive und andere Modi, wie die *negative Kritik* der Zeitschrift gezeigt hat.[157] Dabei handelt es sich um ein methodisches Vorgehen der Kritik, das, wie ich anhand der Mythenkritik in der Zeitschrift deutlich gemacht habe, Bedeutungsschichten gesellschaftlicher Bilder auseinanderlegt, um ihre ideologisierende, weil naturalisierende und enthistorisierende, Funktionsweise aufzuklären.

Cixous' Position stellt innerhalb des Kritikprogramms der Zeitschrift ein Denken dar, das eine Antwort auf die oben aufgeworfene Frage der Möglichkeit und der Konsequenz einer anderen Produktivität gibt: Sie versucht von der Positivität auszugehen, von der positiven Setzung einer weiblichen Libido, eines unbestimmbaren Begehrens – mit all den Problemen, die ich eben skizziert habe. Indem sie mit der Ansicht der Psychoanalyse bricht, dass es nur eine Libido gebe, ist ihr Denken Teil und Verschiebung dieses Diskurstyps. Innerhalb der *Schwarzen Botin* steht Cixous' subjekttheoretischer Entwurf in einem Spannungsverhältnis zur negativen Kritik, insofern diese eine Begründung und Bestimmung eines anderen, neuen Subjekts unterlässt.

Zu diesen zwei Strängen des Kritikprogramms werden zwei weitere hinzutreten: ein Denken, das die Funktion der Frau in der symbolischen Ordnung als Negativität betont und das sich an Julia Kristeva orientiert. Diese Position ist gleichsam der Gegensatz zur Position der Positivität von Cixous. Letztlich wird in der Zeitschrift ein weiterer Strang diskutiert, der die Möglichkeit einer anderen Strukturierung der symbolischen Ordnung zu denken und zu praktizieren versucht und für den Luce Irigaray und die Praxis des *affidamento*, die in der italienischen autonomen Frauenbewegung im Umfeld des Mailänder Frauenbuchladens in den 1980er Jahren entwickelt wird, stehen.[158]

Hervorzuheben ist, dass Maren Sell und Hélène Cixous im Verlauf des Gesprächs mit der *Schwarzen Botin* auf das Konzept der sexuellen Differenz zu sprechen kommen, das auch in den folgenden Ausgaben der Zeitschrift immer wieder implizit oder explizit verhandelt werden wird. Vor dem Hintergrund des Bildes, das sich die späteren Feminismen vom kulturellen Flügel der deutschsprachigen autonomen Frauenbewegung gemacht haben, ist die Verhandlung dessen, was Cixous – und auch Irigaray – mit sexueller Differenz im Sinn hat, aufschlussreich. Denn hier wird die Vorstellung zurückgewiesen, Differenz beschreibe einen biologischen, natürlichen bedeutungsvollen Unterschied zwischen Männern und Frauen. Genau das aber ist der später erhobene Vorwurf gegen den sogenannten Differenzfeminis-

157 Siehe 8. Kapitel.

158 Siehe 13., 14. und 15. Kapitel.

mus.[159] Oder, um den Sachverhalt nochmals zu präzisieren: Die Auseinandersetzungen um das Für und Wider der Konzeption der sexuellen Differenz im Kritikprogramm der *Schwarzen Botin* korrigiert das Bild dessen, was gemeinhin als Differenzfeminismus der deutschsprachigen autonomen Frauenbewegung bezeichnet wird.

159 Die Kulturwissenschaftlerin Cornelia Möser zeigt, wie sich im Verlauf der Übersetzungen und Rezeption der Texte von Hélène Cixous und vor allem von Luce Irigaray ins Englische und Deutsche unter dem Label eines French Feminism die Gegenüberstellung eines Gleichheits- und eines Differenzfeminismus herausgebildet hat. Diese Gegenüberstellung diene dazu, so Möser, der jeweilig anderen Position Essentialismus vorzuwerfen und so die „eigene Position von jedem Essentialismusverdacht zu reinigen". (Möser 2014, 38).

12. Luce Irigarays Kritik der strukturalistischen Subjekttheorie Ein theoriegeschichtlicher Kontext der *Schwarzen Botin*

Die Auseinandersetzung um die Möglichkeit einer Subjektwerdung, die nicht auf der Verdrängung und Abwertung des Weiblichen beruhen würde, wird im kulturellen Feminismus prominent geführt. Dabei zeigt sich in der feministischen Theoriebildung, was auch für die linke Theoriebildung der BRD ab Mitte der 1970er Jahre festzustellen ist: Die Frage nach dem Subjekt wird zunehmend im Kontext des Strukturalismus und des Poststrukturalismus diskutiert. Damit verschiebt sich der theoretische und theoriepolitische Rahmen der Frauenbewegung und der Linken, der in der Studentinnenbewegung noch geprägt war von Marxismus, historischem Materialismus und der Kritischen Theorie.[1] Sie geben ebenfalls Antworten auf die Frage nach dem Verhältnis von Individuum und Gesellschaft, Natur und Kultur, Natur und Geschichte, Subjekt und Objekt und nicht zuletzt dem Verhältnis zwischen Subjekten. Dabei gehen Marxismus, historischer Materialismus und die Kritische Theorie in ihrer Thematisierung der Vergesellschaftungsform und der Subjektwerdung vom materiellen Lebensprozess der Gesellschaft aus, der sich in der Geschichte in unterschiedlichen Formen – Produktionsweisen – vollzieht und das Subjekt in seinen Verhältnissen zur Welt, zu anderen und zu sich bestimmt. Vor diesem Hintergrund widmet sich vor allem die Kritische Theorie der Subjekttheorie und der Vernunftkritik.[2] Dem Zeitgeist entsprechend nimmt auch im Kritikprogramm der *Schwarzen Botin* die Auseinandersetzung mit der feministischen, poststrukturalistischen Kritik der strukturalistischen Psychoanalyse als Theorie gesellschaftlicher Bedeutungs-

1 So veröffentlicht der Merve Verlag ab Mitte der 1970er Jahre zunehmend Literatur von Autorinnen, die dem poststrukturalistischen Theorieumfeld zuzurechnen sind, wie Gilles Deleuze und Félix Guattari, und eben Hélène Cixous, Luce Irigaray und Julia Kristeva. Auch gibt der Verlag den Reihennahmen *Internationale marxistische Diskussion* auf, siehe Felsch 2016.

2 Siehe beispielsweise *Die Dialektik der Aufklärung* von Theodor W. Adorno und Max Horkheimer und die Aufsätze in *Kulturkritik und Gesellschaft* von Adorno. Alfred Schmidt wird die Ausbreitung des Strukturalismus kritisieren in *Geschichte und Struktur. Fragen einer marxistischen Historik* von 1971.

produktion einen großen Platz ein. Zugleich weist die Zeitschrift beispielsweise in der Ästhetikdiskussion Bezüge zur Kritischen Theorie auf. So stehen in der *Schwarzen Botin* beide Theorieströmungen nebeneinander. Die Frage, ob Poststrukturalismus und Kritische Theorie dasselbe wollen und ob sie unvereinbar sind oder nicht, wird in der Zeitschrift nicht diskutiert. Das wird erst in den 1990er Jahren zu heftigen Kontroversen im Feminismus führen.[3]

Im vorangegangenen Kapitel bin ich auf Hélène Cixous' psychoanalytisches Differenzdenken des kulturellen Feminismus und auf ihre postrukturalistische Kritik der Psychoanalyse als einem theoriegeschichtlichen Kontext der *Schwarzen Botin* eingegangen.[4] Im folgenden Kapitel möchte ich auf Luce Irigarays Denken im Kritikprogramm der Zeitschrift zu sprechen kommen. Irigarays Texte stoßen in der *Schwarzen Botin* sowohl auf Ablehnung als auch auf eine zustimmende Kenntnisnahme. Ihre Schriften werden dem deutschsprachigen Publikum ab Mitte der 1970er Jahre durch die schon genannte Ausgabe 108/198 der Kultur- und Literaturzeitschrift *alternative* und durch Übersetzungen im Merve Verlag ebenso wie durch die Rezeption in der *Schwarzen Botin* bekannt. Die Kontroverse in der *Schwarzen Botin* um Luce Irigaray und die Bezüge zu Julia Kristeva verhandeln, ob und in welcher Weise der Zusammenhang von Geschlechterordnung und Subjektwerdung im Rahmen der strukturalistischen Vorstellung der symbolischen Ordnung und deren Kritik gedacht werden kann. Damit steht zugleich zur Diskussion, wie die Veränderung der Geschlechterordnung mit der Veränderung der Bedingungen der Bedeutungsproduktion und der Subjektwerdung zusammenhängt. Hier wird sich ein Dissenz innerhalb des Kritikprogramms der Zeitschrift zeigen: Nicht alle Autorinnen teilen den strukturalistischen Rahmen und die poststrukturalistische Abarbeitung und Kritik an diesem. Beispielhaft dafür ist die Position der Ethnologin und Schriftstellerin Sibylle Klefinghaus. Doch auch unter den Autorinnen, die sich auf Theoreme der strukturalistischen Psychoanalyse beziehen und deren Kritik entwickeln, herrscht keine Einigkeit. Trotz der Übereinstimmung des poststrukturalistischen Theorierahmens wird der Dissenz in der Einschätzung liegen, ob eine weibliche Subjektposition denk- und bestimmbar ist oder ob ein solches Unterfangen in einer positiven Weiblichkeitstheorie endet, die notwendig ein identitätslogisches Denken reproduziert, das überwunden werden sollte. Letztere Position werden Autorinnen wie die Soziologin und Literaturwissenschaftlerin Rita Bischof und die Philosophin Eva Meyer vertreten und ein Denken der Negativität des Weiblichen dagegensetzen. Hier wird der Bezug auf Julia Kristeva eine Rolle spielen. Hingegen wird sich die Literaturwissenschaftlerin Annette Runte im Laufe der Ausgaben der *Schwarzen Botin* zunehmend positiv auf Irigarays Entwurf einer weiblichen Subjektposition und einer feministischen

3 Benhabib et al. 1993; Knapp 1998.

4 Siehe 11. Kapitel.

Alteritätstheorie beziehen – die wiederum von der Literaturwissenschaftlerin Elisabeth Lenk mit einer Polemik überzogen werden wird.

Es sind also drei Positionen, die sich im Kritikprogramm der Zeitschrift abzeichnen und unterschiedlich stark vertreten werden: Die erste Position verwirft das poststrukturalistische Paradigma (Klefinghaus), die zweite und am breitesten vertretene Position lehnt die Bestimmung einer nichtandrozentrischen Subjektposition ab und bestimmt das Weibliche als Ungreifbares und als Negativität (Bischof, Meyer, Lenk), die dritte wägt die Möglichkeiten einer nichtandrozentrischen Subjektposition ab, arbeitet aber erst außerhalb der *Schwarzen Botin* die Potenziale von Irigarays Alteritätstheorie heraus (Runte). Luce Irigaray ist die Figur, an der sich die Kontroverse entzündet, ihr Denken der Katalysator der Debatte. Bevor ich in Kapitel 13 auf die drei Positionen zu sprechen komme, werde ich im Folgenden Luce Irigarays Denken und ihre Kritik des strukturalistischen Modells der Subjektwerdung diskutieren.

12.1 Rezeptionslinien

Irigarays Position polarisiert nicht nur die Debatte in der *Schwarzen Botin*, sondern auch die spätere Rezeption in der Geschlechterforschung. Die eine Rezeptionslinie vertritt die Ansicht, das Werk von Luce Irigaray weise einen Bruch auf. Auf ihre kritische, weil dekonstruktive Frühphase folge eine essentialistische Geschlechterontologie im späteren Werk, die für die feministische Theoriebildung nichts bereithalte. Die meisten Kommentatorinnen, die einen Bruch konstatieren, anerkennen Irigarays Dissertation *Speculum. Spiegel des anderen Geschlechts* (1974, auf Deutsch 1980) ebenso wie die Aufsatzsammlung *Das Geschlecht das nicht eins* (1977, auf Deutsch 1979), da die Autorin in diesen frühen Schriften die Subjektphilosophie hinsichtlich ihrer Identitätslogik kritisiere. Ihre dekonstruktive Lektüre von klassischen Texten der abendländischen Philosophie und der Freud'schen Psychoanalyse decke die Funktionsweise auf, durch die sich das Subjekt als identisches Selbst entwerfe. Zu seiner Konstituierung baue es sein Anderes in seinen Mechanismus ein, das einzig dem Zweck der Selbstbespiegelung und der Repräsentation des Subjekts diene. Irigarays frühe Kritik habe gezeigt, dass dieses Andere des einen Subjekts mit dem Weiblichen verknüpft werde, das sich selbst in der symbolischen Ordnung nicht repräsentieren könne. Es könne einzig der Herstellung und der Repräsentation der Identität des einen (männlichen) Subjekts dienen. In ihrem Frühwerk habe es die Autorin dabei belassen, diesen Mechanismus zu kritisieren und unterlassen, eine weibliche Subjektposition positiv zu bestimmen. Kritisiert wird nun, dass Irigaray spätestens seit ihrer *Ethik der sexuellen Differenz* von 1984[5] diesen Pfad verlassen und begonnen habe, ein weibliches Subjekt positiv zu be-

5 Die deutsche Übersetzung erscheint 1990.

stimmen. Diese Rezeptionslinie kritisiert in der Folge, Irigaray sei selbst zu einer Wesensbestimmung der Weiblichkeit und zur Identitätslogik zurückgekehrt, die sie in ihren früheren Schriften kritisiert habe.[6] Ihr Versuch, eine weibliche Subjektposition und deren Repräsentation einzuklagen, habe zur Fixierung eines weiblichen Wesens und einer Festlegung der Zweigeschlechtlichkeit geführt.[7] Hinzu kommt vonseiten der Psychoanalyse ein weiterer Vorwurf: Irigaray bedenke die Relevanz des Mangels, der Spaltung in der Subjektgenese nicht genügend. In Abkehr von der Freud'schen und Lacan'schen Psychoanalyse verfolge sie die Vorstellung eines harmonischen, mit sich identischen Subjekts.[8]

Die andere Rezeptionslinie konstatiert eine Kontinuität im Werk der Autorin, die in der Suche nach einer nichtphallisch strukturierten symbolischen Ordnung besteht. Schon das dekonstruktive Vorgehen des Frühwerks habe

nicht nur die Vorstellung des Phallus als universalem Signifikanten der symbolischen Ordnung kritisiert. Vielmehr sei es Irigaray auch in ihren frühen Schriften um die Erörterung der symbolischen „Möglichkeitsbedingungen einer weiblichen Subjektposition“[9] gegangen. Die Möglichkeit einer solchen Position hänge von der Symbolisierung der sexuellen Differenz ab, einer Symbolisierung, die durch die phallische, ödipale Strukturierung der symbolischen Ordnung bisher verhindert worden sei. Irigaray kritisiere, dass der fundamentale Mangel, die Verwiesenheit des Subjekts auf den Anderen als Kastration und demnach ödipal gedeutet und verstanden werde. Ihr gehe es darum, den Mangel als menschliche Grundsituation anders – nämlich nicht ödipal – zu deuten.[10] Diese Lesart, der ich in meiner Interpretation von Luce Irigarays Theoremen folgen werde, dient mir methodisch als Folie, vor deren Hintergrund das Kritikprogramm der *Schwarzen Botin* schärfere Konturen erhält. Worum es mir geht, ist zu verdeutlichen, auf welcher Redeebene, mit welchem Geltungsanspruch und mit welcher theoriepolitischen Zielrichtung feministische Theorie der 1970er und 1980er Jahre operiert hat, in deren Zusammenhang die Beiträge der Zeitschrift stehen. Bevor ich auf Irigarays Subjekttheorie eingehen werde, komme ich noch einmal zurück auf die Psychoanalyse Jacques Lacans und auf die Anthropologie Claude Lévi-Strauss'.

6 Butler 1991,19; Moi 1989, 172ff., deren Kritiken über die englischsprachige Diskussion hinaus einflussreich sind; für die deutschsprachige Diskussion siehe unter anderem Frei-Gerlach 1998, 85ff.; für einen Überblick der Kritikmotive siehe Soiland 2010, 27–33.

7 Busch 1989, 118f., 142ff., 168ff.; Kroker 1994, 34–39; Lummerding 1994, 76f., 121.

8 Lummerding 1994; Seifert 1987.

9 Soiland 2010, 27.

10 Siehe vor allem Soiland 2010 und Sigmund-Wild 2000.

12.2 Frauentausch als Gesetz der Enkulturation? Der strukturalistische Theoriekontext

Die psychoanalytische Theorie der Subjektgenese, der Geschlechtswerdung und der hierarchischen Geschlechterordnung von Jacques Lacan, wie ich sie im Zusammenhang mit Cixous' Kritik dargestellt habe, erhält wichtige Impulse von der Anthropologie Claude Lévi-Strauss'. In *Die elementaren Strukturen der Verwandtschaft* (1949) entwickelt Lévi-Strauss ein Strukturmodell der sozialen Ordnung und identifiziert das Inzestverbot als das universale Prinzip menschlicher Gesellschaft. Dabei stellt das Inzestverbot eine Tauschregel dar. Tausch ist bei Lévi-Strauss das Mittel, durch welches das soziale Band, die gesellschaftliche Integration und Kohäsion hergestellt werden. Das stärkste und mächtigste Band zwischen Gruppen wird durch Verwandtschaft gestiftet, wobei Verwandtschaftssysteme durch das Inzestverbot strukturiert werden. Das Inzestverbot legt nun fest, welche Frau geheiratet werden darf und welche nicht – es regelt den Tausch von Frauen. Demnach ist bei Lévi-Strauss das durch Verwandtschaft begründete soziale Band gesichert durch den Frauentausch. Dabei stifte das Inzestverbot ein Tausch- und Kommunikationssystem, aus dem Sozietät nicht nur erwachse, sondern das die soziale Ordnung ausmache. Mit seiner strukturalen Theorie der Verwandtschaft beansprucht Claude Lévi-Strauss, den Übergang von Natur zu Kultur fassen zu können: Er versteht das Inzestverbot nicht als natürliche oder biologische Tatsache, sondern als soziale und kulturelle Institution, welche – seiner Theorie zufolge – die menschliche Ordnung begründet. Gegen einen Empirismus gerichtet, der rein deskriptiv verfährt, will Lévi-Strauss ein allgemeines, generatives Modell entworfen haben, in dem er das Herstellungsverfahren sozialer Ordnung entdeckt zu haben beansprucht.[11] Das Inzestverbot ist ihm zufolge ein produktives Relais, das Kultur ermögliche: Lévi-Strauss begreift es, einer mathematisch darstellbaren Regel gleich, als Bedingung der Möglichkeit von Kultur – welcher Ausformung auch immer.[12]

11 So resümiert Lévi-Strauss: „Wenn unsere Interpretation richtig ist, hat nicht der Gesellschaftszustand die Regeln der Verwandtschaft und der Heirat erforderlich gemacht. Sie sind der Gesellschaftszustand selbst, der die biologischen Beziehungen und die natürlichen Gefühle umformt und sie in Strukturen zwingt, die sie zusammen mit anderen implizieren, und sie nötigt, ihre ursprünglichen Merkmale zu überwinden." (Lévi-Strauss 1993, 654) Weiter führt er sein Verständnis einer methodisch gesicherten, wissenschaftlichen Erkenntnis aus und schreibt: „Die Merkmale der Vergangenheit haben nur insofern explikativen Wert, als sie mit denen der Zukunft und der Gegenwart zusammenfallen." (Ebd. 656) Die moderne Sozialwissenschaft unterscheide sich von einer „historischen Soziologie, die [...] in einer fernen Vergangenheit nach der Ursache für die heutige Situation sucht", durch ihre „modernere und wissenschaftlich fundierte Haltung, die von einer Analyse der Gegenwart ein Wissen über ihre Zukunft und ihre Vergangenheit" erwarte. (Ebd. 657).

12 Dosse 1996, 44–48.

Beansprucht die strukturale Anthropologie, das Modell der Enkulturation der Gattung entwickelt zu haben, so die strukturale Psychoanalyse Jacques Lacans das allgemeine Modell der Subjektwerdung des Menschen zu formulieren. Dreh- und Angelpunkt der Tauschstruktur ist in beiden Wissenschaften die Verwandtschaftsregel des Inzestverbots.[13] Lacan übernimmt den Geltungsanspruch von Lévi-Strauss und beansprucht somit, in seiner Interpretation des Inzestverbots den Übergang von Natur zu Kultur, die Enkulturation des Einzelnen zu erfassen. Demnach ist nicht ein soziologisches, historisches Subjekt anvisiert, sondern das, was das Subjekt zum Subjekt macht: gleichsam die Bedingung der Möglichkeit eines soziologischen, historischen, ästhetischen, philosophischen – eines symbolisierenden und Bedeutung und Wissen produzierenden – Subjekts. Die strukturalistischen Theorien beanspruchen, ein universales Gesetz formuliert zu haben, das sich als Strukturmodell darstellen lässt.[14]

Die strukturale Anthropologie von Lévi-Strauss und noch stärker die strukturale Psychoanalyse Jacques Lacans üben ab Anfang der 1970er Jahre auf die Theoriebildung des kulturellen Feminismus eine große Anziehung aus, da sie eine produktive Spannung aufweisen: Einerseits entkleiden sie das Inzestverbot jeglicher Naturalisierung, indem sie es als soziale Verwandtschaftsregel begreifen, die der Biologie gegenüber arbiträr ist. Damit sprechen sie die Funktionsweise der Unterordnung und Abwertung der Frau in der abendländischen Kultur aus, die nicht aus Naturgesetzen oder Biologie erklärt werden können. Andererseits verfehlen sie die kritische Pointe ihrer eigenen Theorien. Denn sie verknüpfen den Tausch von Frauen und ihren Objektstatus mit dem als universell gültig verstandenen Gesetz der Enkulturation, dargestellt im Inzestverbot. Der Frauentausch wird so zur invarianten Bedingung von Gesellschaftlichkeit überhaupt. Indem der Strukturalismus beansprucht, den Code der Kultur zu formulieren,[15] verankert er die asym-

13 Lévi-Strauss 1993, 57; Dosse 1996, 180–184.

14 Lacan 1996b, 117f. „Nach diesem Grundgesetz überlagert das Reich der Kultur durch die Regelung von Verwandtschaftsbeziehungen das der Natur, das dem Gesetz der Paarung unterliegt. Das Inzestverbot ist nur der subjektive Angelpunkt, der in der modernen Tendenz nackt hervortritt, die der Wahl des Subjekts untersagten Objekte auf Mutter und Schwester zu reduzieren, wobei darüber hinaus noch lange nicht alles erlaubt ist. Hinreichend deutlich ist zu erkennen, daß dieses Grundgesetz mit einer sprachlichen Ordnung identisch ist. Denn keine Macht außer der sprachlichen Benennung von Verwandtschaftsgraden ist imstande, das System der Präferenzen und Tabus zu institutionalisieren, das durch Generationen hindurch die Fäden der Abstammung miteinander verflicht und verknotet." (Lacan 1996b, 118).

15 Nach Lacan beschreibt ein Code im Rahmen der Kommunikation eine festgelegte Relation zum Referenten. Ihm fehlt das, was das Charakteristikum der menschlichen Sprache ist: Mehrdeutigkeit, siehe Evans 2002, 68.

metrische, hierarchische Geschlechterordnung im Fundament der Kultur. So läuft er Gefahr, die Hierarchie der Geschlechterordnung zu zementieren und zu einer anthropologischen Notwendigkeit zu erklären.

Es sind vor allem diese zwei Aspekte, die die feministische Kritik auf den Plan ruft: erstens die im 11. Kapitel dargestellte geschlechterhierarchische Architektur der symbolischen Ordnung bei Lacan, zweitens Lévi-Strauss' Festlegung des Frauentauschs als Prinzip der Verwandtschaftssysteme. Damit – so die feministische Kritik – enthistorisieren und verewigen die strukturalistischen Theoreme die Unterordnung der Frauen, ihre minoritäre Stellung als Tauschobjekt und Nichtsubjekt in der Form der Gesellschaftlichkeit.[16] Nun verwerfen einige feministische Theoretikerinnen wie Hélène Cixous, Luce Irigaray, Julia Kristeva – oder auch Gayle Rubin in den USA – die strukturalistische Anthropologie und Psychoanalyse nicht gänzlich, sondern machen die Kritik derselben mit unterschiedlichen Methoden und Vorgehensweisen zu ihrer Aufgabe. Sie gehen davon aus, dass deren Erkenntnisse insofern Geltung beanspruchen können, als dass sie die in der abendländischen Kultur verankerte Funktionsweise der Unterordnung der Frau und Abwertung des Weiblichen beschreiben. Für die feministische Theoriebildung steht damit zur Diskussion, wie Gesellschaftlichkeit, eine Subjektform, ein intersubjektives Anerkennungsverhältnis, ein Natur-Kultur- und Subjekt-Objekt-Verhältnis denkbar und repräsentierbar sind, in denen die Frauen nicht notwendig Nicht-Subjekte bleiben und die nicht auf ihrer Unterwerfung und Unterordnung beruhen.

12.3 Kritik der Subjektwerdung. Luce Irigarays Suche nach einer anderen symbolischen Ordnung

Die strukturalistische Anthropologie und Psychoanalyse weisen in ihren Theorien der Enkulturation eine fundamentale „geschlechtliche Asymmetrie"[17] auf. Das Problem, dass der Position des Weiblichen und der Frau in den Kulturtheorien des Strukturalismus grundlegend die Position des Subjekts verwehrt wird, rief feministische Theoretikerinnen wie die Philosophin und Psychoanalytikerin Luce Irigaray auf den Plan. Irigaray verwirft die strukturalistischen Tauschtheorien nicht als sexistisch und daher für feministische Theoriebildung unbrauchbar, sondern sieht in ihnen das Problem der hierarchischen Geschlechterordnung ausgesprochen – wenn auch nicht konsequent kritisiert. Ihre Kritik zielt nun erstens auf die Funktionsweise des psychoanalytischen und des anthropologischen Diskurses und zweitens auf die Möglichkeiten der Veränderung. Dabei geht es Irigaray um die *Ver-*

16 Siehe Rubin, Gayle (1975): The Traffic in Women. Notes on the Political Economy of Sex, in: Reiter, Rayna R. (Hg.): Towards an Anthropology of Women, New York, 157–210.

17 Soiland 2003, 165, siehe 11. Kapitel.

änderbarkeit der Gesetzmäßigkeit, in welche die geschlechtliche Asymmetrie fundamental eingelassen ist und die sie zugleich hervorbringt. Um noch einmal das schon Gesagte ins Gedächtnis zu rufen: Die Gesetzmäßigkeit, von der hier die Rede ist, regelt den Übergang von Natur in Kultur und besteht bei Lévi-Strauss im Frauentausch. Bei Lacan ist die Subjektgenese über den Phallus geschaltet, der als Platzhalter für den Verlust der Befriedigung am mütterlichen Körper fungiert. Zugleich bedingt der durch den Auftritt des Signifikanten Phallus hervorgerufene Verlust wiederum die Entstehung des Begehrens, welches das Subjekt zum Subjekt macht. Durch die Trennung der als Einheit vorgestellten Mutter-Kind-Dyade durch einen Dritten, als welcher der Signifikant Phallus fungiert, wird bei Lacan die symbolische Dimension menschlichen Seins erst möglich. Laut der Philosophin Tove Soiland ist es Luce Irigarays ausgewiesenes Ziel, gegen die „phallische Codierung der symbolischen Ordnung“[18] eine symbolische Ordnung zu denken, in der die Verarbeitung der Getrenntheit und des Mangels nicht ausschließlich durch die Symbolisierung über den Phallus als einzigen Signifikanten möglich ist. Irigaray hält – folgt man der Lesart von Soiland – an der Notwendigkeit der Spaltung und des Mangels fest.[19] Nicht, *dass* das Subjekt einen fundamentalen Mangel aufweist, kritisiert Irigaray. Vielmehr stellt sie infrage, dass der Mangel und die Spaltung im Subjekt ausschließlich über den Signifikanten Phallus symbolisiert werden können und dass die symbolische Ordnung notwendig phallisch strukturiert sein muss.

Die Frau als vergesellschaftetes Ungesellschaftliches

In ihrem Aufsatz „Frauenmarkt“, der 1979 im Aufsatzband *Das Geschlecht, das nicht eins ist* im Merve Verlag publiziert wird, unterzieht Irigaray Lévi-Strauss’ Überlegungen zum Frauentausch und Lacans Subjekttheorie einer Relektüre und stellt sie in einen Zusammenhang mit der Wertformanalyse, wie sie Karl Marx im ersten Band des Kapitals entwickelt.[20] In einer Analogie setzt sie Frauen mit Waren in der kapitalistischen Produktionsweise gleich,

18 Soiland 2010, 180.

19 Damit widerspricht Soiland einer Lesart, die kritisiert, Irigaray würde das Subjekt von der Spaltung und dem Mangel befreien wollen, siehe unter anderem Rose 1996, 84; Bossinade 2000, 71.

20 Zur selben Zeit kritisiert auch Gayle Rubin Lévi-Strauss und Lacan unter Bezugnahme auf Karl Marx und Friedrich Engels, allerdings bezieht sie sich nicht auf die Wertformanalyse, sondern auf Engels Überlegungen zur Produktion und Reproduktion des Lebens der Menschen. Damit steht sie in einer marxistischen Tradition, die von der materiellen, gesellschaftlichen Praxis her denkt. Irigaray hingegen bezieht sich auf die Wertformanalyse und ist damit Teil einer seit den 1970er Jahren ansetzenden Marxrezeption, die sich immer stärker und ausschließlicher auf die Logik der Kritik der politischen Ökonomie fokussiert, tendenziell unter Absehung der Klassen- und Revolutionstheorie und des Grundsatzes des historischen

deren Gebrauchswert für den Mann darin bestehe, „Produzentinnen von Kindern und von Arbeitskraft“ zu sein.[21] Zugleich komme ihnen ein Tauschwert zu, der – ähnlich wie in Marx' Wertformanalyse – ein *gesellschaftliches* Verhältnis ausdrücke. Irigaray teilt zunächst Lévi-Strauss' und Lacans Theorem vom Inzestverbot als Frauentausch und zeigt, dass die Frau im System des kommunikativen Austauschs von Zeichen ein *gesellschaftliches Verhältnis zwischen Männern* darstelle. Als Verhältnis zwischen Männern werde sie zur Infrastruktur, die den gesellschaftlichen, symbolischen Austausch und damit Gesellschaftlichkeit ermöglicht. Die Frau werde so in die Position gebracht, das Medium der gesellschaftlichen Vermittlung – der Vermittlung von Kultur und Natur – zu sein. Auch Lévi-Strauss hatte davon gesprochen, dass das Inzestverbot und somit der Frauentausch – „gleichzeitig an der Schwelle der Kultur, in der Kultur und [...] die Kultur selbst“[22] sei. Irigaray reformuliert diesen Gedanken und zieht die Konsequenzen für die weibliche Position: Die Frauen stünden „[n]icht mehr in der Ordnung der Natur, noch nicht in der der Gesellschaft, die sie indessen unterhalten“[23]. Die weibliche Position wird somit – so Irigarays Schlussfolgerung – in die *Funktion der Vermittlung* gebracht. Indem die Frauen die Vermittlung der Gesellschaft unterhalten, bleibt ihnen ein Subjektsein verschlossen, das darin besteht, den eigenen unüberwindlichen Mangel des Subjekts in kulturelle Formen zu überführen und zu symbolisieren. Demnach sind sie selbst von der Vermittlung ausgeschlossen. So zwischen Natur und Kultur gestellt, besteht die weibliche Position in dem Paradox als Nicht-Vergesellschaftetes vergesellschaftet zu sein: Das Weibliche wird zum Statthalter dessen, was als nicht vergesellschaftet erscheint, es bildet die Matrix, auf der die Spaltung des Subjekts, die Trennung und die Dialektik von Subjekt und Objekt, Natur und Kultur sich vollziehen. Diese Position – darauf zielt Irigarays Argumentation – ist selbst ein gesellschaftliches und damit veränderbares Resultat.[24]

Irigarays Kritik setzt an Lacans Anspruch an, eine Theorie der Differenz entwickelt zu haben, die das Subjekt konsequent dezentriert, indem es

Materialismus, dass der Mensch ein sinnliches Wesen ist, dessen Existenz von der materiellen gesellschaftlichen Re/Produktion abhängt.

21 Irigaray 1979b, 180.

22 Lévi-Strauss 1993, 57; Lacan 1996b, 117–120.

23 Irigaray 1976b, 60.

24 Soiland fasst diesen Aspekt präzise zusammen: „Diese Seite, die weibliche, ist in der Form der Vergesellschaftung paradoxerweise als das vergesellschaftet, was als das (angeblich) Nicht-Vergesellschaftete gilt, womit folglich auch die damit verbundenen Funktionen nie in die zentralen Organisationsprinzipien einer Gesellschaft eingehen. In diesem Sinne könnte man beim Geschlechterverhältnis von einem gesellschaftlichen Verhältnis sprechen, welches die eine Seite, die weibliche, vielleicht weniger der Produktionsmittel, die auch, aber noch vordringlicher der symbolischen Austauschmittel beraubt.“ (Soiland 2010, 372).

von einer Alteritätsstruktur hervorgebracht gedacht wird. Lacans Denken der Alterität, das die Unverfügbarkeit des anderen zu seinem Recht kommen lassen will, verfehle sein eigenes Ziel: In der Systematik seiner Theorie werde die Unverfügbarkeit, die als Rest jeder Vergesellschaftung des Subjekts herausfalle, auf Kosten des Weiblichen installiert.[25] Die weibliche Position werde als *gesellschaftliches Ungesellschaftliches* hergestellt, indem sie die Funktion bekommt, die gesellschaftliche Vermittlung für den Mann zu sein. Die Frau fungiert demnach als Vermittlung zwischen Männern. Darin stimmt Irigaray mit den Strukturalisten überein. Irigarays Kritik zielt nun darauf zu zeigen, dass die Form der Vermittlung, also die Form der Enkulturation des Einzelnen, veränderbar ist. Irigaray lenkt das Augenmerk auf die geschlechtliche Asymmetrie in der Vermittlung von Gesellschaft, die sich zu Ungunsten der weiblichen Position vollzieht, nicht, um der Vermittlung überhaupt eine

Absage zu erteilen. Vielmehr geht es um die Veränderung der symbolischen Ordnung, um die Veränderung der Vermittlungsformen und damit um die Veränderung der symbolischen Vergesellschaftungsform: Um die Abschaffung des Frauentausches als Integrationsmittel menschlicher Ordnung und um eine gesellschaftliche Form, in deren Rahmen die Unverfügbarkeit des und die Abhängigkeit vom Anderen symbolisch nicht durch die Abwertung des Weiblichen bearbeitet wird.[26]

Das eine *Geschlecht und die sexuelle Indifferenz*

Da die Frau als Vermittlung zwischen Männern fungiere und nur ein Verhältnis zwischen diesen ausdrücke, gebe es in der ödipal strukturierten symbolischen Ordnung nur *ein* Geschlecht – das männliche. Das andere dieses einen Geschlechts sei bloß das „ANDERE des GLEICHEN"[27] und habe in seiner Alterität keine Existenz. So schreibt Irigaray:

> „Das Gesetz, das unsere Gesellschaft regelt, ist die ausschließliche Wertschätzung der Bedürfnisse-Wünsche der Männer und der Tauschhandlung unter ihnen. Das, was der Anthropologe als Übergang von der Natur zur Kultur bezeichnet, läuft also auf die Errichtung der Herrschaft, der Hom(m)osexualität hinaus. Nicht in einer ‚unmittelbaren' Praxis, sondern in ihrer ‚gesellschaftlichen' Vermittlung."[28]

Die symbolische Ordnung, die nur *ein* Geschlecht kenne, erscheine aber gerade als sexuell indifferent, das *eine* Geschlecht als nicht sexuiert, sondern als neutrale Norm. Das spiegle sich in der psychoanalytischen Theorie der

25 Ebd. 250.
26 Ein ähnliches Anliegen verfolgt auch Julia Kristeva, wenn sie nach gesellschaftlichen Formen sucht, Aggression und Destruktion, Widerspruch und Negativität zu vermitteln, ohne ihnen ihren antisozialen Charakter zu nehmen.
27 Irigaray 1979c, 104, Herv. i. O.
28 Irigaray 1979d, 178.

Sexualität von Sigmund Freud wider, für den es „nicht zwei Geschlechter" gebe, „deren Differenzen sich im Geschlechtsakt, und allgemeiner in den imaginären und symbolischen Prozessen artikulierten, die das gesellschaftliche Funktionieren regulieren".[29] Die Veränderung der symbolischen Ordnung und damit der Subjektgenese bedeutet für Irigaray demnach, die bisher verleugnete sexuelle Differenz wirkmächtig und bedeutungsvoll werden zu lassen. Für sie gibt es (bisher) keine bedeutungsvolle sexuelle Differenz.[30]

Wie ich im II. Kapitel dargelegt habe, bezeichnet die sexuelle Differenz bei Lacan ein Verhältnis zur phallischen Funktion, also zur symbolischen Kastration, durch die sich der Eintritt in die symbolische Ordnung und die Entstehung des Begehrens des Subjekts vollzieht. Diese Bestimmung, die Irigaray teilt, bringt sie dazu, darüber nachzudenken, wie dieses Verhältnis des Subjekts zu seinem Mangel, zu seiner Spaltung bei Lacan gedacht und bezeichnet wird und wie dieses Verhältnis verändert werden könnte.

Die Frau als „Gebärspalte des Subjekts"[31]

Irigaray kritisiert an Lacans Konzeption, dass er die Frau ausschließlich hinsichtlich ihrer Funktion als Mutter auffasst. In ihrem Aufsatz „Cosi Fan Tutti" (1979) bezieht sich Irigaray auf Lacans Ausspruch, dass die Frau in der symbolischen Ordnung nicht existiere denn als Mutter, und kommentiert:

> „Daß die Frau ‚nur quod matrem genommen wird', ist der gesamten Tradition der Philosophie eingeschrieben. Das ist eine der Bedingungen ihrer Möglichkeit selbst."[32]

Da das Geschlecht der Mutter nicht repräsentiert ist durch den Phallus, scheint dem weiblichen Geschlecht im Gegensatz zum männlichen etwas zu fehlen. In Lacans Theorie eigne sich daher die Mutter, für das Kind das Nichts und den Mangel darzustellen. Irigaray kritisiert die zirkuläre Argumentation der Psychoanalyse: Es entsteht der Eindruck, als könne sich das weibliche Geschlecht nicht repräsentieren, weil es keinen Penis als phallischem und daher symbolisch vermittelbarem Körperteil habe. Doch wird hier die vorausgesetzte Bedingung verschwiegen: Allein dem Phallus wird die Möglichkeit der Repräsentanz zugesprochen. Ist diese Bedingung gesetzt, scheint sich das weibliche Geschlecht aufgrund seiner Konstitution nicht repräsentieren zu können. Tatsächlich kann es sein Geschlecht nicht repräsen-

29 Irigaray 1979a, 71.

30 Dieses Ansinnen Irigarays hat die oben erwähnte Kritik aus den feministischen Reihen hervorgerufen, die Philosophin fixiere eine zweigeschlechtliche Heterosexualität und übergehe andere gesellschaftliche Differenzkategorien, siehe prominent Butler 1991, zur Auseinandersetzung mit diesen Kritiken siehe Soiland 2010, Sigmund-Wild 2000.

31 Soiland 2010, 253.

32 Irigaray 1979c, 106.

tieren, weil der Phallus als einziger Signifikant der symbolischen Ordnung eine symbolische Vermittlung des weiblichen Geschlechts verunmöglicht.[33] So verkörpere bei Lacan das weibliche Geschlecht – da gleichgesetzt mit der Mutter – das Nichts und den Mangel, wenn das Kind feststelle, dass sie den Phallus nicht hat. Da sie ausschließlich hinsichtlich ihrer Funktion als Mutter betrachtet wird, erscheint die Frau-Mutter als bedrohliches Nichts: Die imaginierte Einheit von Mutter-Kind erscheint sowohl als verschlingende und das Subjekt auflösende Gefahr – sie wird als „verschlingende[s] Monstrum"[34] phantasiert – als auch als sehnsuchtsvoller Zufluchtsort einer scheinbar möglichen Einheit mit der Mutter als verlorenem Objekt.

Auch für Irigaray stellt der Mangel, die Trennung und Spaltung eine Bedingung des Subjektseins dar. Doch kritisiert sie an Lacans Modell, dass er bezogen auf die Frau den Mangel nur unter der Hinsicht betrachtet, dass sie zur „Gebärspalte des Subjekts"[35] werde – zur Spalte des Subjekts, das sie selbst nicht ist. Lacan reduziere die Frau auf den Körper der Mutter *für das* (männliche) Subjekt. Er verpasse es, die Frau zuvörderst als sprechendes und damit gespaltenes und begehrendes Wesen genügend zu bedenken. Lacans Subjekt eigne sich die Spaltung, den Mangel der Frau an, in dem jene die Trägerin *seiner* Spaltung werde. So benutzt es die auf den Körper der Mutter reduzierte Frau, um Subjekt zu werden, indem es seine *eigene* Spaltung *verleugnet* und als Mangel, Nichts der Frau erscheinen lässt. Daher scheint die Mutter und mit ihr das weibliche Geschlecht nicht vollständig zu sein. Sie wird in die Position gebracht, als Trägerin des Mangels für das Subjekt zu fungieren. Damit stellt sich das Subjekt nicht seinem eigenen Mangel, sondern füllt den Mangel der Mutter mit seinem Mangel auf. So nimmt in Lacans Denken das Subjekt der Frau die Möglichkeit, ihren Mangel und ihr Begehren zu haben und damit selbst Subjekt zu werden, indem es sie ausschließlich als Mutter und als seine eigene „Gebärspalte" auffasst.[36]

Nach Soiland fungiert die Mutter in Lacans Theorie als Abschluss der Systematik, der damit zugleich einen systematischen Fehler hervorbringt: Es sei Lacans ausgewiesenes Ziel, die Theorie eines dezentrierten Subjekts vorzulegen, das ausgehend von seiner Verwiesenheit auf den anderen gedacht werden soll. In diesem Sinne nimmt er sich die Konzeption einer Alteritätstheorie vor, die er verfehle. Denn an dem beschriebenen Punkt, an dem die Spalte der Mutter zum *Mittel für* das Subjekt wird, wird das Subjekt nun doch als *Zentrum* des Geschehens und der Sinnproduktion gedacht: Indem es seinen Mangel als den Mangel der Mutter verkennt, kann es sich weiterhin als vollständig imaginieren. Damit wird ihr Mangel als Frau unthemati-

33 Soiland 2010, 252.
34 Irigaray 1989, 37.
35 Soiland 2010, 253.
36 Irigaray 1980, 284; Soiland 2010, 252.

sierbar.[37] Lacan reduziert, wie so viele abendländische Denker vor ihm, die Mutter auf eine Funktionsweise für das Subjekt und entzieht ihr als Frau die Möglichkeit, ein Subjekt zu werden. Er installiert den Mechanismus, der das Subjekt dazu bringt, seinen eigenen Mangel nicht auf sich zu nehmen, sondern ihn auf das Weibliche zu verschieben. Will Lacan den Narzißmus der abendländischen Subjektphilosophie kritisieren,[38] fällt er in den Augen Irigarays genau in diesen zurück.

Die mangelnde Symbolisierung des weiblichen Begehrens

Für Irigaray verunmöglicht die Gleichsetzung von Frau und Mutter die Subjektwerdung der Frau insofern, als dass ihr Mangel enteignet und besetzt wird vom Mangel des männlichen Subjekts – oder anders gesagt: Die männliche Position ermöglicht es, ein Subjekt zu werden, indem sie die weibliche Position ausnutzt. Die männliche braucht die weibliche als Trägerin des Mangels, die weibliche braucht das männliche Subjekt, um an der phallisch strukturierten symbolischen Ordnung, Allgemeinheit und Gesellschaftlichkeit teilzuhaben. Auch Hélène Cixous hatte an dieser Verunmöglichung angeknüpft und ihr Schreiben als die Entwicklung anderer imaginärere Bilder, eines weiblichen Imaginären verstanden. Dabei weisen Cixous' Texte die Tendenz auf, den Mangel und seine Rolle in der Subjektgenese zu verwerfen. Damit bleibt allerdings unklar, wie ein weibliches Begehren und damit die Produktion von imaginären Bildern und von Bedeutung entstehen kann, wenn es keinen Mangel gibt und kein Gesetz, das die Trennung der imaginierten Einheit von Mutter und Kind vollzieht.[39]

Irigaray geht es nun nicht nur um die Ebene des Imaginären. Sie stellt sich vielmehr die Frage, wie der fundamentale Mangel, die Alterität, symbolisch wird. Wie ich zu Beginn des Kapitels gesagt habe, geht es Irigaray um die Veränderbarkeit der Gesetzmäßigkeit: Sie kritisiert die Vorstellung des Strukturalisten Lacan, dass das väterliche Gesetz, die Kastration, unveränder-

37 „Lacan betrachtet gewissermaßen ihre Spalte [der Frau, K. L.] nur im Hinblick auf das Subjekt. Er betrachtet sie nicht im Hinblick auf ihre Spalte als Leere, die noch nicht mit seinem Sinn aufgefüllt ist. Und in diesem Sinn lässt sich sagen, dass Irigaray Lacans Leere zu wenig leer ist. Ihre Spalte ist in die Spalte des Subjekts eingegangen und als solche wird sie im Innern seiner Systematik als Irrtum weiterexistieren. Sie wird zum Fehler seiner Systematik werden, worin der Mann/das Kind verkennt, dass seine Spalte nicht zur Mutter, sondern zu ihm gehört." (Soiland 2010, 253).

38 Exemplarisch für die dezentrierende Denkweise Lacans: „Der Mensch spricht, aber er tut es, weil das Symbol ihn zum Menschen gemacht hat." (Lacan 1996b, 117) Von abendländischer Subjektphilosophie zu sprechen ist selbstverständlich äußerst ungenau. Es ist auffällig, dass sich die Reihe der Theoretikerinnen der Differenz von Lacan über Derrida und Irigaray an einer bestimmten Linie der Philosophie abarbeitet, die nicht materialistisch ist.

39 Siehe 11. Kapitel.

bar sei. Sie verwirft damit nicht die *Funktion*, die das Gesetz in der Subjektgenese einnimmt: die Funktion, den Mangel erscheinen zu lassen, der das Individuum zu einem begehrenden Subjekt macht. Worum es ihr geht, ist die ödipale Codierung des Vorgangs. Irigaray stellt sich demnach die Frage, weshalb der fundamentale menschliche Mangel, die Verwiesenheit auf und die Abhängigkeit vom anderen und dessen unhintergehbare Unverfügbarkeit als *Kastration* symbolisiert wird. Weder verwirft Irigaray das Lacan'sche Gesetz, noch folgt sie dessen asymmetrischer vergeschlechtlichter Codierung. Sie begreift das Gesetz, das Sinn und Bedeutung absichert, als *veränderbare Gesetzmäßigkeit*. Sie kritisiert demnach die strukturale Vorstellung der Geschichtslosigkeit und Ahistorizität des Gesetzes. Damit thematisiert sie das Problem der Verunmöglichung der weiblichen Subjektwerdung auf der Ebene der symbolischen Ordnung – als der Bedingung der Möglichkeit der Subjektwerdung, Bedingung der Produktionen des Imaginären, der Bedeutungen und der Wahrnehmungsmuster.

Wie ich im II. Kapitel schon ausgeführt habe, liegt das Problem der weiblichen Position in der Lacan'schen Psychoanalyse in der mangelnden Begrenzung derselben, da sie ihren Mangel nicht symbolisieren kann. Das führt dazu, dass bei Lacan über die weibliche Position keine Allgemeinheit, keine Universalität und damit keine Individuierung hergestellt werden kann. Die männliche Position wird über den Phallus als leerem Signifikanten begrenzt und bestimmt. Wenn Irigaray nun die Gesetzmäßigkeit und den Mangel nicht mehr ausschließlich über die Kastration und den Phallus denken will, stellt sich die Frage, wie die Begrenzung und Bestimmung durch ein Allgemeines dann stattfinden kann. Irigarays Frage ist demnach, wie der Mangel, die Spaltung der weiblichen Position, symbolisiert werden und so eine Begrenzung erhalten kann, die nicht die phallische Symbolisierung über die Kastration ist.

Mimesis und die Psychoanalyse der Theorie

Die Veränderung der symbolischen Ordnung zur Aufgabe feministischer Kritik zu machen, ist im Rahmen der Theorie von Irigaray eine durchaus fundamentale Angelegenheit, strukturiert sie doch Bewusstseinsformen, die Wahrnehmung und somit das Wissen der Wirklichkeit. Weil sie mit der Lacan'schen Psychoanalyse das zeichen- und sprachtheoretische Paradigma teilt, ist für Irigaray die Frage nach einer möglichen Veränderung der symbolischen Ordnung als der strukturellen Bedingung der Subjektwerdung eine Frage der Sprache. So wie sich Subjektwerdung und Sprache verknüpfen, so verbindet Irigaray ihre Methode der psychoanalytischen Kritik der Psychoanalyse mit den Konzepten eines mimetischen Schreibens und eines *parler femme*, eines Frau-Sprechens.

Irigaray wendet Lacans psychoanalytisches Werkzeug auf sein Denken selbst ebenso wie auf jenes einiger Philosophen an und deckt auf, was die stumme, weil nicht repräsentierbare Basis der symbolischen Ordnung ist.[40] Dieses von der Psychoanalyse Verschwiegene liegt für Irigaray in der „Nicht-Darstellbarkeit der Mutter-Tochter-Beziehung“[41] unter der Bedingung der phallisch organisierten symbolischen Ordnung: Für die männliche Position, für den Sohn, besteht die Möglichkeit, seine Beziehung zur Mutter als verlorenem Objekt, durch die Schaffung anderer Objekte zu verarbeiten und zu repräsentieren. Diese Möglichkeit besteht nicht für die Tochter. Denn solange die Trennung als Kastration gedacht und symbolisiert wird, verliert die Tochter scheinbar nichts, kein Objekt, dessen Verlust *symbolisiert* werden könnte. Denn ihr „Verlust“ ist keiner, der zur Suche und Besetzung neuer Objekte führt. Da die Tochter in der phallisch strukturierten symbolischen Ordnung als immer schon kastriert erscheint, muss ihr verschlossen bleiben, was sie verliert, wenn sie die Mutter als erstes Liebesobjekt verliert: „Das kleine Mädchen weiß offensichtlich nicht, *was* es durch den ‚Untergang‘ der Mutterbeziehung und der Beziehung zu Frauen überhaupt verliert“[42], schreibt Irigaray in *Speculum*. Dem Mädchen fehlt die Möglichkeit, sich ein Bild zu machen von ihrem Objekt, ihrem Verlust, von ihrer Beziehung zur Mutter und zur anderen Frau. Da es in der phallisch organisierten symbolischen Ordnung keine Möglichkeit der symbolischen Vermittlung des weiblichen Geschlechts gebe, gebe es (noch) keine Vermittlung zwischen Frauen. Ihnen fehlt, Irigaray zufolge, ein vermittelndes Drittes, ein Allgemeines, wodurch sie sich als je individuelle Einzelne individuieren könnten.[43]

Nun ist die Sprache Medium und Ausdruck des Allgemeinen. Die symbolische Ordnung, die bei Irigaray wie bei Lacan strukturiert ist wie eine Sprache, konstituiert sich durch die Nicht-Repräsentierbarkeit und Unbestimmtheit des Weiblichen.[44] Bezogen auf die Subjektwerdung stellt sich für die feministische Theorie (und Praxis) ein methodisches Problem: Entweder sie versieht das weibliche Geschlecht mit einer klar festgelegten Bedeutung. Allerdings würde eine Fixierung der Bedeutung des Weiblichen „die Funktionsweise des Diskurses“[45], die Identitätslogik der Subjektwerdung, nur wiederholen, so Irigaray. Oder aber feministische Kritik ist die negative und dekonstruktive Kritik eines jeglichen Subjekts. Für Irigaray stellt sich die Frage, wie die Frau ein Subjekt werden kann, wenn die Funktionsweise der

40 Weil 2006, 156.

41 Die „Nicht-Darstellbarkeit der Mutter-Tochter-Beziehung [nimmt] dem Mädchen die Möglichkeit […], seine Beziehung zum Ursprung zu denken und [schafft] so eine weibliche Position […], für die, wie Irigaray sagt, das Fehlen eines ‚Urbegehrens‘ konstitutiv ist.“ (Soiland 2010, 165).

42 Irigaray 1980, 84, Herv. i. O.

43 Ebd. 41f.

44 Zur Irigarays Kritik der Abgeschlossenheit des psychoanalytischen Theoriegebäudes Irigaray 1979a, 76f.

45 Irigaray 1979a, 78.

Subjektgenese innerhalb der symbolischen Ordnung über den Phallus und die Kastration geschaltet ist, wodurch verunmöglicht wird, dass die Tochter ihren Verlust der Mutter symbolisch verarbeiten kann. Mit der Methode der Mimesis will Irigaray sowohl über eine rein negative Kritik hinausgehen, als auch die Fixierung der Bedeutung von Frausein vermeiden.[46] Diesen Spagat versucht Irigaray, da sie der linguistischen Auffassung der Psychoanalyse folgt, in ihrem Frühwerk durch das Konzept des mimetischen Schreibens und des *parler femme*, des Frau-Sprechens, zu vollführen. Durch das Verfahren der Mimesis zieht sie in Betracht, dass die herrschende Ordnung nicht einfach geleugnet werden kann. So läuft sie nicht Gefahr, zu glauben, dass durch den schieren Willen zur Veränderung über die ödipale Strukturierung der Kultur einfach hinweggegangen werden könnte. Ihr Vorgehen enthält sowohl dekonstruktive Elemente als auch eine „Praxis der Konstruktion"[47].

So zeigt Irigaray, wie der philosophische Diskurs, seine Begriffe, Metaphern und Motive darauf beruhen, dass er sich durch seine Differenz zu dem, was er nicht ist, bestimmt.[48] Sie kritisiert nun die Wertehierarchie der begrifflichen Oppositionen und deren Vergeschlechtlichung, die durch diese Operation entstehen. All das, was zum Anderen des Subjekts gemacht werde – Materie, Irrationalität, Natur, Objekt, Formlosigkeit – erhalte das Signum des Weiblichen. Dekonstruktiv ist das Verfahren insofern es aufzeigt, wie die Vorstellung der Identität des Subjekts und des einen Geschlechts durch die Verdrängung und das Verwerfen dessen, was in der Identität nicht aufgeht, sich konstituiert.

In dem sie in ihren Texten Begriffen keine klaren Bedeutungen gibt, mit Analogien und Assoziationen arbeitet und die Grenzen zwischen der Wiedergabe und Wiederholung der Position anderer Texte – denen sie möglicherweise widersprechen könnte – und ihrer eigenen Position verfließen lässt, wolle sie die Interpretationen offen halten, so die Psychologin Irene Sigmund-Wild in ihrer Monografie *Anerkennung des Ver-rückten*.[49] Statt einer geschlossenen Interpretation einer Textstelle stellt sie Fragen und wiederholt Worte und Satzkonstruktionen, verändert diese aber zugleich durch die Frageform und durch Erweiterungen. Diese Befragung eines Textes eröffnet neue Interpretationshorizonte.[50] Das Verfahren, so Irene Sigmund-Wild, habe Ähnlichkeiten mit der psychoanalytischen Gesprächstherapie, in der Interpretationen von der Analytikerin angeboten werden und durch Assoziation Unbewusstes bewusst wer-

46 Sigmund-Wild 2000, 47.

47 Ebd. 35.

48 Kari Weil macht auf die Nähe, aber auch die Unterschiede der Dekonstruktion bei Jacques Derrida und Luce Irigaray aufmerksam, siehe Weil 2006, 156ff.; auch Sigmund-Wild 2000, 31–34.

49 Sigmund-Wild 2000, 53ff.

50 Bossinade 2000, 73.

den kann. Irigaray eröffne so in und durch ihre eigenen Texte die Möglichkeit zum Dialog unter Frauen als konstruktives Moment ihres Vorgehens.[51]

Neben das mimetische Schreiben, das Positionen wiederholt und nachahmt, zugleich aber neue Interpretationsmöglichkeiten eröffnen will, tritt das Konzept des Sprechens, des *parler femme*. Auch dieses zielt auf die Etablierung eines Dialogs zwischen Frauen. Auch hier sollen Begriffe fließend und undefiniert verwendet und die Syntax der Sprache, die auf der Unterordnung eines Prädikats unter ein Subjekt beruht, aufgebrochen werden.[52] Irigaray entwickelt ihren Vorschlag einer verändernden Praxis auf der Ebene des Texts. Die Methode der Mimesis schiebe dem schon vorhandenen Text einen zweiten und neuen Text unter und kreiere so eine „zweite Syntax".[53] Hintergrund dieses Vorgehens ist Irigarays Weigerung zu bestimmen, was die Frau sei:

> „Auf diese Frage [was die Frau sei, K. L.] meine ich schon geantwortet zu haben, daß eine Antwort überhaupt nicht in Frage käme. […] Kann man, kann ich einen anderen Begriff der Weiblichkeit ausarbeiten? Es geht nicht darum, einen anderen Begriff der Weiblichkeit auszuarbeiten. Zu behaupten, daß die Weiblichkeit sich als Begriff zum Ausdruck bringen kann, heißt bereits, sich in ein männliches Repräsentationssystem vereinnahmen zu lassen, innerhalb dessen die Frauen in einer Ökonomie des Sinns gefangen sind, die der Selbstaffektion des (männlichen) Subjekts dient."[54]

Statt eine Identität Frau festzulegen und in einem Begriff zu bestimmen, was Frausein sei, sollen Frauen in einen Dialog untereinander treten und so eine Praxis des Sprechens miteinander entwickeln. Ein solches Miteinandersprechen derer, die bisher die Tauschobjekte der Kommunikation waren und die Funktion der gesellschaftlichen Vermittlung zu übernehmen hatten, würde umstürzende Folgen haben, vermutet Irigaray:

> „Denn was würde ohne die Ausbeutung des weiblichen Materie-Körpers aus dem symbolischen Funktionieren, das die Gesellschaft strukturiert? Welche Änderungen würde diese, würde jenes unterzogen, wenn die Frauen aus Konsumtions- und Austauschobjekten, die zur Aphasie gezwungen sind, gleichfalls zu ‚sprechen Subjekten' würden? Nicht indem sie sich den maskulinen oder genauer: phallischen Modellen, die das Gesetz machen, unterordnen und sie imitieren, sondern indem sie ein anderes Verhältnis zur ‚Natur', zur ‚Materie' vergesellschaften."[55]

51 Irigaray 1979a, 87f.; Sigmund-Wild 2000, 54.

52 Ein Modell dieser Form des Sprechens sei das Sprechen der Hysterikerin, siehe Irigaray 1980, 339ff.; Sigmund-Wild 2000, 60–67.

53 Bossinade 2000, 72.

54 Irigaray 1979e, 128.

55 Irigaray 1976b, 61; ähnlich auch Irigaray 1979a, 87f.

Irigarays Konzeption schlägt einen feministischen Diskurs vor, der eine Kommunikationsstruktur als vermittelnde Instanz zwischen Frauen werden könnte. Möglich wäre dann nicht nur, das Weibliche als gesellschaftlich Vermitteltes sichtbar zu machen. Vor allem würden Frauen beginnen, sich in ein vermitteltes Verhältnis zueinander zu setzen. Subjektsein würde dann bedeuten, an einem Austausch von Zeichen teilzuhaben innerhalb einer Kommunikationsstruktur, die nicht mehr eine scheinbar ungesellschaftliche Weiblichkeit produzieren könnte, die zur Statthalterin eines unbestimmbaren Rests dienen müsste.

Zum Konzept eines dialogischen Diskurses tritt ein weiteres konstruktives Kritikelement hinzu: Irigarays Experimentieren mit Sprachbildern. Sie ist in ihren frühen Schriften auf der Suche nach einer Sprache, die es den Frauen ermöglicht, ihren Verlust, ihren Mangel – und damit ihre Beziehung zu anderen Frauen – zu artikulieren. Da auch Frauen – beziehungsweise diejenigen, welche in der andro- oder auch phallozentrischen Kultur durch die weibliche Position strukturiert sind – nicht außerhalb der symbolischen Ordnung stehen, greift Irigaray zu einer Analogie: So wie die Sprache des philosophischen Diskurses und der Psychoanalyse die Morphologie des männlichen Körpers verwendet, so experimentiert Irigaray mit einer Sprache, die sich auf die Morphologie des weiblichen Körpers bezieht. In ihrem 1976 im Merve Verlag erschienen Text „Wenn unsere Lippen sich sprechen" ist es das Bild der Lippen, in dem Irigaray der Spaltung der Frau, der Trennung Ausdruck verleiht:

> „Ich liebe dich: unsere zwei Lippen können sich nicht trennen, um ein Wort durchzulassen. […] Aber woher käme dieses Wort? Dieses ganz korrekte, abgeschlossene, auf seinen Sinn zurückbezogene. Ohne Spalte. Du. Ich. Du kannst lachen … Ohne Spalte gäbe es weder dich noch mich. Ohne Lippen kein Wir mehr. Die Einheit der Worte, ihre Wahrheit ihre Eigentlichkeit bestehen in ihrer Lippenlosigkeit. Dem Vergessen der Lippen."[56]

Indem sie über die Lippen als Spalte und zugleich als Bild für eine Zweiheit spricht, eröffnet Irigaray einen Assoziationsraum, um den fundamentalen Mangel des Subjekts nicht als phallische Kastration, sondern als unhintergehbare Spaltung der Lippen zu verstehen. Zugleich verweist die Zweiheit der untrennbaren Lippen auf die Verwiesenheit auf die Andere. So verweist Irigarays Wir im obigen Zitat, dessen Bedingung die Lippen sind, auf eine Allgemeinheit, die nicht auf dem Einen, sondern auf Zweiheit gründet.[57] Sie zielt darauf, ein intersubjektives Verhältnis auszudrücken, das die Differenz

56 Irigaray 1976c, 71.

57 Siehe Barbara Rendtorffs Überlegungen zur Entstehung eines Wir der Frauenbewegung, das die Einzelne und das Allgemeine vermittelt, ohne die Individualität der Einzelnen zu negieren, Rendtorff 2014, 38.

des Anderen nicht einebnet im Einen des Selben. Im Sprachbild der Lippen als Spalte und Zweiheit skizziert Irigaray die Bedingung der Möglichkeit einer Subjektwerdung, die nicht mehr darauf beruhte, ein Weibliches zu produzieren, das zum Statthalter der Alterität, der Unverfügbarkeit des anderen gemacht und als Gebärspalte des männlichen Subjekts benutzt werden würde. Das Bild der Lippen verweist darauf, dass die Frau – wie jeder Mensch – ein gespaltenes, mangelndes Wesen ist und ihren Mangel, ihre Verwiesenheit auf andere, symbolisieren muss.[58] Irigaray denkt in Richtung eines Allgemeinen, in der die Alterität des Menschen nicht mehr in der ödipalen Codierung gefangen wäre. Sie visiert eine Form der Subjektwerdung an, in der sich die Einzelnen nicht mehr als vollständig imaginieren müssen, um autonom zu werden. Damit ist eine Form von Vergesellschaftung jenseits eines Familialismus, der das infantile Phantasma der Vollständigkeit bedingt, angesprochen.[59]

12.4 Luce Irigarays Kritik der Vergesellschaftungsform – Zwischenresümee

Welchen Horizont eröffnet Irigarays Denken für die feministische Theoriebildung? Sie problematisiert die Bedingung der Realitätskonstituierung, in die sie ein asymmetrisches Geschlechterverhältnis eingelassen sieht.[60] Dieser Rahmen, die symbolische Ordnung, strukturiert und konstituiert bei Irigaray wie bei Lacan Wissen, Wahrnehmung, Erfahrung und Bewusstseinsformen. Wenn die Psychoanalyse die Bedingung der Möglichkeit eines philosophischen, historischen und ästhetischen Subjekts thematisiert, dann verfolgt Irigaray das Ziel, die Verdrängung bewusst zu machen, die sich in der psychoanalytischen Rede über die Subjektgenese vollzieht. In einem Interview gefragt, worum es ihr in ihrer Kritik an der psychoanalytischen Theorie Sigmund Freuds gehe, antwortet Irigaray, es

„handelte sich darum, ihre noch wirkungslosen Implikationen [die der Psychoanalyse, K. L.] zu entfalten. Darum, daß, so sehr die Freudsche Theorie auch dazu beiträgt, die philosophische Ordnung des Diskurses zu erschüttern,

58 Zum Gebrauch von Bildern, die keine eindeutige Bedeutung fixieren sollen Irigaray 1979f., 110ff.

59 Irigaray 1976a, 42. Der fatale Familialimus besteht darin, dass in einer androzentrischen Gesellschaft, deren symbolische Ordnung über die Kastrationsvorstellung geschaltet ist, die einzige mögliche autonome und erwachsene Subjektposition die des Vaters ist. Dem Vater scheint der Zugang zum mütterlichen Körper gewährt zu werden. Doch ist es eben der Zugang zur Mutter, zum mütterlichen Körper, der ersehnt wird. So laufen intersubjektive (Liebes-)Verhältnisse zum Anderen Gefahr, die Nachbildung und Wiederholung der Mutter-Kind-Beziehung zu bleiben. Solange Subjektsein bedeutet, die Position des Vaters zu erringen, wird eine wirkliche intersubjektive Beziehung zwischen zwei („erwachsenen") Subjekten (in ihrer unhintergehbaren Unverfügbarkeit und Andersheit) verhindert, siehe Irigaray 1979a, 72.

60 Sigmund-Wild 2000, 41.

sie ihr doch, was die Definition der Differenz der Geschlechter angeht, paradoxerweise unterworfen bleibt."[61]

Tritt die Psychoanalyse als Kritikerin der Philosophie und der Wissenschaft insofern auf, als sie deren Voraussetzungen aufzuklären beansprucht, so stellt sich die feministische Kritik Luce Irigarays als psychoanalytische Kritik der Psychoanalyse wie der Philosophie und der Wissenschaften dar.

> „Bei dieser erneuten interpretierenden Lektüre [Irigarays Mimesis, K. L.] ist das Vorgehen immer auch ein psychoanalytisches. Also ein Aufmerken auf die Funktionsweise des Unbewußten jeder Philosophie und vielleicht der Philosophie im allgemeinen."[62]

Sie stellt die Frage, was Gesellschaftlichkeit und Subjekt, was Kultur und Natur bedeuten, in der Weise, dass sie zu zeigen versucht, auf welchem Fundament das Wissen und die Bedeutung dieser Gegenstände beruhen und wie Weiblichkeit und Weibliches zu Metaphern dieser Grundlage werden. Damit operiert sie auf der Ebene des Allgemeinen und Universalen des Wissens.[63]

Die Thematisierung der Geschlechterordnung ist in Irigarays feministischer Theorie die Thematisierung der Gesellschaftlichkeit, da die Form der Vergesellschaftung, die Struktur der symbolischen Ordnung, selbst als vergeschlechtlicht erkannt wird. Aus dieser Einsicht zieht Irigaray die Konsequenz und kritisiert die Bedingung der Möglichkeit der Subjektwerdung, da diese vergeschlechtlicht ist. Sie entwirft eine Alteritätstheorie, in der die Subjektwerdung nicht als Unterwerfung des Anderen durch das eine Subjekt gedacht wird. Vielmehr denkt Irigaray die Subjektgenese ausgehend von einem Alteritätsgefüge, ausgehend von der Verwiesenheit zweier Subjekte aufeinander – Subjekte, die in ihrer unhintergehbaren Unverfügbarkeit für den jeweils anderen bestehen würden. In der Alteritätstheorie, die Irigaray entwirft, wird das eine Subjekt durch ein anderes Subjekt begrenzt. Darin bestehe die Möglichkeit der Subjektwerdung der Frau und die Aufhebung ihres Status zwischen Subjekt und Objekt, ihres Status als gesellschaftliches Ungesellschaftliches. Damit wäre eine Allgemeinheit denkbar, die nicht auf der Unterwerfung des Anderen durch das Eine, nicht auf der Ausnutzung der weiblichen Position des Nicht-Subjekts durch die männliche Position beruhen würde. So thematisiert Irigaray die Bedingung der Möglichkeit der Individuierung der weiblichen Position in der symbolischen Ordnung. Geschlecht ist bei Irigaray demnach nicht so sehr eine Frage der Identität, hergestellt durch die Identifizierung mit einer Norm, sondern eine Frage der Individuierung durch ein Allgemeines als Begrenzung.[64]

61 Irigaray 1979a, 74.
62 Irigaray 1979a, 77.
63 Colebrook 1997, 79–98.
64 Irigaray 1979a, 82f.; fortgeführt wird diese Form feministischen Denkens unter anderem bei Rendtorff 2014.

13. Weibliche Subjektposition oder Negativität des Weiblichen? Auseinandersetzungen um Luce Irigarays Denken in der *Schwarzen Botin*

Ich möchte nun auf die Auseinandersetzung um Luce Irigarays Denken in der *Schwarzen Botin* zu sprechen kommen. Das Kritikprogramm der Zeitschrift versammelt ablehnende Beiträge, in denen Irigarays Vorgehen als ahistorisch und idealistisch kritisiert wird, ebenso wie positive Bezüge zu ihrem Werk.[1] Der größte Dissens zwischen den oben schon angeführten drei Positionen besteht in der Frage nach Möglichkeit und Unmöglichkeit der Bestimmung einer nichtandrozentrischen Subjektposition und einer anderen symbolischen Ordnung. Die erste Position, vertreten durch Sybille Klefinghaus' Aufsatz „Über Luce Irigaray" in der *Schwarzen Botin* 14/15 von 1980, lehnt das strukturale Paradigma ab, dem zufolge die Frau in der symbolischen Ordnung nicht existent sei. Da Irigaray diese Grundannahme zwar kritisiere, zugleich aber in ihrer Bezogenheit auf sie teile, wird auch ihr Denken von Klefinghaus verworfen. Die zweite Position von Annette Runte bedenkt in „Passion oder Segregation. Philosophisches Differenzdenken und poetische Kulturkritik am Beispiel von Monique Wittig und Luce Irigaray" in der 29. Ausgabe (1985/1986) die Möglichkeiten eines anderen Subjekts. Doch erst außerhalb der *Schwarzen Botin* stellt Runte in ihrer Schrift *Kultur-Natur-Differenz in der feministischen Diskussion in Frankreich* von 1989 die Potenziale von Irigarays Alteritätstheorie heraus. War Runtes Position zuvor von Skepsis gegenüber Irigarays Theorie geprägt, wie sich in ihrem Aufsatz „Lippenblütlerinnen unter dem Gesetz" aus der 5. Ausgabe von 1977 zeigt, so verändert sie sich demnach im Laufe der Zeit sichtlich. Ihrem Aufsatz „Passion oder Segregation" in der 29. Ausgabe geht der kurze Text „Rosa Wolke" von Elisabeth Lenk voraus, der eine polemische Abrechnung mit Luce Irigarays Denken ist. Die Aufeinanderfolge der beiden Beiträge von Lenk und Runte in der 29. Ausgabe der *Schwarzen Botin* spiegelt die kontroverse Auseinandersetzung innerhalb des Kritikprogramms wider.

1 Zum Idealismus- und Geschichtslosigkeitsvorwurf siehe auch Moi 1987, 172–175.

Bischof und Meyer, die für die dritte Position stehen, halten die Bestimmung einer anderen Subjektposition nicht für zielführend und bestimmen das Weibliche als Ungreifbares und als Negativität. Bischof veröffentlicht hierzu in der 2. Ausgabe der *Schwarzen Botin* von 1977 die Rezension „Waren – Körper – Sprache?" zu Irigaray sowie den Aufsatz „Weibliche Sprache?", in dem sie darüber hinaus eine Verbindung zu Julia Kristeva herstellt. Auch in Meyers Aufsätzen „Theorie der Weiblichkeit. Heterogenität, Negativität, sujet zérologique" aus der 6. Ausgabe (1978), „Körpersprache oder Körper der Sprache?" aus der 10. Ausgabe (1979), „Vorspiel – Annäherung an eine andere Schreibweise" aus der Doppelausgabe 14/15 (1980) sowie in „Befleckte Empfängnis: Ein Versuch ins Unreine" aus der 18. Ausgabe (1983) finden sich implizite und explizite Bezüge zu Luce Irigaray und Julia Kristeva. Bemerkenswert ist, in welchen Punkten sich die meisten Autorinnen der *Schwarzen Botin* treffen:

Es ist die Ablehnung der Vorstellung, ein neues Selbstverhältnis und Körperverhältnis der Frau könne *unmittelbar* hergestellt und ausgedrückt werden, in dem sich Kritikerinnen wie Befürworterinnen des Differenzdenkens treffen – allerdings unter entgegengesetzten Vorzeichen.

Wenn ich heute diese Auseinandersetzung mit Luce Irigarays und – innerhalb der Zeitschrift weniger kontrovers – Julia Kristevas Schriften thematisiere, so verweist sie auf die Diskussion, welche Anfang der 1990er Jahre in der Geschlechterforschung um die Möglichkeiten und die Fallstricke einer feministischen Subjekttheorie und -kritik kontrovers geführt wurde. Nicht erst in den 1990er Jahren geht es anhand der Frage, wie ein Subjekt feministisch gedacht werden kann und soll, ohne in die Falle der Identitätslogik zu tappen, um die Grundlagen feministischer Theoriebildung. Vor dem Hintergrund der späteren Debatte zeigt sich, dass die Beiträge der *Schwarzen Botin* den einen oder anderen Aspekt schon vorwegnehmen und so eine Seite ihrer Vorgeschichte darstellen. So erscheint die Diskussion in der *Schwarzen Botin* als Vorbotin und damit Teil des Konflikts um Dekonstruktion und Differenz in der feministischen Theoriebildung, wie auch die Kultur- und Politikwissenschaftlerin Cornelia Möser hervorhebt.[2]

13.1 Affirmation und ahistorisches Denken? Eine Frage des Paradigmas

Vier Dimensionen lassen sich aus der Konstellation der Texte von Bischof, Klefinghaus und Runte herausarbeiten: erstens die Frage nach der Geschichtlichkeit in Irigarays Denken, zweitens die Einschätzungen ihrer Methode und drittens die Beurteilung des Potenzials ihres Denkens für eine feministische Revolutionierung der Wirklichkeit. Damit meine ich die Frage, wie die Autorinnen Irigarays Konzeption des Verhältnisses von Wirklichkeit und Möglichkeit einschätzen und welches Potenzial zur Veränderung der Wirklichkeit sie damit dem Denken Irigarays zubilligen. Alle drei Aspekte hängen viertens

2 Möser 2013, 44–61.

mit der Perspektive zusammen, welche die Autorinnen gegenüber dem Paradigma der strukturalen Psychoanalyse einnehmen, beziehungsweise welches Urteil sie über Luce Irigarays Umgang mit diesem Paradigma fällen – einem Paradigma, dem zufolge Wirklichkeit von der symbolischen Ordnung konstituiert ist, in der die Frau nicht als Allgemeinheit existiert, wobei die Struktur dieser sprachlich vermittelten Ordnung in die Nähe einer historischen Invarianz der Kultur gerückt wird.[3] Vor allem hinsichtlich der Frage der Veränderbarkeit der symbolischen Ordnung und der Nicht-Existenz der Frau in dieser sind sich die Beiträge der *Schwarzen Botin* uneinig.

Zunächst überschneidet sich die Kritik von Bischof, Klefinghaus und Runte in ihrem Urteil, dass Irigaray einer „ahistorische[n] Betrachtungsweise" anhänge.[4] Ahistorisch seien ihre Überlegungen, weil sie das strukturale Modell des Frauentauschs von Claude Lévi-Strauss übernehme. Das führe dazu, dass Irigaray die Form des kapitalistischen Warentauschs, wie Marx sie beschreibt, auf die gesamte abendländisch patriarchale Geschichte übertrage.[5] So schreibt Bischof in der 2. Ausgabe 1977:

> „Ich halte diese Vorgehensweise aber auch deshalb für gefährlich, weil ich nicht einzusehen vermag, wie eine ahistorische Betrachtungsweise weiterhelfen kann. Denn genau das tritt ein, wenn man, wie Luce Irigaray, das Prinzip kapitalistischen Funktionierens auf die gesamte Geschichte projiziert und damit seine universelle und allgegenwärtige Geltung behauptet."[6]

Diesen Kritikpunkt nehmen Runte in der *Schwarzen Botin* Nummer 5 (1977) und Klefinghaus in der Nummer 14/15 (1980) auf. Runte bemerkt mit direktem Zitat aus Bischofs Artikel, dass „[s]pätestens seit der Rezension IRIGARAYS durch Rita Bischof […] die ‚ahistorische Betrachtungsweise' eines solchen Vorgehens klar geworden sein [dürfte]".[7] Klefinghaus setzt mit der Kritik an, Irigaray versäume es, Lévi-Strauss' These der Universalität der Logik des Frauentauschs historisch zu hinterfragen und verpasse es dadurch, die konkreten geschichtlichen Bedingungen zu analysieren, unter denen „frauen der status der machtlosigkeit, des objektsseins, der ware aufgezwungen wurde"[8]. Das führe zu einer Sichtweise, in der die „als welthistorisch postulierte niederlage der frauen"[9] zu einem historisch und gesellschaftstheoretisch nicht aufklärbaren Faktum werde. Sybille Klefinghaus zufolge gehe Irigarays Analyse

3 Lacan bezieht sich auf Lévi-Strauss' Theorem des Frauentauschs; Lacan 1996b, 117–120.

4 Bischof 1977a, 24; siehe Runte 1977, 36 und Klefinghaus 1980, 14.

5 Runte 1977, 36.

6 Bischof 1977, 24.

7 Runte 1977, 36, Herv. i. O.

8 Klefinghaus 1980, 14.

9 Ebd.

deshalb fehl, weil sie das Paradigma mit den Strukturalisten teile, die soziale Wirklichkeit – verstanden als Kommunikationssystem – weise die „allgemein logische struktur“[10] des Tauschs auf, in dem Frauen ausschließlich als Tauschobjekte fungieren. Das Inzesttabu und damit der Frauentausch seien aber durchaus nicht universale Invarianten menschlicher Gesellschaft. Lévi-Strauss' Theorem und die Privilegierung der Strukturen vor menschlichem Handeln seien „ideologisch gefärbt“, da sie eine „theorie der menschheitsentwicklung“ zu sein beanspruchen, jedoch „ohne geschichte und ohne subjekt“.[11]

Für Klefinghaus stellt sich die Frage, wie „die überschreitung dessen, was ist, hin zur veränderung“[12] und das Ende der Unterordnung der Frau erreicht werden könne. An diesem Maßstab misst sie auch Irigarays Schriften, die der Autorin zufolge diesem allerdings nicht genügen. Weil Irigaray die These von der Nichtexistenz der Frau teile, vergebe sie die Möglichkeit, Veränderung

denkbar zu machen. Aus Irigarays Wirklichkeitsverständnis, dass die Frau aus der durch die symbolische Ordnung konstituierten Wahrnehmung der Wirklichkeit herausfalle, resultiere nach Klefinghaus das Problem, dass ein Übergang vom Bestehenden zu einem besseren Gesellschaftszustand nicht mehr gedacht werden könne. Irigarays Gedanke führe dazu, dass sie dem „Nichts“, das die Frau sei, ein potentielles „Alles“, das die Frau sein könnte, entgegensetze. Die schroffe und abstrakte Gegenüberstellung von Wirklichkeit und Möglichkeit biete aber keine Veränderungsperspektive: „Die simple umkehrung vom ‚Nichts‘ zum ‚Alles‘ ist keine transformation, sondern das gleiche mit anderen vorzeichen aber identischer struktur.“[13] Dagegen setzt Klefinghaus die These:

> „Ich stelle die these auf, daß es keinem system, keiner gesellschaftlichen formation gelungen ist, die existenz oder die spuren der existenz von frauen total zu unterdrücken und auszulöschen. Neben, unter, über, zwischen der herrschenden wirklichkeit gibt und gab es immer die wirklichkeit der beherrschten. Die frau ist nicht das absolute nichts, aber auch nicht das absolute andere. Beides läßt eine gesellschaftliche oder natürliche oder symbolische konkretisierung nicht zu, und etabliert ein denken, das sich und seine voraussetzungen nicht mehr überprüft, das sich an keiner praxis überprüfen läßt, es sei denn an der praxis introspektiven körperempfindens – und das ist das identifikationsniveau, auf das Irigaray alle frauen reduziert.“[14]

Was der Aufsatz zur Diskussion stellt, ist die Frage, ob und wo es Formen des Neuen im Bestehenden gibt, an welche revolutionierenden Praxen und

10 Ebd. 13.
11 Ebd.
12 Ebd.
13 Ebd. 15f.
14 Ebd. 15.

Erfahrungen angeknüpft werden kann, um Veränderungen zu bewirken. Dabei entwickelt Klefinghaus ein dialektisches Denken, das Begriffe und Kategorien in ihrem Verhältnis zueinander bestimmt und Erkenntnis als Prozess begreift, in dessen Verlauf gegensätzliche Bestimmungen als Seiten einer widersprüchlichen Sache begriffen werden. Daher kommt Klefinghaus zu folgender Einschätzung:

> „Das setzen des ‚Das weibliche ist das andere' bleibt eine bloße geste, wenn es sich nicht an den kategorien des gleichen abarbeitet und dieses anderssein spezifiziert. Hier erfahren wir eigentlich nichts weiter, als daß die sprache unendlich unbrauchbar weil phallozentrisch ist, daß die frauen neue sprachen erfinden müssen, daß sie von ihrem körper ausgehen müssen."[15]

Die Bestimmung, die Klefinghaus in Irigarays Schriften entdeckt, dass die Frau das Andere sei, kann für die Autorin nur dann zu einer sinnvollen Aussage werden, wenn das Anderssein in seinem Verhältnis zum Gleichsein untersucht werde. So kommt sie auch zu dem Schluss, das „totale Anderssein" kippe letztlich in Natur. Klefinghaus zitiert eine Passage aus dem Aufsatz „Noli me tangere oder vom Wert der Waren" (1979), in dem Irigaray die Frau als Verhältnis zwischen Männern folgendermaßen darstellt: „Die Umbildung des Natürlichen ins Gesellschaftliche findet, für sie [die Frau, K. L.], nicht statt, es sei denn für sie als Teile des Privateigentums oder für sie als Waren."[16] Dass die „Umbildung des Natürlichen ins Gesellschaftliche" nicht stattfinde, interpretiert Klefinghaus folgendermaßen:

> „Offenbar gibt es da einen rest, etwas, das sich den marktwirtschaftlichen transformationen entziehen konnte, und dieses etwa [sic] ist nicht gesellschaftlich, also natürlich. Es lohnt sich, diesen widerspruch zwischen dem nichts, der totalen ware, der aphasie und dem nicht näher spezifizierten rest im auge zu behalten, weil es einen hinweis gibt auf die substanz, aus der Irigaray [...] das ‚totale anderssein' der frau ableitet (these: frau = natur)."[17]

Indem Irigaray der Vorstellung von Wirklichkeit als einer abgeschlossenen, universalen, logischen Struktur folge, bleibe ihr nichts anderes übrig, als Veränderung als Salto mortale aus dem Status quo in eine ganz andere Situation zu denken, so Klefinghaus' Urteil. Da das universale Gesetz des Frauentauschs bei Lévi-Strauss die Kultur schlechthin erzeuge und bedeute, werde das ganz Andere doch wieder zur Natur – auf die „Irigaray alle frauen reduziert"[18]. Aus Irigarays Denkbewegung folge die Vorstellung eines unmittelbaren Zugangs zur Natur in Form einer unmittelbaren Körpererfahrung. Gegen diese Vorstellung verwehrt sich die Autorin:

15 Ebd. 16.
16 Irigaray 1976b, 59, Interpunktion i. O.
17 Klefinghaus 1980, 15.
18 Ebd.

„Der zugang zur wirklichkeit unseres weiblichen körpers kommt nicht aus einem quasi bewußtlosen und unterscheidungslosen direkten erleben des körpers, sondern eröffnet sich durch die reflexion dieses erlebens. Falls es so etwas wie einen direkten zugang zu unserem körper überhaupt gibt, wird er, wie der zugang zu jeder anderen ebene der wirklichkeit, verstellt, verändert, strukturiert durch sprache/bewußtsein – d. h. er unterliegt einer kulturellen präformation. Erst die anerkennung dieser tatsachen und das reflektieren darüber bringt uns zu einer kritischen auffassung der wirklichkeit."[19]

Somit denke Irigaray nicht „jenseits [der] dichotomie" von Körper und Geist, Natur und Kultur.[20] Mit dieser abschließenden Feststellung widerspricht Klefinghaus vehement Eva Meyer, die in ihren Beiträgen in der *Schwarzen Botin* ihre Irigaray-Rezeption darlegt. In der 10. Ausgabe (1979) hatte sie

gerade die entgegengesetzte Ansicht vertreten, *dass* Irigaray das Denken in Dichotomien hinter sich gelassen habe, was für eine feministische Kritik unabdingbar sei. Darauf werde ich zurückkommen.

Klefinghaus kritisiert das strukturalistische, psychoanalytische Paradigma ebenso wie das methodische Verfahren Irigarays. Letzteres besteht darin, die Nichtexistenz des Weiblichen in der symbolischen Ordnung dadurch zu subvertieren, dass diese Position, das Andere für das männliche Subjekt zu sein, mimetisch wiederholt wird. Irigarays Aussage, dass die „Umbildung des Natürlichen ins Gesellschaftliche" für Frauen nicht stattfinde, versteht Klefinghaus nicht als kritische Darstellung des Mechanismus der Naturalisierung, durch den die Frau als Ungesellschaftliches gesellschaftlich hergestellt wird. Klefinghaus sieht darin eine Aussage über Sein und Wesen der Frau. Für sie scheint der Versuch der Subversion in der Affirmation der weiblichen Position stecken zu bleiben. In Klefinghaus' Interpretation verfehlt es Irigaray aufgrund ihres Umgangs mit dem strukturalen Paradigma, Veränderung denkbar zu machen und zu bewirken. Klefinghaus' Kritik geht nicht immanent vor, sondern tritt von außen an Irigarays Texte heran, da sie das Paradigma und damit den Kontext der strukturalen Anthropologie und Psychoanalyse verwirft. So verkennt sie die Methode Irigarays und es entgeht ihr, dass Irigaray gerade keine Aussage über das Sein und das Wesen der Frau macht. Allerdings macht der Aufsatz von Klefinghaus auf eine Frage aufmerksam, die er zwar nicht explizit stellt, die sich aber aus ihren Kritikpunkten ergibt. Klefinghaus insistiert, dass die Wirklichkeit der Frauen historisch, gesellschaftlich und symbolisch konkret untersucht und theoretisiert werden müsse. Die Aussage, dass die Frau „das absolute nichts" oder „das absolute andere"[21] sei, leiste dies nicht. Vor allem aber ließen, so Klefinghaus, solche Aus-

19 Ebd.
20 Ebd. 17.
21 Ebd. 15.

sagen keine Überprüfung des eigenen Denkens und seiner Voraussetzungen anhand von Praxis zu.[22] Ausgehend von Klefinghaus stellt sich die Frage, wie die symbolische Ordnung, wie die strukturellen Bedingungen der Wirklichkeitswahrnehmung und der Denkformen historisch, sozial, ökonomisch und politisch konkret entstehen und reproduziert werden. Die Frage nach diesen Bedingungen kann nicht damit befriedigend beantwortet werden, dass auch die Wahrnehmung, das Denken und die Theoretisierung dieser Bedingungen wiederum nur innerhalb des Repräsentationssystems, eben der symbolischen Ordnung, zu erklären sind, deren Bedingungen ja gerade aufgeklärt werden sollen. Will das Denken sich nicht in sich selbst einschließen, so müssen die historisch materiellen Entstehungsbedingungen der symbolischen Ordnung thematisiert werden.

Klefinghaus' Aufsatz legt nahe, dass Irigarays Denken für feministische Kritik und Theorie unbrauchbar sei. Wie sich zeigen wird, ist sie nicht die einzige Autorin der *Schwarzen Botin*, welche die Kritik der Vorstellung einer Unmittelbarkeit und einer unvermittelten Körpererfahrung beeinsprucht. Bemerkenswert ist, dass auch Bischof, Runte und Meyer Unmittelbarkeitsvorstellungen kritisieren – allerdings auf Grundlage unterschiedlicher, teils entgegengesetzter Einschätzungen der Schriften von Luce Irigaray. Ähnlich wie Klefinghaus hatte zuvor schon Annette Runte in der 5. Ausgabe (1977) Irigarays Schriften als Plädoyer für eine unmittelbare Körpererfahrung der Frau interpretiert. Süffisant bemerkt Runte dazu:

> „Die Frau affirmiert sich als unmittelbare Sinnlichkeit, stagniert also auf den ihr traditionell reservierten Posten, nur daß sie sich inzwischen etwas mehr Extase [sic] und Exzentrik dabei erlaubt."[23]

In ihrem Überblick über die psychoanalytische, feministische Theoriebildung im Umkreis der Gruppe *Psych et Po* akzentuiert Runte den Sachverhalt, der bei Klefingshaus als Frage des Wirklichkeitsbegriffs auftaucht, als „Determinismus-Problem":

> „Wenn alles phallokratisch vorgeprägt ist, gibt es keinen Ausweg, da auch das ‚Weibliche' als ‚Verdrängtes', ‚Unbewußtes' durch den Akt der Verdrängung männlich korrumpiert sein müßte und aus diesem Teufelskreis nicht ausbrechen könnte."[24]

Das Vermittlungsproblem zwischen dem Bestehenden und dem Neuen formuliert Runte als Frage nach dem Verhältnis von Theorie und Praxis. Gleich zu Beginn ihres Aufsatzes „Lippenblütlerinnen unter dem Gesetz" (1977) bringt sie folgenden Kritikpunkt an:

> „Schwierigkeit der Transformation des Kritikmodus in einen Praxismodus, d. h. Schwierigkeit der Realisierung von Utopien auf der Basis einer

22 Ebd.

23 Runte 1977, 41.

24 Ebd.

> theoretischen Dekonstruktion mit aufklärerischen und anarchistischen Grundzügen."[25]

Gegen Ende kommt sie noch einmal auf das Problem zu sprechen und schreibt:

> „Doch wie bewerkstelligen die Frauen diesen problematischen Übergang ‚von der realen, aber nicht-existenten Frau zu der ...imaginierten ‚anderen' Frau', diese feministische ‚Revolution', die man als münchhausensches ‚Sich-selbst-am-Schopfe-aus-dem-Sumpf-ziehen' lächerlich machen könnte?"[26]

Trotz ihrer Kritik, dass die Theoriebildung von Irigaray die Gefahr eines abstrakten und idealistischen Theoretizismus ohne Vermittlung zur Praxis in sich berge, ist Runte zugleich fasziniert vom „Durcheinander der Diskurse", das zwar das „universitäre Theoriegebäude [...] nicht sprengt und sich dort eher als Nonsens totläuft", aber „doch eine Initialzündung für marginale feministische Praxen" darstelle, „deren subversive Wirksamkeit man nicht unterschätzen" dürfe.[27] Dieses unentschiedene und suchende Urteil der Autorin vereindeutigt sich im Laufe ihrer Beiträge in, vor allem aber außerhalb der *Schwarzen Botin*. In dem 1989 veröffentlichten Bändchen *Kultur-Natur-Differenz in der feministischen Diskussion in Frankreich*, das die Autorin nach dem Ende der *Schwarzen Botin* publiziert, spricht sich Runte deutlich für Irigarays Alteritätstheorie als wichtigen Impuls für die feministische Kritik aus. Diese Beurteilung deutet sich auch schon in der Rezension „Passion oder Segregation? Philosophisches Differenzdenken und poetische Kulturkritik am Beispiel von Monique Wittig und Luce Irigaray" zu Luce Irigarays *Éthique de la différence sexuelle* (1984) und zu *Le corps-à-corps avec la mère* (1981) an, die Runte in der Ausgabe 29 der *Schwarzen Botin* von 1985/1986 publiziert. Der Eindruck, dass sich Runte auch hier schon positiv auf Irigaray bezieht, entsteht vor allem durch die Konstellation innerhalb der 29. Ausgabe der *Schwarzen Botin*.

13.2 Eine feministische Alteritätstheorie – Zwischen Anknüpfung und polemischer Abrechnung[28]

Runtes siebenseitiger Rezension „Passion oder Segregation? Philosophisches Differenzdenken und poetische Kulturkritik am Beispiel von Monique Wittig und Luce Irigaray" (1985/86) geht in derselben Ausgabe 29 ein halbseitiger Text von Elisabeth Lenk mit dem Titel „Rosa Wolke" voran. Er ist eine Polemik zu einem Vortrag Luce Irigarays, den diese im März 1985 auf dem Sympo-

25 Ebd. 36.
26 Ebd. 41.
27 Ebd. 36.
28 Dieses Unterkapitel ist die Erweiterung eines Abschnitts aus meinem Aufsatz Lux 2018.

sium *Weibliche Ästhetik: Fiktion, Idee oder realistisches Projekt?* in Wien gehalten hat. Das Symposium fand im Rahmen der Ausstellung *Kunst mit Eigen-Sinn* statt.[29] Der Ausstellungskatalog enthält neben Texten, unter anderem von Eva Meyer und Elisabeth Lenk, auch einen Aufsatz von Irigaray, den sie im Juni 1984 im Rahmen eines Theaterprojekts des Frauenzentrums im italienischen Mestre als Vortrag gehalten hat. In diesem Aufsatz „Göttliche Frauen" plädiert Irigaray für eine feministische Philosophie des Gattungsgeschlechts: Um ein Subjekt zu werden, bedürfe es eines Allgemeinen, das eine Individuierung ermögliche. Dieses Allgemeine denkt Irigaray als *genre*[30], wobei sie hier bewusst die Begriffe Gattung und Geschlecht changieren lässt.[31]

In ihrer Polemik schreibt Elisabeth Lenk, die ebenfalls in Wien referiert hat, Luce Irigaray sei als „Evangelistin" aufgetreten und habe eine „weibliche Religion in vier Sprachen" verkündigt vom lieben „Jesulein", das „ein Mädchen" mit Namen „Josseline" gewesen, „auf französischem Boden geboren" worden sei und „hochempfindliche Schleimhäute" gehabt habe.[32] Einem „männlichen Gott und [...] männlichen Priestern" habe sie eine Absage erteilt, denn:

> „Von all diesen Ausgeburten eines jüdisch-patriarchalischen Denkens ließ Josseline nur ihre heißgeliebte Mutter Maria gelten, an deren Busen die Zwölfjährige noch allnächtlich lag. Der Ausdruck ‚Ausgeburt eines patriarchalisch-jüdischen Denkens' ist übrigens wörtlich von der heiligen Julia und von der heiligen Lucia überliefert worden, diesen beiden Evangelistinnen, die Josseline noch persönlich gekannt haben."[33]

Lenk fährt in diesem Tonfall fort, verteilt weitere Spitzen und schreibt:

> „Der heilige Geist aber war, wie wir heute, ebenfalls durch das unbestreitbare Zeugnis der heiligen Lucie wissen, eine Frau. Wie dies biologisch zuging, hat uns inzwischen die erleuchtete deutsche Vorreiterin einer feministischen Theologie (die hoffentlich ihrerseits bald heilig gesprochen wird – sollen wir hinter den heiligen Französinnen zurückbleiben?) die göttliche Heide im Abendrot, erklärt. [...] Brauchen wir Erklärungen, wo wir doch den Glauben haben. Der Glaube versetzt Berge und erweicht Gehirne, er ist unsere göttinlich [sic] inspirierte Gegenenergie gegen den phallischen Logos. Lasset uns beten, lasset uns fühlen und schleimig sein und abtun, was uns klüger macht. Auf dem Besen des Glaubens las-

29 Schade 1985. Der Vortrag von Irigaray auf dem Wiener Symposium ist nicht mit dem Aufsatz im Ausstellungskatalog identisch, allerdings ist von einer thematischen und argumentativen Nähe auszugehen, was schon der Titel von Irigarays Aufsatzes „Göttliche Frauen" nahelegt. Lenks Polemik bezieht sich auf den Vortrag, nicht auf den Abdruck.

30 Siehe die Anmerkung der Übersetzung Xenia Rajewski in Irigaray 1985, 38.

31 Irigaray 1985, 29–38.

32 Lenk 1985, 10.

33 Ebd.

set uns reiten und uns über die Abgründe der Tatsachen hinwegsetzen. Josseline Holdes Mädchen im lockigen Haar Erhöre uns AMEN."[34] Rigoros und mit Witz geht Lenk mit Luce Irigaray ins Gericht, aber auch Julia Kristeva und Heide Göttner-Abendroth stehen in der Schusslinie.[35] Für Lenk ist Irigarays Gedanke einer symbolischen Ordnung, in der sich das Weibliche repräsentieren könnte, in sentimentale Spiritualität abgeglitten. In ihren Augen ist der Versuch dermaßen gescheitert, dass sie nur noch mit spöttischer Satire reagiert. Der polemische Stil hat den Effekt, dass Irigarays Philosophie indiskutabel gemacht wird: Sie wird zu dem gemacht, was zu diskutieren sich nicht mehr lohnt, woran feministische Theorie nicht anschließen sollte, will sie nicht zum Gegenstand des Gespötts werden.[36]

In derselben Ausgabe der *Schwarzen Botin* erscheint direkt im Anschluss an Lenks Polemik Annette Runtes moderater und abwägender Beitrag „Passion oder Segregation?" Zwar gibt sie zu bedenken, dass ein „Vorstoß ins Ungesagte [...] die Gefahr" berge, „ins Mysteriöse abzukippen" und fragt, ob „in die weiblichen Körpererfahrungen [die Irigaray phänomenologisch beschrieben wissen will, K. L.] nicht doch herkömmliche Wesensqualitäten des Weiblichen ein[gehen]".[37] Doch folgt der Text nicht nur Irigarays Analyse des Problems, dass die „Frauen [...] ja seit jeher einem monosexuellen Symbolischen geradezu unterworfen worden"[38] seien. Vor allem stellt er Irigarays Lösungsvorschlag als Option feministischer Theoriebildung dar, der darin bestehe, in der Philosophiegeschichte Momente der „sexuellen Alterität" aufzuspüren und „die Eigenheit [...] des Weiblichen mitzudenken".[39] Das ambivalente Urteil Runtes lautet dann auch, das Vorgehen Irigarays lasse sich als „Alteritäts-Romantik feiern oder fürchten".[40] Erst außerhalb der *Schwarzen Botin* in ihrem Band *Kultur-Natur-Differenz in der feministischen*

34 Ebd., Herv. i. O.

35 Heide Göttner-Abendroth wird als „Klassikerin der Matriarchatsforschung" bezeichnet, Höpflinger et al. 2008.

36 Auch andere zeitgenössische Kommentatorinnen des Symposiums heben die Irritation hervor, die Irigarays Vortrag ausgelöst zu haben scheint. So schreibt die Kunsthistorikerin Sigrid Schade, Irigaray habe ein Plädoyer für eine normative Ästhetik gehalten, die ihren Maßstab in einer transzendentalen, regulativen Idee der Schönheit finde. Dadurch solle es möglich werden, dass sich die Frau ein Anderes entgegensetze, wodurch sie sich transzendieren könne. Schade stellt die Frage, ob Irigaray nicht selbst dem Phantasma der Vollständigkeit anhänge. Sie kommentiert, dass „[v]iele Frauen, für die Luce Irigarays frühere Schriften wichtig waren, [...] ihr in dieser an Heide Göttner-Abendroth erinnernden Argumentation nicht mehr folgen [konnten]." Schade 1985, 55.

37 Runte 1985/86, 15.

38 Ebd. 14.

39 Ebd.

40 Ebd.

Diskussion in Frankreich aus dem Jahr 1989 argumentiert Runte eindeutig für Irigarays philosophische Subjekt- und Geschlechtertheorie als Kritik des seit dem 19. Jahrhundert in die Krise geratenen Projekts einer Wissenschaft von der Einheit des Wissens und der Wirklichkeit. Dort schreibt sie, dass es Irigaray anders als der Kritik des Dekonstruktivismus nicht mehr nur um die Dekonstruktion der logozentrischen Philosophie und der durch den universalen Signifikanten Phallus bestimmten und auf ihn verweisenden symbolischen Ordnung gehe. Vielmehr visiere Irigaray die Entwicklung einer symbolischen Ordnung an, in der sich die sexuelle Differenz repräsentieren könne. Runte betont, dass Irigaray Begriffe wie den der symbolischen Ordnung oder den der Gattung und der Universalität und deren Wirkung nicht ablehne – Begriffe, in denen sich ein Allgemeines und Ganzes denken lassen. Sie beschränke sich „nicht mehr auf die Dekonstruktion der abendländischen Philosophie(geschichte)", sondern finde in ihr „auch Indizienmaterial für rudimentäre Ansätze eines Alteritätsdenkens".[41] Denn feministische Theoriebildung sehe sich vor das Problem gestellt, dass mit „der Verdrängung von Weiblichkeit aus der Sphäre des Bestimmenden" Frauen „ohne eigene Gesetzlichkeit"[42] verbleiben.

> „Doch auch die naheliegende Aufwertung des Weiblichen als polymorph-perverser ‚Vielheit' (Deleuze/Guattari) bewegt sich noch im Banne des ‚Einen', ‚Gleichen'; Heterogenität ist durch die Negation vorhandener Homogenität versimpelt worden."[43]

Irigaray gehe es daher um die Erringung einer nicht auf das Gleiche abbildbaren, inkommensurablen Heterogenität, weshalb ihre Philosophie vom „Apriori einer unhintergehbaren Geschlechter-Alterität" ausgehe.[44] „Auf praktisch-politischem Terrain" ziele sie auf die „Selbstkonstitution der weiblichen Gattung" und die Entstehung eines „weiblichen ‚Symbolischen'" durch die „Schaffung eigener Repräsentationssysteme (Sprache, Gesetze, Riten etc.)".[45] Nach Runtes Lektüre zielt Irigarays Theorie darauf, einen weiteren Signifikanten zu installieren, der die symbolische Ordnung strukturiert und Wahrnehmungsweisen und Bewusstseinsformen bedingt. Anders als Klefinghaus neun Jahre zuvor, versteht Runte Irigarays Schreiben nicht als Festlegung der Frau auf Natur oder Fixierung eines Wesens: Irigaray wolle gerade keine „neue Wesensdefinitionen der Geschlechter geben", wogegen sie sich „entschieden wehrt".[46] Runte interpretiert Irigarays Rede vom „Anderssein" der Frau nicht als affirmative Beschreibung, sondern als zu überwindenden Sta-

41 Runte 1989, 27.
42 Ebd.
43 Ebd. 23.
44 Ebd. 26.
45 Ebd. 28.
46 Ebd. 22.

tus quo des Weiblichen, das als „Jenseits" und „Anderes" der symbolischen Ordnung funktionalisiert und enteignet werde.[47] Sie würdigt Irigarays Denken als „einzigen Anstoß von feministischer Seite zum Austritt aus Denktraditionen und -schablonen".[48]

Die Distanz zu Irigarays Denken, die vor allem Annette Runtes erster Beitrag in der *Schwarzen Botin* einleitet, verliert sich also in ihren folgenden Aufsätzen. Spätestens im Essay *Kultur-Natur-Differenz in der feministischen Diskussion in Frankreich* teilt Runte die Denkbewegung von Irigaray. Im Anschluss an Irigaray vertritt Runte ein feministisches Denken, das die Kritik der Geschlechterordnung verknüpft mit der Kritik einer Dialektik, welche die Subjektwerdung als Unterwerfungsgeschehen des Anderen unter das Eine versteht. Diese Ausführungen von Runte, die sich positiv auf Irigarays Alteritätstheorie beziehen, werden allerdings nicht mehr in der *Schwarzen Botin* abgedruckt. Genau diesen Aspekt – das Denken der Möglichkeit eines nichtphallischen Signifikanten und der Möglichkeit einer Repräsentation der sexuellen Differenz in der symbolischen Ordnung – hatte Rita Bischof in ihrem Beitrag in der 2. Ausgabe der Zeitschrift 1977 infrage gestellt.

13.3 Das destruktive Moment

Während Annette Runte im Verlauf ihrer Beiträge Irigarays Übergang zu einer positiven Philosophie der Alterität betont, ist es gerade das negativ destruktive Moment, das Rita Bischof in ihrer Rezension in der 2. Ausgabe der *Schwarzen Botin* (1977) hervorhebt. Irigarays Methode der Mimesis, die Zusammenstellung und Überblendung von Positionen – hier des Lévi-Strauss'schen Tauschtheorems mit Lacans Ansicht, dass die Frau in der symbolischen Ordnung nicht existiere, mit Marx' Wertformanalyse –, die durch Analogie und Wiederholung verschoben werden und so eine Neuinterpretation ermöglichen sollen, bezeichnet Bischof als „starre Collage", die der „Mystifizierung Vorschub" leiste.[49] Die Texte seien durchzogen von Ambivalenzen, versprächen viel und hielten wenig, so Bischof.

Auch sie konstatiert das Problem des Übergangs vom Nicht-Sein und der Nichtexistenz der Frau in der symbolischen Ordnung zum Subjektsein, wie es Klefinghaus einige Ausgaben später aufgreifen wird. Bei Irigaray bleibe „die Transformation des Seins für anderes in ein anderes Sein" mystisch.[50] Doch zieht Bischof aus der Feststellung, dass Irigarays Denken ein Vermittlungsproblem aufweist, andere Schlüsse, als es Klefingshaus tut. Klefinghaus stellt Irigarays Übernahme des Theorems von der Nichtexistenz der Frau in der symbolischen Ordnung infrage und setzt ein historisches, dialektisches Wirk-

47 Ebd.
48 Ebd. 27.
49 Bischof 1977a, 24.
50 Ebd. 28.

lichkeitsverständnis dagegen, dem zufolge es „keiner gesellschaftlichen formation gelungen" sei, „die existenz oder die spuren der existenz von frauen total zu unterdrücken und auszulöschen".[51] Bischof hingegen teilt Irigarays Analyse in diesem Punkt und plädiert dafür, die Aussage, dass die Frau nicht existiere, ebenso wenig „wie eine weibliche Sprache" in ihrer ganzen Reichweite zu ermessen.[52] Von diesem Standpunkt aus kritisiert sie allerdings Elemente einer positiven Theorie des Weiblichen, die sie bei Irigaray entdeckt. Diese mache sich ein Bild der Frau, „die nicht mehr durch die Stigmata der Unterdrückung gekennzeichnet"[53] sei. Dadurch nehme sie eine nicht antizipierbare Situation vorweg. Aus der Analyse, dass der weibliche Körper den Boden bilde, auf dem sich durch Inzesttabu und Kastrationsdrohung die symbolische Ordnung errichte, folge nicht, „daß die Frau damit zum Signifikanten des Anderen schlechthin" werde.[54] Irigaray, so Bischofs Kritik, versuche

> „den Mangel, den die historische Nichtexistenz bedeutet, durch eine ahistorische Fülle zu ersetzen, die allzu leicht in den Verdacht des Scheinhaften gerät. Sie versucht das historische Loch zu stopfen, indem sie es durch eine ahistorische, ontologische Sicht der Frau kompensiert."[55]

Bischof liest Irigaray demnach als Theoretikerin, die den Mangel, die Spalte des Lacan'schen Subjekts, aus der psychoanalytischen Subjekttheorie eskamotieren wolle. Bezogen auf die strukturale Psychoanalyse würde damit die Möglichkeit, zu begehren und ein Subjekt zu werden, vergeben werden. Damit übernimmt Bischof die psychoanalytische Ansicht, dass die Spaltung, die Möglichkeit zur Subjektwerdung, einzig durch den Phallus als allgemeinen Signifikanten gewährleistet werde. Statt das zukünftige Bild eines anderen Subjekts zu entwerfen, solle sich die feministische Kritik an Walter Benjamins Diktum erinnern: „Nähren kann sich die revolutionäre Kraft nur ‚am Bild der geknechteten Vorfahren, nicht am Ideal des befreiten Enkels'."[56] In ihrem Aufsatz, „Weibliche Sprache?", verdeutlicht sie, was eine solche Orientierung für feministische Kritik beinhalten könnte, und schreibt:

> „[Es] könnte ja auch einmal der Mangel […] artikuliert werden. Anstatt nach dem Modell einer männlichen Sprache, ein Phantom zu beschwören, das sich als Anwesenheit über eine Abwesenheit legt, könnte die Abwesenheit selbst, die Nicht-Existenz der Frau thematisch werden,

51 Klefinghaus 1980, 15.
52 Bischof 1977b, 33.
53 Bischof 1977a, 23.
54 Ebd. 27.
55 Ebd.
56 Ebd. 28. Bei Benjamin sind es Hass und Opferwillen, die sich am „Bild der geknechteten Vorfahren, nicht am Ideal der befreiten Enkel" nähren, siehe Benjamin, Walter (1965): Geschichtsphilosophische Thesen, in: Ders.: Zur Kritik der Gewalt und andere Aufsätze, Suhrkamp, Frankfurt a. M., 78–94, hier 88.

und zwar von jenem nicht-definierten Raum aus, in den sie verbannt wurde: als Rede des Traums, des Imaginären [...], als Schrei ..."[57]

Artikuliert werden solle der Mangel, der in der psychoanalytischen Theorie zwar ein Element der Bedingung der Möglichkeit der Subjektwerdung ist, zugleich aber verdrängt und auf die Frau abgeschoben werde. Dieser Mechanismus gewährleiste die Funktionsweise des philosophischen Diskurses, der auf der „Verdrängung alles dessen, was ihn ermöglicht", beruhe: auf der Verdrängung „der Existenz der chaotischen Mannigfaltigkeit der Materie (dem Un(r)einen), der sexuellen Differenz".[58]

Bischof verfolgt demnach eine negative Kritik, die nicht nur davon ausgeht, dass die Frau nicht existent sei in der symbolischen Ordnung, sondern die es darüber hinaus als Aufgabe feministischer Kritik und Theorie ansieht, die Nichtexistenz zu artikulieren, statt einen positiven Gegenentwurf zu entwerfen. Die Forderung, dem Mangel zum Ausdruck zu verhelfen, verknüpft Bischof in ihrem Text mit der Hervorhebung eines destruktiven Moments, das sie in Irigarays Schriften am Werk sieht. In der Mitte ihrer Rezension zu Irigarays Band resümiert die Autorin ihre Lektüre und schreibt:

> „Etwas an Irigarays Texten stößt mich ab: die Selbstmystifikation; ihre Schreibweise, die eine gewisse Euphorie inszeniert; die bruchlose, undialektische Übernahme mystischer Modelle der inneren Erfahrung des Weiblichen. Etwas zieht mich an: das destruktive Moment, das mit der Befreiung des weiblichen Imaginären gesetzt wäre."[59]

Die Destruktion müsse gerade die verdrängten Dimensionen des Logos zur Sprache bringen, das, was sich der Struktur der Sprache nicht füge. Doch hält Bischof nichts vom „Auswechseln des Vokabulars"[60], womit sich die „Subversion des herrschenden Systems nicht erreichen"[61] lasse. Denn zur Subversion sei die „Zerrüttung der Logik der Verknüpfungen"[62] notwendig, ebenso wie die Infragestellung von „Herrschaftskategorien"[63] wie dem „Begriff der Identität, der die Logik des Einen und Gleichen beinhaltet".[64] Ein Mittel zur Artikulation des Mangels sieht Bischof im Anknüpfen an der „semiologischen (mütterlichen) Ebene der Sprache"[65], womit sie sich auf Julia Kristevas Überlegungen zur *Revolution der poetischen Sprache* (1974, auf Deutsch 1978) bezieht. Um diese Destruktionsarbeit zu vollziehen, sei es der feministischen Kritik angeraten, auf der *Negativität* der Frau zu bestehen:

57 Bischof 1977b, 33.
58 Ebd.
59 Bischof 1977a, 27.
60 Bischof 1977b, 32.
61 Ebd.
62 Ebd.
63 Ebd.
64 Ebd.
65 Ebd.

> „Etwas mehr Insistenz auf der Negativität der Frau täte not, um jenes Symbolsystem, das sich zum gesellschaftlichen homolog (funktionsgleich) verhält, zu zerbrechen; um die Struktur der Sprache selbst zu zerbrechen […] Notwendig wäre eine Negativität, die dem Maß der Verdrängung entspricht."[66]

Die negative Kritik, die Bischof in ihren Texten ansatzweise entwirft, enthält demnach zwei Elemente: eine Denkbewegung, die auf das Konstatieren des Mangels abzielt, und die Hervorhebung der inhaltlichen Bestimmung der Frau als Statthalterin der Negativität. Unklar bleibt, welche Veränderung sich Bischof erhofft durch die Artikulation der Nichtexistenz der Frau in der symbolischen Ordnung.

Während Klefinghaus' Kritik darauf abstellt, dass die bestehende patriarchale Wirklichkeit nicht so verfugt und total sei, wie es scheine, und daher sehr wohl Anknüpfungspunkte für andere, nicht unterdrückende Geschlechterverhältnisse zu finden seien, und Runte darauf abzielt, im Anschluss an Irigarays Alteritätstheorie einen positiven Gegenentwurf einer anderen symbolischen Ordnung zu entwerfen, vertritt Bischof eine negative Kritik, die keine Bestimmung positiver Anknüpfungspunkte oder Gegenentwürfe billigt. Worin besteht die von Bischof angeführte „Negativität der Frau"? Und was ist mit der Negativität der Frau als destruktivem Moment gemeint? Wie kann etwas zur Sprache gebracht werden, das die Struktur der Sprache zerbricht? Bischofs Texte weisen in der Erörterung der Negativität neben expliziten Bezügen zu Irigaray auch Bezugnahmen auf Julia Kristevas Schriften auf, die in ihrer Monografie *Die Revolution der poetischen Sprache* ebenfalls von der Negativität der Frau spricht. Bevor ich auf Kristeva zu sprechen komme, möchte ich mich den Aufsätzen der Philosophin Eva Meyer zuwenden, die sie in der *Schwarzen Botin* veröffentlicht hat. Wie sich zeigen wird, bezieht sie sich ebenfalls auf den Begriff der Negativität in Verbindung mit der Rezeption von Kristevas und Irigarays Schriften.

13.4 Vervielfältigung des Negativen – Das Weibliche als Verfahren und Gegenstand

Einen deutlich bejahenden Bezug zu Luce Irigarays und Julia Kristevas Denken weisen die Aufsätze der Philosophin Eva Meyer auf, die von der 6. bis zur 18. Ausgabe immer wieder Beiträge in der *Schwarzen Botin* publiziert und die in erweiterter Form in den Bänden *Zählen und Erzählen. Für eine Semiotik des Weiblichen* (1983) und *versprechen. Ein Versuch ins Unreine* (1984) erscheinen. In ihren Aufsätzen widerspricht sie der Kritik, die von anderen Autorinnen geäußert wird. In ihrem 1979 in der 10. Ausgabe der *Schwarzen Botin* veröffentlichten Aufsatz „Körpersprache oder Körper der Sprache?" kritisiert Meyer Annette Runtes frühe Einschätzung, Irigaray würde die Frau

66 Ebd. 32.

wieder als Statthalterin für Natur und Sinnlichkeit einsetzen, wie im Aufsatz „Lippenblütlerinnen unter dem Gesetz" (1977) vertreten. Den Vorwurf Runtes hält Meyer für das Missverständnis des „akademischen Diskurs[es]" und eines „soziologisch-anthropologischen"[67] Feminismus. In ihrem Aufsatz erklärt sie, dass Irigaray „Weiblichkeit durchaus nicht als per se existent"[68] begreife. Vielmehr lasse sich deren Denken „jenseits der Dichotomie von Natur/Kultur"[69] verorten und ihr Verfahren sei eine „Methodenkritik [...], die nicht länger das Ungedachte auf das Gedachte zurückführt".[70] Im Verlauf ihrer Aufsätze versucht Meyer philosophische Ansätze zu entwickelt, die auf die Kritik der Logik des Einen, das ein anderes nur als Anderes für das Eine gelten lasse, abheben. Meyers Texte zielen darauf, das Verhältnis von Bezeichnetem und Bezeichnendem durch ihre Art des Schreibens zu thematisieren. Keines der beiden Relate sei ontologisch gegeben, beides soll im Text durch das *Verfahren*, die Schreibweise in seiner Herstellung, sichtbar werden. Darin – in der Praxis einer Schreibweise, welche die Herstellung von Bezeichnetem und Bezeichnendem, den Produktionsprozess von Bedeutung, sichtbar machen soll – sieht Meyer das Potenzial einer „Semiotik des Weiblichen"[71].

Wie bereits erwähnt, ist es bezeichnend, dass sowohl Bischof als auch Klefingshaus, Runte und Meyer über ihre inhaltlichen Differenzen hinweg die Vorstellung unmittelbarer (Körper-)Erfahrung ablehnen und die Ansicht vertreten, dass gerade diese Vorstellung in Teilen der autonomen Frauenbewegung verbreitet sei. Auch Meyer spricht sich gegen diese Vorstellung aus und beginnt ihren Aufsatz „Theorie der Weiblichkeit. Heterogenität, Negativität, sujet zérologique" aus der 6. Ausgabe der *Schwarzen Botin* aus dem Jahr 1978 mit der Bemerkung zur feministischen Praxis der autonomen Frauenbewegung:

> „Es ist schon lange kein Geheimnis mehr, daß die empirische Wahrheit Frau durchaus kein Garant des ‚Weiblichen' ist. Eine feministische Praxis, die sich auf die Unmittelbarkeit weiblicher Erfahrung verläßt und sich ganz und gar verlassen fühlt von phallischer Determinierung, beschwört ein weibliches Prinzip, das sich sinnlich, natürlich, ganzheitlich versteht."[72]

Die Vorstellung einer unvermittelten Erfahrung und der Möglichkeit eines unmittelbaren Selbstbezugs führe, so Meyer, zur Fortsetzung einer Ordnung und eines Denkens der Repräsentation. Dieses Denken bestehe darin, dass das eine, männliche Geschlecht als Maßstab und Norm gesetzt werde, wo-

67 Meyer 1979, 33. Eine Vertreterin des „soziologisch-anthropologischen Standpunkt des Feminismus" ist für Meyer die französische Feministin Monique Plaza.

68 Ebd. 34.

69 Ebd.

70 Meyer 1983a, 5.

71 So der Untertitel von Meyers Monografie aus dem Jahr 1983.

72 Meyer 1978, 31.

durch das weibliche Geschlecht nicht aus der Dynamik ausbrechen könne, bloß das Andere dieses Einen zu sein. Das Resultat sei, so Meyer in „Vorspiel – Annäherung an eine andere Schreibweise" (1980) in der Ausgabe 14/15, „ein Rückgriff auf vorgegebene Bilder und Zuschreibungen, die sich leicht wieder in die traditionellen ergänzungstheoretischen Deutungsmuster einfügen".[73] Diesen Rückgriff sieht sie in den Teilen der Frauenbewegung am Werk, die die „Imagination eines genuin Weiblichen"[74] betreiben. Zu Beginn des Aufsatzes gibt Meyer eine Einschätzung der Frauenbewegung:

> „Die Diskussionen über das ‚Frausein', über das Weibliche haben sich in der Frauenbewegung bekanntlich in zwei Lager geteilt: Eingedenk ihres Aufbruchs, der da war Frausein zu verweigern, sind die einen um ihre eigene Aufhebung bemüht. Die Geschlechterdifferenz wird dabei als ein Mittel zur Festschreibung der Spezifik der Frau verstanden, die als solche nur im Netz einer patriarchalen Logik verfängt. Das geschlechtsspezifische Egalitätsprinzip, die Emanzipation, scheint am geeigneten [sic], den Kampf gegen die sozialen, politischen und ökonomischen Ungerechtigkeiten zu leiten: Erst das soziale Wesen, das keine Frau mehr ist, kann nicht mehr Objekt einer Unterdrückung durch das Spezifische sein. Die anderen sind der Meinung, daß es ganz und gar nicht erstrebenswert ist, sich gemeinsam mit den Männern in Macht und Verantwortung zu teilen bezüglich der aktuellen kulturhistorischen Situation, deren Frauen- bzw. Lebensfeindlichkeit sie anprangern. Da scheint es sinnvoller, sich die Hände zu waschen, auf die offensichtliche Anteilslosigkeit daran zu verweisen und auf einer Andersheit zu beharren. Doch die Imagination eines genuin Weiblichen scheitert an der eigenen Geschichtslosigkeit, wenn sie vermeintlich von vorne anfängt: auf dem Land und in der Natur und selbstgezimmert, mit Glücksmöglichkeiten besonders für die nächste Generation, die es natürlich erst noch anders zu gebären und zu erziehen gilt. Da vollzieht sich nur zu schnell ein Rückgriff auf die vorgegebenen Bilder und Zuschreibungen, die sich leicht wieder in die traditionellen ergänzungstheoretischen Deutungsmuster einfügen."[75]

Meyer will keinem der beiden Lager folgen. Weder das Festhalten an einem Anderssein der Frau noch dessen Ablehnung im Namen der Gleichheit ist für sie eine Lösung. Vielmehr interpretiert sie den Umstand, dass

73 Meyer 1980, 6.

74 Ebd. Der Aufsatz, der ebenso wie Klefinghaus' Beitrag als Vortrag auf der Frauensommeruniversität in Berlin 1979 gehalten wurde, erscheint in der *Schwarzen Botin* 14/15 und wird 1980 in Brigitte Wartmanns Sammelband *Weiblich-männlich. Kulturgeschichtliche Spuren einer verdrängten Weiblichkeit* wiederabgedruckt und findet 1983 in erweiterter Form Eingang in den Band *Zählen und Erzählen. Für eine Semiotik des Weiblichen.*

75 Ebd.

beide Strömungen unbefriedigende Antworten geben, als Indiz dafür, dass die von der Frauenbewegung „entwickelten Fragestellungen und Alternativen die besondere Situation, in der sich die Frauen befinden, nicht zureichend erfassen".[76] Worin besteht Meyer zufolge diese besondere Situation der Frauen und wie kann sie erfasst werden? Meyers Überlegungen nehmen ihren Ausgangspunkt bei den Aussagen des strukturalistischen psychoanalytischen Diskurses. Sie beschreibt das Dilemma, in dem sich die Frau befindet und die unbefriedigenden Lösungsversuche der Frauenbewegung von dieser Warte aus:

> „Um dem von der Psychoanalyse entworfenen Bild der Frau als kastriertem Mann zu entkommen, wird die Autonomie weiblicher Sexualität via Klitoris entdeckt. Denn auch Lust ist phallische Lust und muß sich repräsentieren können. Die Lust des Mannes findet ihre beachtliche Repräsentation in der Erektion des Penis, während die Säfte der Frau durchaus nicht repräsentabel sind. Und trotzdem: Um ein eigenes Begehren zu bekommen, um nicht mehr länger als das Komplement zum Funktionieren männlicher Sexualität definiert zu werden, muß die Frau gerade das machen, als was ihr Tun immer interpretiert wurde: Sie muß versuchen, den Phallus zu bekommen."[77]

Da die Frauen in der kulturellen Ordnung, welche die Psychoanalyse beschreibe, als Mangel „als Fehlen des einzig wahren Geschlechts"[78] bestimmt sei, könne

> „ihr Tun innerhalb dieser Ordnung, ob sie nun als Objekt vorkommen, oder sich zum Subjekt zu machen suchen, nur als Streben nach der Vollständigkeit, als deren Symbol der Phallus steht, verstanden werden."[79]

Die spezifische Situation der Frauen sei Meyer zufolge komplex und nicht leicht aufzulösen: Entweder die Frau bleibe weiterhin das Andere des Mannes und damit sein Objekt, oder sie versuche Subjekt zu werden, in dem sie – wie das männliche Subjekt – ebenfalls dem Phantasma der Vollständigkeit nachjage.

Meyer versucht nun diese Situation dadurch zu lösen, dass sie den psychoanalytisch-lacanschen Diskurs mit der Ebene der Logik verschränkt. Sie reformuliert die Lacan'sche Bestimmung, dass die Frau der Ort des Mangels und der Abwesenheit sei, während der Phallus der Signifikant sei, der strukturiere, was denk-, sag- und erfahrbar sei, und somit Bedeutungsgebung und Sinnstiftung regle:

76 Ebd.

77 Meyer 1978, 31f. Eva Meyer thematisiert 1978 bereits ein Dilemma, das in späteren Studien über den Sexualitätsdiskurs der Frauenbewegung zum Gegenstand der Forschung wurde, beispielsweise bei Bührmann 1995 und Trumann 2002, wobei Letztere das Dilemma zurückbindet an die kapitalistische Vergesellschaftung.

78 Ebd. 32.

79 Ebd.

„Da der zur Bezeichnung bestimmte, und damit positiv gewordene Wert, der Phallus, grundsätzlich alles überhaupt Denk- und also Sagbare umgreift, vertritt der andere und somit zweite Wert, die Weiblichkeit, den ontologischen Ort des Nichts."[80]

Ähnlich wie Bischof, die einfordert, dem Mangel Ausdruck zu verleihen, geht es Meyer darum, den Mangel zu denken und zwar hinsichtlich des Abwesenden und Mangelhaften des Mangels – oder, in den Begriffen der Logik ausgedrückt, der sich Meyer zuwendet: Da die Frau für den „Ort des Nichts" steht, stellt sich die Frage, wie dieses Nichts gedacht werden kann, ohne dass es in die Denkformen gebracht wird, die es wieder zu „etwas" macht.[81] Damit stellt sich ihr das „Problem der Darstellbarkeit": „Doch wie es beschreiben? Welche Worte finden für das, was sich derart äußern soll?"[82], fragt die Autorin. Sie sieht sich – und die feministische Theoriebildung – mit der Schwierigkeit konfrontiert, „eine der Thematik des Mangels und der Abwesenheit angemessene Begrifflichkeit zu entwickeln."[83] Die Entwicklung solcher Begriffe und das Finden geeigneter Worte würden die Funktionsweise einer Sprache sprengen, die auf der Zuordnung des Mangels an die Frau und auf dessen Verdrängung beruhe. Meyer will durch ihr Vorgehen die Erweiterung des Denkmöglichen und des Sagbaren um das erreichen, was bisher nicht denkbar und sagbar war. Sie sucht demnach einen begriffslosen Begriff des Begriffslosen, die formlose Form des Formlosen – ein Paradox.

Zur Bearbeitung ihrer Frage wendet sich Meyer, wie gesagt, der Logik zu. In ihren Aufsätzen kritisiert Meyer die Tradition der aristotelischen Logik, in der das Nichts auf die Positivität des Seins bezogen sei, wodurch Wissen und Sinnproduktion auf einen eindeutigen Sinn, einen Ursprung und eine Einheit zurückgeführt würden. Diese Rückführung vollziehe sich über den Schritt der Negation des Positiven und in einem zweiten Schritt über die Negation dieser Negation. Meyer kritisiert nun, dass diese Negation der Negation nicht als Prozess begriffen werde, etwas anderes bedeuten zu können als das, was am Anfang gegeben war, weil die Negation nicht bedeutungstragend sei:

80 Meyer 1980, 8, Herv. i. O.

81 Den Überlegungen Meyers liegt eine Vorstellung von Ontologie zugrunde, der zufolge Denken und Sein zusammenfallen: Was gedacht wird, ist. Ihr Anliegen, das Nichts zu denken, ohne es zum positiven Gegenstand der vorhandenen Begriffe und Logik zu machen, teilt sie mit Martin Heidegger, auf den sie sich maßgeblich bezieht. An ihn anschließend will Meyer die klassische Logik unterlaufen. Die Frage nach dem Nichts, die die Frage nach dem Ursprung des Seienden sei, bearbeitet sie dann mit Jacques Derridas Dekonstruktion, wodurch die „Auflösung des Ursprungsdenkens überhaupt" möglich werde, Meyer 1983b, 57–63.

82 Meyer 1983a, 5.

83 Meyer 1980, 6.

„[Die] Negation ist zwar gut genug, ein Abbild zu erzeugen, wird aber als Prozeß mit seinem Ergebnis und diese wiederum mit seinem Anfang identifiziert. Die doppelte Negation ist, wie wenn ‚nichts' gewesen wäre."[84]

Diese Logik des Denkens und der Sinnstiftung will Eva Meyer aufbrechen, in dem sie den Begriff der Negation verschiebt zum Begriff der Negativität. Dabei soll die Rückkehr zu einem eindeutigen Sinn verhindert und stattdessen die „Möglichkeit zu mehr als nur einer Sinnkategorie"[85] eröffnet werden.

„Es wird darum gehen, diesen ontologischen Ort des Nichts, den Schauplatz des Weiblichen, wieder ins Spiel zu bringen. Und zwar nicht als Negation, wie sie logischerweise eine Opposition, also eine Dichotomie artikuliert und somit phallisch reduzierbar ist."[86]

Es ist nicht der Begriff der Negation, sondern der Begriff der Negativität, durch den sie das Weibliche „ins Spiel [...] bringen" will, indem dieser Begriff durch Teilung und Differenzierung erweitert werde. Meyer betont, dass es um eine Teilung und Differenzierung im Negativen gehe, sodass das Negative nicht mehr vollständig auf das Positive abgebildet werden könne. Was ist damit gemeint?

Meyer verschaltet drei Ebenen miteinander: erstens die Ebene der Logik von Sein und Nichts, zweitens die Ebene der (strukturalistisch, psychoanalytisch verstandenen) Sprache als System der Bedeutungsgebung und drittens die Ebene von Textbeispielen, die sie nicht nur zur Illustration heranzieht, sondern an denen „Denkweisen und Praktiken" sichtbar werden sollen,

„die so etwas wie das Heterogene, das Negative zulassen, ohne es logozentrisch zu reduzieren und ohne es, fasziniert vom noch nicht Bestimmbaren in Metaphern zu ersäufen [...]".[87]

Die Verschachtelung dieser drei Ebenen will Meyer verstanden wissen als Erprobung eines Verfahrens, das erst in seinem Vollzug den Gegenstand konstituiert, welcher wiederum erst durch dieses Verfahren entsteht. Meyer will die Begründung der Möglichkeit von Erkenntnis weder in einem (transzendentalen) Subjekt noch in einem äußeren Objekt finden. Denn beides habe ihrer Ansicht nach in der Philosophiegeschichte dazu geführt, das Weibliche – als „Unaussprechliche[s], Unsagbare[s], Unbeschreibliche[s], Unnachahmliche[s], Irreduzible[s]"[88] – unterzuordnen. Meyers Problem ist nun weniger, dass das Weibliche zur Metapher des „Unaussprechlichen" wurde, als vielmehr die *Unterordnung* dieser Funktion im Erkenntnisprozess.

Ihr Anliegen, den Begriff der Negation zu erweitern, verknüpft Meyer mit ihrem Verständnis des Weiblichen und der Sprache. Das Weibliche

84 Ebd. 7.
85 Ebd. 8.
86 Ebd.
87 Meyer 1978, 32.
88 Meyer 1983b, 31.

versteht Meyer nicht als Attribut, Prädikat oder Wesensmerkmal empirischer Frauen, sondern als „eine Operation in der Sprache“[89] und eine „spezifische Produktionsweise“[90] derselben. Sprache gehe nicht auf in ihren „Rationalisierungsbemühungen“, vielmehr gebe es in ihr

> „mythische, mystische, spekulative, poetische, unbewußte usw. Komponenten, die sich jedoch anscheinend allen Rationalisierungsbemühungen entziehen und ‚nur emotional‘ erfahrbar scheinen.“[91]

In ihrem Sprachverständnis orientiert sich Meyer an Julia Kristevas Ausarbeitungen zum Semiotischen in der Sprache, worauf ich im folgenden Kapitel zurückkommen werde. Diese anderen Dimensionen von Sprache sollen, so Meyers Überlegungen, eine Funktion im „Bedeutungssystem“ erhalten, *neben* der Funktion der klassischen Logik. Würde diese Produktionsweise in die „Definition eines Bedeutungssystems“[92] einbezogen, so würde die Rückführung auf den einen Sinn dadurch hintertrieben werden, dass der Sinn der *Deutung* bedürfe: „Das Denkbare“, so Meyer, sei dann „nicht mehr gegeben, sondern erschließt sich auf verschiedenen Wegen der Deutung.“[93] Um die Deutungsoffenheit zu gewährleisten, müsse das „Ursprungsdenken“ durch die Verdopplung des Ursprungs modifiziert werden. Dadurch verliere aber der Phallus als Signifikant den Status als alleiniger Garant der Sinnstiftung. Durch die Verdopplung des Ursprungs könnten Sein und Nichts, Positivität und Negativität, Männlich und Weiblich als gleichursprünglich und nebengeordnet, nicht mehr allein hierarchisch, verstanden werden. Allerdings geht es der Autorin nicht darum, dass ein zweiter Ursprung gedacht werde, sondern um das Hintergehen des Ursprungsdenkens. Um das zu erreichen, übernimmt Meyer eine Bedeutung, die dem Weiblichen im psychoanalytischen Diskurs zugeschrieben wird: Weibliches als „Unentscheidbarkeit“[94] und „Unbestimmbarkeit“[95]:

> „Wenn die Frau sich also gerade dadurch auszeichnet, daß sie ihre Unbestimmbarkeit behauptet, so ist die ‚Wahrheit Frau‘ genau dann wahr, wenn sie innerhalb des Systems nicht bestimmbar ist, dadurch, daß sie den Bezug zur Kastration in der Schwebe hält.“[96]

Als Bild für die Veruneindeutigung des Sinns dient der Autorin die „‚Doppelzüngigkeit‘ als strukturelle Möglichkeit zu etwas Neuem“.[97] Das Doppel-

89 Meyer 1979, 34; siehe wortgleich Irigaray 1979a, 78.
90 Meyer 1979, 34.
91 Meyer 1980, 8.
92 Meyer 1979, 34.
93 Meyer 1983b, 78.
94 Meyer 1983a, 6.
95 Meyer 1983b, 103.
96 Ebd.
97 Meyer 1980, 9. Das Bild der Doppelzüngigkeit findet Meyer in apokryphen Texten des Christentums zur Erschaffung des Menschen und bei Mystikern wie Jakob Böhme.

züngige müsse gedeutet werden, wobei trotz Deutung immer ein Rest bleibe: Es bleibe unklar, ob das Verstehen gelungen sei oder nicht, und immer bleibe etwas, das nicht verstanden werde. Von dieser Unbestimmbarkeit speist sich in Meyers Denken die Möglichkeit zu Neuem. Durch die Einführung der Doppelzüngigkeit als Garantin eines unbestimmbaren Rests will die Autorin den Begriff der Negation erweitert haben: Durch die Erweiterung lasse sich Negativität nicht mehr rückführen auf eine eindeutig bestimmbare Positivität:

> „Die ‚doppelte Negation' führt nicht mehr zur Positivität zurück, die so erweiterte Negativität [erweitert durch Teilung, Differenzierung, K. L.] läßt sich nicht mehr unterordnen. Sie ist nebengeordnet, bzw. heterarchisch. D. h. neben dem einen Ursprung gibt es noch andere, wo nicht einer sich zurückführen läßt auf den anderen, sondern die nebeneinander, gleichursprünglich, bestehen."[98]

354 Die „Schreibpraktiken und Denkweisen", welche diese Negativität praktizieren, sind für die Autorin die,

> „in denen sich ein weibliches Subjekt positiv einrichtet und nicht aufhört auf dem Unaussprechlichen, Unsagbaren, Unbeschreiblichen, Unnachahmlichen, Irreduziblen von allem als Ganzes zu beharren."[99]

Damit will Meyer andere Erfahrungsweisen zu ihrem Recht kommen lassen, „die nicht über den Verstand vermittelt"[100] seien. Hier dient ihr die Erfahrung und Erkenntnis der Offenbarung in der christlichen Mystik als Material. Nun ist Meyers Anspruch durch das „ins Spiel bringen" der Unbestimmbarkeit des Weiblichen die Herstellung der begrifflichen Gegensätze wie männlich und weiblich, die Logik der Unterordnung zu durchbrechen, „indem ein weibliches Subjekt mitkonstitutiv wird"[101] – ähnlich wie es Irigaray durch ihr Verfahren der Mimesis anvisiert. Das führe zum „Problem der Einbeziehung von Subjektivität in die Theorie, bei gleichzeitiger Dekonstruktion von Subjektivität überhaupt"[102]. Eva Meyers rationalitätskritische Aufsätze befassen sich mit der Frage, wie Weibliches möglich, wie es gedacht werden könne, indem sie die Logik des Denkens und der Sprache – genauer: die Grenze der Logik des Denkens und der Sprache – thematisieren. Denn Meyer vertritt die Ansicht, dass eine bloß inhaltliche Neubestimmung des Weiblichen der phallozentrischen Logik nicht entkommen könne. Daher will sie das „Weibliche als spezifische Produktionsweise"[103] im Prozess der Bedeutungsgebung verstanden wissen.

98 Ebd.
99 Meyer 1983b, 31, Herv. i. O.
100 Meyer 1980, 8.
101 Meyer 1983b, 33.
102 Ebd. 153.
103 Meyer 1979, 34.

Welche Rolle spielt nun die erweiterte Negativität für Meyer und in welches Verhältnis zum Weiblichen stellt sie sie? Das Weibliche wird kurzgeschlossen mit dem Unbestimmbaren und Unentscheidbaren, das als Produktionsweise von Bedeutung nun nicht mehr dem einen Sinn untergeordnet, sondern diesem nebengeordnet sein soll. Trotz der Kritik der Hierarchisierung wird eine Bestimmung des Weiblichen weitergetragen, die sich durch die Philosophiegeschichte und die Geschichte der Psychoanalyse zieht. Bei Luce Irigaray scheint mir die Feststellung, dass das Weibliche in der phallozentrischen Kultur in diese Zwischenposition gebracht werde, ein Urteil zu sein, das den Mechanismus kritisiert, der das Weibliche zum gesellschaftlichen Ungesellschaftlichen und Unbestimmten macht. Meyers Texte erwecken den Eindruck, dass die Chiffre des Weiblichen als *Mittel* zur Kritik des Ursprungsdenkens verwendet wird und somit in der Position verbleibt, Medium der Bedeutungsverschiebungen zu sein – eine Position, in die es im Laufe der Philosophiegeschichte immer wieder in unterschiedlichen Varianten gebracht wurde. So kritisiert die Literaturwissenschaftlerin Lena Lindhoff an Eva Meyers *Zählen und Erzählen*: „[I]n den Theorien Lacans, Derridas oder Eva Meyers ist das Weibliche immer schon dort, wo das dekonstruktive männliche Subjekt ankommen will."[104] Sie kommt, bezogen auf die Diskussion über weibliche Hysterie als Modellfall des dezentrierten Subjekts, zu dem Schluss:

> „Die Glorifizierung der Hysterikerin als einer ‚Maskerade' ohne Identität, wie sie uns bei Derrida/Nietzsche begegnet ist und von Poststrukturalistinnen wie Eva Meyer und Marianne Schuller aufgenommen wurde, verleugnet dieses Moment der Ichsuche in der Hysterie. Sie übersieht, daß die Hysterie unentwegt das Nichtexistierende einklagt: eine weibliche Identität. Die ‚Wahrheit' der hysterischen ‚Lüge' ist ihr Beharren auf diesem Unerfüllten."[105]

Zwar kritisiert Meyer ein Denken in binären, hierarchisierenden Relaten und beharrt darauf, dass die Produktion von Bedeutung das Moment des Nicht-zu-Ende-Sagbaren beinhaltet, wodurch immer wieder ein Anfang möglich wird und der Erkenntnis- und Bedeutungsgebungsprozess in Bewegung gehalten wird. Doch verbleibt in ihrem Denken das Weibliche in der Position, unbestimmtes, störendes Moment im Prozess der Bedeutungs- und Erkenntnisproduktion zu sein. So ist es weiterhin eine Funktion für das (männliche) Subjekt: Schon bei Lacan wird das Weibliche in die Position gebracht, als mütterlicher Körper und Objekt zum Reservoir für das Begehren des Subjekts – und damit für seine Bedeutungsproduktion – zu werden und so die niemals abschließbare Produktion von Bedeutung am Laufen zu halten.[106] Das

104 Lindhoff 2003, 145.
105 Ebd.
106 Siehe 11. und 13. Kapitel.

Weibliche als Verfahren zu verstehen, verbleibt so in den Bahnen traditioneller Geschlechtertheorien. Denn indem das Weibliche zur Metapher für das Unbestimmbare, Entgleitende, Unverfügbare wird, bleibt es eine Funktionsweise im Signifizierungsprozess in der symbolischen Ordnung und wird zum „Zeichen einer unmöglichen Identität“[107].

13.5 Singularität und Negativität. Julia Kristeva in der *Schwarzen Botin*

Bischof und Meyer kommen in ihren Beiträgen zum Kritikprogramm der *Schwarzen Botin* auf den Begriff der Negativität zu sprechen. Sie sehen in ihm Potenzial zur Destruktion der Geschlechterordnung. Es ist die Literaturwissenschaftlerin und Psychoanalytikerin Julia Kristeva, die sowohl in *Die Revolution der poetischen Sprache*, das im Jahr 1978 bei Suhrkamp auf Deutsch erscheint, als auch in dem zwei Jahre zuvor in der einflussreichen Ausgabe 108/109 der Zeitschrift *alternative* übersetzten Ausschnitt ihres Gesprächs mit Eliane Boucquey auf den Begriff Negativität zu sprechen kommt. Ebenfalls im Jahr 1978 erscheint in der 7. Nummer der *Schwarzen Botin* ihr Aufsatz „Ein neuer Intellektuellen-Typ: Der Dissident“. Kristeva skizziert hier eine poststrukturalistische Rationalitätskritik, wie sie in den 1970er Jahren weite Verbreitung finden wird: Sie wendet sich gegen einen positivistischen, empiristischen Rationalitätstyp, der die Addition scheinbar unzusammenhängender Einzelfakten und -daten betreibt. Ebenso lehnt sie ein Denken ab, wie sie es in „Marxismus, […] Freudismus, […] Phänomenologie“[108] erblickt, und das beansprucht, ein Ganzes erkennen zu können, das mehr ist als die Summe seiner Teile. Beides geht ihr zufolge an der Spezifik des Denkens vorbei. Diese liege im Denken der Singularität.[109]

So entdeckt sie in den Intellektuellen die Vorhut einer „andere[n] Gesellschaft, ein[es] andere[n] Gemeinwesen[s], eine[r] andere[n] Körperlichkeit“[110]. Denn die „*Dissidenten-Funktion* der Intellektuellen“[111] besteht für Kristeva darin, dass die „Besonderheit der intellektuellen Arbeit“[112] nicht aufgehe im Kampf für „soziale und ökonomische Gleichheit“[113]. Diese Besonderheit der intellektuellen Arbeit, die es zu entbinden gelte, liege in der „Singularität der Weisen des Sagens“[114]. Die Aufgabe der dissidenten Intellektuellen bestehe darin, die „Singularität des Unbewußten, der Wünsche,

107 Weigel 1995, 209ff.
108 Kristeva 1978a, 10.
109 Zum Gemeinplatz wird Jean-Françoise Lyotards Rede vom Ende der großen Erzählungen.
110 Kristeva 1978a, 6.
111 Ebd. Herv. i. O.
112 Ebd. 5.
113 Ebd.
114 Ebd.

der Bedürfnisse"[115] auszusprechen, sich als „Enthüller des Unmöglichen [zu] behaupten"[116]. Diese „Rolle des Intellektuellen" setzt sie explizit gegen die „Übernahme der Funktion, die sozialen Ensembles zusammenzukitten"[117]. Die Funktion, soziale Kohäsion herzustellen, übernimmt in Kristevas Text klassischerweise die Frau als Mutter, die zum „Gegenpol der Dissidenz" wird: „Sind die Mütter also, am Gegenpol der Dissidenz, die letzte Garantie von Gesellschaft, weil sie die letzte Garantie der Gattung sind?"[118] Die Frau taucht in Kristevas Aufsatz ausschließlich als Mutter auf, die durch Schwangerschaft an der „Schwelle zwischen Natur und Kultur, Biologie und Sprache"[119] stehe. Kristeva betreibt hier eine konventionelle Reduzierung der Frau auf Mutterschaft, die zugleich die Funktion übernimmt, das soziale Gemeinwesen zu integrieren unter Legitimierung ihres Ausschlusses aus dem „sozialen und politischen Konsens/Gesetz"[120]. So wird es Kristeva nicht zum Problem, dass die Frau, auf die Funktion der Mutterschaft als Grundlage von Gesellschaftlichkeit beschränkt, vom Politischen ausgeschlossen ist. Es geht ihr nicht darum, zu kritisieren, dass die Frau nicht Teil hat am Allgemeinen und „immer singulär" sei, denn ihr Anliegen ist die Aufwertung der Singularität:

> „Allzu befangen in den Grenzen des Körpers und vielleicht auch der Gattung fühlt eine Frau sich in jenen Allgemeinheiten, die das gemeinsame Maß des sozialen Konsenses ausmachen, wie auch in Bezug auf die verallgemeinernde Macht der Sprache, immer im Exil. Dieses weibliche Exil in Bezug auf den Sinn und auf das Allgemeine bewirkt, daß eine Frau immer singulär ist, und daß sie durch sich selbst das Singuläre des Singulären manifestiert: die Zerstückelung, den Trieb, das Unsagbare."[121]

Die Funktion der Intellektuellen und die Mutterfunktion teilen den Status der Singularität. Zugang „zum Symbolischen und zum Ethischen"[122] erhält die Frau einzig durch die Mutterliebe zu ihrem Kind, die „einzig wahre[…] weibliche[…] Liebe für einen anderen".[123] Kristeva gibt eine Deutung der Frau als Mutter und Grenzfigur zwischen Natur und Kultur, als Hüterin der Gattung und gleichzeitiger Gefährderin des Gemeinwesens, eine Deutung, wie sie aus den Schriften des Philosophen Georg Friedrich Hegel bekannt ist.[124] Ihre Position zwischen „Leben und Tod, Ich und anderem, Kultur und

115 Ebd. 6.
116 Ebd.
117 Ebd. 5.
118 Ebd. 8.
119 Ebd. 9.
120 Ebd. 8.
121 Ebd. Herv. i. O.
122 Ebd. 9.
123 Ebd.
124 Lloyd 1985, 76–114.

Natur, Singularität und anderem, Kultur und Natur, Singularität und Ethik"[125] schließe sie allerdings nicht von kreativer Schöpfung, von künstlerischer und intellektueller Produktivität aus. Die Möglichkeit „weibliche[r] Schöpfung"[126] entstehe aus dieser Position, die es erlaube, die „Fixierungen"[127] zwischen den Relaten aufzuheben. Darin besteht Kristevas Aufwertung der Mutterfunktion. Damit wertet sie zwar das Weibliche auf, indem sie dessen Zwischenposition zwischen Subjekt und Objekt zum Ausgangspunkt der Dissidenz und der Rationalitätskritik erklärt. Zugleich belässt sie es aber bei der Übernahme der psychoanalytischen Bestimmung, die das Weibliche als Unbestimmtheit ohne Allgemeinheit beschreibt. Anders als Cixous und Irigaray persifliert und subvertiert Kristeva den psychoanalytischen und philosophischen Diskurs und dessen Chiffren des Weiblichen nicht, um sie zu verschieben. In der *Schwarzen Botin* kritisiert Annette Runte in der 23. Ausgabe im Jahr 1984 Kristevas Vorstellung des Weiblichen denn auch als „allzu traditionell[...]"[128].

Es fragt sich, was für *Die Schwarze Botin* an Kristevas Aufsatz so interessant ist, dass sie ihn 1978 in der 7. Ausgabe publiziert – vor allem vor dem Hintergrund der harschen Kritik an anderen Versuchen einer Aufwertung von Mutterschaft in der autonomen Frauenbewegung, denen kurzerhand eine Tendenz zu faschistischem Denken unterstellt werden.[129] Diese merkwürdige Inkohärenz des Kritikprogramms zeigt zweierlei: erstens, dass die Zeitschrift ein Geflecht theoretischer Versuche, ein Sammelsurium sich widersprechender Positionen ist. Das macht Diskussion, Denken und Theoriebildung aus. Zweitens wird der Kritikmodus der Zeitschrift auch hier wieder deutlich: Die Strömungen der autonomen Frauenbewegung – hier diejenigen, die um die Frage der Mutterschaft kreisen, wie ich im 4. Kapitel gezeigt habe – werden zur Kontrastfolie der eigenen Kritik gemacht und als Abstoßungspunkt benutzt. Indem die Widersprüchlichkeit und Unvereinbarkeit der Positionen innerhalb des Kritikprogramms, die eigene Suche nach Fragen und Antworten unerwähnt bleiben, kann der Nimbus aufrechterhalten werden, die einzig radikale Stimme aus der Frauenbewegung zu sein. Zudem entspricht es der intellektuellen Mode der 1970er Jahre, die marxistischen Versuche aufzugeben, das Ganze der Weltgesellschaft in ihrer kapitalistischen Form zu denken und zu kritisieren.

Allerdings lässt sich eine inhaltliche Linie herstellen zwischen der Hervorhebung der Singularität als Einzigartigkeit bei Kristeva und dem Motiv der Individuierung und Besonderheit jeder Einzelnen im Kritikprogramm der

125 Kristeva 1978a, 9.
126 Ebd.
127 Ebd.
128 Runte 1984a, 25.
129 Siehe 6. Kapitel.

Schwarzen Botin.[130] Kristeva stellt in ihrem Aufsatz in der *Schwarzen Botin* sich in der androzentrischen Gesellschaft Ausschließendes nebeneinander: Mutterschaft und Intellektualität. Die Betonung kreativer und intellektueller Schöpfung durch Frauen findet Resonanz in der Zeitschrift. Vor allem ist es der Begriff der Negativität, der einen zentralen Stellenwert in Kristevas *Revolution der poetischen Sprache* (1974/1978) ebenso wie in dem Aufsatz „Die Produktivität der Frau“ (1976) in der breit rezipierten Ausgabe der *alternative*-Nummer 108/109 einnimmt, der vermutlich auf Autorinnen der *Schwarzen Botin* Eindruck gemacht hat. Jedenfalls zeugt das Kritikprogramm der Zeitschrift davon, dass die Kritik der Frauenbewegung aus der Frauenbewegung nicht nur negative Kritik ist, sondern die Negativität der Kritik zur Geltung kommen lassen will.

Die Negativität der Frau

In dem 1976 in *alternative* erschienen Gespräch „Produktivität der Frau“ beschreibt Kristeva die Position der Frau in der psychoanalytischen Theorie als „Effekt Frau“[131]. Dieser bestehe darin, als Tauschobjekt zur Herstellung von Gesellschaftlichkeit zu fungieren und so zur Grundlage der symbolischen Ordnung, von Macht und Sprache zu werden, ohne Zugang zu diesen zu haben – ein Effekt, wie ihn Lacan als weibliche Position beschrieben hat. Das Verhältnis der Frau zur symbolischen Ordnung, ihre „stumme[…] Unterstützung“[132], könne nicht in Erscheinung treten. In dieser „Struktur gesellschaftlicher Macht“[133] kann der „Effekt Frau“ „eine Art Negativität, eine Beunruhigung darstellen, die die Macht bis zum Punkt ihrer Infragestellung treiben“.[134] Die symbolische Ordnung als Garantin von Gesellschaftlichkeit sei permanent der Gefahr ihrer Zersetzung ausgesetzt. Im Anschluss an den Gedanken von Georg Friedrich Hegel spricht Kristeva davon, dass die Frau die „ewige Ironie des Gemeinwesens“[135] sei. Hegel beschreibt in der *Phänomenologie des Geistes* den Zerfall des antiken Staats. Der Staat, den Hegel als männliche Sphäre der Sittlichkeit auffasst, produziere das Prinzip seiner eigenen Negation, das diesen zu Fall bringen wird. Verkörpert wird dieses zersetzende Prinzip durch die Sphäre der Familie – für Hegel mit dem Weiblichen und den Frauen verknüpft. Der „permanent[…] ungelöste[…] Konflikt“[136] bestehe nun zwischen dem Staat, dessen Zweck das Allgemeine und damit die Unterordnung des Einzelnen sei, und der Familie, deren Zweck die Einzelnen seien. Beruht das staatliche Gemeinwesen auf der Unterordnung des

130 Siehe 8. Kapitel.
131 Kristeva 1976, 167.
132 Ebd.
133 Ebd.
134 Ebd. 168.
135 Ebd.
136 Kuster 2015, 175.

Einzelnen, so ist er doch zugleich darauf angewiesen, dass in den Familien die Einzelnen heranwachsen, die die Geschicke des Staates leiten werden. Die Unterordnung der weiblichen Sphäre der Familie unter das Prinzip des Staates bringe die Frauen als Hüterinnen der Familie dazu, gegen den Staat zu intrigieren, indem sie „die Feier einzelner Individuen, nämlich ihrer Söhne"[137], betrieben. Letztlich zerfalle der antike Staat durch die Verehrung einzelner Heroen. Das Prinzip der Allgemeinheit unterliege dem Prinzip der Einzelheit. Ironisch sei die Position der Frau und der Familie zum Gemeinwesen deshalb, weil das Prinzip des Allgemeinen seine eigene Gefährdung und seinen Untergang produziert, indem es das Prinzip des Einzelnen unterdrücken muss – um sich als Allgemeines zu setzen – und es dadurch erst als Opponent und negative Kraft gegen sich selbst hervorbringe.[138]

An diese Ironie knüpft Kristeva nun an. Die Frau und das Weibliche sind ihr die „Träger von Widersprüchen, von gesellschaftlich Unmöglichem"[139] und daher von Negativität. Die androzentrische Gesellschaft des väterlichen Gesetzes sei nun bemüht, genau diese Negativität, das „schlechte […] Gewissen des gesellschaftlichen Widerspruchs"[140] möglichst zu verdrängen. Für Kristeva ist es die Aufgabe auch der Frauenbewegung, Negativität und Widerspruch nicht zu verschweigen. Das aber geschehe im Zuge einer Gleichstellung der Frau, die „das andere Geschlecht" nicht als „das *Andere* erscheinen läßt"[141] – wobei dieses Andere die negative, destruktive Seite der Gesellschaftlichkeit meint. Der „Effekt Frau", das Weibliche in der androzentrischen Gesellschaft, ist für Kristeva der Statthalter der Beunruhigung und Gefährdung – darin stimmt sie mit der strukturalen psychoanalytischen Geschlechtertheorie ebenso überein, wie mit der philosophischen Hegels. Zugleich sucht sie einen gesellschaftlichen Ort für Widerspruch und Negativität, um sie nicht weiterhin zu verdrängen, sondern zu symbolisieren und dadurch ihre destruktive Kraft gesellschaftlich zu vermitteln – allerdings ohne ihnen den Charakter der Negativität zu nehmen. Damit stellt sich für sie die Frage, wie das Verhältnis von symbolischer Ordnung – gestiftet durch das Gesetz zur Sicherung von Gesellschaftlichkeit und Kultur – und Negativität gefasst werden muss.

Kristevas Erweiterung gegenüber der Lacan'schen symbolischen Ordnung besteht nun darin, dass sie auf das Semiotische der Sprache abhebt. Mit dem Semiotischen beschreibt sie die rhythmische, lautliche und körperliche Dimension der Sprache, die noch keinen Sinn ergibt. Diese Dimension bringt sie in Zusammenhang mit dem mütterlichen Körper, von dem sich

137 Ebd.
138 Ebd. 174ff.
139 Kristeva 1976, 168.
140 Ebd.
141 Ebd. Herv. i. O.

das Individuum trennen müsse, um in die symbolische Ordnung und in die Sprache einzutreten. Das Semiotische ist dabei Voraussetzung des Sprachlich-Symbolischen, da es keine signifikanten Praktiken ohne die körperliche, lautliche Dimension der Sprache gibt. Allerdings lasse es sich als Voraussetzung nur nachträglich, aus der Perspektive der symbolischen Ordnung fassen. Da sich Semiotisches und Symbolisches erst unterscheiden lassen *nach* dem Eintritt ins Symbolische, ist das Semiotische zugleich nicht denkbar ohne die symbolische Ordnung: Das Semiotische besteht innerhalb des Symbolischen, bricht dieses zugleich situativ auf und stört so die Ordnung. Ohne vorgängige Symbolisierung und Sublimierung kein Verdrängtes, das wieder auftreten, die Kruste der Ordnung aufsprengen und zu neuen Symbolisierungen führen könne. Allerdings denkt Kristeva diese Bewegung explizit nicht als Hegel'sche Dialektik der Aufhebung: Das Einfallen des Semiotischen – als negatives Moment innerhalb der und im Widerspruch zur symbolischen Ordnung – bringt keine symbolische Ordnung auf einer neuen Stufe, keine Synthese hervor. Denn diese Dialektik der Negation der Negation führe, so der Einspruch gegen Hegel, zu der *einen* Ordnung zurück, wodurch die Negativität ihrer Heterogenität beraubt werde:

> „Diese Explosion des Semiotischen im Symbolischen ist nicht Negation der Negation, nicht Aufhebung des durch das Thetische erzeugten Widerspruchs und Einführung eines idealen, die vorsymbolische Unmittelbarkeit restaurierenden Positiven; sie ist vielmehr Überschreitung der Setzung, rückläufige Reaktivierung des Widerspruchs, der seinerseits die Setzung herbeigeführt hatte. Als Beleg dafür nehmen wir die Tatsache, daß diese Negativität selbst die thetische Phase aufzuheben, sie zu de-syn-thetisieren sucht."[142]

Es geht Kristeva demnach weder darum, die symbolische Ordnung aufzulösen, noch darum, den in ihrem Inneren produzierten Widerspruch die Kraft der Negativität zu nehmen. Statt der Aufhebung des Widerspruchs in einer neuen symbolischen Ordnung aktualisiert der Einbruch des Semiotischen die Negativität und den Widerspruch in der symbolischen Ordnung vielmehr permanent. Dem Semiotischen kommt so die Funktion einer wiederholten Störung der symbolischen Ordnung zu. Es sei das Movens für Veränderung, das als Negativität seinen Charakter beibehält und nicht völlig aufgehe in einer neuen Setzung. Zwar gehe es in die Symbolisierung ein, doch zugleich wende es sich aufs Neue gegen sie. Das Semiotische ist demnach nicht außerhalb der symbolischen Ordnung, sondern deren Negativität: innerhalb und zugleich über sie hinausschießend. Von hier rührt für Kristeva die subversive Kraft des Semiotischen. Würde es zur

142 Kristeva 1978b, 78f. Mit dem „Thetischen", der „Setzung" und der „thetischen Phase" bezeichnet Kristeva das Lacan'sche symbolische Gesetz, den Auftritt des universalen Signifikanten.

Aufhebung des Semiotischen im Symbolischen kommen, ginge sein heterogener Charakter als Negativität verloren.[143]

Innerhalb der symbolischen Ordnung situiert, könne der „semiotische Modus“[144] als „Verwerfen“[145] zu einer Funktion des Sinngebungsprozesses werden. Aggressivität, Widerspruch und Destruktion – mit Lacan bezieht sich Kristeva auf den Todestrieb – würden so einbezogen werden in den Prozess der Sinngebung, ohne sie zu einem positiven Sinn zu machen. Werde das Verwerfen „zum beständigen Träger des signifikanten Prozesses“, so könne es „neue, bahnbrechende und unter gewissen Umständen [...] subversive Kultur- und Gesellschaftsformationen [...] stiften“.[146] So versucht Kristeva die Revolution der Repräsentationen durch die permanente Anfechtung der Identität und der Subjektposition zu bewerkstelligen. Diese Aufgabe der Vergesellschaftung des Antigesellschaftlichen, ohne diesem seinen heterogenen

Charakter des Antigesellschaftlichen zu nehmen, kommt bei Kristeva der Poesie, der Musik und allgemein der Kunst zu.[147]

Die spätere feministische Rezeption von Kristevas Konzeption kritisiert – meiner Ansicht nach zurecht –, dass Kristevas Revolution eine stabile Subjektposition voraussetzt: Die durch die Negativität des Semiotischen ausgelöste Zersetzung der Subjektposition kann nur dann in kulturelle und intellektuelle Produktion, in neue Symbolisierungen gewendet werden, wenn die Auflösung nicht in die Psychose führt. Nicht nur muss der Eintritt in die symbolische Ordnung vollzogen worden sein, sondern erst aus einer gesicherten Subjektposition der Begrenzung und Bestimmung können das Risiko und das Wagnis von deren Auflösung auf sich genommen werden. Erst dann kann die Gefährdung des Selbst und dessen potenzielle Zerstörung zum Ausgangspunkt künstlerischer und intellektueller Erfahrung und Produktion werden. Diese Subjektposition ist aber, folgt man Kristevas eigenem psychoanalytischen Rahmen, die männliche.[148]

Eine Theorie, die Negativität, Widerspruch und Destruktion auf Permanenz schaltet, scheint Faszination ausgeübt zu haben auf die Autorinnen der *Schwarzen Botin*. So tritt im Kritikprogramm der Zeitschrift zum

143 Daher scheint mir Judith Butlers Kritik, Kristeva verorte das Semiotische außerhalb der symbolischen Ordnung, an Kristevas Konzeption vorbeizugehen. Das Missverständnis tangiert meiner Ansicht nach nicht die anderen Kritikpunkte Butlers, wie zum Beispiel ihre Kritik an Kristevas Gleichsetzung von Frau und Mutter; Butler 1991, 124–127.

144 Kristeva 1978b, 155.

145 Ebd.

146 Ebd. 167.

147 „Die ‚Kunst‘ besteht gerade darin, mit der Negativität das Thetische zu überschreiten und aufzureiben und es dennoch nicht aufzugeben.“ (Ebd. 79).

148 Kristeva 1978, 59. Von daher sei es auch nicht verwunderlich, dass Kristevas Beispiele männliche Autoren seien, Weigel 1995, 206f.; Frei Gerlach 1998.

Modus der negativen Kritik die Negativität der Kritik hinzu.[149] Das Weibliche wird zum Träger des Widerspruchs, der Destruktion und der Negativität. Zu dieser Funktion des Weiblichen, die es in der androzentrischen Kultur und Ordnung ohnehin zu übernehmen hat, stellt sich das Kritikprogramm in ein doppeltes Verhältnis: Erstens zieht *Die Schwarze Botin* die Konsequenz aus dieser androzentrischen Bestimmung: Stellen die Frauen als Verkörperungen des Weiblichen in der androzentrischen Geschlechterordnung Negativität und die „Ironie des Gemeinwesens" dar, so sollen sie diese Bestimmung auch verwirklichen. So fordert *Die Schwarze Botin* die Frauenbewegung dazu auf, negativ, destruktiv und aggressiv zu sein. Damit greift sie zweitens ein traditionelles Bild des Weiblichen auf. In gewisser Weise widerspricht sie so ihrer eigenen Kritik an der autonomen Frauenbewegung: Die Übernahme androzentrischer Weiblichkeitsbilder war ja ein Kritikpunkt, den Classen und Ruge gegen die autonome Frauenbewegung ins Feld geführt hatten. Insofern in der Zeitschrift das Weibliche als Metapher für das Unbestimmbare, den Widerspruch, die Negativität genommen wird, ist das Verhältnis zu den androzentrischen Bestimmungen des Weiblichen komplementär zu den positiven Weiblichkeitsbildern der autonomen Frauenbewegung, die zugleich polemisch angegriffen werden. Der kulturelle Feminismus – sowohl der Flügel, für den *Die Schwarze Botin* steht, als auch der, von dem sie sich absetzt, – schließt an Metaphern des Weiblichen und an androzentrische Weiblichkeitsbilder an. Das verwundert durchaus nicht, lässt sich doch anders keine Theoriebildung und keine Kritik betreiben als durch die Aufnahme von schon Gedachtem. Das Vorgehen der Kritik, das sich hier zeigt, besteht nicht in der Abweisung der kulturellen und kulturgeschichtlichen Bestimmungen des Weiblichen, die Produkte androzentrischer Imaginationen und weniger Reflexionen der Lebensbedingungen, -zusammenhänge und -vollzüge von Frauen sind. Vielmehr geht es auch im Kritikprogramm der *Schwarzen Botin* um eine Aneignung und Umwertung derselben. Der Unterschied liegt nun darin, *welche Seite* des in seinen widersprüchlichen Bestimmungen schillernden Bildes des Weiblichen mit welcher Absicht aufgegriffen wird. Classen und Runte meinen in ihrem Gespräch in der 18. Ausgabe von 1983, wenn Frauen schon Passivität unterstellt werde, so könnten sie sich doch ganz verweigern, und Kaever fordert 1977 die Frauen auf, listig zu sein „wie die Schlangen". Es sind demnach nicht die imaginären Bestimmungen des Weiblichen, die die Frauen in die Funktion der Garantinnen des *Erhalts* der Gattung, des Gemeinwesens, der Gesellschaftlichkeit bringen. Letzteres sehen die Autorinnen der *Schwarzen Botin* in der autonomen Frauenbewegung am Werk in

149 Zum Modus der negativen Kritik, der die naturalisierenden und enthistorisierenden Mechanismen im Prozess der Bedeutungsproduktion aufdeckt, siehe 8. Kapitel.

der Aufwertung der Sinnlichkeit und der Einfühlsamkeit.[150] Dagegen bringen sie die Seite des Widerspruchs, der Gefährdung, der Destruktion und Aggression in Anschlag – die dunkle Seite der imaginierten Weiblichkeitsbilder. Ist die Frau im androzentrischen Imaginären schon die Verderberin der Sitten, dann soll sie diese endlich tatsächlich zerstören. Die intellektuelle und künstlerische Produktivität der Zeitschrift entsteht aus dem Impuls der Negativität.

13.6 Zwischenresümee

Die Beiträge von Klefinghaus, Runte, Lenk, Bischof und Meyer machen *Die Schwarze Botin* zu einem Ort der konfliktreichen Auseinandersetzung um die Frage, wie das Weibliche zu denken ist. Zur Debatte steht, welche Theoretisierungen des Weiblichen transformatives Potenzial haben und welche bloß tradiertes Denken repräsentieren. Referenzpunkt der Auseinandersetzung ist Luce Irigaray. Dabei werden die Fragen der Geschichtlichkeit, die Einschätzungen ihrer Methode und des Potenzials, Veränderung zu denken, ebenso wie der Umgang mit dem Paradigma des strukturalen Denkens zum Gegenstand des Konflikts. Wie sich gezeigt hat, schließt Bischof an die psychoanalytische Bestimmung der Frau als Ort des Mangels an. Die Aufgabe feministischer Kritik liege im Versuch, den Mangel zu artikulieren und auf der Negativität des Weiblichen zu bestehen. Sie kritisiert an Irigaray die Aspekte, in denen sie positive inhaltliche Bestimmungen von Weiblichkeit auszumachen glaubt und würdigt die destruktiven Momente, in welchen sie das Potenzial zur Störung der Bedeutungsproduktion sieht. Im Kontrast dazu vertritt Klefinghaus die Ansicht, dass Frauen nie nichtexistent gewesen seien, und lehnt damit das psychoanalytische, poststrukturalistische Paradigma ab. Sie teilt die Fokussierung auf die Prozesse der Sinn- und Bedeutungsgebung nicht und kritisiert an Irigarays Methode, diese reduziere die Frau auf Natur. Sowohl Bischof als auch Klefinghaus und Runte insistieren auf der Geschichtlichkeit als Dimension der Wirklichkeit. Im Verlauf ihrer Publikationen wendet sich Runte zunehmend der Alteritätstheorie von Irigaray zu. Damit unterscheidet sich ihre Position nicht nur von der Elisabeth Lenks, die Irigarays feministische Deutung des Gattungsbegriffs in Bausch und Bogen verwirft. Vielmehr hebt sie sich ebenso von Bischofs Insistieren auf Negativität und Meyers Theorie des Weiblichen als Verfahren ab. Meyers Denken verfolgt eine Logik-, Wissenschafts- und Philosophiekritik, die Erkenntnis- und Bedeutungsgebungsprozesse offenhalten und in ihren diskursiven Herstellungsverfahren durchsichtig machen will. Sie liest Irigarays und Kristevas Schriften als dekonstruktive Verfahren und nicht – wie Runte – als Alteritätstheorie der sexuellen Differenz. Vor allem von Meyers und Bischofs Denken lässt sich eine Linie zu Julia Kristeva ziehen, die

150 Siehe 8. Kapitel.

ein Verständnis der Negativität des Weiblichen entwickelt, die es zum destruktiven Moment und zur permanenten Störquelle der symbolischen Ordnung macht. Darüber hinaus ist Kristeva in der *Schwarzen Botin* mit einem Originalbeitrag vertreten, der dem Denken der Singularität die Kraft der Transformation zuschreibt.

Obgleich die Autorinnen unterschiedliche Wirklichkeitsebenen im Blick haben – beispielsweise Klefinghaus eine materialistisch-historische, Meyer eine logisch-philosophische –, treffen sie sich in einem Punkt: Sie alle kritisieren die Vorstellung einer unmittelbaren (Körper-)Erfahrung als Bezugspunkt, Weibliches und Weiblichkeit zu denken und zu theoretisieren, und sehen genau diesen naturalisierenden und polarisierenden Kurzschluss in Teilen der Frauenbewegung wirken. Die Gemeinsamkeit der Entwürfe liegt gerade in der Betonung der kulturellen, symbolischen, diskursiven Vermitteltheit jeglicher Erfahrung und Körpererfahrung.

Die Diskussion der feministischen Subjektkritik im Kritikprogramm der *Schwarzen Botin* ist aus heutiger Perspektive eine Vorbotin der Debatte, die im deutschsprachigen Raum ab den 1990er Jahren kontrovers geführt und mit unterschiedlichen Schlagwörtern wie Gender-Debatte, „Dekonstruktion“/„Poststrukturalismus“/„Postmoderne“ versus „Feminismus“/„feministische Subjekttheorie“ versehen wurde.[151] Wie die Kulturwissenschaftlerin Cornelia Möser und die Soziologin Sabine Hark gezeigt haben, fungiert diese Debatte als erinnerungspolitische Schaltstelle: Vor dem Hintergrund der späteren und institutionalisierten Geschlechterforschung wird das homogene Bild einer frühen unterkomplexen und überholten feministischen Theoriebildung entworfen.[152] Die Auseinandersetzung um Luce Irigaray in der *Schwarzen Botin* hat gezeigt, dass diese Narration nicht haltbar ist. Im Kritikprogramm der Zeitschrift treffen zwei Linien feministischer Theoriebildung der 1970er und 1980er Jahre aufeinander: Ein materialistisch und praxeologisch orientiertes Denken, wie es Klefinghaus vertritt, steht poststrukturalistischen Ansätzen gegenüber, die sich wiederum auftrennen in alteritätstheoretische Überlegungen (Annette Runte) einerseits und dekonstruktive Theorien der Negativität (Rita Bischof, Eva Meyer) andererseits. So lässt sich anhand des Kritikprogramms der *Schwarzen Botin* zeigen, dass schon vor der Debatte in den 1990er Jahren kontrovers darüber diskutiert wurde, wie ein Subjekt feministisch gedacht und theoretisiert werden könnte – als Subjekt der Bedeutungsproduktion, der Erkenntnis, der intersubjektiven Beziehung, letztlich der Politik –, worin es sich gründen könne und wie es sich – oder ob es

151 Siehe exemplarisch die Sammelbände von Benhabib, Seyla/Butler, Judith/Cornell, Drucilla/Fraser, Nancy (1993): Streit um Differenz. Feminismus und Postmoderne in der Gegenwart, Suhrkamp, Frankfurt a. M., und Nicholson, Linda J. (1990): Feminism/Postmodernism, Routledge, New York.

152 Hark 2005, zur Kritik der Narrationen siehe Möser 2015, 185–207.

sich überhaupt – auf „Weibliches“ und Weiblichkeitsbilder beziehen solle. Die Auseinandersetzung in der Zeitschrift um die Dekonstruktion von Weiblichkeitsbildern, um eine Kritik der Dialektik, um feministische Alteritätstheorien und um unterschiedliche Möglichkeiten, die sexuelle Differenz zu denken, nimmt so Aspekte der Debatte der 1990er Jahre vorweg.[153]

153 Cornelia Möser hat darauf aufmerksam gemacht, dass in der *Schwarzen Botin* Aspekte der Debatte vorweggenommen wurden, Möser 2013, 44–61.

14. Fragmentarische Subjektentwürfe in der *Schwarzen Botin*

Von Subjektentwürfen in der *Schwarzen Botin* zu sprechen, ist etwas irreführend. Denn auch wenn die Bezeichnung „Entwurf" schon darauf hinweist, dass sie unabgeschlossen, skizzenhaft sind, so kann doch die Erwartung entstehen, kohärente oder sogar systematische Ansätze einer Subjekttheorie vorzufinden. Das Medium Zeitschrift ist nun gerade nicht der Ort, an dem in systematischer Weise Entwürfe oder gar Theorien erarbeitet werden. Vielmehr ist die Zeitschrift ein Medium des Austauschs unterschiedlicher, teils sich widersprechender, im Streit liegender Positionen, die in relativ rascher Folge in der Öffentlichkeit zur Diskussion gestellt werden und weder als Gesamtheit kohärent sind, noch als einzelne Beiträge ausführlich und systematisch ein Problem oder einen Gegenstand ergründen. Gerade wenn es sich um Kommentare, Vorträge oder Teile aus Monografien handelt, lässt sich eher von Fragmenten von Subjektentwürfen sprechen. Wenn ich im Folgenden einige Fäden aufnehme, in denen eine feministische Kritik des Subjekts und/oder Subjektentwürfe erkennbar werden, so handelt es sich dabei um Verdichtungen von Argumentationen und Gedankengängen teils unterschiedlicher Autorinnen in teils verschiedenen Textsorten, die sich verstreut über die 31 Ausgaben erstrecken. Es wird sich zeigen, dass Aspekte mancher der im vorangegangenen Kapitel herausgearbeiteten Linien der Irigaray-Rezeption wiederauftauchen. Ich werde zwei Motive, zwei Entwürfe und zwei Verfahrensweisen der Subjektkritik und Subjekttheorie herausarbeiten, die unterschiedliche, teils sich widersprechende Positionen vertreten.

Erstens werde ich das Motiv des Phantasmas des männlichen Subjekts darstellen. Dieses Motiv dient der Kritik einer (Selbst-)Täuschung, in der einem männlichen Subjekt ein Können und die Fähigkeit zum Denken, Handeln und zur Freiheit zugeschrieben und vorbehalten werden – wobei diese Täuschung sowohl von ihnen selbst als auch von Frauen aufrechterhalten wird. Dazu werde ich auf Beiträge von Brigitte Classen, Gabriele Goettle und der Essayistin und Schriftstellerin Gisela von Wysocki aus den Jahren zwischen 1976 und 1980 zu sprechen kommen. Zudem werde ich eine Verbindung zum Aufsatz „Frauenbewegung und Psychoanalyse" der Soziologin Carol Hagemann-White aus dem Jahr 1979 herstellen, der auf ihrem Habilitationsvortrag beruht. Er ist kein Beitrag in der *Schwarzen Botin*, formuliert aber mit direktem Bezug zur autonomen Frauenbewegung eine ähnliche Kritik.

Zweitens werde ich anhand der Beiträge der Psychoanalytikerin Edith Seifert, die zum Zeitpunkt der Publikation ihrer Aufsätze Studentin der romanischen Literaturwissenschaft und der Soziologie ist und 1987 mit einer Arbeit zu *Was will das Weib? Zu Begehren und Lust bei Freud und Lacan* promovierte, einen Subjektentwurf darstellen, in dem das Weibliche als Statthalter des Mangels zur Funktion des Subjekts wird. Dieses tradierte Verständnis der strukturalen Psychoanalyse wird in der *Schwarzen Botin* teilweise als wichtiger Impuls für den „feministischen Diskurs" (Seifert) begriffen. Zugleich wird die Geltung und der Nutzen der Psychoanalyse innerhalb des Kritikprogramms der Zeitschrift infrage gestellt. Vor allem Beiträge bis 1980 weisen diese Infragestellung bis hin zu polemischer Ablehnung der Psychoanalyse auf.

Die Polemik gegen die Psychoanalyse werde ich drittens anhand des satirischen Verfahrens darstellen, das die Psychoanalyse zum Groschenroman der Geschlechter macht. Dazu ziehe ich den Beitrag „Das normale Liebesleben. Bemerkungen zur Psychoanalyse" (1977) von Brigitte Classen heran. Daran anschließend werde ich viertens eine Verfahrensweise herausarbeiten, die ein Pastiche der strukturalen Subjekttheorie ist. Hierbei werde ich mich auf einen Beitrag von Annette Runte beziehen, welcher die Bedeutung der psychoanalytischen Subjekttheorie durch Nachahmung zwar infrage stellt, selbst aber keine Position bezieht und äquidistant bleibt.

Fünftens werde ich das Motiv der Zerstörung des Subjekts anhand der Lesarten, die in der *Schwarzen Botin* zum Prosawerk von Ingeborg Bachmann entwickelt werden, ausführen. Unter das Motiv fällt die Thematisierung der Zerstörung im Sinne der Verunmöglichung eines weiblichen Subjekts und die Zerstörung als konkrete Zurichtung von Frauen in der patriarchalen Gesellschaft, wie es Elfriede Jelinek entwickelt. Zugleich fällt die Thematisierung der Zerstörung der symbolischen Ordnung darunter. Insofern diese von einigen Autorinnen als Ort der Subjektwerdung gedacht wird, handelt es sich dabei um die Zerstörung des Subjekts im Hinblick auf die Eröffnung einer anderen Symbolisierung und damit auf ein anderes Subjekt, was ich anhand eines Aufsatzes der Literaturwissenschaftlerin Marianne Schuller zeigen werde. Darüber hinaus ziehe ich einen Beitrag der Literaturwissenschaftlerin Hanna Schnedl-Bubeničeks heran, der eine Lesart von Bachmann entwickelt, in der das Weibliche als Nicht-Subjekt letztlich festgeschrieben und fixiert wird.

Sechstens zeige ich den Entwurf eines Subjekts der sexuellen Differenz im Kritikprogramm der Zeitschrift. Hier werde ich mich auf einen innerhalb der *Schwarzen Botin* ungewöhnlichen Beitrag beziehen: auf die Übersetzung des Textes „Mehr Frau als Mann", der von *Gruppo 4*, einer Gruppe von Frauen aus der Libreria delle Donne di Milano, dem Mailänder Frauenzentrum, verfasst wurde. Im Kritikprogramm der *Schwarzen Botin* ist der er der einzige direkte Bezug auf das Denken der sexuellen Differenz, wie es in der italienischen Frauenbewegung entwickelt wurde.

14.1 Das Phantasma des männlichen Subjekts

Ich möchte noch einmal zurückkommen auf Brigitte Classens Groschenromankritik „Fatale Liebe. Aus den Reichen der Phantasiearmut“ aus der *Schwarzen Botin* Nummer 4 von 1977, anhand derer ich den Modus der negativen Kritik herausgearbeitet habe.[1] Classen vertritt dort die Position, dass Gesellschaft nur mehr als Schicksal erscheine und das Subjekt nur noch in seiner Auflösung dargestellt werden sollte. Ist die Gesellschaft der „hemmungslose[n] Ausbeutung und Abfallkultur“[2] zum Schicksal geworden, so ist aber auch die Vorstellung eines männlichen Subjekts, das nach seinen Zwecken handelnd die Welt gestaltet, sich seiner selbst bewusst und mit sich identisch ist, ein Phantasma. Diesem Phantasma des männlichen, selbstbewussten und autonomen, identischen Subjekts Glauben zu schenken, darin liege eine Täuschung des Geschlechtermythos – so lässt sich Classens Kritik interpretieren. In der Auseinandersetzung der autonomen Frauenbewegung mit linken Gruppen Mitte der 1970er Jahre kommentiert *Die Schwarze Botin* den Glauben an das Phantasma des männlichen Subjekts spöttisch. Im namentlich nicht gezeichneten „Brief an die Teilnehmerinnen des Münchner Frauenkongresses (Frühjahr 1977)“ von Gabriele Goettle aus der 3. Ausgabe der Zeitschrift, der sich gegen die Zusammenarbeit mit linken Gruppen im Allgemeinen und K-Gruppen im Besonderen wendet, spießt sie den Widerspruch von Ziel und Mittel der Linken auf. Statt die Befreiung des Individuums herbeizuführen, werde diese verhindert:

> „Das sozialistische Paradies der Linken, in dem es dann weder Unterdrückung, noch Ausbeutung, noch Hierarchie, noch den Streit zwischen den Linken, sondern nur noch das ‚allseitig befreite Individuum‘ gibt, ist nicht mal mehr als Illusion zu erkennen, da deutlich wird, daß die Genossen dieses Ziel gerade mit Einsatz aller patriarchalen Verhaltensmuster der Frauenbewegung oktroyieren möchten.“[3]

Dieser Widerspruch, die Befreiung zur Entfaltung der Individualität zu erzwingen, gründe in einer Selbstüberschätzung und -täuschung:

> „Es soll den Frauen der autonomen Frauenbewegung deutlich gemacht werden, daß es frauentümlerisch und eigensinnig ist, den stärksten Bündnispartner derart von sich zu weisen, wo doch gerade am Beispiel des Mannes die Frau am besten lernen kann, wie sich ein autonomes Individuum verhält.“[4]

Die Linke wolle den Frauen den Eigensinn austreiben, wenn er dazu führe, dass sie sich nicht mehr von anderen sagen ließen, wie sie sich selbst zu „autonomen Individuen“ zu befreien hätten. Dieser Selbstwiderspruch der Linken

1 Siehe Kapitel 8.
2 Anonym 1977b, 3.
3 Anonym/Goettle 1977a, 4.
4 Ebd.

beruhe auf der Selbsttäuschung der Männer, die sich für autonome Individuen hielten, tatsächlich aber ihre Autonomie und Freiheit auf der „Verfügungsgewalt über Frauen“[5], also auf deren Unfreiheit, aufbauen.

> „Die angeblichen Kastrationsängste der Männer, die immer wieder beschworen werden, sind nicht im Schwanz zu finden, sondern im Kopf. Sie beziehen sich auf die Beschneidung der Verfügungsgewalt über Frauen, auf die Beschneidung der ökonomischen Nutznießung und Infragestellung der dogmatischen Parteiprogramme, der Wissenschaftskategorien, ihrer Glaubwürdigkeit generell. Indem die Männer von ihrer bevorstehenden Kastration durch die Frauen schwafeln, entlarven sie sich, denn sie ordnen all das, was sie tatsächlich verlieren können, nämlich eine intellektuelle und praktische Vorrangstellung, ihrer Potenz zu. Da wo Frauen sich ihnen entziehen und sie darüber hinaus noch in Frage gestellt werden in ihrer Theorie und ihrem Recht, sehen sie ihre Potenz schwinden, wenn nicht gar der ganze Mann gefährdet ist.“[6]

Die Autonomie des Mannes entpuppt sich für Goettle als bloße „Vorrangstellung“, die nicht aus einer tatsächlichen Potenz, einem größeren Können resultiert, sondern aus der Unterordnung der Frau. Die Freiheit des autonomen Individuums wird zur Gewalt- und Machtausübung über andere und negiert sich so selbst. Das autonome Individuum, dessen Beispiel – im Konflikt der autonomen Frauenbewegung mit der Linken – der Mann zu sein beansprucht, wird zum Phantasma. Die Kritik an der Linken aus der 3. Ausgabe der *Schwarzen Botin* zielt also auf das Phantasma des männlichen Subjekts, mit dem der Mann sich selbst täuscht. Der „Brief“ argumentiert, die Männer glaubten, dass ihre Überlegenheit auf ihrem hervorragenden Können beruhe. Doch die Kritik richtet sich nicht nur an Männer.

Ein weiterer Aspekt des Motivs wird in der *Schwarzen Botin* Nummer 16 (1980) von der Schriftstellerin und Philosophin Gisela von Wysocki entwickelt. Sie entlarvt die Anziehung, die das Phantasma des autonomen, männlichen Subjekts auf Frauen ausübe. In ihrem Essay *Die Magie der Großstadt, Marieluise Fleißer* (1980) über die Schriftstellerin Marieluise Fleißer, schreibt von Wysocki, dass die Freiheitsphantasien von Frauen allzu oft die Befreiung durch einen Mann meinten. Im „Traum der erlösten Frau“[7] sei es weiterhin „der Mann“, der sie „aus ihren Beschränkungen fortträgt zu fernen, ungesehenen Welten“.[8] Der Mann scheine zur Überschreitung des unmittelbaren Lebens und zur Freiheit fähig:

> „Der Mann, dieser weitgereiste Held, ‚der Fliegende Holländer‘, von dem sich die Frau an die Hand nehmen läßt, ist der Mittler zur Wirk-

5 Ebd. 6.
6 Ebd.
7 Wysocki 1980, 27.
8 Ebd.

lichkeit. Dieses Bild liegt als Bann und Hoffnung über der weiblichen Wunschwelt. Aufbruchsphantasien von Frauen sind anfällig für den Kompromiß: sie delegieren entscheidende Aktivitäten an den Mann. Leicht akzeptiert ihn die Frau als Geburtshelfer ihrer Utopien. ‚Das Wunder, das Abendteuer, der Meister, der Blick, die Beute, die Lust, die Rettung' (S. de Beauvoir): so spiegeln die weiblichen Mythologien den Mann. Sie entziffern an ihm eine drängende Flut bedeutungsvoller Zeichen, transzendenter Wirklichkeiten."[9]

Es ist das Phantasma des männlichen Subjekts, das den Mann als „Held", „Mittler zur Wirklichkeit" und als „Geburtshelfer ihrer Utopien" in den Phantasien der Frau erscheinen lasse. Auch sie glaubt, seine „intellektuelle und praktische Vorrangstellung"[10] resultiere aus seinem ihr überlegenen Können – einem Können, das sich in seinem Selbst- und Weltverhältnis zu zeigen scheint.

Die andere Seite der Kritik des „Briefs" – dass die Männer der Linken „all das, was sie tatsächlich verlieren können, nämlich eine intellektuelle und praktische Vorrangstellung, ihrer Potenz"[11] zuordneten – ist demnach, dass die Frauen ihnen ebenfalls diese Potenz zurechnen und die Selbsttäuschung mittragen. Im Motiv des Phantasmas des männlichen Subjekts korrespondiert die Selbsttäuschung der Männer mit der Täuschung der Frauen *über* die Potenz der Männer. Insofern Frauen „entscheidende Aktivitäten" „delegieren", sei diese Täuschung auch eine Selbsttäuschung über die eigene Potenz der Frauen, die ihnen nicht bewusst werde. So fordert Goettle im Vorwort der 1. Ausgabe im Jahr 1976, die Frauen sollten sich ihrer Potenz bewusst werden. Das würde die Sprengung ihrer androzentrischen Einhegung bedeuten:

„Wenn die Frauen zum Bewußtsein ihrer aufkeimenden Potenz kommen, wird sich auch ihr Denken verschärfen, und damit werden sie sich nicht mehr innerhalb patriarchalischer Toleranzgrenzen deren Beliebigkeit aussetzen, sondern sich den Raum, der ihnen brauchbar erscheint, auch aneignen."[12]

Classens, Goettles und von Wysockis Kritiken verbinden sich in der Zeitschrift zum Kritikmotiv des Phantasmas des männlichen Subjekts. Es kritisiert einen Geschlechtermythos der Täuschung und Selbsttäuschung der Individuen über ihr Können und ihre Möglichkeit – ihren Mut? – zur Freiheit.

Auch andere Feministinnen haben in der gleichen Zeit über die Schwierigkeit der Selbstbefreiung nachgedacht. So beschreibt die Soziologin Carol

9 Ebd.
10 Anonym/Goettle 1977a, 6.
11 Ebd.
12 Anonym/Goettle 1976b, 4. Interpunktion i. O.

Hagemann-White[13] im Jahr 1979 in ihrer Schrift *Frauenbewegung und Psychoanalyse*, die aus ihrem soziologischen Habilitationsvortrag entstanden ist, das Problem in ähnlicher Weise, allerdings explizit auf die Frauenbewegung bezogen, der sie sich zugehörig fühlt:

> „In der Wut mancher Feministinnen auf die Autoritäten, die frauenfeindliche Ideen in die Welt setzen, steckt der Glaube, sie hätten uns mit frauenfreundlichen Ideen retten können, steckt die Vorstellung, von Vätern gerettet werden zu müssen. Wenn aber der Aufruf zur Selbstbefreiung noch den Vorwurf in sich birgt, eigentlich hätte ein Anderer uns befreien sollen, färbt dieser noch lebendige Wunsch unerkannt auf unsere Zielsetzung und Mittel ab."[14]

Hagemann-White thematisiert die unbewusste Erwartung an eine Autorität, sie möge die Befreiung übernehmen. Die fortgesetzte Befreiungserwartung

an eine Autorität – zumal eine männliche – führt aber den Gedanken der *Selbst*befreiung ad absurdum. Hagemann-White legt nahe, dass unbewusst und entgegen dem Anspruch der autonomen Frauenbewegung die Einwilligung in das androzentrische Geschlechterverhältnis, das die Freiheit der Frau verhindert, fortbesteht. Hagemann-White und *Die Schwarze Botin* teilen demnach, dass die Frauen ihre Befreiung „nur selbst vollziehen"[15] können. Im Kritikprogramm der Zeitschrift bedeutet Selbstbefreiung somit die Aufkündigung des Glaubens an das Phantasma des männlichen Subjekts und die Aneignung und Entwicklung von intellektueller Potenz als Macht und Können.

14.2 Das Weibliche als Statthalter des Mangels? Ein tradierter Subjektentwurf der Psychoanalyse

In der 2. Ausgabe der *Schwarzen Botin* im Jahr 1977 fordert Rita Bischof, dass der Mangel artikuliert werden solle, für den das Weibliche stehe. Damit kritisiert sie eine Positivität, die sie in Luce Irigarays Schriften entdeckt zu haben glaubt und beharrt darauf, dass das Weibliche auch in der feministischen Theorie und Kritik die Position des Negativen einnehmen solle, um

13 Carol Hagemann-White promovierte 1970 mit einer Arbeit zu Sein *und Klassenbewusstsein: Die philosophische Anthropologie als Verleugnung der Totalität am Beispiel Arnold Gehlens* im Fach Philosophie und habilitierte sich 1976 in Soziologie an der Freien Universität Berlin. Sie war Ende der 1970er Jahre Mitglied des wissenschaftlichen Beirats des West-Berliner Frauenhauses.

14 Hagemann-White 1986, 35.

15 Classen/Goettle 1977b, 44. Ansonsten unterscheiden sich das Kritikprogramm und die Arbeit von Hagemann-White grundsätzlich. Hagemann-White arbeitet soziologisch an sozialen und ökonomischen Problemen ebenso wie an einer feministischen Gewaltkritik und fokussiert auf praktische Handlungsmöglichkeiten. *Die Schwarze Botin* macht Kulturkritik.

nicht eine „Anwesenheit über eine Abwesenheit“[16] zu legen und den Mangel des Subjekts zu verdrängen. Das Weibliche würde demnach die Position einnehmen, die ihm in der Lacan'sche Psychoanalyse zugeteilt wird: die Position des Statthalters des Mangels und der Spaltung des Subjekts. Bei Bischof deutet sich ein Subjektverständnis an, dass in Beiträgen der Psychoanalytikerin Edith Seifert in ähnlicher Weise auftritt. In deren Aufsatz „Kastration und Verneinung“ in der 27. Ausgabe der *Schwarzen Botin* aus dem Jahr 1985 kritisiert sie anhand von Texten der Religionswissenschaftlerin Renate Schlesier[17] eine feministische Position, die Seifert zufolge zu „positiven Weiblichkeitsdefinitionen“[18] greife. Jeder Versuch einer solchen Bestimmung verfange sich in einer Fehlinterpretation des psychoanalytischen Theorems der Kastration. Dadurch aber werde der Vorstellung eines geschlossenen, einheitlichen, identischen Subjekts Vorschub geleistet. Am Theorem der Kastration hält Seifert deshalb fest, weil in ihm nicht nur die Subjektwerdung, sondern Vergeschlechtlichung thematisierbar werde, ohne in die Fallen biologischer Bekundungen zu tappen. Ähnlich wie die Autorinnen in der Diskussion um die Irigaray-Rezeption die Vorstellung einer unmittelbaren Körpererfahrung kritisieren, hebt auch Seifert hervor, dass „die Realität ‚meines‘ Körpers“ sich „nur symbolisiert“[19] durch Sprache äußern kann. Geschlecht lasse sich nicht „durch die konkrete faktische Realität“[20] definieren, da es „auf einer anderen Ebene als auf der des Sozialen“[21] angesiedelt sei, nämlich auf der symbolischen. Geschlecht ebenso wie die Erfahrung des eigenen Körpers sind für Seifert nur vermittelt zugänglich. Da sie das „Soziale“ als Ort der Herstellung von Geschlecht aus ihrer Analyse ausklammert, wird die symbolische Ordnung für sie *die* relevante Ebene der Vermittlung. Die Konzeption der symbolischen Ordnung übernimmt sie von der strukturalen Psychoanalyse – und damit auch deren Subjektverständnis. So wird das Kastrationstheorem zum Dreh- und Angelpunkt für ihre Argumentation, denn hier werden die Spaltung und der Mangel thematisch, welche die Bedingungen der Subjektwerdung in der symbolischen Ordnung sind. Gegen die feministische Kritik, dass Freuds Psychoanalyse Verzerrungen und Verdrängungen aufweise hinsichtlich der Weiblichkeit, die als verstümmelte und kastrierte verstanden werde, setzt Seifert folgende Argumentation: Feministische Theorie solle am Kastrationstheorem festhalten, da dort der Verlust thematisiert werde, ohne

16 Bischof 1977b, 33.
17 Renate Schlesier, ab 1985 Hochschulassistentin an der Freien Universität Berlin, promoviert 1980 im Fach Religionswissenschaft mit einer Arbeit zu *Konstruktion der Weiblichkeit bei Sigmund Freud.*
18 Seifert 1985, 25.
19 Ebd.
20 Ebd.
21 Ebd.

den kein Subjekt und kein Begehren entstehen können. „Ohne Verlust oder Einschränkung geht die Subjektwerdung nicht vonstatten."[22] Dieser Verlust bedinge den Eintritt in die symbolische Ordnung, denn symbolisiert werde nur, was nicht da sei. Dass Freud über Weiblichkeit nicht mehr sage, als dass sie unfertig und mangelhaft sei, sei nicht Resultat seiner vorurteilsbeladenen Verdrängung von Weiblichkeit oder ein Fehler in seiner Theorie. Vielmehr sei mit Lacan daran festzuhalten, so Seifert, dass sich hier das Reale zeige, das, *was sich nicht sagen lasse*. Dass Freuds Sprache „an der Stelle der Frau"[23] verstumme, versteht Seifert nicht als Verdrängung. Freud verstumme,

> „[w]eil, so ließe sich mit Lacan entgegnen, sich etwas zeigt, das Reale, das unmöglich zu sagen ist. Die Konsequenz daraus kann aber nicht heißen, wie manche meinen, dann, wenn man nur sagen kann, was nicht ist, doch ehrlicherweise gar nichts zu sagen. [...] Das Schweigen, in das Freud hier verfällt, ist durchaus beredtes Schweigen."[24]

Dann zieht Seifert einen gewichtigen Schluss, der geschlechtertheoretische wie wissenschaftstheoretische Konsequenzen hat:

> „Nicht der Mythenstoff [des Ödipusmythos, K. L.] ist erheblich, das was zählt, ist die Strukturierung des Seins, die Öffnung, Spaltung des Subjekts in der Kastration. Das weibliche Subjekt verkörpert die Kehrtwende von der Herrschaft des Stofflichen, des Signifikats, zur Herrschaft des Signifikanten, d. h. die ‚Verdammnis' des Subjekts, ausschließlich gespalten aufzutreten. Anders gesagt: die Aphanisis."[25]

In diesem Zitat verknüpft die Autorin das Weibliche mit einer Funktion innerhalb der Systematik der strukturalen psychoanalytischen Theorie. In dieser bedeutet die „Herrschaft des Signifikanten" ja gerade die Einführung der Differenz[26] – für welche das „weibliche Subjekt" den Statthalter zu spielen habe – die Differenz, die in diesem Paradigma selbst leer und ohne Bedeutung sei und gerade deshalb den unendlichen Prozess der Bedeutungsgebung am Laufen halte. Weil Seifert das strukturale Subjektverständnis übernimmt, verbleibt sie bei dieser „klassischen" Bestimmung des weiblichen Nichtsubjekts als Ort des Mangels, auf dem die Subjektwerdung innerhalb der strukturalen Psychoanalyse beruht. Die Lacan'sche Konzeption der symbolischen Ordnung scheint für sie der Garant, Geschlecht nicht unzulässig zu biologisieren oder von einer unvermittelten (Körper-)Erfahrung auszugehen. Die symbolische Ordnung, die Instanz der Vermittlung, scheint für sie aber nicht anders denkbar denn über das Weibliche als Statthalterin der Spaltung des Subjekts. Sie

22 Ebd. 27.
23 Ebd.
24 Ebd. Herv. i. O.
25 Ebd.
26 In ihrem Aufsatz „Der Stein den Anstossens" schreibt Seifert: „Der Signifikant ist der Träger der Differenz des Subjekts." (Seifert 1983, 135).

zieht in ihren Aufsätzen in der *Schwarzen Botin* nicht in Betracht, dass die Art und Weise, wie der Verlust, der Mangel und der Eintritt in die symbolische Ordnung gedacht werden, schon vergeschlechtlicht ist – anders als Irigaray, die gerade dem „Mythenstoff" der Ödipusgeschichte als Art und Weise, *wie* die Spaltung erzählt und wahrgenommen wird, eine Bedeutung beimisst.

Ihre Schlüsse für den feministischen Diskurs zieht Seifert in dem Vortrag „Der Stein des Anstossens" (1983), der in der 21. Ausgabe der *Schwarzen Botin* abgedruckt wird. Hier hebt sie ebenfalls auf die grundlegende Spaltung im Subjekt ab. Werde diese nicht bedacht, so werde der Charakter des Sprechens verkannt, denn im Sprechen, in der Symbolisierung, breche immer wieder das Reale, das Unverständliche und Unbewusste ein. Nicht die Übereinkunft im Sprechen, sondern die Differenz, das grundlegende Nichtverstehen und Getrenntsein mache das menschliche Sein aus. Die „Welt der Dinge" decke sich nicht mit der „Welt der Symbole", sondern „Wörter und Symbole" seien „austauschbar geworden".[27] So generiere das Sprechen Vieldeutigkeit. Daher sei der feministische Diskurs – wie jeder Diskurs – unabgeschlossen:

> „Aber die Wege der Wahrheit sind wesentlich die des Irrtums. Erst einmal kann ich alles sagen, bis ich mich in einen Widerspruch verwickle. Der Widerspruch dient damit als Grenze zwischen den einzelnen Diskursen. Jeder Diskurs, jedes Sprechen ist immer an einem gewissen Punkt im Widerspruch befangen, stellt kein Ganzes her, keine Ganzheit. Und weil es keinen einheitlichen menschlichen Diskurs gibt, kann es auch keinen wahren ganzen feministischen Diskurs geben. Auch das feministische Sprechen hat seine Ungereimtheiten, seine Brüche, Klippen und Widersprüche. Darum also überall die ständigen Mißtöne, die ewigen Mißhelligkeiten, Spaltungen zwischen den einzelnen Diskursen und das durchgehende Mißverständnis zwischen den Diskursträgern."[28]

Das teile der feministische Diskurs mit allen anderen Diskursen, mit dem Sprechen überhaupt. Seifert verknüpft ihr Subjektverständnis mit der Ansicht, dass das Missverständnis auch im feministischen Diskurs kein bloßer, irrelevanter Zufall sei. Vielmehr folgert sie für die Möglichkeit der Verständigung:

> „Verstehen heißt demnach, die Diskurskluft einbeziehen, den Ausschluß einschließen, dem Mißverständnis Platz machen, oder heißt lapidar einräumen, daß wenn zwei dasselbe sagen, sie nicht dasselbe meinen, oder wenn zwei dasselbe hören, sie nicht dasselbe verstehen."[29]

Die Autorin zieht keine weiteren Schlüsse für den „feministischen Diskurs". Auch wenn für sie die Unabgeschlossenheit des Diskurses und das Missverständnis nur dadurch gewährleistet scheinen, dass die Frau weiterhin die Rolle der kastrierten Frau spielt, das Weibliche weiterhin Projektionsfläche

27 Ebd.
28 Ebd. 136.
29 Ebd. 137.

der Spaltung des (männlichen) Subjekts bleibt, so ist doch interessant, dass sie die „Mißtöne" und die „Mißhelligkeit" als Elemente des feministischen Diskurses benennt.

Edith Seiferts Aufsatz „Stein des Anstossens" erscheint in der 21. Ausgabe, die unter dem Titel „Verständlich oder unverständlich?" steht und in der Vorträge publiziert sind, die auf dem Workshop *Unverstand hat Gold im Mund*, der vom 18. bis 20. November 1983 in der Galerie Wewerka in Berlin stattfand, gehalten wurden. Die Ausgabe widmet sich dem Thema Unverstand – Unverständnis – Unverständlichkeit. Edith Seiferts Beiträge lassen zwei Aspekte des Kritikprogramms der *Schwarzen Botin* wiederkehren und verschieben sie zugleich: das Unverständliche und die Uneinigkeit. Gleich in der Anfangszeit der Zeitschrift sind sie aufgetaucht: im Streit mit den Zeitschriften *Courage* und *Emma* und im Vorwort der 1. Ausgabe „Schleim oder

Nichtschleim, das ist hier die Frage" im Jahr 1976. Die Uneinigkeit bestand hier zwischen verschiedenen Positionen, was feministische Theorie und Kritik sein soll. Ebenso war sie das Resultat einer Haltung der feministischen Kritikerin dem Feminismus gegenüber, als welche sich die Zeitschrift entwirft. Das Unverständnis ist zu Beginn allerdings weniger das, was nicht einholbar ist – wie bei Seifert –, als vielmehr das Schwerverständliche. So ist in „Schleim oder Nichtschleim, das ist hier die Frage" zu lesen, *Die Schwarze Botin* werde „vielleicht anfänglich schwer zu verstehen sein, aber noch schwerer mißzuverstehen"[30]. Das Mißverstehen erfährt demnach im Laufe der Ausgaben eine Bedeutungsverschiebung. Das Vorwort der 1. Ausgabe von Gabriele Goettle entwirft sich als intellektuell anspruchsvoll und daher schwer verständlich. In ihrer rigorosen Haltung dem Gegenstand der Kritik gegenüber will *Die Schwarze Botin* allerdings *un*missverständlich sein. Das Missverständnis wäre hier ein willentliches Nichtverstehen. Bei Seifert bleibt das Unverständliche der uneinholbare Rest des Verstehens, eine Konsequenz aus der Spaltung des Subjekts, ohne die der Autorin zufolge überhaupt kein Sprechen und kein Subjekt möglich wären.

14.3 „Psychischer Plüsch" und „totale Entmündigung" – Die Psychoanalyse als Groschenroman der Geschlechter

Im Kontrast zu Edith Seiferts Aufsätzen, die alle drei zwischen 1983 und 1986/87 veröffentlicht wurden, steht der namentlich nicht gekennzeichnete Kommentar „Das normale Liebesleben. Bemerkungen zur Psychoanalyse" von Brigitte Classen aus der 3. Ausgabe der *Schwarzen Botin* von 1977. Er ist eine zugespitzte Zurückweisung der Psychoanalyse. Mit der für die ersten Ausgaben bis 1980 charakteristischen, unakademischen Respektlosigkeit erteilt Brigitte Classen der psychoanalytischen Praxis eine Absage. Auch wenn es hauptsächlich die Therapie*praxis* ist, die ins Kreuzfeuer gerät, so

30 Anonym/Goettle 1976b, 5.

kritisiert Classen auch die *Theorien* von Sigmund Freud und Jacques Lacan. Denn in diesen werden, so Classen, die Prämissen der Theorie nicht „als historisch“[31] begriffen, weshalb die Geschlechterdifferenz und die Vorstellung der Komplementarität der Geschlechter zum „Naturmuster“[32] verewigt werden. Statt das Potenzial der Theorie zu verwirklichen, die „Selbstreflexion einzuleiten, die die Betroffenen in die Lage versetzte, ihre Probleme selber zu lösen“[33], seien die Patientinnen der „totalen Entmündigung“[34] ausgesetzt. Diese vollziehe sich dadurch, dass der Ursprung aller psychischen Probleme in „frühkindliche Entwicklungsphasen“[35] verlegt werde, statt den Blick auf die „Entwicklungsmöglichkeiten“[36] zu richten. Die Psychoanalyse sei ein „Disziplinierungsprogramm“, das die Leiden der Patientinnen „als Verirrung der Analysierten“[37] ausgebe und auf Anpassung an „angeblich omnipotente und doch so begrenzte Muster der Sexualität“[38] ziele. So werden die „gesellschaftlichen Grenzen der Entwicklungsmöglichkeiten“[39] verschleiert statt aufgeklärt. Speziell an die Adresse von Jacques Lacan gerichtet, lehnt Classen den Anspruch der systematischen Geschlossenheit einer Theorie als Maßstab ihres Erkenntniswerts ab und schreibt: „Systeme, die abgesehen von ihrer bloßen Modernität, nur infolge ihrer angeblichen Abgeschlossenheit überzeugen, werden durch diese nicht wahrer.“[40] In einer polemischen Spitze kommt der Artikel zu dem Urteil:

> „Für das, was Norm und damit leider auch psychische Zwangsrealität ist, gibt der triviale Liebesroman in seiner artifiziellen Unverstelltheit der Interessen besser Auskunft als Freuds Gesammelte Werke, zumal in ihm dieselbe Verbindung von Redundanz und Innovation deutlicher wird als in ihrer wissenschaftlichen Verkleidung. Die angebotenen Verhaltensschemata sind in jedem Fall dieselben, entstanden mit der Konsolidierung des spätbürgerlichen Kulturbetriebs.“[41]

Psychoanalyse als Groschenroman der Geschlechter – diese Feststellung wird untermalt mit einer knappen Collage von Ausschnitten aus „Trivialromanen“, wie diesem:

> „Daß es […] um Machtpositionen geht, verheimlicht z. B. Hedwig Courths-Mahler nicht in ihrem ‚spannenden Liebesroman‘: […] ‚Sie

31 Anonym/Classen 1977, 15.
32 Ebd.
33 Ebd.
34 Ebd.
35 Ebd.
36 Ebd.
37 Ebd.
38 Ebd. 16.
39 Ebd. 15.
40 Ebd.
41 Ebd. 16.

schmiegt sich an ihn ‚Nie mehr will ich eigenwillig und herrschsüchtig sein dir gegenüber.' ‚Versprichst Du es mir?' ‚Mit tausend Freuden. Ach, Heinz, es ist so süß von Dir beherrscht zu werden.'"[42]

Abgerundet wird die Zusammenschau von Geschlechterklischees mit dem Zitat der berühmten Stelle bei Freud, in der er den Penisneid als unvermeidbare Konsequenz aus der Entdeckung des Mädchens darstellt, dass sie keinen Penis hat, der Junge aber sehr wohl. Classen kommentiert, dass es „bei der herrschenden Konkurrenz Penisneid" geben möge, „sicherlich jedoch nicht bei Frauen".[43] Während Edith Seifert Mitte der 1980er Jahre das Kastrationstheorem verteidigt, wird der mit ihm verknüpfte Penisneid noch Ende der 1970er Jahre sarkastisch kommentiert. Frauenbewegung und feministische Theorie werden aufgefordert, radikal zu sein und Radikalität bedeutet für Classen die Infragestellung der Prämissen jeder Theorie, die Herstellung einer freien Gesellschaft und die Veränderung der Frauen selbst:

„Solange die Frauenbewegung nicht so radikal ist, angebotene Systeme, ob es sich nun um die Post handelt oder um die Psychoanalyse, nicht nur an ihrer Oberfläche zu kritisieren, sondern in ihrer Essenz und ihren Prämissen, wird sie ihren Anspruch, eine befreite Gesellschaft aufzubauen, nicht einlösen können. Dann bleibt es bei Frauen, die sich nach gesellschaftlichem Aufstieg sehnen, an ihre wenn auch verkürzte ödipale Vergangenheit glauben, von ihren vaginalen Orgasmen schwärmen, Alpenveilchen züchten, regelmäßig ihre Schlafkombination aus geflammter Birke scheuern und ihren Mann und nach einem Schlückchen Jägermeister manchmal auch sich gut finden."[44]

Zum psychoanalytischen, Lacan'schen Subjektentwurf, wie er sich in Edith Seiferts Beiträgen findet, bildet der Kommentar „Das normale Liebesleben" einen radikalen Kontrast. Er ist inhaltlich getragen von der Ablehnung der psychoanalytischen Praxis und der Infragestellung der psychoanalytischen Theorie. Diese Gegenposition wird durch eine unakademische, sarkastische Sprache ebenso wie durch die Materialanordnung – die Konfrontation der „ernsthaften", psychoanalytischen Theorie mit „Trivialromanen" – pointiert in Szene gesetzt. Gleichsam in einer Vorwegnahme der späteren Entwicklung rechnet Classen mit einer feministischen Theoriebildung ab, die ihre Seriosität und Ernsthaftigkeit durch die genaue Rezeption der anerkannten (psychoanalytischen) Theorien herstellt. Zwischen „Das normale Liebesleben" (1977) von Brigitte Classen und Edith Seiferts „Der Stein des Anstossens" (1983), „Kastration und Verneinung?" (1985) und „Die Anschreibung der Frau – Begehren und weibliche Lust" (1986/87) besteht eine große inhalt-

42 Ebd. 17; Zitat im Zitat Hedwig Courths-Mahler: Liebe ist Freude, zitiert nach Anonym/Classen 1977, 17.

43 Ebd.

44 Ebd. 16.

liche wie sprachlich-formale Divergenz, welche die Veränderung innerhalb der Zeitschrift *Die Schwarze Botin* hin zu einer stärker akademisch orientierten Theoriebildung und Sprache verdeutlicht. Trivialromane bilden nicht nur ein Analysematerial für Geschlechterklischees, wie ich anhand von Classen Groschenromankritik „Fatale Liebe. Aus den Reichen der Phantasiearmut" von 1977 gezeigt habe, sondern auch die Folie für die Zurückweisung der Psychoanalyse. Das Vorgehen und die Lust, Trivialromane als Gegenstand und Methode feministischer Wissensproduktion zu verwenden und einen akademischen (Sprach-)Gestus zurückzuweisen, beschränken sich allerdings auf die ersten Jahre der Zeitschrift.

14.4 Pastiche der strukturalen Subjekttheorie

Im Folgenden möchte ich auf eine weitere Infragestellung der strukturalistischen Subjekttheorie in der *Schwarzen Botin* eingehen. Der strukturalistischen Subjekttheorie begegnet *Die Schwarze Botin* auf unterschiedliche Art und Weise: Neben Übernahme und Anknüpfung, Ablehnung und transformierender Kritik findet sich eine Verfahrensweise, die ich als Pastiche der strukturalen Subjekttheorie bezeichnen möchte. In der 23. Ausgabe aus dem Jahr 1984 veröffentlicht Annette Runte den Text „I was to be I am. (Futur links, 2. Station geradeaus)". Der Titel spielt auf die Äußerung von Jacques Lacan an, dass das Verhältnis des Subjekts zu seiner Geschichte, welche es sich erzählt, die Struktur des grammatischen Futur II aufweise.[45]

Der literarische Text ist in Wir-Form geschrieben, ohne dass klar wird, wer dieses Wir ist. In alltagssprachlichen Wendungen wird erzählt, wie die Protagonistinnen in einem Auto durch Albuquerque in Arizona fahren: „die straßen lagen trödelnd vor unseren füßen, bis wir in die schnelle karre stiegen. […] ‚kanste [sic] das fenster mal runterdrehen?' fragten wir uns. na klar."[46] Die Erzählstimme berichtet im Präteritum und wird unterbrochen durch Dialogfetzen, die ebenso ein Monolog wie ein Gespräch mit mehreren Personen sein könnten. Denn die Fragen werden in reflexiver Form gestellt und der Text spielt mit den grammatischen Bezügen innerhalb der Sätze, indem die Personalpronomen wechseln: Dem „du" des „kanste [sic]" korrespondiert das „wir" im Halbsatz „fragten wir uns". Die Syntax des Satzes wird gestört und es wird unklar, ob das Satzsubjekt im Singular oder Plural, ich, du oder wir ist. Das Wir landet auf einem Schrottplatz, auf dem es die Autowracks erkundet. Dort wird fraglich, ob es sich um ein ausschließlich menschliches

45 „Was sich in meiner Geschichte verwirklicht, ist nicht die abgeschlossene Vergangenheit (passé défin) dessen, was war, weil es nicht mehr ist, auch nicht das Perfekt dessen, der in dem gewesen ist, was ich bin, sondern das zweite Futur (futur antérieur) dessen, was ich für das werde gewesen sein, was zu werden ich im Begriff stehe." (Lacan 1996b, 143); siehe Kuster 1996, 48.

46 Runte 1984b, 29.

Wir handelt, wenn es erzählt: „wir hoben ein bein und pinkelten."[47] Aus einem Autowrack steigt ein Ich aus, auf das das Wir heftig reagiert:

> „schon schoben unsere schwankenden gestalten einen riegel vor die ohnehin offene autowracktür, als plötzlich als plötzlich als plötzlich aus einem recht komplexen autowrack, das noch das modell seines gehabten unfalls in sich trug, ein ICH herausstieg und uns den jähzorn in die schläfen trieb. wir trieben daraufhin das ich in die enge, respektive ließen es nicht raus, geschweige denn zu worte kommen. es kam nicht mehr an. dabei war es da. oder wie redet man mit einem ICH? wir waren wir. mehrere, d. h. viele."[48]

Das Wir-Subjekt des Textes bildet keine Einheit, sondern tritt, nach einer Reminiszenz an Johann W. Goethes *Zueignung* in *Faust*,[49] als vervielfältigtes auf. Im Augenblick der Konfrontation mit einem Ich spricht der Text aus,

dass es „mehrere, d. h. viele" sei. Im Wortwechsel zwischen dem Viele-Wir und dem Ich behauptet das Wir, es gebe weder ein Ich noch ein Subjekt:

> „es [das Ich, K. L.] zitterte erkenntnislos. ‚dich haben wir doch schon lange geschlachtet', ‚warum verwurstest du nicht?' ihm war speiübel, es war obendrein ein zwitter. ‚meldet mich bei der psychosexuellen gesellschaft an', artikulierte es anständig. – ‚die hat damit nichts zu tun', belehrten wir. ‚es gibt dich nicht, blödes subjekt!' – das ich verbrachte viel zu viel zeit mit pudern und grübeln. es lutschte sogar ein pfefferminz – ‚wir bringen dich ins spiegelstadium, bis du im dreieck springst', drohten wir […]."[50]

Die Behauptung, es gebe kein Ich, ist insofern paradox, als der Text ja gerade erzählt, dass das Ich auftauche und das Viele-Wir konfrontiere. Die letzten Sätze des Textes lauten: „und an dieser stelle besaß ICH plötzlich die unverschämtheit, mich uns einzuverleiben. (Pardon, wegen der Ideologisierungsgefahr!)"[51] Das Ich verliert den Artikel, ist nicht mehr *ein* oder *das* Ich, wodurch die Infragestellung des Subjektstatus, den es durch die Verwendung des Artikels erhalten hat, zurückgenommen wird. Am Ende des Textes ist die Erzählform die Ich-Form, die zugleich vervielfältigt wird durch die reflexive Konstruktion, dass „ICH […] mich uns" einverleibe. Darüber hinaus verweist die persiflierte Entschuldigung („Pardon …") darauf, dass die Vorstellung eines einheitlichen, identischen Ichs in der Lacan'schen Psychoanalyse als imaginäres Phantasma gilt, das sich im Spiegelstadium bildet.

47 Ebd. 30.
48 Ebd. 31, Herv. i. O.
49 Der erste Teil der *Faust*-Tragödie bei Goethe beginnt mit der Zeile: „Ihr naht euch wieder, schwankende Gestalten, Die früh sich einst dem trüben Blick gezeigt."
50 Runte 1984b, 31.
51 Ebd. Herv. i. O.

Indem der Text mit der Erzählinstanz spielt und am Ende explizit die Frage des einheitlichen Ichs aufwirft, thematisiert er, was als „Tod des Subjekts" in die geistes- und sozialwissenschaftliche Diskussion eingehen wird: das Ende des Begriffs eines „unique self and a private identity, a unique personality and individuality, which can be expected to generate its own unique vision of the world [...]"[52]. Die „reale" Welt, die am Beginn des Textes angedeutet wird – eine Autofahrt durch Albuquerque, ein Schrottplatz, Autowracks – verflüchtigt sich und mit ihr die Dimensionen von Zeit und Raum. Am Ende handelt der Text von einem Ich und einem vervielfältigten, dezentrierten Wir, die überall und zu jeder Zeit aufeinandertreffen könnten und jeder weiteren Bestimmung entkleidet sind. Weder Ich noch Wir referieren noch auf etwas außerhalb ihrer selbst. Sie sind – darauf verweist die spielerische Verwendung der Theorieversatzstücke – wie das Lacan'sche Spiegelstadium und die „fragen an louis althusser"[53] – keine wirklichkeitshaltigen Begriffe mehr, die den Anspruch erheben, ein Verhältnis zu einer Wirklichkeit außerhalb ihrer selbst auszudrücken. Sie sind, so möchte ich mit dem Kulturwissenschaftler Fredric Jameson sagen, zu Bildern geworden.[54] Der Text bleibt äquidistant zum Tod des Subjekts. Weder wird das Ich oder der Subjektbegriff verabschiedet, noch dessen Vervielfältigung und imaginärer Charakter als gesichertes Wissen genommen oder bejaht. Denn am Ende taucht eine Ich-Erzählerin auf: „an dieser stelle besaß ICH plötzlich die unverschämtheit [...]", die dann sofort wieder aufgelöst wird: „[...] mich uns einzuverleiben."[55] Die Auflösung eines Referenten – beispielsweise eine sozial, ästhetisch oder ethisch verbindliche Wirklichkeit –, auf den sich die Zeichen noch beziehen könnten, produziert die Äquidistanz des Textes. Die strukturale, psychoanalytische Subjekttheorie, ihre Geltung und ihr Anspruch auf Wirklichkeitserkenntnis wird relativiert, indem ihre Versatzstücke zu Bildern werden.

Der Text zeigt nicht, wie es die Satire tut, Missstände auf oder klagt sie an – und sei es auf der Ebene der Theoriebildung. So ist die Imitation und Wiederholung der Theorieversatzstücke auch keine Parodie in einem satirisch-kritischen Sinne, sondern Pastiche, wie sie Jameson beschreibt: Imitation ohne „ulterior motive"[56], ohne weiteren Beweggrund. Sie ist Imitation, um der Imitation willen. Zwar waren die ersten Jahre der *Schwarzen Botin* von Abgrenzung und polemischer Kritik gegenüber der Linken und der Frauenbewegung geprägt – Bewegungen, deren Praxis und Theorie sich sehr stark an politischen Zwecken und daher an der Sinnhaftigkeit theoretischer Refle-

52 Jameson 1998, 131.
53 Runte 1984b, 31.
54 „[...] a signifier that has lost its signified has thereby been transformed into an image." (Jameson 1998, 138).
55 Runte 1984b, 31.
56 Jameson 1998, 131.

xion orientieren –, dennoch scheinen ihre Beiträge der frühen Phase ebenfalls getragen vom Wunsch nach kultureller Veränderung und dem Zweck der (Selbst-)Befreiung der Frauen. Diesem „ulterior motive“ folgt die satirische Kritik der Zeitschrift in ihren Eingriffen in Theorie- und Literaturproduktion. Ein solcher Beweggrund ist in Runtes Pastiche verflogen. Die Intervention in die Theoriediskussion ist hier imitierendes Spiel ohne auf einen Sinn bezogene Bedeutungsproduktion, letztlich ohne einen politischen Zweck zu verfolgen. Das Spannungsverhältnis zwischen Satire und Pastiche innerhalb des Kritikprogramms mag Ausdruck des Zeitgeists sein. In den 1980er Jahren sei, so der Kulturwissenschaftler Philipp Felsch im Rückblick 2015, die melancholische Ernsthaftigkeit der Theoriediskussion der 1970er Jahre abgelöst worden durch „Theorieparodie“[57] und „gepflegte Ironie“[58]. Das Lachen als „Zerfallsprodukt der Ideologiekritik“ habe der „Sattelzeit der Postmoderne seinen Stempel aufgedrückt“.[59] An Sinn und Zweck orientierte Satire und zweckfreier Pastiche stehen einander als Eingriffe in Theorie und Literatur im Kritikprogramm der *Schwarzen Botin* gegenüber und markieren eine Veränderung ihrer feministischen Theorieproduktion im Laufe ihres Bestehens. Im Vorwort der 1. Ausgabe aus dem Jahr 1976 hatte Gabriele Goettle verkündet:

> „Die Schwarze Botin versteht sich als Satirikerin, damit ist sie unversöhnlich mit dem jeweiligen Objekt ihrer Satire: Humor geht ihr vollkommen ab. Sie versteht die Satire als Technik zur Entlarvung des falschen und schädlichen Denkens. Sie setzt voraus, daß die Leserinnen nicht in der Lage sind, Spaß zu verstehen, sondern Ernst zu machen.“[60]

Acht Jahre später, in der 31. Ausgabe von 1985, kurz vor dem Ende der Zeitschrift, geht es Annette Runte genau darum: um den Spaß, die Lacan'sche Subjekttheorie zu veralbern, ohne „Ernst zu machen“[61].

14.5 Die Zerstörung des weiblichen Subjekts

Der Haltung in der *Schwarzen Botin*, Kritik als negative Kritik zu verstehen, wie ich sie dargelegt habe, korrespondiert ein Subjektentwurf, der auf die Unmöglichkeit eines weiblichen Subjekts unter androzentrischen Geschlechterverhältnissen abhebt. Am Ende des Gesprächs „Wünsche nach Kraft durch Freude“ aus der 19. Ausgabe von 1983 setzen Brigitte Classen und Uta Ruge gegen die „Gewalt des Positiven“ die Forderung, dass die Frauenbewegung „über die eigene Zerstörung“[62] nachdenken solle, um nicht in illu-

57 Der Ausdruck „Theorieparodie“ stammt von Jean-François Lyotard, Felsch 2015, 110.

58 Felsch 2015, 110.

59 Ebd.

60 Anonym/Goettle 1976b, 5.

61 Wie schon gesagt, zeichnen die Texte der Literaturwissenschaftlerin Annette Runte eine intellektuelle Suchbewegung nach.

62 Classen/Ruge 1983, 60.

sionäre positive Weiblichkeitsbilder zu verfallen, die einzig der Selbsttäuschung dienen würden.[63] Im Folgenden werde ich einen thematischen Strang in der *Schwarzen Botin* darstellen, der das Nachdenken über die Zerstörung fortsetzt und den ich mit dem Motiv der Zerstörung des weiblichen Subjekts fassen möchte. Ich werde zeigen, dass dieses Motiv des Kritikprogramms drei Dimensionen enthält: erstens das Insistieren auf der gesellschaftlich begründeten Verhinderung eines weiblichen Subjekts und die kulturelle und psychische Schädigung der Frau, zweitens die Dekomposition der symbolischen Ordnung als Ort der Subjektwerdung, die auf der Verdrängung des Weiblichen beruht, und drittens die letztlich fatalistische Fixierung dieser Ordnung, die ein weibliches Nicht-Subjekt festschreibt. Diese Auseinandersetzung, die ich unter dem Motiv der Zerstörung des weiblichen Subjekts fasse, entwickelt sich anhand der Rezeption von Ingeborg Bachmanns Prosawerk in der *Schwarzen Botin*.

Zum zehnten Todestag von Ingeborg Bachmann 1983 setzt eine erneute öffentliche Diskussion um das Werk der Autorin und vor allem um ihr Prosawerk der späten Schaffensperiode ein. Die Frauenbewegung und feministische Literaturwissenschaftlerinnen sind an der Diskussion rege beteiligt. Sie entwickeln Lesarten ihres Werks, die nicht nur für die entstehende feministische Literaturwissenschaft einen Meilenstein bedeuten, sondern die gesamte Forschung zu Bachmann in den folgenden Jahren mitprägen. Anders als zu Beginn der feministischen Literaturdiskussion in den 1970er Jahren werden ab den 1980er Jahren nicht mehr positive literarische Frauenfiguren gesucht und verlangt, mit denen eine ungebrochene Identifikation möglich erscheint. In den Mittelpunkt der Rezeption rückt, unter anderem durch die Aufnahme poststrukturalistischer Literaturtheorie, die Verdrängung des Weiblichen.[64] Auch in den Zeitschriften *Courage*, *Emma* und in der *Schwarzen Botin* findet die Debatte ihren Niederschlag. Alle drei Zeitschriften veröffentlichen 1983 Aufsätze zu Ingeborg Bachmann.

Die Aufsätze der Germanistin und Journalistin Ingrid Strobl „Der Fall Bachmann“ in *Emma* und der Germanistin Irmela von der Lühe „Ingeborg Bachmann. ‚Das unsere Kraft weiterreicht als unser Unglück‘“ in *Courage* diskutieren hauptsächlich das Verhältnis von Autorin und Werk, von Kunst und Leben. Sie kritisieren scharf die Ineinssetzung von Bachmanns Privatleben mit den Figuren ihres Prosawerks, wie es das Feuilleton nach der Veröffentlichung von Bachmanns Todesarten-Zyklus Anfang der 1970er Jahre in diffamierender Weise vollzogen hatte.[65] Die Suche nach Identifikationsangeboten innerhalb und außerhalb der Literatur war in der *Schwarzen*

63 Siehe 8. Kapitel.

64 Lennox 2002, 27f.

65 Strobl 1983, 32–35 und von der Lühe 1983, 16–22; zur Rezeptionsgeschichte siehe Lennox 2002, 22–42.

Botin von Anfang an Zielscheibe der Kritik gewesen, wie ich in den vorangegangenen Kapiteln gezeigt habe. Zwischen 1983 und 1985 erscheinen in der *Schwarzen Botin* der Aufsatz „Der Krieg mit anderen Mitteln. Über Ingeborg Bachmann" der Schriftstellerin Elfriede Jelinek und die verschriftlichten Vorträge „,Wiederkehr aus dem Schweigen', zum ,Fall Franza' von Ingeborg Bachmann" der Literaturwissenschaftlerin Marianne Schuller, ebenso wie Hanna Schnedl-Bubeničeks – ebenfalls Literaturwissenschaftlerin – „Die andere Wirklichkeit. Traumsprache und Sprachvermögen bei Ingeborg Bachmann". Im Jahr 1984 erscheint ein Sonderband der Zeitschrift *Text+Kritik*, einer 1963 gegründeten und von dem Literaturwissenschaftler Heinz Ludwig Arnold herausgegebenen literaturwissenschaftlichen Fachzeitschrift, zu Ingeborg Bachmanns Werk. Die Redaktion des Sonderbands hat die Literaturwissenschaftlerin Sigrid Weigel inne, die zum Zeitpunkt der Publikation im Fachbereich Neuere Deutsche Literatur und Kunstwissenschaft der Universität Marburg habilitiert.[66] Im *Text+Kritik*-Band zu Bachmann wird der Aufsatz von Schuller in einer gekürzten Version wiederabgedruckt. In Reaktion auf die Veröffentlichung des Sonderbands schreibt Branka Wehowski als Redakteurin der *Schwarzen Botin* in der 27. Ausgabe 1985 eine kurze Rezension mit dem Titel „Wem gehört Ingeborg Bachmann?" Sie beanstandet, dass in dem Sonderband weder auf *Die Schwarze Botin* als Ort der Erstveröffentlichung von Schullers Aufsatz hingewiesen noch in der Auswahlbibliografie zu Bachmann der Aufsatz von Jelinek genannt werde. Darin sieht Wehowski einen bewussten Ausschluss der *Schwarzen Botin* als Ort der feministischen (Literatur-)Diskussion. Der Ausschluss wie auch Weigels poststrukturalistische Deutung der Prosatexte von Bachmann diene dem Zweck der Einhegung und Vereinnahmung der feministischen Diskussion in den akademischen Wissenschaftsbetrieb. In Wehowskis Anklage wird abermals deutlich, dass die Zeitschrift sich als Medium der feministischen Theoriediskussionen versteht, die ihrem Selbstverständnis nach außerhalb und in Abgrenzung zu den für die Wissensproduktion gesellschaftlich vorgesehenen Orten des Wissens – wie der Universität und der Akademie – stattfinden sollen.[67] Tatsächlich finden

66 Weigel promoviert 1977 mit einer Arbeit zu *Flugschriftenliteratur 1848 in Berlin. Zu Geschichte und Öffentlichkeit einer volkstümlichen Gattung* an der Universität Hamburg.

67 Wehowski 1985b, 35f. Wehowskis Beanstandungen wirken etwas selbstbezogen. *Die Schwarze Botin* erlaubt es sich zeit ihres Bestehens, durchaus vernichtende Kritik gegenüber Theorie und Praxis der Frauenbewegung und der feministischen Diskussion zu üben und sich verbal vom Feminismus abzugrenzen. Sobald allerdings die als fehlgeleitet kritisierte Debatte ohne sie und ohne sie zu nennen geführt wird, reagiert die Zeitschriftenreaktion beleidigt. Eine Fehleinschätzung ist auch der Gegensatz, den Wehowski zwischen der Zeitschrift und dem akademischen Diskurs aufmacht, werden doch eine Vielzahl der Autorinnen später in der Akademie zu Professorinnen.

sich im Sonderband von *Text+Kritik* Angaben zur feministischen Rezeption und zu den Aufsätzen von Strobl und von der Lühe in *Emma* und *Courage*, nicht aber zum Diskussionsstrang in der *Schwarzen Botin*.

Das Nichts-Sein der Frau als Resultat ihrer Zerstörung – Elfriede Jelinek zu Ingeborg Bachmann

In der 21. Ausgabe 1983 veröffentlicht Elfriede Jelinek den Aufsatz „Der Krieg mit anderen Mitteln. Über Ingeborg Bachmann", in dessen Zentrum Bachmanns Prosatexte *Malina*, *Der Fall Franza* und *Requiem für Fanny Goldmann* stehen. Diese als Todesartenzyklus bezeichneten Texte rezipiert Jelinek zustimmend und stellt in ihrem Aufsatz eine Übereinkunft her zwischen Bachmanns Position und ihrer eigenen. Bachmann habe gegen „Harmonisierungsautoren", „Beschwichtigungsvorturner"[68] und „resolute Ärmelaufkrempler des neuen Positiven"[69] angeschrieben und sei in ihrem scharfen, unnachgiebigen Blick unversöhnlich geblieben mit einer Gesellschaft, welche die „Vernichtung des Weiblichen"[70] betreibe. Diese Zerstörung vollziehe sich in gesellschaftlichen Institutionen wie der Ehe:

> „Denn die Liebe ist die Fortführung des Krieges mit anderen Mitteln. Auf diesem Schlachtfeld erfolgt eine oft blutige, manchmal unblutige Vernichtung des Weiblichen, das nie Subjekt werden darf, immer Objekt bleiben muß, Gegenstand von gesellschaftlich nicht anerkannten Arbeitsverträgen, genannt Ehe."[71]

Die Verhinderung der Subjektwerdung und die Reduktion auf den Status eines Objekts, wie Bachmann sie in ihren Prosatexten literarisch darstelle, bedeuten Jelinek zufolge den Ausschluss aus „gesellschaftlichen Prozessen". Die Frau fungiere lediglich als das Andere für das männliche Subjekt: „Die Frau ist das Andere, der Mann ist die Norm."[72] Das Resultat des Ausschlusses sei, dass die Frau zu Nichts werde: „Sein wird, durch diesen perfiden Ausschluß aus der Sphäre der ablaufenden gesellschaftlichen Prozesse, zu Nichtsein."[73] Für Jelinek vollzieht sich diese Zerstörung des weiblichen Subjekts nicht als ewiges Schicksal, vielmehr ist sie historisch und gesellschaftlich situiert, und sie nennt Täter: Bei Bachmann seien es „der männliche Partner"[74], der „strenge[...] Vater, das gesellschaftliche Über-Ich", und die „männlich geprägte Ordnungswelt"[75], die ebenso von der „sogenannte[n] gute[n] Wie-

68 Jelinek 1983, 149.
69 Ebd. 150.
70 Ebd.
71 Ebd.
72 Ebd. 151.
73 Ebd. 150.
74 Ebd. 152.
75 Ebd. 151.

ner Gesellschaft"[76], der „herrschenden Klasse"[77] wie von den „gewiß rein ‚daitsche[n]' Kärtner[n]"[78] gestützt werde. Jelinek betont die Verortung der Bachmann'schen Todesarten in ihrem gesellschaftlichen Zusammenhang. Die Schriftstellerin habe sich weder eingereiht in das Vergessen des Faschismus, der die Frau zur „reine[n] Natur", „Blut und Boden"[79] und zur „allgemeine[n] Verderberin"[80] phantasiere, noch in die Verdrängung seines Fortlebens im Postfaschismus der österreichischen Nachkriegsgesellschaft.

Die Zerstörung des weiblichen Subjekts, die in Jelineks Bachmann-Interpretation entworfen wird, liegt darin, die Frau auf das Nicht-Subjekt-Sein, das Nichts-Sein, auf den Status des Anderen der männlichen Norm zu bringen. Allerdings handelt es sich nicht um die Affirmation dieses Subjektverständnisses, in welchem die Frau nur als das Andere des männlichen Subjekts, als zum Sein komplementäres Nicht-Sein verstanden wird. Vielmehr zeigt Jelinek durch ihre

Formulierungen auf, dass das Nicht-Subjekt-Sein und Nichts-Sein der Frau, ihr Objektstatus, ein gesellschaftliches *Resultat* ist: Die Frau dürfe nie Subjekt *werden*, das Sein *werde* zu Nicht-Sein. Bachmann decke die verschleierte, weil gesellschaftlich als normal akzeptierte Herstellung dieses Status in ihren Prosatexten auf. Jelinek stellt diese beiden Aspekte, die historisch gesellschaftliche Verortung der Zerstörung des weiblichen Subjekts und das Nicht-Subjekt-Sein als Resultat, als Gemeinsamkeit ihres eigenen und Bachmanns Schreiben heraus.[81]

Der Entwurf einer Subjektkritik in „Der Krieg mit anderen Mitteln. Über Ingeborg Bachmann", der die Zerstörung des weiblichen Subjekts als Resultat aufzeigt, bedient sich einer apodiktischen Sprache, die aber, indem sie das scheinbar unmittelbar evidente ausspricht, dieses zur Disposition stellt. In ihrer Monografie *Autorinnen der Negativität. Essayistische Poetik der Schmerzen bei Ingeborg Bachmann – Marlene Streeruwitz – Elfriede Jelinek* schreibt die Germanistin Mandy Dröscher-Teille im Jahr 2018 über Elfriede Jelineks Poetologie, sie folge dem Prinzip: „Wahrheit (= das Negative) durch Lüge (= literarische Radikalisierung des Negativen), Richtiges durch Falsches."[82] Mit dem Begriff des Negativen bezeichnet Dröscher-Teille ein Doppeltes: Die Falschheit des Ganzen der Gesellschaft, die Zerstörungswut der gesellschaftlichen Verhältnisse dem Individuum gegenüber[83] ebenso wie die Kraft der

76 Ebd. 152.
77 Ebd.
78 Ebd. 149.
79 Ebd.
80 Ebd. 150.
81 Zur Ähnlichkeiten und Unterschieden der Schreibweisen von Bachmann und Jelinek siehe Dröscher-Teille 2018.
82 Dröscher-Teille 2018, 461.
83 Dröscher-Teille führt hier Theodor W. Adornos Diktum aus den Minima Moralia an: „Es gibt kein richtiges Leben im Falschen" (Dröscher-Teille 2018, 461); Adorno 2003, 43.

Kritik, die darauf beharrt, dass es so nicht sein soll. Jelineks Schreibweise spitze die falschen, menschenverachtenden gesellschaftlichen Zustände zu. Durch die Zuspitzung und Übertreibung werde die Falschheit und Verwerflichkeit *als Falsches* deutlich gemacht.[84] Dröscher-Teilles Verständnis der Schreibweise von Elfriede Jelinek lässt sich übertragen auf den Entwurf der Subjektkritik in Elfriede Jelineks Bachmann-Aufsatz in der *Schwarzen Botin*. In drastischen Formulierungen wird die Frau als Nichts beschrieben:

> „Folgerichtig muß das Sein, das nichts ist, das nicht Ich sagen kann und darf, das zum Tode verurteilte weibliche Sein, diese ‚ewige Quelle von Unordnung' (Elisabeth Lenk) im Roman Malina […] in einem Riß in der Mauer verschwinden, sich auflösen. Das Nichts muß tatsächlich zu Nichts werden."[85]

Und in einer weiteren Verschärfung schreibt Jelinek:

> „Nach diesen Rissen, die sich in den Leben der Bachmannschen Frauen ausbreiten […], nachdem ihnen ihr Geschlecht ‚herausgerissen' wurde […], gibt es nur mehr das Nichts, das Schwarze Loch. Die Frau ist das Andere, der Mann ist die Norm."[86]

Die Zerstörung des weiblichen Subjekts besteht in Elfriede Jelineks Aufsatz zu Bachmann demnach darin, dass die postfaschistische, androzentrische Gesellschaft die Frau und das Weibliche auf den Status des Nicht-Subjekts, des Anderen und des Nicht-Seins zwingt. Die Kritik an diesem Prozess bringt Jelinek durch ihre Schreibweise der Übertreibung und Zuspitzung dieses Zustands zur Darstellung.

Zerstörung des Subjekts als „Dekomposition" – Marianne Schuller zu Ingeborg Bachmann

Zwei Ausgaben später, in der 23. Ausgabe 1984, veröffentlicht *Die Schwarze Botin* eine weitere Auseinandersetzung mit Ingeborg Bachmann. In ihrem Aufsatz „‚Wiederkehr aus dem Schweigen' zum ‚Fall Franza' von Ingeborg Bachmann" entwickelt die Literaturwissenschaftlerin Marianne Schuller[87] eine Lesart des Prosatextes *Der Fall Franza*, die auf eine andere Dimension der Zerstörung des Subjekts zielt und in gewisser Weise eine Umkehrung der Zerstörung beinhaltet. Sie fokussiert dabei auf den „Symbolisierungstyp"[88], der in den Prosatexten nicht nur zur Darstellung komme, sondern vor allem dekomponiert werde. In *Malina* zeige Bachmann die Funktionsweise, wie das

84 Dröscher-Teille 2018, 461f.

85 Jelinek 1983, 150f.

86 Ebd. 151, Herv. K. L.

87 Schuller promoviert 1969 mit einer Arbeit zu Romanschlüssen in der Romantik. Zum frühromantischen Problem von Universalität und Fragment, die 1974 erscheint.

88 Schuller 1984, 13.

weibliche Subjekt zum Verstummen gebracht werde, wie verhindert werde, dass es sich zum Sprechen ermächtige. Dem „Verstummen der Ich-Erzählerin“ stehe die „meisterliche Beherrschung des Wortes“ durch die Männer gegenüber.[89] Durch Bachmanns literarische Darstellung werde deutlich, dass das weibliche Verstummen und die männliche Beredsamkeit „Wirkungen des symbolischen väterlichen Gesetzes“ [90] seien. Die Schriftstellerin bringe den Symbolisierungstyp zur Darstellung, der darauf beruhe, dass „jede Äußerung“ auf ein „ursprüngliches Wissen“ reduziert werde, über das „Gott oder der Vater oder, in neuzeitlicher Gestalt, der Analytiker“ verfüge, und der das, „was sich der Substitution entzieht, [...] vernachlässigt“ und verwerfe.[91] Dem Symbolisierungstyp „unter der Herrschaft des Signifikants [sic]“ wohne eine letztlich zerstörerische Gewalt inne, die im „radikalen Ausschluß des Anderen [...] bis zur Vernichtung faschistischen Typs“ liege.[92]

> „Dieser Symbolisierungstyp als geschlossener Bedeutungswahn ist es auch, der den im Roman immer wieder hergestellten Anschluß an den Faschismus wie auch den an universalistisch-imperialen Machtanspruch der westlichen Kultur begründet [sic]. Denn er kann seine machtkonstitutive und machtabhängige Geschlossenheit, die gleichbedeutend ist mit Universalismus, nur durch den radikalen Ausschluß des Anderen aufrecht erhalten – bis hin zur Vernichtung faschistischen Typs, der ‚Ausmerzung‘. Entscheidend aber ist, daß diesem Symbolisierungstyp der mit Gewalt identifizierte Ausschlußmechanismus selbst implizit ist.“[93]

Schuller sieht in Ingeborg Bachmanns Prosatexten eine Kritik an der psychoanalytischen Rede am Werk, die erst die „diskursive Form der Fall- und Krankheitsgeschichte“ hervorbringe, was sich schon im Titel des Fragments *Der Fall Franza* zeige.[94] Schuller verwendet Wörter, Begriffe und Motive, die aus der poststrukturalistischen Kritik herrühren und übersetzt die Bilder Bachmanns in diese Theoriesprache. Schullers Kennzeichnung des Symbolisierungstyps verweist implizit darauf, dass auch andere Symbolisierungstypen entstehen könnten. Denn Bachmanns Prosatexte bleiben, so Schuller, nicht bei der anklagenden Darstellung des Symbolisierungstyps und der daraus entstehenden Leiden stehen. Sie entgehen so der Versuchung, der Leserin eine „selbstmitleidige[...] sentimentale Identifikation“[95] zu ermöglichen – eine Verweigerung, die sich als Konstante durch die Beiträge der *Schwarzen Botin* zieht.

89 Ebd.
90 Ebd.
91 Ebd. 14.
92 Ebd.
93 Ebd.
94 Ebd. 13.
95 Ebd. 14.

Der Fall Franza verfolge ein „anderes literarisches Verfahren“: Der Prosatext „unterläuft diesen Symbolisierungstyp, indem es ihn dekomponiert.“[96] Die „Dekomposition“ finde im Roman an zwei Orten statt: in Galizien, dem Ort der Kindheit der Ich-Erzählerin, an dem eine Sprachenvielfalt und „Bedeutungsambivalenz“ herrsche und an dem die Protagonistin als Kind lebte, „bevor sie zur Frau hat werden müssen“.[97] Vor allem aber sei die Wüste, in welche die Ich-Erzählerin am Ende des Romanfragments reise, der „Ort der Dekomposition oder Entsymbolisierung“.[98] In der Wüste begegnet die Figur Franza ihrem Ehemann, Vater und Gott, die sich ineinanderfügen und sich letztlich als „Bild, als Projektion“ herausstellen. Schuller sieht nun in dieser Sequenz des Bachmann-Textes den Kern der Dekomposition:

> „Hier findet eine Wiederholung statt: die Wiederkehr Gottes, des Vaters. Zugleich aber eine Dekomposition. Das Signifikat erweist sich nicht als ursprünglich, sondern als Effekt einer imaginären sinnbildenden Operation. Es ist nicht am Ursprung, auf den hin die Dinge gedeutet werden können und damit den Status einer Metapher erhalten: als dessen Stellvertretung. Vielmehr stellt sich im Prozeß der wiederholenden Dekomposition das Signifikat selbst als gleichursprünglich metaphorisch dar: als Bild, als Projektion, hinter der nichts ist. [...] Nicht repräsentiert sich Gott in einer Erscheinung oder im Wort, sondern er ist nichts als die Wirkung eines imaginären Prozesses, das die Dinge mit Bedeutung belehnt.“[99]

Während der zuvor von Schuller beschriebene Symbolisierungstyp in der Substituierung eines als ursprünglich vorgestellten Wissens, einer ursprünglichen Bedeutung eines Signifikats, besteht, liegt die beschriebene Entsymbolisierung in dem Aufweis, dass dieses ursprüngliche Signifikat auf der gleichen, nämlich imaginären, Ebene liege wie die immer wieder gesuchten Substitute und Metaphern: Das als ursprünglich vorgestellte Signifikat sei selbst eine Metapher. Der Bruch mit diesem Symbolisierungstyp bestehe unter anderem darin, eine Schreibweise zu entwickeln, die nicht metaphorisch sei. So könne der Mechanismus der Substitution durchbrochen werden. Das gelinge Bachmanns Text, in dem die Wüste nicht als „Metapher, als substituierbare[r] Bildkomplex für den psychischen Zustand der Figur Franza vereinnahm[t]“[100] werde. Schreibbar werde so, was der Symbolisierungstyp ausschließe und verleugne: die Erfahrung der Alterität, das Weibliche als nicht substituierte Heterogenität.[101]

96 Ebd. 13.
97 Ebd. 14.
98 Ebd.
99 Ebd. 15.
100 Ebd. 14.
101 Ebd.

Die Alteritätserfahrung werde, so Schuller, von Bachmann zur Darstellung gebracht. Der Schritt über den verdrängenden Symbolisierungstyp hinaus liege nun darin, dass im „Prozeß der Dekomposition […] eine andere Rede entstehen" könne und damit sichtbar werde, wodurch ein „weibliches Ich" entstehen könne.[102]

> „Eine Rede aus dem Nichts einer Bedeutungslosigkeit. […] Es wäre eine Rede, die immer wieder neu ansetzte, sozusagen eine stotternde Rede, die davon spricht, daß sie immer schon die Verfehlung, die Fehlleistung wäre. Das weibliche Ich ist gerade nicht da, wo es festgeschrieben werden soll; vielmehr entsteht es, indem seine Festschreibungen und Bilder zerstört werden. Das weibliche Ich ist gerade nicht am Ort seiner (männlichen) Projektionen, sondern in den Spuren seiner Hervorbringung."[103]

Die Dekomposition besteht bei Schuller in der Wiederholung, in der Bedeutung nicht eineindeutig zurückgeführt wird auf ein ursprüngliches Signifikat, weil dieses selbst als Metapher erscheint. Der Tod, den das Weibliche in der symbolischen Ordnung erleide – im Roman die Figur Franza –, indem es zum Opfer gemacht werde und so den Tod für das Subjekt auf sich nehme, sodass dieses sich als mit sich identisch imaginieren könne, werde verdrängt. Die Verdrängung solle aufgehoben, der Tod nicht verschwiegen werden.[104] Damit argumentiert Schullers Aufsatz, dass andere Symbolisierungstypen möglich sein könnten, die Alterität nicht verdrängen.

Wie die Literaturwissenschaftlerin Johanna Bossinade im Jahr 2000 rückblickend herausstellt, lenkt Schullers Analyse das Augenmerk auf das literarische *Verfahren* in Bachmanns Text und verdeutlicht dadurch, dass das Symbolische ebenso wie die imaginären „Bildwelt[en]" „einem offenen Entstehungsprozess unterlieg[en]."[105] Sigrid Weigel, ebenfalls Literaturwissenschaftlerin, hat auf den Unterschied zwischen der *Thematisierung* des weiblichen Subjekts einerseits – das als Thema wieder zum Gegenstand der Rede *über* ein Objekt werde – und Text*verfahren* andererseits, welche die literarische Herstellung des Subjekts *zur Darstellung bringen* und so die Bedeutungsproduktion sichtbar werden lassen, aufmerksam gemacht.[106] Schullers Aufsatz vermag es, so möchte ich an Bossinade und Weigel anschließen, den literarischen Herstellungsprozess der symbolischen Ordnung, der sich in Bachmanns *Der Fall Franza* entfaltet, herauszuarbeiten. Sie vollzieht in

102 Ebd. 15.

103 Ebd.

104 Ebd.

105 Bossinade 2000, 135. Bossinade bezieht sich auf eine gekürzte Version von Marianne Schullers Aufsatz, der ebenfalls 1984 im Sonderband von *Text+Kritik* unter dem Titel „Wider den Bedeutungswahn. Zum Verfahren der Dekomposition in ‚Der Fall Franza'" erscheint. Gastredakteurin des Sonderbands ist die Literaturwissenschaftlerin Sigrid Weigel.

106 Weigel 1995, vor allem 4. und 7. Kapitel.

Bachmanns Text nach, was Luce Irigaray und Eva Meyer mit „Weiblichkeit als Operation in der Sprache" meinen.

Insofern die symbolische Ordnung als Ort der Subjektwerdung verstanden wird, lässt sich zur Subjektkritik Marianne Schullers Folgendes zusammenfassen: Die Zerstörung des weiblichen Subjekts, wie sie Elfriede Jelinek in Ingeborg Bachmanns *Malina* herausarbeitet, kehrt sich in Schullers Lesart von *Der Fall Franza* gleichsam um. Zer- oder gestört wird der Symbolisierungstyp, in dem sich die Subjektwerdung vollzieht und der auf der Verdrängung des Weiblichen beruht. Ihre feministische Kritik ist die Kritik der Herstellung der symbolischen Ordnung, die in der strukturalen Psychoanalyse als Ort gedacht wird, an der das Subjekt zum Subjekt wird. Durch Schullers Beitrag lässt sich das Motiv der Zerstörung des weiblichen Subjekts in der *Schwarzen Botin* um diese Dimension erweitern.

Zwischen Jelineks und Schullers Beiträgen bestehen einige Unterschiede, die in einem Spannungsverhältnis zueinanderstehen, das so auch in das Motiv der Zerstörung des weiblichen Subjekts eingelassen ist. Mir geht es nicht um die Beurteilung der Bachmann-Lesarten der beiden Autorinnen, sondern um die Positionen, welche die Beiträge innerhalb des Kritikprogramms der *Schwarzen Botin* einnehmen. Jelinek verweist auf eine konkrete historische und gesellschaftliche Ordnung – das postfaschistische Nachkriegsösterreich –, in deren Zusammenhang sie die Prosatexte von Ingeborg Bachmann – ihre Sprache, Darstellungsformen und Figurenkonstellationen – stellt und versteht. Jelinek wendet sich somit der literarischen Be- und Verarbeitung der *sozialen* Wirklichkeit in den Prosatexten zu. Für Schuller hingegen wird die *symbolische* Ebene der Wirklichkeit relevant. Auch wenn es ihr, wie ich gezeigt habe, gerade um die Kritik des Symbolisierungstyps geht, wie sie ihn in der strukturalen Psychoanalyse beschrieben findet, so bleibt Schuller auf derselben Analyseebene wie der psychoanalytische Diskurs – was im Sinne einer immanenten Kritik durchaus sinnvoll ist. Zugleich aber fehlt es ihren Begriffen an Konkretion. Zur Kritik steht ein Symbolisierungstyp, der aufgrund seiner „machtkonstitutive[n] und machtabhängigen[n] Geschlossenheit, die gleichbedeutend ist mit Universalismus", Anschlüsse an den „Faschismus" ebenso aufweise wie an den „universalistisch-imperialen Machtanspruch der westlichen Kultur".[107] Die Begriffe bleiben abstrakt und unbestimmt, sodass unklar bleibt, was den Faschismus und was die westliche Kultur ausmacht, außer ein Wille zur Geschlossenheit.

Hingegen finden in Jelineks Text der Klassenantagonismus der kapitalistischen Gesellschaft – vertreten durch die „herrschende Klasse"[108], die sich zu „‚führenden Kreisen'"[109] gemausert habe –, der Nationalismus der

107 Schuller 1984, 14.
108 Jelinek 1983, 152.
109 Ebd.

„rein ‚daitsche[n]' Kärtner"[110] und der Antisemitismus – durch die sarkastische Formulierung, die Frau sei die „allgemeine[...] Verderberin [...]. Wie die Juden"[111] – Erwähnung. Vor dem Hintergrund der späteren Debatten der 1990er Jahre um Relativismus und das Verhältnis von Feminismus, Dekonstruktion und Poststrukturalismus fällt auch Schullers Einordnung des Universalismusbegriffs in eine Reihe mit Faschismus auf.[112] Die Begriffe laufen Gefahr, ohne Konkretion zu bloßen Chiffren für all das zu werden, wogegen sich die feministische Kritik zu wehren habe. Die Verschiebung der Rede auf die allgemeine Ebene der Funktionsweise der symbolischen Ordnung, ohne deren geschichtlichen Zusammenhang und deren Verknüpfung mit den sozialen Verhältnissen in Betracht zu ziehen, hat Auswirkungen auf den von Schuller vorgeschlagenen Ausweg. Die „Entsymbolisierung", welche sie vorschlägt, würde eine Rede hervorbringen, „die davon spricht, daß sie immer schon die Verfehlung, die Fehlleistung wäre".[113] Sie wäre demnach eine Rede, die hauptsächlich mit und über sich selbst spricht und permanent mit sich selbst beschäftigt bliebe. Sie verlöre ihre soziale, also kommunikative Dimension.[114] Mit diesem Verlust der sozialen, kommunikativen und geschichtlichen Dimension bei gleichzeitiger Nennung geschichtlich und sozial aufgeladener Begriffe wie Faschismus, geht auch die Bestimmung des Ortes einher, von dem aus diese Rede der Verfehlung gedacht ist. „Eine Rede aus dem Nichts einer Bedeutungslosigkeit",[115] schreibt Schuller. Warum aber wird die aus nachvollziehbaren Gründen kritisierte, als ursprünglich vorgestellte Bedeutung durch Bedeutungslosigkeit ersetzt? Diese Ersetzung scheint mir noch derselben Denkbewegung zu entspringen, die einmal eine ursprüngliche Bedeutung, das andere Mal deren exaktes Gegenteil – die Bedeutungslosigkeit – als Grund der Zeichen und als Grund des Verhältnisses von Ding und Bezeichnung setzt. Wenn menschliche Gesellschaften dadurch gekennzeichnet sind, dass sie Bedeutung produzieren, dann scheint es mir ergiebiger, nach den unterschiedlichen Bedeutungen, Bedeutungsverschiebungen und den verschiedenen, gesellschaftlichen und geschichtlich entstandenen Formen der Bedeutungsproduktion zu fragen, als apodiktisch eine metaphysische Bedeutungslosigkeit zu setzen.

Zwar verweist Schullers Lesart darauf, wie Bossinade im Jahr 2000 rückblickend argumentiert, dass nicht nur „das Symbolische erzählt, wie etwas

110 Ebd, 149.
111 Ebd, 150.
112 Zur feministischen Reformulierung eines „interaktiven Universalismus" siehe Benhabib 1995, 10.
113 Schuller 1984, 15.
114 Ähnliches stellt Sigrid Weigel bezogen auf einen Text von Pola Veseken fest, siehe Weigel 1995, 137.
115 Schuller 1984, 15.

entstand", sondern dass auch „erzählt werden [kann], wie das Symbolische selbst entstand."[116] Mir scheint jedoch, dass Schullers Erzählen, „wie das Symbolische selbst entstand", auf die symbolische Ordnung bezogen bleibt, ohne dieselbe zu verändern. Will der Strukturalismus die invariante Struktur aufweisen, in und durch die das Subjekt entsteht, so scheint mir die poststrukturalistische Analyse von Schuller nicht nur dessen Absehung von der Ebene des konkreten Sozialen und Geschichtlichen zu erben. Vielmehr könnte Schullers Gleichsetzung von „machtkonstitutive[r] und machtabhängige[r] Geschlossenheit", Universalismus und Faschismus meines Erachtens weitreichende Folgen für feministische Kritik haben. Schullers Bachmann Interpretation läuft darauf hinaus, jegliche Art und Weise universalen Denkens und damit jegliches Denken einer allgemeinen Gesetzmäßigkeit einer symbolischen Ordnung zu verwerfen, weil diese Ansätze der gleichen Logik folgten wie faschistisches Denken. Damit wird nicht die historisch und sozial bestimmte Form des Universalismus oder des symbolischen Gesetzes oder einer symbolischen Ordnung der feministischen Kritik zugänglich gemacht. Vielmehr scheint ein Denken der Universalität, des Allgemeinen, einer symbolischen Gesetzmäßigkeit und Ordnung für feministische Theorie in Gänze diskreditiert zu sein, unterliegen diese Begriffe doch dem Verdacht, faschistisch zu sein. Wird Universalismus mit „machtkonstitutive[r] und machtabhängige[r] Geschlossenheit" und „universalistisch-imperiale[m] Machtanspruch der westlichen Kultur"[117] gleichgesetzt, folgen zwei Modi der Kritik daraus: Entweder das Verworfene, Verdrängte, Ausgestoßene und Ausgeschlossene erfährt – wie in Schullers Bachmann-Interpretation von *Der Fall Franza* – eine Aufwertung, *weil* es marginalisiert ist und außerhalb beziehungsweise an den Rändern der Ordnung steht. Oder die feministische Kritik fordert die Integration des Ausgeschlossenen in die Ordnung ein, die sich als universale und geschlossene präsentiert. In beiden Fällen bleibt die Logik der Ordnung selbst unangetastet, gerade weil nicht ihre Form als historisch entstandene kritisiert wird – die Verbindung von Universalismus und Macht, gar Faschismus –, sondern ihr Geltungsanspruch, universal zu sein, zurückgewiesen wird. Hier scheint mir ein Modus der feministischen Kritik angelegt, der heute weit verbreitet ist und darauf abzielt, in vergeblicher Wiederholung Ausschlüsse aus dem Allgemeinen kenntlich zu machen und zu kritisieren, ohne einen Ausweg aus dem tragischen Zirkel der Ausschlüsse aufzeigen zu können. Eine andere symbolische Ordnung, eine andere Gesetzmäßigkeit und damit eine andere Form der Konstitution eines gesellschaftlichen Allgemeinen visieren Luce Irigaray und der Text „Mehr Frau als Mann" aus der italienischen feministischen Zeitschrift *Sottosopra* der Gruppo 4 an.

116 Bossinade 2000, 135.
117 Schuller 1984, 14.

Auf diesen Aufsatz, der in der 30. Ausgabe der *Schwarzen Botin* im Jahr 1986 erschienen ist, werde ich zurückkommen.[118]

Zerstörung als Schicksal? – Hanna Schnedl-Bubeniček zu Ingeborg Bachmann

Im Verlauf der Ausgaben der *Schwarzen Botin* erscheint noch ein weiterer Aufsatz zu Ingeborg Bachmann, auf den ich zu sprechen kommen möchte, weil die Zusammenschau der drei Beiträge aufschlussreich ist. Es handelt sich um Hanna Schnedl-Bubeničeks verschriftlichten Vortrag „Die andere Wirklichkeit. Traumsprache und Sprachvermögen bei Ingeborg Bachmann", der in der 26. Ausgabe der Zeitschrift 1985 veröffentlicht wird. Wie gesagt, bringt Jelineks Aufsatz den konkreten geschichtlichen und gesellschaftlichen Zusammenhang zur Sprache, in welchem Ingeborg Bachmanns Todesartentexte stehen. Schuller hingegen liest den Prosatext *Der Fall Franza* hinsichtlich der Möglichkeit, die symbolische Ordnung durch eine selbstbezügliche Rede der Verfehlung zu zersetzen. Die Literaturwissenschaftlerin Schnedl-Bubeniček[119] hebt nun ähnlich wie Schuller auf Bachmanns Kritik am psychoanalytischen Diskurs ab. Sie kritisiert dessen „Festschreibungen einer psychologisierenden und pathologisierenden Analyse, die die Determiniertheit ihres Diskurses durch soziokulturelle Muster verkennt".[120] Zwar versteht die Autorin Bachmanns Figuren als „Täter, Opfer und Detektive familialer Diskurse, die selbst historischen Bedingungen unterstehen"[121]. Auffällig ist aber, wie viel häufiger ihr Aufsatz von der „Schicksalhaftigkeit der ihnen [den Figuren, K. L.] eingeschriebenen Projektionen" [122] spricht. So auch bezogen auf die Figur Franza: „Franza durchschaut ihre Relativität, ihre historische Bedingtheit, entgeht jedoch nicht ihrer Schicksalhaftigkeit."[123] Und auch die Beziehung zwischen Franza und ihrem Ehemann Jordan, der sie zum Objekt seiner Untersuchungen macht, gerät zur Vorsehung: „[I]ndem sie [Franza, K. L.] die Schicksalhaftigkeit ihres Unglücks sehenden Auges annimmt, bleibt sie auch dessen [Jordans, K. L.] Gefangene, wird zur Kreatur eines omnipotenten

118 Einen solchen ebenfalls poststrukturalistischen Ausweg weist – Tove Soiland zufolge – Luce Irigarays Denken einer anderen symbolischen Gesetzmäßigkeit und eines anderen Allgemeinen, siehe 13. Kapitel.

119 Hanna Schnedl-Bubeniček promoviert 1977 mit einer Arbeit zu Relationen: *Zur Verfremdung des Christlichen in Texten von Heinrich Böll, Barbara Frischmuth, Günter Herburger, Jutta Schutting u. a.* an der Universität Salzburg und gibt 1982 zusammen mit der Germanistin Sigrid Schmid-Borthenschlager *Österreichische Schriftstellerinnen 1880 bis 1938*, eine Anthologie biografischer Aufsätze, heraus.

120 Schnedl-Bubeniček 1985, 6.

121 Ebd. Herv. K. L.

122 Ebd. 4.

123 Ebd. 5.

Schöpfers."[124] Während Schuller auf die „Entsymbolisierung" und die Hintergehbarkeit des psychoanalytischen Diskurses abhebt, schreibt Schnedl-Bubeniček: „Die psychoanalytischen Benennungen bleiben ohne Möglichkeit der Veränderung."[125] So bleibt in ihrer Lesart den Figuren nichts als der „ohnmächtige Protest der anderen Stimme."[126] Die weibliche Protagonistin erkennt ihr Verhängnis, ohne es ändern zu können. Trotz der Abwesenheit der geschichtlichen und gesellschaftlichen Dimension bei Schuller, will sie das Verfahren einer anderen Rede aufweisen, das angetan ist, die symbolische Ordnung aufzubrechen. Schnedl-Bubeniček hingegen lässt Geschichte und Schicksal zusammenfallen. Wären die Projektionen und „Benennungen" des Weiblichen zum Schicksal geronnen, so wäre auch die Möglichkeit eines anderen Subjekts passé.

Die Zerstörung des Subjekts als Motiv im Kritikprogramm der *Schwarzen Botin* umfasst die Entwürfe von Subjektkritiken, wie sie in den drei Beiträgen entworfen werden. Neben der Kritik an der Verunmöglichung weiblicher Subjektivität im postfaschistischen Nachkriegsösterreich, wie sie Jelinek anhand von Ingeborg Bachmanns Prosatexten herausarbeitet, steht die Zersetzung und „Dekomposition" der symbolischen Ordnung durch eine Schreibweise der Verfehlungen, wie sie Schuller darlegt. Werden die beiden Entwürfe auf die Frage nach der feministischen Kritik bezogen, so weisen sie Unterschiede in ihrem Fokus auf, die nicht ohne Weiteres vereinbar sind. Denn eine Rede, die sich selbst Verfehlungen ausspricht, kann die gesellschaftlichen Verhältnisse in ihrer objektiven Gewalt nicht aussprechen und zur Darstellung bringen. Allerdings kann sie die Gewalt der gesellschaftlichen Verhältnisse nur bedeuten, indem im Text Alterität erfahrbar gemacht wird. Jelineks und Schullers Entwürfe teilen hier die Verpflichtung zur Veränderung. Die Bannung der Ordnung, die ein weibliches Subjekt verhindert, wie sie Schnedl-Bubeniček beschreibt, entbehrt diesen Aspekt.

14.6 Das Subjekt der sexuellen Differenz – Das Konzept des affidamento in der *Schwarzen Botin*

Quer zu den anderen Subjektentwürfen steht der Text „Mehr Frau als Mann", der in der 30. Ausgabe 1986 erscheint. Es handelt sich dabei um die Übersetzung des Textes „Più Donne che Uomini" der Gruppo 4, der 1983 in der italienischen, feministischen Zeitschrift *Sottosopra* publiziert wurde und den die Übersetzerin Lilo Schweizer für *Die Schwarze Botin* ins Deutsche übertragen hat. Gruppo 4 war ein Zusammenschluss von Frauen aus dem Mailänder Frauenzentrum aus der via Col die Lana.[127] An der Ent-

124 Ebd. 7.
125 Ebd. 6.
126 Ebd. 9.
127 Libreria delle donne die Milano 1988, 110–113.

stehung von „Mehr Frau als Mann“, das auch als „Grünes Sottosopra“ bekannt wurde, war unter anderem die Philosophin Luisa Muraro beteiligt.[128] Abgesehen von Beiträgen der feministischen Kommunistin Maria Antonietta Macciocchi (1922–2007), die allerdings seit 1972 in Frankreich lebte und eher der französischen als der italienischen Linken zuzurechnen ist, ist „Mehr Frau als Mann“ der einzige Aufsatz aus der italienischen Frauenbewegung in der *Schwarzen Botin.* Der dreizehnseitige Text steht auch grafisch quer: Er ist im Querformat abgedruckt, sodass die Leserin die Zeitschrift drehen muss, um ihn lesen zu können. Die Zeitschrift *Sottosopra* war 1973 in Mailand von Frauen aus dem Umfeld der Gruppe *Demistificazione Autoritaria/ Demistificazione Autoritarismo Patriarcale* (*Demau*), eines der ersten feministischen Kollektive der autonomen, italienischen Frauenbewegung, gegründet worden.[129] Sie verstand sich als „Artikulationsorgan für Frauen“[130]: als Medium aus der Bewegung, an dem jede Frau, die wollte, mitarbeiten können sollte – auch über politische Differenzen hinweg. Die 4. Ausgabe mit dem Titel „Mehr Frau als Mann“ stellt Reflexionen an über die eigene feministische Praxis der vergangenen Jahre. Die Autorinnen des Textes führen sich selbst und ihr Vorhaben im ersten Satz ein als „Gruppe von Frauen, untereinander in politischen&persönlichen [sic] Beziehungen“, die analysieren werde, „was in der Frauenbewegung der letzten Jahre erreicht wurde [...]“[131] und was noch nicht. Der Text ist – auch durch seinen persönlichen und verbindlichen Tonfall – selbstreflexiv, die Autorinnen sind involviert in das, was sie beschreiben. So schreiben sie im zweiten Abschnitt:

> „Für uns ist es bereits ein Schritt voran, offen zuzugeben, daß wir uns schwertun, die Ergebnisse meist mittelmäßig sind und wir den Anforderungen, die im gesellschaftlichen Geschäft an uns gestellt werden, meist nicht genügen können.“[132]

Diese Selbsteinschätzung klingt anders als die Sätze aus dem Vorwort der *Schwarzen Botin* zehn Jahre zuvor, in dem die Redakteurinnen der Frauenbewegung „mittelmäßiges Denken“ vorgeworfen hatten.[133] Vor allem aber wird gleich zu Beginn von „Mehr Frau als Mann“ deutlich, dass es sich um einen Text handelt, der aus der Praxis entstanden ist und auch auf diese wieder zurückwirken will. Die Frauenbewegung habe „mit Erfolg gegen die so-

128 Luisa Muraro ist Mitbegründerin der Philosophinnengemeinschaft Diotima, die seit 1984 besteht und an der Weiterentwicklung des Denkens der sexuellen Differenz arbeitet. Sie lehrte bis 2005 an der Universität Verona.

129 Libreria delle donne die Milano 1988, 31, siehe Beccalli 1994, 94f. und Wunderle 1977, 13.

130 Wunderle 1977, 199.

131 Gruppo 4 1986, 2.

132 Ebd. 3.

133 Anonym/Goettle 1976b, 5.

ziale Misere in den Lebensbedingungen von Frauen gekämpft"[134] und dennoch bleibe ein Problem bestehen, das die Autorinnen für wesentlich halten. Nicht Diskriminierung sei das Hauptproblem der Frauen, sondern die Schwierigkeit, Anerkennung und Wertschätzung zu bekommen:

> „Die Rede über Diskriminierung verschweigt einen Teil unserer täglichen Erfahrung. Unsere Schwierigkeiten kommen nicht allein und nicht im Wesentlichen von äußeren Hindernissen, sondern vielmehr von unserem Willen, gesellschaftliche Anerkennung zu erreichen, der sich in seiner eigenen Unförmigkeit auflöst: unförmig, ausufernd, nicht weil dieser Wille an sich alle Maßen sprengen würde, sondern weil kein Weg da ist, ihn zu befriedigen."[135]

Diesen Willen nach Anerkennung bezeichnen die Autorinnen als „Willezusiegen" [sic], als Wunsch, „einen souveränen Platz einzunehmen, mit den Dingen einen vertrauten und sicheren Umgang zu haben".[136] Die Autorinnen stellen den Wunsch, sich in der Welt wiederfinden zu können, in den Mittelpunkt ihrer Überlegungen. Die Schwierigkeit für eine Frau bestehe darin, dass sie sich in einem Widerspruch befinde, der zwischen ihrem Willen nach Anerkennung und ihrer Fremdheit der Gesellschaft gegenüber bestehe. Fremd fühlten sich die Frauen, so die Autorinnen weiter, weil die Gesellschaft und damit die Möglichkeiten, eine „gesellschaftliche Existenz"[137] zu leben, „nach männlichem Begehren und vom MännerkörperSein [sic] geformt"[138] seien. Diese beiden Seiten – der Wille nach einer gesellschaftlichen Existenzweise und deren Anerkennung einerseits, andererseits die Fremdheit gegenüber den männlich geprägten Formen gesellschaftlicher Allgemeinheit – bilden die „Zwangslage"[139], in der sich die Frauen befänden. Die Lösung könne aber weder sein, sich aus der Gesellschaft in die Fremdheit zurückzuziehen und somit den Willen nach Anerkennung zu verleugnen, noch die „Spiele der Gesellschaft"[140] zu spielen und sich in den „Männerwettkampf"[141] zu begeben. Denn eine Frau, die sich durch Emanzipation in die androzentrische Gesellschaft integriere, übernehme nicht nur die männliche Form des Begehrens und Strebens und verlöre nicht nur ihren Körper und ihr Begehren. Vielmehr resultiere aus der Verleugnung der Fremdheit, aus der „Verleugnung des Verlierers in uns", die „Isolation von anderen Frauen".[142] Das Getrenntsein von anderen Frauen bestehe in

134 Gruppo 4 1986, 2.
135 Ebd. 3.
136 Ebd.
137 Ebd. 10.
138 Ebd. 5.
139 Ebd. 4.
140 Ebd. 4.
141 Ebd. 6.
142 Ebd. 5.

der „Unfähigkeit, sie zu verstehen, und – ganz weit zurückgedrängt – […] [in der] Verachtung für das eigene Geschlecht".[143]

Welchen Ausweg schlagen die Autorinnen vor? So programmatisch wie lapidar schreiben sie: „Die Gesellschaft wird sich deswegen möglicherweise verändern müssen."[144] Die Gesellschaft zu verändern bedeutet für sie „eine gemeinsame Welt der Frauen"[145] aufzubauen. Unter einer gemeinsamen Welt der Frauen wollten sie allerdings keinen feministischen Separatismus verstanden wissen, da dieser abseits der männerdominierten Gesellschaft bleibe und so die gesellschaftlichen Beziehungen unangetastet lasse, wie die Erfahrungen der Frauenbewegung gezeigt haben. Es gehe vielmehr darum, „ein Gewebe von bevorzugten Beziehungen zwischen Frauen an[zu]zetteln":

> „Eine Frau kann […] Erfolg haben, wenn Sie [sic] ein Gewebe von bevorzugten Beziehungen zwischen Frauen anzettelt, in dem die Erfahrung, die zum FrauSein [sic] gehört, in gegenseitiger Anerkennung verstärkt wird und in gesellschaftliche Wirklichkeit übersetzt werden kann. Das nennen wir die gemeinsame Welt der Frauen, ein Gewebe von Verbindungen und Bezugspunkten zwischen unseresgleichen, das in der Lage ist, unsere Erfahrungen in ihrer Gesamtheit zu berücksichtigen und ihnen Festigkeit und Wirkung zu verleihen; in dem auch das aufgenommen und weiterentwickelt wird, was viele Frauen unter schwierigen Bedingungen punktuell bereits erreichen konnten. In anderen Worten: ein In-der-Welt-Sein, in dem wir uns in Beziehung zu Frauen halten und darin das verkörpern, was durch die männliche Vorherrschaft verneint wird und was die eigentliche Grundlage unseres mehr FrauSeins [sic] als MannSeins [sic] ist."[146]

Den Ausweg aus dem Dilemma zwischen dem Wunsch nach Anerkennung und der Fremdheit den gesellschaftlichen Formen des Allgemeinen gegenüber sehen die Autorinnen also darin, Beziehungen zwischen Frauen zu knüpfen, die eine gesellschaftliche, verallgemeinerte Form annehmen und so verstetigt werden sollen. Das gesellschaftliche Allgemeine, das in einer androzentrischen Gesellschaft ausschließlich das Zeichen des männlichen Geschlechts trage, werde so verändert. Bisher erscheine es als Universales, da das Männliche sich als das Allgemein-Menschliche und damit als neutral behaupte – daher rühre die Fremdheit der Frauen gegenüber der „gesellschaftlich-kulturelle[n] Wirklichkeit".[147] Die Autorinnen zielen nun darauf, eine die Einzelne überschreitende Allgemeinheit der Frauen aufzubauen, in der

143 Ebd. 5.
144 Ebd. 4.
145 Ebd. 10.
146 Ebd. 11.
147 Ebd. 7.

sich die Einzelne wiederfinden kann.[148] In diesem Allgemeinen könne dann ein Maßstab und könnten Kriterien für das individuelle Handeln und die individuelle Existenz gefunden werden. Die Suche nach einer gesellschaftlichen Existenz konzipieren die Autorinnen demnach als Vermittlung zwischen der einzelnen Frau und einem gesellschaftlich Allgemeinen, das durch die Anerkennungsbeziehungen zwischen Frauen entwickelt werden soll und eben nicht mehr auf dem Ausschluss des Weiblichen beruhe, wie in den androzentrischen Gesellschaften bisher üblich. Bisher haben, so Gruppo 4, die Frauen eine „seltsame gesellschaftliche Existenz" gehabt: „Wesen, die keine Männer sind, aber auch nicht richtig Frau."[149] Frausein konzipiert der Text demnach als eine noch zu erringende gesellschaftliche Existenzweise, in der die Einzelne mit einem gesellschaftlichen Allgemeinen vermittelt ist. Mit der Entstehung einer solchen gesellschaftlichen Existenzweise der Frau werde die Begrenzung des männlichen Allgemeinen einhergehen, das seine „unterdrückende[...] Vollkommenheit" verlieren und einen „Sinn in seiner Teilhaftigkeit" finden werde.[150] So könne eine Gesellschaftlichkeit entstehen, welche die sexuelle Differenz nicht im Namen einer neutralen – tatsächlich aber männlichen – Universalität leugne.

Am Ende des Textes betonen die Autorinnen, dass die Beziehungen zwischen Frauen notwendig die Anerkennung der „Verschiedenartigkeit" und „Ungleichheit" der Frauen bedeuten müsse.[151] Werde die Anerkennung der Ungleichheit gelingen, könne eine grundlegende „Regel der Männergesellschaft" aufgebrochen werden:

> „In der patriarchalischen Gesellschaft hat die Mutter-Tochter-Beziehung kein Format und ist daher oft konfliktgeladen und unproduktiv. [...] Wenn wir anerkennen, daß eine, die uns gleicht, mehr Wert hat, sprengen wir eine Regel der Männergesellschaft, derzufolge [sic] außer der Mutter alle Frauen eben gleich sind[.]"[152]

Die ungleiche Mutter-Tochter-Beziehung sei es, die keine allgemeine Form, keine gesellschaftliche Repräsentation habe. Zugleich finde eine Frau „in der Mutter [...] sowohl ihre erste Liebe als auch ihr erstes Vorbild".[153] Deswegen sei es notwendig, die Ungleichheit der Mutter-Tochter-Beziehung

148 Die Pädagogin und Soziologin Anke Drygala und die Philosophin und Theologin Andrea Günter schreiben zu diesem Aspekt des Differenzdenkens aus dem Umfeld des Mailänder Frauenbuchladens: „Gemeinsames, Allgemeines gilt es prinzipiell erst zu entwickeln. Die Beziehungen zwischen Frauen müssen zugleich immer wieder verändert werden, soll durch Frauen und ihre Beziehungen Besonderes und Neues möglich, sagbar und erkennbar werden." (Drygala/Günter 2010, 29).

149 Gruppo 4 1986, 10.

150 Ebd.

151 Ebd. 12.

152 Ebd.

153 Ebd.

in eine feministische Praxis der Beziehungen zu transformieren, in der Ungleichheit anerkannt werde. „Genau um Ungleichheit zwischen Frauen geht es, um die Notwendigkeit, Ungleichheit zu handhaben und sich unter ungleichen Frauen einander souverän anzuvertrauen.“[154] Der Text „Mehr Frau als Mann“ beschreibt die Praxis der italienischen Frauenbewegung, die als *affidamento* bekannt geworden ist: eine Beziehungspraxis, in der sich Frauen in ihrer Ungleichheit souverän einander anvertrauen.[155]

Ich möchte den Gedankengang des Textes auf die Frage nach dem Subjektentwurf beziehen und diesen in den Zusammenhang des Kritikprogramms der *Schwarzen Botin* stellen. Die Überlegungen der Gruppo 4 nehmen ihren Ausgangspunkt beim Körper als sexuellem Körper. Denn das Unbehagen der Frauen resultiere letzten Endes daraus, dass sie einen Frauenkörper haben und sind, das gesellschaftliche Allgemeine aber, so die Autorinnen, dem männlichen Begehren und dem Männerkörper-Sein und -Haben entspräche. Hier deutet sich ein bestimmtes Verständnis der Gesellschaft an: Gesellschaftliche Verhältnisse, die über das einzelne Individuum hinausgehen, entstehen in dieser Konzeption durch Sublimierung der Sexualität. Sexualität versteht „Mehr Frau als Mann“ als „Sexualität im eigentlichen Sinne“ und zugleich als „sublimiert oder verschoben in Dinge wie Karriere, Kunst, Geld, Politik etc.“[156] Die gesamte „gesellschaftlich-kulturelle Wirklichkeit“ sei nicht „neutral […], da sich in ihr in verschobener Form menschliche Sexualität“[157] ausdrücke. Gesellschaftliche Verhältnisse werden hier gedacht als objektive Ebene gesellschaftlicher Institutionen und Vermittlung, die wiederum verstanden werden als Ausdruck von letztlich libidinösen Strebungen und Triebkräften, von Begehren: Sie sind ein „SichLieben [sic] der Männer“.[158] Alle Dimensionen des Allgemeinen und alle gesellschaftlichen Institutionen im weitesten Sinne „von der Fabrik bis zum Forschungsbetrieb, vom Kindergarten bis zum Fußballstadion, von den Gesetzen bis zu den Gedichten[,] alles was gehandelt wird und was die Männer einmütig hochhalten“, diene dem Beweis der „Vorzüglichkeit des MännerkörperSeins“.[159]

Die Überlegungen aus „Mehr Frau als Mann“ werden später in dem Buch *Wie weibliche Freiheit entsteht. Eine neue politische Praxis* von 1988 aufgegriffen und ausgeführt, weshalb ich mich zusätzlich auf diesen Text beziehe. Die Autorinnen, Frauen aus dem Libreria delle Donne di Milano, dem Mailänder Frauenbuchladen, weisen auf den Einfluss hin, den die Gruppe Psych et Po und besonders Luce Irigarays Denken auf die feministische Theoriebildung

154 Ebd.
155 Libreria delle Donne di Milano 1988, 160.
156 Gruppo 4 1986, 7.
157 Ebd.
158 Ebd. 6.
159 Ebd. 11.

im Umkreis des Mailänder Frauenzentrums und -buchladens gehabt habe.[160] Irigarays Kritik zielt, wie ich gezeigt habe, auf die Vorstellung der Psychoanalyse, es gebe nur ein Begehren, nämlich das männliche. Daraus ergibt sich ein Dilemma für die feministische Theorie und Praxis: Wenn die gesellschaftlichen Verhältnisse in ihrer symbolischen Dimension Resultat und Ausdruck des Begehrens sind, dieses aber nur in seiner männlichen Form unter Ausschluss des Weiblichen in der symbolischen Ordnung erscheint und damit die Frauen von der Dimension des Allgemeinen, der Kultur, des Wissens ausgeschlossen sind, dann stellt sich für diese folgendes Problem: Wie kann ein weibliches Begehren *beschrieben* und *gewusst* werden, wenn es in den Formen der Repräsentation nicht auftaucht, wenn es nicht wahrgenommen, nicht im *Wissen* gefunden werden kann? Auf dieses Problem antwortet Irigaray und darauf antwortet die Praxis des *affidamento*, wie sie von Gruppo 4 in „Mehr Frau als Mann" beschrieben wird.

Wichtig ist nun, dass die Autorinnen ihren Ausgangspunkt zwar beim Frauenkörper nehmen, nicht aber bei dessen Unmittelbarkeit oder den daraus resultierenden Empfindungen und Erfahrungen stehen bleiben. Sie legen mit großer Vehemenz den Schwerpunkt auf die Vermittlung. Denn Subjektwerdung wird hier vermittelt über gesellschaftliche Anerkennung gedacht. Um eine gesellschaftliche Existenz zu erreichen, müsse sich eine individuelle Frau wiederfinden können in den Regeln, Institutionen, Vermittlungsinstanzen und -formen der Gesellschaft. Eine gesellschaftliche Existenz zu erlangen, würde bedeuten, ein weibliches Subjekt zu werden. Die Vermittlung wird nun als Praxis konzipiert – als Praxis der Beziehungen zwischen Frauen, die ihre Ungleichheit anerkennen. Dabei gehen die Autorinnen nicht davon aus, dass diese neue Form der Vermittlung aus dem Nichts entstehen müsse: Sie knüpfen an das an, was schon da ist. Einen Anknüpfungspunkt finden die Autorinnen von „Mehr Frau als Mann" in der Mutter-Tochter-Beziehung, in der die Mutter durch ihr „Mehr"[161] potenziell zur Vermittlerin der Tochter mit der Welt werden kann. Ungleichheit wird hier gedacht als ein Mehr an Fähigkeiten und Erfahrungen, an Können und Wissen der einen Frau gegenüber einer anderen.[162] Zur Mutter könne eine Frau für eine andere werden, wenn

160 Libreria delle Donne di Milano 1988, 10. Das Buch *Wie weibliche Freiheit entsteht* ist die Reflexion der Entstehung und Entwicklung der italienischen Frauenbewegung und bezieht sich unter anderem auf den Aufsatz „Mehr Frau als Mann".

161 Gruppo 4 1986, 12.

162 Drygala und Günter stellen dieses „Mehr" in einen Zusammenhang mit Theodor W. Adornos Verständnis des Nichtidentischen, das vom Begriff nicht eingeholt und identisch gemacht werden kann, und bezeichnen es als „das Besondere", Drygala/Günter 2010, 20. Bezogen auf die Konzeption der Beziehungen zwischen Frauen schreiben sie: „Die italienischen Denkerinnen nun kombinieren das Phänomen der Irreduzibilität mit dem der Differenz als Aufgreifen des Differenten. Sie verbinden es mit dem Anliegen, die Beziehungen zwischen Frauen (neu) zu denken, es also ge-

sie sich einander in ihrer Ungleichheit anvertrauten und die eine die andere darin unterstützte, sich in der Welt wiederzufinden: „Mutter ist", schreiben die Frauen des Mailänder Buchladens, „wer mein Begehren unterstützt."[163]

Den zweiten Anknüpfungspunkt finden sie in der Praxis der Frauenbewegung. Schon der Text „Mehr Frau als Mann" (1986) und noch stärker „Wie weibliche Freiheit entsteht. Eine neue politische Praxis" (1988) sind getragen von einem Modus der Wissensproduktion und der Theoriebildung, der sich als Reflexion der schon vollzogenen Praxis, der gemachten Erfahrungen der Frauenbewegung versteht. Insofern möchte ich das Subjekt, das hier implizit entworfen wird, als ein Subjekt bezeichnen, das potenziell schon da, aber noch nicht verwirklicht ist. Als Subjekt der sexuellen Differenz lässt es sich insofern bezeichnen, als dass die Autorinnen mit Luce Irigaray davon ausgehen, dass in der abendländischen Geschichte nur ein Geschlecht, das männliche, sich in der symbolischen Ordnung zum Ausdruck gebracht hat. Die Praxis des *affidamento*, die Schaffung von Vermittlungsformen durch Beziehungen zwischen Frauen kann demnach als Subjekt der sexuellen Differenz verstanden werden. Seine Verwirklichung würde im Verständnis der Autorinnen zugleich eine grundlegende Veränderung der symbolischen Ordnung bedeuten.[164]

In welchem Verhältnis steht der Aufsatz „Mehr Frau als Mann" der Gruppo 4 zum Kritikprogramm der *Schwarzen Botin*? Welche Übereinstimmungen und Unterschiede weist der Text mit diesem auf? Insofern die Reflexionen „Mehr Frau als Mann" eine Kritik der Vorstellung beinhaltet, ein unmittel-

danklich zu entwickeln, um Frausein nicht länger vom Mannsein, aber auch nicht aus der Abstraktion und Verallgemeinerung ‚die Frau' abzuleiten. Statt in der anderen Frau die selbe [sic] zu entdecken, machen sie in ihr das andere des Frauseins geltend: die Einzigartigkeit und Besonderheit der anderen Frau. Das erkenntnistheoretisch neue Moment basiert auf dem, was tatsächlich in Beziehungen zwischen Frauen als Differierendes erfahrbar, damit möglich, sagbar und erkennbar wird." (Drygala/Günter 2010, 29). Mir scheint neben der gedanklichen Entwicklung der Differenz vor allem die praktische Seite der Konzeption der italienischen Feministinnen wichtig zu sein.

163 Libreria delle Donne di Milano 1988, 135.

164 Dass dieser Gedanke grundlegend ist für das Denken der Differenz im Anschluss an Luce Irigaray ebenso wie für das affidamento-Konzept, das haben die Erziehungswissenschaftlerinnen Maya Dolderer und Marie Frühauf sowie die Sozialwissenschaftlerin Anna Hartmann auf der feministischen Lesewoche 2015 im Seminarhaus Quecke in Cöthen/Falkenberg deutlich gemacht. Sie stellten in der Diskussion heraus, dass die Entstehung eines Subjekts Frau die grundlegendste aller Dekonstruktionen – nämlich die Dekonstruktion der symbolischen Ordnung selbst – wäre. Im Text von Sottosopra bleibt offen, wie sich diese intersubjektive feministische Anerkennungstheorie mit einer Gesellschaftstheorie der materiellen Re/Produktion vermitteln lässt. An dieser Schnittstelle arbeiten beispielsweise Tove Soiland und Anna Hartmann.

barer Zugang zum eigenen weiblichen Körper und seinen Erfahrungen könne Grundlage der Politik sein, fügt sich der Text in das Kritikprogramm der *Schwarzen Botin* ein. Über den Erfahrungsbezug im Differenzdenken der italienischen Feministinnen schreibt die Theologin und Philosophin Andrea Günter im Rückblick im Jahr 2003, es gehe um das „Sprengen der Grenzen der weiblichen Erfahrung."[165]: „Es geht den Italienerinnen darum, den weiblichen Körper, die weiblichen Erfahrungen, das weibliche Begehren zu überschreiten, und diesem dabei dennoch treu zu bleiben."[166] Das erinnert an Gabriele Goettles Aufforderung aus der 7. Nummer der *Schwarzen Botin* aus dem Jahr 1978, dass es der Frauenbewegung darum gehen müsse, die „Erfahrungswirklichkeit" zu verändern. Goettle schreibt:

> „Es ist leicht, auf der Suche nach Identität in die Frauenbewegung zu geraten, noch leichter, solche dort zu finden in der Subjektivität gemeinschaftlicher Leidenserfahrungen. Was weniger leicht, ist offenbar der Schritt von der Erfahrung zur Veränderung von Erfahrungswirklichkeit. Es wäre wichtig, die scheinbare Vorgegebenheit von Identität zu analysieren, umsomehr [sic], wenn sie sich als neues Verhaltensklischee innerhalb der Frauenbewegung einnistet."[167]

Auch in seiner Betonung, dass Frauen eben nicht alle gleich seien und ein feministisches Subjekt demnach nicht auf Identifikation aufgebaut werden solle, steht der Text „Mehr Frau als Mann" in der Kontinuität des Kritikprogramms der Zeitschrift. Vor allem aber steht der Vermittlungsgedanke im Mittelpunkt des Textes wie des Kritikprogramms. Der Gedanke einer notwendigen gesellschaftlichen Vermittlung und die Herstellung anderer Vermittlungsformen, die nicht auf dem Ausschluss des Weiblichen und der Frau beruhen, finden sich hier wieder. Dennoch steht „Mehr Frau als Mann" nicht nur grafisch quer in der *Schwarzen Botin*, denn der Text zieht aus der Einsicht in die Notwendigkeit gesellschaftlicher Vermittlung andere Konsequenzen als die meisten anderen Beiträge der Zeitschrift. Im Zusammenhang des Kritikprogramms der Zeitschrift ist auffallend, dass „Mehr Frau als Mann" einen sehr deutlichen Praxisbezug enthält, was sich auch in der Sprache widerspiegelt, die bei aller theoriebeladenen Komplexität einfach ist. Der Text wägt die Situation der Frauen ab, ohne die eine oder andere Verhaltensweise abzuqualifizieren – anders als viele andere Beiträge der Zeitschrift. Das wirkt sich vor allem auf die Einschätzung der Selbsterfahrungspraxis aus. Denn das Konzept des *affidamento* beschreitet in der Kritik der Selbsterfahrungspraxis einen anderen Weg als die Beiträge der *Schwarzen Botin*, die ich diskutiert habe.[168] Die Praxis des *affidamento* entwickelt sich aus der Selbsterfahrungspraxis der

165 Günter 2003, 203.
166 Ebd.
167 Goettle 1978, 31.
168 Siehe 9. Kapitel.

Frauenbewegung heraus, und die Autorinnen verstehen sie als einen ersten Schritt, den die Frauenbewegung auf ihrem Weg zur Entstehung von Wissen und Beziehungen zwischen Frauen gegangen ist. An ihre eigene Grenze sei die Selbsterfahrungspraxis gekommen, weil sie auf der Identifikation der Frauen als Gleiche beruhe.[169] Da Vermittlung als Praxis der Beziehungen ungleicher Frauen verstanden wird, kann die Selbsterfahrungspraxis durch die Reflexion ihrer Begrenztheit hindurch ihren Stellenwert für die feministische Kritik und Theorie erhalten. Die umfassende Absage der anderen Beiträge in der *Schwarzen Botin* an die Selbsterfahrungspraxis resultiert daraus, dass sie Vermittlung eben nicht als Praxis der Beziehungen zwischen Frauen verstehen. Vermittlung bedeutet in den anderen Beiträgen der *Schwarzen Botin*, dass Erfahrungen – auch von Frausein – ausschließlich in den Sphären der Kunst, der Philosophie oder der Wissenschaften gestaltet werden, indem sie die vorgefertigten Weiblichkeitsbilder und Geschlechterklischees kritisieren, unterlaufen, vorführen oder destruieren. Sie wählen größtenteils den Weg der negativen Kritik: Auf die Situation, dass sich die Frauen nicht als Subjekte wiederfinden können im Wissen der kulturellen Wirklichkeit, antworten sie mit der Destruktion dieses Wissens der Wirklichkeit. Die italienischen Autorinnen von „Mehr Frau als Mann" setzen bei der Ebene der Anerkennung der Einzelnen an. Ihren Entwurf möchte ich als positive Kritik bezeichnen, da sie die Herstellung von Anerkennungsbeziehungen zwischen Frauen und letztlich deren symbolische Institutionalisierung anstreben. Daraus könnten, so verstehe ich ihre Zielrichtung, positive Werte und Anerkennungsstrukturen entstehen, die eine andere symbolische Ordnung begründen könnten – eine symbolische Ordnung, die nicht auf einem zum Objekt gemachten, scheinbar ungesellschaftlichen Weiblichen beruhen würde. Die Übersetzung des Aufsatzes aus *Sottosopra* nimmt innerhalb der *Schwarzen Botin* den Diskussionsstrang um die Entstehung einer anderen symbolischen Ordnung und das von Luce Irigaray beeinflusste Denken der sexuellen Differenz wieder auf und erweitert es um die Dimension der Praxis. Die Veröffentlichung von „Mehr Frau als Mann" verdeutlicht somit, dass die Auseinandersetzung um die Grundlagen der feministischen Kritik in der *Schwarzen Botin* spannungsreich und unabgeschlossen geblieben ist.

14.7 Zwischenresümee

In diesem Kapitel habe ich die fragmentarischen Subjektentwürfe diskutiert, die im Kritikprogramm der *Schwarzen Botin* entwickelt wurden. Widerstreitend sind sie, insofern sich an ihnen zeigt, dass die Diskussion um feministische Subjektkritik und -theorie Uneinigkeiten und Unvereinbarkeiten aufweist: Neben Edith Seiferts Lesart der strukturalistischen, psychoanalytischen Subjekttheorie, welche der Frau die Rolle der Statthalterin des

169 Libreria delle Donne di Milano 1988, 41–45.

Mangels des Subjekts überlässt, findet sich die Ablehnung der Psychoanalyse in den ersten Ausgaben der Zeitschrift und die persiflierende Infragestellung des psychoanalytischen Diskurses bei Annette Runte. Marianne Schullers Bachmann-Interpretation und Lilo Schweizers Übersetzung des Textes der Gruppo 4 bilden feministische Weiterentwicklungen des psychoanalytischen Denkens, da sie die symbolische Ordnung kritisieren. Schullers Deutung, dass sich in Bachmanns *Der Fall Franza* ein anderer symbolischer Ort öffnet, und vor allem die Überlegungen des Grünen Sottosopra, welche die Entstehung einer anderen, neuen symbolischen Ordnung, in der sich das Begehren der Frauen darstellen könnte, anvisiert, stellen Gegenpositionen zu Seiferts Aufsätzen dar. Eine Spannung besteht auch zwischen Jelineks und Schullers Entwürfen anhand ihrer Bachmann-Interpretationen. In der Konfrontation der Aufsätze habe ich gezeigt, dass sie auf unterschiedlichen Wirklichkeitsebenen operieren: Während Schuller auf die symbolische Dimension fokussiert, geht es Jelinek um die historische und soziale Dimension der Wirklichkeit. Meiner Ansicht nach zeigt sich hier, dass die ausschließliche Fokussierung auf die Störung des Symbolischen und die Ablehnung jeglichen Universalismus Gefahr laufen, negativ auf die kritisierte symbolische Ordnung bezogen zu bleiben, ohne die historisch und sozial gewachsene Form derselben verändern zu können. Jelinek und Schuller ist wiederum gemeinsam, dass sie von der Veränderbarkeit der Wirklichkeit ausgehen und auf diese abzielen – im Unterschied zu Hanna Schnedl-Bubeničeks Aufsatz, der die Schicksalshaftigkeit des Nicht-Subjekt-Seins der Frau nur feststellt und damit Gefahr läuft, der Unveränderbarkeit das Wort zu reden.

Die Besonderheit des Aufsatzes „Mehr Frau als Mann" der Gruppo 4 aus *Sottosopra* im Kritikprogramm der *Schwarzen Botin* liegt in seinem expliziten Praxisbezug. Vom Standpunkt der Praxis aus verstehen die Autorinnen die Veränderung der symbolischen Ordnung nicht nur als Frage einer anderen Lesestrategie und Schreibweise oder einer anderen Interpretation der Wirklichkeit.[170] Vielmehr ist die symbolische Ordnung für sie veränderbar durch die Praxis der Beziehungen der Ungleichheit zwischen Frauen. Anders als die meisten Beiträge der *Schwarzen Botin* konzipieren die Autorinnen der Gruppo 4 des *Sottosopra* die Vermittlung des Körpers und der Erfahrungen als Praxis. Daraus ergibt sich auch eine Einschätzung und kritische Wertschätzung der Selbsterfahrungspraxis, die den Urteilen der anderen Beiträge

170 Die Auffassung, dass auch die theoretische oder künstlerische Interpretation der Wirklichkeit eine Praxis darstellt, ist zwar einleuchtend, höhlt allerdings den Praxisbegriff aus und macht ihn unbrauchbar, wenn er nicht differenziert wird. Es ist ein Unterschied des Welt- und Selbstbezugs, ob ich mich über Jahre in einem Frauenzentrum mit anderen Frauen treffe, diskutiere, koche, Feste feiere, Texte schreibe und dadurch Beziehungen aufbaue oder ob ich eine Textinterpretation der Schriften einer Autorin entwickle.

der Zeitschrift, die ich im 9. Kapitel diskutiert habe, entgegengesetzt sind. Die Beiträge zeigen, dass die feministische Theorieproduktion der autonomen Frauenbewegung der 1980er Jahre in der *Schwarzen Botin* unterschiedliche Antworten auf die Fragen nach der Kritik und der Bestimmung des Subjekts gefunden hat.

Geschichte weiblicher Produktivität?

15. Auf der Suche nach neuen Formen: Weibliche Produktivität und Geschichtsdenken in der *Schwarzen Botin*

Die autonome Frauenbewegung thematisiert seit Mitte der 1970er Jahre Geschichte hinsichtlich der Abwesenheit der Frauen in der Geschichtsschreibung und der methodischen Probleme, die sich für die Frauen- und Geschlechtergeschichte daraus ergeben.[1] Wird für die feministische Theoriebildung, wie am Beispiel des Kritikprogramms der *Schwarzen Botin* gezeigt, das Subjekt, seine Rationalität problematisch, so wird auch Geschichte zum strittigen Gegenstand. Seit der Säkularisierung in der Neuzeit ist es die weltliche Geschichte, die den Sinnhorizont des Subjekts, säkularisierte Formen der Transzendenz, stiftet. Geschichte gibt dem Subjekt Auskunft über seine Zwecke und wirkt handlungsorientierend. Vor allem soll Geschichte aufklären über das Woher und Wohin des Subjekts, über seine Herkunft und seine Zukunft.

Die Beiträge in der *Schwarzen Botin* und in der *Ästhetik und Kommunikation*, die im Folgenden im Mittelpunkt stehen, thematisieren Geschichte, vermittelt über den Begriff „weibliche Produktivität". Darin liegt eine Verschiebung zur historisch materialistischen Theoriebildung der Linken, die Geschichte als Formwandel des materiellen Lebensprozesses, des Produktions- und Reproduktionsprozesses von Gesellschaften begreift. Das Movens der Geschichte ist der Kampf um das gesellschaftliche Mehrprodukt, das von den Klassen der Privateigentümer angeeignet wird und die Klasse der Eigentumslosen hervorbringt. Geschichtsschreibung ist – wie Philosophie, Religion oder Wissenschaft – die bewusstseinsmäßige Verarbeitungsweise dieser Prozesse und in einer Klassengesellschaft geprägt von den Legitimationserzählungen der herrschenden Klassen.[2] Nun ist es nicht der Begriff der Arbeit, dem sich die Beiträge der *Schwarzen Botin* oder auch der *Ästhetik und Kommunikation* zuwenden, sondern die Bezeichnung „weibliche Produktivität". Im Folgen-

1 Zu den Anfängen der Frauen- und Geschlechtergeschichte siehe beispielsweise Hausen, Karin (Hg.): Frauen suchen ihre Geschichte. Historische Studien zum 19. und 20. Jahrhundert, Beck, München 1983; Tröger, Annemarie (2021): Kampf um feministische Geschichten: Texte und Kontexte 1970–1990, Wallstein, Göttingen.

2 Marx/Engels 1969, 17–77.

den Kapitel werde ich der Debatte um weibliche Produktivität nachgehen. Um herauszuarbeiten, was durch den kulturtheoretischen Blick auf weibliche Produktivität sichtbar wird, werde ich auf sozialwissenschaftliche und soziologische sowie geschichts- und kulturwissenschaftliche Beiträge eingehen, die Tätigkeit, Arbeit und weibliche Produktivität thematisieren.

Die Thematisierung weiblicher Produktivität wird in der 18. Ausgabe der *Schwarzen Botin* im Jahr 1983 aufgegriffen. Die Ausgabe enthält den Aufsatz „Die drei Spinnerinnen. Ein Industriemärchen", in dem die Kulturwissenschaftlerin und Soziologin Gerburg Treusch-Dieter anhand einer Lektüre des Märchens „Die drei Spinnerinnen" geschichtstheoretische Reflexionen über die Kulturgeschichte weiblicher Produktivität anstellt. Der Aufsatz ist der dritte Teil einer Serie, die die Autorin ein Jahr zuvor in der 47. Ausgabe der Zeitschrift *Ästhetik und Kommunikation. Beiträge zur politischen Erziehung* mit den Artikeln „Die Spindel der Notwendigkeit" und „,Die faule Spinnerin'. Umkehr und Probe aufs Exempel" begonnen hat. Die Nummer 47 der *Ästhetik und Kommunikation* aus dem Jahr 1982 widmet sich dem Schwerpunktthema „Weibliche Produktivität". Ebenfalls im Jahr 1983 veröffentlicht Geburg Treusch-Dieter die Monografie *Wie den Frauen der Faden aus der Hand genommen wurde. Die Spindel der Notwendigkeit*, in der sie alle drei Aufsätze zusammenfasst. Der Aufsatz in der *Schwarzen Botin* ist die direkte Fortsetzung der beiden ersten Texte und bildet den dritten Teil der Monografie.

Des Weiteren findet sich in der 18. Ausgabe der *Schwarzen Botin* der Beitrag „Mehr als töchterliche Kehrseite der väterlich zeugenden Geschichte. Zur weiblichen Produktivität im Prozeß der bürgerlichen Gesellschaft. Thesen", den die Essayistin und Fotografin Petra Doenselmann im Sande und die Theaterwissenschaftlerin Ulrike Haß verfasst haben.[3] Auch sie hatten

3 Petra Doenselmann im Sande veröffentlicht neben Aufsätzen in der *Schwarzen Botin* und *Ästhetik und Kommunikation* im Dokumentationsband der 7. Sommeruniversität für Frauen und in der Zeitschrift *Spur*, wobei sie die Schreibweise Dönselmann verwendet. Auf der 7. Sommeruniversität 1984 setzt sie ihre Überlegungen zu Geschichtstheorie und zum Verhältnis von Privatheit und Politik fort. In der Zeitschrift *Spur* interviewt sie die Schriftstellerin Friederike Frei und spricht mit ihr über das Verhältnis von Lesen und Schreiben und die Infragestellung der Beurteilungskriterien von Literatur. Seit den 2000er Jahren widmet sie sich der Fotografie, siehe Dönselmann im Sande, Petra (1979): Kunst kommt aus dem Alltag, aber selten in ihn zurück. Ein Besuch bei Frederike Frei, in: Spur. Zeitschrift für Kunst und Gesellschaft 3, 32f.; siehe Dies. (1984): Wer sucht wen? Zur Diskussion um Frauen(bewegung), Weimarer Republik und Faschismus, in: Vorbereitungsgruppe der 7. Sommeruniversität für Frauen (Hg.): Wollen wir immer noch alles? Frauenpolitik zwischen Traum und Trauma, Berlin, 266–274.
Ulrike Haß ist Theaterwissenschaftlerin und Dramaturgin. Sie arbeitet als Professorin für Theaterwissenschaft an der Ruhr-Universität Bochum und veröffentlicht zwischen 1983 und 1985 drei Beiträge in der *Schwarzen Botin*. 1985, in der 28. Ausgabe der Zeitschrift, erscheint der Aufsatz „Rundherum in meiner Stadt. Von

zuvor in der 47. Ausgabe der Zeitschrift *Ästhetik und Kommunikation* Thesen zur Schwierigkeit, weibliche Produktivität zu bestimmen, mit dem Titel „‚Sie zerreißt sich in drei Personen, darunter einen Mann'. Thesen/Aspekte zu weiblicher Produktivität in der bürgerlichen Gesellschaft" veröffentlicht.

In den Aufsätzen wird die Frage erhellt, wie die Bedeutung der Geschichte produziert wird. Im Mittelpunkt steht dabei, welche Vorstellungen von Produktivität als Vermögen des Subjekts mit einem teleologischen Geschichtsbegriff verknüpft werden und welche Rolle die Geschlechterordnung dabei spielt. Unter anderem wird es darum gehen, inwiefern die Produktion von Bedeutung und Wissen der Geschichte – also eine bestimmte Form von Rationalität – selbst schon vergeschlechtlicht ist. Denn das Subjekt, das seine Geschichte als Deutungs- und Sinnzusammenhang und damit sich selbst geschichtlich produziert, ist nicht geschlechtsneutral. Von hier aus werden Treusch-Dieter ebenso wie Doenselmann im Sande und Haß die Frage stellen, inwiefern weibliche Produktivität zwar konstitutiv für ein teleologisches Geschichtsverständnis wie auch für das Subjekt desselben ist, zugleich aber aus seinen Deutungsprozessen herausgehalten wird. Damit scheint weibliche Produktivität in der Produktion einer bedeutenden Wirklichkeit zwar eine Rolle zu spielen, zugleich aber in ihr abwesend zu sein.

Die drei Autorinnen der *Schwarzen Botin* begreifen in ihren Aufsätzen Geschichte nicht als materiellen Produktions- und Reproduktionsprozess von Gesellschaft durch Arbeit und nicht als Verkettung der unterschiedlichen Produktionsweisen, in denen Gesellschaften sich (re)produzieren. Ihr Blickwinkel beschränkt sich auf die Frage nach der Produktion der Bedeutung von Geschichte, ohne dass sie nach den materiellen Bedingungen der Möglichkeit der Bedeutungsproduktion fragen. Trotz dieser Beschränkung ist zu bemerken, welche Wirklichkeitsebene die Autorinnen zu analysieren beanspruchen. Sie kritisieren, dass die Asymmetrie und Hierarchie der Geschlechterordnung in die Produktion von Bedeutung hineinverwoben ist. Ihre feministische Kritik setzt daher an den Formen der Bedeutungsproduktion an und ist somit Ideologiekritik. Dabei wird sich zeigen, dass es einen Dissens gibt zwischen den geschichtstheoretischen Entwürfen, der zu unterschiedlichen Antworten auf die Subjektfrage führen wird.

Postmoderne und Antimoderne", zwei Jahre zuvor „Unverständliche Trivialität – Geschrieben für einen Vortrag zu zweit", der laut Hinweis in Zusammenarbeit mit Petra Doenselmann im Sande entstanden ist (in: Die Schwarze Botin 21, 1983, 139–143). Zu ihrem 1982 publizierten Roman *Teufelstanz. Eine Geschichte aus der Zeit der Hexenverfolgungen* verfasst Gerburg Treusch-Dieter 1983 eine Rezension für die 19. Ausgabe der *Schwarzen Botin*. Haß veröffentlicht wie auch Petra Dönselmann im Sande in der 3. Ausgabe der Zeitschrift *Spur* im Jahr 1979 einen Aufsatz zum Verhältnis von Frauen und Sprache und diskutiert unterschiedliche Positionen zur Frage eines weiblichen Kulturcharakters, siehe Haß, Ulrike (1979): Der Rede wert. Frauen und Sprache, in: Spur. Zeitschrift für Kunst und Gesellschaft 3, 27–31.

15.1 Soziologische, sozialgeschichtliche und kulturwissenschaftliche Untersuchungen weiblicher Tätigkeit, Arbeit und Produktivität. Eine Diskussionsumgebung

Die Theoretisierung weiblicher Produktivität im Kritikprogramm der *Schwarzen Botin* Anfang der 1980er Jahre steht im Kontext der sozialwissenschaftlichen, sozialgeschichtlichen und kulturwissenschaftlichen Thematisierung weiblicher Tätigkeit und vergeschlechtlichter Arbeitsteilung im Rahmen der deutschsprachigen Frauenbewegung. Im Jahr 1976 stellen Gisela Bock und Barbara Duden in ihrem zum Klassiker avancierten Aufsatz „Arbeit aus Liebe – Liebe als Arbeit. Zur Entstehung der Hausarbeit im Kapitalismus"[4] die Auflösung der feudalen, familialen Produktionseinheit dar und arbeiten die Konsequenzen der Trennung der Arbeitsbereiche und der gesellschaftlichen Verteilung von Tätigkeiten für Frauen heraus. Im gleichen Jahr widmet sich Karin Hausen der Vergeschlechtlichung der Arbeitsteilung und der damit einhergehenden „Polarisierung der Geschlechtscharaktere" in ihrem gleichnamigen Aufsatz „Die Polarisierung der ‚Geschlechtscharaktere'. Eine Spiegelung der Dissoziation von Erwerbs- und Familienleben".[5] Gemeinsam ist den Aufsätzen, dass sie die Arbeit der Frauen zum Gegenstand der Sozialgeschichte machen und die Naturalisierung ihrer Tätigkeiten als Ideologie entlarven. Damit sind die Untersuchungen zugleich Wissenschaftskritik: Kritisiert wird der Ausschluss ganzer Bereiche gesellschaftlicher Tätigkeiten – eben die, welche Frauen seit Herausbildung der Kapitalismus übernehmen – aus dem Untersuchungsfeld der (Geschichts-)Wissenschaft, ebenso die Vorstellung von wissenschaftlicher Objektivität, die den männlichen Blick zum neutralen Beobachter erklärt und dessen Vergeschlechtlichung – dessen *gender bias* – außer Acht lässt. Die Geschichte eines Gegenstands zu untersuchen, bedeutet für die feministischen Historikerinnen, dessen Gewordenheit und damit auch die Möglichkeit seiner Veränderung zu bedenken.

Ein weiterer Strang feministischer Theoriebildung zum Thema Arbeit und Tätigkeit, der Anfang der 1980er Jahre auch international prominent und bis heute im Rahmen feministischer Ökonomiekritik rezipiert wird, ist die Subsistenztheorie und die These von der Hausfrauisierung der Arbeit, die von Veronika Bennholt-Thomsen, Maria Mies und Claudia von Werlhof erarbeitet wird.[6] Auch die Forschung der drei in den 1980er Jahren an der Universität Bielefeld angesiedelten Soziologinnen zur Subsistenzproduktion von Frauen im

4 Bock/Duden 1977, 118–199.

5 Hausen 1976, 363–401.

6 Bennholt-Thomsen/Mies/von Werlhof 1983. Siehe die Diskussionen um feministische Ökonomiekritik seit den 2000er Jahren, in der sich wiederholt auf die Bielefelder Soziologinnen bezogen wird, so beispielsweise Federici, Silvia (2012): Caliban und die Hexe. Frauen, der Körper und die ursprüngliche Akkumulation, Mandelbaum Verlag, Wien.

globalen Süden rückt nicht nur einen bisher vernachlässigten Gegenstand in den Mittelpunkt des Interesses. Vielmehr kritisieren auch sie die Paradigmen, Maßstäbe und Perspektiven der bisherigen geschichtswissenschaftlichen, familien- und arbeitssoziologischen Forschung und erarbeiten neue Maßstäbe. Dem Theorem von der Hausfrauisierung der Arbeit zufolge, das Bennholt-Thomsen, Mies und von Werlhof entwickeln, besteht eine strukturelle Ähnlichkeit zwischen der Subsistenzproduktion der Frauen des globalen Südens und der unbezahlten Hausarbeit von Frauen im globalen Norden: Beide Tätigkeitsformen bilden die unbezahlte, abgewertete und unsichtbar gemachte Grundlage der kapitalistischen Ausbeutung durch Lohnarbeit. Global gesehen sei davon auszugehen – so die These der Soziologinnen Anfang der 1980er Jahre – dass auch die Lohnarbeitsverhältnisse zunehmend die Charakteristika erhalten, welche die Hausfrauenarbeit seit Herausbildung der kapitalistischen Ausbeutung kennzeichne.[7] Mit dem Theorem von der Hausfrauisierung der Arbeit nehmen die Autorinnen eine Revision des Verhältnisses von Lohnarbeit, wie sie sich in der sogenannten männlichen „Normalarbeitsbiografie" zeigt, und Hausarbeit vor. Die Hausarbeit, die bis dato als Abweichung von der allgemeinen Norm der Lohnarbeit verstanden wurde, wird in ihren inhaltlichen Bestimmungen zum allgemeinen Modellfall der Arbeit im Spätkapitalismus.

Ebenso wie die Aufsätze von Duden und Bock sowie Hausen zielen die Studien der Bielefelderinnen sowohl auf eine Um- und Neubewertung der Arbeit, der Tätigkeiten und Vermögen von Frauen als auch auf die Kritik der Wissenschaft, ihrer Methoden und Perspektiven. Es wird sich zeigen, dass auch die Aufsätze zur weiblichen Produktivität in der *Schwarzen Botin* Naturalisierungsmechanismen aufdecken und Möglichkeiten der Veränderung in Betracht ziehen. Sie verstehen sich vor allem als Kritik der Wissenschaft und der Produktion von Wissen in einer androzentrischen Gesellschaft. Treusch-Dieter ebenso wie Doenselmann im Sande und Haß werden allerdings keine sozialgeschichtlichen und ökonomischen Untersuchungen anstellen, sondern in fragmentarischer und kursorischer Form die Frage nach dem Begriff der Geschichte und der Möglichkeit eines Weltverhältnisses jenseits der Dichotomie von Kultur und Natur stellen.

Ende der 1970er Jahre verfassen Ilona Ostner und Elisabeth Beck-Gernsheim ihren Artikel „Frauen verändern, Berufe nicht? Ein theoretischer Ansatz zur Problematik von ‚Frau und Beruf'",[8] in dem sie die qualitativen Unterschiede von Haus- und Berufsarbeit thematisieren, wobei sie auf die subjektive Seite fokussieren. Sie prägen den Begriff vom „weiblichen Arbeitsvermögen"[9], der bis in die 1990er Jahre hinein Kontroversen hervorruft.

7 Werlhof 1982, 34–43.
8 Beck-Gernsheim/Ostner 1978, 257–287.
9 Die unterschiedlichen Diskussionsbeiträge um den Begriff „weibliches Arbeitsvermögen" sind dokumentiert bei Lenz 2010, 387ff.

Durch ihre Sozialisation, die mit der gesellschaftlichen Arbeitsteilung korrespondiere, entwickelten Frauen ein stärker bedürfnis- und gebrauchswertorientiertes Arbeitsvermögen, das auf eine „diffuse Ganzheit"[10] statt auf Spezialwissen orientiert sei und sich durch die Integration von Erfahrungswissen und die Adaption an verschiedene Anforderungen auszeichne, so die Verfechterinnen des Begriffs eines weiblichen Arbeitsvermögens.[11] In ihrer Promotionsschrift *Beruf und Hausarbeit. Die Arbeit der Frauen in unserer Gesellschaft* aus dem Jahr 1978, spricht Ostner von einer „weiblichen Kultur", die ihre subjektive Seite in den Fertigkeiten und Verhaltensweisen finde, die zur Erfüllung der reproduktiven Tätigkeiten im Haushalt von Frauen ausgebildet werden. Die im Haushalt ausgeübten Tätigkeiten werden von den Frauen, so Ostner, als schöpferische Erschaffung aufgefasst, weshalb die Autorin sie als „Kultur" bezeichnet.[12]

Im Jahr 1977 erscheint ein Bändchen mit dem Titel *Weibliche Produktivkraft – Gibt es eine andere Ökonomie? Erfahrungen in einem linken Projekt*,[13] das außerhalb des universitären Kosmos im Berliner Merve Verlag erscheint. Der Text ist die Reflexion der Autorin Merve Lowien – nach welcher der Verlag benannt ist – über den Versuch einer anderen Form des gemeinsamen Arbeitens jenseits der kapitalistischen Ausbeutung durch Lohnarbeit und vor allem jenseits der Arbeitsteilung in Kopf- und Handarbeit. „Weibliche Produktivkraft" ist für Lowien eine Form der Kommunikation, die bestimmt ist vom „Interesse-am-Anderen" und einer „lern- und lehrbereiten, kritisch-tätigen Geduld in den Arbeitstätigkeiten und deren Organisation".[14] Aufgrund dieser Eigenschaften richte sie sich gegen den Zwang zur Selbstbehauptung, welche der Selbstbestimmung der Einzelnen wie auch des Kollektivs zuwiderlaufe und diese sogar verhindere.[15] Die Autorin versteht „weibliche Produktivkraft" nicht als Eigenschaft von Einzelnen – auch nicht von einzelnen Frauen –, sondern als eine Art und Weise des Arbeitens und Kommunizierens, die das Kollektiv des Merve Verlags zeitweise teils bewusst, teils unbewusst entwickelt habe.[16] Das Attribut „weiblich" verwendet Lowien, weil es sich um Tätigkeits- und Kommunikationsqualitäten handelt, die in der „herrschenden Gesellschaftsformation" und ihrer geschlechtlichen Arbeitsteilung Frauen zugeordnet werden.[17] Merve Lowiens Schrift ist ein reflexiver Bericht über den Versuch, andere Arbeits- und Kommunikationsformen zu erproben, in

10 Becker-Gernsheim/Ostner 1978, 271.
11 Ebd.
12 Ostner 1978.
13 Lowien 1977.
14 Ebd. 55.
15 Ebd. 42.
16 Ebd. 55.
17 Ebd. 42.

denen das, was die Autorin als „weibliche Produktivkraft“ bezeichnet, sich entfalten und wirkmächtig werden soll. Das Unakademische des Erfahrungsberichts von Lowien teilen die Aufsätze zur weiblichen Produktivität in der *Schwarzen Botin.*[18]

Die feministische Bearbeitung des Themenkomplexes „Arbeit – Produktion – Vermögen“ ist facettenreich. Sie reicht von der ökonomiekritischen und soziologischen Erweiterung des Arbeitsbegriffs sowie den Untersuchungen zur vergeschlechtlichten Arbeitsteilung und der Entwicklung vergeschlechtlichter Arbeitsvermögen, über die methodische Reflexion der Soziologie und Geschichtswissenschaft bis hin zur Selbstreflexion linker Praxis zum Aufbau neuer Arbeits- und Kommunikationsformen. Zeitgleich entsteht ein kulturtheoretischer Diskussionsstrang. Zu ihm zählen die Aufsätze von Gerburg Treusch-Dieter, Petra Doenselmann im Sande und Ulrike Haß. Weibliche Produktivität als schöpferisches Vermögen wird auch in der *Schwarzen Botin* thematisch werden – allerdings anders als es Ilona Ostner und Elisabeth Beck-Gernsheim im Begriff des „weiblichen Arbeitsvermögens“ umreißen. Bei den Aufsätzen von Treusch-Dieter, Doenselmann im Sande und Haß handelt es sich weder um soziologische Analysen noch um einen Begriff von Kultur, der aus einem soziologischen Selbstverständnis entwickelt wird. Sie werfen einen geschichtsphilosophisch spekulativen Blick auf die Geschichte weiblicher Produktivität.

Neben der *Schwarzen Botin* sind es die schon genannte Zeitschrift *Ästhetik und Kommunikation* sowie der Aufsatzband *Weiblich-Männlich. Kulturgeschichtliche Spuren einer verdrängten Weiblichkeit*, herausgegeben von der Sozial- und Erziehungswissenschaftlerin Brigitte Wartmann, die Anfang der 1980er Jahre weibliche Produktivität aus einer kultur- und geschichtstheoretischen Perspektive thematisieren.[19] Zwischen den Zeitschriften und dem Sammelband bestehen enge inhaltliche und personelle Bezüge: Gerburg Treusch-Dieter gehört zu dieser Zeit zur festen Redaktion von *Ästhetik und Kommunikation*, während Ulrike Haß zusammen mit Brigitte Wartmann die Heftredaktion der 47. Ausgabe verantwortet, zusammen mit Andrea Kuhn und Ju Tapken.[20] In Wartmanns Sammelband von 1980 veröffentlichen neben der Herausgeberin ebenfalls Autorinnen der *Schwarzen Botin* wie

18 Zu Lowiens Buch siehe auch Dingler 2018, 107–110.

19 Brigitte Wartmann ist in den 1980er Jahren an der Technischen Universität Berlin als wissenschaftliche Mitarbeiterin in der Sozial- und Erziehungswissenschaft tätig und verfasst 1986 eine Dissertation mit dem Titel *Herrschaftsformen des Patriarchats. Weibliche Produktivität und kulturelle Deutungen*, siehe Gehrke, Claudia/Treusch-Dieter, Gerburg/Wartmann, Brigitte (1984): Frauen Macht, Konkursbuch 12, Tübingen, 253.

20 Ju (Jutta) Tapken promoviert 1982 mit einer Arbeit zu *Elemente einer Theorie weiblicher Subjektivität* an der Freien Universität Berlin. Andrea Kuhn arbeitet zur Sozialisation durch Kinder- und Jugendliteratur.

Gerburg Treusch-Dieter, Eva Meyer, Ginka Steinwachs, Margarethe Huber und Edith Seifert, wobei einige der Aufsätze Wiederabdrucke von Beiträgen aus der Zeitschrift sind.[21] Was verhandeln die Autorinnen unter dem Schlagwort weiblicher Produktivität? Welche Fragen und Probleme feministischer Kritik werden hier bearbeitet? Wie gehen die Autorinnen vor?

Die kulturtheoretische Perspektive: Wie weibliche Produktivität denken?

Das Editorial zum Schwerpunktheft „Weibliche Produktivität" enthält Fragen und Thesen, mit denen sich die Redakteurinnen Wartmann, Haß, Kuhn und Tapken während der Planung der Ausgabe an die Autorinnen gewandt haben.[22] Da die Beiträge von Treusch-Dieter sowie von Doenselmann im Sande und Haß in der *Schwarzen Botin* Weiterführungen der Aufsätze aus *Ästhetik und Kommunikation* darstellen, beziehen auch sie sich auf die aufgeworfenen Fragen und Probleme, weshalb ich kurz auf das Editorial eingehen werde.

Brigitte Wartmann resümiert im ersten Teil des Editorials die Arbeit an der Ausgabe zum Schwerpunkt weibliche Produktivität. Sie hebt auf die Schwierigkeit ab, Gegenstand und Begriff weiblicher Produktivität zu bestimmen, und schreibt:

> „Das Fazit unserer im Lauf der fast einjährigen Vorbereitung zu diesem Heft gemachten Erfahrung ist: daß die Frage nach der ‚weiblichen Produktivität' entweder – noch vor allem Denken – Phrase um Phrase bereitsteht, oder aber – trotz allem Denken – die Sprache im Unbenannten enden läßt. Die Bezeichnung weibliche Produktivität selbst gibt Auskunft über diesen Widerspruch. Sie ist ein ‚Zwitter', der sich aus der Kreuzung von Namenlosem und vorgefertigtem Begriff ergab, den wir schließlich als ‚symptomatisch' akzeptierten. Es ist eine Bezeichnung, die sowohl ein Tun meint, das keine Spuren in der Form gültiger Objektivität hinterläßt, wie ein Tun, das ganz im Objekt, im Produkt verschwindet."[23]

Wartmann umreißt weibliche Produktivität in paradoxen Bestimmungen: Zu ihrer Beschreibung scheinen nur abgegriffene, nichtssagende, phrasenhafte Aussagen und Begriffe bereit zu stehen. Nichtssagend und phrasenhaft werden Aussagen, wenn sie keinen Bezug zur Erfahrung haben, sondern entleert sind. Zugleich – oder genau deswegen – bleibt das, was bezeichnet werden soll, ohne Worte, ende im „Unbenannten". Keine Vergegenständlichung, kein Gegenstand ermöglichen es, auf eine vorangegangene wirkmächtige

21 So die Aufsätze von Gerburg Treusch-Dieter und Eva Meyer, siehe Treusch-Dieter, Geburg (1980): Warum ist das Chaos weiblich?, in: Die Schwarze Botin 16, 9–25 und Meyer, Eva (1980): Vorspiel – Annäherung an eine andere Schreibweise, in: Die Schwarze Botin 14/15, 6–12.

22 Haß/Kuhn/Tapken/Wartmann 1982, 5ff.

23 Wartmann 1982, 4.

Handlung und Herstellung zu schließen, die einem Vermögen entspringt, das als weibliche Produktivität erscheint. Zugleich – oder genau deswegen – lässt sich kein Subjekt bestimmen, das dieses Vermögen verkörpert. Entwirft Wartmann ihr Thema zunächst als unzugängliches Unding, so wendet sie im anschließenden Satz ihre eigenen Überlegungen und eröffnet die Perspektive auf die Zukunft:

> „Gleichzeitig schien uns dieses ‚Weder-noch' oder ‚Sowohl-als-auch' den Begriff nicht nur für die Dimension des Unsagbaren, sondern auch für die des Noch-nicht-Sagbaren offenzuhalten. Wir setzen also auf den Schwebezustand dieses Begriffs."[24]

Die Frage, wie weibliche Produktivität zum Gegenstand der Erkenntnis, des Denkens und Begreifens werden könne, enthält Wartmann zufolge die Dimension, zu antizipieren, was noch nicht ist, aber werden könnte. So schreibt sie, das Unterfangen bestehe darin, zu fassen, „was neu gedacht und benannt werden" müsse.[25] Die Aufgabe, eine „neue Sichtweise über eine Form von Produktivität [...], die kulturell an das Weibliche geknüpft worden ist", zu finden, hatte Wartmann schon in ihrem Aufsatz „Verdrängung der Weiblichkeit aus der Geschichte. Bemerkungen zu einer ‚anderen' Produktivität der Frau", erschienen 1980 im Sammelband *Weiblich-Männlich. Kulturgeschichtliche Spuren einer verdrängten Weiblichkeit* formuliert.[26] Das Problem der Erkenntnis, wie sie in der Formulierung „etwas neu denken" und „eine neue Sichtweise entwickeln" angedeutet ist, findet sich auch im Fragenkatalog, der an die Autorinnen des Schwerpunkthefts verschickt wurde. Die Redakteurinnen fragen, ob es möglich sei, die „weibliche Produktivität an sich selbst" zu erfassen, oder ob der Weg der Erkenntnis über das Erfassen der „sozialen und historischen Determinationen, der sie unterliegt", – also über die Erkenntnis der Bedingungen – verlaufen müsse.[27] Sie vermuten einen historischen Index der Erkenntnismöglichkeit, wenn sie überlegen, ob die *Frage* nach der weiblichen Produktivität ein „Reflex" auf die soziale und reproduktionstechnologische Entwicklung im 20. Jahrhundert sei. Die Frau werde durch die verbesserte Möglichkeit der Empfängnisverhütung und die zunehmende juristische Gleichstellung von der Funktion befreit, „Hüterin der Sittlichkeit"[28], Statthalterin und Verantwortliche für die biologische Fortpflanzung der menschlichen Gattung zu sein – eine Funktion, die selbstverständlich gesellschaftlich kulturell ist, allerdings bisher naturalisiert wurde und als biologische und natürliche Funktion der Frau erschien. Die Redakteurinnen formulieren ihre Frage allerdings offen. Sie wollen von den Beiträgerinnen

24 Ebd.
25 Ebd.
26 Wartmann 1980 10.
27 Haß/Kuhn/Tapken/Wartmann 1982, 5.
28 Ebd. 6.

ihrer Ausgabe wissen, ob die Möglichkeit, weibliche Produktivität überhaupt und losgelöst von Mutterschaft zu thematisieren, diese Entwicklung bloß widerspiegelt. Wobei ihre Formulierungen nahelegen, dass sie mit „Reflex" eine bloß passiv erlebte, nicht von den Subjekten angeeignete und gestaltbare Situation meinen. Diese Vermutung konfrontieren sie mit ihrem Gegenteil und fragen, ob es sich statt um einen „Reflex [...] ohne Freiheit" um die historische Möglichkeit handelt, weibliche Produktivität „erst eigentlich auf ihren Nenner" zu bringen – wobei sie offen lassen, worin dieser „Nenner" bestehen könnte.[29] Zur Diskussion stellen die Redakteurinnen nichts weniger als die Frage nach der Möglichkeit der Subjektwerdung derer, die bisher unter dem Bann der als naturhaft verstandenen Weiblichkeit standen – einer naturhaften Weiblichkeit, die zwar als hervorbringende, aber abgewertete reproduzierende Objekt-Natur und nicht als arbeitendes, produzierendes Subjekt gedacht wurde.

Zum Abschluss ihrer Fragen kommen die Redakteurinnen auf ein mögliches utopisches Potenzial weiblicher Produktivität zu sprechen und wollen von den Heftbeiträgerinnen wissen, ob jene „Momente von Gegenproduktivität"[30] enthalte. Angesprochen ist hier die Annahme, das kulturgeschichtlich „‚unproduktive' Tun der Frau" folge einer anderen Logik, die sich nicht einspeisen und vereinnahmen lasse von einer androzentrischen, instrumentellen Logik der „Verwertbarkeit"[31] der kapitalistischen Produktionsweise. Auch hier setzen sie gleich einen Einwand dagegen und fragen, ob die hoffnungsvolle Vorstellung einer „unverwerteten weiblichen Produktivität" nicht doch eine bloße „geschichtsphilosophische Schablone" sein könne, die nur dazu diene, eine hoffnungsvolle, noch nicht vereinnahmte Andersheit denken zu können. In den beiden Aufsätzen in der 18. Ausgabe der *Schwarzen Botin* werden Fragen und Motive des Editorials aufgegriffen und weiterbearbeitet.

15.2 Gerburg Treusch-Dieters Interpretation weiblicher Produktivität[32]

Die Konstruktion einer spekulativen Kulturgeschichte

In der *Schwarzen Botin* wird der letzte Teil des Aufsatzzyklus von Gerburg Treusch-Dieter veröffentlicht, der in *Ästhetik und Kommunikation* begonnen und 1983 in einer eigenständigen Monografie mit dem Titel *Wie den Frauen der Faden aus der Hand genommen wurde. Die Spindel der Notwendigkeit* publiziert wird. Der Aufsatz „Die drei Spinnerinnen. Ein Industriemärchen" aus der *Schwarzen Botin* Nummer 18 hebt an mit der Wiedergabe des Märchens „Die drei Spinnerinnen". Das Märchen erzählt von einem jungen Mäd-

29 Ebd.
30 Ebd. 7.
31 Ebd.
32 Zu diesem Kapitel siehe Lux 2020.

chen, das weder spinnen will noch spinnen kann, aber für die Königin drei Kammern voll Flachs spinnen und zum Lohn den Prinzen zum Gemahl erhalten soll. Zum Glück des Mädchens kommen ihm drei Spinnerinnen zu Hilfe, die die Spinnarbeit übernehmen und ihm so aus der Bredouille helfen. Treusch-Dieters Aufsatz ist die Interpretation des Märchens, die zugleich die Thematisierung weiblicher Produktivität in der und als Kulturgeschichte ist. Die Interpretation beginnt – grafisch abgesetzt in einer zweiten Spalte neben dem Märchentext – mit einer sozialgeschichtlichen Einbettung des Märchens in das 18. Jahrhundert, in eine Zeit, zu der die Herausbildung der kapitalistischen Produktionsweise und der staatlich kontrollierten Spinnhäuser beginnt.[33] Inhaltlich erschließt sich der Aufsatz nur als Teil der Aufsatzreihe, wobei vor allem der erste Part den letzten erhellt.[34]

Im ersten Teil der Aufsatzreihe widmet sich Treusch-Dieter dem Mythos von der Spindel der Notwendigkeit, wie Platon ihn in den letzten Kapiteln der *Politeia* wiedergibt. Welcher Zusammenhang besteht zwischen einem Märchen, das mutmaßlich Erfahrungen aus der Mitte des 18. Jahrhunderts verarbeitet, und einem antiken Mythos? Sowohl das Märchen von den drei Spinnerinnen als auch der Mythos von der Spindel der Notwendigkeit thematisieren die Tätigkeit des Spinnens. Das Spinnen sei, so Treusch-Dieter, das Paradigma weiblicher Produktivität, da Frauen bis zur Erfindung der Spinnmaschine 1764 die Aufgabe des Spinnens übernommen haben.[35] Das Bild der Spindel stehe in Platons Mythos für einen Anfang: Die Spindel der Notwendigkeit spinne die Lebensfäden der Seelen, weshalb in ihm Wiedergeburt und Leben gedacht werden. Auch am Anfang der Entstehung der industriellen, kapitalistischen Produktionsweise spiele das Spinnen eine Rolle, wie Friedrich Engels Schrift *Die Lage der arbeitenden Klasse in England* (1845) zeige. In der Erfindung der Spinnmaschine „Spinning Jenny" sehe Engels den epochalen Einschnitt verkörpert, der eine neue Art und Weise zu produzieren hervorbringe: Mit ihr finden die feudale Produktionsweise und ihre Zeit ein Ende und die kapitalistische Produktionsweise und ihre Zeit werden eingeläutet.[36] Beide verhandeln im Bild des Spinnens einen Anfang. Zwischen diesen beiden historisch so weit auseinanderliegenden Zeiten konstruiert die Autorin eine „Denkverbindung"[37], hergestellt über die Thematisierung des Spinnens als Paradigma weiblicher Produktivität.

33 Treusch-Dieter 1983b, 23f.

34 Das Märchen und Treusch-Dieters Deutung haben Facetten, auf die ich nicht eingehen werde, wie beispielsweise die Beschreibung der Körper der Spinnerinnen, die durch die Spinnarbeit deformiert sind. Auch werde ich auf den zweiten Teil – die Deutung des Märchens „Die faule Spinnerin" aus *Ästhetik und Kommunikation* 47 – nicht eingehen.

35 Treusch-Dieter o. J. 12.

36 Ebd.

37 Ebd. 11.

Vor dem Hintergrund der eingangs dargestellten sozialgeschichtlichen und soziologischen Theorien zu weiblicher Tätigkeit und Arbeit wird Treusch-Dieters andersgearteter Umgang mit Geschichte und dem historischen Material deutlich. Eine über Jahrhunderte, unterschiedliche politische Systeme und verschiedene ökonomische Produktionsweisen hinweg gespannte Konstruktion kümmert sich wenig um eine Vorstellung von Wissenschaftlichkeit, die sich an einer sozialwissenschaftlichen oder naturwissenschaftlichen Methodik orientiert. Treusch-Dieters Vorgehen fasse ich als eine spekulative, kulturtheoretische Geschichtskonzeption, die Elemente von Hélène Cixous', Julia Kristevas und Luce Irigarays dekonstruktivem Denken aufnimmt. [38]

Die Wahl des Materials

Im Folgenden werde ich mich Treusch-Dieters Geschichtskonzeption widmen. Zunächst stellt sich die Frage, warum eine feministische Theoretikerin Anfang der 1980er Jahre ein Märchen als Grundlage für ihre Reflexionen zum Thema weibliche Produktivität wählt. Die Autorin wählt ein Märchen aus, das von der Tätigkeit des Spinnens erzählt. Das Spinnen sei – so Treusch-Dieter – das „Paradigma weiblicher Produktivität"[39]. Weibliche Produktivität werde aber „aus dem Bereich der Geschichte in den der Geschichten, der Unwirklichkeit" verwiesen, da die „reale Geschichte […] ohne sie auszukommen scheint".[40] Die Spinnerin wiederum sei „eine Märchenfigur par excellence. Als ob es sie nie wirklich gegeben hätte."[41] Statt in der Geschichte sucht Treusch-Dieter also in Geschichten und Märchen, die sie als Orte der Unwirklichkeit bezeichnet, nach Erzählungen vom Spinnen. So stellt sie erstens der realen Geschicht*e* die Geschicht*en* gegenüber. Angesprochen ist damit eine Diskussion in der Frauenbewegung um Geschichtsschreibung. Im Zuge dieser Debatte wurde der Ausschluss der Frauen als handelnde Subjekte aus der Geschichtsschreibung kritisiert. Die Gegenüberstellung der Begriffe Geschichte und Geschichten im Text von Treusch-Dieter verweist auf die Frage, was überhaupt als intelligible Geschichte gilt – und was nicht. Damit werden die Entstehungsbedingungen und die Konstituierung von Geschichte als Sinnhorizont von Theorie und Praxis befrag- und kritisierbar. Zweitens verknüpft sie einen Wissensinhalt – das Spinnen – mit einer bestimmten Wissensform: Das Spinnen wird in der Märchenform erzählt. Diese Wissensform Märchen bringt sie in einen Gegensatz zu dem,

38 Zu Treusch-Dieters eigentümlichem, scharfsinnig kreativem Denken siehe Samsonow, Elisabeth von (2014): Die wilde Höhle der Kalypso, umpflanzt mit Petersilie. Andenkend zu Gerburg Treusch-Dieters Denken, in: Treusch-Dieter, Gerburg: Ausgewählte Schriften, hrsg. von Futscher, Edith et al. Turia+Kant, Berlin/Wien, 11–18.

39 Treusch-Dieter o. J. 12.

40 Ebd. 11.

41 Ebd. 12.

was sie „die Geschichte“ nennt. Geschichte und Geschichten unterscheiden sich hier durch ihren Wirklichkeitsgehalt: Das Märchen ist die Wissensform, in der „Unwirkliches“ seinen Ort hat. Ein Märchen erzählt demnach von Dingen und Geschehnissen, von denen unklar ist, ob es sie gegeben hat, ob sie stattgefunden haben und ob das Erzählte wirklich wahr ist oder nicht. Wissensform und Wirklichkeitskonstituierung werden also verknüpft: Was in bestimmten Formen erzählt wird – zum Beispiel in der Märchenform –, dem scheint ein geringerer Wirklichkeitsgehalt zuzukommen als dem, was in anderen Wissensformen weitergegeben wird.

Die Spinnerin und die Tätigkeit des Spinnens finden demnach nur als das Unwirkliche, als die Rückseite der Wirklichkeit, Eingang ins Wissen – und auch nur in bestimmte Wissensformen, die eben als Orte des Unwirklichen fungieren. Ein Märchen als Material zu wählen, heißt somit, bewusst eine Wissensform zu wählen, deren Wirklichkeits- und Wahrheitsgehalt fraglich scheint. Die feministische Kritik, die hier entwickelt wird, lässt sich zunächst als Kritik der Wissensformen verstehen und damit einhergehend als Kritik der Anerkennung und Aberkennung, was „wirkliches Wissen“ und „Wissen über die Wirklichkeit“ ist. Indem Treusch-Dieter Märchen und einen Mythos als Material wählt und sie in einen Zusammenhang stellt, erweitert sie das Feld möglicher Wissensformen.

Kritik der Entwirklichung und Verhimmelung weiblicher Produktivität

Im ersten Teil der Aufsatzreihe interpretiert Treusch-Dieter Platons Wiedergabe des Mythos von der Spindel der Notwendigkeit. Im Mythos sieht sie einen Mechanismus am Werk, der weibliche Produktivität entwirkliche und naturalisiere. Um diesen Mechanismus aufzudecken, arbeitet sie das heraus, was in Platons Beschreibung verschwiegen wird und ungereimt bleibt.

In Platons Mythos werde das Zwischenreich zwischen Tod und Geburt als „Produktionsstätte“[42] des Menschen, des menschlichen Seins, beschrieben, in dem die Seelen auf ihre Wiedergeburt warten. Hier befinde sich eine Spindel, die von den drei Schicksalsgöttinnen, den Moiren Lachesis, Klotho und Atropos, bewegt werde. Zugleich *seien* die drei Göttinnen die Spindel, weshalb keine Differenz bestehe „zwischen dem, was sie tun, und dem was sie sind“[43]. Das Tun und Sein der Schicksalsgöttinnen bestehe nun darin, die Lebensfäden der Seelen zu spinnen und sie so mit einer „Grundausstattung“[44] zu versehen. Treusch-Dieters Text legt das Augenmerk darauf, dass etwas in Platons Beschreibung der Bewegung der Spindel, am Tun der Schicksalsgöttin nicht aufgeht. Die Schicksalsgöttinnen spinnen, aber Wesentliches fehle: Weder gebe es ein Werg – noch unversponnenen, aber schon bearbeiteten

42 Ebd. 17.
43 Ebd. 16.
44 Ebd. 17.

Flachs –, aus dem das Garn entstehe, noch einen Faden, ein Produkt, das durch die Tätigkeit produziert werde. In Platons Bild fehlen demnach Anfang und Ende, Ausgangsmaterial und produziertes Resultat der Tätigkeit. Ohne Anfang und Produkt werde die Bewegung der Spindel aber zum „reine[n] Naturgeschehen" gemacht, weshalb sie auch „keine geschichtliche Relevanz" erhalte.[45] Sie werde als „bloßes Tun", nicht als Tätigkeit vorgestellt, da sie keine „Objektivation in der Zeit" erreiche.[46]

Nun geht es im Mythos von der Spindel der Notwendigkeit nicht um irgendeine Produktion von irgendeinem Gegenstand, sondern um die Wiedergeburt der Seelen, um die Produktion des Seins der Seelen. Da Platon die Tätigkeit des Spinnens zum bloßen Naturgeschehen ohne Resultat mache, könne die Spindel der Notwendigkeit zwar den Lebensfaden spinnen, nicht aber den Seelen ein Sein verleihen, „obwohl sie alles Leben und alles zum Leben Notwendige"[47] erzeuge. Daher führe er einen Gott ein, der die Seelen ins Diesseits eintreten lasse. Treusch-Dieter interpretiert Platons Text als Konstruktion einer doppelten Geburt der Seelen, eines doppelten Anfangs des Seins. Das Spinnen erscheine als eine Bewegung und „immerwährende Rotation"[48], durch die eine lebensnotwendige Bedingung des menschlichen Lebens *entstehe*, ohne dass es dieses Leben aber *erzeuge*. Treusch-Dieters Text zielt auf die Aufdeckung dessen, was verschwiegen und in ein unwirkliches Zwischenreich zwischen Leben und Tod, Sein und Nichtsein verschoben werde. Die Funktionsweise des Mythos von der Spindel der Notwendigkeit sei die Entwirklichung der weiblichen Produktivität. Dies vollziehe sich, indem der Mythos sie zum indifferenten Naturprozess ohne Vergegenständlichung mache und zur Wirkungslosigkeit verdamme, da ihr abgesprochen werde, durch ein Resultat, ein neues Produkt, eine Entäußerung oder Vergegenständlichung auf die Wirklichkeit einzuwirken.

In Platons Darstellung der Bewegung der Spindel der Notwendigkeit, die die „Grundbedingung allen Seins" sei, zugleich aber „kein Sein" hervorbringe, findet Treusch-Dieter den „Inbegriff der weiblichen Produktivität"[49] beschlossen. Warum aber, so fragt sie, werde die weibliche Produktivität – dargestellt im Spinnen – gebannt zwischen der Leugnung im Diesseits und einer wirkungslosen Verhimmelung im Jenseits im Bild der Schicksalsgöttinnen? Sie schreibt dazu: „Warum dieses Erkenntnisverbot gegenüber der weiblichen Produktivität, das sie als Kunde nur aus dem Jenseits zuläßt? Nur als mündliche, gerüchteweise Kunde, von der keineswegs sicher ist, ob sie auf Wahrheit beruht?"[50] Und sie erwidert: „Prinzipielle Antwort: Aufgrund

45 Ebd. 19.
46 Ebd.
47 Ebd. 18.
48 Ebd.
49 Ebd.
50 Ebd. 19f.

der *umfassenden Abhängigkeit* von dieser Produktivität."[51] Die Abhängigkeit beruhe sowohl in der über Jahrhunderte notwendigen, existenzsichernden Arbeit des Spinnens wie in der Fähigkeit der Frau, Kinder zu bekommen. So schreibt Treusch-Dieter:

> „Die Spindel [als Bild für die Tätigkeit der existenzsichernden Arbeit des Spinnens, K. L.] bildete die Grenze zwischen Mann und Frau, der eine andere Grenze korrespondierte: Die Fähigkeit der Frau, Kinder zu kriegen."[52]

Die Leugnung der Abhängigkeit vollziehe sich durch die Depotenzierung der weiblichen Produktivität im „Blick und Wissen des Mannes"[53]. Allerdings vereint der Mythos Leugnung und Erinnerung, denn, so Treusch-Dieter: „Nur was bekannt ist, kann geleugnet werden."[54] Trotz der Naturalisierung und Entwirklichung bewahre der Mythos das Wissen um die weibliche Produktivität, wenn auch in entwirklichter Form. Treusch-Dieters Kritik zielt darauf, zu zeigen, dass Platons Konzeption des Seins als Prototyp des „Blicks und Wissens des Mannes" auf einer verschwiegenen Voraussetzung beruht: auf der Abhängigkeit des menschlichen Seins von der weiblichen Produktivität.

In ihrem Vorgehen bringt Treusch-Dieter zwei Theoriestränge und zwei Methoden zusammen: eine an Karl Marx' Religionskritik orientierte Ideologiekritik und ein an Luce Irigarays Philosophiekritik orientiertes, dekonstruktives Verfahren. Marx konstatiert in seinen Thesen über Feuerbach, dass sich Philosophie und Religion als ein „selbständiges Reich" des *reinen Geistes* vorstellen und sich von ihrer „weltliche[n] Grundlage" abheben.[55] Die Kritik zielt auf die Vorstellung, der Geist entstehe gleichsam aus sich selbst und lasse sich aus sich selbst erklären. Marx zufolge ist diese gedankliche Verselbständigung „aus der Selbstzerrissenheit und dem Sichselbst-Widersprechen dieser weltlichen Grundlage zu erklären"[56]. Treusch-Dieter bezieht sich in ihrem 1989 unter dem Titel „Geschick und Schicksal. Die parthenogene Maschine der Moira" publizierten Aufsatz, in dem sie den Aufsatzzyklus zur Spindel der Notwendigkeit reflektiert, explizit auf Marx' und Engels' Religionskritik.[57] Sie schreibt, dass die „Entwirklichung und Leugnung" der sinnlichen Tätigkeiten, wie sie in der Philosophie Platons anzufinden sei, von Marx als „innerster Funktionsmechanismus der Metaphysik herausgearbeitet" werde.[58] Dass die Autorin ihre feministische Kritik in Anlehnung

51 Ebd.
52 Ebd. 26.
53 Ebd.
54 Ebd.
55 Marx 1969, 5.
56 Ebd.
57 Treusch-Dieter 2014b, 407–440.
58 Ebd. 410.

an Marx' Philosophiekritik entwirft, zeigt sich auch in ihrer Interpretation von Platons Hinweis, dass die Spindel im Zwischenreich genauso aussehe wie die, mit der im Diesseits gearbeitet werde:

> „Nur weil es die Spindel im Reich vor dem Tod und nach der Geburt [also im Diesseits, K. L.] in der Hand unzähliger Frauen gibt, kann die Spindel im Reich nach dem Tod und vor der Geburt beschrieben werden."[59]

Vor diesem Hintergrund kommt die Autorin in ihrer Analyse der Spindel der Notwendigkeit zu dem oben beschriebenen Schluss, dass der ganze Aufbau des platonischen Mythos von den spinnenden Schicksalsgöttinnen dazu führt, die leibliche, sinnlich-materielle Abhängigkeit der Menschen von der weiblichen Fähigkeit, Leben zu gebären, und von der existenzsichernden Tätigkeit des Spinnens zu leugnen. Die Leugnung vollzieht sich durch die Behauptung der *Unabhängigkeit* des Seins von der weiblichen Produktivität: Das wirkliche Sein wird als unabhängig von den Schicksalsgöttinnen konstruiert. Der Unterschied zwischen Treusch-Dieters geschichtsphilosophischer Kritik und Marx' *materialistischer* Metaphysikkritik besteht darin, dass Marx die Bewusstseinsformen und -inhalte aus der „weltlichen Grundlage" erklärt, während Treusch-Dieter die Logik der Bewustseinsformen auseinandernimmt, ohne sie aus der materiellen Reproduktion und Produktion des gesellschaftlichen Seins zu entwickeln.

Gerburg Treusch-Dieter ist, neben Xenia Rajewsky, Gabriele Ricke und Regine Othmer, eine der Übersetzerinnen von Luce Irigarays einflussreichem Werk *Speculum de l'autre femme*, das 1980 unter dem Titel *Speculum. Spiegel des anderen Geschlechts* im Suhrkamp Verlag auf Deutsch erscheint. Die Schrift ist die Kritik einer abendländischen Philosophie, die nicht nur die Selbständigkeit des Geistes, sondern auch dessen Erhabenheit über jede Sinnlichkeit implizit oder explizit behauptet. Irigarays dekonstruktive Durchquerung des philosophischen Diskurses spürt die verschwiegenen Voraussetzungen der behaupteten Autonomie des denkenden Geistes auf – unter anderem in Platons Höhlengleichnis. Treusch-Dieters Orientierung an Luce Irigarays Kritik des philosophischen Diskurses möchte ich im Folgenden anhand von zwei Textverfahren aus dem Aufsatz „Die drei Spinnerinnen" aufzeigen.

Die drei Spinnerinnen – *Fragen, Gegenbegriffe, Verschiebungen*

Ich möchte im Folgenden auf Textgestaltung und -verfahren des Aufsatzes „Die drei Spinnerinnen. Ein Industriemärchen" zu sprechen kommen. Treusch-Dieter greift den Moment auf, an dem die Spinnerinnen mit dem Spinnen anheben. Die Autorin beschreibt nicht nur die Tätigkeit der drei, sie empfindet das Spinnen sprachlich nach:

> „Die eine tritt, tritt das Pedal, das das Rad dreht, das die Spindel dreht. Links zieht sie den Faden aus, den die andere leckt, leckt, während der

59 Treusch-Dieter o. J. 13.

> Fuß der ersten weitertritt, der das Rad dreht, das den Faden drillt, drillt, drillt, bis ihn die Spindel aufwickelt, die die dritte abwickelt, dreht, dreht, Zahl um Zahl Garn abschlägt, einmal, zweimal, dreimal und so weiter schlägt, mit dem Daumen in das Treten, Treten, Lecken, Lecken, Ziehen, Drillen, schlägt, Wickeln, Wickeln, Drehen, Drehen, schlägt, mit dem Daumen."[60]

Die Rhythmik des Textes ahmt die Rhythmik der Bewegung der Spinnerinnen und des Spinnrads nach. Das Surren des Spinnrads wird geradezu hörbar. Dieser kurze Abschnitt durchbricht die theoretische Analyse der Autorin, bringt – wird der Text laut gelesen – ein sinnlich erlebbares Moment ein. Es ist nicht die inhaltliche Dimension dieser Sätze, die ohnehin eine merkwürdige Syntax aufweisen, sondern die phonetische Gestaltung, die dem Text etwas hinzufügt. Diese textliche Gestaltung erweitert die Analyse um etwas, das in Begriffen ausgedrückte Theorie nicht einholen könnte. Sie erinnert an die phonetische Schreibweise von Ginka Steinwachs sowie an die Reflexionen von Hélène Cixous und Julia Kristeva über die sinnliche, körperliche Dimension von Sprache. Treusch-Dieter integriert diese sinnliche Dimension in ihre Theoriebildung. Wenn nun Treusch-Dieter in ihre Abhandlung die lautmalerische Nachahmung der zirkulären Bewegung der Spindel einbaut, so erinnert das auch an Luce Irigarays Anliegen, die verborgene „Seite des ‚Sensiblen', der ‚Materie'"[61] sichtbar zu machen. Denn bevor noch das Märchen erzählt werden kann, bevor Platon den Mythos von der Spindel der Notwendigkeit wiedergeben kann, bevor also eine gedankliche Abstraktion sich vollzieht, die sich in Begriffen und begrifflicher Theorie manifestieren kann, beginnen die Spinnerinnen mit ihrer Tätigkeit und summt das Spinnrad.

Zu diesem Textverfahren tritt ein weiteres hinzu, das sich – wie sich zeigen wird – komplementär zur Textgestaltung des zweiten Aufsatzes von Petra Doenselmann im Sande und Ulrike Haß verhält, der in der 18. Ausgabe der *Schwarzen Botin* das Thema weibliche Produktivität verhandelt. Nach der knappen sozialgeschichtlichen Einbettung des Märchens kommt Treusch-Dieter auf die Figur der drei Spinnerinnen zu sprechen, die für das Mädchen den Flachs spinnen. Sie schreibt:

> „Wer sind die drei Weiber, mit denen das Ungewöhnliche der ganz gewöhnlichen Geschichte dieses Märchens beginnt? Sind sie 3 Spinnhausinsassinnen? […] kommen sie aus dem Zwischenreich, wo die Wiedergeburtsspindel steht, die die Schicksalsgöttinnen […] treiben und sind […]? Kommen sie, die Fremden von außen, zugleich aus dem Inneren der mythischen Gegenwart einer Vergangenheit, die sie als diejenigen, die die lebensnotwendige Ausstattung lieferten, immer schon entwirklichte? Oder kommen sie, die aus jedem Märchen Bekannten, zu-

60 Treusch-Dieter 1983b, 24.

61 Irigaray 1979a, 78.

> gleich aus der realen Gegenwart eines Hof-Staats, der sie als diejenigen, die die ‚Menge des gesponnenen Garns' für die Luxusindustrie zu liefern haben, negiert? Sind sie auf doppelte Weise entstellt: durch ihre Entwirklichung in der Geschichte und durch die Realität ihrer gegenwärtigen Arbeit? Ist das Außerhalb der Realität dieses Hof-Staats zugleich sein innerster Ort, der Ort seiner neuen ‚Spindel der Notwendigkeit'?"[62]

Die Autorin stellt Fragen, die sie durch Nebensätze weiter ausführt und die so mögliche Antworten beinhalten. Sie fragt, wer die „drei Weiber" seien, und führt ihre Frage durch den Nebensatz weiter aus – mit ihnen verbinde sich etwas Ungewöhnliches im Gewöhnlichen. In den weiteren Bestimmungen sind schon Teile einer Antwort enthalten: Sie sind gewöhnliche Spinnhausinsassen und ungewöhnliche Schicksalsgöttinnen. Die (Teil-)Antwort beinhaltet den Umkreis möglicher Bedeutungen, der zur Bestimmung der Figuren und der Geschehnisse in Betracht gezogen wird.[63] Dieser Umkreis möglicher Bedeutungen wird wiederum umrissen durch einen weiteren methodischen Schritt der Autorin – durch die Gegenüberstellung von Gegensätzen: gewöhnlich/ungewöhnlich, fremd/bekannt, außen/innen, Gegenwart/Vergangenheit, Märchen/reale Gegenwart, Geschichte/Mythos. Treusch-Dieter zerlegt die Figuren der drei Spinnerinnen, sie legt auseinander, was sie bedeuten können im Text des Märchens und über den Text hinaus in seinem historischen Zusammenhang der beginnenden Industrialisierung und der Zeit der Spinn- und Arbeitshäuser. Die Textstelle spielt mit möglichen Bedeutungen, indem durch Fragen die Gegensatzpaare aufgerufen werden, eine eindeutige Festlegung auf eine Bedeutung aber ausbleibt und so der Umkreis möglicher Bedeutungen über die Gegensatzpaare hinaus erweitert wird.

Die Wiederholung des mythischen Geschichtsdenkens

Durch ihr Verfahren bringt Treusch-Dieter Platons Mythos von der Spindel der Notwendigkeit in einen Dialog mit dem Märchen und sieht in den drei Spinnerinnen, die dem Mädchen zur Hilfe eilen, die Wiederkehr der drei Schicksalsgöttinnen – die Töchter der Notwendigkeit. Die „mythische Gegenwart einer Vergangenheit"[64], verkörpert in den Göttinnen-Spinnerinnen, ist so das Fortbestehen der Entwirklichung weiblicher Produktivität. Die Entwirklichung deutet Treusch-Dieter als eine doppelte: Die Tätigkeit, durch die bei Platon die Grundausstattung der Seelen – die Bedingung menschlichen Seins – produziert wird, ist sowohl aus der Geschichte getilgt als auch in der Produktionsweise der Gegenwart des Märchens nicht präsent. Die Gegenwart des Märchens bestimmt die Autorin als Übergang zur industriellen, ka-

62 Treusch-Dieter 1983b, 23f.

63 Zur Eröffnung neuer Interpretationshorizonte durch Befragung siehe Bossinade 2000, 73.

64 Ebd.

pitalistischen Produktionsweise, die ihren „innersten Ort" in der weiblichen Produktivität finde, die zugleich verleugnet werde.

Hier wird die inhaltliche Dimension der spekulativen Geschichtsreflexion als methodisches Verfahren deutlich. Durch die Konfrontation von antikem Mythos und Märchen vom Beginn der kapitalistischen Zeit lässt Treusch-Dieter die Dimensionen der Entwirklichung weiblicher Produktivität hervortreten. Was in verhimmelter und entwirklichter Form im Mythos erzählt wurde, findet eine neue Form im Märchen. Die spekulative Konstruktion der Autorin lässt das *Fortbestehen* der Entwirklichung und Verhimmelung der weiblichen Produktivität sichtbar werden.

Nun spitzt sie das Verhältnis von Mythos und Märchen noch zu und spricht davon, dass das Märchen von den drei Spinnerinnen die *Verwirklichung* der Entwirklichung weiblicher Produktivität erzähle. Denn dass die Spinnerinnen den gesamten Flachs wegspinnen, deutet Treusch-Dieter nun als „restlose[s] Aufräumen"[65], mit dem jene die Voraussetzung ihrer Tätigkeit und sich selbst zum Verschwinden bringen. Die Entwirklichung, die bei Platon ihren Ausgang nahm, die Verschleierung weiblicher Produktivität im Wissen, finde hier ihre Verwirklichung.[66] Damit aber wäre die Entwirklichung, die Tilgung des Wissens um weibliche Produktivität, ein für alle Mal vollzogen. So schreibt Treusch-Dieter: „[V]on diesen 3 Spinnerinnen können keine Märchen mehr erzählt werden."[67]

Durch die Konfrontation von Mythos und Märchen wird nicht nur das Fortbestehen des Mythos in der Geschichte sichtbar. Indem Treusch-Dieter eine spekulative Geschichtskonstruktion entwirft, in der das zeitlich Frühere das zeitlich Spätere erhellt, zugleich im zeitlich Späteren das zeitlich Frühere zu seiner Verwirklichung kommt, wiederholt sie den Mechanismus, der in einem *teleologischen Begriff der Geschichte* am Werk ist. Ihre Konstruktion lässt sich interpretieren als Kritik an einem Geschichtsbegriff, der selbst noch dem mythischen Bann der schicksalhaften Wiederholung der Entwirklichung weiblicher Produktivität verhaftet bleibt. Ihr Verfahren ist das der Wiederholung – allerdings einer bestimmten Wiederholung: Der spekulative Gehalt ihrer Konstruktion besteht darin, dass sie *konstruiert*. Treusch-Dieter geht nicht im Sinne einer sozialwissenschaftlich orientierten Geschichtswissenschaft vor, sie sucht keine historischen Quellen auf, durch die sie etwas über das reale Leben und Arbeiten von Spinnerinnen in der Antike oder am Beginn des Kapitalismus herausfindet. Sie nimmt zwei – durchaus ungewöhnliche – Zeugnisse der Geschichte – Mythos und Märchen – und setzt sie in ein Verhältnis zueinander. Das durch die Konstruktion gesetzte Verhältnis wiederholt das teleologische Denken, in dem Geschichte ihrem Telos, einem in ihrem

65 Ebd. 25.
66 Ebd.
67 Ebd. 29.

Wesen verankerten Ziel zustrebt: In der Konstruktion ist schon bei Platon die Entwirklichung weiblicher Produktivität angelegt, die Jahrhunderte später in einer anderen Zeit an einem anderen Ort ihre Verwirklichung erfährt. Durch das Zusammensetzen der Elemente – Mythos von der Spindel und das Märchen von den Spinnerinnen –, das die teleologische Logik wiederholt und nachahmt, wird die Logik des teleologischen Geschichtsbegriffs selbst sichtbar, zur Disposition gestellt und damit der Kritik zugänglich. Die Konstruktion *ahmt* einen teleologischen Geschichtsbegriff *nach*. Treusch-Dieters Vorgehen ist mimetisch im Sinne Luce Irigarays.[68]

Genau das wird am Ende des Aufsatzes deutlich. Denn in Treusch-Dieters Interpretation endet das Märchen ja nicht damit, dass die Spinnerinnen den gesamten Flachs verspinnen, sich selbst zum Verschwinden bringen und die Entwirklichung verwirklicht wird. Vielmehr erzählt das Märchen, dass sich das Mädchen an seiner Hochzeit an sein Versprechen erinnert und die drei Spinnerinnen einlädt. Die drei Spinnerinnen, so Treusch-Dieter, „haben sich selbst als Rest im Gedächtnis des Mädchens" gesetzt.[69] Die drei treten auf der Hochzeit auf und werden sichtbar. Durch die Erinnerung des Mädchens und das Auftreten der drei Spinnerinnen auf der Hochzeit bringen sie gemeinsam die weibliche Produktivität zur Erscheinung. Damit werde die Entwirklichung der weiblichen Produktivität aufgehoben, weil das Mädchen die vorausgegangene Arbeit der Spinnerinnen nicht verschweige.

Treusch-Dieter kompiliert und interpretiert das Märchen so, dass sich durch das Konstruktionsverfahren am Ende etwas Anderes, Neues eröffnet. Die mythischen Figuren tragen nicht mehr. Der Mythos als die Wissensform, in der weibliche Produktivität ihren Ort gefunden und die zugleich ihre Entwirklichung bewerkstelligt hat, verliert seine Sinnhaftigkeit. Die Verwirklichung schlägt um in einen neuen Möglichkeitsraum, weil es möglich wird, Wissensformen zu entwickeln, die nicht mehr dem mythischen Bann der Teleologie und der Wiederholung des von Anbeginn Festgelegten unterworfen sind. Das Aufsprengen der teleologischen Logik ermöglicht etwas *Neues* – die Möglichkeit, Neues zu denken, und ein neues Denken. So schreibt die Autorin, dass die „Neubestimmung der weiblichen Produktivität […] unumgänglich"[70] werde. Doch bleibt es nicht beim reinen Denken. Denn Treusch-Dieter fügt hinzu, dass diese Neubestimmung „eine Reorganisation des Geschlechterverhältnisses und damit eine Umstrukturierung der Gesellschaftsform überhaupt" einschließe.[71]

Treusch-Dieter spricht darüber hinaus den eigenen historischen Zusammenhang ihrer Aufsätze aus. Anfang der 1980er Jahre können die

68 Siehe Kapitel 12.
69 Ebd. 25.
70 Ebd. 29.
71 Ebd.

Mechanismen der Leugnung des Anteils der weiblichen Produktivität in der Kulturgeschichte zum Thema feministischer Kulturkritik werden. So aber wird es möglich, die Geschichte der Geschichtslosigkeit der weiblichen Produktivität zu erzählen und die Naturalisierungen als gesellschaftlich kulturelle Resultate sichtbar zu machen.

Weibliche Produktivität und die Bestimmung des Natur-Kultur-Verhältnisses

Die „Umstrukturierung der Gesellschaftsform überhaupt"[72] reflektiert Treusch-Dieter in ihrem Aufsatz „Geschick und Schicksal. Die parthenogene Maschine der Moira" von 1989. In diesen methodischen Reflexionen ihrer vorangegangenen Arbeiten wird deutlich, für wie tiefgreifend und kulturstürzend sie diese Umstrukturierung hält. In dem Aufsatz kommt sie auf die begriffliche Struktur weiblicher Produktivität zu sprechen. Das Spinnen als Paradigma weiblicher Produktivität beschreibe in ihrer Bewegungsform den Prozess einer Transformation:

> „Das Spinnen setzt die Natur fort, indem es sie transformiert. Es geht nicht um ein Schneiden, Zerlegen und Neuzusammensetzen, sondern es geht um ein Herausziehen von Fasern aus Haut oder pflanzlichem Stoff. […] Dieses Verfahren verweist nicht nur auf die völlig andere Zeitstruktur der Produktion […], sondern es belegt auch die begriffene Differenz, die für die Produktionsweise mit dem Messer und für die mit der Spindel konstitutiv ist."[73]

Das Fortsetzen der Natur in der Kulturtechnik des Spinnens bedeute ein Verhältnis von Kultur und Natur, das nicht eine Trennung, das Setzen eines Anderen oder eines Gegensatzes voraussetze und nach sich ziehe:

> „Die durch keinen Schnitt unterbrochene Gewinnung der Faser als Ausprägestoff, der seinerseits zu Stoff wird, bezeichnet eine stoffliche Gleichzeitigkeit von Natur und Kultur. Im Gespinst durchdringen sich beide. Dabei wird das Naturprodukt im Gespinst nicht negiert, sondern strukturiert. Das entstehende Kulturprodukt setzt sich dem, woraus es gemacht ist, nicht gegenüber, es ist nicht Gegen-stand wie etwas, das durch Schneiden, Zerlegen und Neuzusammensetzen entsteht, sondern es ist Bei-stand. Es schmiegt sich der Natur, von der es genommen ist, […] wieder an […] Das Spinnen in seinem der Produktionsweise mit dem Messer entgegengesetzten Sinn kennt keinen Abfall, es kennt nur den Rest, der als Ende, als verschlissener Stoff, wieder zum Ausprägungsstoff wird: zu einem neuen Anfang."[74]

72 Ebd.

73 Treusch-Dieter 2014b, 415f.

74 Ebd. 416, Schreibweise i. O.

Mit ihrem Modell des Spinnens visiert Treusch-Dieter ein anderes Verhältnis von Natur und Kultur, von Subjekt und Objekt an. Die scheinbar klare Bestimmung dessen, was als „Kultur" oder „Subjekt" geadelt wird, und dessen, was als „Natur" oder „Objekt" aus dieser „Kultur" abgetrennt wird, ist hier infrage gestellt. Stattdessen wird ein Modell der Gleichzeitigkeit und der Transformation entwickelt: Das Spinnen wird zum Modell einer Produktionsweise, die immer schon eingelassen ist in ein Kontinuum dessen, was als „Natur" und „Kultur" bezeichnet wird. Damit steht ein anderes Weltverhältnis zur Diskussion.

Treusch-Dieters Überlegungen zur weiblichen Produktivität lassen sich also zusammenfassen als ein Ansatz, der neue Formen der „Menschwerdung des Menschen", der Subjektwerdung und eine neue Form von Gesellschaftlichkeit zum Programm feministischer Theorie und Kritik macht.

Zwischenresümee

Einiges bleibt unklar in Treusch-Dieters Reflexionen. Warum gilt ihr nur das Spinnen als *transformative* Tätigkeit? Ist nicht jeder Herstellungsprozess letztlich ein Transformationsprozess? Warum versteht sie gerade das Schneiden und Zerlegen als nichttransformativ? Weil es die Struktur des Ausgangsstoffes zerlegt? Wenn das Spinnen ein Paradigma weiblicher Produktivität ist, soll es dann ein anderes Paradigma ablösen? Oder wird es im Namen der Reproduktionstechnologie gerade abgelöst in dem historischen Moment Mitte des 20. Jahrhunderts, in dem tendenziell alle Lebensbereiche in den kapitalistischen Produktions- und Verwertungsprozess eingezogen werden und somit die Logik der Trennung von Kultur und Natur ihre eigene – wenn auch verschwiegene – Grundlage vertilgt? Oder geht es um die Etablierung zweier – oder mehrerer – Paradigmen? Die Fragen müssen hier unbeantwortet bleiben. Auf die Frage nach dem Vorgehen feministischer Kritik hingegen lässt sich sagen, dass Treusch-Dieter dekonstruktive Elemente der Philosophiekritik verwendet, eindeutige Festlegungen der Bedeutung weiblicher Produktivität vermeidet und sich an keine Konventionen wissenschaftlich akademischen Schreibens hält.

15.3 Die Unbestimmbarkeit weiblicher Produktivität – Petra Doenselmann im Sandes und Ulrikes Haß' Annäherungen

Neben dem Vorabdruck von Gerburg Treusch-Dieters Arbeit zur kulturgeschichtlichen Rolle des Spinnens findet sich in der 18. Ausgabe der *Schwarzen Botin* ein weiterer Aufsatz, der sich dem Thema weibliche Produktivität nähert und den Titel trägt „Mehr als töchterliche Kehrseite der väterlich zeugenden Geschichte. Zur weiblichen Produktivität im Prozeß der bürgerlichen Gesellschaft. Thesen" von Petra Doenselmann im Sande und Ulrike Haß. Der Aufsatz ist eine erweiterte Version des Textes, der unter dem Titel „‚Sie zerreißt sich in drei Personen, darunter einen Mann'. Thesen/Aspekte zu weiblicher

Produktivität in der bürgerlichen Gesellschaft" ebenfalls in der *Ästhetik-und-Kommunikation*-Ausgabe 47 zum Schwerpunkt „Weibliche Produktivität" 1982 erscheint. Der Text in der *Schwarzen Botin* ist in Thesen gegliedert und entwickelt Gedanken zu Möglichkeit und Methode der Erforschung weiblicher Produktivität sowie zu ihrer Darstellbarkeit. Durch die Thesenform bleibt vieles angedeutet und unausgeführt. Doenselmann im Sande und Haß beginnen die erste ihrer acht Thesen mit einer Collage von literarischen Zitaten und Kommentierungen literarischer Frauenfiguren, die unvermittelt in die geschichts- und erkenntnistheoretische Frage übergeht, von welchem Ausgangspunkt aus weibliche Produktivität erforscht, erfasst und begriffen werden könne. Zugleich verknüpfen die Thesen Elemente von Michel Foucaults Machtanalysen mit psychoanalytischen Theoremen und Begriffen aus Modernisierungstheorien. Geschichtsphilosophische Reflexionen bilden den Rahmen des Aufsatzes. Zudem folgen die beiden Autorinnen in ihrer Darstellung der Entwicklung der kapitalistischen bürgerlichen Gesellschaft von ihrer Herausbildung, über die Reaktionen der ersten Frauenbewegung auf den Ersten Weltkrieg bis zum Faschismus und der postfaschistischen Gesellschaft und der Kulturindustrie als Zeitabschnitte in verknappter und äußerst verdichteter Form.

Die Umkreisung der Anfänge

Am Anfang des Aufsatzes wird Ledwina eingeführt, die Hauptfigur aus dem Prosafragment *Ledwina* von Annette von Droste-Hülshoff (1797–1848),[75] wie sie am „Fluß der Geschichte" entlangspaziert. Zwar spiegle der Fluss die Protagonistin, doch löse sich ihr Spiegelbild beim Blick ins Wasser auf. „Eine Frau, die so in den Spiegel schaut, erkennt ihre Gestalt nicht; ihre Schönheit löst sich auf, die Hände fassen nicht – das Bild zerfließt, anstatt sich zusammenzusetzen."[76] Die Metapher des Spiegels gewährleistet in der Erkenntnistheorie Welterkenntnis und Selbsterkenntnis des Subjekts, in der Lacan'schen Psychoanalyse die imaginäre Einheit des Subjekts, das sich als Ganzes – wenn auch nur in einer imaginierten Vollständigkeit – erkennen kann. In der Interpretation der Erzählung von Droste-Hülshoff durch Doenselmann im Sande und Haß versagt der Spiegel. Die Frau kann sich weder selbst erkennen noch sich als lebendiges, wirkmächtiges, einheitliches

75 Annette von Droste-Hülshoff war eine deutschsprachige Dichterin und Komponistin. Ihr Frühwerk wird zur Romantik, ihr Spätwerk zum Realismus gezählt. Brunhilde Wehinger bemerkt, dass Droste-Hülshoff, wie auch andere Schriftstellerinnen des 19. Jahrhunderts, Aufbruchsphantasien und Imaginationen der Grenzüberschreitung literarisch gestaltet. In ihrem Werk finde sich der Versuch, durch literarische Subjektentwürfe über die Spiegelrelation hinauszugehen, beispielsweise durch das Bild der Freundin, siehe Wehinger 1989, 227 und 232.

76 Doenselmann/Haß 1983, 30.

Subjekt imaginieren.[77] Damit ist die Frage angesprochen, wie sich die Geschichte weiblicher Produktivität erforschen lässt, wenn noch kein Begriff derselben vorhanden ist. Wie lässt sich ein Begriff derselben entwickeln, wenn seine Genese und Geschichte nicht nur unbekannt sind, sondern sich wesentlich dem begrifflichen Zugriff entziehen? Ist die Begriffsentwicklung dann überhaupt das Ziel feministischer Theoriebildung? Wie lässt sich die Produktivität als ein Subjektvermögen darstellen, wenn die Trägerinnen dieses Vermögens nicht als Subjekte in der Geschichte repräsentiert werden?[78]

Die Kompilation der literarischen Fragmente ruft die Frage auf, welchen Ausgangspunkt die Untersuchung weiblicher Produktivität nehmen könnte. Doenselmann im Sande und Haß lassen ihrer literarischen Collage Reflexionen über den Ausgangspunkt ihrer Thesen folgen. Weder von „Weiblichkeitsstereotypen" noch vom „Leiden an den gesellschaftlichen Verhältnissen" wollen sie ausgehen, da Letztere „die Frau als zweites Geschlecht dem ersten" nachstelle.[79] Möglich scheint ihnen, von Wünschen auszugehen, „dem, was spezifisch auf Seiten der Frauen verdrängt werden" müsse, „damit dieses System sich konstituieren und fortschreiten" könne.[80] Doch auch die Wünsche setzen die Autorinnen nicht als positiven, inhaltlichen Ausgangspunkt, sondern bestimmen diese vielmehr als „in Sprache übersetzte Erfahrung von Mangel, gewordene und deshalb auch nicht einem weiblichen ‚Wesen' zuzuschreiben, das sich in ihnen entäußert."[81] Erfahrung von Mangel und das Verdrängte: Die Autorinnen wählen Bezeichnungen, die auf etwas verweisen, was sich nicht ohne Weiteres fassen und bestimmen lässt. Formulierungen wie „Erfahrung von Mangel"[82], „verdeckte historische Erfahrung",[83] „Enteignung historisch-kultureller Erfahrung"[84] lassen darauf schließen, dass den Autorinnen auch eine positive Bestimmung von Erfahrung kaum möglich erscheint und nicht als sicherer Ausgangspunkt zur Bestimmung weiblicher

77 Doenselmann/Haß zitieren an dieser Stelle Droste-Hülshoff: „Da wurde ihr, als ob sie wie tot sei und die Verwesung lösend ihre Glieder treffe und jedes Element das Seinige mit sich fortreiße." Zitiert nach Doenselmann/Haß 1983, 30. Siehe auch die Thematisierung des Spiegels in anderen feministischen Theorien zur Ästhetik, beispielsweise Lenk, Elisabeth (1976): Die sich verdoppelnde Frau, in: Ästhetik und Kommunikation 25, 84–87; auch Bovenschen, Silvia (1976): Über die Frage: gibt es eine ‚weibliche' Ästhetik?, in: Ästhetik und Kommunikation 25, 60–75.

78 Doenselmanns und Haß' Aufsätze lassen sich als kulturtheoretische Weiterentwicklungen der feministischen Kritik an der Lacan'schen psychoanalytischen Konzeption der symbolischen Ordnung verstehen, siehe 11. Kapitel.

79 Doenselmann/Haß 1983, 30.

80 Ebd.

81 Ebd.

82 Ebd.

83 Ebd. 31.

84 Ebd. 39.

Produktivität gilt. Kaum dass die Leserin glaubt, die Autorinnen bestimmten ihren Ausgangspunkt, lassen sie ihn wieder ins Unsichere kippen und ziehen die Möglichkeit einer eineindeutigen Bestimmung in Zweifel. So bringt das Verfahren, mögliche Anfänge durchzuspielen, die erkenntnistheoretische Sicherheit eines Subjekts der Erkenntnis, das sich seiner selbst bewusst ist durch den Blick in den Spiegel, ins Wanken.

Die Konstruktion der einen *Geschichte*

Doenselmann im Sande und Haß schreiben, ihr Unternehmen ziele „weder darauf, ein neues Subjekt der Geschichte aufzufinden noch eine Wahrheit"[85]. Ihre an Michel Foucault angelehnte Sichtweise unterstreichen sie mit einem Zitat desselben: Ihr Aufsatz widme sich der „Veränderung des politischen, ökonomischen und institutionellen Systems der Produktion von Wahrheit".[86] Die Autorinnen wollen demnach die Spuren weiblicher Produktivität in der Produktion von Wahrheit aufsuchen und so die Produktion ihrer Verdrängung, Verdeckung und Enteignung aufdecken. Wie gehen sie vor?

Zunächst bestimmen sie als Problem, dass weibliche Produktivität in der Geschichte nicht erscheine und nicht sichtbar, sondern „anscheinend dazu verurteilt" sei, „im Resultat aufzugehen, als Davor-Liegende im Produkt (Geschichte) zu verschwinden".[87] Nun gehe es nicht nur darum, die „weibliche Geschichtslosigkeit"[88] festzustellen oder auf den „Eintritt der Frauen in die Geschichte als Strategie zur ihrer Befreiung"[89] zu zielen. Die feministische Kritik habe nicht nur andere Interpretationen historischer Phänomene vorzulegen, beispielsweise nachzuweisen, worin der Anteil der Frauen an einem Ereignis läge. Vielmehr gehe es

> „um eine Betrachtung weiblicher Produktivität in der bürgerlichen Gesellschaft, die versucht, sich einer verdeckten historischen Erfahrung zu nähern, als Teil einer Kritik der GESCHICHTE, die sich nicht darauf beschränkt, auf den vorgegebenen Orten die Inszenierung anders zu interpretieren."[90]

Die Untersuchung weiblicher Produktivität ist den Autorinnen zufolge Teil der Kritik der Geschichte. Was aber ist Geschichte?

Die Autorinnen schreiben gegen einen Geschichtsbegriff an, den sie mit einer Logik assoziieren, die Uneinheitliches und Diskontinuierliches verdecke.

85 Ebd. 31.

86 Foucault, Michel (1978): Wahrheit und Macht, Interview mit Michel Foucault, in: Ders.: Dispositive der Macht. Über Sexualität, Wissen und Wahrheit, Berlin, 54, zitiert nach Doenselmann/Haß 1983, 31.

87 Doenselmann/Haß 1983, 31.

88 Ebd.

89 Ebd.

90 Ebd. Herv. i. O.

Uneinheitlichkeit und Diskontinuität seien aber gerade die Modi, in denen weibliche Produktivität stattfinde, weshalb sie aus der Geschichte getilgt werde.[91] Am Ende ihrer Überlegungen kommen die beiden Autorinnen zu dem Schluss, dass weibliche Produktivität charakterisiert sei durch „Vielfältigkeit und Wandlungen, nicht [durch] Fortschritt, da sie kein telos setzt, auf das sie hinaus will".[92] Die Charakteristika weiblicher Produktivität ergeben sich ex negativo aus einem solchen Geschichtsbegriff, gerade weil jene als geschichtslos, mithin als das Gegenteil von Geschichte, erscheint: Vielfältigkeit, Wandlung, Diskontinuität und Uneinheitlichkeit setzt der Text als Gegenbegriffe zu Fortschritt und Zwecksetzung. Wie ein ungeschichtlicher Rest produziert wird – dem nachzugehen, setzen sich Haß und Doenselmann im Sande zur Aufgabe. Sie verfolgen damit ein ähnliches Programm wie Gerburg Treusch-Dieter, welche die Funktionsweise der Entwirklichung weiblicher Produktivität in ihrer Interpretation des Märchens von den drei Spinnerinnen aufzeigt.

Für die Autorinnen wird die Geschichte, wie sie sich die androzentrische kapitalistische Gesellschaft erzählt, fragwürdig. Was Doenselmann im Sande und Haß anvisieren, ist die Revision eines Geschichtsbegriffs, den sie als *den* vorherrschenden Geschichtsbegriff der kapitalistischen androzentrischen Gesellschaft präsentieren. Indem die Autorinnen nicht ausweisen, auf welche Theorien sie sich beziehen, implizieren sie, die allgemeinen historischen Bedingungen des Geschichtsdenkens darzulegen, wie es sich notwendig in der Herausbildung der kapitalistischen Gesellschaft – oder auch im „Prozess der Modernisierung"[93], wie die Autorinnen schreiben – entwickelt habe. Die Revision des Geschichtsbegriffs setzt das, was sie revidieren will, als Abgrenzungsfolie: Um am Schluss des Textes Vielfältigkeit, Wandlung, Diskontinuität und Uneinheitlichkeit als das aus der Geschichte Ausgeschlossene installieren zu können, etablieren Doenselmann im Sande und Haß Geschichte als Einheitlichkeit und Kontinuität. Die Thesenform des Textes lässt ein Verfahren, das die Geschichte als *eine* Geschichte setzt, ohne die eigenen theoretischen und begrifflichen Voraussetzungen argumentativ einzuholen, legitim erscheinen.

Antisystematik und Systematik

Inhaltlich durchqueren die Autorinnen nun die Zeit vom 18. bis Ende des 20. Jahrhunderts in einem Parforceritt, den ich hier kurz wiedergeben werde. Sie verfahren anders als zeitgenössische sozialgeschichtliche Studien zur Veränderung und Abwertung der Tätigkeiten der Frauen im Übergang zur kapitalistischen Produktionsweise.[94] Zunächst thematisieren sie mit

91 Ebd.

92 Ebd. 39.

93 Ebd. 35.

94 Diesen Übergang beschreiben die eingangs skizzierten Untersuchungen von Bock/Duden und Hausen. Mit der Herausbildung der Lohnarbeit als der Form der

Michel Foucault die Herausbildung eines Machttypus, der das bürgerliche Subjekt, ebenso wie die Neuordnung von Öffentlichkeit und Privatheit, Staat und Familie, hervorbringt. Dabei fokussieren sie auf die Entstehung der Vorstellung der Geschlechterkomplementarität und beschreiben die zunehmende Forderung nach Selbstverzicht, der an die bürgerliche Frau gestellt werde.

In den folgenden Thesen streifen die Autorinnen das Bild der „Gesellschaftsmaschine" wie es in Gesellschaftstheorien der Neuzeit entworfen wurde. Deren Funktion begreifen sie als Einhegung der „widerspenstigen Einzelheit" und Herstellung der Kommensurabilität der diversen gesellschaftlichen Momente.[95] Im Schnelldurchgang reißen sie die zunehmende Ausdifferenzierung der Gesellschaft bei gleichzeitiger Vereinheitlichung von Zeit und Raum an,[96] um festzustellen, dass „Eigenheit und Sinnlichkeit – unnütze Begierde, Begehren, Für-Sich-Sein [...] heutzutage nicht leichter zu leben" seien.[97] In der vierten These kommen die Autorinnen auf die ontogenetische Entwicklung zu sprechen. Sie verweisen auf das mimetische Vermögen als „Vermögen der Berührung, des Blickkontakts, unmerkliche Übertragung der Gesten", das von der Frau in der Beziehung zwischen Mutter und Kind entwickelt werde.[98] Danach wechselt das Register wieder und die Autorinnen skizzieren, wie die Tätigkeit der Frau, die „‚bewahre' und ‚erhalte'", tendenziell mit „konservativen Denk- und (politischen) Handlungsformen" amalgamiert werde.[99] In den letzten Thesen beschreiben die Autorinnen die Herausbildung der Kulturindustrie, die eine „Kultur des Einzelnen" zunehmend verunmögliche.[100]

Doenselmann im Sande und Haß stellen in unsystematischer Weise weitausgreifende Themenkomplexe zusammen, ohne deren begrifflichen und sys-

Arbeit, durch die alleine die materielle Existenz der Individuen gesichert werden kann, verschwinden die Tätigkeiten aus dem Blickfeld und werden naturalisiert, die nicht die Warenform erhalten und unbezahlt bleiben: Tätigkeiten der individuellen Reproduktion, die zur unbezahlten Hausarbeit werden. Manche Thesen von Doenselmann im Sande und Haß erinnern an Karin Hausens Verknüpfung der sozialgeschichtlichen mit der ideengeschichtlichen Ebene – allerdings ohne dass die Autorinnen die Verbindung zum materiellen Lebensprozess und der Klassenspaltung ziehen.

95 Doenselmann/Haß 1983, 32.

96 „Je zahlreicher die Trennungen der Räume – das Reich der Familie, der Umwelt, der Weltlage, die Welt des Fußballs und der Moden, die Welt des Kindes, die Fabrik, die Pubertät, das Altersheim, Heilanstalten, Schlafzimmer, ‚Frauenzimmer' ... – desto schwieriger die Verortung des Eigensinns und desto notwendiger das überblickende Auge dessen, der dies alles noch zu EINS zusammenzählen kann [...]" Ebd. 33, Herv. i. O.

97 Ebd.

98 Ebd. 34.

99 Ebd. 35.

100 Ebd. 38.

tematischen Zusammenhang darzustellen.[101] Zugleich zieht sich, neben dieser bewusst unsystematischen Kompilation, ein roter Faden durch die Thesen, der ausgeht von dem Programm, weibliche Produktivität als Kritik der Geschichte zu verstehen. Von hier rührt die ungebrochene Verwendungsweise der Begriffe „Prozeß der Modernisierung"[102], „Moderne",[103] „Modernisierungsprozesse"[104]. Zusammen mit den Begriffen „Strukturwandel"[105] und „industrielle Massengesellschaft"[106] sind sie soziologischen Modernisierungstheorien entnommen, die nicht zu Unrecht für ihr geschlechts- und klassenblindes Fortschrittsdenken kritisiert werden. Als Komplement zu dieser Begriffsreihe, die für die Einheitlichkeit steht, tritt eine andere Begriffsreihe hinzu: Die Reihe der Begriffe „widerspenstige Einzelheit"[107], „Eigenheit und Sinnlichkeit – unnütze Begierde, Begehren, Für-Sich-Sein",[108] „Eigensinn",[109] „mimetisches Vermögen"[110] verknüpfen die Autorinnen mit dem Begriff des Heterogenen. Die Aktivität der Frau bekomme im Laufe des 18. Jahrhunderts, so Doenselmann im Sande und Haß, „Merkmale des Heterogenen, weil sie niemals zu einem fixierbaren Ziel kommen kann."[111] Sie sei sich „dem Tauschverhältnis entziehende Verausgabung."[112] Das führe zum „Ausschluß weiblicher Produktivität aus dem Bereich der sozialen Homogenität".[113] Die Autorinnen beziehen sich auf Georges Batailles Begriff des Heterogenen, wobei dieser Bezug weniger streng begrifflich als kursorisch ist. Bataille bestimmt in *Die psychologische Struktur des Faschismus* (1978 auf Deutsch erschienen) das Heterogene als die Realitätsebene, die das „ganz Andere" des gewöhnlichen (Alltags-)Lebens bezeichne, als das „Inkommensurable", das, was eine Gesellschaft hervorbringt, ohne dass es nützlich sei.[114] Es weise die „Struktur des

101 Die Darstellung eines systematischen Zusammenhangs würde zum Beispiel erfordern, die Vermittlung zwischen so unterschiedlichen Ebenen wie der gesellschaftstheoretischen Ebene der Gesellschaftsmaschinentheorien zur sozialpsychologischen des Mutter-Kind-Verhältnisses zu klären.
102 Ebd. 35.
103 Ebd.
104 Ebd. 36.
105 Ebd.
106 Ebd. 37.
107 Ebd. 36.
108 Ebd. 33.
109 Ebd.
110 Ebd. 34.
111 Ebd.
112 Ebd.
113 Ebd. 33.
114 Als Beispiel führt Bataille das Sakrale an, das zum Heterogenen zähle. Letzteres gehe aber nicht im Sakralen auf, siehe Bataille, Georges (1978): Die psychologische Struktur des Faschismus. Die Souveränität, München, 18; siehe Doenselmann/Haß 1983, 33.

Unbewussten“ auf.[115] Seinen Gegenbegriff finde das Heterogene im Begriff der sozialen Homogenität, der die Kommensurabilität und die bewussten Anteile der gesellschaftlichen Realität bezeichne.[116] Bataille zieht aus seiner Bestimmung der Realität Konsequenzen für den Charakter der Wissenschaften. Diese, ihre Erkenntnismodi und ihr Vorgehen diene der Herstellung der sozialen Homogenität:

> „Der Terminus des Heterogenen zeigt an, daß es sich um Elemente handelt, die nicht zu assimilieren sind; und diese Grenze sozialer Assimilation ist zugleich auch eine der wissenschaftlichen Assimilation.“[117]

Allerdings schließt er nicht generell die Möglichkeit der Erkenntnis des Heterogenen aus, sondern beansprucht, „eine Erkenntnis der unerklärlichen Differenz zu begründen, die den unmittelbaren Zugang der Intelligenz zur Materie erfordert, vor aller intellektuellen Reduktion“.[118] Welche Erkenntnisweisen Bataille anstrebt – Offenbarung, Glaube, Prophetie, Ästhetik –, sei dahingestellt.

Hinsichtlich Doenselmann im Sandes und Haß' Überlegungen ist festzuhalten, dass die Autorinnen die Thematisierung der weiblichen Produktivität in einen Diskurs über das Unbewusste als gesellschaftliche Sphäre einordnen, die sich dem wissenschaftlichen Wissen entziehe und nur durch und in *andere/n Formen der Erkenntnis* fassbar sei. Hier erschließt sich auch die Form des Textes, der eine Zusammenschau unterschiedlicher Wissensgebiete und -formen ist und literarische Figuren, Elemente sozialgeschichtlicher Theorien, psychoanalytische Theoreme und geschichtstheoretische Reflexionen locker verknüpft. Es handelt sich nicht um eine wissenschaftliche Arbeit akademischen Zuschnitts.

Der Hinweis auf Georges Bataille und dessen Verwendung des Begriffs der Heterogenität legt nahe, die Reihe, die von Einzelheit, Sinnlichkeit zu Eigensinn und mimetischem Vermögen reicht, als „unerklärliche Differenz“ zu verstehen, die sich der wissenschaftlichen Erkenntnis und ihrer Logik entzieht. Doenselmann im Sande und Haß verleihen der Heterogenität darüber hinaus eine positive Konnotation, wenn sie schreiben, dass „Eigenheit und Sinnlichkeit – unnütze Begierde, Begehren, Für-Sich-Sein: ‚spezifische Art der heterogenen Existenz‘ […] heutzutage nicht leichter zu leben“ seien, und fragen, wo „ein Eigensinn aufzufinden“ wäre.[119] Die Stelle legt nahe, es handle sich bei der „heterogenen Existenz“ um eine erstrebenswerte Existenzweise. Sie greifen hier ihre anfänglichen Überlegungen zum Ausgangspunkt der Reflexion über weibliche Produktivität auf, fragen an dieser Stelle aber

115 Bataille 1978, 18.
116 Ebd. 14.
117 Ebd.
118 Ebd. 15.
119 Doenselmann/Haß 1983, 33.

nicht nach der geschichtlichen, sondern nach der utopischen Dimension, die „auf keinen Ort fixiert" sei.[120] Die anfangs konstatierte Ungreifbarkeit und Unerklärbarkeit der weiblichen Produktivität kehrt hier als Beschreibung der Ortlosigkeit wieder – und wird nun affirmiert.

Was haben Gesellschaftstheorien, die die Gesellschaft in der Metapher der Maschine begreifen, mit mimetischem Vermögen, was unnütze Begierden mit konservativen Denk- und Handlungsformen zu tun? In welches Verhältnis setzt die Kritik von Doenselmann im Sande und Haß die Vorstellung, die Geschlechter seien ontologisch komplementär, zur kulturindustriellen Eindimensionalität des Menschen? Die Autorinnen vollziehen in der Gestaltung ihrer Thesen nach, was sich inhaltlich als Gegenüberstellung von einheitlichem Geschichtsbegriff versus Uneinheitlichkeit und Eigenheit darstellt. Insofern die Autorinnen die Uneinheitlichkeit und Vielfältigkeit weiblicher Produktivität zur Störung und Irritation einer inhaltlichen und logischen Kohärenz und eines als einheitlich vorgestellten Geschichtsbegriffs einsetzen, möchte ich das Verfahren als Strategie der Antisystematik bezeichnen. Systematik und Antisystematik sind allerdings aufeinander bezogen und bilden die Negation des jeweiligen Gegenbegriffs. Dieser Logik und Denkweise scheinen die Autorinnen gerade entkommen zu wollen, wenn sie schreiben, dass die Thematisierung weiblicher Produktivität und ihrer Geschichtslosigkeit sich nicht darin erschöpfen soll, auf den „vorgegebenen Orten die Inszenierung *anders* zu interpretieren".[121] Die Aufgabe feministischer Kritik scheint nicht (nur) darin zu bestehen, nachzuweisen, dass weibliche Produktivität wirksam ist und war, und sie in die Geschichtsschreibung zu integrieren, um ihrem Ausschluss entgegenzuwirken. Denn „Ausschluß und Integration" erscheinen als „zwei Seiten derselben Medaille".[122] Zum Verfahren, die Geschichte als die eine zu konstruieren, vor deren Hintergrund sich dann Heterogenität, Vielheit und Eigensinn thematisieren lassen und dem die antisystematische Textgestaltung korrespondiert, treten weitere hinzu: das Verschieben der Bestimmungen, Entgleiten der Bedeutungen und die Produktion von Leerstellen.

Verschieben, Entgleiten und die Produktion der Leerstellen

Der Text weist keine klare argumentative Linie auf und verzichtet auf Erklärungen. Er ist die verdichtete Zusammenschau unterschiedlicher Aspekte, die weibliche Produktivität als Subjektvermögen und „Aktivität" umkreisen. Das folgende längere Zitat vermittelt einen Eindruck der Textgestaltung:

> „Mit Zensur und Verboten wird überzogen, was Qualität von Selbstberührung sein kann, ohne daß der Widerspruch sich löst. Denn was in der Trennung von ‚Seinsollen der homogenen Existenz' und ‚Für-

120 Ebd.
121 Ebd. 31, Herv. K. L.
122 Ebd. 37.

Sich-Sein' (Merkmal des Heterogenen) als Resultat und Abfall entsteht, bleibt inkommensurabel. Der Frau fällt die Aufgabe zu, zu kitten, was sonst nicht vereinbar wäre. In der Subordination ihres Begehrens unter das, was er repräsentiert, ist sie mehr als Spiegel. So artikulieren sich in den Zensurierungen, den Entwürfen der Weiblichkeit, immer auch die Ängste vor einer Entgrenzung.
‚Sobald ihr Geschick nicht mehr festgelegt ist, werden sie [die Frauen, K. L.] in der Gesellschaft wie Amphibien auftreten, nicht Töchter, Mütter, Gattinnen sein, überall und nirgends existieren; ihre stets in Bewegung befindliche Einbildungskraft, die jederzeit gerüstete Eigenliebe werden sie ständig außerhalb ihrer selbst sein lassen, ohne daß sie freilich aufhören werden, ihr einziger Mittelpunkt zu sein.' [...]
Gefahr abzuwenden intendiert auch Campe, wenn er der Frau empfiehlt, vor allem in Abhärtung und fleißigem Training des Selbstverzichts zu bewältigen, was sonst nicht zu begreifen wäre. Die Belohnung in der Hochachtung bleibt ja immer nur Maske der realen Abhängigkeit, die erbrachte Leistung läßt sich nicht in Geld messen, und noch der größte Verzicht auf Eigenorientierung führt nicht zu einem für die Frau befriedigenden Ergebnis. Im angeblich zur gegenseitigen Beglückung geschlossenen Ehevertrag des ausgehenden 18. Jahrhunderts bekommt die notwendige Aktivität der Frau Merkmale des Heterogenen, weil sie niemals zu einem fixierbaren Ziel kommen kann. Sie ist sich dem Tauschverhältnis entziehende Verausgabung."[123]

Welcher Widerspruch löst sich nicht? Der zwischen Verbot und Selbstberührung? Entsteht das, was „sonst nicht zu begreifen wäre", erst durch den Selbstverzicht oder existiert es auch ohne denselben? Der Text spricht an dieser Stelle nicht weiter und verweigert eine genaue Auskunft. Was ist das, was als „Resultat" herausfällt zwischen Homogenität und Heterogenem? Ein Drittes? In welchem Verhältnis stünde dieses Dritte zur weiblichen Produktivität, von der am Ende des Abschnitts gesagt wird, sie erhalte „Merkmale des Heterogenen"? Anfang und Ende des Abschnitts ergeben keine kohärente Bestimmung weiblicher Produktivität: Der Text beschreibt weibliche Produktivität demnach als Heterogenes und zugleich als das, was sich weder der sozialen Homogenität noch der Heterogenität unterordnen lasse. Im Anschluss an die Psychoanalytikerin und Literaturwissenschaftlerin Julia Kristeva folgern die Autorinnen, dass sich weibliche Produktivität als „Zwischenglied" beschreiben lasse: „Zwischenglied-sein, das ist so weitgehend ihr Vermögen, daß die gesamte Produktivität der Frau unter diesem Bild verstanden werden kann."[124]

Doch bleiben die Autorinnen nicht dabei, dass die Frau Unvereinbares kitte, weibliche Produktivität die Vermittlung zwischen dem Einen und seinem

123 Ebd. 32.
124 Ebd. 34.

Anderen herstelle. Darauf verweist die Formulierung, die Frau sei „mehr als Spiegel" und vor allem der Titel des Aufsatzes – „Mehr als töchterliche Kehrseite der väterlich zeugenden Geschichte" – ist programmatisch gesetzt: Die weibliche Produktivität sei *mehr* als die Kehrseite dessen, was als Geschichte repräsentierbar ist. Sie geht auch nicht auf im Anderssein und „Zwischengliedsein", das noch bezogen bleibt auf ein männliches Subjekt. Der Text behauptet ein Mehr, das nicht eindeutig bestimmt wird.

Der zitierte Ausschnitt verdeutlicht das Verfahren des gesamten Textes, mehr Fragen zu provozieren als zu beantworten. Eine Szenerie jagt die andere, hat die Leserin sich gerade auf dem einen thematischen Schauplatz zurecht gefunden und eine Bestimmung erhascht, hastet der Text zur nächsten These und die Bestimmung, was weibliche Produktivität sei, zerfließt wieder zwischen den Fingern. Indem der Text gerade keine Fragen stellt, sondern hoch

verdichtete Aussagen zusammenzieht, bildet er im Kontext der 18. Ausgabe der *Schwarzen Botin* eine Gegenbewegung zu Treusch-Dieters Textverfahren, das unter anderem darin bestand, durch *Befragung* eines Gegenstands diesen in neue Bedeutungsdimensionen einzuweben. Das Textverfahren von Doenselmann im Sande und Haß verschiebt den Gegenstand weiblicher Produktivität von einem Schauplatz zum anderen: Nie ist er greifbar, die Eröffnung einer neuen Szene lässt seine Bedeutung wieder entgleiten, seine Bestimmung kommt nicht zum Abschluss. Ihr Verfahren ist das der Verschiebung und des Entgleitenlassens. Zugleich hat das Verfahren, Bestimmungen immer wieder ins Ungewisse zu verschieben und den Prozess der Bedeutungsgebung von einer thematischen Szenerie auf die nächste gleiten zu lassen, die Produktion von Leerstellen zum Resultat. Leerstellen, die das „Mehr" der weiblichen Produktivität im Text aufscheinen lassen, ohne es zu bestimmen. Der Text reißt vieles an und doch bleibt am Ende der Lektüre die Ungewissheit, was denn nun weibliche Produktivität ist. Er springt, weist Leerstellen auf, ist ungenau und dadurch vieldeutig. Der Leserin wird die Aufgabe überantwortet, die Teile zu verbinden, weiterzudenken, die Leerstellen zu füllen, Brüche zu überbrücken. Insofern die Autorinnen weibliche Produktivität als Vermögen bestimmen, „zu kitten, was sonst nicht vereinbar wäre", wird die Lektüretätigkeit zum Vollzug dieser Form der Produktivität – als intellektuelle Tätigkeit. Der Text stört die „Les- und Denkgewohnheiten"[125] und erfüllt somit das Programm, welches im Vorwort der 1. Ausgabe der *Schwarzen Botin* im Jahr 1976 angekündigt worden war.

Erfahrungsmuster

Begreifen die Autorinnen weibliche Produktivität unter anderem im Bild des Zwischenglied-Seins, dessen historische Herstellung sie nachzeichnen wollen, so die Erfahrung als Erfahrung des Zwischenglied-Seins: Erfahrung

125 Anonym/Goettle 1976b, 5.

davon, dass der Frau „die Aufgabe" zufalle, „zu kitten, was sonst nicht vereinbar wäre".[126] Die Autorinnen gehen der historischen Herstellung des Zwischenglied-Seins als Resultat der „Organisationsweise des gesellschaftlichen Materials der Erfahrung" nach. In der letzten ihrer Thesen geben sie einen Hinweis zum Zweck ihrer Unternehmung, wenn sie schreiben, es gehe

> „um einen Blick zurück, bei dem wir dem Verlust und der Enteignung historisch-kultureller Erfahrung eine vorsichtige, aber nicht unbescheidene Neugier entgegenhalten und so auch die Muster entdecken können, in den [sic] wir unsere Kämpfe austragen."[127]

Ihren Text verstehen die Autorinnen also als Teil feministischer Kämpfe. Die Muster, „in den wir unsere Kämpfe austragen",[128] sind das Bindeglied zwischen den aktuellen Kämpfen Anfang der 1980er Jahre und der Geschichte. Die Autorinnen gehen demnach davon aus, dass die Erforschung der Enteignung und der Verdrängung der Erfahrung weiblicher Produktivität die Erkenntnis der eigenen Situation ermöglicht. Dieses Programm fassen sie im letzten Satz ihres Aufsatzes: „Eine weibliche Geschichte in ihrer Vielfältigkeit, ihrer Alltäglichkeit, ihrer Entwicklung, ihrer ‚zwischen den Orten sich bewegenden Sprache' finden – mit ihr etwas anfangen."[129] Übersetzen möchte ich die „Muster" mit subjektiven Bedingungen im Sinne der Erfahrungsmuster und der Wahrnehmungsmuster, die aufzubrechen das Anliegen von Brigitte Classens Groschenromankritik war: Diese zu erforschen und zu verändern scheint Doenselmann im Sande und Haß ein fruchtbarer Weg feministischer Theorie und Kritik zu sein.

Zwischenresümee

Petra Doenselmann im Sande und Ulrike Haß umkreisen in ihrem Aufsatz „Mehr als töchterliche Kehrseite väterlich zeugender Geschichte. Zur weiblichen Produktivität im Prozeß der bürgerlichen Gesellschaft. Thesen" in der 18. Ausgabe der *Schwarzen Botin* im Jahr 1983 den opaken Begriff weiblicher Produktivität. Sie thematisieren dieselbe auf dem Feld der Wissensproduktion und charakterisieren sie als Dazwischen, als ortlos, als das, was sich der wissenschaftlichen Erkenntnis entziehe. Weibliche Produktivität konzipieren die Autorinnen als das Inkommensurable, das zwischen Begriffen und Kategorien zu wirken scheint, ohne von ihnen erfasst zu werden. Dieses Verständnis spiegelt sich in der Darstellungsweise des Textes wider. Statt strenger Stringenz zu folgen, handelt es sich um eine Zusammenschau unterschiedlicher Wissensebenen. Die Geschichtslosigkeit weiblicher Produktivität wird verstanden als Voraussetzung und historisches Resultat der Wissensproduktion. Jene stellt

126 Doenselmann/Haß 1983, 32.
127 Ebd.
128 Ebd.
129 Ebd. 39.

für die Autorinnen den historisch produzierten ungeschichtlichen Rest dar, der bei der Herstellung des Geschichtswissens herausfalle.

15.4 Feministische Kritik als geschichtstheoretische Reflexionen – Kritik der Vergesellschaftungsform

Die Frage, ob feministische Theorie ein Subjekt positiv bestimmen oder es bei Subjektkritik belassen sollte, hat Konsequenzen für das Geschichtsdenken. So lassen sich die in den beiden Beiträgen zu weiblicher Produktivität und Geschichte in der 18. Ausgabe der *Schwarzen Botin* vertretenen Positionen zuspitzen. Ähnlich wie Eva Meyer das Weibliche als ein Dazwischen zwischen Subjekt und Objekt, als das Unbestimmte und Unbestimmbare im Prozess der Bedeutungsproduktion affirmiert,[130] bestätigen Doenselmann im Sande und Haß weibliche Produktivität als ein Dazwischen, Uneinheitliches und Vielfältiges, das einen teleologischen Geschichtsbegriff, der auf Einheit abstellt, negieren soll. So bleibt ihre Konzeption von weiblicher Produktivität auf diese Geschichtsvorstellung bezogen, ohne über diese rein negative Bezogenheit hinauszukommen. Weibliche Produktivität als nichtandrozentrisches Subjektvermögen, bleibt in der Negation. Sie kann nicht zu einer die Geschichte gestaltenden Positivität kommen, ohne in Verdacht zu geraten, dem kritisierten Denken der Einheit der Geschichte zuzuarbeiten. Deutlich ist ihre Absage an die Frage nach einem anderen Subjekt, wenn sie schreiben, es gehe ihnen nicht darum, „ein neues Subjekt der Geschichte aufzufinden“[131]. Damit einher geht die Ablehnung der Position, die für den Eintritt derer in die Geschichte steht, die bisher als ungeschichtliche Natur ausgeschlossen waren.

Dagegen steht Treusch-Dieters Konzeption. Ähnlich wie Irigaray die Herstellung des Weiblichen als die des gesellschaftlichen Ungesellschaftlichen aufweist, zeigt sie, wie weibliche Produktivität zur geschichtslos vorgestellten Natur wird. Die Untersuchung der Geschichtlichkeit des Ungeschichtlichen bindet sie allerdings zurück an materielle Dimensionen menschlicher Gesellschaft: an das Gebärenkönnen und die damit einhergehende Abhängigkeit des Menschen vom Geborenwerden, sowie an das Spinnen als einem historischen Beispiel für eine notwendige Tätigkeit der Reproduktion und Produktion der Gesellschaft. Das Subjekt, welches Treusch-Dieter als anderes Subjekt der Geschichte implizit anvisiert, hat die historisch entstandene Möglichkeit, sich seiner Abhängigkeit und Gebürtigkeit bewusst zu werden und danach zu handeln. Bemerkenswert ist der unterschiedliche Umgang mit der eigenen historischen Position der Autorinnen: Bei Doenselmann im Sande und Haß liegt das Kritische der feministischen Kritik darin, durch die weibliche Produktivität die Bedeutungsproduktion von Geschichte zu

130 Siehe Kapitel 13.4.

131 Ebd. 31.

stören und zu irritieren. Damit liegen sie Anfang der 1980er Jahre im postmodernen Trend der Zeit mit ihrer Absage an die sogenannten großen Erzählungen. Treusch-Dieter versucht hingegen die historischen Bedingungen der eigenen feministischen Kritik zu reflektieren: Indem sie die Entwirklichungs- und Naturalisierungsmechanismen in einen Zusammenhang bringt mit den materiellen „Produktions- und Verkehrsweise[n]“[132], eröffnet sie die Möglichkeit, die Bedingungen der feministischen Theoriebildung der 1980er Jahre zu denken. Allerdings unterlässt auch sie es, ihre spekulative Konzeption weiblicher Produktivität mit Analysen der konkreten, kapitalistischen und androzentrischen Klassengesellschaft zu verbinden.

Am Anfang des Kapitels habe ich kurz die zur selben Zeit entstandenen sozialgeschichtlichen und soziologischen Studien zu Frauen und Arbeit, Hausfrauisierung und weiblichem Arbeitsvermögen erwähnt. Es ist deutlich geworden, dass die Aufsätze zu weiblicher Produktivität in der *Schwarzen Botin* eine kulturtheoretische und geschichtsphilosophische Kritik entwickeln. Was aber wird sichtbar durch die spekulative Konstruktion bei Treusch-Dieter und die assoziative Kompilation bei Doenselmann im Sande und Haß? Die feministische Kritik, die hier entwickelt wird, bezieht sich nicht auf empirische Phänomene, Tatsachen oder Daten. Wie oben erwähnt, schreibt Treusch-Dieter, dass „eine Reorganisation des Geschlechterverhältnisses und damit eine Umstrukturierung der Gesellschafts*form* überhaupt“ notwendig seien.[133] Auch Brigitte Wartmann, deren Aufsatz zur Produktivität der Frau ebenfalls zum kulturtheoretischen Flügel feministischer Theoriebildung der 1980er Jahre zu zählen ist, schreibt, dass es die feministische Kritik mit einer „mit Männlichkeit verbundene[n] Form von Gesellschaftlichkeit“[134] zu tun habe. Ebenso kann Doenselmann im Sandes und Haß’ Bezug auf Kristeva, Frauen haben die Funktion, zu „kitten, was sonst nicht vereinbar wäre“, verstanden werden als Aussage über die Formbestimmung der Gesellschaft – einer Form, in der Frauen die Funktion der Herstellung gesellschaftlicher Kohäsion zukommt. Was die Autorinnen demnach gerade durch ihre nichtempirische, spekulative Vorgehensweise thematisieren, ist die *vergeschlechtlichte Form bisheriger Gesellschaftlichkeit*. Auf der Tagesordnung feministischer Kritik steht somit die Frage, was das Gesellschaftliche der Gesellschaft ist. Das Geschlechterverhältnis wird zur Formfrage der Gesellschaft.

132 Treusch-Dieter 2014b, 411.
133 Treusch-Dieter o. J. 29, Herv. K. L.
134 Wartmann 1980, 7.

16. Das Kritikprogramm der *Schwarzen Botin* und die Auseinandersetzungen um feministische Theoriebildung – Schlussbetrachtung

Feministische Kritik und Theorie entstehen in der autonomen Frauenbewegung der 1970er und 1980er Jahren durch Auseinandersetzung und Dissens. Denn auch wenn feministische Theoriebildung dem Interesse folgt, Freiheit und Geschlechtergerechtigkeit zu befördern, so ist noch unbestimmt, was damit gemeint ist und wie feministische Theorie und Kritik in der Beförderung dieser Ziele vorgehen sollen. Dabei fokussiert der Flügel der autonomen Frauenbewegung, der sich als kultureller Feminismus fassen lässt, auf Fragen der Subjektivität, der Werte und Anerkennung, der Sprache und Bedeutung – wobei sich gezeigt hat, dass keine Einigkeit darüber herrscht, welche Schwerpunktsetzungen und welche Wege der Kritik und Theorie der Fokus auf Kultur nach sich zieht. Anhand teils widersprüchlicher Positionen innerhalb der *Schwarzen Botin* und durch die Konfrontation mit Positionen feministischer Theoriebildung, die außerhalb der Zeitschrift entwickelt wurden und somit das Kritikprogramm der Zeitschrift kontextualisieren, habe ich die Auseinandersetzungen um Individuierung und Individualität, Erfahrung und Ästhetik, Geschichte und Subjektkritik diskutiert. Durch diese Konfrontation konnte eingeholt werden, was die Perspektive des Konfliktgedächtnisses verspricht: Die Geschichte feministischer Theoriebildung in ihrer Widersprüchlichkeit, ihren Spannungen und ihren Konflikten zu erinnern. So hat sich auch gezeigt, dass von einem „unterkomplexen ‚Früher'"[1] der feministischen Theoriebildung nicht die Rede sein kann. Die Entwicklung feministischer Theorie und Kritik war in hohem Maße von der Fähigkeit zur kritischen Auseinandersetzung und von Dissens geprägt.

Die autonome Frauenbewegung wie *Die Schwarze Botin* wollen das Überkommene hinter sich lassen, die gesellschaftlichen Verhältnisse überwinden, die immer wieder hierarchische Geschlechterordnungen produzieren. Doch auch wenn die Zeitschrift dieses Ziel teilt, so ist die Kritik der

1 Hark 2005, 29.

Schwarzen Botin an der autonomen Frauenbewegung, dass ihre Praxis, Politik und ihre Selbstbilder die überkommenen Denk- und Bewusstseinsformen, Wahrnehmungs- und Erfahrungsmuster nicht gründlich genug überwinden und zerstören würden. Die autonome Frauenbewegung sei zu wenig unversöhnlich mit der Geschlechterordnung, mit sich und dem Frausein in der androzentrischen Gesellschaft. *Die Schwarze Botin* baut – zumindest teil- und zeitweise – auf die schöpferische Kraft negativer Kritik. Der „im Negativen angelegte Schaffenswille"[2] setzt die intellektuelle und künstlerische Produktivität frei, die das Kritikprogramm der Zeitschrift prägt. Allerdings stellt sich ihre negative Kritik durch Auslassung, Vereinseitigung und Überspitzung der gegnerischen Position her.

Der Weg, den diese Studie zum Kritikprogramm der *Schwarzen Botin* und zu den Auseinandersetzungen um feministische Kritik und Theoriebildung in der autonomen Frauenbewegung einschlägt, ist ein doppelter, da am historischen Material gearbeitet wird, zugleich aber die theoretischen Fragen nach Motiven und Verfahren der Kritik und der Theoriebildung leitend sind. Da der Punkt, was feministische Kritik und Theorie sein und wie sie vorgehen sollen, auch heute noch Relevanz hat, habe ich die Beiträge nicht nur als geschichtliche Objekte der Analyse gelesen, sondern als Gesprächspartnerinnen, von denen etwas zu lernen ist. Eine solche Perspektive ermöglicht auch Kritik, die in einer rein geschichtswissenschaftlichen Untersuchung möglicherweise unangemessen wäre. Bevor ich die Aspekte der Auseinandersetzungen hervorhebe, die meines Erachtens wichtige Impulse für weitere Debatten geben können, möchte ich das Kritikprogramm der *Schwarzen Botin* einer kurzen Kritik unterziehen, die hauptsächlich auf die blinden Stellen fokussiert.

Als Teil des kulturellen Feminismus in der autonomen Frauenbewegung bearbeitet die Zeitschrift die Subjektfrage hinsichtlich der Dimensionen der Sprache, der Ästhetik und der Wahrnehmung, der Erfahrung und der Bewusstseins- und Denkformen. Vor diesem Hintergrund kritisiert sie die autonome Frauenbewegung. Unbeachtet bleiben deren Analysen und praktische Veränderungen des Alltagslebens und der sozialen Beziehungen, der Kritik der Ökonomie und der politischen Kämpfe um Rechte. Zwar ist es nicht die Aufgabe einer einzelnen Zeitschrift, alle Bereiche, in denen feministische Kämpfe geführt werden, zu thematisieren. Doch verwirft die teils polemische Kritik, welche *Die Schwarze Botin* vor allem in den ersten Jahren gegen die autonome Frauenbewegung führt, diese als *Ganze*. So entwirft sich die Zeitschrift als Kritikerin, die *alle* Dimensionen der autonomen Frauenbewegung beurteilt. Der Blick auf das Kritikprogramm zeigt aber die genannten Auslassungen, weshalb die Zeitschrift ihrem Selbstbild, eine Kritikerin zu sein, welche Theorie und Praxis der autonomen Frauenbewegung in

2 So die Kultursoziologin Anna Schwenck in einer Korrespondenz im August 2020.

Gänze beurteilen kann, nicht standhält. Deutlich hervor tritt der Anspruch, Subjektwerdung als Individuierung zu verstehen. Dieser Gedanke ist nachvollziehbar und fruchtbar. Doch stellt sich die Frage, ob die Betonung der Individuierung im Zusammenhang mit der Kritik an den kollektiven Praxen der Frauenbewegung in Frauenzentren und -gruppen nicht in eine generelle Ablehnung sozialer und politischer Gemeinschaft und kollektiver Assoziation mündet. Nun hat die Philosophin Nancy Fraser kritisiert, dass der Praxis und den Forderungen der Frauenbewegungen ihre *gesellschaftsverändernde* Kraft genommen wurde, beziehungsweise sich die Bewegung diese Kraft hat nehmen lassen, indem die Verbesserung der *individuellen* Lage Einzelner befördert wurde.[3] Vor dem Hintergrund dieser Kritik müsste untersucht werden, ob die Betonung von Individuierung zusammen mit der Ablehnung von Kollektivität, wie sie sich in der *Schwarzen Botin* findet, ab den 1980er Jahren nicht genau diese Tendenz (mit)befördert, welche Individualisierung zur Vereinzelung hat werden lassen.

Im Folgenden möchte ich einige Ergebnisse der Studie hervorheben, die meines Erachtens für heutige Debatten relevant sind. In den Auseinandersetzungen der autonomen Frauenbewegung hat sich eine Herausforderung gezeigt, mit der es feministische Gesellschaftskritik zu tun hat: Sie weist eine Spannung auf zwischen der Unversöhnlichkeit den Subjektformen der androzentrischen Geschlechterverhältnisse in der kapitalistischen Gesellschaft gegenüber und dem Wunsch nach Versöhnung in der Welt, nach Anerkennung in einer noch zu entwickelnden Gesellschaft. So treffen die negative Kritik, die davon ausgeht, dass neue gesellschaftliche Beziehungen die Zerstörung der alten voraussetzt, auf eine positive Kritik, die Formen neuer Subjektivität und neuer Beziehungen zu thematisieren und aufzubauen beginnt, wie es sich am Beispiel Luce Irigarays und des *affidamento*-Konzepts gezeigt hat. Zudem treten sprachliche und ästhetische Verfahren der Kritik hinzu, die durch Verschiebung und Wiederholung von Bedeutung die Bedeutungsproduktion und damit letztlich den Wertehorizont zu verändern versuchen. Diese Modi der Kritik, die sich in den Auseinandersetzungen gezeigt haben, prägen auch die nachfolgenden Debatten um feministische Kritik und Theorie.

Deutlich geworden ist auch, dass sich einige der Auseinandersetzungen der autonomen Frauenbewegung weniger um die Frage nach geschlechtlicher Identität und Identitätspolitik als um die Frage nach der Vergesellschaftungsform drehen. Hier liegt das Augenmerk darauf, wie sich Gesellschaft vermittels der Geschlechterverhältnisse konstituiert und welche gesellschaftlichen, vergeschlechtlichten Vermittlungsformen hervorgebracht werden. Damit wird die Form der Gesellschaft als Ganzes zum Gegenstand feministischer Theorie als Gesellschaftskritik. Sie enthält – und sei es implizit – den Gedanken, dass eine Vergesellschaftungsform des Subjekts möglich sein kann, die nicht auf der

3 Fraser 2009 und 2013.

Unterordnung und Abwertung einiger „Nicht-Subjekte" beruht. Die weitere Bearbeitung einer solchen Perspektive müsste allerdings die materiellen und ökonomischen Bedingungen, die Produktionsweise, unter der sich Subjekte bilden und vergeschlechtlichen, in den Blick nehmen – eine Perspektive, die in den Auseinandersetzungen des kulturellen Flügels der autonomen Frauenbewegung nicht im Vordergrund steht und sich auch im Kritikprogramm der *Schwarzen Botin* kaum findet. Diese Perspektive wurde und wird von anderen Strömungen feministischer Theorie und Kritik bearbeitet.[4]

Einen weiteren Impuls für die heutige Diskussion können meines Erachtens die Auseinandersetzung zwischen Sibylle Klefinghaus, Annette Runte, Rita Bischof, Eva Meyer, Verena Stefan und Kathrin Mosler um Hélène Cixous, Luce Irigaray und Julia Kristeva, ebenso wie die impliziten Bezugnahmen von Gerburg Treusch-Dieter, Petra Doenselmann im Sande und Ulrike Haß um das Konzept der sexuellen Differenz geben. Zwar bleibt die Unklarheit, in welchem Verhältnis das Weibliche als „Operation in der Sprache" zu den realen Frauen, zu ihrem Alltagsleben, zu politischen und sozialen Kämpfen steht, unaufgelöst, und einige Sprachbilder mögen ein Einfallstor für eine Metaphysik der Geschlechtersubstanz darstellen. Doch zeigt die Auseinandersetzung nicht nur, dass einige Probleme, die ab den 1990er Jahren wiederum Kritik hervorrufen werden, schon ab Mitte der 1970er Jahre diskutiert wurden. Vielmehr eröffnen sich dem Blick auf die Auseinandersetzungen unterschiedliche und widersprüchliche Anknüpfungsweisen und Weiterentwicklungen feministischen Denkens. Das hat sich beispielsweise anhand Cixous' Konzeption der *écriture féminine* gezeigt. Sie beinhaltet Anknüpfungspunkte für Stefans und Moslers „ungelebte Substanz" ebenso wie für ihre Konzeption der Verwirklichung der Kunst im Leben. Zugleich bezieht sich auch *Die Schwarze Botin* in ihrer Kritik der Unmittelbarkeitsvorstellungen auf Cixous. Vor allem konnte anhand der Auseinandersetzungen um Cixous, Irigaray und Kristeva das Bild eines (deutschsprachigen) kulturellen Feminismus, der als Differenzfeminismus einen Essentialismus des Weiblichen betrieben hätte, korrigiert und die Inhalte für eine erneute Debatte geöffnet werden.

Bemerkenswert ist darüber hinaus auch die Diskussion um Erfahrung und Ästhetik, um das Imaginäre und die feministische Einbildungskraft. Denn die Auseinandersetzungen enthalten als unabgegoltenes Moment die Aufforderung, eine revolutionäre Phantasie und ein Imaginäres zu entwickeln, um die Wünsche zu produzieren und auszudrücken, die nicht dabei stehen bleiben, das zu wollen, was man darf.

4 Diese Perspektive wird seit der autonomen Frauenbewegung international bearbeitet, unter anderem von Cinzia Arruzza, Mariarosa Dalla Costa, Nancy Fraser, Silvia Federici, Frigga Haug, Rosemary Hennessy, Selma James, Brigitte Rauschenbach, um nur einige wenige zu nennen.

Nicht zuletzt ist die Praxis feministischer Theoriebildung außerhalb der Universität und der gesellschaftlich anerkannten Institutionen der Wissensproduktion hervorzuheben. Dass sich feministische Kritik und Theorie ohne Legitimität innerhalb der Institutionen entwickelt hat, hat sicherlich die Lust zu experimentieren, eine neue Sprache und ein anderes Denken zu entwickeln, neue Welt- und Selbstdeutungen zu erzeugen, befördert. So sind die Auseinandersetzungen um feministische Kritik und Theoriebildung in der autonomen Frauenbewegung und im Kritikprogramm der *Schwarzen Botin* Teil der Geschichte der Intellektualität von Frauen, Teil der feministischen Theoriegeschichte. Sie können noch immer eine Quelle sein für Diskussionen um die Fragen, was feministische Kritik und Theorie waren, sind und sein sollen.

Die Ausgaben der *Schwarzen Botin* enthalten mehr, als in dieser Studie diskutiert werden konnte. Hervorheben möchte ich drei Stränge, denen weitere Forschungsarbeiten zur Zeitschrift nachgehen könnten: Erstens könnte der Verbindung von Surrealismus und feministischem Denken, wie sie sich unter anderem in den Arbeiten von Ginka Steinwachs, Elisabeth Lenk, ebenso wie in der Rezeption der Schriftstellerin und Malerin Greta Knutson und der Drucke des Malers Max Ernst in der *Schwarzen Botin* zeigt, nachgegangen werden. Ist der Bezug auf eine avantgardistische Kunstrichtung von Anfang des 20. Jahrhundert nicht anachronistisch für eine Zeitschrift der autonomen Frauenbewegung der 1970er und 1980er Jahre? Warum und inwiefern bieten das Wirklichkeitsverständnis des Surrealismus und die Rolle, die der Traum darin spielt, Anknüpfungspunkte für feministische Kritik und Theorie? Zweitens könnten Vorstellungen des und Wünsche nach dem „anarchen Moment" untersucht werden, wie sie bei Gabriele Goettle (1978), Brigitte Classen und Uta Ruge (1983) anklingen. Es ließe sich ein Bogen spannen von den politischen Geschehnissen in der BRD der 1970er Jahre und der Krise der Linken, über die Schreibweisen von Autorinnen wie Heidi Pataki und ihrem „anarchen Sprach-Gestus"[5] bis zu poststrukturalistischen Theorieentwürfen, welche ein die Wissensordnung störendes Moment in der Wissensproduktion hervorheben, auf Dauer zu stellen versuchen und letztlich Einzug in die akademischen Kultur- und Geisteswissenschaften finden. Drittens könnte die Verbindung des in den 1970er Jahren aufkommenden Linksnietzscheanismus mit der feministischen Kritik essentialistischer Weiblichkeitsbilder in der autonomen Frauenbewegung und der *Schwarzen Botin* erforscht werden.[6]

5 Klettenhammer 2003, 301.

6 Zur Relevanz von Nietzsches Philosophie für feministische Theoriebildung siehe Thorgeirsdottir 1998; zur Verknüpfung der Nietzsche-Rezeption mit dem feministischen Denken der Freiheit am Beispiel Helene Stöckers siehe Dingler 2019, 124–151.

Aus einer historisch materialistischen Sicht ist die Untersuchung der materiellen, ökonomischen Bedingungen der feministischen Theoriebildung der 1970er und 1980er Jahre ein Desiderat der vorliegenden Studie. Wie hängt der Übergang vom fordistischen Akkumulationsregime zum postfordistischen mit den Fragen feministischer Theoriebildung der 1970er und 1980er Jahre zusammen? Welcher Zusammenhang besteht einerseits zwischen der Veränderung der Lohn- und Sorgearbeit und der Anforderung an die Arbeitskräfte und andererseits den Fragen und Antworten, die feministische Theorie – bezogen auf das Kritikprogramm der *Schwarzen Botin* hinsichtlich von Individuierung, Erfahrung, Ästhetik, Geschichte und Subjektkritik – stellt und gibt? Welche Rolle spielen der Einzug der Frauen in Lohnarbeit, die Kommodifizierung zuvor nicht-warenförmiger (Sorge-)Arbeiten, die Reproduktionstechnologie, die Auflösung traditioneller Familienverhältnisse und die Veränderung der Bildungsmöglichkeiten für den kulturellen Feminismus, seine Herausbildung, Verlaufsformen, seine Theorie- und Kritikentwürfe?

Feministische Kritik und Theoriebildung – so lässt sich abschließend sagen – leben von Auseinandersetzung, Dissens und Konflikt, auch von innerfeministischem Konflikt. Die Spannungen und Widersprüche, die zwischen den unterschiedlichen Positionen, Themen und Ansätzen feministischer Theoriebildung bestehen, fordern dazu auf, die Perspektive eines feministischen Gedächtnisses der Konflikte weiter zu bearbeiten und zu entwickeln.

Literatur- und Quellenverzeichnis

Quellen *Die Schwarze Botin*

Anonym (1976): „Dann spürten wir den bösen Blick der Abstraktion". Rezension des Heftes 5 der Frauenoffensive Aufständische Kultur, in: Die Schwarze Botin 1, 28–30.

– (1977a): Feminismus in Frankreich, in: Die Schwarze Botin 2, 5.

– (1977b): Einige Anmerkungen zur Konkurrenz, in: Die Schwarze Botin 2, 3–5.

– (1977c): Pornographie als Verherrlichung patriarchaler Gewalt, in: Die Schwarze Botin 3, 7–11.

Anonym/Classen, Brigitte (1977): Das normale Liebesleben. Bemerkungen zur Psychoanalyse, in: Die Schwarze Botin 3, 15–17.

– (1978b): o. T., in: Die Schwarze Botin 6, 44.

Anonym/Goettle, Gabriele (1976a): Gedicht mit Perspektive, in: Die Schwarze Botin 1, 3.

– (1976b): Schleim oder Nichtschleim, das ist hier die Frage. An Stelle eines Vorworts, in: Die Schwarze Botin 1, 4–6.

– (1976c): Schnittmuster für zukunftsorientierte Frauen, in: Die Schwarze Botin 1, 5–8.

– (1976d): Im Januar sollen 200.000 Frauen penetriert werden. Kleine Anmerkungen zu Alice Schwarzer, in: Die Schwarze Botin 1, 36–37.

– (1976e): Der Faschismus als höchstes Stadium banaler Herrschaft, in: Die Schwarze Botin 1, 9–18.

– (1977a): Brief der Schwarzen Botin an die Teilnehmerinnen des Münchner Frauenkongresses, in: Die Schwarze Botin 3, 2–6.

– (1977b): „Daß schädlich auch ein Denken ist, das sich selbst aus der Reflektion ausnimmt", in: Die Schwarze Botin 2, 39–40.

Aubenas, Jacqueline/Macciocchi, Maria-Antonietta/Peemans-Poullet, Hedwige (1977): Über weibliche Sexualität in der Ideologie des Faschismus. Ein Interview mit Les Cahiers du GRIF, in: Die Schwarze Botin 2, 6–12.

B. C. (1983): Vorteil, in: Die Schwarze Botin 18, 1.

– (1986/1987): editorische notiz, in: Die Schwarze Botin 32/33, 2.

Bei, Neda/Sadlon, Magdalena (1984): Alzabeta Báthory, Cachtická pani: Ersébet Báthory, die Herrin von Cachtice, in: Die Schwarze Botin 24, 30–35.

Bei, Neda/Wehowski, Branka (1984): Die Klavierspielerin – Ein Gespräch mit Elfriede Jelinek, in: Die Schwarze Botin 24, 3–9 und 40–46.

Bischof, Rita (1977a): „Waren – Körper – Sprache", in: Die Schwarze Botin 2, 23–28.

– (1977b): „Weibliche Sprache"?, in: Die Schwarze Botin 2, 31–34.

– (1977c): Gegen das „feministische" Bilderverbot (zur Ausstellung „Frauen international 1877–1977"), in: Die Schwarze Botin 3, 20–26.

Blumenkranz-Onimus, Noëmi (1984): Frauen im italienischen Futurismus, in: Die Schwarze Botin 22, 12–17.

Brenner, Hildegard (1983): „Es ging alles so weiter 1933" – Aber für wen?, in: Die Schwarze Botin 20, 85–92.

B.W. (1986): Dokumentation. Der Fall Brenner – Geschichte einer Verhinderung. Eine für Alle, Alle für Eine?, in: Die Schwarze Botin 30, 15–30.
Christensen, Lydia (1979): Andererseits, in: Die Schwarze Botin 13, 22–27.
Cixous, Hélène/Die Schwarze Botin/Sell, Maren (1977): Trennung. Ein Gespräch mit Hélène Cixous und Maren Sell, in: Die Schwarze Botin 2, 13–16.
Classen, Brigitte/Goettle, Gabriele (1977a): o. T., in: Protokolle. Informationsdienst für Frauen 14, 4–5.
– (1977b): Bemerkungen zur Linken, in: Protokolle. Informationsdienst für Frauen 15, 44–45.
Classen, Brigitte (1977): Fatale Liebe. Aus den Reichen der Phantasiearmut, in: Die Schwarze Botin 4, 22–24.
– (1978a): Lore und die anderen, in: Die Schwarze Botin 9, 16–17.
– (1983): Sprache als Revolte – eine denkbare Lust, in: Die Schwarze Botin 21, 130.
Classen, Brigitte/Ruge, Uta (1983): Wünsche nach Kraft durch Freude. Ein Gespräch, in: Die Schwarze Botin 19, 54–60.
Czurda, Elfriede (1986/1987): anagramm (Lassen wir die Wörter nicht im Stich), in: Die Schwarze Botin 32/33, 8.
De Fries, Katharina (1983): Die werden uns mit Netzen von der Straße wegfangen …, in: Die Schwarze Botin 20, 124–126.
Die Schwarze Botin (1976), o. T., in: Protokolle. Informationsdienst für Frauen 11/12, 9.
– (1977a): o. T. (Anmerkung zu Die Tötung der Ulrike Meinhof), in: Die Schwarze Botin 2, 43.
– (1977b): (Abbildungen), in: Die Schwarze Botin 4, 9–11.
– (1977c): o. T., in: Protokolle. Informationsdienst für Frauen 14, 4–7.
– (1979): Das Kind des Jahres, in: Die Schwarze Botin 13, 40.
– 17 (1980).
– (1983a): Titelbild, in: Die Schwarze Botin 18.
– (1983b): Titelbild, in: Die Schwarze Botin 19.
– (1983c): Titelbild, in: Die Schwarze Botin 20.
– (1986/87a): Editorische Notiz, in: Die Schwarze Botin 32/33, 2.
– (1986/87b): Bildnachweis, in: Die Schwarze Botin 32/33, 53.
Dietze, Gabi (1978): Die Heilige Familie in der Damenbibliothek, in: Die Schwarze Botin 7, 11–19.
Dischner, Gisela (1983): Autoritärer Charakter und Frauenbild im Faschismus – Phänomene der Vergangenheit?, in: Die Schwarze Botin 20, 93–99.
Doenselmann im Sande, Petra/Haß, Ulrike (1983): Mehr als töchterliche Kehrseite der väterlich zeugenden Geschichte, in: Die Schwarze Botin 18, 30–39.
Eckle, Isolde/Frank, Ute (1978): Eine Mutter reist nach Stammheim, in: Die Schwarze Botin 7, 22–24.
Freymuth, Barbara (1977): Die Gewalt des Normalen, in: Die Schwarze Botin 5, 7–11.
Gabriel, Nicole (1984): Mais-ou-est-donc-l'a-vant-garde? Für ein kulturelles Krisenmanagement: die Ideologie des Verräters, in: Die Schwarze Botin 22, 9–11.
Gerstl, Elfriede (1979): vögelfrei. eine Spruchsammlung, in: Die Schwarze Botin 13, 3.
Goettle, Gabriele (1976a): Kastration war nur eine Übergangslösung (Collage), in: Die Schwarze Botin 1, 26.
– (1976b): Der neue Zuchtstandpunkt: Der gewöhnliche Samenträger (Collage), in: Die Schwarze Botin 1, 34–35.
– (1977a): Ein aufrechter Feminist, in: Die Schwarze Botin 3, 6.
– (1977b): Königsberger Klopse, in: Die Schwarze Botin 4, 14–19.

– (1977c): Blondi, Schwuli, Barbarella, Yogi Bär. Sexismus zum Feierabend, in: Die Schwarze Botin 4, 38–40.
– (1978): Gedanken über mögliche Formen feministischer Anarchie, in: Die Schwarze Botin 7, 31–34.
– (1979a): Interview der Schwarzen Botin mit Helmut Schmidt, in: Die Schwarze Botin 11, 19–25.
– (1979b): Eine unbefleckte Empfängnis, in: Die Schwarze Botin 13,16–20.
– (1979c): Tele-Visionen. Anmerkungen zu Holocaust, in: Die Schwarze Botin 10, 13–22.
Goettle, Gabriele/Kmölniger, Elisabeth (1980a): Bombenstimmung, in: Die Schwarze Botin 17, 5–10.
– (1980b): Das Jahrhundertereignis, in: Die Schwarze Botin 17, 11–29.
– (1980c): Ps. Erdbeben, in: Die Schwarze Botin 17, 30–34.
Gruppo 4 (1986): Mehr Frau als Mann, in: Die Schwarze Botin 30, 1986, 1–14.
Haß, Ulrike (in Zusammenarbeit mit Petra Doenselmann im Sande) (1983): Unverständliche Trivialität – Geschrieben für einen Vortrag zu zweit, in: Die Schwarze Botin 21, 139–143.

– (1985): Rundherum in meiner Stadt. Von Postmoderne und Antimoderne, in: Die Schwarze Botin 28, 32–37.
Hijiya-Kirschnereit, Irmela (1985): „Frauen-Sprechen“ und „Onna-Kotoba“. Vorläufige Bemerkungen zum Thema „Sprache und Geschlecht“ am Beispiel Japan, in: Die Schwarze Botin 28, 10–16.
Huffzky, Karin (1977/1971): Meine intellektuellen Freunde, in: Die Schwarze Botin 3, 11.
Jelinek, Elfriede (1977): Eine Versammlung, in: Die Schwarze Botin 2, 30–31.
– (1979): Emma, in: Die Schwarze Botin 13, 29–30.
– (1983): Der Krieg mit anderen Mitteln. Über Ingeborg Bachmann, in: Die Schwarze Botin 21, 149–153.
– (1985): Irmgard Keun und die Sprache des Kindes, in: Die Schwarze Botin 26, 9–12.
Kaever, Roswitha (1977a): Das akademische Geschlecht. Bemerkungen zur Sexualästhetik, in: Die Schwarze Botin 3, 12–14.
– (1977b): Glaskonserven, in: Die Schwarze Botin 4, 19–21.
– (1977c): Schreib das auf, Frau!, in: Die Schwarze Botin 2, 28–29.
– (1978): Stille Post, in: Die Schwarze Botin 6, 42–44.
Klefinghaus, Sibylle (1980): Über Luce Irigaray, in: Die Schwarze Botin 14/15, 1980, 12–17.
Kristeva, Julia (1978a): Ein neuer Intellektuellen-Typ: Der Dissident, in: Die Schwarze Botin 7, 5–10.
Lenk, Elisabeth (1977a): Abgeschmacktes aus der Frankfurter Allgemeinen Zeitung, in: Die Schwarze Botin 4, 4–7.
– (1985): Rosa Wolke, in: Die Schwarze Botin 29, 10.
Macciocchi, Maria-Antonietta (1979): Allahs Rippe (zur Reise nach Teheran), in: Die Schwarze Botin 11, 11–19.
Meyer, Eva (1978): Theorie der Weiblichkeit, Heterogenität, Negativität, sujet zérologique, in: Die Schwarze Botin 6, 31–39.
– (1979): Körpersprache oder „Körper“ der Sprache?, in: Die Schwarze Botin 10, 1979, 33–35.
– (1980): Vorspiel – Annäherung an eine andere Schreibweise, in: Die Schwarze Botin 14/15, 1980, 6–12.
– (1983a): Befleckte Empfängnis: Ein Versuch ins Unreine, in: Die Schwarze Botin 18, 5–8.
Modelmog, Ilse (1985): Werden Frauen vernünftig?, in: Die Schwarze Botin 26, 29–36.
Oppenheim, Meret (1977): Weibliche Kunst, in: Die Schwarze Botin 4, 35.
– (1985): Das Ende kann auch ein Anfang sein, in: Die Schwarze Botin 28, 39–40.

– (1985/1986): In einer Staubwolke (die schöne Afrikanerin), in: Die Schwarze Botin 29, 2.
– (1985/1986): Wenn sie mir das Richtige nennen, in: Die Schwarze Botin 29, 3.
– (1985/1986): Haus an der Brücke, in: Die Schwarze Botin 29, 39.
– (1986): Ein Handschuh für Parkett. Niemand kennt den Weg von Blumen gesäumt. Friedlich grasen die Pferde, in: Die Schwarze Botin 31, Titelseite.
– (1986): Ein Handschuh für Parkett: Fern noch der Morgen, der vielleicht mir den lichten Tag bringt. Haben Sie nicht schon lange, in: Die Schwarze Botin 31, Rückseite.
Othmer, Regine (1983): Über den „dritten Zustand", in: Die Schwarze Botin 21, 158–161.
Pataki, Heidi (1979a): Das erkaltete Mütchen, in: Die Schwarze Botin 11, 25–26.
– (1979b): nekrophilie (variation), in: Die Schwarze Botin 13, 20.
– (1983): Frühlings Wachen, in: Die Schwarze Botin 18, 42.
Plato, Heidi von (1977): Der verzehrte Körper, in: Die Schwarze Botin 4, 10–14.
Reinig, Christa (1977): Moral und Geschmack, in: Die Schwarze Botin 4, 3–4.
Rollin, Marie-Simone (1979): Das nennt man saftig, in: Die Schwarze Botin 13, 14.
Runte, Annette (1977): Lippenblütlerinnen unter dem Gesetz. Über feministische Diskurse in Frankreich: Luce Irigaray, Helene Cixus (sic), Cathérine Clement, Julia Kristeva, in: Die Schwarze Botin 5, 35–42.

– (1984a): Julia Kristeva, Histoires d'Amour, in: Die Schwarze Botin 23, 22–29.
– (1984b): I was to be I am (Futur links, 2. Station geradeaus), in: Die Schwarze Botin 23, 29–31.
– (1985/1986): Passion oder Segregation? Philosophisches Differenzdenken und poetische Kulturkritik am Beispiel von Monique Wittig und Luce Irigaray, in: Die Schwarze Botin 29, 10–18.
Schnedl-Bubeniček, Hanna (1985): Die andere Wirklichkeit. Traumsprache und Sprachvermögen bei Ingeborg Bachmann, in: Die Schwarze Botin 26, 4–9.
Schumann, Sarah (1977): Annäherungen, in: Die Schwarze Botin 5, 12–16.
Schuller, Marianne (1984): „Wiederkehr aus dem Schweigen" zum „Fall Franza" von Ingeborg Bachmann, in: Die Schwarze Botin 23, 13–15.
Seifert, Edith (1983): Der Stein des Anstossens, in: Die Schwarze Botin 21, 134–138.
– (1985): Kastration und Verneinung, in: Die Schwarze Botin 27, 25–29.
Sorcières (1977): Die Tötung der Ulrike Meinhof, in: Die Schwarze Botin 2, 42–43.
Steinchen, Renate (1983): Von der „Geistigen Mutter" zur Trägerin des Mutterkreuzes. Entstehung und Wirkung des Mutterkults im Faschismus, in: Die Schwarze Botin 20, 114–123.
Steinwachs, Ginka (1977): Fleischeslust und Geistesblust, in: Die Schwarze Botin 4, 7–9.
– (1978): Madame X. Ein Versuch zur Archäologie der Subjektivität von Ulrike Ottinger und Tabea Blumenschein, in: Die Schwarze Botin 6, 21–26.
– (1983): das gaumentheater des mundes, in: Die Schwarze Botin 21, 131–133.
– (1986/1987): ziemlich viel wind, in: Die Schwarze Botin 32/33, 42.
Trettin, Käthe (1986): Recycling, in: Die Schwarzen Botin 31, 3–5.
Treusch-Dieter, Gerburg (1983a): … Ferner als die Antike … Machtform und Mythisierung der Frau im Nationalsozialismus und Faschismus, in: Die Schwarze Botin 20, 100–113.
– (1983b): Die drei Spinnerinnen. Ein Industrie-Märchen, in: Die Schwarze Botin 18, 23–39.
Ujvary, Liesl (1986/1987): Das Territorium. Ein Text für die Schwarze Botin, in: Die Schwarze Botin 32/33, 3–4.
Wehowski, Branka (1984a): Liberta Sadis et corpus masochianum, in: Die Schwarze Botin 24, 27–29.

– (1984b): Ein Symposion oder: Kann die Alma Mater ihre Töchter lieben?, in: Die Schwarze Botin 25, 34–37.
– (1985a): Ha!H, Ache, La Hache, in: Die Schwarze Botin 26, 12–15.
– (1985b): Wem gehört Ingeborg Bachmann?, in: Die Schwarze Botin 27, 35–36.
Wiesmayr, Elisabeth (1984): Imaginationen des Androgynen, in: Die Schwarze Botin 24, 10–17.
Winter, Mona (1984): Mondlicht im Prisma. Sonia Delaunay und Tamara de Lempicka. Begegnungen in einer unberechenbaren Zeit. Hörspiel, in: Die Schwarze Botin 22, 21–25.
Wysocki, Gisela von (1980): Die Magie der Großstadt, Marieluise Fleißer, in: Die Schwarze Botin 27, 26–30.

Literatur

Adorno, Theodor W. (1973): Ästhetische Theorie, Suhrkamp, Frankfurt a. M.

– (2003): Minima Moralia. Reflexionen aus dem beschädigten Leben, Suhrkamp, Frankfurt a. M.
– (2017): Vorlesung über Negative Dialektik, 4. Aufl. Suhrkamp, Frankfurt a. M.
Adorno, Theodor W./Horkheimer, Max (1992): Dialektik der Aufklärung, Fischer, Frankfurt a. M.
Aktionsrat zur Befreiung der Frau (1969/1988): Oktober '69. Theorie und Praxis. Diskussionsgrundlage für das Organisationsproblem im Aktionsrat, in: Schlaeger (Hg.), 64–69.
Allen, Ann Taylor (1997): The Holocaust and the Modernization of Gender. An Historiographical Essay, in: Central European History 3, 349–364.
Allen, Pamela (1972): Der Freiraum, in: Arbeitskollektiv der Sozialistischen Frauen Frankfurt (Hg.): Frauen gemeinsam sind stark! Texte und Materialien des Women's Liberation Movement in den USA, Stroemfeld/Roter Stern, Frankfurt a. M., 63–69.
Allwood, Gill (2000): Representations of Feminism in France. Feminism, Anti-Feminism and Post-Feminism, in: Andrew, Joe et al. (Hg.): Why Europe? Problems of Culture and Identity, Palgrave Macmillan, London, 111–128.
Alms, Barbara (1987): Nachwort, in: Dies. (Hg.): Blauer Streusand, Suhrkamp, Frankfurt a. M., 176–190.
Anderson, Perry (1987): Considerations of Western Marxism, 3. Auflage, Verso, London/New York.
Anonym (1977): Wir warn die stärkste der Partein … Erfahrungsberichte aus der Welt der K-Gruppen, Rotbuch, Berlin.
Autonome Frauenredaktion (Hg.): Frauenbewegungen in der Welt, Band 1, Argument, Hamburg, 1988.
Baader, Maria (1993): Zum Abschied. Über den Versuch, als jüdische Feministin in der Berliner Frauenszene einen Platz zu finden, in: Hügel-Marshall, Ika et al. (Hg.): Entfernte Verbindungen. Rassismus, Antisemitismus, Klassenunterdrückung, Orlanda Frauenverlag, Berlin, 82–94.
Baader, Meike Sophia (2018): Von der Normalisierung zur De-Zentrierung nach 1968. Mütterlichkeit, Weiblichkeit und Care in der Alten und in der Neuen Frauenbewegung, in: Langer, Antje et al. (Hg.): Weiblichkeit. Ansätze zur Theoretisierung, Barbara Budrich, Opladen u. a., 15–37.
Baader, Meike Sophia/Breitenbach, Eva/Rendtorff, Barbara (2021): Erziehung, Bildung und Wissen der Frauenbewegungen. Eine Bilanz, Kohlhammer, Stuttgart.

Balz, Hanno (2008): Gesellschaftsformierung. Die öffentliche Debatte über die RAF in den 70er Jahren, in: Colin, Nicole et al. (Hg.), 170–186.
Bandhauer-Schöffmann, Irene (2010): „Emanzipation mit Bomben und Pistolen?" Feministinnen und Terroristinnen in deutschsprachigen Sicherheitsdiskursen der 1970er Jahre, in: eurozine, https://www.eurozine.com/authors/irene-bandhauer-schoffmann/ (letzter Zugriff 4.5.2020).
Barthes, Roland (2013): Mythen des Alltags, 2. Auflage, Suhrkamp, Frankfurt a. M.
Bataille, Georges (1978): Die psychologische Struktur des Faschismus. Die Souveränität, Matthes & Seitz, München.
Beccalli, Bianca (1994): The Modern Women's Movement in Italy, in: New Left Review 204, 86–112.
Becker-Schmidt, Regina (1991): Individuum, Klasse und Geschlecht aus der Perspektive der Kritischen Theorie, in: Zapf, Wolfgang (Hg.): Die Modernisierung moderner Gesellschaften. Verhandlungen des 25. Deutschen Soziologentages in Frankfurt am Main 1990, Campus, Frankfurt a. M., 383–394.
– (2004/2017): Zur doppelten Vergesellschaftung von Frauen. Divergenzen und Brückenschläge zwischen Privat- und Erwerbssphäre, in: Dies.: Pendelbewegungen. Annäherungen an eine feministische Gesellschafts- und Subjekttheorie, Barbara Budrich, Opladen u. a., 77–90.
Becker-Schmidt, Regina/Knapp, Gudrun-Axeli (Hg.): Das Geschlechterverhältnis als Gegenstand der Sozialwissenschaften, Campus, Frankfurt a. M./New York, 1995.
Beck-Gernsheim, Elisabeth/Ostner, Ilona (1978): Frauen verändern, Berufe nicht? Ein theoretischer Ansatz zur Problematik von „Frau und Beruf", in: Soziale Welt 3, 257–287.
Benhabib, Seyla (1995): Selbst im Kontext. Kommunikative Ethik im Spannungsfeld von Feminismus, Kommunitarismus und Postmoderne, Suhrkamp, Frankfurt a. M.
Benhabib, Seyla et al. (1993): Streit um Differenz. Feminismus und Postmoderne in der Gegenwart, Suhrkamp, Frankfurt a. M.
Benicke, Jens (2010): Von Adorno zu Mao. Über die schlechte Aufhebung der antiautoritären Bewegung. Ça ira, Freiburg i. Brsg.
Benjamin, Walter (1981): Einbahnstraße, in: Ders.: Gesammelte Schriften IV, 1, Suhrkamp, Frankfurt a. M., 83–148.
Bennholdt-Thomsen, Veronika/Mies, Maria/Werlhof, Claudia von (1988): Frauen, die letzte Kolonie. Zur Hausfrauisierung der Arbeit, Rowohlt, Reinbek b. Hamburg.
Bielby, Clare (2017): West Germany's Neue Frauenbewegung and the Productive Potential of Feminist (Gegen)Gewalt, in: Forum for Modern Language Studies 4, 379–404.
Biene Baumeister/Zwi Negator (2005): Situationistische Revolutionstheorie. Eine Aneignung, Schmetterling Verlag, Stuttgart.
Bischof, Rita (1983): Emanzipierte oder autonome Kunst? Anmerkungen zum Werk von Frida Kahlo, in: Winter, Mona (Hg.): Zitronenblau. Balanceakt ästhetischen Begreifens, Frauenoffensive, München, 151–175.
Bock, Gisela (1986/2010): Zwangssterilisation im Nationalsozialismus. Studien zur Rassenpolitik und Geschlechterpolitik, Monsenstein und Vannerdat, Münster.
Bock, Gisela/Duden, Barbara (1977): Arbeit aus Liebe – Liebe als Arbeit. Zur Entstehung der Hausarbeit im Kapitalismus, in: Frauen und Wissenschaft. Beiträge zur Berliner Sommeruniversität für Frauen, Courage Verlag, Berlin, 118–199.
Bonavena, Marco/Hauer, Johannes/Mohs, Charlotte (2017): Abschied von der Klassenmetaphysik. Formwandel der Klassengesellschaft, Paralyse der Kritik, in: Phase 2. Zeitschrift gegen die Realität 55, 49–52.

Bookhagen, Renate/Rentmeister, Cillie/Savier, Monika/Perincioli, Cristina/Kootz, Johanna/Burgard, Roswitha (1977): Vampire in der Frauenbewegung? – Zu den Konflikten um die Zeitschrift Emma, in: Courage 1, 54–55.

Bossinade, Johanna (2000): Poststrukturalistische Literaturtheorie, Metzler, Stuttgart/Weimar.

Bovenschen, Silvia (1976): Über die Frage: gibt es eine weibliche Ästhetik?, in: Ästhetik und Kommunikation. Beiträge zur politischen Erziehung 25, 60–75.

– (1977): Kritik an der Kritik an der Kritik – zu Irmela von der Lühes Kritik an der Schwarzen Botin. Leserinnenbriefe, in: Courage 2, 59.

– (1979): Die imaginierte Weiblichkeit. Exemplarische Untersuchungen zu kulturgeschichtlichen und literarischen Präsentationsformen des Weiblichen, Suhrkamp, Frankfurt a. M.

Bovenschen, Silvia/Marcuse, Herbert/Schuller, Marianne (1978): Weiblichkeitsbilder, in: Gespräche mit Herbert Marcuse, Suhrkamp, Frankfurt a. M., 65–87.

Bos, Marguérite et al. (Hg.): Erfahrung: Alles nur Diskurs? Zur Verwendung des Erfahrungsbegriffs in der Geschlechtergeschichte, Chronos, Zürich 2004.

Braidotti, Rosi (2014): Thinking with an Accent: Françoise Collin, Les cahiers du Grif, and French Feminism, in: Signs 3, 597–626.

Brandes, Uta/Hebenstreit, Sabine/Sterzenbach, Renate (1984): Der Igel ist immer schon da, in: Courage 3, 6–7 und 57–58.

Breuer, Stefan (1977): Krise der Revolutionstheorie. Negative Vergesellschaftung und Arbeitsmetaphysik bei Herbert Marcuse, Syndikat, Frankfurt a. M.

Brückner, Peter (1978): Thesen zur Diskussion der „Alternativen“, in: Kraushaar (Hg.), 68–85.

Bührmann, Andrea D. (1995): Das authentische Geschlecht. Die Sexualitätsdebatte der neuen Frauenbewegung und die Foucaultsche Machtanalyse, Westfälisches Dampfboot, Münster.

Bülow, Katharina von/Sell, Maren/Reismann, Renate (1980): Emigrantinnen heute. Frauen verlassen die BRD, Trikont, München.

Bürger, Peter (1974): Theorie der Avantgarde, Suhrkamp, Frankfurt a. M.

– (1998): Das Verschwinden des Subjekts. Eine Geschichte der Subjektivität von Montaigne bis Barthes, Suhrkamp, Frankfurt a. M.

Busch, Alexandra (1989): Der metaphorische Schleier des ewig Weiblichen – Zu Luce Irigarays Ethik der sexuellen Differenz, in: Grossmann, Ruth/Schmerl, Christiane (Hg.): Feministischer Kompass, patriarchales Gepäck. Kritik konservativer Anteile in neuern feministischen Theorien, Frankfurt a. M./New York, 117–171.

Butler, Judith (1991): Das Unbehagen der Geschlechter, Suhrkamp, Frankfurt a. M.

Canning, Kathleen (2004): Problematische Dichotomien. Erfahrung zwischen Narrativität und Materialität, in: Bos et al. (Hg.), 36–58.

Caplan, Jane (1983): Women, Fascism, Everyday Life. Conference at the Ohio State University April 28–30, 1983, in: International Labor and Working-Class History 24, 72–74.

Casale, Rita (2013): Epistemologisierung und Kulturalisierung feministischer Theorien, in: Rendtorff, Barbara/Riegraf, Birgit/Mahs, Claudia (Hg.): 40 Jahre feministische Debatten. Resümee und Ausblick, Beltz Juventa, Weinheim/Basel, 150–162.

– (2014a): Subjekt feministisch gedacht: Zur Verwechslung von Subjekt und Identität in den Gender Studies, in: Fleig (Hg.), 76–96.

– (2014b): Feministische Theorie zwischen Kritik und Utopie, in: Feministische Studien 1, 16–20.

Cixous, Hélène (1975/2013): Das Lachen der Medusa, in: Hutfless et al. (Hg.), 39–61.
– (1976): Schreiben, Feminität, Veränderung, in: alternative 108/109, 134–147.
– (1977): Die unendliche Zirkulation des Begehrens. Weiblichkeit in der Schrift, Merve, Berlin.
– (1980): Weiblichkeit in der Schrift, Merve, Berlin.
Classen, Brigitte/Goettle, Gabriele (1976): „Häutungen". Eine Verwechslung von Anemone und Amazone, in: Courage 1, 45–46.
Colebrook, Claire (1997): Feminist Philosophy and the Philosophy of Feminism: Irigaray and the History of Western Metaphysics, in: Hypatia 12, 79–98.
Conley, Verena Andermatt (1991): Hélène Cixous. Writing the Feminine, University of Nebraska Press, Lincoln.
Colin, Nicole et al. (Hg.): Der „Deutsche Herbst" und die RAF in Politik, Medien und Kunst. Nationale und Internationale Perspektiven, transcript, Bielefeld, 2008.
Conrad, Lena (1968/1988): Oktober 1968. Beitrag zur Organisationsdebatte, in: Schlaeger (Hg.), 58–63.
Courage (1976a): In eigener Sache, in: Courage 1, 1.
– (1976b): In eigener Sache, in: Courage 2, 1.
– (1976c): In eigener Sache, in: Courage 3, 1.
– (1976d): Konflikt um Alice Schwarzers neue Zeitung ‚Emma', in: Courage 3, 42.
– (1977a): In eigener Sache, in: Courage 3, 1.
– (1977b): Nachrichten aus der Frauenbewegung, in: Courage 4, 48.
– (1977c): Mütter-Manifest, in: Courage 1, 33–34.
Dackweiler, Regina (1995): Ausgegrenzt und eingemeindet. Die neue Frauenbewegung im Blick der Sozialwissenschaften, Westfälisches Dampfboot, Münster.
Dalla Costa, Mariarosa/James, Selma (1971): Die Macht der Frauen und der Umsturz der Gesellschaft, Merve, Berlin.
Dehli, Martin (2011): Die Dissidenten. Die Geschichte eines Begriffs weltanschaulicher Pluralisierung, in: Archiv für Begriffsgeschichte, Band 43, Felix Meiner, Hamburg, 173–198.
Delphy, Christine (1985): Der Hauptfeind, in: Schwarzer, Alice (Hg.): Lohn: Liebe. Zum Wert der Frauenarbeit, Suhrkamp, Frankfurt a. M., 149–172.
– (1991): Les origines du Mouvement de liberation des femmes en France, in: Nouvelles Questions Féministes 16/18, 137–148.
Dennert, Gabriele/Leidinger, Christiane/Rauchut, Franziska (2007): Die 70er Jahre – Politischer Aufbruch in der BRD. Lesben in Wut – Lesbenbewegung in der BRD der 70er Jahre, in: Dies. (Hg.): In Bewegung bleiben. 100 Jahre Politik, Kultur und Geschichte von Lesben, Querverlag, Berlin, 31–61.
Der Spiegel (1976): Kampf um Emma, 49, 29.11.1976, 219–221.
Die Schwarzen Botinnen, https://dieschwarzenbotinnen.wordpress.com/ (letzter Zugriff 9.3.2021).
Dietze, Gabriele (1979): Vorwort „Überwindung der Sprachlosigkeit", in: Dies. (Hg.): Die Überwindung der Sprachlosigkeit. Texte aus der neuen Frauenbewegung, Luchterhand, Darmstadt/Neuwied, 7–21.
Dingler, Catrin (2018): Wir spucken auf die Genossen – Die italienische Feministin Carla Lonzi im Berliner Merve Verlag, in: Generationen- und Geschlechterverhältnisse in der Kritik: 1968 Revisited, Jahrbuch für historische Bildungsforschung 24, 94–119.
– (2019): Der Schnitt. Zur Geschichte der Bildung weiblicher Subjektivität, Campus, Frankfurt a. M.

Dokumentationsgruppe Berliner Sommeruniversität für Frauen (1981): Autonomie oder Institution. Über die Leidenschaft und Macht von Frauen. Beiträge der 4. Sommeruniversität der Frauen, Berlin 1979, Selbstverlag, Berlin.
Dokumente zur Kinderfrage (1978), in: Courage 9, 43–45.
Dommel, Monika (1998): Ginka Steinwachs: Glückliche Fälscherin erlesener Originale, in: Abret, Helga/Nagelschmidt, Ilse (Hg.): Zwischen Distanz und Nähe. Eine Autorinnengeneration in den 80er Jahren, Peter Lang, Berlin u. a., 87–106.
Doris (1981): Heilige Mutter Erde oder der Rückzug ins Private, in: AUF 30, 12–13.
Dormagen, Christel (1980): Rede für das Schweigen, in: Courage 4, 34–35.
– (2021): Nicht jammern, sondern reflektieren!, in: konkret 1, 58–59.
Dosse, François (1996): Geschichte des Strukturalismus. Band 1: Das Feld des Zeichens, 1945–1966, Junius, Hamburg.
Downs, Laura (1993): Reply to Joan Scott, in: Comparative Studies in Society and History 2, 444–451.
Dönselmann im Sande, Petra (1979): Kunst kommt aus dem Alltag aber selten in ihn zurück. Ein Besuch bei Frederike Frei, in: Spur. Zeitschrift für Kunst und Gesellschaft 3, 32–33.

– (1984): Wer sucht wen? Zur Diskussion um Frauen(bewegung), Weimarer Republik und Faschismus, in: Vorbereitungsgruppe der 7. Sommeruniversität für Frauen (Hg.): Wollen wir immer noch alles? Frauenpolitik zwischen Traum und Trauma, Berlin, 266–274.
Dröscher-Teille (2018): Autorinnen der Negativität. Essayistische Poetik der Schmerzen bei Ingeborg Bachmann – Marlene Streeruwitz – Elfriede Jelinek, Wilhelm Fink, Leiden u. a.
Drücke, Bernd (1998): Zwischen Schreibtisch und Straßenschlacht. Anarchismus und libertäre Presse in Ost- und Westdeutschland, Klemm und Oelschläger, Ulm.
Drygala, Anke/Günter, Andrea (2010): Die Geschlechterdifferenz denken. Ein philosophisches Lesebuch. Einleitung, in: Dies. (Hg.): Paradigma Geschlechterdifferenz. Ein philosophisches Lesebuch, Ulrike Helmer Verlag, Sulzbach Ts., 9–34.
Duden, Barbara (2004): Somatisches Wissen, Erfahrungswissen und „diskursive" Gewissheiten. Überlegungen zum Erfahrungsbegriff aus der Sicht der Körper-Historikerin, in: Bos et al. (Hg.), 25–36.
Ehnes, Barbara (2013): Die Schwarze Botin. Le derniere cri – remastered and remistressed (1976 – 1987 – 2013), Wiener Festwochen.
Eine Genossin und ein Genosse des KB/Gruppe Hamburg (1977): Im Gruselkabinett der Frau Doktor Mabuse. Zur Auseinandersetzung mit der Frauenzeitschrift „Die Schwarze Botin", in: Arbeiterkampf 97, 24.1.1977, 29.
Evans, Dylan (2002): Wörterbuch der Lacanschen Psychoanalyse, Turia+Kant, Wien.
Eyerman, J. R. (1952): Bildstrecke, https://www.gettyimages.de/detail/nachrichtenfoto/an-audience-in-formal-attire-and-3d-glasses-watches-nachrichtenfoto/2905087 (letzter Zugriff 6.2.2021).
Federici, Silvia (2012): Caliban und die Hexe. Frauen, der Körper und die ursprüngliche Akkumulation, Mandelbaum, Wien.
Feigenwinter, Gunild (1983): Die Natur-„Beherrscher" werden nicht gerne an ihre Herkunft erinnert. Zweites Müttermanifest, in: Courage 9, 64–67.
Felsch, Philipp (2016): Der lange Sommer der Theorie. Geschichte einer Revolte 1960–1990, Fischer, Frankfurt a. M.
Ferree, Myra Marx (2012): Varieties of Feminism: German Gender Politics in Global Perspective, Stanford University Press, Standford.

– (2018): Feminismen: Die deutsche Frauenbewegung in globaler Perspektive, Campus, Frankfurt a. M.
Fink, Bruce (2015): Das Lacan'sche Subjekt. Zwischen Sprache und Jouissance, 3. Auflage, Turia+Kant, Berlin/Wien.
Fleig, Anne (Hg.): Die Zukunft von Gender. Begriff und Zeitdiagnose, Campus, Frankfurt a. M, 2014.
Frank, Gustav/Podewski, Madleen/Scherer, Stefan (2009): Kultur – Zeit – Schrift. Literatur- und Kulturzeitschriften als ‚kleine Archive', in: Internationales Archiv für Sozialgeschichte der deutschen Literatur 2, 1–45.
Frankfurter Frauen (Hg.): Frauenjahrbuch '75, Roter Stern, Frankfurt a. M., 1975.
Fraser, Nancy (2001): Sex, Lüge und die Öffentlichkeit. Überlegungen zur Bestätigung des Bundesrichters Clarence Thomas, in: Dies.: Die halbierte Gerechtigkeit, Suhrkamp, Frankfurt a. M., 151–179.
– (2009): Feminismus, Kapitalismus und die List der Geschichte, in: Blätter für deutsche und internationale Politik 8, 43–57.
– (2013): Neoliberalismus und Feminismus: Eine gefährliche Liaison, in: Blätter für deutsche und internationale Politik 12, 29–31.

Frauen aus der Frauengruppen Freiburg (1975): Kleingruppen – Erfahrungen und Regeln, in: Frankfurter Frauen (Hg.), 184–198.
Frei Gerlach, Franziska (1998): Schrift und Geschlecht. Feministische Lektüren von Marlen Haushofer, Ingeborg Bachmann und Anne Duden, Erich Schmidt, Berlin.
Freud, Sigmund (1955): Das Unbehagen in der Kultur. Gesammelte Werke Band XIV, Fischer, Frankfurt a. M., 419–506.
– (1961a): Angst und Triebleben. Neue Folge der Vorlesungen zur Einführung in die Psychoanalyse. Gesammelte Werke XV, Fischer, Frankfurt a. M., 87–118.
– (1961b): Die Weiblichkeit. Neue Folge der Vorlesungen zur Einführung in die Psychoanalyse. Gesammelte Werke XV, Fischer, Frankfurt a. M., 119–145.
Gehmacher, Johanna (1994): Feministische Geschichtsforschung und die Frage nach Antisemitismus von Frauen, in: Kohn-Ley, Charlotte/Korotin, Ilse (Hg.): Der feministische ‚Sündenfall'? Antisemitische Vorurteile in der Frauenbewegung, Picus, Wien, 131–159.
Gerhard, Ute (1992): Unerhört. Die Geschichte der deutschen Frauenbewegung. Unter Mitarbeit von Ulla Wischermann, Rowohlt, Hamburg.
– (1995): Die ‚langen Wellen' der Frauenbewegung – Traditionslinien und unerledigte Anliegen, in: Becker-Schmidt/Knapp (Hg.), 247–278.
– (1999): Atempause. Feminismus als demokratisches Projekt. Die Frau in der Gesellschaft, Fischer, Frankfurt a. M.
Goettle, Gabriele (1979d): Schleim oder Nichtschleim, das ist hier die Frage, in: Dietze, Gabriele (Hg.): Die Überwindung der Sprachlosigkeit. Texte aus der neuen Frauenbewegung, Luchterhand, Darmstadt/Neuwied, 51–55.
– (2009): Wer ist Dorothea Ridder? Rekonstruktion einer beschädigten Erinnerung, Edition Tiamat, Berlin.
Gravenhorst, Lerke (1990): Nehmen wir Nationalsozialismus und Auschwitz ausreichend als unser negatives Eigentum in Anspruch?, in: Dies./Tatschmurat, Carmen (Hg.): TöchterFragen. NS-Frauengeschichte, 17–37.
Greenwald, Lisa (2018): Daughters of 1968. Redefining French Feminism and the Women's Liberation Movement (Ebook), Nebraska Press, Lincoln/London, https://doi.org/10.2307/j.ctv8xngqh (letzter Zugriff 6.2.2021).

Grisard, Dominique (2012): Das feminisierte Geheime. Der Terrorismusbegriff der 1970er und frühen 1980er Jahre, in: Hikel, Christine/Schraut, Sylvia (Hg.): Terrorismus und Geschlecht. Politische Gewalt in Europa seit dem 19. Jahrhundert, Campus, Frankfurt a. M., 99–122.

Grossmann, Atina (1991): Feminist Debates about Women and National Socialism, in: Gender and History 3, 350–358.

Grote, Alexandra von (1980): Über das Private reden wir nur privat, in: Courage 4, 30–34.

Grubner, Barbara/Grubner, Bernadette (Hg.): Braucht der Feminismus das Denken der sexuellen Differenz? AEP-Informationen 2, 2019.

– (2018): Wissenschaft, Leidenschaft und das Denken der sexuellen Differenz. Ein Zwischenruf, in: Feministische Studien 1, 117–133.

Günter, Andrea (2003): „Der Sternenhimmel in uns“. Transzendenz, Geschlechterdifferenz und die Suche nach Rückbindung bei Simone de Beauvoir, Luce Irigaray, den Frauen des Mailänder Frauenbuchladens und den Philosophinnen von DIOTIMA, Ulrike Helmer, Königsstein Ts.

Hachtmann, Rüdiger (2012): „Volksgemeinschaftliche Dienstleister“? Anmerkungen zu Selbstverständnis und Funktion der Deutschen Arbeitsfront und der NS-Gemeinschaft „Kraft durch Freude“, in: Schiechen-Ackermann, Detlef (Hg.): „Volksgemeinschaft“: Mythos, wirkmächtige soziale Verheißung oder soziale Realität im „Dritten Reich“? Zwischenbilanz einer kontroversen Debatte, Ferdinand Schöningh, Paderborn u. a., 111–131.

Haffner, Sarah (2002): Die Frauen waren der revolutionärste Teil dieser etwas revolutionären Bewegung, in: Kätzel (Hg.), 141–160.

Hagemann-White, Carol (1986): Frauenbewegung und Psychoanalyse, 2. Auflage, Stroemfeld/Roter Stern, Basel/Frankfurt a. M.

Hark, Sabine (2005): Dissidente Partizipation. Eine Diskursgeschichte des Feminismus, Suhrkamp, Frankfurt a. M.

Harsch, Donna (2014): Book Review. Hitler's Furies. German Women in the Nazi Killing Fields. By Wendy Lower, in: Central European History 4, 875–877.

Haß, Ulrike (1979): Der Rede wert. Frauen und Sprache, in: Spur. Zeitschrift für Kunst und Gesellschaft 3, 27–31.

Haß, Ulrike/Kuhn, Andrea/Tapken, Ju/Wartmann, Brigitte (1982): Fragestellungen und Thesen zu einer anderen Deutung weiblicher Produktivität, in: Ästhetik und Kommunikation. Beiträge zur politischen Erziehung 47, 5–7.

Haug, Frigga (1980): Frauen – Opfer oder Täter?, in: Dies.: Die Vier-in-einem-Perspektive, 239–248.

– (2008a): Die Vier-in-einem-Perspektive. Politik von Frauen für eine neue Linke, Argument, Hamburg.

– (2008b): Geschlechterverhältnisse als Produktionsverhältnisse, in: Dies.: Die Vier-in-einem-Perspektive, 310–340.

– (1988): Lehren aus den Frauenbewegungen in Westeuropa, in: Autonome Frauenredaktion (Hg.), 6–13.

– (Hg.): Historisch-kritisches Wörterbuch des Feminismus, Argument, Hamburg, 2003.

Hausen, Karin (1976): Die Polarisierung der „Geschlechtscharaktere“. Eine Spiegelung der Dissoziation von Erwerbs- und Familienleben, in: Conze, Werner (Hg.): Sozialgeschichte der Familie in der Neuzeit Europas, Klett Verlag, Stuttgart, 363–401.

HAW-Frauengruppe (Hg.): Eine ist keine – gemeinsam sind wir stark. Dokumentation, Berlin, 1974.

Heidecke, Regina (1976): Klar und eindeutig, in: Aufständische Kultur. Frauenoffensive Journal 5, 8–9.
Hennessy, Rosemary (2000): Profit and Pleasure. Sexual Identities in late Capitalism, Routledge, London/New York.
– (2003): Feminismus, in: Haug (Hg.), 155–170.
Henze, Patrick (2019): Schwule Emanzipation und ihre Konflikte. Zur westdeutschen Schwulenbewegung der 1970er Jahre, Querverlag, Berlin.
Herzog, Marianne (1980): Nicht den Hunger verlieren, Rotbuch, Berlin.
Heussler, Carla (2006) : De Cruce Christi. Kreuzauffindung und Kreuzerhöhung. Funktionswandel und Historisierung in nachtridentinischer Zeit, Schöningh, Paderborn u. a.
Hilmes, Carola (2016): Klassikerin zur Wiedervorlage. Geschichte der Schwarze Botin als Avantgarde des Feminismus, in: Frankfurter Allgemeine Zeitung 232, N3.
Hipfl, Brigitte (2020): Erinnerungsarbeit – Feministische und queere Interventionen in Medienkulturen, in: Thomas, Tanja/Wischermann, Ulla (Hg.): Feministische Theorie und kritische Medienkulturanalyse. Ausgangspunkte und Perspektiven, transcript, Bielefeld, 383–398.
Holland-Cunz, Barbara (2003): Die alte neue Frauenfrage, Suhrkamp, Frankfurt a. M.
Honegger, Claudia (1996): Die Ordnung der Geschlechter. Die Wissenschaft vom Menschen und das Weib, dtv, München.
Höpflinger, Anna-Katharina et al. (Hg.): Handbuch Gender und Religion, utb, Stuttgart, 2008.
Hutfless, Esther et al. (Hg.): Hélène Cixous. Das Lachen der Medusa, Passagen, Wien 2013.
Hutfless, Ester/Postl, Gertrude/Schäfer, Elisabeth (2013): Vorwort: … der luftigen Schwimmerin, der fliegenden Diebin …, in: Dies. (Hg.), 13–19.
Irigaray, Luce (1976): Waren, Körper, Sprache. Der ver-rückte Diskurs der Frauen, Merve, Berlin.
– (1976a): Waren untereinander, in: Dies.: Waren, Körper, Sprache, 41–45.
– (1976b): Noli me tangere oder vom Wert der Waren, in: Dies.: Waren, Körper, Sprache, 46–61.
– (1976c): Wenn unsere Lippen sich sprechen, in: Dies.: Waren, Körper, Sprache, 68–80.
– (1979a): Das Geschlecht, das nicht eins ist, Merve, Berlin.
– (1979b): Das Geschlecht, das nicht eins ist, in: Dies.: Das Geschlecht, 22–32.
– (1979c): Rückkehr zur psychoanalytischen Theorie, in: Dies.: Das Geschlecht, 33–69.
– (1979a): Macht des Diskurses, Unterordnung des Weiblichen. Ein Gespräch, in: Dies.: Das Geschlecht, 70–88.
– (1979b): Frauenmarkt, in: Dies.: Das Geschlecht, 177–203.
– (1979c): Cosi fan tutti, in: Dies.: Das Geschlecht, 89–109.
– (1979d): Frauenmarkt, in: Dies.: Das Geschlecht, 177–198.
– (1979e): Fragen, in: Dies.: Das Geschlecht, 125–154.
– (1979f): Die „Mechanik" des Flüssigen, in: Dies.: Das Geschlecht, 110–124.
– (1980): Speculum. Spiegel des anderen Geschlechts, Suhrkamp, Frankfurt a. M.
– (1985): Göttliche Frauen, in: Eiblmayr, Silvia et al. (Hg.): Kunst mit Eigen-Sinn. Aktuelle Kunst von Frauen. Texte und Dokumentation, Löcker, Wien/München, 29–38.
– (1989): Genealogie der Geschlechter, Kore, Freiburg i. Br.
Jahrbuchgruppe des Münchener Frauenzentrums (1976): Feministische Tendenzen – oder was so alles unter Feminismus verstanden wird, in: Dies. (Hg.): Frauenjahrbuch '76, Verlag Frauenoffensive, München, 63–105.

Jäkl, Reingard (1976): Mit der Ungewissheit leben. Ein Gespräch mit Sibylle Plogstedt, in: Courage 2, 13–15.
Jameson, Fredric (1998): Postmodernism and Consumer Society, in: Foster, Hal (Hg.): Anti-Aesthetic. Essays on Postmodern Culture, The New Press, New York, 127–144.
Janke, Pia et al. (Hg.): „Die endlose Unschuldigkeit." Elfriede Jelineks Rechnitz (Der Würgeengel), Praesens Wien, 2010.
Janssen-Jurreit, Marielouise (1987): Sexismus. Über die Abtreibung der Frauenfrage, 3. Auflage, Fischer, Frankfurt a. M.
Jelinek, Elfriede (2010a): An der Zukunft hängen, an der Zukunft dranhängen, etwas an die Zukunft dranhängen und einen Hänger annähen. Frauenarbeit halt, in: Janke et al. (Hg.), 462–465.
– (2010b): Gesprochen und beglaubigt. Dankesrede zur Verleihung des Mühlheimer Dramatikerpreises 2009, in: Janke et al. (Hg.), 453–455.
Johach, Eva (2011): Jungfrauenmaschinen. Über die Zumutungen und Verheißungen der Bienenkönigin, in: Auga, Ulrike et al. (Hg.): Dämonen, Vamps und Hysterikerinnen. Geschlechter- und Rassenfiguration in Wissen, Medien und Alltag um 1900, transcript, Bielefeld, 115–129.

Jung, Tina (2016): Kritik als demokratische Praxis. Kritik und Politik in Kritischer Theorie und feministischer Theorie, Westfälisches Dampfboot, Münster.
Jünke, Christoph (2012): Peter Brückners Versuch, uns und anderen die Linke zu erklären, https://www.globkult.de/geschichte/zeitgeschichte/731-peter-brueckners-versuch-uns-und-anderen-die-neue-linke-zu-erklaeren (letzter Zugriff 2.2.2021).
Karcher, Katharina (2018): Sisters in Arms. Militanter Feminismus in Westdeutschland seit 1968, Assoziation A, Hamburg.
Katz, Barry M. (1986/1987): The Women of Futurism, in: Women's Art Journal 2, 3–13.
Kätzel, Ute (2002): Die 68erinnen. Porträt einer rebellischen Frauengeneration, Rowohlt, Berlin.
Kaufmann-McCall, Dorothy (1983): Politics of Difference: The Women's Movement in France from May 1968 to Mitterrand, in: Signs 2, 282–293.
Kernmayer, Hildegard/Ganglbauer, Petra (Hg.): Schreibweisen. Poetologien. Die Postmoderne in der österreichischen Literatur von Frauen, Milena, Wien, 2003.
Kettner, Fabian (o. J.): Theodor W. Adorno: Ontologie und Dialektik/Vorlesung über Negative Dialektik. Bestimmt ohne Standpunkt, http://www.rote-ruhr-uni.com/cms/Rezensionen/Theodor-W-Adorno-Ontologie-und (letzter Zugriff 10.3.2021).
Klaus, Elisabeth (1994): Von der heimlichen Öffentlichkeit der Frauen, in: Institut für Sozialforschung (Hg.): Geschlechterverhältnisse und Politik, Suhrkamp, Frankfurt a. M., 72–97.
Klettenhammer, Sieglinde (1998): „Das Nichts, das die Natur auch ist". Zur Destruktion des Mythos ‚Natur' in Elfriede Jelineks Die Kinder der Toten, in: Goodbody, A. H. (Hg.): Literatur und Ökologie. Amsterdamer Beiträge zur neueren Literatur, Rodopi, Amsterdam/Atlanta, 317–339.
– (2003): „Strich durch den Wirt!" Sprachkritik und Sprachexperiment als Ideologiekritik im Werk von Heidi Pataki, in: Kernmayer/Ganglbauer (Hg.), 291–313.
Klinger, Cornelia (1986): Déjà-vu oder die Frage nach den Emanzipationsstrategien im Vergleich zwischen der ersten und zweiten Frauenbewegung, in: Kommune 12, 57–72.
– (1998): Von der Kritik an der „Ästhetischen Ideologie" über „cunt art" und „écriture féminine" zum Diskussionsstand einer feministischen Ästhetik heute, in: Deutsche Zeitschrift für Philosophie 5, 799–821.

Kluge, Alexander/Negt, Oskar (1972): Öffentlichkeit und Erfahrung. Zur Organisationsanalyse von bürgerlicher und proletarischer Öffentlichkeit, Suhrkamp, Frankfurt a. M.
Knapp, Gudrun-Axeli (Hg.): Kurskorrekturen. Feminismus zwischen Kritischer Theorie und Postmoderne, Campus, Frankfurt a. M./New York, 1998.
Knäpper, Marie-Theres (1984): Feminismus – Autonomie – Subjektivität. Tendenzen und Widersprüche in der neuen Frauenbewegung, Bochum.
Kögel, Ebbe (2001): Katharina de Fries. „Mütter sind prädestinierte Bankräuber", in: Schönberger, Klaus (Hg.): Vabanque. Bankraub, Theorie, Praxis, Geschichte, 2. Auflage, Assoziation A, Hamburg, 166–167.
Kohn-Ley, Charlotte/Korotin, Ilse (1994): Der feministische „Sündenfall"? Antisemitische Vorurteile in der Frauenbewegung, Picus, Wien.
Koonz, Claudia A. (1986/1987): Mothers in the Fatherland. Women, the Family and Nazi Politics, Routledge, Abingdon/New York.
– (2008): Geschlecht, Gedächtnis und Geschichtsschreibung. Die Historiographie zum Dritten Reich und zum Holocaust, in: Hagemann, Karen/Quataert, Jean H. (Hg.): Geschichte und Geschlechter. Revisionen der neueren deutschen Geschichte, Campus, Frankfurt a. M./New York, 256–289.

Kovacs, Teresa (2010): Chronik der Ereignisse, in: Janke et al. (Hg.), 28–44.
Kramer, Nicole (2007): Christine Herkommer. Frauen im Nationalsozialismus. Buchrezension, in: H-Soz-u-Kult, www.hsozkult.de/publicationreview/id/rezbuecher-7968 (letzter Zugriff 14.5.2020).
Kraushaar, Wolfgang (Hg.): Autonomie oder Getto? Kontroversen über die Alternativbewegung, Verlag Neue Kritik, Frankfurt a. M., 1978.
– (1978): Thesen zum Verhältnis von Alternativ- und Fluchtbewegung. Am Beispiel der Frankfurter Scene, in: Ders. (Hg.), 8–67.
Krechel, Ursula (1983): Selbsterfahrung und Fremdbestimmung. Bericht aus der Neuen Frauenbewegung, erweiterte Neuausgabe, Luchterhand, Darmstadt/Neuwied.
Kristeva, Julia (1976): Produktivität der Frau. Interview von Eliane Boucquey, in: alternative 108/109, 167–169.
– (1978b): Die Revolution der poetischen Sprache, Suhrkamp, Frankfurt a. M.
– (1979): Kein weibliches Schreiben? Fragen an Julia Kristeva, in: Freibeuter 2, 79–84.
Kroker, Britta (1994): Sexuelle Differenz. Einführung in ein feministisches Theorem, Centaurus, Pfaffenweiler.
Krondorfer, Birge (2013): Wider ein Vergessen der Anderen. Erinnerung als Ort der (feministischen) Differenz, in: Guggenheimer, Jacob et al. (Hg.): „When we were gender …" – Geschlechter erinnern und vergessen. Analysen von Geschlecht und Gedächtnis in den Gender Studies, Queer-Theorien und feministischen Politiken, transcript, Bielefeld, 191–210.
Kuckuc, Ina (1975): Der Kampf gegen Unterdrückung. Materialien aus der deutschen Lesbierinnenbewegung, Frauenoffensive, München. (Ina Kuckuc ist ein Pseudonym von Ilse Kukulis).
Kühn, Andreas (2005): Stalins Enkel, Maos Söhne. Die Lebenswelt der K-Gruppen in der Bundesrepublik der 70er Jahre, Frankfurt a. M./New York.
Kühte, Alexandra (2005): Das Frauenleitbild der feministischen Zeitschrift Emma. Eine Untersuchung über die Darstellung von Frauen und die Behandlung frauenspezifischer Themen, wvb Wissenschaftsverlag, Berlin.
Kupfer, Karolin (2021): „Kampf um Emma". Polemik und feministische Öffentlichkeiten, in: Dubbels, Elke/Frohmann, Jürgen/Schütte, Andrea (Hg.): Polemische

Öffentlichkeiten. Zur Geschichte und Gegenwart von Meinungskämpfen in Literatur, Medien und Politik, transcript, Bielefeld, 142–164.
Kupke, Christian (2011): Julia Kristeva: Das Pathos des Denkens oder Die zweifache Genese des Subjekts, in: Moebius, Stephan/Quadflieg, Dirk (Hg.): Kultur. Theorien der Gegenwart, VS Springer, Wiesbaden, 321–333.
Kuster, Friederike (1996): Ortschaften. Luce Irigarays Ethik der sexuellen Differenz, in: Phänomenologische Forschungen, Neue Folge 1, 1, 44–66.
– (2015): „Durch die List ist der Willen zum Weiblichen geworden." Bemerkungen zu einer Stelle aus Hegels Jenaer Systementwürfen, in: Cahiers d' Études Germaniques 68, 165–176, http://journals.openedition.org/ceg/1520 (letzter Zugriff 29.12.2020).
Lacan, Jacques (1991): Gott und das Genießen der Frau, in: Ders.: Encore. Das Seminar Buch XX, 2. Auflage, Quadriga, Berlin/Weinheim, 71–84.
– (1996a): Das Spiegelstadium als Bildner der Ichfunktion. Schriften I, 4. Auflage, Quadriga, Berlin/Weinheim, 63–70.
– (1996b): Funktion und Feld des Sprechens und der Sprache in der Psychoanalyse, in: Ders.: Schriften I, 4. Auflage, Quadriga, Berlin/Weinheim, 71–169.

Landweer, Hilge (1981): Politik der Subjektivität – Praxis ohne Theorie?, in: Großmaß, Ruth/Schmerl, Christiane (Hg): Philosophische Beiträge zur Frauenforschung, Germinal, Bochum, 13–34.
Lanwerd, Susanne/Stoehr, Irene (2007): Frauen- und Geschlechterforschung zum Nationalsozialismus seit den 1970er Jahren. Forschungsstand, Veränderungen, Perspektiven, in: Gehmacher, Johanna/Hauch, Gabriella (Hg.): Frauen- und Geschlechtergeschichte des Nationalsozialismus. Fragestellungen, Perspektiven, neue Forschungen, Berlin, 22– 68.
Laplanche, Jean/Pontalis, Jean-Bertrand (1972): Das Vokabular der Psychoanalyse, Suhrkamp, Frankfurt a. M.
Laquièze-Waniek, Eva (2013): Von weißer Tinte zu Medusas Schlangen – Der Frauen- und Subjektbegriff in Hélène Cixous' Écriture Féminine, in: Hutfless et al. (Hg.), 135–153.
LAZ/Lesbisches Aktionszentrum (1976): Stellungnahme des LAZ, in: Protokolle. Informationsdienst für Frauen 11/12, 10.
Lenk, Elisabeth (1976): Die sich verdoppelnde Frau, in: Ästhetik und Kommunikation. Beiträge zur politischen Erziehung 25, 84–87.
– (1977b): Lose Gedanken über das Verhältnis von Phantasie und Gesellschaft, in: Künstlerinnen International 1877–1977, Selbstverlag, Berlin, 81–85.
Lennox, Sarah (2002): Rezeptionsgeschichte, in: Albrecht, Monika/Göttsche, Dirk (Hg.): Bachmann-Handbuch. Leben – Werk – Wirkung, Metzler, Stuttgart/Weimar, 22–42.
Lent, Lilly/Trumann, Andrea (2015): Kritik des Staatsfeminismus oder: Kinder, Küche, Kapitalismus, Bertz+Fischer, Berlin.
Lenz, Ilse (2010): Die Neue Frauenbewegung in Deutschland. Abschied vom kleinen Unterschied. Eine Quellensammlung, 2. Auflage, Springer VS, Wiesbaden.
– (2019): Wie sich intersektional erinnern? Ambivalenzen und Konsequenzen in den Neuen Frauenbewegungen, in: Schmidbauer, Marianne/Wischermann, Ulla (Hg.): Feministische Erinnerungskulturen. 100 Jahre Frauenstimmrecht. 50 Jahre Autonome Frauenbewegung, CGC online papers 3, 63–72.
Lerner, Gerda (1993): Die Entstehung des feministischen Bewusstseins. Vom Mittelalter bis zur Ersten Frauenbewegung, Campus, Frankfurt a. M./New York.
Lettow, Susanne (2012): Dezentrierung und Kritik. Die Frage nach Geschlechterverhältnissen in der Philosophie, in: Landweer, Hilge et al. (Hg.): Philosophie und die

Potenziale der Gender Studies. Peripherie und Zentrum im Feld der Theorie, transcript, Bielefeld, 163–181.
Levin, Thomas Y. (1989): Dismantling the Spectacle. The Cinema of Debord, in: Wollen, Peter et al. (Hg.): On the Passage of a few People Through a Rather Brief Moment in Time: The Situationist International 1957–1972, Boston, 72–123.
Lévi-Strauss, Claude (1993): Die elementaren Strukturen der Verwandtschaft, Suhrkamp, Frankfurt a. M.
Ley, Catherine/Locker, Katrin/Rehmer, Gregor J. (2005): Courage, Emma und Die Schwarze Botin – Einigkeit in Differenz?, in: Die Philosophin 32, 43–58.
Libreria delle Donne di Milano (1988): Wie weibliche Freiheit entsteht. Eine neue politische Praxis, Orlanda, Berlin.
Lillemor's Frauenbuchladen (1977): Stellungnahme des Frauenbuchladens Lillemor zum Boykottaufruf des Verlags Frauenpolitik/Münster gegen die Schwarze Botin/Berlin, in: Nationaler Frauenkongreß vom 5. bis 6.3.1977 in München, Verlag Frauenoffensive München, 20.
Lindhoff, Lena (2003): Einführung in die feministische Literaturtheorie, 2. Auflage, Metzler, Stuttgart.
Lindner, Werner (1996): Jugendprotest seit den 1950er Jahren. Dissens und kultureller Eigensinn, Leske + Budrich, Opladen.
Lloyd, Genevieve (1985): Das Patriarchat der Vernunft, Daedalus, Bielefeld.
Lohse, Rolf (2004): Bretons schwarzer Humor und die Académie de l'humour français, in: Scherer/Lohse (Hg.), 281–295.
Lohse, Rolf/Scherer, Ludger (2004): Einleitung, in: Dies. (Hg.), 7–36.
Lonzi, Carla (1975): Die Lust Frau zu sein, Merve, Berlin.
Lower, Wendy (2014): Hitlers Helferinnen. Deutsche Frauen im Holocaust, Hanser, München.
Lowien, Merve (1977): Weibliche Produktivkraft – Gibt es eine andere Ökonomie? Erfahrungen in einem linken Projekt, Merve, Berlin.
Lukács, Georg (1984): Zur Ontologie des gesellschaftlichen Seins, Erster Halbband, Werke Band 13, hrsg. von Frank Benseler, Darmstadt/Neuwieden.
Luker, Kristin (2008): Salsa Dancing into the Social Science. Research in an Age of Info-Glut, Havard University Press, Cambridge/London.
Lummerding, Susanne (1994): La femme n'existe pas. Konditionen von Sichtbarkeit und Intelligibilität, in: Dies.: „Weibliche" Ästhetik? Möglichkeiten und Grenzen einer Subversion von Codes, Passagen, Wien, 73–115.
Lux, Katharina (2017): Von der Produktivität des Streits – Die Kontroverse der Zeitschriften Courage, Die Schwarze Botin und Emma. Überlegungen zur Konfliktgeschichte der Frauenbewegung, in: Feministische Studien 1, 31–50.
– (2018a): Wider die Gewalt des Positiven. Die Zeitschrift „Die Schwarze Botin", in: eurozine, https://www.eurozine.com/wider-die-gewalt-des-positiven/ (letzter Zugriff 31.3.2021).
– (2018b): Scharfzüngige Schwester. Für und Wider die Polemik in der feministischen Auseinandersetzung, in: Linkerhand, Koschka (Hg.): Feministisch Streiten. Texte zu Vernunft und Leidenschaft unter Frauen, Querverlag, Berlin, 292–298.
– (2019a): Selbsterfahrung und Kritik – Zur Geschichte feministischen Bewusstseins in der autonomen Frauenbewegung der 1970er Jahre, in: Ketelhut, Klemens/Lau, Dayana (Hg.): Gender – Wissen – Vermittlung. Geschlechterwissen im Kontext von Bildungsinstitutionen und sozialen Bewegungen, Springer VS, Wiesbaden, 53–72.

– (2019b): „Es liegt nicht in unserem Interesse, Erfahrung in eine vorgefertigte Theorie einzupassen …“ Erfahrung und feministisches Bewusstsein in der autonomen Frauenbewegung der 1970er Jahre in: outside the box. Zeitschrift für feministische Gesellschaftskritik 7, 64–72.
– (2020): Die umfassende Abhängigkeit des Subjekts. Feministische Subjektkritik in der autonomen Frauenbewegung am Beispiel von Gerburg Treusch-Dieters Märchendeutungen, in: Sperk, Verena et al. (Hg.): Geschlecht und Geschlechterverhältnisse bewegen. Queer/Feminismen zwischen Widerstand, Subversion und Solidarität, transcript, Bielefeld, 119–140.
Mader, Mary Beth/Oliver, Kelly (2003): French Feminism, in: Sherman, David/Solomon, Robert C. (Hg.): The Blackwell Guide to Continental Philosophy, Blackwell, Malden, 309–337.
Madörin, Mascha (2011): Das Auseinanderdriften der Arbeitsproduktivität. Eine feministische Sicht, in: Jahrbuch Denknetzwerk 2011, 56–70.
Makropoulos, Michael/Müller, Robert (1978): Das Schillern der Revolte. Für eine entgrenzte Theorie der Subversion, in: Böckelmann, Frank et al.: Das Schillern der Revolte, Merve, Berlin, 7–34.

Marcuse, Herbert (1971): Der eindimensionale Mensch. Studien zur Ideologie der fortgeschrittenen Industriegesellschaft, 4. Auflage, Luchterhand, Berlin/Neuwied.
Marx, Karl (1969): Thesen über Feuerbach, MEW 3, Dietz Verlag, Berlin, 5–7.
Marx, Karl/Friedrich, Engels (1969): Die Deutsche Ideologie, MEW 3, Dietz Verlag, Berlin.
Maurer, Susanne (1996): Zwischen Zuschreibung und Selbstgestaltung. Feministische Identitätspolitik im Kräftefeld von Kritik, Norm und Utopie, edition diskord, Tübingen.
– (2011): Bildung als Kritik und (soziale) Bewegung oder: „Was mich vergangene Woche interessiert hat am Feminismus“, in: Lederer, Bernd (Hg.): „Bildung“: was sie war, ist, sein sollte. Zur Bestimmung eines strittigen Begriffs, Schneider Verlag Hohengehren, Baltmannsweiler, 151–172.
– (2012): Utopisches Denken statt Utopie? Gedankenexperiment und (unbestimmte) Grenzüberschreitung als feministische Politik, in: Birkle, Carmen et al. (Hg.): Emanzipation und feministische Politiken. Verwicklungen, Verwerfungen, Verwandlungen, Ulrike Helmer, Königsstein i. Ts., 75–93.
– (2016a): „Gedächtnis der Konflikte“ statt „Kanon“? Historiographiepolitik als Normativitätskritik in feministisch-kritischer Wissenschaft, in: Dreit, Karolina et al. (Hg.): Ambivalenzen der Normativität in kritisch-feministischer Wissenschaft, Ulrike Helmer, Sulzbach i. Ts., 135–152.
– (2016b): Freiheit zum Dissens? Dissens als ‚hot issue‘ und Gradmesser von ‚Freiheit‘ am Beispiel emanzipatorischer Bewegungen und Bestrebungen, in: Grubner, Barbara et al. (Hg.): Feminismus und Freiheit. Geschlechterkritische Neuaneignung eines umkämpften Begriffs, Ulrike Helmer, Sulzbach i. Ts., 50–73.
Mauritz, Miriam (2020): Der Kinderladen als Ort der Emanzipation? Die sozialen Bewegungen um 1968 und die Frauenfrage, in: Bock, Karin/Göddertz, Nina/Heyden, Franziska/Mauritz, Miriam (Hg.): Zugänge zur Kinderladenbewegung, Springer VS, Wiesbaden, 363–374.
Meinhof, Ulrike (1968): Die Frauen im SDS oder in eigener Sache, in: Konkret 12, 5.
Melzer, Patricia (2015): Death in the Shape of a Young Girl. Women's Political Violence in the Red Army Faction, New York University Press, London/New York.
Meo (Meo Hellriegel-Rentzel) (1978): Stammheim und Bonn. Die reden also miteinander, in: Courage 3, 52–53.

Metz-Göckel, Sigrid (2003): Feminismus, in: Haug (Hg.), 170–179.
Meyer, Eva (1983b): Zählen und Erzählen. Für eine Semiotik des Weiblichen, Medusa, Berlin/Wien.
Mies, Maria (1978): Methodische Postulate zur Frauenforschung, dargestellt am Beispiel Gewalt gegen Frauen, in: Beiträge zur feministischen Theorie und Praxis 1, 41–63.
Millett Kate (1982): Sexus und Herrschaft. Die Tyrannei des Mannes in unserer Gesellschaft, Kiepenheuer & Witsch, Köln.
Mitchell, Juliet (1987): Freud und Lacan. Psychoanalytische Theorien des Geschlechtsunterschieds, in: Dies.: Frauen – Die längste Revolution: Feminismus, Literatur, Psychoanalyse, Fischer, Frankfurt a. M., 163–190.
Moi, Toril (1989): Sexus, Text, Herrschaft. Feministische Literaturtheorie, Zeichen u. Spuren, Bremen.
Möser, Cornelia (2013): Féminismes en traductions. Théories voyageuses et traductions culturelles, Éditions des archives contemporaines, Paris.
– (2014): C'è ma non se vede. Über die Erfindung des Gleichheits- und des Differenzfeminismus. Eine Dekonstruktion, in: Nagelschmidt, Ilse et al. (Hg.): Interdisziplinäres Kolloquium zur Geschlechterforschung II, Peter Lang, Frankfurt a. M. u. a., 33–49.
– (2015): Die feministischen Gender-Debatten in Frankreich und Deutschland. Ein Paradigmenwechsel in der feministischen Theorie?, in: Gasteiger, Ludwig et al. (Hg.): Theorie und Kritik. Dialoge zwischen differenten Denkstilen und Disziplinen, transcript, Bielefeld, 185–207.
Mosler, Kathrin (1976a): Hundert Blumen, in: Aufständische Kultur. Frauenoffensive Journal 5, 6–8.
– (1976b): Der Mensch meines Lebens bin ich, in: Aufständische Kultur. Frauenoffensive Journal 5, 51–52.
Müller, Ludmilla (1988): Frauen als Mütter – Frauen im Alter. Was hat die Emanzipation gebracht?, in: Schlaeger (Hg.), 166–189.
Nagl-Docekal, Herta (2000): Feministische Ästhetik. Versuch einer Zwischenbilanz, in: Huber, Jörg (Hg.): Darstellung: Korrespondenz: Intervention, Edition Voldemeer, Zürich u. a., 75–97.
Negt, Oskar et al. (2006): Gerburg Treusch-Dieter, Nachrufe, in: Der Freitag, 1.12.2006 https://www.freitag.de/autoren/der-freitag/gerburg-treusch-dieter-1 (letzter Zugriff 25.5.2019).
Neuhauss, Maria-Elisabeth (2015): Probleme des sozialistischen Feminismus. Vom Aktionsrat zum Sozialistischen Frauenbund, in: outside the box. Zeitschrift für feministische Gesellschaftskritik 5, 2015, 55–59.
Nienhaus, Ursula (2007): Wie die Frauenbewegung zur Courage kam. Eine Chronologie, in: Notz (Hg.), 7–22.
Notz, Gisela (Hg.): Als die Frauenbewegung noch Courage hatte. Die ‚Berliner Frauenzeitung Courage' und die autonome Frauenbewegung der 1970er und 1980er Jahre, Friedrich-Ebert-Stiftung, Bonn, 2007.
Nowoselsky-Müller, Sonia (1989): Alles plus eine Tomate. Interview mit Ginka Steinwachs, in: Dies. (Hg.), 32–42.
– Hg.: ein mund von welt: ginka steinwachs, Zeichen u. Spuren, Bremen, 1989.
Oskala, Johanna (2014): In Defense of Experience, in: Hypatia 2, 388–403.
Osinski, Jutta (1998): Einführung in die feministische Literaturwissenschaft, Erich Schmidt, Berlin.

Ostner, Ilona (1978): Beruf und Hausarbeit. Die Arbeit der Frau in unserer Gesellschaft, Campus, Frankfurt a. M./New York.
Othmer-Vetter, Regine (1988): Weibliches Schreiben. Streifzüge durch Noch-Nicht-Vergangenes, in: Feministische Studien 1, 116–124.
Pataki, Heidi (1998): „Geduldspiel oder Strich durch den Wirt": 5 Reflexionen über den poetischen Akt, in: Wespennest. Zeitschrift für brauchbare Texte und Bilder 111, 40–42.
– (2003): Zwischen Amok und Koma. Reflexionen über den poetischen Akt, in: Kernmayer/Ganglbauer (Hg.), 288–290.
Paulus, Elisa (2019): „Wie ist die Emanzipation der Frau mit der Beziehung zu einem Mann zu vereinbaren?" Zu Verena Stefans Häutungen, in: outside the box. Zeitschrift für feministische Gesellschaftskritik 7, 124–127.
Penrod, Lyn Kettler (1996): Hélène Cixous, Twayne, New York.
Perincioli, Cristina (2015): Berlin wird feministisch. Das Beste, was von der 1968er Bewegung blieb, Querverlag, Berlin.
Petersen, Karin (1976): Autorinnentage, in: Courage 4, 12–13.

Plogstedt, Sibylle (1983a): Autonomie und Krise, in: Courage. Sonderheft 8, 4–7.
– (1983b): Wenn Autonomie zum Dogma wird, in: Courage 12, 54–60.
Podiumsdiskussion Journalistinnen diskutieren (1986), in: Bagdadi, Nadia/Bazinger, Irene (Hg.): Ewig lockt das Weib? Bestandsaufnahme und Perspektiven feministischer Theoire und Praxis, Drumlin, Weingarten, 224–245.
Postl, Gertrude (2013): Eine Politik des Schreibens und des Lachens: Versuch einer historischen Kontextualisierung von Hélène Cixous' Medusa-Text, in: Hutfless et al. (Hg.), 21–37.
Protokolle (1977b): Diskussion „Schwarze Botin", in: Protokolle. Informationsdienst für Frauen 14, 4–7.
Protokolle. Informationsdienst für Frauen (1977a): Das Emma-Projekt. Aufruf zum Boykott, in: Protokolle. Informationsdienst für Frauen 11/12, 8–9.
Rabbow, Arnold (1970): Lexikon politischer Symbole A-Z, dtv, München.
Radikal (1996): 20 Jahre radikal. Geschichte und Perspektiven autonomer Medien, Unrast, Münster/Berlin.
Radikal-Frauen (1977): Diskussionsbeitrag zur Auseinandersetzung um „Die Schwarze Botin" (SB), in: Protokolle. Informationsdienst für Frauen 15, 46–47.
Radonić, Ljiljana (2014): Rezension. Lower, Wendy: Hitler's Furies. German Women in the Nazi Killing Fields, in: H-Soz-u-Kult, 8.1.2014, https://www.hsozkult.de/publicationreview/id/reb-20650 (letzter Zugriff 15.5.2020).
Rauschenbach, Karl/Trumann, Andrea (2018): Orgasmusschwierigkeiten und Revolution. Über einige Gründe zum Aufkommen und Scheitern der 68er Revolte in Deutschland, in: ThUg. Theorie und Ungeduld. Sonderausgabe „50 Jahre 1968".
Reese, Dagmar/Sachse, Carola (1990): Frauenforschung und Nationalsozialismus. Eine Bilanz, in: Gravenhorst, Lerke/Tatschmurat, Carmen (Hg.): Töchter Fragen. NS-Frauengeschichte, Freiburg i. Br., 73–106.
Rendtorff, Barbara (2004): Theorien der Differenz. Anregungen aus Philosophie und Psychoanalyse, in: Glaser, Edith et al. (Hg.): Handbuch Gender und Erziehungswissenschaft, Bad Heilbrunn, 102–111.
– (2013): Feminismus als Dissens, in: Feministische Studien 1, 160–163.
– (2014): Geschlecht als Frage und Begrenzung. Wie über Gender sprechen? in: Fleig (Hg.), 35–50.
Rose, Jacqueline (1996): Sexualität im Feld der Anschauung, Turia+Kant, Wien.

Rothschild, Thomas (2013): Heidi Pataki: Schlagzeilen (1968), in: Kastberger, Klaus/Neumann, Kurz (Hg.): Grundbücher der österreichischen Literatur seit 1945. Zweite Lieferung, Paul Zsolnay, Wien, 19–25.
Runte, Annette (1989): Kultur – Natur – Differenz in der feministischen Diskussion in Frankreich, 2. unveränderte Auflage, IKO-Verlag für interkulturelle Kommunikation, Frankfurt a. M.
Ruth (1981): Mütter und Feminismus, in: AUF 30, 4–5.
Rutschky, Michael (1982): Erfahrungshunger. Ein Essay über die siebziger Jahre, Fischer, Frankfurt a. M.
– (1984): Erinnerungen an die Gesellschaftskritik, in: Merkur 1, 28–39.
Sachs, Hannelore et al. (2005): Wörterbuch der christlichen Ikonographie, 9. Auflage, Schnell und Steiner, Regensburg.
Sachse, Mirjam (2010): Von ‚weiblichen Vollmenschen' und Klassenkämpferinnen. Frauengeschichte und Frauenleitbilder in der proletarischen Frauenzeitschrift ‚Die Gleichheit' (1891–1923), Diss. Universität Kassel, https://kobra.uni-kassel.de/handle/123456789/2011020735654 (letzter Zugriff 31.3.2021).

Sander, Helke (1968/1988): Rede des Aktionsrates zur Befreiung der Frauen, gehalten auf der 23. Delegiertenkonferenz des Sozialistischen Deutschen Studentenbundes (SDS) im September 1968 in Frankfurt, in: Schlaeger (Hg.), 12–22.
– (1980): Über Beziehungen zwischen Liebesverhältnissen und Mittelstreckenraketen, in: Courage 4, 16–29.
– (2002): Nicht Opfer sein, sondern Macht haben, in: Kätzel (Hg.), 161–179.
Schade, Sigrid (1985): Verzeichnungen: Wo treffen sich Ästhetik und die Theorie des Weiblichen in den 80er Jahren des 20. Jahrhunderts?, in: Kritische Berichte. Zeitschrift für Kunst- und Kulturwissenschaften 3, 51–62.
Schäfer, Reinhild (1997): Politik der Autonomie: Das Verhältnis der neuen Frauenbewegung der Bundesrepublik Deutschland zum Staat, in: Feministische Studien 2, 120–130.
Scherer, Ludger/Lohse, Rolf (Hg.): Avantgarde und Komik, Rodopi, Amsterdam/New York, 2004.
Schlaeger, Hilke (Hg.): Mein Kopf gehört mir. Zwanzig Jahre Frauenbewegung, Frauenoffensive, Müncheni 1988.
Schmaus, Marion (2013): Exil und Geschlechterforschung. Von Heinrich Heine bis Herta Müller, in: Banasch, Bettina/Rochus, Gerhild (Hg.): Handbuch der deutschsprachigen Exilliteratur, De Gruyter Berlin/Boston, 121–147.
Schmidt-Harzbach, Ingrid (1988): „Frauen erhebt euch". Als Frau im SDS und im Aktionsrat, in: Schlaeger (Hg.), 49–57.
Schnalzger, Barbara (2015): „Wir verlangen, dass unsere Problematik hier inhaltlich diskutiert wird." Helke Sanders Rede vor dem SDS 1968, in: outside the box. Zeitschrift für feministische Gesellschaftskritik 5, 2015, 5–7.
Schneegass, Beate (1993): Feminismus im Brennpunkt. Die Frauenzeitung Courage und ihre Mütter – Geschichte – Entwicklung – Wirkung, in: Ottinger, Angelika/Schneegass, Beate (Hg): Gebraucht. Gebremst … Gefördert. Frauen und Politik in Charlottenburg nach 1945, Edition Hentrich, Berlin, 74–112.
Schneider, Andreas (2010): Feministische Transgressionen und mediale Grenzziehungen. Zur ambivalenten Beziehung von Neuer Frauenbewegung und Massenbewegung – das Beispiel Alice Schwarzer, in: Ariadne. Forum für Frauen- und Geschlechtergeschichte 57, 66–71.

Schraut, Sylvia (2007): Terrorismus und Geschlecht, in: Künzel, Christine/Temme, Gaby (Hg.): Täterinnen und/oder Opfer? Frauen in Gewaltstrukturen, LIT, Hamburg, 107–123.

Schulz, Kristina (1998): „Bräute der Revolution": Kollektive und individuelle Interventionen von Frauen in der 68er-Bewegung und ihre Bedeutung für die Formierung der neuen Frauenbewegung, in: Westfälische Forschungen 48, 97–116.

– (2002): Der lange Atem der Provokation. Die Frauenbewegung in der Bundesrepublik und in Frankreich 1968–1976, Campus, Frankfurt a. M./New York.

– (2008): Wende im Geschlechterverhältnis? Feminismus und Frauenbewegung, in: Kastner, Jens/Mayer, David (Hg.): Weltwende 1968? Ein Jahr aus globalgeschichtlicher Perspektive, Mandelbaum, Wien, 38–53.

– (2012): „wort um wort, begriff um begriff". Weibliches Schreiben als Praxis der Veränderung. Überlegungen zu den kulturellen Wirkungen der neuen Frauenbewegung, in: Internationales Archiv der Sozialgeschichte der deutschen Literatur 2, 307–322.

Schunter-Kleemann, Susanne (2002): Wir waren Akteurinnen und nicht etwa Anhängsel, in: Kätzel (Hg.), 101–119.

Schuster, Verena (1977): Oh Emma!, in: Courage 2, 45.

Schwarzer, Alice (1977): Unsere Zeitung, in: Emma 1, 3.

– (1981): Die Neue Frauenbewegung, in: Emma 9, 35–43.

– (1983): So fing es an! Die neue Frauenbewegung, dtv, München.

Schweppenhäuser, Gerhard (2007): Ästhetik, Campus, Frankfurt a. M.

Scott, Joan W. (1991): The Evidence of Experience, in: Critical Inquiry 4, 773–797.

Seifert, Edith (1987): Was will das Weib? Zu Begehren und Lust bei Freud und Lacan, Quadriga, Berlin/Weinheim.

Sichtermann, Barbara (1981): Leben mit einem Neugeborenen. Das erste halbe Jahr, Fischer, Frankfurt a. M.

– (1984): „Von einem Silbermesser zerteilt": Über die Schwierigkeit für Frauen, Objekte zu bilden, und über die Folgen dieser Schwierigkeit für die Liebe, in: Dies.: Weiblichkeit. Zur Politik des Privaten, Wagenbach, Berlin, 70–80.

Sigmund-Wild, Irene (2000): Anerkennung des Ver-rückten. Zu Luce Irigarays Entwurf einer „Ethik der sexuellen Differenz", Tectum, Marburg.

Silies, Eva-Maria (2011): Ein, zwei, viele Bewegungen? Die Diversität der Neuen Frauenbewegung in den 1970er Jahren der Bundesrepublik, in: Baumann, Cordia et al. (Hg.): Linksalternative Milieus und Neue Soziale Bewegungen in den 1970er Jahren, Heidelberg, 88–106.

Soiland, Tove (2003): Irigaray mit Marx lesen. Eine Rehabilitierung des Denkens der sexuellen Differenz, in: Widerspruch 44, 159–172.

– (2010): Luce Irigarays Denken der sexuellen Differenz. Eine dritte Position im Streit zwischen Lacan und den Historisten, Turia+Kant, Wien.

– (2014): Jenseits von Sex und Gender: Die sexuelle Differenz – Zeitdiagnostische Interventionen von Seiten der Psychoanalyse, in: Fleig (Hg.), 97–125.

– (2015): Die Unbegreifbarkeit postfordistischer Geschlechterhierarchie, in: Walgenbach, Katharina (Hg.): Geschlecht in gesellschaftlichen Transformationsprozessen, Barbara Budrich, Leverkusen/Opladen, 115–130.

Speck, Sarah (2018): Kritische und feministische Theorie: Plädoyer für eine neue Liaison, in: Feministische Studien 1, 59–67.

Staet, Yara (2016): Ginka Steinwachs – Die Gegenwart des Surrealismus in Deutschland? In: Schuller, Karina/Fischer, Isabel (Hg.): Der Surrealismus in Deutschland (?). Interdisziplinäre Studien, Münsterscher Verlag für Wissenschaft, Münster, 282–305.

Stefan, Verena (1976): „... sowohl das ganz Irdische als auch den großen, utopischen Gedankenflug ...“, in: Aufständische Kultur. Frauenoffensive Journal 5, 2–3.
– (1984): Häutungen. Autobiografische Aufzeichnungen, Gedichte, Träume, Analyse, 20. Auflage, Frauenoffensive, München.
Stefan, Verena/Mosler, Kathrin (1976): Die gesellschaftlich ungelebte Substanz, in: Aufständische Kultur. Frauenoffensive Journal 5, 10–12.
Steffen, Michael (2002): Geschichten vom Trüffelschwein. Politik und Organisation des Kommunistischen Bundes 1971–1991, Assoziation A, Berlin.
Steinwachs, Ginka (1979): Berliner Trichter. Berliner Bilderbogen, Rhombus, Wien.
Stoehr, Irene (1983): Macht ergriffen? Deutsche Frauenbewegung 1933, in: Courage 2, 24–32.
– (1984): Über männliche Politik und weibliche „Gleichgültigkeit“. Diskussion: Frauenbewegung 1933 und 1983, in: Courage 1, 58–60.
Strobl, Ingrid (1983): Der Fall Bachmann, in: Emma 10, 32–35.
– (1984): Gretchenfrage, in: Emma 4, 34–38.
– (2020): Vermessene Zeit. Der Wecker, der Knast und ich, Edition Nautilus, Hamburg.
Studer, Brigitte (2011): 1968 und die Formung des feministischen Subjekts, Picus, Wien.
Taïeb, Lucie (2010): Heidi Pataki ou l'écriture enragée: présentation de l'œuvre d'une poétesse autrichienne contemporaine, Germanica 46, 147–160, http://journals.openedition.org/germanica/1056 (letzter Zugriff 26.8.2020).
Thorgeirsdottir, Sigridur (1998): Die Kritik essentialistischer Bilder der Frauen in Nietzsches Spätphilosophie und ihre Bedeutung für philosophische Theorien der Geschlechterdifferenz, in: Nietzscheforschung. Jahrbuch der Nietzsche-Gesellschaft 5/6, 487–499.
Thürmer-Rohr, Christina (1983): Aus der Täuschung in die Ent-Täuschung – Zur Mittäterschaft von Frauen, in: Beiträge zur feministischen Theorie und Praxis 8, 11–25.
– (2007): Die Courage war Sprachrohr der Frauenbewegung, in: Notz (Hg.), 57–61.
Treusch-Dieter, Gerburg (o. J.): Wie den Frauen der Faden aus der Hand genommen wurde. Die Spindel der Notwendigkeit, Verlag Ästhetik und Kommunikation, Berlin, 9–105.
– (1990): Von der sexuellen Rebellion zur Gen- und Reproduktionstechnologie, konkursbuch, Tübingen.
– (2014): Ausgewählte Schriften, Turia+Kant, Berlin/Wien.
– (2014a): Frei vom Körper, jenseits der Geschlechterdifferenz – den Knoten des Sozialen lösen. Rudolf Maresch im Gespräch mit Gerburg Treusch-Dietert (1994), in: Dies.: Ausgewählte Schriften, 19–50.
– (2014b): Geschick und Schicksal. Die parthenogene Maschine der Moira (1989), in: Dies.: Ausgewählte Schriften, 407–440.
– (2014c): Luce Irigaray: Speculum. Spiegel des anderen Geschlechts, in: Dies.: Ausgewählte Schriften, 61–86.
Trumann, Andrea (2002): Feministische Theorie. Frauenbewegung und weibliche Subjektbildung im Spätkapitalismus, Schmetterling, Stuttgart.
Ulli (1981): Überlegungen einer feministischen Mutter über sich, in: AUF 30, 10–11.
Vaneigem, Raoul (2008): Handbuch der Lebenskunst für die jungen Generationen, Neuauflage, Edition Nautilus, Hamburg.
Vedder, Ulrike/Reulecke, Kathrin (1988): Von der Apfel-Blitz-Diät zu Mamas Pfirsichen. Frauenzeitschriften der siebziger Jahre, in: von Soden, Kristine (Hg.): Der große Unterschied. Die neue Frauenbewegung und die siebziger Jahre, Elefanten Press, Berlin, 141–147.

Von der Lühe, Irmela (1976): Warum ist das Banale krumm? Die Schwarze Botin, in: Courage 4, 53–54.

– (1983): Ingeborg Bachmann. „Dass unsere Kraft weiterreicht als unser Unglück", in: Courage 9, 16–22.

Von Werlhof, Claudia (1982): Die Krise. Hausfrauisierung der Arbeit, in: Courage 3, 34–43.

Voragine, Jacobus de (1975): Die Legenda Aurea, Lambert Schneider, Heidelberg.

Vukadinović, Vojin Saša (2019): From West Berlin without Love. The Magazine Die Schwarze Botin and the Promise of Revolution, in: Afkin, Janin/Wolf, Benedikt (Hg.): Sexual Culture in Germany in the 1970s. A Golden Age for Queers? Springer, Cham, 161–192.

– (2020): Eine Zeitschrift für die Wenigsten, in: Ders. (Hg.): Die Schwarze Botin. Ästhetik, Kritik, Polemik, Satire 1976–1980, Wallstein, Göttingen, 11–66.

Wagenbach, Klaus (2006): Nachwort, in: Brückner, Peter (2006): Ulrike Meinhof und die deutschen Verhältnisse, 4. Auflage, Wagenbach, Berlin, 189–199.

Wagner, Angelika (1973): Bewußtseinsveränderung durch Emanzipations-Gesprächsgruppen, in: Schmidt, Hans Dieter et al. (Hg.): Frauenfeindlichkeit. Sozialpsychologische Aspekte der Misogynie, Juventa, München, 143–159.

Wallerstein, Immanuel/Zukin, Sharon (1989): 1968. Revolution in the World-System: Theses and Queries, in: Theory and Society 4, 431–449.

Waniek, Eva (1993): Hélène Cixous. Entlang einer Theorie der Schrift, Turia+Kant, Wien.

Wartmann, Brigitte (1980): Verdrängung der Weiblichkeit aus der Geschichte. Bemerkungen zu einer „anderen" Produktivität der Frau, in: Dies. (Hg.): Weiblich-Männlich. Kulturgeschichtliche Spuren einer verdrängten Weiblichkeit, Verlag Ästhetik und Kommunikation, Berlin 7–33.

– (1982): Editorial, in: Ästhetik und Kommunikation. Beiträge zur politischen Erziehung 47, 4.

Wehinger, Brunhilde (1989): „Die Frucht ist fleckig und der Spiegel trübe". Lyrikerinnen im 19. Jahrhundert, in: Gnüg, Hiltrud/Möhrmann, Renate (Hg.): Schreibende Frauen. Frauen-Literatur-Geschichte vom Mittelalter bis zur Gegenwart, Suhrkamp, Frankfurt a. M., 219–239.

Weigel, Sigrid (1977): Schreib das auf, Frau, in: Protokolle. Informationsdienst für Frauen 13, 20–27.

– (1984): Ingeborg Bachmann, Text+Kritik Sonderband, München.

– (1989): Flaneurin in der Welt der Schrift. Spuren Benjaminscher Lektüre in den Texten von Ginka Steinwachs, in: Nowoselsky-Müller (Hg.), 62–69.

– (1995): Die Stimme der Medusa. Schreibweisen in der Gegenwartsliteratur von Frauen, 2. Auflage, tende, Dülmen-Hiddingsel.

Weil, Kari (2006): French feminism's écriture féminine, in: The Cambridge Companion to Feminist Literary Theory, Cambridge University Press, Cambridge, 153–171.

Weinhauer, Klaus (2008): Terrorismus und Kommunikation: Forschungsstand und -perspektiven zum bundesdeutschen Linksterrorismus der 1970er Jahre, in: Colin, Nicole et al. (Hg.), 109–123.

Wemheuer, Felix (2008): Einleitung. Die vielen Gesichter des Maoismus und die Neue Linke nach 1968, in: Gehrig, Sebastian et al. (Hg.): Kulturrevolution als Vorbild? Maoismus im deutschsprachigen Raum, Peter Lang, Frankfurt a. M. u. a., 9–23.

Windaus-Walser, Karin (1988): Gnade der weiblichen Geburt? Zum Umgang der Frauenforschung mit Nationalsozialismus und Antisemitismus, in: Feministische Studien 1, 102–115.

Windheuser, Jeannette (2020): Geteilter Protest und die Frage der Befreiung. Geschlecht in Heimkampagne und Kinderladenbewegung, in: Bock, Karin/Göddertz, Nina/Heyden, Franziska/Mauritz, Miriam (Hg.): Zugänge zur Kinderladenbewegung, Springer VS, Wiesbaden, 375–387.

Windheuser, Jeannette/Kleinau, Elke (2020): Generation und Sexualität als Herausforderung historischer und theoretischer Frauen- und Geschlechterforschung. Eine Einleitung, in: Dies. (Hg.): Generation und Sexualität. Jahrbuch erziehungswissenschaftliche Geschlechterforschung 16, Barbara Budrich, Opladen/Berlin/Toronto, 9–21.

Wolf, Maria (1995): „… quasi irrsinnig". Nachmoderne Geschlechter-Beziehungen, Centaurus, Pfaffenweiler.

Wunderle, Michaela (Hg.): Politik der Subjektivität. Texte der italienischen Frauenbewegung, Suhrkamp, Frankfurt a. M., 1977.

Zellmer, Elisabeth (2011): Töchter der Revolte? Frauenbewegung und Feminismus der 1970er Jahre in München, Oldenbourg, München.

Zimmerman, Bonnie (Hg.): Encyclopedia of Lesbian and Gay Histories and Cultures, Band 1, Garland, London/New York, 2000.

Informelle Gespräche

Gespräch mit Marina Auder am 18.5.2016 in Berlin.

Gespräch mit Ginka Steinwachs am 15.6.2016 in Berlin.